NEUKIRCHENER

Jahrbuch für Biblische Theologie (JBTh)

Herausgegeben von
Martin Ebner, Irmtraud Fischer, Jörg Frey, Ottmar Fuchs,
Berndt Hamm, Bernd Janowski, Ralf Koerrenz, Christoph
Markschies, Dorothea Sattler, Günter Stemberger, Samuel
Vollenweider, Marie-Theres Wacker, Michael Welker, Rudolf
Weth, Michael Wolter und Erich Zenger

In Verbindung mit
Paul D. Hanson, Norbert Lohfink, Patrick D. Miller und
Magne Sæbø

Band 18 (2003)
Das Fest: Jenseits des Alltags

Neukirchener Verlag

© 2004 Neukirchener Verlag
Verlagsgesellschaft des Erziehungsvereins mbH, Neukirchen-Vluyn
Alle Rechte vorbehalten
Umschlaggestaltung: Hartmut Namislow
Gesamtherstellung: Breklumer Druckerei Manfred Siegel KG
Printed in Germany
ISBN 3–7887–1997–4
ISSN 0935–9338

Vorwort

»Unser Leben sei ein Fest«, beginnt ein recht populäres neues Kir-
chenlied. Wer so dichtet oder singt, macht schon durch die Formulierung deutlich, daß das Leben eben nicht nur aus frohen Festen,
sondern auch aus vielen sauren Wochen besteht: »Unser Leben *sei*
ein Fest«. Im Rahmen einer an biblischen Texten orientierten
Theologie kann allerdings kein Zweifel daran sein, daß nicht vorrangig die tristen Wochen von Interesse sind, sondern vor allem
die Festzeiten. Die Liste der in der Bibel erwähnten, theologisch
bedachten und liturgisch wie rechtlich geordneten Feste ist lang.
Feste gestalten nicht nur das gemeinschaftliche religiöse Leben
und herausragende Ereignisse in der Geschichte des Gottesvolkes,
sondern auch den Alltag und den gesamten Lebensweg von Individuen. Es ist nicht übertrieben zu sagen, daß die besondere Form
rhythmisierter Zeit, wie sie das Judentum und das Christentum
durch die Abfolge von Wochentag und Schabbat oder Sonntag,
von wöchentlich wiederkehrendem Alltag und Festtag, kennen, das
Gesicht der antiken Welt verändert und die nachfolgenden Epochen der abendländisch geprägten Kulturgeschichte tief geprägt
hat. Wer je einmal Johan Huizingas »Herbst des Mittelalters«
(Stuttgart [12]1987) gelesen hat, wird etwa die eindrücklichen Beschreibungen der prächtigen religiösen Feste im Burgund des vier-
zehnten und fünfzehnten Jahrhunderts durch den niederländischen
Historiker kaum vergessen können.
Im selben Augenblick muß man aber hinzufügen, daß die traditionelle Gestalt dieser besonderen Form von geordneter Zeit offenkundig im Verschwinden begriffen ist – ein Beitrag des vorliegenden Jahrbuchs spricht von »Rudimenten und Substituten« der
einstigen Festkultur. Durch die jüngste kritische Debatte über die
Sichtbarkeit von Religion in der Öffentlichkeit und die Bedeutung des französischen Konzepts der Laïcité für das zusammen-
wachsende Europa haben solche empirischen Beobachtungen noch
einmal eine ganz andere politische und gesellschaftliche Spreng-
kraft bekommen. Betrachtet man aber den gegenwärtig ebenso
epochalen wie dramatischen Wandel der Festkultur näher, so wird
deutlich, daß in den letzten beiden Jahrhunderten weniger die Fe-

ste als ein bestimmter kalendarischer Eintrag verschwunden sind
und gegenwärtig verschwinden (wenn man einmal von der Streichung der dritten Feiertage im vergangenen Jahrhundert absieht,
die im angebrochenen neuen möglicherweise durch die Streichung
der zweiten ergänzt werden wird) als vielmehr der traditionelle
Festinhalt und damit seine vertraute rituelle Ausgestaltung wie
Repräsentation.

Es liegt daher nahe, im Rahmen des »Jahrbuchs für Biblische Theologie« einen Band zum Thema »Fest« zu gestalten. Dabei liegen
allerdings sehr viele ältere wie neuere Veröffentlichungen zu biblischen Festen vor, Einzeldarstellungen und Überblicke. Dies stellt
der Forschungsbericht von Angelika Berlejung eindrucksvoll vor
Augen. Der Band ist daher nicht als primär historische Studie zur
Geschichte der jüdischen und christlichen Jahresfeste angelegt, sondern fragt nach einem möglichen biblischen Proprium (bzw. *den*
biblischen Propria) der als Fest gestalteten Zeit und sucht nach
den Wirkungen eines solchen Propriums in den abendländisch geprägten Kulturen über die Zeiten bis in die Gegenwart. Dabei ist
der Zusammenhang von Festinhalt und symbolischer Repräsentation in gemeinschaftlicher wie individueller Festkultur, in Liturgie
und Brauchtum von zentraler Bedeutung. Auch die Entwicklung
hin zur Gegenwart und die gegenwärtige Situation ist einer gründlichen Analyse zu unterziehen. Nur so können die gern gesunge-
nen Klagelieder über den Zerfall der jüdisch-christlichen Festkultur
nicht die Beobachtung übertönen, daß sich die jüdische wie die
christliche Festkultur vielleicht nur wandeln – wie sie es häufig
getan haben – und nicht einfach dabei sind, sang- und klanglos zu
verschwinden.

Es ist nicht notwendig, die Beiträge dieses Jahrbuchs im Vorwort
noch einmal zusammenzufassen – sie verdienen allesamt die *ausführliche* Lektüre. Interessanter ist es, dem bunten Strauß *fünf Beobachtungen* zu strukturellen Gemeinsamkeiten der nur scheinbar
recht disparaten Aufsätze und ihren verbindenden Einsichten zum
Thema voranzustellen.

Der vorliegende Band des Jahrbuches macht *erstens* deutlich, daß
die jüdischen wie die christlichen Feste untrennbar mit ihren biblischen Festlegenden und den biblischen Festtexten verbunden
sind. Wann auch immer, historisch betrachtet, eine solche Verbindung jeweils entstanden ist, der enge Konnex von Fest und Text
hat seine gewichtige Bedeutung für den Prozeß der Kanonisie-
rung der Bibel und ihre detaillierte Gestalt. Günter Stemberger
zeigt dies am Beispiel der Megillot und erweist insofern, daß die
relecture biblischer Texte als »Festlegenden« zu interessanten Ergebnissen auch für die oft verhandelten exegetischen Fragen führt.

Clemens Leonhard demonstriert dies am Beispiel des Pesach sowie den einschlägigen Passagen aus dem Buch Exodus, Friedhelm Hartenstein für den Schabbat. Claudia Rakel stellt nicht nur die Verbindung von Text und Fest, sondern auch jene von Fest und Intertext dar. Auch neue religiöse Feste wie der Kirchentag – ein protestantisches Wallfahrtsfest (Henning Schröer) – haben, wie Harald Schroeter-Wittke zeigt, ihre Festtagsliturgien und dazugehörige Bibeltexte, auch wenn sie unter den Auspizien einer pluralistischen Gesellschaft in größerer Zahl und bunterer Form daherkommen als die Festtagslesungen klassischer Feste. Man kann diese Pluralisierung aber auch deutlich positiv wahrnehmen und mit Schroeter-Wittke davon sprechen, daß in solchen neuen religiösen Festen aus dem zwanzigsten Jahrhundert tendenziell die *ganze Bibel* zur Festtagsliturgie und zur biblischen Festlegende werden kann. Die Vereinzelung biblischer Theologumena und die Zerstückelung von Schriftrezeption in den klassischen Festtraditionen kann hier – natürlich auch nur wieder tendenziell – überwunden werden.

Die historischen Beiträge des Jahrbuchbandes zeigen *zweitens*, daß die Geschichte der biblisch begründeten Feste im Judentum wie im Christentum bis auf die Gegenwart nicht als eine Verfallsgeschichte entwickelt werden darf, sondern durchaus zyklischen Charakter trägt: So fällt *zunächst* auf, daß die radikale Veränderung von religiöser Festkultur, von Inhalten religiöser Feste und ihrer symbolischen Repräsentation, stets und immer auch ein religiöser Prozeß gewesen ist. Nicht erst die religionskritischen Bewegungen der Neuzeit haben diese Umwälzungen angestoßen, sondern sie kamen (wie beispielsweise Klaus Fitschen zeigt), mitten aus dem Christentum selbst. Man kann daher berechtigt fragen, ob und inwieweit gegenwärtige Entwicklungen das Erbe dieser vor allem reformatorischen Festkritik sind. Wenn Ludger Schwienhorst-Schönberger Recht hat und das Buch Kohelet »ad bonam partem gelesen« dazu aufruft, das *ganze* Leben von Festtagsfreude geprägt sein zu lassen, und dies auch keine im Alten Testament isolierte Stimme ist, dann kann man auch gegenwärtige Tendenzen zur Nivellierung des strikten Gegensatzes von Festtag und Alltag nicht einfach als Proprium der (Spät-)Moderne ausgeben. Schwienhorst-Schönberger versucht daher auch ganz konsequent, aus Kohelet eine Antwort für die Empfindung von Sinnenleere bei spätmodernen bürgerlichen Schichten abzuleiten. Unterstützt wird seine Sicht des Standortes des Buches Kohelet inmitten der biblischen Tradition durch die Beobachtung von Bernd Janowski und Erich Zenger, daß in der deuteronomisch-deuteromistischen Festtheologie keine Lebensbereiche aus der Nähe Gottes ausgegrenzt werden, sondern umgekehrt, daß »›alle Lebensbereiche Israels in diese Nähe Gottes‹ hineingeholt werden«. Selbst die Geschichte des Schabbat und seiner Deutungen ist, wie Friedhelm Hartenstein detailliert nachverfolgt, eine Geschichte beständiger Neuinterpretationen. *Sodann* wird deutlich, daß – ungeachtet aller konstruktivistischen Verflüssigungen der Anthropologie – Feste zu feiern eine Grundkonstante menschlicher Existenz ist. Feste verschwinden nie ersatzlos, sondern werden substituiert und durch neue Feiern ergänzt: Bei den Feiern der französischen Revolutionäre steigt eine junge Frau als Verkörperung der Freiheit von einem künstlichen Hügel, die Jesuiten ziehen an einem großen Holzrad einen weiß lackierte hölzernen Christus ins Kirchendach hinein. Jochen Rexer zeichnet die Neutralisierung paganer Feste durch eben die spätantiken christlichen Kaiser nach, die einen neuen Festkalender im römischen Reich einzuführen versuchten. Harald Schroeter-Wittke beschreibt mit dem Deutschen Evangelischen Kirchentag eine der großen Stifterinstitutionen einer neuen religiösen Festkultur nicht nur im evangelischen Raum Deutschlands. Vielleicht kann man sogar von einem idealtypischen Rhythmus aus Festkritik und Feststiftung sprechen, der sich historisch mit gewisser Regelmäßigkeit beobachten läßt. Einen vergleichbaren Rhythmus wird man *schließlich* wohl auch bei der Politisierung und Entpolitisierung von religiösen Festen beobachten können. War der Reformationstag im neunzehnten Jahrhundert stellenweise noch die öffentliche Selbstdemonstration wie Selbstvergewisserung des protestantischen Bürgertums, so entwickelte er sich im folgenden Jahrhundert stellenweise zu einer Privatfeier resignierter Kirchgänger. Die Politisierung der Feier des Herrentages in spätantiker Zeit stand – wie Jochen Rexer nachweist – neben der gleichzeitigen Historisierung der Memoria im Osterfestkreis.

Verschiedene Aufsätze dokumentieren *drittens*, daß die religiösen Feste der jüdischen und christlichen Tradition in einem hochkomplexen Beziehungsfeld von Gemeinschaften gefeiert werden, die heutzutage mit den Kategorien öffentlich und privat bezeichnet werden, das sich aber nur schwer auf generelle Thesen oder Modelle reduzieren läßt. Alle Beobachtungen über historische Entwicklungen von Festen sind, soweit dies die Quellen erlauben, auch noch einmal vor diesem Beziehungsgeflecht zu spiegeln. Das wird besonders deutlich aus dem auch stark autobiographisch gefärbten Bericht von Susannah Heschel, die die Festkultur im zeitgenössischen »Domestic Judaism« und ihre Bedeutung für Frauen innerhalb der unterschiedlichen jüdischen Strömungen analysiert. Matthias Konrad zeigt, wie nach Paulus das neue Gemeinschaftsethos der Christen im Gottesdienst »eingeübt« werden soll und dokumentiert auf diese Weise eine enge Beziehung der »(gemeinde)öffentlichen« Festzeit auf den »privaten« Alltag der Anhängerschaft der neuen Religion: nicht »Gottesdienst *im* Alltag der Welt«, aber »Gottesdienst *in* den Alltag der Welt *hinein*«. Auf die »religiösen Kontrapunkte«, die biblische Feste zum Alltag der Welt setzen, machen beispielsweise auch Bernd Janowski und Erich Zenger durch das Aufzeigen der Inszenierung einer Gegenwelt in priesterschriftlichen Texten aufmerksam. Für sie zählt die Bewahrung der Unterscheidung von Fest und Alltag zur »Lebenskunst«. Biblische Texte bieten zwar sehr unterschiedliche Formen und Inhalte an, durch die das Fest als das Andere des Alltags ausgezeichnet werden kann, aber machen auch die Alltagsbezogenheit der Feste deutlich, wie Angelika Berlejung in ihrem Forschungsbericht hervorhebt: So wanderte das Kultbild, das beispielsweise in Ägypten den Tempel an Festtagen verließ, in die Öffentlichkeit und damit in gewisser Weise auch in den ganz anderen Alltag hinein. Vergleichbare Phänomene sind noch heute zu beobachten, wenn im Nahen Osten an Festtagen die sterblichen Überreste von Scheichs aus ihren Mausoleen geholt und in feierlichen Prozessionen durch die Gegend getragen werden. Nur in ihrem spezifischen Wechselverhältnis sind Alltag und Festtag, sind die Feiern in den unterschiedlichen Gemeinschaften, in denen Menschen sich organisieren und die heute der Spannung von Öffentlichkeit und Privatheit zugeordnet werden, angemessen zu erfassen. Die Neustiftung von protestantischen Wallfahrtsfesttagen in der Kirchentagsbewegung und die festfeindliche Ästhetisierung der unmittelbaren Alltagsvollzüge (Rüdiger Bubner) stehen nebeneinander und müssen daher zusammen betrachtet werden. Noch immer gilt, daß Feste auch in gewandelter Gestalt wie im alten Israel »einen Beitrag zur Konstituierung der Zeiterfahrung der Gruppe und des Einzelnen« leisten (Friedhelm Hartenstein).

Vor allem der Artikel des Bonner Kirchenrechtlers Norbert Lüdecke unter dem sprechenden Titel »Feiern nach Kirchenrecht« macht *viertens* klar, daß der Zusammenhang zwischen Festen und ihrer rituellen Symbolisierung in aller Regel nicht in die Beliebigkeit der Feiernden gestellt ist, sondern sowohl gewachsenen, teils strikt geregelten Riten als auch rechtlichen Normierungen unterliegt. Das wird schon in der Bibel und insbesondere im Alten Testament deutlich, wo ja nicht nur die Fest- oder Gebetstexte über gottesdienstliche Feiern Aufschluß geben, sondern ebenso die Rechtstexte über die amtlichen Funktionen im Kult (Priester, Sänger und Sängerinnen, Leviten, Propheten und Prophetinnen, Torwächter u.a.) oder die Vorschriften für den Schabbat. Die zentrale Bedeutung der rechtlichen Dimension von Festen bis hin zu aktuellen Debatten über ein gemeinsames Abendmahl wird in diesem Beitrag »realistischer Kanonistik« letztlich auch durch die sorgfältige Dokumentation der katholischen Argumentationsstrukturen in den Fußnoten gespiegelt, die alle einschlägigen Nachweise enthalten. *Fünftens* zeigt sich schließlich, daß gerade das Nachdenken über das Thema »Fest« nochmals die Leistungsfähigkeit des kulturwissenschaftlichen Leitparadigmas »Gedächtnis« dokumentiert (so beispielsweise in den Beiträgen von Andreas Schüle und Angelika Berlejung), aber auch die Grenzen dieses fast schon inflationär gebrauchten Zugriffs deutlich macht. Wenn der Auszug aus der Sklaverei nicht nur memoriert wird, sondern im Augenblick des Festes für die Feiernden zur Gegenwart wird (so Bernd Janowski und Erich Zenger), dann ist die Dichotomie von Gegenwart und erinnerter Vergangenheit zerbrochen. Die im Fest gedeutete Vergangenheit wirkt dann provozierend für neue Erfahrung und neue Deutung durch bereits vorhandene Texte, wie dies Claudia Rakel an den Feiern zur Errettung des Volkes aufzeigt. Wenn durch sensible Analyse soziologischer und philosophischer Beiträge gezeigt wird, daß durch die gegenwärtige Ereigniskultur das kulturelle Gedächtnis schwindet, dann trösten die exegetischen Beiträge, die den Charakter des unmittelbaren Ereignisses biblischer Feste dokumentieren, in dem nichts lediglich kommemoriert, sondern alles Kommemorierte unmittelbar vergegenwärtigt wird. In diesem Sinne – aber auch *nur* in diesem Sinne – gilt, was Friedrich Nietzsche einst den vielen Pädagogen der Erinnerung entgegenrief: »Gesund ist, wer vergaß«. Die Botschaft dieses »Jahrbuches für Biblische Theologie« läßt sich ungeachtet des Reichtums seiner Beiträge doch sehr knapp zusammenfassen: Das Vergessen einer bestimmten Festkultur impliziert beileibe nicht den Verlust der religiösen Feste jüdischer und christlicher Tradition. Es bringt vielleicht nur alte, zum Teil verdrängte Züge wieder neu zur Geltung und verhilft so altehrwürdigen Traditionen zu neuer Relevanz für die Gegenwart. Am besten gelingt diese dynamische Aneignung der Tradition allerdings nicht durch museale Archivierung, sondern im Vollzug, in der kontinuierlichen Mitfeier. *Experientia facit theologum.*

Für die Herausgeberinnen und Herausgeber
Irmtraud Fischer / Christoph Markschies

Inhalt

I

Altes und Neues Testament

Angelika Berlejung

Heilige Zeiten

Ein Forschungsbericht

Bernd Janowski zum 60. Geburtstag

I. Allgemeines: Das Fest in der Kultur- und Religionswissenschaft

1. Was ist ein Fest?

Wie schon die Etymologie des Worts »Fest« erweist (von lateinisch Wort fēstum »Fest, Feier«), handelt es sich bei einem Fest um einen für das Feiern vorgesehenen Zeitabschnitt. Verwandt ist die »Feier« (von lateinisch fēriae, altlateinisch fēsiae »Ruhetag, Feiertag«). Beide Begriffe wurzeln in fānum bzw. ursprünglich fāsnum »Heiligtum, Tempel«. Mit »Zeitabschnitt der Feier«, »Ruhe« und »Heiligtum« sind bereits die wesentlichen Schlüsselworte gefallen: Ein Fest wie eine Feier gelten als abgesonderte Zeit, die durch die Arbeitsruhe der Menschen und ihre Orientierung auf die Götter hin die Zeit des Alltags und der Arbeit durchbricht. Tatsächlich besteht in der derzeitigen religionswissenschaftlichen und -geschichtlichen Forschung weitestgehende Einigkeit darüber, daß sich Feste vom Alltag unterscheiden[1] und eigenen Gesetzen folgen, dabei aber doch (sei es als Gegenbild oder Ergänzung) auf den Alltag bezogen bleiben. In zahlreichen Kulturen gehört zu einem Fest auch die Kontaktaufnahme von Menschen und Göttern oder Ahnen, was die irdische Realität auf die kosmische hin transparent[2] macht. Wenn die Alltagswelt von der Festwelt in dieser Weise als grundsätzlich verschieden klassifiziert wird[3], kann der Grenzübertritt zwischen beiden als Ver-

---

[1] So zu finden in den einschlägigen Lexika, z.B. *P. Borgeaud*, Art. Feste/Feiern I. Religionswissenschaftlich, RGG⁴ 3 (2000), 86–87; *H. Wissmann*, Art. Feste u. Feiertage I. Religionsgeschichtlich, LThK³ 3 (1995), 1250–1251; *C.-M. Edsman*, Art. Feste und Feiern I. Religionsgeschichtlich, RGG³ 2 (1958), 906–910; *O. Bischofberger*, Art. Feste und Feiertage I. Religionsgeschichtlich, TRE 11 (1983), 93–96.
[2] So z.B. *V. Haas*, Geschichte der hethitischen Religion (HO, 1. Abteilung, Bd. 15), Leiden / New York / Köln 1994, 692; *J. Assmann*, Stein und Zeit. Mensch und Gesellschaft im alten Ägypten, München 1991, 212.
[3] So z.B. von *Assmann*, Stein, 223–226; *O. Marquard*, Moratorium des Alltags. Eine kleine Philosophie des Festes, in: *W. Haug / R. Warning* (Hg.), Das Fest (Poetik und Hermeneutik 14), München 1989, 684–691, bes. 685; *M.*

wandlung[4] bezeichnet oder in den Kategorien eines Übergangsri-
tuals[5] beschrieben werden. Folgt man diesem Interpretationsmo-
dell, so sind zahlreiche der im folgenden (sub d und e) beschriebenen Phänomene innerhalb des Dreischritts der Abfolge von (A)
Trennung(sriten) von der Alltagswelt, der Alltagszeit und dem
Alltagsraum (z.B. Ausziehen der Alltagskleider, Reinigungshand-
lungen aller Art) – (B) Übergang(sriten) – (C) Angliederung(sriten) in der Festwelt, der Festzeit und dem Festraum (z.B. Auftritt
in Festkleidern, Festmähler) zu deuten, ohne daß damit behauptet werden soll, daß sich hinter jedem Fest ein Übergangsritual
verbirgt[6].
Generell sollte zwischen einem *Fest* und einer *Fete* unterschieden
werden. Letztere wird veranstaltet, um einen besonderen Anlaß
zu feiern, der sich jedoch nicht wiederholt. Im Gegensatz dazu
finden Feste in regelmäßigem Turnus statt. Innerhalb dieser terminologischen Unterscheidung handelt es sich z.B. bei der Feier
anläßlich der Thronbesteigung eines Königs um eine Fete, nicht
um ein Fest, es sei denn, innerhalb einer Gesellschaft wird ein bestimmter Tag· des Jahres festgelegt, an dem alljährlich der
Krönungsfeierlichkeiten gedacht wird. Die Einführung und Einhaltung von regelmäßigen Festen und Feiern gliedern die Zeit in
Zyklen, Perioden und Rhythmen, wobei aus der festgelegten Abfolge von Festen im Jahreslauf ein Festkalender und ein liturgisches Jahr entsteht, das nicht mit dem kalendarischen Jahr identisch sein muß. So beginnt z.B. in unserer christlich-europäischen
Kultur ein kalendarisches Jahr jeweils am ersten Januar, während
das Kirchenjahr am ersten Adventssonntag anfängt.
Neben der *Wiederholbarkeit*[7] gelten in den Religions- und Kulturwissenschaften folgende Charakteristika als zentrale Merkmale
eines Fests (ohne daß alle gleichermaßen deutlich ausgeprägt sein
müssen):
a)   Die *Zeit* des Festes ist durch entsprechende Maßnahmen vom
Werktag unterschieden (z.B. Arbeit findet nicht statt). Durch die
Festlegung bestimmter Tage des Jahres als Festtage und deren
Wiederholbarkeit entstehen Festkalender, die das Jahr strukturie-

---

Eliade, Das Heilige und das Profane. Vom Wesen des Religiösen, Frankfurt a.M.
1984 (= Hamburg 1957), passim.
4   So bei *Assmann*, Stein, 225f.
5   *A. van Gennep*, Übergangsriten (= Les rites de passage), Frankfurt a.M. u.a.
1986 (dt. Übersetzung des franz. Originals Paris 1909).
6   Feste und Rituale lassen sich nicht scharf gegeneinander abgrenzen, s. *B.
Gladigow*, Art. Ritual, komplexes, HRWG IV (1998), 458–460, bes. 459.
7   Zur Wiederholbarkeit als Kennzeichen der Festzeit s. *Eliade*, Heilige,
63–66.

ren. V. Haas[8] spricht in diesem Zusammenhang von der Sakralisierung der Zeit. Der Anfang und das Ende eines Fests sind jeweils genau abgegrenzt (z.b. durch einen Signalton Ps 81,4, heutzutage gern Feuerwerk), und die dazwischenliegende Festzeit ist durch rituelle Abläufe (darunter auch die ritualisierte Anarchie; s.u. S. 11f) strukturiert[9]. Die Zeiterfahrung kann innerhalb der Festzeit verändert sein[10], da diese als Augenblick der Ewigkeit, stillgestellter Augenblick[11] und damit heilige Zeit wahrgenommen werden kann. Diese intensive Zeiterfahrung in der festlichen Gegenwart mag es mit sich bringen, daß einige Feste sich dem Thema der Vergänglichkeit widmen[12] (z.b. Totengedenkfeste) oder daß es in einigen Kulturen (z.b. Ägypten, Rom) zur Festsitte gehörte, im Rahmen des Festmahls (oder danach) die Feiernden durch das Auftragen einer Leichen- oder Skelettdarstellung an die eigene Sterblichkeit zu erinnern[13].

b) Der *Raum*, in dem das Fest stattfindet, ist durch entsprechende Maßnahmen von der Umgebung unterschieden (z.b. Schmuck, Beleuchtung). Es kann auch ein eigenes Festhaus, ein gesondertes Tor oder eine eigene Feststraße geben, die nur zu festlichen Anlässen betreten werden. Festhäuser, Prozessionswege und -tore können mit bestimmten mythologischen oder theologischen Motiven des jeweiligen Festinhalts verbunden sein, so daß der Festraum zum kosmischen Raum werden kann, in dem sich die Epiphanien der Götter ereignen. In diesem Zusammenhang kann von der Sakralisierung des Raums[14] gesprochen werden.

c) Zu Festen können *Mythen* (in Wort und Bild) gehören, die nach M. Eliade »eine heilige Geschichte, d.h. ein primordiales Ereignis, das am Anbeginn der Zeit, *ab initio*, stattgefunden hat«[15]

---

8   *Haas*, Geschichte, 692. S. auch *Eliade*, Heilige, 63–99.
9   Zur rituellen Organisation s. *J. Küchenhoff*, Das Fest und die Grenzen des Ich. Begrenzung und Entgrenzung im »vom Gesetz gebotenen Exzeß«, in: *W. Haug / R. Warning* (Hg.), Das Fest (Poetik und Hermeneutik 14), München 1989, 99–119, bes. 105–110.
10   S. *Küchenhoff*, Fest, 116–119.
11   In Anlehnung an *Assmann*, Stein, 210f.
12   So auch *J. Grondin*, Spiel, Fest und Ritual bei Gadamer. Zum Motiv des Unvordenklichen in seinem Spätwerk, Homo ludens – Der spielende Mensch 8 (1998), 43–52, bes. 48f.
13   Zu Belegen s. *Assmann*, Stein, 220–223.
14   Zu dem Begriff der Sakralisierung des Raumes vgl. *H. Cancik*, Rome as Sacred Landscape, VisRel 4–5 (1985–1986), 250–261; s. auch *B. Pongratz-Leisten, Ina šulmi īrub*. Die kulttopographische und ideologische Programmatik der *akītu*-Prozession in Babylonien und Assyrien im 1. Jahrtausend v. Chr. (BaF 16), Mainz 1994, 20; *Eliade*, Heilige, 23–60.
15   *Eliade*, Heilige, 85.

erzählen. Dies würde im Fest durch Nacherzählung oder kultisches Drama reaktualisiert, wodurch die Festteilnehmer periodisch zur Festzeit »zu Zeitgenossen des mythischen Ereignisses«[16] oder »zu Zeitgenossen der Götter«[17] würden. Während M. Eliade sich[18] hier relativ einseitig auf kosmogonische Mythen festlegte und sie mit der (von ihm vorausgesetzten) Sehnsucht des Menschen nach dem Ursprung verband, differenziert die Religionswissenschaft Mythen inzwischen meist funktional als fundierend-legitimierende, deutende (hierunter fallen u.a. die Kosmogonien) und weltmodellierende Erzählungen[19], die allesamt Deutungen verschiedener (!) anthropologischer Grundfragen bieten, die innerhalb eines sozialen Systems als gültig anerkannt werden. Sie alle können bei Festen eine Rolle spielen, die daher nicht einseitig auf einen Bezug zu Schöpfung, Urzeitereignissen und entsprechenden Mythen eingeschränkt werden dürfen.

Religionsgeschichtliche Entwicklungen, Kultübertragungen[20] oder veränderte sozialpolitische Bedingungen können auch dazu führen, daß einem Fest erst in einer späteren Phase seiner Entwicklung an einem bestimmten Ort gezielt ein Mythos zugeordnet wurde. Dies wird z.b. für das á-ki-ti/*akītu*-Fest angenommen, das seit dem Ende des 3. Jt.s v.Chr. in zahlreichen Städten Mesopota-

---

16 *Eliade*, Heilige, 78; ähnlich ebd., 93.

17 *Eliade*, Heilige, 77.

18 In der Festlegung der Feste auf die Bezogenheit auf die mythische Urzeit folgen ihm u.a. *Edsman*, Feste, 908; *Bischofberger*, Feste, 93 (Literatur!).

19 Es kann hier nicht der Ort sein, auf die ausgedehnte Debatte um den/die Mythosbegriff(e) einzugehen. Verwiesen sei auf den ausführlichen Artikel von *A. Assmann / J. Assmann*, Art. Mythos, HRWG IV (1998), 179–200 sowie *J. Assmann*, Der zweidimensionale Mensch: Das Fest als Medium des kollektiven Gedächtnisses, in: *ders.* (Hg.), Das Fest und das Heilige. Religiöse Kontrapunkte zur Alltagswelt (Studien zum Verstehen fremder Religionen 1), Gütersloh 1991, 13–30, bes. 24f (Mythos als Wahr-sage); *H. Halbfas*, Religion, Stuttgart / Berlin 1976, 50–64; *B. Gladigow*, Der Sinn der Götter. Zum kognitiven Potential der persönlichen Gottesvorstellung, in: *P. Eicher* (Hg.), Gottesvorstellung und Gesellschaftsentwicklung (FRW 1), München 1979, 41–62, bes. 52f. *P. Eschweiler*, Bildzauber im Alten Ägypten. Die Verwendung von Bildern und Gegenständen in magischen Handlungen nach den Texten des Mittleren und Neuen Reiches (OBO 137), Fribourg / Göttingen 1994, 240–242 (mit Literatur) betont die legitimierend-vertrauenerweckende Funktion des Mythos.

20 Überlegungen zu den Möglichkeiten und Konsequenzen der Kultübertragung (in bezug auf das Neujahrsfest aus der mesopotamischen in die israelitische bzw. judäische Kultur) stellt *C. Auffahrt*, Der drohende Untergang. »Schöpfung« in Mythos und Ritual im Alten Orient und in Griechenland am Beispiel der Odyssee und des Ezechielbuches (Religionsgeschichtliche Versuche und Vorarbeiten 39), Berlin / New York 1991, 116–118 an. Wichtig sind seine Hinweise im Hinblick darauf, daß die Rezeptionsvorgänge auch Kritik und Widerspruch beinhalten können.

miens (meistens) für die jeweilige Stadtgottheit gefeiert wurde[21]. Das bekannte *akītu*-Fest des 1. Jt.s v.Chr. in Babylon für Marduk war als großer Festkreis des Staatskults ausgestaltet worden. Festlegende war zu dieser Zeit *Enūma eliš*, ein umfangreicher Konfliktmythos, der sich um den Aufstieg des babylonischen Nationalgotts zum Götterkönig und Sieger über das Chaos rankt. Da es sich bei diesem Mythos um eine recht späte Schöpfung aus dem 12. Jh. v.Chr. handelt[22], können die früher bezeugten *akītu*-Feste kaum ursprünglich mit dieser Festlegende verbunden gewesen sein[23].

Die Art der Vergegenwärtigung von Mythen in Ritualen ist ein komplexes Problem[24]. Mythen können in Festritualen durch signifikante Gegenstände, Gesten, Namensbenennungen, Kultmittel, Kultmimen, Priester oder König vergegenwärtigt werden. Ritus und Mythos können kongruieren, eine Beobachtung, die zu Unrecht von den Vertretern der Myth-and-Ritual-Schule[25] verallgemeinert wurde. Weitaus häufiger als das konsequente Nachspiel eines Mythos in einem begleitenden kultischen Drama sind vielfältige lockere Bezugnahmen zwischen mythischen Rezitationen, bildhaften Darstellungen und rituellen Handlungen zu belegen. Auch spielt die logische Handlungsabfolge der im Mythos erzählten Ereignisse im Ritual nicht immer eine Rolle: Ein und dasselbe mythologische Geschehen konnte mehrfach an verschiedenen Stellen innerhalb des Ritualverlaufs aktualisiert werden, so daß sich im Ritual Vorgänge wiederholten, die im Mythos nur

---

21 Zum á-ki-ti/*akītu*-Fest der Frühzeit s. *W. Sallaberger*, Art. Neujahr(sfest) A. Nach sumerischen Quellen, RLA 9 (1998–2001), 291–294. Zu den Festen im 1. Jt. in Aššur, Uruk und Babylon s. *Pongratz-Leisten, Ina šulmi īrub*, 115–143 sowie den Gesamtüberblick der Belege in *B. Pongratz-Leisten*, Art. Neujahr(sfest) B. Nach akkadischen Quellen, RLA 9 (1998–2001), 294–298.
22 So mit *W.G. Lambert*, The Reign of Nebuchadnezzar I: A Turning Point in the History of Ancient Mesopotamian Religion, in: *W.S. McCullough* (Hg.), The Seed of Wisdom, Essays in Honour of T.J. Meek, Toronto 1964, 3–13.
23 So schon *J.A. Black*, The New Year Ceremonies in Ancient Babylon: »Taking Bel by the Hand« and a Cultic Picnic, Religion 11 (1981), 39–59, hier 50.
24 Zur Diskussion um das Verhältnis von Mythos und Ritual s. die Literatur in *E. Cancik-Kirschbaum*, Konzeption und Legitimation von Herrschaft in neuassyrischer Zeit. Mythos und Ritual in VS 24, 92, WdO 26 (1995), 5–20, bes. 6, Anm. 5 und *Eschweiler*, Bildzauber, 239, Anm. 59.
25 Zu dieser Schule, die ausgehend von den Arbeiten von u.a. J. Fraser, S.H. Hooke auch in der Orientalistik und Bibelwissenschaft Fuß fassen konnte, s. *T.H. Gaster*, Thespis. Ritual, Myth and Drama in the Ancient Near East, New York 1950, diskutiert von *A.R. Petersen*, The Royal God. Enthronement festivals in ancient Israel and Ugarit? (JSOT.S 259), Sheffield 1998, 40–52. S. weiter *W.G. Lambert*, Myth and Ritual as Conceived by the Babylonians, JSS 13 (1968), 104–112.

einmalig stattgefunden hatten[26]. Im übrigen stellt schon das Nach-
sprechen eines Mythos eine Handlung dar, die durch den Vortra-
genden selber (z.B. Mimik, Gestik, Stimmmodulation) dramatisch
ausgestaltet werden kann.

d) Die *Handlungsabläufe* des Festtags sind von denen des
Werktages unterschieden. Die Routine des Alltagslebens wird unterbrochen. Dies kann auf mehreren Ebenen geschehen: Im Tempel ersetzen Festrituale die Alltagsrituale, Festliturgien die All-
tagsliturgien. Anstelle der alltäglichen Texte werden festspezifi-
sche Texte, Gebete, Lieder etc. rezitiert, gesungen und gebetet.
Zur visuellen Inszenierung des Festinhalts können auch die Kultbilder der Götter, Kultsymbole oder andere Kultgegenstände, die
dem kollektiven Gedächtnis einer Gemeinschaft verständlich sind,
beitragen, indem sie (abweichend vom Alltagskult) öffentlich gezeigt werden. In den Ritualen der Feste kommen daher (analog
zu denen des Alltags) die drei Kodierungsformen religiöser Symbolsysteme, Sprache, Bilder und Handlungen, zum Einsatz[27].
Die Festteilnehmer trennen sich symbolisch von ihrem Alltag, indem sie sich reinigen, salben, frisieren, schmücken und Festklei-
dung anziehen. Die Alltagsarbeit ist zugunsten der Festtagsruhe,
Muße, Besinnung, Kontemplation, des Tempelbesuchs oder der
Wallfahrt aufzugeben. Alle diese Dinge setzen (politischen, familiären) Frieden und Sicherheit voraus, die Rahmenbedingung eines Fests sind[28]. Im Unterschied zum Alltag, der vornehmlich auf
Leben als Über-leben ausgerichtet ist, wird das Leben im Fest als
alle Sinne und Körperfunktionen reizender Genuß zelebriert: Musik, Tanz, Spiele, Festessen (bis hin zu den einem Fest als typisch
zugeordneten Speisen, jedoch auch Speisetabus), Räucherwerk und
Rauschmittel tragen zur ganzheitlichen Welterfahrung das Ihre
bei. Auch offen zur Schau getragene Emotionalität (Freude, Trauer) kann Teil des festlichen Geschehens sein, während ein solches
Verhalten im Alltag verpönt ist. J. Assmann[29] spricht in diesen
Zusammenhängen von der »›Auratisierung‹ des Augenblicks« sowie von »affektiver Verschmelzung« bzw. Ergriffenheit der Teil-

---

26   S. dazu *A. Livingstone*, Mystical and Mythological Explanatory Works of
Assyrian and Babylonian Scholars, Oxford 1986, 167.
27   Zu diesen drei wichtigsten Darstellungsebenen bzw. »Kodierungsformen« religiöser Symbolsysteme s. *F. Stolz*, Hierarchien der Darstellungsebenen religiöser Botschaft, in: *H. Zinser* (Hg.), Religionswissenschaft. Eine Einführung, Berlin 1988, 55–72, bes. 55–57.
28   Auf den Zusammenhang zwischen Fest und Frieden wies *R. Buland*, Fest –
Spiel – Frieden. Zusammenhänge und Wesenszüge, Homo ludens – Der spielende Mensch 8 (1998), 249–260, bes. 252f hin.
29   *Assmann*, Stein, 205f.

nehmer. Während die Betonung der Festfreude, der sinnlichen Genüsse, Ordnung, Fülle und Schönheit[30] die These nahelegt, daß Feste Ausdruck der Weltbejahung sind, gibt es auch Feste, die öffentliches Weinen, Fasten, Selbstminderungsriten oder destruktiv-anarchistische Elemente enthalten. Zu ihrer Interpretation als Infragestellung der Welt oder gesellschaftliches »Ventil« s.u. S. 12.

e) *Dynamik* und *Ausnahmephänomene*. Festrituale beinhalten häufig rituell begleitete Ortswechsel und Prozessionen, so daß innerhalb des Fests ein Übergang von der Ruhe, Routine und Stabilität des Alltagskults in die Bewegung und Dynamik des Festkults zu beobachten ist. Wenn Götterprozessionen stattfinden, verlassen die Götter für die Dauer der Festzeit ihre Abgeschlossenheit, Ortsfestigkeit, Passivität und die Routine des Tempelalltags. Sie ziehen aus ihren Heiligtümern aus und werden öffentlich, mobil und aktiv[31]. Aus der Routine ihrer »normalen« Tätigkeiten treten auch die Menschen heraus, was sich durch Ortswechsel (Tempelbesuch, Wallfahrt, Besuch des Familienvorstands oder der Familiengräber), »Über-die-Stränge-Schlagen / bewusste Exzesse« (finanziell, kulinarisch, emotional, sexuell) und andere Ausnahmephänomene (Kleider- und Rollentausch bis hin zur sog. »verkehrten Welt«) äußern kann.

f) *Geselligkeit* und *Gemeinschaft* nach innen, *Abgrenzung* nach außen. Die zusammenführende Wirkung der Festriten, Festmähler, Feststimmung, Festsitten und Festgebräuche zeremonialisiert Gemeinsamkeit[32]. Die Festteilnehmer wirken in der ein oder anderen Weise am Fest mit[33], bekunden sich selbst und stellen sich

30 So *Assmann*, Mensch, 13–17.
31 Zu den Merkmalen der Feste vgl. *J. Assmann*, Das ägyptische Prozessionsfest, in: *ders.* (Hg.), Das Fest und das Heilige. Religiöse Kontrapunkte zur Alltagswelt (Studien zum Verstehen fremder Religionen 1), Gütersloh 1991, 105–122, bes. 106–111.
32 In Anlehnung an *G.J. Baudy*, Hierarchie oder: Die Verteilung des Fleisches. Eine ethologische Studie über die Tischordnung als Wurzel sozialer Organisation, mit besonderer Berücksichtigung der altgriechischen Gesellschaft, in: *B. Gladigow / H.G. Kippenberg* (Hg.), Neue Ansätze in der Religionswissenschaft (FRW 4), München 1983, 131–174, bes. 131. Auf das Fest als »Darstellung der Gemeinsamkeit selbst in ihrer vollendeten Form« wies *H.G. Gadamer*, Über den Ernst des Fehlens von Festen. Hans-Georg Gadamer im Gespräch mit Rainer Buland, Homo ludens – Der spielende Mensch 8 (1998), 21–41, bes. 24 hin. S. dazu weiter *Grondin*, Spiel, 47f.
33 Auf den Aspekt der Mitwirkung und Teilnahme hat *V. Lanternari*, Spreco, ostentazione, competizione. Antropologia del comportamento festivo, in: *C. Bianco, M. Del Ninno* (Hg.), Festa: Antropologia e semiotica. Relazioni presentate al convegno di studi »Forme e pratiche della festa« Montecatini Terme, 27–29 ottobre 1978, Florenz 1981, 132–150 hingewiesen.

nach außen hin dar. Im Festkult vollzieht sich die Sakralisierung der Festgemeinschaft, was zur Stiftung und Stabilisierung von deren Identität beiträgt. Die *Festteilnehmer* grenzen sich als feiernde Gemeinschaft von allen denjenigen ab, die nicht mitfeiern können, dürfen oder wollen. Solange innerhalb eines sozialen Systems dieselben Festtraditionen und -kalender bestehen, kommen den gemeinsamen Feiern des offiziellen Kults gesamtgesellschaftliche Bedeutung zu. Ist dies jedoch nicht der Fall, weil innerhalb einer Gesellschaft verschiedene kultische Kalender nebeneinander Gültigkeit besitzen, werden die gruppenspezifischen Grenzen und Unterschiede um so unübersehbarer offenbar. Brücken können hier geschlagen werden, indem die Feiernden eine Kultur der Gastfreundschaft des Fests entwickeln und Außenstehende einladen.

Trotz dieser grundsätzlichen Übereinstimmungen ist Fest nicht gleich Fest. Um die Fülle der Feste, Feiern und Feten zu strukturieren, die man phänomenologisch in den verschiedenen Kulturen bis heute beobachten kann, kann man dieselben nach ihrer sozialen Trägerschaft differenzieren:

Generell kann zwischen Festen *privater* Natur (Familienfeste, darunter auch Ahnen- und Totengedenkfeste, oder Feste privater Kultvereine), Sonderfeste bestimmter sozialer oder lokaler *Gruppen* (auch Geschlechter, Altersklassen, Berufsgruppen, lokale Kultgemeinschaften) und Festen des *offiziellen Stadt- oder Staatskults* unterschieden werden, ohne daß sich die Grenzen immer scharf ziehen lassen. Wer an einem Fest teilnehmen darf oder nicht, richtet sich nach dem jeweiligen Charakter und der Ausrichtung eines Festes und wird vom explizit genannten oder implizit angenommenen Gastgeber bestimmt, der Menschen und Götter einlädt. Sonderfeste lokaler oder sozialer Gruppen oder Familien, von ebendiesen ausgerichtet, richten sich nur an einen begrenzten Adressatenkreis, jedoch ist nicht auszuschließen, daß sich die Festgemeinschaft nach außen hin öffnen kann. Feste des offiziellen Kults oder Staats, im allgemeinen vom König, Königshaus und/oder den Priestern ausgerichtet und begangen, können die »Laien« der Kultgemeinde ein-, aber auch ausschließen.

2. Wozu dienen Feste?

Seit E. Durkheim[34] hat sich die Einsicht durchgesetzt, daß soziale Systeme Feste brauchen. Das gemeinsame Feiern einer Familie,

---

34 E. *Durkheim*, Die elementaren Formen des religiösen Lebens, Frankfurt a.M. 1981 (= Les formes élémentaires de la vie religieuse, Paris 1912), 471f.

einer sozialen Gruppe oder einer lokalen Kultgemeinschaft bestätigt das Bewußtsein der Zusammengehörigkeit der Festteilnehmer. Für die Dauer des Fests begehen die Mitglieder einer Festgemeinde gemeinsam dieselben Bräuche[35], finden sich zusammen, singen und hören dieselben Lieder und folgen denselben Geschichten, die mit dem Anlaß des Fests verbunden sind. Feste beinhalten meist Mahlgemeinschaften, die als Angliederungs- bzw. Binderiten zu gelten haben[36], die die Interaktionspartner verbinden[37] und gemeinsame Identität stiften. Die Teilnehmer einer Festgesellschaft (neben Menschen sind auch die Ahnen oder Götter möglich) speisen gemeinsam und veranschaulichen so ihren intimen und vertraulichen Umgang miteinander. Mähler innerhalb von Festgemeinschaften sind meist so arrangiert, daß der Anlaß, die Bedeutung des Mahls und der soziale Rang der Gäste in Szene gesetzt wird. Dies kann durch die einem Festanlaß zugeordneten Speisen und Getränke, Tafeldekoration und -geschirr, durch die Sitzordnung, die Verteilung der Portionen, begleitende Tischreden, -sprüche, -gebete ausgedrückt werden. Neben diesen integrativen und gemeinschaftsstiftenden Funktionen, die den Festen zugesprochen werden, sind seither weitere gesellschaftsrelevante Aufgaben der Feste herausgearbeitet worden. So hob V. Lanternari[38] die Bedeutung der Feste als fester Bestandteil des gesellschaftlichen Krisenmanagements hervor. Periodische Krisenüberwindung und soziale Regulierung sind die Stichworte, die seines Erachtens die Funktionen der Feste, besonders der Neujahrsfeste, charakterisieren. Feste können ein chaotisches, destruktives oder anarchistisches Element enthalten[39] (z.B. Karneval, »verkehrte Welt«) und die Ordnung der Welt und der Gesellschaft für einen begrenzten Zeitraum gezielt außer Kraft setzen und in ihr Gegenteil verkehren. So können sie Freiräume für das Ausleben kollektiver und

35 Vgl. auch *A. Haldar*, Art. Fest, RLA 3 (1957–1971), 40–43, bes. 40.
36 So *Van Gennep*, Übergangsriten, 37.
37 *Baudy*, Hierarchie, 131–174; *B. Janowski*, Art. Opfermahl, NBL 3 (2001), 43–46.
38 *V. Lanternari*, La grande festa: Vita rituale e sistemi di produzione nelle società tradizionale (La scienza nuova 45), Bari ²1983. S. auch *J. Renger*, Isinnam *epēšum*: Überlegungen zur Funktion des Festes in der Gesellschaft, in: *A. Finet* (Hg.), Actes de la 17e Rencontre Assyriologique Internationale, Université Libre de Bruxelles, 30 juin – 4 juillet 1969, Ham-sur-Heure 1970, 75–80, bes. 78, der darauf hinweist, daß Feste den Herrschenden auch die Möglichkeit geben, soziale Spannungen zu entschärfen (»Brot und Spiele«).
39 Darauf verwiesen u.a. *M.M. Bachtin*, Literatur und Karneval: Zur Romantheorie und Lachkultur (Reihe Hanser 31), München 1969; *G.M. Martin*, Fest und Alltag: Bausteine zu einer Theorie des Festes, Stuttgart 1973; *Auffahrt*, Untergang, 1–37.

individueller Wünsche und Phantasien schaffen. Die zeitlich begrenzte Aufhebung der alltäglichen Ordnung kann dazu benutzt
werden, Mängel und Zwänge der »normalen Welt« zu kompen-
sieren, indem Alternativen durchgespielt werden. Auf diesem
Hintergrund ist ein Fest für B. Gladigow nicht etwa als eine ›Zustimmung zur Welt‹ zu sehen, sondern als deren Infragestellung[40]. Ethnopsychoanalytisch-psychohistorische Forschung weist
in diesem Zusammenhang überzeugend darauf hin, daß derartige
Feste gesellschaftlich die Funktion der Konfliktbewältigung erfüllen und inhärente Spannungen abbauen. Als Institutionen des
kontrollierten Exzesses haben sie einen kathartischen Effekt, der
letztlich dazu dient, den gesellschaftlichen Status quo zu stabilisieren[41]. Die Ordnung des Alltags und ihre Übertretung im Fest
gehören zusammen[42]. Eine ähnliche Funktion scheint auch rituali-
sierten Rivalitätskämpfen, Prügeleien[43] und Spielen[44] zuzukom-
men, die in Festen ihren Ort haben können.

Feste können jedoch auch sehr geordnet ablaufen, indem die für
den jeweiligen Anlaß geschaffenen und überlieferten Bräuche und
Festrituale zur Anwendung kommen. Diese durchbrechen den Alltag für eine begrenzte Zeit und können sich von diesem dadurch
abgrenzen, daß für die Dauer des Fests Farben, Glanz, Düfte, Musik, Fülle und Pracht Einzug halten. Derartige Feste werden von J.

40 *Gladigow*, Ritual, komplexes, 459.
41 S. dazu z.B. *R. Haubl*, Kein Fest ohne Narren. Zur Dialektik von Entgrenzung und Begrenzung, in: *R. Apsel* (Hg.), Arbeit, Alltag, Feste (Ethnopsycho-
analyse 4), Frankfurt a.M. 1995, 127–147, der auf entsprechende Vorarbeiten
von *S. Freud* (Massenpsychologie und Ich-Analyse; Totem und Tabu) hinweist.
S. weiter *Küchenhoff*, Fest, passim; *Auffahrt*, Untergang, 22–27 (»Ventilfest«).
42 Zur Dialektik des Festes zwischen Ekstase und Ordnung, Weltbejahung
und Weltverneinung s. *Küchenhoff*, Fest, 99–119; *H.G. Cox*, The Feast of Fools:
A theological essay on festivity and fantasy, Cambridge 1969, 21ff. *Auffahrt*,
Untergang, 30 weist zu Recht darauf hin, daß der Streit, ob ›das‹ Fest Ablehnung der Welt oder Zustimmung zur Welt sei, nur durch »die kulturspezifi-
sche Analyse konkreter Feste« gelöst werden kann, die »die Ambivalenz beider
Tendenzen im gleichen Fest deutlich macht.« Im Rahmen seiner Definition eines
Fests (ebd., 31) spielt denn auch die »Kommunikation über die bestehende
Ordnung ..., ihre spielerische Umkehr« im Fest, die »Vergewisserung ... über
die Berechtigung der Ordnung« aber auch die »Überprüfung dieser Normal-
ordnung mit der immanenten Möglichkeit, daß sich diese nicht als die beste
erweist« eine große Rolle.
43 So belegt aus dem hethitischen Festkult; s. *Haas*, Geschichte, 689.
44 *J. Huizinga*, Homo ludens. Vom Ursprung der Kultur im Spiel, Hamburg
[18]2001 [dt. Übersetzung des niederländischen Originals, Haarlem 1938]. S.
weiter *R. Buland*, Fest – Spiel – Frieden. Zusammenhänge und Wesenszüge, Homo ludens – Der spielende Mensch 8 (1998), 249–260 und die übrigen Beiträge
in Homo ludens – Der spielende Mensch 8 (1998) [Themenheft »Fest und
Spiel«].

Assmann als religiöser Kontrapunkt zur Alltagswelt beschrieben, da es in ihnen zur »Inszenierung von Schönheit und Ganzheit«[45] (mit den als positiv gekennzeichneten Merkmalen Fülle, Ordnung, Besinnung und Ergriffenheit) käme, die der Mensch in seinem Alltag (mit den als negativ gekennzeichneten Merkmalen Knappheit, Kontingenz, Routine und Monotonie) nicht realisieren könne, auf die er jedoch angewiesen sei. Innerhalb dieser Festtheorie, die dem (geordneten) Fest die Funktion der Sinnstiftung, Lebensbejahung[46] und Überwindung des Alltags zuspricht (und die oben erwähnten destruktiv-anarchistischen Feste weitgehend unberücksichtigt läßt), kommt vor allem *den* Festen eine herausragende Bedeutung zu, die einen demonstrativen bzw. repräsentativen Aspekt haben, der sie nach außen hin erkennbar macht. Dies trifft vor allem auf Feste des offiziellen Kults zu. Diese können die optische Inszenierung der Festzeit als heiliger Zeit optimieren, indem das gesamte Repertoire der Indikatoren für göttliche Gegenwart und Heilszeit eingesetzt wird[47]. Opfer, Gesänge, Rezitationen, Tänze, Lieder, Räucherwerk, farbige Kleidung und glänzender Schmuck sowie die Epiphanie der Götter in Gestalt ihrer Kultbilder oder Kultsymbole während der Prozessionen[48] können den Eindruck der Göttergegenwart erwecken und den Festteilnehmern die Gemeinschaft mit dem Göttlichen vermitteln. Diese gemeinschaftliche Festerfahrung auf der Grundlage des gemeinsamen Glaubens[49] fundiert die kollektive Identität ihrer Betrachter, die sich darauf zurückbesinnen, von denselben Göttern geschaffen zu sein und bewahrt zu werden, so daß sich jeder einzelne als Teil seiner religiösen Gemeinschaft erleben kann. So ist ein Fest eine Erfahrung der individuellen Person, aber zugleich auch ein »äußeres soziales Ereignis«[50]. Das gemeinsame Feiern stärkt trotz aller Ge-

---

45 *Assmann*, Mensch, 17.
46 Diesen Aspekt hoben u.a. *J. Pieper*, Über das Phänomen des Festes (Arbeitsgemeinschaft für Forschung des Landes Nordrhein-Westfalen. Geisteswissenschaften, Heft 113), Köln / Opladen 1963, 12ff; *M. Rassem*, Das Fest als Spiel – Spiele als Feste oder Festersatz, Homo ludens – Der spielende Mensch 8 (1998), 77–89 bes. 86 hervor.
47 *H. Cancik / H. Mohr*, Art. Religionsästhetik, HRWG I (1988), 121–156, bes. 136. Zu einer Übersicht der rituellen Elemente im hethitischen Festkult s. *Haas*, Geschichte, 681–695.
48 Dazu ausführlich s. *A. Berlejung*, Geheimnis und Ereignis. Zur Funktion und Aufgabe der Kultbilder in Mesopotamien, in: JBTh 13 (1998): Die Macht der Bilder, Neukirchen-Vluyn 1999, 109–143, bes. 124–137.
49 Mit *Assmann*, Mensch, 15–17.23–27. Vgl. weiter *C. Geertz*, Religion als kulturelles System (1966), in: *ders.*, Dichte Beschreibung. Beiträge zum Verstehen kultureller Systeme, Frankfurt a.M. 1983, 44–95, bes. 85ff.90ff.
50 Auf diese Polarität wies *Rassem*, Fest, 86 hin.

gensätze die Einheit gesellschaftlicher Bindung und verändert den
Alltag, da dieser nur noch als Teil der in der heiligen Zeit erfahrenen Wirklichkeit und der Verbundenheit mit den eigenen Göttern
gesehen wird[51]. Indem die kultischen Feste versuchen, die Einheit
menschlicher, königlicher und göttlicher Bindung zu stärken, um
sich letztlich der göttlichen Wirkungsmacht zu versichern, steht
das Feiern eines kultischen Fests im Dienst des kollektiven Ziels
der Lebens- und Zukunftssicherung der Gemeinschaft, die durch
die Festgesellschaft vertreten ist. Die Leistung des Fests besteht in
diesem Zusammenhang darin, innerhalb der göttlich-menschlichen
Festgemeinschaft Kommunikaton und Interaktion zu ermöglichen
und Menschen und Göttern das Ereignis einer Gemeinschaft zu
vermitteln, die aus der Gesprächsbedingtheit der Rede und der
Vermittlungsbedingtheit der Lehre entgrenzt ist.
Während der Festabläufe werden religiöse Botschaften in Form
von festspezifischen Ritualhandlungen, Worten und Bildern kodiert. Diese werden an die Festteilnehmer vermittelt. Auch ohne
theologische Ausbildung kann der einzelne ein Fest des offiziellen
Kults mit Gewinn verfolgen, indem er der Epiphanie der Götter
beiwohnt, sie erlebt, staunt, sich an ihr freut, betroffen ist und sie
in seine persönliche Erfahrung integriert. Die Feste sind daher
Zeiten der Lebensintensität wie Kontemplation und schließen eine
ganzheitliche Gottes- und Welterfahrung mit ein[52]. Sie wirken
orientierend und sinnstiftend, da sie mehrere Wirklichkeitsberei-
che (Gott und Welt), aber auch mehrere Erfahrungsbereiche (individueller Zuschauer, König, Gott, Gemeinschaft) vereinen. Den
Festen kommt die zentrale Rolle zu, konforme religiöse Erfahrungen zu produzieren, Erfahrungen, die mit den für die jeweilige
Religion (der Leitkultur) charakteristischen Glaubensinhalten im
Einklang stehen[53]. So unterstützen sie die Funktion der Religion,
die von H. Albert als »*Erklärung, Steuerung* – oder Handlungs-
orientierung – und *Sicherung*« bestimmt wird[54].
Die vielfältigen Funktionen, die die Feste als das gegenüber dem
Alltag ganz andere erfüllen können (und die sich weder gegenseitig
ausschließen noch in einem Fest je vollständig zum Tragen kommen müssen), machen deutlich, daß Feste wesentlich zum mensch-

51 So mit *Geertz*, Religion, 90–92.
52 So im Anschluß an *H. Halbfas*, Das dritte Auge. Religionsdidaktische
Anstöße, Düsseldorf ⁵1992, 41f; *ders.*, Religion, 77ff; vgl. auch *Haldar*, Fest,
40. *Assmann*, Mensch, 15f spricht hier von »Efferveszenz«, »affektiver Verschmelzung« (s.o. S. 8f) und »Besinnung«.
53 In Anlehnung an *H. Albert*, Kritik der reinen Hermeneutik: Der Antirea-
lismus und das Problem des Verstehens (EGW 85), Tübingen 1994, 222.
54 *Albert*, Kritik, 227.

lichen Leben dazugehören. »Das Fest ist Ausdruck der menschlichen Mehrdimensionalität, seiner Fähigkeit, vielleicht sogar Angewiesenheit, zu einem Leben in verschiedenen Welten«[55], die nichtsdestotrotz zusammengehören. Fest und Alltag ergänzen sich.

3. Wie entwickeln sich Feste?

Die verschiedenen Funktionen, die Feste erfüllen können, und ihre Verflochtenheit mit der Welt der Menschen, Könige und Götter bringen es mit sich, daß sie kulturell, gesellschaftlich, politisch, königsideologisch, religiös und theologisch je verschieden geprägt sind und an Entwicklungen teilhaben, die sich in einem der genannten Bereiche oder in deren Verhältnissen zueinander ergeben. Damit ist eine diachrone und religionsgeschichtliche Fragestellung eröffnet, der die kultgeschichtliche Forschung[56] nachgeht, indem sie versucht, den Weg eines Fests innerhalb einer Kultur von seinen Ursprüngen bis zu seiner jüngsten faßbaren Gestalt nachzuzeichnen.

Auch wenn die Namen oder Termine der Feste innerhalb eines kulturellen Systems häufig traditionell beibehalten werden, so können ihre inhaltlichen Bestimmungen an religionsgeschichtliche Veränderungen (z.B. Verschiebungen und Reformen im Pantheon), Modifikationen alter oder das Aufkommen neuer Glaubensaussagen oder an veränderte sozialpolitische Gegebenheiten angepasst worden sein. Die ursprünglichen Festinhalte und -anlässe können im Zuge dieser Entwicklungen überlagert werden, wobei es vielfach kaum mehr möglich ist, dieselben zweifelsfrei zu rekonstruieren. Dennoch ist deutlich, daß zwischen dem Ursprung eines Fests, seinen Inhalten und seinen Interpretationen innerhalb eines kulturellen Systems in den verschiedenen Zeitepochen zu unterscheiden ist. Neben den Inhalten können sich auch die Formen verändern: Festrituale können sich im Laufe der diachronen Entwicklung eines Fests immer weiter ausdifferenzieren und an Komplexität zunehmen[57]. Einfache Rituale, die anfänglich vom

---

55   *Assmann*, Stein, 225.
56   S. einführend für den biblischen Bereich *H. Graf Reventlow*, Art. Kultgeschichtliche Forschung, BHH 2 (1964), 1020f; *C. Westermann*, Art. Kultgeschichtliche Methode II. Kultgeschichtliche Methode und AT, RGG³ 4 (1960), 91f; *ders.*, Art. Kultgeschichtliche Schule, ebd., 93f; *D. Baudy*, Art. Kult/Kultus, II. Forschungsgeschichtlich, RGG⁴ 4 (2001), 1802–1806; *H.-J. Kraus*, Geschichte der historisch-kritischen Erforschung des Alten Testaments, Neukirchen-Vluyn ⁴1988, 400ff; *J.W. Rogerson*, Art. Bibelwissenschaft I/2. Geschichte und Methoden, TRE 6 (1980), 346–361, bes. 358–361.
57   Zum Grundproblem s. *Gladigow*, Ritual, komplexes, 458–460, bes. 458.

Familien- oder Ortsvorstand durchgeführt werden konnten, können im Laufe der Zeit immer komplizierter werden und die Anwesenheit mindestens eines sachverständigen Priesters erfordern (Stichwort: Professionalisierung von Religion). Wenn die Quellenlage es erlaubt, so zeigt sich in verschiedenen altorientalischen Kulturen[58], daß spätestens mit der Übernahme und Integration lokaler Kult- und Festtraditionen in einen zentralisierten offiziellen Staatskult unter der Obhut der Priesterschaft der Hauptstadt aus einem ehedem familiären oder bäuerlich-dörflichen Festtag ein Festkreis des städtisch-offiziellen Kults werden konnte. Im Rahmen dieser Veränderung konnte das ursprüngliche Fest umgeformt, nach einem einheitlichen Konzept gestaltet, für königlichen oder priesterlichen Einsatz »umprogrammiert«, zentral organisiert, der Festschauplatz auf die Hauptstadt zentralisiert[59] oder mit anderen Festtagen zu einem Festtagskreis zusammengelegt werden.

Neben derartigen diachronen Veränderungen innerhalb desselben kulturellen Systems kann es auch zu anderen Verschiebungen kommen. Ein Fest kann auch von einem kulturellen System in ein anderes übertragen werden, wobei auch hier Veränderungen in der inhaltlichen Bestimmung, Interpretation sowie Gestaltung des Fests vonstatten gehen können, die durch Anpassungen an die neuen sozio-politischen, königsideologischen, religiösen und evtl. räumlichen Gegebenheiten bedingt sind[60].

II. Feste im Alten Testament

1. Vorbemerkung

Die altvorderorientalischen Kulturen (und so auch Palästina) waren in hohem Maße vom Ackerbau abhängig. Von daher erklärt es sich, daß zahlreiche Feste (wenigstens ursprünglich) agrarischen Charakter hatten und mit bestimmten Ereignissen des landwirtschaftlichen Kalenders verbunden waren. Besonders sind die Feste (anläßlich) der Aussaat, des Pflügens, des Erntebeginns, des Ernte- oder Leseabschlusses hervorzuheben. Die landwirtschaftlichen Feste gelten

---

58 Zu den Veränderungen in der hethitischen Festkultur s. *Haas*, Geschichte, 676f.

59 Die Zentralisierung der großen Feste in der Hauptstadt Hattuša beginnt im Mittleren Reich; s. *Haas*, Geschichte, 680f. Im Alten Testament ist an die Zentralisationsforderung des Deuteronomiums am Jerusalemer Tempel zu erinnern s.u. S. 49.

60 Als Beispiel wäre an die Übertragung des babylonischen *akītu*-Fests nach Aššur durch Sanherib zu denken; s. *E. Frahm*, Einleitung in die Sanherib-Inschriften (AfO.B 26), Wien 1997, 282–288.

denn auch kultgeschichtlich meist als die ältesten Feste, die in Gesellschaften begangen und erst später durch mythologische, königsideologische, historisierende, theologische oder andere Interpretationen überlagert wurden. Dabei ist zu bedenken, daß es im Vorderen Orient undenkbar war, daß irgend etwas in Himmel, Erde und Unterwelt ohne (mindestens) eine Gottheit geschehen könnte. Ein Fest ohne einen Gott / eine Göttin gab es also nicht. Dies galt für alle Feste, gleich ob sie an der Landwirtschaft, Viehzucht oder an astronomischen Beobachtungen orientiert waren. Letztere spielten in der Strukturierung des Jahres und der Feier bestimmter Tage ebenfalls eine große Rolle: Die kultischen Kalender des Vorderen Orients richteten sich u.U. auch nach den Mondzyklen, wobei dem Neu- oder Vollmond eine besondere Bedeutung zukommen konnte. M.E. Cohen wies zudem darauf hin, daß auch die Äquinoktien des Frühlings und des Herbsts das Jahr in zwei Hälften von je sechs Monaten teilen und die Festkalender so strukturieren konnten[61], daß zwischen den kultischen Maßnahmen im ersten und siebten Monat eine gewisse Parallelität bestand.

2. Welche Feste gab es im Alten Israel?

Die Quellenlage zur Rekonstruktion eines kalendarischen oder liturgischen Jahres ist relativ begrenzt. Ein Problem ist schon allein der altisraelitische bzw. judäische Kalender, da das Alte Testament keine(n) solchen enthält und auch mehrere Systeme der Monatsbezeichnungen wie Jahresanfänge kennt[62]. Ausgangspunkt vielerlei Überlegungen auf der Grundlage außerbiblischer Texte ist der sogenannte Gezer-Kalender, der das landwirtschaftliche Jahr kurz umreißt. Aus dem ins 10./9. Jh. datierbaren Text[63] geht hervor,

---

61 *M.E. Cohen*, The Cultic Calendars of the Ancient Near East, Bethesda 1993, 400f.
62 Zur Sache s. *J.C. VanderKam*, Art. Calendars, Ancient Israelite and Early Jewish, ABD 1 (1992), 814–820; *M. Weippert*, Art. Kalender und Zeitrechnung, BRL² (1977), 165–168; *R. De Vaux*, Das Alte Testament und seine Lebensordnungen I. Fortleben des Nomadentums, Gestalt des Familienlebens, Einrichtungen und Gesetze des Volkes, Freiburg / Basel / Wien ²1964, 286–313; *G. Larsson*, Ancient Calendars Indicated in the Old Testament, JSOT 54 (1992), 61–76; *J. Finegan*, Handbook of Biblical Chronology. Principles of Time Reckoning in the Ancient World and Problems of Chronology in the Bible, Peabody 1998 [revised edition Princeton 1964], 29ff; *H. Ulfgard*, The Story of *Sukkot*. The Setting, Shaping, and Sequel of the Biblical Feast of Tabernacles (BGBE 34), Tübingen 1998, 37–55.
63 *J. Renz*, Handbuch der althebräischen Epigraphik I: Die althebräischen Inschriften, Teil 1: Text und Kommentar, Darmstadt 1995, 30–37. Die Forschungslage faßte kürzlich zusammen *C. Körting*, Der Schall des Schofar. Israels Feste im Herbst (BZAW 285), Berlin / New York 1999, 70–75.

daß man noch zu dieser Zeit in Palästina das *landwirtschaftlich-kalendarische Jahr* mit dem Herbst beginnen ließ, wodurch Neujahr zwischen die Monate der Sommerobst- (August/September) und der Olivenernte und Weinlese (September/Oktober, jedoch bis November s.u. S. 22) fiel. Wann genau die Übernahme des mesopotamischen Kalenders erfolgte, der den Jahresbeginn im Frühjahr (Beginn am Äquinoktium) ansetzte, ist umstritten. Zusätzlich wird die Problematik noch dadurch erhöht, daß nicht ausgeschlossen werden kann, daß das Nord- (Israel) und das Südreich (Juda) (mindestens zeitweilig?) je unterschiedlichen Systemen folgten[64]. K. Jaroš[65] und K.T. Andersen[66] denken bereits an eine Übernahme mesopotamischer Gepflogenheiten im Nordreich Israel in der Zeit assyrischer Vorherrschaft im 8. Jh. Für Juda wird häufig mit einer Verzögerung gerechnet. Nach H.L. Ginsberg[67] blieb der herbstliche Jahresbeginn bis in die Regierungszeit des Manasse (687–642), nach J.H. Hayes[68] bis Josija (640–609) erhalten, nach dessen Tod die Umstellung stattfand. Entsprechend nehmen auch R. de Vaux[69], E. Auerbach[70], T.N.D. Mettinger[71] und H. Ulfgard[72] die Regierungszeit des Jojakim (608–598) als Übernahmedatum an. J. Finegan[73] läßt das neue System erst mit der babylonischen Eroberung Jerusalems beginnen. Im Laufe der nachexilischen Zeit bestanden verschiedene Kalendersysteme nebeneinander[74], aber man gab

---

64   So angenommen von *B.R. Goldstein / A. Cooper*, The Festivals of Israel and Judah and the Literary History of the Pentateuch, JAOS 110 (1990), 19–31; *M. Cogan*, Art. Chronology. Hebrew Bible, ABD 1 (1992), 1002–1011, bes. 1006.

65   *K. Jaroš*, Art. Kalender, NBL 2 (1995), 429–432.

66   *K.T. Andersen*, Noch einmal: Die Chronologie der Könige von Israel und Juda, SJOT 3 (1989), 1–45, bes. 12f.16f.

67   *H.L. Ginsberg*, The Israelian Heritage of Judaism (TSJTSA 24), New York 1982, 67.122–127.

68   *J.H. Hayes / P.K. Hooker*, A New Chronology for the Kings of Israel and Judah and Its Implications for Biblical History and Literature, Atlanta 1988, 13f.

69   *De Vaux*, Alte Testament, 297.308f.

70   *E. Auerbach*, Die Umschaltung vom judäischen auf den babylonischen Kalender, VT 10 (1960), 69f.

71   *T.N.D. Mettinger*, The Dethronement of Sabaoth. Studies in the Shem and Kabod Theologies (ConBOT 18), Lund 1982, 73 denkt an das Jahr 604 v.Chr., als Jojakim babylonischer Vasall wurde.

72   *Ulfgard*, Story, 45 legt sich zwar nicht genau auf ein Jahr fest, tendiert aber auf das Jahr 605 v.Chr. (Schlacht bei Karkemisch) als *terminus post quem*.

73   *Finegan*, Handbook, 34.

74   *Ulfgard*, Story, 47–55; *M. Chyutin*, The War of the Calendars in the Period of the Second Temple and the Redaction of the Psalms According to the Calendar, Tel Aviv 1993, passim.

doch den kalendarischen Jahresbeginn im Frühjahr wieder auf und kehrte (spätestens im 1. Jh. n.Chr.[75]) wieder zur älteren Tradition im Herbst zurück. Mit M.E. Cohen[76] ist festzustellen, daß analog zum mesopotamischen Kalender auch biblisch die Strukturierung des Jahres durch die beiden Äquinoktien bekannt ist, die das Jahr am 1. und 7. Monat in zwei sechsmonatige Abschnitte unterteilen. Neben Ex 34,22 (Herbstäquinoktium) und 2Sam 11,1 (Frühjahrsäquinoktium) führt er Ez 45,18–20 (LXX) an, wo durch die Parallelität zwischen dem 1. und dem 7. Monat die Jahresstrukturierung durch das Frühjahrs- und das Herbstäquinoktium aufgenommen worden ist. Tatsächlich stellen diese beiden Monate nach den alttestamentlichen Festkalendern die Höhepunkte des liturgischen Jahres dar. Wie die herausgehobene Nennung von Neumondstagen (Am 8,4f; 2Kön 4,23; 1Sam 20,5ff; Ps 81,4; Ez 46,1ff; Num 28,11ff; Neumondstag des 1. und 7. Monats: Lev 23,23; Num 29,1; Ez 45,18f) mit entsprechenden Festen nahelegt, spielten auch die Mondzyklen im kultischen Kalender Palästinas in bezug auf monatlich zu feiernde Feste eine besondere Rolle[77].

Die Rekonstruktion der *liturgischen Jahresabläufe* von Israel und Juda gestaltet sich als schwierig. Außerbiblische Quellen für dieselben sind erst aus späten Perioden erhalten. Erst ab dem 5. Jh. finden sich Texte (Elephantine[78] 5. Jh., Wadi ed-Daliye 4. Jh., 1Henoch 72–82 3. Jh., Jubiläenbuch 2. Jh., Qumrantexte[79]), die

---

75   So E. *Otto*, Art. Neujahr, NBL 2 (1995), 922; *ders.*, Art. Neujahrsfest, ebd., 922f, bes. 922.

76   *Cohen*, Calendars, 6f.

77   Zum Sabbat, der wohl auch in diesen Zusammenhang gehört s. E. *Haag*, Art. שבת, ThWAT VII (1993), 1040–1046.1047–1057; A. *Lemaire*, Art. Sabbat, NBL 3 (2001), 388–391; G.F. *Hasel*, Art. Sabbath, ABD 5 (1992), 849–856; G. *Robinson*, The Origin and Development of the Old Testament Sabbath (BBE 21), Frankfurt a.M. 1988; E. *Otto*, Art. Feste und Feiertage II. Altes Testament, TRE 11 (1983), 96–106, bes. 103f; K. *Grünwaldt*, Exil und Identität. Beschneidung, Passa und Sabbat in der Priesterschrift (BBB 85), Frankfurt a.M. 1992, 122–219; W.H. *Schmidt*, Alttestamentlicher Glaube, Neukirchen-Vluyn ⁸1996, 132–137; I. *Müllner* / P. *Dschulnigg*, Jüdische und christliche Feste (NEB – Themen, Bd. 9), Würzburg 2002, 11–14.

78   Zum Pascha-Mazzot-Papyrus s. B. *Porten* / A. *Yardeni*, Textbook of Aramaic Documents from Ancient Egypt, 1. Letters, Jerusalem 1986, A4.1. Zu den Ostraka s. B.M. *Bokser*, Art. Unleavened Bread and Passover, Feasts of, ABD 6 (1992), 755–765, bes. 759.

79   S. *Talmon* / J. *Ben-Tov*, 4Q362 – A Festival Calendar from Qumran, Tarbiz 68 (1999), 167–176; die Tempelrolle oder 11QpHab 11. Zum Kalender und der Zeitrechnung dort s. J. *Maier*, Die Qumran-Essener: Die Texte vom Toten Meer I, München / Basel 1995, XV–XVIII; *ders.*, ebd. III, München / Basel 1996, 52–160; K. *von Stuckrad*, Das Ringen um die Astrologie. Jüdische und christliche Beiträge zum antiken Zeitverständnis (RVV 49), Berlin / New York 2000, 184–

Informationen über vereinzelte Feste oder Kultkalender bieten, so daß man für Informationen über die früheren Zeitepochen auf das biblische Material angewiesen ist. Aus dem Alten Testament sind verschiedene Festkalender bekannt, von denen Ex 23,14–17[80] und 34,18.22f[81] lange als alt angenommen und in dieser Reihenfolge angeordnet wurden. Inzwischen stellt sich ihr Verhältnis zueinander als eine *crux interpretum* der Pentateuchforschung dar[82]. Aus ihnen ergibt sich jedoch nach wie vor, daß die Jahresfeste in Israel/Juda (wird innerbiblisch an diesen Stellen nicht differenziert) aus dem Mazzotfest, dem Wochenfest und dem Lese-, Herbst- oder Laubhüttenfest bestanden, die jeweils in dieser Reihenfolge angegeben werden, was auf den Beginn des kultischen Jahres im Frühjahr schliessen lassen könnte[83].

192. Zu einer inschriftlichen Erwähnung des Laubhüttenfests s. L. *Devillers*, La lettre de Soumaïos et les Ioudaioi Johanniques, RB 105 (1998), 556–581.
80 D. *Volgger*, Israel wird feiern. Untersuchung zu den Festtexten in Exodus bis Deuteronomium (Arbeiten zu Text und Sprache im Alten Testament 73), St. Ottilien 2002, 78 mit Anm. 14 bezweifelt, daß Ex 23,14–17 je als Festkalender in einer Kultgemeinde fungiert habe. S.E. handelt es sich um einen paradigmatischen Text, der die »Parameter des feiernden Israels« vorgibt, die in Ex 34 und Dtn 16 weiter entwickelt werden.
81 Anders jedoch E. *Blum*, Studien zur Komposition des Pentateuch (BZAW 189), Berlin / New York 1990, 65–72; S. *Springer*, Neuinterpretation im Alten Testament. Untersucht an den Themenkreisen des Herbstfestes und der Königspsalmen Israels (SBB 1979), Stuttgart 1979, 28f; *Ulfgard*, Story, 78; *Körting*, Schall, 36–38, die den Festkalender von Ex 34 als späteren Zusatz interpretieren. Auch S. *Bar-On*, The Festival Calendars in Exodus XXIII 14–19 and XXXIV 18–26, VT 48 (1998), 161–195 sieht in Ex 34 einen Midrasch zu Ex 23.
82 Das Verhältnis der Festkalender in Ex 23 und 34 wird kontrovers diskutiert. Während E. *Otto*, Das Deuteronomium. Politische Theologie und Rechtsreform in Juda und Assyrien (BZAW 284), Berlin / New York 1999, 76f.325–327 argumentiert, daß Ex 34,18–26* in Ex 23,14–19 rezipiert worden sei, gehen *Bar-On*, Calendars in Exodus, 161–195; C. *Houtman*, Das Bundesbuch. Ein Kommentar (DMOA 24), Leiden u.a. 1997, 311; *ders.*, Exodus 3, Chapters 20–40 (Historical Commentary on the Old Testament), Leuven 2000, 262f; *Körting*, Schall, 36ff von der umgekehrten Richtung aus. Zur älteren Forschungsgeschichte s. P. *Laaf*, Die Pascha-Feier Israels. Eine literarkritische und überlieferungsgeschichtliche Studie (BBB 36), Bonn 1970, 39–53; *ders.*, שבעת חג, Das Wochenfest, in: H.-G. *Fabry* (Hg.), Bausteine biblischer Theologie. Festgabe für G. Johannes Botterweck zum 60. Geburtstag dargebracht von seinen Schülern (BBB 50), Köln / Bonn 1977, 169–183, bes. 169–172.
83 So schon *Otto*, Neujahrsfest, 923; *ders.*, Neujahr, 922; Y. *Kaufmann*, Der Kalender und das Alter des Priesterkodex, VT 4 (1954), 307–313, bes. 312f; *Cogan*, Chronology, 1006. Das »kultische Neujahr im Herbst« gilt hingegen für I. *Willi-Plein*, Opfer und Kult im alttestamentlichen Israel. Textbefragungen und Zwischenergebnisse (SBS 153), Stuttgart 1993, 134; *Körting*, Schall, 194.

Seit J. Wellhausens[84] klassisch bleibender Schilderung der israelitischen Feste besteht weitgehend Einigkeit darüber, daß alle drei Feste ursprünglich an Ereignissen des landwirtschaftlichen Kalenders orientiert gewesen sind, in den Ortsgemeinden gefeiert und erst in späteren Phasen sukzessiv weitergehenden Interpretationen unterzogen wurden (s. im folgenden)[85]. Als wichtige historische Wendepunkte, die die Entwicklung der Festpraxis und Interpretation der Festinhalte maßgeblich bestimmt haben, werden meist der Beginn der Staatlichkeit in Israel und Juda mit der Etablierung des offiziellen Kults (unter Kontrolle von König und Priestern) in den jeweiligen Hauptstädten, das Ende der Staaten Israel und Juda mit dem Exil als Abbruch des offiziellen Kults[86] sowie der Wiederbeginn desselben in der nachexilischen Zeit angesehen. Die Veränderungen, die sich daraus im einzelnen ergeben haben mögen, werden jedoch durchaus kontrovers diskutiert (dazu s.u. S. 36–45).

Das *Mazzotfest* (Ex 23,15a; 34,18–20*) ist als das Fest der ungesäuerten Brote das Fest, das zu Beginn der neuen Getreideernte (Gerste als das früheste Ge-

---

84 J. *Wellhausen*, Prolegomena zur Geschichte Israels, Berlin ³1886 [1878], 84–121.

85 Zu allgemeinen Einführungen s. O. *Eißfeldt*, Art. Feste und Feiern: II. In Israel, RGG² 2 (1928), 550–558; E. *Kutsch*, Art. Feste und Feiern II. In Israel, RGG³ 2 (1958), 910–917; B. *Kedar-Kopfstein*, Art. חג ThWAT II (1977), 730–744; D. *Kellermann*, Art. מצה, ThWAT IV (1984), 1074–1081; T. *Kronholm*, Art. סכך, ThWAT V (1986), 838–856, bes. 849–854; E. *Otto*, Art. פסח, ThWAT VI (1989), 659–682; *ders.*, Art. שבע, ThWAT VII (1993), 1000–1027, bes. 1021ff; E. *Otto*, Art. Feste/Feiern II. Altes Testament, RGG⁴ 3 (2000), 87–89; *Bokser*, Bread, 755–765; M. *Rösel*, Art. Pesach I. Altes Testament, TRE 26 (1996), 231–236; *Otto*, Feste und Feiertage, 96–106; *ders.*, Art. Pascha, NBL 3 (2001), 77–80; G. *Schneider*, Art. Pfingstfest, NBL 3 (2001), 130f; A. *Angerstorfer*, Art. Laubhüttenfest, NBL 2 (1995), 591–593; T. *Willi*, Art. Mazzot, NBL 2 (1995), 746f; E. *Otto* / T. *Schramm*, Fest und Freude (Kohlhammer Taschenbücher 1003), Stuttgart u.a. 1977, 9–76; F.-E. *Wilms*, Freude vor Gott. Kult und Fest in Israel, Regensburg 1981, 288–404; H.-J. *Kraus*, Gottesdienst in Israel. Grundriß einer alttestamentlichen Kultgeschichte, München ²1962, 40–112; H. *Ringgren*, Israelitische Religion (Die Religionen der Menschheit 26), Stuttgart u.a. ²1982, 169–183; R. *Rendtorff*, Die Entwicklung des altisraelitischen Festkalenders, in: J. *Assmann* (Hg.), Das Fest und das Heilige. Religiöse Kontrapunkte zur Alltagswelt (Studien zum Verstehen fremder Religionen 1), Gütersloh 1991, 185–205; W. *Zwickel*, Der Tempelkult in Kanaan und Israel. Studien zur Kultgeschichte Palästinas von der Mittelbronzezeit bis zum Untergang Judas (FAT 10), Tübingen 1994, 303–308; *Schmidt*, Glaube, 175–185; *Müllner/Dschulnigg*, Feste, 27–51.

86 S. jedoch zu den Möglichkeiten, den Kult in Notzeiten aufrechtzuerhalten, A. *Berlejung*, Notlösungen – Altorientalische Nachrichten über den Tempelkult in Nachkriegszeiten, in: U. *Hübner* / E.A. *Knauf* (Hg.), Kein Land für sich allein. Studien zum Kulturkontakt in Kanaan, Israel/Palästina und Ebirnâri (FS M. Weippert) (OBO 186), Fribourg / Göttingen 2002, 196–230.

treide) gefeiert wurde[87]. Als Erntefest des Frühlings hatte es kein exakt festge-
setztes Datum, sondern war von dem tatsächlichen Erntebeginn innerhalb des
Monats Abib (= Ähren; März/April) abhängig. Dann sollte es sieben Tage durch
das Essen der festspezifischen Speise, das ungesäuerte Brot, gefeiert werden.
Das *Siebener* = *Wochenfest* (Ex 34,22; Dtn 16,10.16) oder *Erntefest* (Ex 23,16)
war ursprünglich ein eintägiges Erntefest, verbunden mit den Erstlingen der
Weizenernte (Ex 34,22). Die Freude und der Dank für den Erntesegen läßt sich
auch noch hinter dem späteren Text Dtn 16,9–12 erkennen, der explizit Jahwe
für die Gaben verantwortlich macht, jedoch den Ritus der Erstlingsdarbrin-
gung durch unspezifizierte freiwillige Festgaben ersetzt.
Das *Sammelfest* oder *Lesefest* (Ex 23,16; 34,22) oder *Laubhüttenfest* (Dtn
16,13.16; Lev 23,34) fand anläßlich der Weinlese und Olivenernte im Herbst
statt. Auch für dieses Fest scheint es kein exaktes Datum gegeben zu haben, der
tatsächliche Abschluß der Sammlung und Lese im Herbst für die Weinkelter
oder Ölpresse war vielmehr der Zeitpunkt, an dem man feierte. Da der palästinische Kalender den Jahreswechsel im Herbst ansetzte (so belegt im 10./9. Jh.
im Gezer-Kalender (s.o. S. 17f), der für die Sammlung der Baumfrüchte bzw. für
die Lese gleich zwei Herbstmonate angibt), stand dieses Fest der Weinlese und
Olivenernte wenigstens in den Zeitperioden mit dem Jahreswechsel in Verbindung, in dem in Palästina noch bzw. wieder der traditionelle kalendarische Jahresanfang im Herbst Gültigkeit besaß. Nur mit der zeitweiligen Übernahme des
mesopotamischen Kalenders in Palästina (s.o. S. 18f), der den kalendarischen
Jahresanfang ins Frühjahr (Frühjahrsäquinoktium) verlegte, wurde diese Verbindung aufgesprengt. Inwieweit das Laubhüttenfest als Herbstfest der Lese
und Sammlung zugleich ein Neujahrsfest war, ist umstritten (s.u. S. 34f). Als
erntebhängiges Herbstfest (Ri 9,27; 21,19–21) konnte es im Rahmen des traditionellen Jahreswechsels im Herbst je nach Witterungsverhältnissen noch
ins alte (Ex 34,22) oder schon ins neue (Ex 23,16) Jahr fallen. Die jüngeren Texte (Dtn 16,13–15) weiten das eintägige Fest auf einen Festkreis von sieben Tagen aus und legen es schließlich noch (Lev 23,34–36.39–43; Num 29,12ff) auf
ein genaues Datum fest (vom 15.–21. des 7. Monats), das bei einem kalendarischen Jahresbeginn am 1.7. oder 10.7. (Lev 25,9; Ez 40,1) zwar am Jahresanfang
lag, jedoch keinesfalls am Neujahrstag, und führen als wichtigsten Festbrauch
das Zusammenstellen eines Feststraußes (Lev 23,40) und das siebentägige
Wohnen in Laubhütten ein (Lev 23,42)[88]. Die Verschiebung des Fests um einen
Monat (1Kön 12,32f) durch Jerobeam I. vom 15.7. auf den 15.8. setzt diese
späten Festkalender voraus und kann deshalb kaum als historisch betrachtet

---

87   *Wellhausen*, Prolegomena, 87f; *Goldstein/Cooper*, Festivals, 22f bestrei-
ten den agrarischen Ursprung des Mazzot-Fests und postulieren statt dessen
ein Fest zur Begründung der Identität des Nordreichs mit Aspekten des göttlichen Sieges über den Tod (= Ägypten) und die Rettung seiner Erstgeburt (=
Israel). Die Exodustradition gehörte danach substantiell zum Mazzot dazu,
während der Ernteaspekt sekundär hinzugewachsen sei.
88   Zu Lev 23,39–43 als redaktionellem Zusatz s. *T. Staubli*, Die Bücher Levitikus, Numeri (Neuer Stuttgarter Kommentar – AT 3), Stuttgart 1996, 178f;
Ulfgard, Story, 82ff.205f; *Körting*, Schall, 106–110; *K. Elliger*, Leviticus (HAT
4), Tübingen 1966, 322f; *I. Knohl*, The Priestly Torah Versus the Holiness
School: Sabbath and the Festivals, HUCA 58 (1987), 65–117, bes. 94–98; *E.S.
Gerstenberger*, Das 3. Buch Mose: Leviticus (ATD 6), Göttingen 1993, 318. Einen Überblick über die bisherigen Deutungen der Laubhütten gibt *Körting*,
Schall, 55–57.256–260.

werden[89]. Das Laubhüttenfest war das größte bekannte Fest, so daß es sich anbot (in jedem Fall auf der literarischen Ebene, ob historisch kann hier nicht erörtert werden), größere Ereignisse (Feten) mit diesem Anlaß zu verbinden (z.b. die Tempelweihe 1Kön 8,2; die Bundeserneuerung Dtn 31,10 und Neh 8,14f; die Altarweihe durch die Heimkehrer Esr 3,4). Hinter Sach 14,16f scheint wieder durch[90], daß die Feier des Laubhüttenfests vor der Regenzeit stattfand, und u.a. der Sicherung des anschliessend erhofften Regens diente.

Von diesen drei Festen agrarischen Charakters ist das Paschafest zu trennen, bei dem es sich um ein familiengebundenes Hirten- und Kleinviehzüchterfest zu handeln scheint. Auch dieses Fest erfuhr im Laufe der Geschichte verschiedene Umformungen und Deutungen.

Der Ursprung des *Paschafests* wird nach wie vor diskutiert. Verschiedene Theorien wurden in der Vergangenheit vorgebracht, die das Fest mit der Viehzucht und dem nichtseßhaften Hirtenleben[91] (z.t. zu Unrecht gleichgesetzt mit

89 Mit E. *Würthwein*, Die Bücher der Könige. 1. Könige 1–16 (ATD 11/1), Göttingen 1985, 169 gegen S. *Talmon*, Die Kalender- und Kultreform Jerobeams I., in: *ders.*, Gesellschaft und Literatur in der Hebräischen Bibel (Information Judentum 8), Neukirchen-Vluyn 1988, 56–79, bes. 61–65; *ders.*, King, Cult and Calendar in Ancient Israel, Jerusalem 1986, 121–123. Er geht davon aus, daß Jerobeam das Festdatum an die Klimaverhältnisse des Nordreichs anpassen wollte, nachdem es zuvor durch David bzw. Salomo entsprechend Jerusalemer Gegebenheiten festgelegt worden sei. Vor-josijanische kultzentralistische Tendenzen sind jedoch nicht zu belegen. Die historische Zuverlässigkeit der Notiz voraussetzend, spekulieren *Springer*, Neuinterpretation, 45f, gefolgt von *Körting*, Schall, 66f über die Motivation des Jerobeam, der ihres Erachtens den Kult im Nordreich gegen Jerusalem habe konkurrenzfähig machen wollen.
90 Spätnachexilisch oder auch erst hellenistisch-römisch wird denn auch mehrfach die Renaturierung des Laubhüttenfests, das Zurückkehren der Fruchtbarkeitsthematik (Feststrauß, Wasserausgießung vor dem Altar u.ä.) festgestellt; s. *Kronholm*, סכך, 853f; *Otto*, Feste und Feiertage, 101; *Springer*, Neuinterpretation, 94; *Körting*, Schall, 257f.
91 Anlaß war laut L. Rost der jährliche Weidewechsel; s. *L. Rost*, Weidewechsel und altisraelitischer Festkalender (1943), in: *ders.*, Das kleine Credo und andere Studien zum Alten Testament, Heidelberg 1965, 101–112, vor allem in bezug auf den Blutritus modifiziert von *Laaf*, Pascha-Feier, 148–158 und O. *Keel*, Erwägungen zum Sitz im Leben des vormosaischen Pascha und zur Etymologie von פסח, ZAW 84 (1972), 414–434. *Willi-Plein*, Opfer, 118f schlägt einen Ritus anläßlich der Beschneidung vor. Diesen Deutungen ist die Interpretation des Pascha als Übergangsritual gemein, die auch bei *J.B. Segal*, The Hebrew Passover from the Earliest Times to A.D. 70 (LOS 12), London u.a. 1963, 186f.126–154 eine Rolle spielt (dort Jahresübergang). Von Pascha als einem Übergangsfest, das die Gemeinschaft insgesamt beträfe, ist ohne Angabe von Gründen bei *Volgger*, Israel, 6 die Rede. Nach *Otto*, Feste und Feiertage, 98; *ders.*, פסח, 672; *ders.*, Pascha, 77 ist das Pascha hingegen auf dem Hintergrund der Feier der Vollmondnacht nach dem Frühjahrsäquinoktium zu sehen, in der göttlicher Zorn besänftigt würde. Für *Wellhausen*, Prolegomena, 88ff war Pascha mit dem Opfer der Erstgeburt des Viehs verbunden. Auch *Goldstein/*

dem Nomadendasein[92]) und der Abwehr eines Dämonenangriffs (u.a. wegen der hebräischen Wurzel *psḥ* »auf-/gegen-/zurückstoßen«) in Verbindung brachten. Der Ritus des Pascha (Ex 12,21–23*[93]), in dessen Mittelpunkt das Schlachten eines Lamms und das nächtliche gemeinschaftliche Verzehren des Lammbratens stand, weist es als Teil der (von einem Tempel unabhängigen) Familienreligiosität[94] einer Viehzüchtergesellschaft aus. Der Blutritus, bei dem das Blut des Paschalamms durch den Hausvorstand an die Türpfosten und den Türsturz gestrichen werden soll, wird meist als apotropäischer Ritus gedeutet, der die Familie im Haus/Zelt vor einer eindringenden Gefahr, personifiziert in dem dämonischen »Verderber«, schützen soll. Damit wäre das Paschafest das einzige Fest, das soziologisch nicht mit den Landwirtschaft treibenden Bevölkerungsteilen Palästinas und ihrem Erntekalender, sondern mit den viehzüchtenden Bevölkerungsteilen zu verbinden wäre, die vor allem im palästinischen Bergland[95] heimisch waren. Eine Verbindung des eintägigen (bzw. nächtlichen)

Cooper, Festivals, 24f verorten den Ursprung des Pascha in einer Hirtengesellschaft, jedoch findet ihre Festlegung auf ein Fest Judas (im Unterschied zum Nordreich) in den Texten keinen Anhalt. *N.H. Snaith*, The Jewish New Year Festival: Its origins and development, London 1947, 9–25 und *J. Henninger*, Les fêtes de printemps chez les Sémites et la Pâque israélite, Paris 1975, 56–77 haben wie zuvor schon *Wellhausen* die Verortung des Pascha im Hirtenleben mit dem Verweis auf das Erstgeburtsopfer im Frühjahrsmonat *raǧab* bei den vorislamischen Araberstämmen wahrscheinlich gemacht. Auf das arabische *ḏabīḥa* als Parallele verweist *H. Haag*, Vom alten zum neuen Pascha (SBS 49), Stuttgart 1971, 56f.

92 Zum als nomadisch angenommenen Hintergrund des Pascha s. *Eißfeldt*, Feste, 551f; *Kutsch*, Feste, 911; *Rost*, Weidewechsel, 102f; *Laaf*, Pascha-Feier, 154ff; *Schmidt*, Glaube, 177; *Haag*, Pascha, 53ff; *Wilms*, Freude, 311ff; *Otto / Schramm*, Fest, 9ff und die Kritik von *Otto*, Feste und Feiertage, 97ff; *ders.*, פסח, 669ff; *B. Janowski*, Azazel und der Sündenbock. Zur Religionsgeschichte von Leviticus 16,10.21f, in: *ders.*, Gottes Gegenwart in Israel. Beiträge zur Theologie des Alten Testaments, Neukirchen-Vluyn ²2004, 285–302, bes. 293–295; *C. Houtman*, Exodus 2, Chapters 7:14–19:25 (Historical Commentary on the Old Testament), Kampen 1996, 155f.

93 Auch hier zeichnet sich kaum ein Konsens in der literarkritischen Analyse ab, s. z.B. *S. Bar-On*, Zur literarkritischen Analyse von Ex 12,21–27, ZAW 107 (1995), 18–30 (Ex 12,1–28 als Grundschicht der 3. Person Plural mit einer priesterschriftlichen Kommentarschicht, die u.a. in Ex 12,22–27a.28 nachträgt), anders *E. Otto*, Innerbiblische Exegese im Heiligkeitsgesetz Levitikus 17–26, in: *H.-J. Fabry / H.-W. Jüngling* (Hg.), Levitikus als Buch (BBB 119), Berlin / Bodenheim 1999, 125–196, bes. 154ff. Zu älteren Erklärungsmodellen s. *Laaf*, Pascha-Feier, 10–25.

94 So *Otto*, Feste/Feiern, 87f; *ders.*, Feste und Feiertage, 98; *ders.*, Pascha, 77. Anders *Kraus*, Gottesdienst, 191, der Pascha im Anschluss an Jos 5,10–12 an einen Kultplatz (Gilgal) bindet, und *M. Haran*, Temples and Temple-Service in Ancient Israel. An Inquiry into the Character of Cult Phenomena and the Historical Setting of the Priestly School, Oxford 1978, 317ff.342–348, der eine genuine Bindung des Pascha an den Tempelkult postuliert, die Josija revitalisiert habe. Ähnlich verortet *Wilms*, Freude, 312–314 das »nomadische« Pascha am Lokalheiligtum, während es erst die Israeliten zu einem Familienfest gemacht hätten.

95 Nach *Otto*, Feste/Feiern, 88 Kleinviehzüchter in Juda.

Frühlingsfests Pascha mit Neujahr wird ebenfalls diskutiert (s.u. S. 35), kommt jedoch generell zeitlich begrenzt nur für den Zeitabschnitt in Betracht, in dem in Palästina der babylonische Kalender mit dem Jahresanfang im Frühjahr galt (s.o. S. 18). Pascha bzw. die spätere Kombination Pascha-Mazzot läßt sich als Neujahrsfest jedoch nicht nachweisen[96].

Eine relative Einigkeit wurde in der exegetischen Forschung dahingehend erzielt, daß die Verbindung des Paschafests mit Mazzot in Dtn 16,1–8[97] (mit Dissoziation des Pascha vom Familiensowie des Mazzotfests vom Lokalkult, Einbindung des Pascha in den Opferkult und Streichung des Blutritus, Ausweitung der Opfertiere von Klein- auf Großvieh, Änderung der Zubereitungsart von Braten auf Kochen, Datierung des Festzyklus im Abib, mehrfache Historisierung mit dem Exodus und Aufruf zu lebenslangem Gedächtnis, Bezeichnung der Mazzen als »Speise der Bedrängnis«, Arbeitsruhe am 7. Tag des Mazzotfests[98]) wie auch die Verwandlung der vier genuin familiären bzw. lokalen Jahresfeste in ausschließlich an einem Heiligtum zentral[99] (gleichgesetzt mit dem

96 Gegen *Segal*, Passover, 116f der Pascha zu einem Neujahrsfest macht. Zur berechtigten Kritik s. schon *Laaf*, Pascha-Feier, 151ff.
97 Zu den literarkritischen Debatten um den Text s. z.B. *J.C. Gertz*, Die Passa-Massot-Ordnung im deuteronomischen Festkalender, in: *T. Veijola* (Hg.), Das Deuteronomium und seine Querbeziehungen (Schriften der Finnischen Exegetischen Gesellschaft 62), Göttingen 1996, 56–80; *Otto*, Deuteronomium, 324–340; anders *T. Veijola*, Die Geschichte des Pesachfestes im Lichte von Deuteronomium 16,1–8, in: *ders.*, Moses Erben. Studien zum Dekalog, zum Deuteronomismus und zum Schriftgelehrtentum (BWANT 149), Stuttgart u.a. 2000, 131–152, der die einheitliche deuteronomische Abfassung von Dtn 16,1–8 bestreitet (deuteronomische Umgestaltung des Mazzot in zentrales Pascha). Nach *S. Bar-On*, The Festival Calendar of Deuteronomy, in: *M. Weinfeld* (Hg.), Deuteronomy, Tel Aviv 1994, 133–138 [Hebr.], enthält Dtn 16 ursprünglich keinen Festkalender, sondern nur ein Zentralisationsgesetz, das auf das Pascha (V. 2.5–7) bezogen ausgearbeitet wurde, und dem erst später die anderen Feste zugeordnet wurden. Zur älteren Forschungsgeschichte s. *Laaf*, Pascha-Feier, 69–73, der selber eine komplexe Diachronie vorschlägt (s. ebd., 73–86) sowie *ders.*, חג שבעות, 175. Den neueren Forschungsstand bietet *Körting*, Schall, 40–50, die selbst von der Einarbeitung des Pascha in den vorgegebenen israelitischen Festkalender ausgeht.
98 Zu diesen Besonderheiten des Festkalenders in Dtn 16 und der deuteronomischen Festtheorie s.u. S. 48–57.
99 Hier ist neuerdings eine Debatte um die Zielrichtung des deuteronomischen Festkalenders entbrannt. Während *B.M. Levinson*, The Hermeneutics of Tradition in Deuteronomy. A Reply to J.G. McConville, JBL 119 (2000), 269–286, die traditionelle Forschungsmeinung vertritt, daß die deuteronomischen Festbestimmungen im Zusammenhang mit der Umsetzung von Josijas Zentralisierungsprogramm zu sehen seien, votiert *J.G. McConville*, Deuteronomy's Unification of Passover and *Maṣṣôt*. A Response to Bernard M. Levinson, JBL 119 (2000), 47–58 dafür, daß der deuteronomische Festkalender ein Text mit

Jerusalemer Tempel) zu begehende Wallfahrtsfeste, als ein Produkt deuteronomisch/deuteronomistischer Programmatik gilt, deren Durchsetzungskraft in der Forschung unterschiedlich hoch eingeschätzt wird[100]. In den Bestimmungen des Festkalenders Dtn 16, 1–17 liegt (unabhängig davon, was man davon im einzelnen als vor- oder nachdeuteronomische Elemente isoliert) eine faßbare, ausführliche und konsistente biblische Festtheorie (s.o. S. 48ff) vor, die im innerbiblischen Diskurs nicht ohne Widerspruch blieb. Die priesterschriftliche Festtheorie setzte der deuteronomischen Programmatik u.a. entgegen, daß das Pascha (Ex 12,1–14*[101]) innerhalb der Familie und unabhängig von einem Tempel zu feiern ist, so daß das Fest problemlos im Exil und in der Diaspora begangen werden konnte. Auch der Verbindung des Pascha mit dem Mazzotfest, der Ausweitung der Opfermaterie auf Großvieh und dem Kochen des Fleisches wird widersprochen, und der Blutritus des Pascha wird restituiert. Die beiden beschriebenen unterschiedlichen Festkonzeptionen des Pascha-Mazzotfests bestimmten die spätere Debatte um diese(s) Fest(e) maßgeblich und wurden innerbiblisch im Zuge eines Fortschreibungsprozesses korrigiert und vermittelt. Dies galt auch für andere Fragen, die sich im Zusammenhang mit den Festen stellten. So gab es z.B. auch über die Abgrenzung der Festgemeinde unterschiedliche Konzepte: In bezug auf das Laubhütten- und das Wochenfest gehören nach Dtn 16,11.14 Hausvorstand, Sohn, Tochter, Personal, Levit, Fremdling, Waise und Witwe dazu, nach Lev 23,42 ist (nur) jeder Israelit gehalten, das Laubhüttenfest zu feiern, während in eschatologischer Vision (Sach 14,16f) eine alljährliche Völkerwallfahrt zum Zion anläßlich des

antiköniglicher Tendenz sei, der die Zentralisation durch dezentrale Elemente (Dtn 16,7) relativiere. Dtn 16,1–17 läßt m.E. kein Interesse an Königskritik erkennen.

100 Hier schließt sich die Debatte um die Historizität des zentralen Pascha des Josija in 2Kön 23,21–23 an, die, wie die Diskussion um die Historizität der gesamten Josijanischen Reform selber, äußerst kontrovers ist, s. z.B. *H. Spieckermann*, Juda unter Assur in der Sargonidenzeit (FRLANT 129), Göttingen 1982, 130–138; *C. Uehlinger*, Gab es eine joschijanische Kultreform? Plädoyer für ein begründetes Minimum, in: *W. Groß* (Hg.), Jeremia und die deuteronomistische Bewegung (BBB 98), Bodenheim 1995, 57–89.

101 Ex 12,1–14* gilt meist als der priesterschriftlichen Grundschrift zugehörig (wobei die Aufnahme einer vorgegebenen Pascha-Überlieferung angenommen, die ihrerseits unterschiedlich abgegrenzt werden kann), so *Otto*, Exegese, 154ff; *Laaf*, Pascha-Feier, 10ff; *M. Köckert*, Leben in Gottes Gegenwart. Zum Verständnis des Gesetzes in der priesterschriftlichen Literatur, JBTh 4 (1989), 29–61, bes. 46ff; anders *Grünwaldt*, Exil, 71–121. Allerdings fehlt es auch nicht an Versuchen, Ex 12,1–14* P^G abzusprechen, s. z.B. *I. Knohl*, The Sanctuary of Silence. The Priestly Torah and the Holiness School, Minneapolis 1995, 19ff.52 (V. 1–20.43–49 zu H).

Laubhüttenfests mit der Anbetung Jahwes stattfindet und die Verweigerung der Teilnahme durch Jahwe geahndet wird. Nach Ex 12,43–51 ist die Beschneidung das Kriterium dafür, ob ein Sklave oder Fremder Pascha mitfeiern darf oder nicht.

Die Festlegung der Festtermine der vier Jahresfeste wird in der Forschung recht einhellig als Ergebnis späterer Entwicklungen angesehen, da erst der späte Festkalender Lev 23 und der Opferkalender Num 28–29[102] den Festen ein genaues Datum geben, sie aufeinander abstimmen, und mit dem 1.7., einem Neujahrs- und Neumondtag, und dem 10.7, dem Versöhnungstag, zwei weitere Festtage hinzufügen. Diese Texte bringen jedoch auch in die Deutung der Feste Modifikationen ein, da Lev 23 die Jahresfeste mit dem Gebot zur Arbeitsruhe verbindet und in den Opferkult integriert. Num 28–29 hebt ausführlich die Aspekte der Sünde, Schuldeinsicht und Sühne[103] (damit zusammenhängend vermehrte Sündopfer) im Verband mit den Jahresfesten hervor (s. auch Ez 45,18–25) und elaboriert bzw. professionalisiert die Opferbestimmungen (s. in bezug auf das Pascha-Mazzot-Fest auch 2Chr 30,1–27; 35,1–19). Nachexilische Festtheorie gestaltet die Jahresfeste als Gründungsfeste der nachexilischen Kultgemeinde oder festliche Begehung der eigenen Befreiung aus (Esr 6,19–22; Neh 8,13–18; Dtn 31).

Abschließend seien noch die Feste genannt, die erst in der spätesten Zeit belegt sind und deutlichen kommemorativen Charakter haben.

Hierher gehört das Purimfest (14./15.12. = Adar), das erst seit der spätnachexilischen Zeit belegt (2Makk 15,36) und mit dem Esterbuch verbunden ist.

Nach Est 9 erinnert das *Purimfest* an die Errettung des jüdischen Volks aus der Gefahr der Vernichtung durch das beherzte Vorgehen von Mordechai und Esther. Dem ausgelassenen Treiben am 14./15.12. geht am 13.12. ein Fasten

---

102 Die Fest- oder Opferkalender von Lev 23 und Num 28f werden kontrovers diskutiert, s. *Wellhausen*, Prolegomena, 100ff; *ders.*, Die Composition des Hexateuchs und der historischen Bücher des Alten Testaments, Berlin ⁴1963, 159ff (Num 28f gehört zu P, Lev 23 ist vorpriesterschriftlich); *Knohl*, Sanctuary, 8ff.22.67–70 (Num 28f gehört zu P, Lev 23 bestünde aus einer P-Festrolle, die H erheblich ergänzt habe); dagegen *Otto*, Exegese, 153–161 (Lev 23 als innerbiblische Exegese von Deuteronomium und Priesterschrift; Num 28f als jüngster Kalender). Zur älteren Forschungsgeschichte s. *Laaf*, חג שבעות, 172–175. Die aktuelle Konsenstendenz spiegelt *Körting*, Schall, 95–105 (Lev 23 als priesterschriftliche Komposition).211–222 (Num 28f als »literarisches Werk priesterlicher Schule« und einer der jüngsten Texte des Pentateuch [ebd., 213]).
103 Zur Verbindung der Feste mit Sühne s. *Otto / Schramm*, Fest, 69f; *Körting*, Schall, 91ff.263–266.

voraus, das mit Est 9,31 oder 3,7 erklärt wird. Da es sich bei Purim um ein Lehnwort handelt, wird von manchen der babylonische oder persische[104] Ursprung des Fests und eine Übernahme durch die Exilsgemeinde angenommen. Im Rahmen dieser Kultübertragung habe alsdann die Historisierung des Fests stattgefunden. Nach E. Otto[105] ist das Purimfest in der durch das Estherbuch geprägten Form erst in der hasmonäischen Zeit entstanden und auf dem Hintergrund der in dieser Zeit hellenistisch gut belegten Rettungserinnerungsfeste zu interpretieren.

Feste, die sich aus den makkabäischen Glaubenskriegen ableiten, und wie Purim als Gedenkfeste konzipiert sind, sind (a) das Fest der Tempelweihe (25.9. = Kislev), das an die Reinigung des Jerusalemer Tempels durch Judas Makkabäus erinnert (164 v.Chr.; s. 1Makk 4,36ff; 2Makk 1,18; 10,5f), (b) der Nikanortag (13.12. = Adar) anläßlich der Niederlage des seleukidischen Feldherrn durch Judas Makkabäus (161 v.Chr.; s. 1Makk 7,26ff; 2Makk 15) und (c) das Fest, das der Eroberung der Burg zu Jerusalem (23.2. = Ajjar) durch Simon gedenkt (141 v.Chr.; s. 1Makk 13,49ff).

3.   Welche Feste gibt es nicht im Alten Testament?

An dieser Stelle ist vor allem darauf hinzuweisen, daß die Festkalender des Alten Testaments keine expliziten Hinweise auf destruktiv-anarchistische Feste[106] oder regelmäßig stattfindende Jahresfeste mit einer öffentlichen Prozession[107] unter Beteiligung

---

104   Zu den möglichen paganen Ursprüngen und Vorläufern des Purimfests s. die Übersicht in *C.A. Moore*, Art. Esther, Book of, ABD 2 (1992), 633–643 bes. 637f; *Wilms*, Freude, 394. *D.F. Polish*, Aspects of Esther: A phenomenological exploration of the *Megillah* of Esther and the origins of Purim, JSOT 85 (1999), 85–106 revitalisiert die These des babylonischen Neujahrsfests als Wurzel des Purimfests.
105   *Otto*, Feste und Feiertage, 102.
106   Allein das späte Purimfest kann Momente der »verkehrten Welt« enthalten, da es karnevalistische Züge tragen kann. Neben der Festfreude, den Geschenken und den Mählern kann der Aspekt des Verkleidens, des Maskentragens und der Spiele im Mittelpunkt stehen; s. *P. Goodman* (Hg.), The Purim Anthology, Philadelphia 1952; *A. Gold*, Purim, Its Observance and Significance, New York 1991; *Müllner / Dschulnigg*, Feste, 49f.
107   So ist es sicherlich kein Zufall, daß zahlreiche Fachlexika das Lemma »Prozession« nicht führen (so z.B. NBL, HRWG), oder Prozessionen nur unter religionswissenschaftlichen oder liturgischen Aspekten abhandeln und das Alte Testament weglassen (so z.B. RGG², RGG³, RGG⁴, LThK³). Erfreuliche Ausnahmen, die den bescheidenen Befund diskutieren, sind *J.C. Gertz*, Art. Prozession. I. Altes Testament, TRE 27 (1997), 591–593, und *P.B. Duff*, Art. Processions, ABD 5 (1992), 469–473, bes. 470–472. Auch in Arbeiten über die Kultgeschichte Palästinas sind Prozessionen nicht immer einen Eintrag im Sachregister wert, so z.B. *Zwickel*, Tempelkult.

von Jahwe, König und Volk enthalten, während derartige Festbegehungen im offiziellen Kult der vorderorientalischen Umwelt gut bezeugt sind.

Die großen Jahresfeste in Mesopotamien und Ägypten waren dadurch gekennzeichnet, daß sie die Kultbilder der beteiligten Götter in prächtigen Prozessionszügen zu Fuß, mit Wagen oder auf Schiffen[108] durch die Straßen der Stadt und deren näheren Umkreis[109] führten. Im Unterschied zum alltäglichen Kult, der von Abgeschlossenheit, Ruhe, Routine und Tausch (Versorgung gegen Segen) gekennzeichnet war, sorgten die Prozessionsfeste dafür, daß die geheimnisvolle Zurückgezogenheit der Gottheit und ihre Ortsfestigkeit für einen zeitlich begrenzten Zeitraum aufgehoben war[110], da sie ihren Tempel verließ, aktiv wie initiativ wurde und ihren Wirkungsbereich inspizierte (= Bewegungsrichtung vom Tempelinneren nach draußen und zurück). Vor allem das Fehlen regelmäßiger Prozessionsfeste, die Jahwe *aus* seinem Tempel durch seine Stadt (und zurück) hätten ziehen lassen, ist merkwürdig, bedenkt man doch die Bedeutung derartiger Veranstaltungen für den offiziellen Kult[111]: Sie sorgten für die Popularisierung der herrschenden theologischen und königsideologischen Vorstellungen, sowie für den institutionell, zeit- und ortsgebundenen Kontakt zwischen der Gottheit, den Herrschenden, der Bevölkerung, Stadt, Umgebung und dem Land. Da die Götter in Gestalt ihrer Kultbilder oder -symbole in den vorderorientalischen Prozessionszügen leibhaftig anwesend waren, ereignete sich ihre Epiphanie innerhalb der Festgemeinde, und sie nahmen am Festgeschehen aktiv teil, was sowohl die Zeit als auch den Raum der Epiphanie als heilig kennzeichnete.

So haben denn auch zahlreiche Forscher den Versuch unternommen, die biblischen Texte (vor allem die Psalmen) nach Spuren weiterer Feste und Hinweisen auf Prozessionen abzuklopfen, was zu einer ausgedehnten Hypothesenbildung geführt hat.
Doch konnten sich die Thesen eines amphiktyonischen Bundeserneuerungsfestes der zwölf Stämme (A. Alt[112], M. Noth[113], G. von

---

108 A. *Salonen*, Prozessionswagen der babylonischen Götter (StOr. 13/2), Helsingfors 1946, 3–10; *ders.*, Die Wasserfahrzeuge in Babylonien nach šumerisch-akkadischen Quellen (mit besonderer Berücksichtigung der 4. Tafel der Serie HAR-ra = *hubullu*). Eine lexikalische und kulturgeschichtliche Untersuchung (StOr. 8/4), Helsingfors 1939, 58–66; *Pongratz-Leisten, Ina šulmi īrub*, 193–198.
109 Zur Mobilität der Götter vgl. *Pongratz-Leisten, Ina šulmi īrub*, 3f.40f.
110 Zu den Merkmalen der Feste vgl. *Assmann*, Prozessionsfest, 106–111. Die Kennzeichen, die er für die ägyptischen Prozessionen aufführt (Bewegung, Aktivität des Kultbildes, wunderbares Ereignis, Erneuerung, Öffentlichkeit, ebd., 107), lassen sich auch in Mesopotamien beobachten.
111 Dazu grundlegend *Assmann*, Mensch, 15–20; *Pongratz-Leisten, Ina šulmi īrub*, 5.115–148.
112 A. *Alt*, Die Ursprünge des israelitischen Rechts, in: *ders.*, Kleine Schriften zur Geschichte des Volkes Israel I, München 1953, 278–332.
113 M. *Noth*, Das System der zwölf Stämme Israels (BWANT 4/1), Stuttgart 1930, 66ff.96.

Rad[114]), eines Zeltfests des Zwölfstämmeverbands (nomadischen Ursprungs als Vorläufer des Herbstsfests) um ein Zeltheiligtum mit späterer Verortung in Silo (H.-J. Kraus[115]), eines Thronbesteigungsfests Jahwes nach dem Muster des babylonischen *akītu*-Fests und seiner Prozessionen im Herbst (P. Volz[116], S. Mowinckel[117]), eines königlichen Zionsfests mit Ladeprozession (samt eventuellem Kultdrama) beim Herbstfest (H-J. Kraus[118], gefolgt von J. Jeremias[119], S. Springer[120], B.R. Goldstein / A. Cooper[121]), eines Jahwebundes(erneuerungs)fests mit einer Kulttheophanie

---

114 *G. von Rad*, Das formgeschichtliche Problem des Hexateuch (1938), in: *ders.*, Gesammelte Studien zum Alten Testament (TB 8), München 1958, 9–86, bes. 41–48. S.E. war dieses Bundesfest in Sichem das »spezifisch jahwistische Neujahrsfest«, s. ebd., 46.
115 *Kraus*, Gottesdienst, 203–209.
116 *P. Volz*, Das Neujahrsfest Jahwes: Laubhüttenfest (SgV 67), Tübingen 1912.
117 *S. Mowinckel*, Psalmenstudien II. Das Thronbesteigungsfest Jahwäs und der Ursprung der Eschatologie, Kristiania 1922, 83–130; *ders.*, Zum israelitischen Neujahr und zur Deutung der Thronbesteigungspsalmen, Oslo 1952; *B. Janowski*, Thronbesteigungsfest im Alten Testament. Ein unveröffentlichtes Manuskript S. Mowinckels und sein wissenschaftsgeschichtlicher Kontext, ZAW 105 (1993), 270–278 wiederabgedruckt in: *ders.*, Die rettende Gerechtigkeit. Beiträge zur Theologie des Alten Testaments 2, Neukirchen-Vluyn 1999, 81–91. Zur Kritik dieser These s. *Eißfeldt*, Feste, 557f; *Kutsch*, Feste, 915f; *H. Gunkel*, Einleitung in die Psalmen. Die Gattungen der religiösen Lyrik Israels (Göttinger Handkommentar zum Alten Testamet Erg.band zur 2. Abt.), Göttingen 1933, 100–116; *M. Noth*, Gott, König, Volk im Alten Testament: Eine methodologische Auseinandersetzung mit einer gegenwärtigen Forschungsrichtung (1950), in: *ders.*, Gesammelte Studien zum Alten Testament (TB 6), München ²1960, 188–229; *F.-L. Hossfeld*, Art. Thronbesteigungsfest Jahwes, LThK³ 10 (2001), 14f; *J. Jeremias*, Das Königtum Gottes in den Psalmen. Israels Begegnung mit dem kanaanäischen Mythos in den Jahwe-König-Psalmen (FRLANT 141), Göttingen 1987, 7–14; *Petersen*, God, 26–31; *B. Janowski*, Das Königtum Gottes in den Psalmen. Bemerkungen zu einem neuen Gesamtentwurf, ZThK 86 (1989), 389–454, wiederabgedruckt in: *ders.*, Gottes Gegenwart in Israel. Beiträge zur Theologie des Alten Testaments, Neukirchen-Vluyn 1993, 148–213, bes. 184ff; *P. Welten*, Königsherrschaft Jahwes und Thronbesteigung. Bemerkungen zu unerledigten Fragen, VT 32 (1982), 297–310; *Kraus*, Geschichte, 402–415; *Ulfgard*, Story, 152f; *Schmidt*, Glaube, 209.
118 *H.-J. Kraus*, Die Königsherrschaft Gottes im Alten Testament. Untersuchungen zu den Liedern von Jahwes Thronbesteigung (BHTh 13), Tübingen 1951, passim; *ders.*, Gottesdienst, 215–220.
119 *Jeremias*, Königtum, 58–61.77.156ff. Zur Kritik s. *Janowski*, Königtum, passim.
120 Der Wandel des Laubhüttenfests zu einem Tempelfest, das in der Königszeit mit dem Theologumenon der Erwählung des Zion als Gotteswohnung, kosmischen Dimensionen und königsideologischen Inhalten verbunden gewesen sei, wird von *Springer*, Neuinterpretation, 42 postuliert.
121 *Goldstein / Cooper*, Festivals, 26f.

Jahwes (A. Weiser[122]), eines siebentägigen Festkreises um Jahwes Königtum, Chaoskampf und Weltschöpfung (T.N.D. Mettinger[123]), eines (jebusitisches Erbe von Jerusalem aufnehmenden[124]) Fests um Jahwes Königtum, Chaoskampf, Schöpfung und Dynastiezusage an die Davididen (C. Auffahrt[125]), eines Thronbesteigungsfests Jahwes mit Ladeprozession als Vergegenwärtigung des historischen Ereignisses der Inbesitznahme des Zion durch David in Jerusalem mit der Aufnahme kanaanäischer Mythologumena von Schöpfung und Chaoskampf (E. Otto / T. Schramm[126]), eines Jahweprozessionsfests mit der Lade, bei dem das Hinaufziehen Jahwes erst sekundär »in Analogie zu babylonisch-kanaanäischen Thronbesteigungsfesten als Triumph- oder Siegeszug verstanden«[127] und »der Sieg über die andern Götter (z.b. die der Philister in 1Sam 5) und die Israel feindlichen Völker teilweise durch Motive aus dem Chaoskampf abgelöst worden[128]« wäre (O. Keel), oder die Einspielung des Dramas um den sterbenden und auferstehenden Gott (S.H. Hooke[129], A.R. Johnson[130], I. Engnell[131], H. Greßmann[132] und G. Widengren[133]) oder um die Erneuerung von Segen und Revitalisierung des Naturzyklus' (J.

---

122   *A. Weiser*, Die Psalmen. Erster Teil: Psalm 1–60 (ATD 14), Göttingen ³1950, 9–29; *ders.*, Zur Frage nach den Beziehungen der Psalmen zum Kult: Die Darstellung der Theophanie in den Psalmen und im Festkult, in: *W. Baumgartner u.a.* (Hg.), Festschrift Alfred Bertholet zum 80. Geburtstag, Tübingen 1950, 513–531.
123   *Mettinger*, Dethronement, 67–72.
124   *F. Stolz*, Strukturen und Figuren im Kult von Jerusalem. Studien zur altorientalischen, vor- und frühisraelitischen Religion (BZAW 118), Berlin 1970, 92.179f geht von einem jebusitischen Neujahrs- und Thronbesteigungsfest für El aus, das mit Theophanie, Chaoskampf und Inthronisation der Gottheit in Jerusalem gefeiert worden sei, und als Vorläufer des israelitischen Herbstfest angenommen werden könne. In bezug auf dessen rituelle Gestalt legt er sich hingegen kaum fest.
125   *Auffahrt*, Untergang, 65–67.
126   *Otto / Schramm*, Fest, 50ff, bes. 58.
127   *O. Keel*, Die Welt der altorientalischen Bildsymbolik und das Alte Testament. Am Beispiel der Psalmen, Zürich u.a. ⁴1984, 301.
128   *Keel*, Bildsymbolik, 301/303.
129   *S.H. Hooke*, The Origins of Early Semitic Ritual, London 1938.
130   *A.R. Johnson*, Hebrew Conceptions of Kingship, in: *S.H. Hooke* (Hg.), Myth, Ritual, and Kingship. Essays on the Theory and Practice of Kingship in the Ancient Near East and in Israel, Oxford 1958, 204–235.
131   *I. Engnell*, Studies in Divine Kingship in the Ancient Near East, Uppsala 1943, bes. 175f.
132   *H. Gressmann*, Art. Adonis, RGG² 1 (1927), 90; *ders.*, The Mysteries of Adonis and the Feast of Tabernacles, Expositor IX.6 (1925), 416–432.
133   *G. Widengren*, Sakrales Königtum im Alten Testament und im Judentum, Stuttgart 1955, bes. 62ff.

Gray[134]) bis heute nicht wirklich durchsetzen[135]. Alle diese Feste
wurden bevorzugt mit dem Herbstfest verbunden, dessen Ursprung oder (meist vorexilische) Liturgie jeweils als ein solches Fest
rekonstruiert wurde. Die unterschiedlichen Positionen zeigen, daß
das israelitisch-judäische bzw. Jerusalemer Herbstfest mit je und
je anderer Akzentsetzung im Spannungsfeld zwischen altorienta-
lisch-kanaanäischen (Schöpfung, Chaoskampf, Königtum Gottes,
Kultdrama) und charakteristisch israelitischen Motiven (Bund,
Zion, David) angesiedelt wird. Aus diesem Rahmen fällt in gewisser Weise der Vorschlag von T. Staubli, der aufgrund der Zweige
von Lev 23,40 und ihrer inhärenten Symbolik annehmen möchte,
daß das Herbstfest Jahwes ein ursprüngliches Fest der Göttin
Aschera beerbt habe[136]. So wünschenswert es erscheint, mehr über
den Kult der Göttin zu erfahren, so fehlt doch die argumentative
Basis, sie in diesem Zusammenhang zu verankern.
Bei zahlreichen Hypothesen spielte eine Prozession Jahwes eine
hervorgehobene Rolle. Doch da aus den kurzen Notizen in den
Psalmen kein regelmäßig stattfindendes Prozessionsfest oder gar
ein Prozessionsritual abgeleitet werden konnte, bei denen Jahwe
selbst (in welcher Gestalt auch immer) den Zug begleitet bzw. angeführt hätte, wurden auch andere Bibeltexte herangezogen, um
die Lücke zu schließen: Die Überführung der Lade nach Jerusalem,
die in 2Sam 6, 1Kön 8 (und Ps 132) erzählt wird, wurde als »Pro-
totyp d[ies]er Jahweprozession«[137] (mit der Lade als Präsenzmarker
Jahwes) betrachtet und mit dem Herbstfest verbunden.
Den zweiten Anlaß für eine Ladeprozession glaubte so mancher
im Mazzotfest gefunden zu haben. So hat z.B. H.-J. Kraus[138] aufgrund von Jos 3–5 die These eines amphiktyonischen Landnahmefests am Zeltlager in Gilgal aufgestellt, das zur Richterzeit am
Pascha- und Mazzotfest mit einer Ladeprozession begangen worden sei. E. Otto kritisiert zwar die These von H.-J. Kraus insbesondere wegen der dort vorausgesetzten Verbindung des Pascha
mit dem Mazzotfest[139], der Bindung des Pascha an ein Heiligtum,
der Zeltlagerordnung sowie wegen der These von der Amphik-

---

134   J. *Gray*, The Biblical Doctrine of the Reign of God, Edinburgh 1979, bes.
110–116.
135   Zu einer ähnlichen Übersicht und Beurteilung s. *Schmidt*, Glaube, 183;
Wilms, Freude, 395–404.
136   *Staubli*, Bücher, 179, übernommen von *Müllner / Dschulnigg*, Feste, 47.
137   *Keel*, Bildsymbolik, 301.
138   *Kraus*, Gottesdienst, 61ff.189ff; *ders.*, Gilgal. Ein Beitrag zur Kultusge-
schichte Israels, VT 1 (1951), 181–199.
139   Diese Verbindung zieht jedoch Kraus selbst in Zweifel und bezieht seine
These des Landnahmefests auf das Mazzotfest in Gilgal, s. *Kraus*, Gilgal, 190ff.

tyonie[140], behält jedoch die Grundthese von einem Landnahme-
fest (Mazzotfest ohne Pascha) in Gilgal bei. Er[141] rekonstruiert
schließlich aus Jos 1 und 3–6* ein Fest in Gilgal, das aus einer Ladeprozession von Šittim nach Gilgal (mit Jordandurchzug) und
der Feier eines Mazzotfests mit Beschneidungsfeier am dortigen
Heiligtum bestanden habe. Im Rahmen des siebentägigen Fests
seien die Ruinen von Jericho täglich in einer Art Eroberungsritual
umrundet worden. Das Mazzotfest von Gilgal sei in dieser Gestalt
im 12./11. Jh. v.Chr. als die kultisch-rituelle Aktualisierung der
Landnahme des Westjordanlands durch den Zwölfstämmeverband
entstanden[142]. Es handele sich dabei um ein rituelles Kultgesche-
hen, ein Kultritual der Eroberung, das als Gegenwirklichkeit die
Utopie einer Landnahme inszenierte, die es so historisch nicht gegeben hat[143].
Allen Versuchen, aus der Erzählung über die Einholung der Lade
nach Jerusalem eine regelmäßig stattfindende Kultprozession zu
machen, steht der biblische Text selbst entgegen, der eindeutig
von einem einmaligen Triumphzug im Rahmen einer Feier (d.h.
einer Fete!) spricht[144]. Zudem ist m.E. im Vergleich mit vorderorientalischen Prozessionsschilderungen auffällig, daß die Bewegungsrichtung, die in 2Sam 6 und 1Kön 8 beschrieben wird, die
Lade von draußen in den Tempel (und nicht umgekehrt) führt,
was der Bewegungsrichtung einer »regelrechten« altorientalischen
Kultprozession (vom Tempelinnern nach draußen und zurück)
widerspricht. Von einem sich wiederholenden kultisch-festlichen
Auszug Jahwes ist, nachdem er einmal den Zion in Besitz genommen hat, nicht mehr die Rede, wohingegen die Gegenrichtung,
ein Wallfahrtszug der Menschen zum Heiligtum u.a. in verschiedenen Psalmen (Ps 24,3–5; 84,8; 118; 122; s. auch Jes 30,29.32*)
erwähnt, vielleicht sogar ikonographisch bezeugt[145] und im Rah-

---

140 E. *Otto*, Das Mazzotfest in Gilgal (BWANT 107), Stuttgart u.a. 1975,
175ff.
141 *Otto*, Mazzotfest, 26ff.167ff.175–191. Aufgenommen in *Otto / Schramm*,
Fest, 19–38.
142 *Otto*, Mazzotfest, 321 mit Anm. 2; s. auch *Wilms*, Freude, 329ff.
143 So *Otto / Schramm*, Fest, 20.33f.
144 So schon *Kutsch*, Feste, 916; *Gertz*, Prozession, 592. Diesen Befund nahmen *P.D. Miller / J.J.M. Roberts*, The Hand of the Lord. A Reassessment of the
»Ark Narrative« of 1 Samuel, Baltimore / London 1977 auf und schlugen vor,
die Ladeprozession in 2Sam 6 nicht mit einem wiederholbaren Fest, sondern
mit einem einmaligen Triumphzug anläßlich der Rückkehr des exilierten Gottes in seinen Heimattempel (analog zu Marduks Rückkehr aus Elam) zu verbinden.
145 Die Darstellung von fünf nach links schreitenden Männern in Gebetshal-
tung auf Pithos B aus Kuntillet Ajrud, könnte die ikonographische Umsetzung

men der Zentralisationsforderung des Deuteronomiums und seiner Konsequenzen für die Agenda der Feste als Kultbrauch explizit etabliert wird!

Für eine regelmäßig stattfindende Ladeprozession in Gilgal trifft im Prinzip dasselbe zu. Der biblische Text in Jos 3–6 beschreibt einen einmaligen Zug, dessen Bewegungsrichtung von außen in das versprochene Land als »Landnahme« führt. Im Zusammenhang mit der Feier des Pascha und Mazzotfests in Gilgal (Jos 5,10–12*) wird weder die Lade noch eine Prozession derselben erwähnt.

Auch ein Neujahrsfest läßt sich im Alten Testament nicht sicher nachweisen[146]. Für eine solche Feierlichkeit im Herbst nach dem Muster des babylonischen akītu-Fests im Nisannu finden sich keine eindeutigen Belege.

Innerhalb der sogenannten panbabylonistischen Bewegung (H. Zimmern[147]), der an altorientalischen Vergleichstexten orientierten kultgeschichtlichen Schule (P. Volz[148], S. Mowinckel[149], H.

---

einer Wallfahrt sein, zur Abbildung s. *O. Keel / C. Uehlinger*, Göttinnen, Götter und Gottessymbole, Neue Erkenntnisse zur Religionsgeschichte Kanaans und Israels aufgrund bislang unerschlossener ikonographischer Quellen (QD 134), Freiburg / Basel / Wien 1992/⁴1997, Abb. 221 U–Y.

146 Mit *Gunkel*, Einleitung, 109; *Otto*, Neujahrsfest, 922; s. weiter *H.D. Preuss*, Art. Neujahrsfest. II. Altes Testament, TRE 24 (1994), 320f. Skeptisch bleibt auch *Körting*, Schall, 209f.261.

147 *H. Zimmern*, Das babylonische Neujahrsfest (AO 25/3), Leipzig 1926. Die babylonische Sitte, den Göttern ein Neujahrs- und Thronbesteigungsfest zu feiern, sei erst von Kanaan übernommen und von dort an die Israeliten weitergegeben worden.

148 *Volz*, Neujahrsfest.

149 *Mowinckel*, Psalmenstudien, 97ff; *ders.*, Neujahr, passim; *Janowski*, Thronbesteigungsfest, 84.

Schmidt[150], J.M.T. Böhl[151], J.H. Eaton[152]) oder aber auch in kultgeschichtlichen Untersuchungen, die sich explizit auf alttestamentliche Quellen beschränken (H.-J. Kraus[153], H. Ulfgard[154]), wurde es nur in Zusammenhang mit den Thesen um das Herbstfest herum und der kultischen Interpretation der Psalmen[155] (bes. anhand der sog. Thronbesteigungspsalmen = Jahwe-König-Psalmen Ps 47; 93; 95–99 sowie anderer Gattungen wie Ps 24; 46; 48; 68; 81; 132) erschlossen[156], wobei, wie bereits angesprochen, recht unterschiedliche Rekonstruktionen das Ergebnis waren. Große Vorbehalte gelten auch für ein Neujahrsfest im Frühjahr, das von J. Pedersen[157], I. Engnell (analog zum babylonischen *akītu*-Fest)[158], J.B. Segal[159] und (vorsichtig) D.J.A. Clines[160] im Zusammenhang mit dem Pascha-Mazzot-Fest im ersten Monat rekonstruiert wurde.

Inwieweit allerdings die erwähnten biblischen Festkalender des Pentateuch die Vollständigkeit eines liturgischen Kalenders für sich in Anspruch nehmen können, ist unklar. Ebenso diskutabel ist, inwieweit die biblischen Quellen die kultischen Realitäten Israels und Judas (und Palästinas insgesamt) reflektieren, selektieren oder konstruieren. Nochmals ist an die Möglichkeit lokaler Differenzierungen (Juda, Israel, Jerusalem, Diasporagemeinden in Babylonien, Ägypten) sowie an diachrone Entwicklungen zu erinnern, die aufgrund der Quellenlage nicht konsequent nachgezeichnet werden können (wobei es sich auch bei einer lückenlosen Kultgeschichte um die Konstruktion ihres Verfassers handeln wür-

---

150   *H. Schmidt*, Die Thronfahrt Jahves am Fest der Jahreswende im Alten Israel (SgV 122), Tübingen 1927.
151   *F.M.T. Böhl*, Nieuwjaarsfeest en Koningsdag in Babylon en Israël, Groningen 1927.
152   *J.H. Eaton*, Kingship and the Psalms (Studies in Biblical Theology 32), London 1976. Sein Anliegen ist es, die Rolle des Königs im Kult hervorzuheben.
153   *Kraus*, Königsherrschaft, 118f.
154   *Ulfgard*, Story, 196f.213. Von rituellen Konkretionen nimmt er jedoch Abstand.
155   Inwieweit die Psalmen für die Rekonstruktion kultischer Festrituale in Anspruch genommen werden können, ist nach wie vor umstritten. Zur Kritik an dieser Methode s. die Literatur in Anm. 56 und 117.
156   Eine neuere Zusammenfassung der alten Thesen findet sich bei *Körting*, Schall, 1–7.62–67; *Ulfgard*, Story, 8–19.
157   *J. Pedersen*, Passahfest und Passahlegende, ZAW 52 (1934), 161–175.
158   *I. Engnell*, Pæsaḥ-Maṣṣōt and the Problem of »Patternism«, OrSuec 1 (1952), 39–50, vorsichtig gefolgt von *Ringgren*, Religion, 172.
159   *Segal*, Passover, 116f.
160   *D.J.A. Clines*, The Evidence for an Autumnal New Year in Pre-Exilic Israel Reconsidered, JBL 93 (1974), 22–40, bes. 39f.

de[161]). Vereinzelte Erwähnungen innerhalb des Alten Testaments zeigen, daß es (lokal?, zeitweise?) noch andere Feste gab, die jedoch nicht in die genannten Festkalender integriert wurden. Zu nennen wäre z.b. Ez 8,14, wo die Notiz über das rituelle Weinen um Tammuz im Monat Tammuz in Jerusalem (= 4. Monat bei Jahresbeginn im Frühjahr) die (lokale?, zeitbegrenzte?) Übernahme des entsprechenden babylonischen Fests und seines Hieros Logos nahelegt. Auch Sach 12,11 könnte auf die lokale Tradition eines Trauerritus um Hadad-Rimmon im Rahmen eines Fests um den sterbenden Gott anspielen. So gilt nach wie vor der Vorbehalt von O. Eißfeldt:

»Von Israels F[este]n können wir uns nur insofern ein Bild machen, als uns Nachrichten über sie erhalten sind. Da unsere Quellen aber nicht einfache Wiedergabe der Wirklichkeit sind, sondern bestimmte Ausschnitte aus ihr vor andern bevorzugen, muß unsere Darstellung jedenfalls hinter der Wirklichkeit zurückbleiben.«[162]

4. Die Kennzeichen alttestamentlicher Feste als heilige Zeiten jenseits des Alltags

a) *Problemanzeige*
Auf dem Hintergrund des Vorbehalts über die Aussagekraft und Vollständigkeit der biblischen Quellen über die Festkultur Israels und Judas kann die Festkultur, die das Alte Testament (in den Festkalendern die legitimen Jahwefeste, in anderen Texten auch Feste für andere Gottheiten im Land) bezeugt, nur als Teilausschnitt der kultischen Wirklichkeit, jedoch nicht als Gesamtdarstellung aller je in Israel/Juda gefeierten Feste betrachtet werden. Die biblisch belegten Jahwefeste sind nicht mit *den* Festen Israels/Judas identisch. Verallgemeinernde kulturvergleichende Aussagen, die *die* Feste »Israels« *den* Festen des Vorderen Orients gegenüberstellen, sind daher problematisch. So wurde z.B. die im Alten Testament zweifellos vorhandene heilsgeschichtliche Orientierung der Jahresfeste für Jahwe im Unterschied zu den mythischen Sakralüberlieferungen, die zu den Jahresfesten des Alten Orients und Ägyptens gehören, in der Vergangenheit zu recht mehrfach herausgehoben. Jedoch ist aus dem biblischen Befund, der die kultische Wirklichkeit Israels/Judas nicht vollständig erfaßt, keineswegs zu schließen, daß es in landesüblichen Festen nicht auch die Vergegenwärtigung von Mythen gab. Ez 8,14 und Sach 12,11

---

161 So auch *Ulfgard*, Story, 21, der dies zum Anlaß nimmt, für einen sich ergänzenden Methodenpluralismus zu plädieren.
162 *Eißfeldt*, Feste, 550. Ähnlich *Kedar-Kopfstein*, חג, 736f.

sperren sich gegen verallgemeinernde Thesen, die den Charakter von *den* Festen »Israels« (als Feste, deren Inhalte ausschließlich mit heilsgeschichtlichen Überlieferungen verbunden sind) von denen der »Umwelt« (als Feste, deren Inhalte mit mythischen Überlieferungen verbunden sind) kategorisch scheiden[163]. Diese Aussage kann, so man den eklektischen Charakter des Alten Testaments als Quelle für die Kultpraxis in Palästina akzeptiert und vor Augen hat, daß das Alte Testament nach eigener Aussage nur einen Teil der altisraelitischen Schriften versammelt[164], nur für die biblische Konstruktion der eigenen Festtradition für Jahwe (im Vergleich zur altorientalischen Festtradition), jedoch nicht für die gesamte kultische Wirklichkeit Israels bzw. Judas (im Vergleich zum Vorderen Orient) Gültigkeit beanspruchen.

Über die Festrituale, -inhalte, -funktionen und -konzeptionen der israelitischen und judäischen Feste, die nicht in die Reihe der legitimen Jahwefeste integriert wurden, bietet das Alte Testament nur wenig Informationen, so daß über das Faktum hinaus kaum etwas zu erfahren ist. Ez 8,14 erwähnt immerhin den (aus altvorderorientalischen Parallelen bekannten[165]) zentralen Ritus, das öffentliche Weinen der Frauen für Tammuz am Nordtor des Jahwetempels zu Jerusalem, dem als lokale Variante das Trauergebaren für Hadad-Rimmon in der Ebene von Megiddo (Sach 12,11) entsprechen könnte. Vielleicht handelt es sich hierbei um Feste destruktiv-anarchistischen Charakters, deren Fehlen in den biblischen Festkalendern o. S. 28f bereits vermerkt wurde. Über Spekulationen kommt man hier jedoch nicht hinaus.

Die biblische Konstruktion der eigenen Festtradition für Jahwe in den Festkalendern unterscheidet sich mit ihrer heilsgeschichtlichen

---

163 So z.B. *Otto*, Feste und Feiertage, 96; *Willi-Plein*, Opfer, 125. Demgegenüber weist z.B. *H. Niehr*, Religionen in Israels Umwelt. Einführung in die nordwestsemitischen Religionen Syrien-Palästinas (NEB Erg. Band zum Alten Testament 5), Würzburg 1998, 237, darauf hin, daß sich die Religionen Israels und Judas strukturell nicht von denen zeitgenössischer benachbarter Königreiche unterscheiden.

164 Das Alte Testament zitiert selbst mehrfach Schriften, die heute nicht mehr vorliegen, und offenbar nicht in den Überlieferunsprozeß einbezogen wurden.

165 Die Klage um Tammuz gehört in den Festkreis von Ištar und Dumuzi / Tammuz s. dazu *W. Farber*, Beschwörungsrituale an Ištar und Dumuzi. Attī Ištar ša harmaša Dumuzi (Akademie der Wissenschaften und der Literatur. Veröffentlichungen der Orientalischen Kommission 30), Wiesbaden 1977; *A. Berlejung*, Tod und Leben nach den Vorstellungen der Israeliten. Ein ausgewählter Aspekt zu einer Metapher im Spannungsfeld von Leben und Tod, in: *B. Janowski / B. Ego* (Hg.), Das biblische Weltbild und seine altorientalischen Kontexte (FAT 32), Tübingen 2001, 465–502, bes. 471f.

Ausrichtung der Festinhalte unbestreitbar von denen des Alten
Orients. Die alttestamentlichen Quellen, die aus naheliegenden
Gründen die ausführlichsten Informationen über die legitimen
Jahwefeste bieten, ermöglichen es, innerhalb der biblischen Darstellungen der Jahresfeste für Jahwe, die Festrituale, -inhalte,
-funktionen und -konzeptionen herauszuarbeiten, die für die jeweiligen Verfasser eines Textes gegolten haben. Diese waren jedoch nicht immer und überall identisch. Die biblischen Festkalender, Fest- oder Opferanweisungen und Erzählungen, in denen Feste erwähnt werden, zeigen in der Ausgestaltung der Rituale und
Interpretation der Inhalte, die mit ein und demselben Fest verbunden werden, eine beachtliche Divergenz, die deutlich macht, daß
die Verfasser die Feste entsprechend ihrer Festtheorie, Theologie
und Zielsetzungen gestalteten und interpretierten[166]. Diese unterschiedlichen Festkonzeptionen kann man auf diachrone Entwicklungen, lokale Divergenzen und/oder unterschiedliche Positionen
verschiedener Gruppierungen zurückführen, die zeitgleich nebeneinander bestanden. In jedem Fall hat die Analyse und literarhistorische Bewertung der komplexen biblischen Festkalender und
-überlieferungen jeweils Konsequenzen für die Rekonstruktion
der Kultgeschichte eines Fests wie auch für die Rekonstruktion
der damit verbundenen (diachron angeordneten oder als synchron
angenommenen) Festtheorien und deren Traditionsträger.
So nimmt es nicht wunder, daß sich die alttestamentliche Forschung
bislang ausführlich und wiederholt mit der historisch-kritischen
Analyse der Festkalender und verwandter Texte beschäftigt und
versucht hat, nach der Untersuchung und Rekonstruktion der zu-
sammengehörigen Textschichten ein Profil der Festkonzeption der
jeweils angenommenen Verfasser und der eingetragenen Wandlungen der Festtheorie und -praxis durch spätere Redaktoren, Er-
gänzer und Schüler zu erstellen und so die innerbiblische Entwick-
lungsgeschichte eines Fests (und Texts) nachzuzeichnen (von J.
Wellhausen bis zuletzt E. Otto, T. Veijola, S. Bar-On, G. Braulik,
C. Körting). Da sich die alttestamentliche Exegese in den letzten
Jahrzehnten immer weiter von einem Konsens in der Pentateuch-
kritik entfernt hat, ist die Bandbreite der Hypothesen entsprechend groß, so daß nach weiteren methodischen Ansätzen gesucht
wird. Die Abkehr von einer historisch-kritisch rekonstruierten
Kultgeschichte der Feste und das Plädoyer dafür, auf der Grundlage des vorliegenden Texts, Kontexts und der Struktur der Endgestalt der Mosetora (mit Ziel im Deuteronomium) »die Reflexion
zu den Fest- und Feiertexten, wie sie die Erzählanordnung in der

166   So mit *Ulfgard*, Story, 28.

Leserichtung von Ex bis Dtn bietet, zu interpretieren«, hat jüngst
D. Volgger[167] vertreten. Er geht dabei davon aus, daß die unterschiedlichen Festperikopen des Pentateuch »nicht unabhängig
voneinander und auch nicht unabhängig von ihrem unmittelbaren
Kontext ausformuliert worden«[168] und vielfältig miteinander vernetzt sind.
Religions- und kultgeschichtliche Ansätze versuchen nach wie vor,
die biblischen Informationen durch außerbiblisches Material (z.B.
die Ikonographie, so wegweisend O. Keel[169]) ergänzend, den Festen nachzuspüren und den Festkult Palästinas (für Jahwe aber
auch die anderen Götter) in den einzelnen Epochen genauer zu
erhellen. Die Bandbreite der verschiedenen Hypothesen ist auch
hier enorm groß, da dieselben ihrerseits eng mit der jeweiligen Interpretation der Frühgeschichte »Israels«, der Landnahme, der Verhältnisbestimmung zwischen »Israel« und »Kanaan«, der Herkunft
und Identität des Gottes Jahwe und seines Verhältnisses zu anderen Göttern (insbesondere Aschera und Baal) zusammenhängen.

Innerhalb der Rekonstruktion der Kultgeschichte eines Fests lassen sich die
Erklärungsansätze abgrenzen, die die diachrone Entwicklung eines Fests nachzuzeichnen versuchen, indem sie dabei davon ausgehen, daß das in Frage stehende Fest zu einem bestimmten Zeitpunkt (meist die Landnahme) von einem
kulturellen System in ein grundsätzlich anderes übertragen worden sei. Dabei
sind im wesentlichen zwei Bewegungsrichtungen denkbar: Ein Fest kann als
ehedem kanaanäisches (meist als bäuerlich-polytheistisch, z.T. baalistisch, orgiastisch[170] oder gar magisch[171] charakterisiertes) Fest beurteilt werden, das
bei seiner späteren Aufnahme durch Israel israelitisiert, historisiert, jahwisiert
(und damit u.U. zugleich monotheistisch umgeformt) worden sei[172]. Die umge-

167 *Volgger*, Israel, 6f.22.187–189.
168 *Volgger*, Israel, 298.
169 *Keel*, Bildsymbolik, 301–328.
170 G. *Braulik*, Die Freude des Festes. Das Kultverständnis des Deuteronomium – die älteste biblische Festtheorie, in: *ders.*, Studien zur Theologie des Deuteronomiums (SBAB 2), Stuttgart 1988, 161–218, bes. 210f; *ders.*, Leidensgedächtnisfeier und Freudenfest. »Volksliturgie« nach dem deuteronomischen
Festkalender (Dtn 16,1–17), in: *ders.*, Studien zur Theologie des Deuteromiums (SBAB 2), Stuttgart 1988, 95–122, bes. 114f setzt in seiner Rekonstruktion der Festtheorie des Deuteronomiums die deuteronomische Abgrenzung
von den kanaanäischen Orgien der Fruchtbarkeitsreligion voraus.
171 So z.B. *Kedar-Kopfstein*, חג, 743.
172 Kanaanäisch-bäuerlicher Ursprung und spätere israelitische Übernahme
wird von den agrarischen Festen, Mazzot-, Wochen- und Herbstfest, angenommen s. *Wellhausen*, Prolegomena, 94f; *Eißfeldt*, Feste, 554f; *Kutsch*, Feste, 912f;
Kedar-Kopfstein, חג, 741; *Kraus*, Gottesdienst, 63–65.74.80; *Kronholm*, כסן,
849; *Schmidt*, Glaube, 176. *Laaf*, Pascha-Feier, 122ff; *Kraus*, Gilgal, 197 (in bezug auf Mazzot); *Zwickel*, Tempelkult, 306 (in bezug auf Mazzot, wobei die Mazzen aus der nomadischen Vergangenheit Israels stammten); *Mettinger*, De-

kehrte Annahme, daß ein Fest israelitischen Ursprungs sei (was mit der nomadischen Lebensweise des vorstaatlichen Israel verbunden wird)[173], und von da
aus in das bäuerliche Leben des kanaanäischen Kulturlands übertragen worden
wäre, dreht die Bewegungsrichtung des Kulttransfers um. Sie geht aber wie die
ihr korrespondierende These mit dem umgekehrten Vorzeichen ebenso von der
Prämisse aus, daß es sich bei »Israel« und »Kanaan« um zwei genuin geschie-
dene Welten und Größen gehandelt habe. Am stärksten ist diese Ansicht da ausgeprägt, wo ein Fest als Neuschöpfung Israels[174] anläßlich der Seßhaftwerdung
klassifiziert wird. Demgegenüber sind Ansätze hervorzuheben, die den Gegensatz zwischen Wüsten- (= Israeliten) und Kulturlandbewohnern (= Kanaanäer)
aufsprengen und statt dessen die vorstaatliche Situation in Palästina vor Augen
haben, in der das Kulturland verschiedene Bevölkerungsgruppen unterschiedlichster Lebensweisen (Hirten – Bauern – Städter – Handwerker etc.) kannte[175].
Ein diskutables Problem in dieser Weise der Rekonstruktion eines Fests bleibt,

thronement, 69ff; _Otto_, Feste und Feiertage, 100 (in bezug auf das Laubhüttenfest); _E. Kutsch_, Erwägungen zur Geschichte der Passafeier und des Massotfestes, ZThK 55 (1958), 1–35 (in bezug auf Wochen- und Herbstfest, wobei der
Brauch der Laubhütten bei Letzterem eine israelitische Entwicklung sei (ebd.,
35)). Die Rekonstruktion des Laubhüttenfests als eines Neujahrs- und Thronbesteigungsfests kann ebenfalls die These der Kultübertragung beinhalten. So
sind die Neujahrsriten für _Preuss_, Neujahrsfest, 320 aus Kanaan, für _Zimmern_,
Neujahrsfest, passim aus Babylon über Kanaan an Israel gekommen.
173 So z.B. das Mazzotfest nach _H. Cazelles_, Études sur le Code de l'Alliance,
Paris 1946, 98, oder das Laubhüttenfest nach _Volz_, Neujahrsfest, passim, das
ein genuin israelitisches Fest für Jahwe und Neujahr sei, das erst durch den
Kontakt mit Kanaan agrarische Aspekte integriert habe. Für den nomadischen
Ursprung des Paschafests s. _Wellhausen_, Prolegomena, 93f; _Eißfeldt_, Feste,
551f; _Kutsch_, Feste, 911; _Rost_, Weidewechsel, passim; _Pedersen_, Passahfest,
161–175; _Laaf_, Pascha-Feier, 154ff; _Otto / Schramm_, Fest, 9f.37f; _Schmidt_,
Glaube, 177; _Haag_, Pascha, 53ff; _Wilms_, Freude, 311ff; _Kraus_, Gottesdienst,
61–63.
174 So z.B. J. Halbe in Zusammenhang mit Mazzot, s. _J. Halbe_, Passa-Massot
im deuteronomischen Festkalender. Komposition, Entstehung und Programm
von Dtn 16,1–8, ZAW 87 (1975), 147–168, bes. 166; _ders._, Erwägungen zu Ursprung und Wesen des Massotfestes, ZAW 87 (1975), 324–346, bes. 345. S.E.
ist das Mazzotfest kein Bauernfest, das jahwisiert worden wäre, sondern ein
heilsgeschichtliches Fest, das als Antwort der Jahwereligion auf die Seßhaf-
tigkeit für die Bauern entstand. Ähnlich _Goldstein / Cooper_, Festivals, 22f;
G. Braulik, Deuteronomium 1–16,17 (NEB-AT 15), Würzburg 1986, 117;
Wilms, Freude, 329–333 (Landgabedankfest). Nach _Kutsch_, Erwägungen, 1ff
handelt es sich bei dem Mazzotfest ursprünglich um einen Brauch zu Erntebeginn, der von den Israeliten selber eingeführt und erst allmählich zu einem Fest
umgestaltet worden wäre. Damit entfällt s.e. für das Mazzotfest eine kanaanäische Vorgeschichte. Auch _Houtman_, Exodus 2, 155–158 ist skeptisch gegenüber den Thesen, die annehmen, daß Israel vorisraelitische Feste übernommen
habe. S.E. ist es plausibler, daß Israel fremde religiöse Bräuche und Symbole
adaptiert und sie in die eigenen kommemorativen Festivitäten integriert habe
(ebd., 157).
175 _Otto_, פסח, 672 orientiert sich nicht am Gegensatz Wüstennomaden – Kul-
turlandbauern und nimmt nomadisierende Hirten des Kulturlands als Träger
des Pascharitus an.

ob und vor allem bis wann man es »*protoisraelitisch*« nennen kann bzw. muß
und ab wann von einem »*israelitischen*« Fest (d.h. einem Fest als Manifestation
der abgegrenzten nationalen und religiösen Identität von Israeliten) zu sprechen ist, eine Frage, die ganz eng mit dem Problemfeld der Definition des Begriffs »Israel« verbunden ist.
Da die neueren Landnahmetheorien die Entstehung Israels vermehrt als Ergebnis eines komplexen gesamtgesellschaftlichen Prozesses innerhalb eines kulturellen Systems innerhalb des Kulturlandes betrachten, so daß »Israel« wenigstens zu einem nicht unerheblichen Teil *in* und *aus* »Kanaan« entstanden ist[176],
erscheint die Klassifizierung eines Fests in den Kategorien genuin »israeli-
tisch-nomadisch« oder »kanaanäisch-bäuerlich« immer weniger hilfreich[177].
Die These der Existenz eines beduinennomadischen, wüstenbewohnenden und
ins Kulturland eingewanderten vorstaatlichen Israels ist nahezu gänzlich ins
Kreuzfeuer der Kritik geraten[178] und wird mehr und mehr durch die Rekonstruktion einer bäuerlichen und kleinviehzüchtenden tribalen Stammesgesell-
schaft unterschiedlichster regionaler Ausprägungen im Kulturland ersetzt, wobei zwischen den ländlichen und städtischen Bevölkerungsteilen eine Synthese
anzunehmen und keine scharfe Grenze zu ziehen ist. Weiter wird der Gegensatz
zwischen »Israel« und »Kanaan«, den das Alte Testament aufbaut, verstärkt als
ein »Pattern« verstanden, mit dem das Alte Testament häufig die Distanz zum
eigenen Lebensraum, der eigenen Sprache und ethnischen Zugehörigkeit zum
Ausdruck bringt und von dem Bemühen geleitet ist, (insbesondere der nachexilischen Kultgemeinde) Kriterien der Abgrenzung nach außen und Identitätsstiftung nach innen vorzugeben.
Religionsgeschichtliche Forschung weist zudem seit einigen Jahren darauf hin,
daß es sich bei Jahwe in Israel und Juda u.U. um zwei verschiedene Manifestationen des ursprünglich südlich von Palästina beheimateten Wettergottes
JHWH[179] handelt, der als Gott des Baal-Hadad-Typus[180] durchaus auch Baal ge-

---

176   Zu den Problemen und neuen Hypothesen zum Thema s. *T. Thompson*,
Early History of the Israelite People: From the Written and Archaeological
Sources (SHANE 4), Leiden u.a. 1992; *N.P. Lemche*, Ancient Israel: A New History of Israelite Society (The Biblical Seminar 5), Sheffield 1988; *ders.*, The Canaanites and Their Land: The Tradition of the Canaanites (JSOT.S 110), Sheffield 1991; *P.R. Davies*, In Search of »Ancient Israel« (JSOT.S 148), Sheffield
1992; *M. Weippert*, Geschichte Israels am Scheideweg. Rezension zu H. Donner,
Geschichte des Volkes Israel und seiner Nachbarn in Grundzügen (GAT 4),
Göttingen 1984.1986, ThR 58 (1993), 71–103; *Petersen*, God, 102–105.
177   Zur Vorsicht mahnt auch *Willi-Plein*, Opfer, 135.
178   *E.A. Knauf*, Die Umwelt des Alten Testaments (Neuer Stuttgarter Kommentar – AT 29), Stuttgart 1994, 58–63; *H.* und *M. Weippert*, Die Vorgeschichte Israels in neuem Licht, ThR 56 (1991), 341–390 (Forschungsbericht); *T.
Staubli*, Das Image der Nomaden im Alten Israel und in der Ikonographie seiner sesshaften Nachbarn (OBO 107), Fribourg / Göttingen 1991; *ders.*, Art. Nomaden, NBL 2 (1995), 934–936.
179   *Niehr*, Religionen, 237; *M. Weippert*, Art. Jahwe, RLA 5 (1976–1980),
246–253, wiederabgedruckt in: *ders.*, Jahwe und die anderen Götter. Studien
zur Religionsgeschichte des antiken Israel in ihrem syrisch-palästinischen
Kontext (FAT 18), Tübingen 1997, 35–44, bes. 43.
180   *M. Weippert*, Synkretismus und Monotheismus. Religionsinterne Konfliktbewältigung im alten Israel, in: *J. Assmann / D. Harth* (Hg.), Kultur und
Konflikt (Edition Suhrkamp NF 612), Frankfurt a.M. 1990, 143–179, wiederab-

nannt bzw. als Baal bezeichnet werden konnte[181]. Auf diesem Hintergrund erscheinen die Grenzen zwischen Jahwe und Baal fließend, was sich u.U. auch in den Festen niederschlagen konnte. Was die Zuordnung Jahwes zu einem Fest betrifft, so ist daran zu erinnern, daß die religionsgeschichtliche Forschung in den letzten Jahrzehnten wahrscheinlich machen konnte, daß mit der Verehrung Jahwes in Israel/Juda nicht zwangsläufig ein monotheistischer Kult zu verbinden ist[182]. Auch wenn man ein Fest für eine bestimmte Gottheit feierte und ihr widmete, so heißt das nur, daß diese Gottheit das Zentrum des Fests war, was aber keinesfalls per se die Beteiligung anderer Götter ausschloß[183], die, da von untergeordneter Bedeutung, nicht eigens genannt werden mußten. In diesem Zusammenhang wäre beispielsweise bei einem vorexilischen Fest des 9./8. Jh.s für Jahwe die Beteiligung seiner Partnerin, der genuin israelitisch-judäischen Göttin Aschera zu erwarten, deren Verbindung mit Jahwe[184] inschriftlich in Kuntillet-Ajrud und Hirbet el-Qom (= Juda) belegt ist. Doch auch hier kommt man aus Mangel an aussagekräftigen Beweisen über Hypothesen nicht hinaus.

Es liegt auf der Hand, daß die Entscheidungen, die auf der Ebene der (Re-)Konstruktion und Analyse der biblisch-literarischen Bezeugungen der Feste und auf der Ebene der (Re-)Konstruktion der Geschichte und Religionsgeschichte Israels/Judas getroffen werden, miteinander vernetzt sind und die Beantwortung der Frage nach den Kennzeichen der alttestamentlichen (!) Feste, ihren Formen, Funktionen und Inhalten unmittelbar beeinflussen. Dem tragen die älteren (s. die vorhergehenden Anmerkungen) und neueren alttestamentlichen Publikationen zum Thema »Feste« unterschiedlich akzentuiert Rechnung, wobei die historisch-kritisch angelegten Rekonstruktionen von C. Körting, S. Bar-On, T. Veijola, E. Otto und G. Braulik und die an der Textendgestalt orientierte Darstel-

gedruckt in: *ders.*, Jahwe und die anderen Götter. Studien zur Religionsgeschichte des antiken Israel in ihrem syrisch-palästinischen Kontext (FAT 18), Tübingen 1997, 1–24, bes. 16f.
181 *Weippert*, Synkretismus, 17 geht sogar soweit zu sagen, daß »Jahwe und Baal nicht zwei verschiedene Gottheiten, sondern zwei Namen für ein und denselben Gott« sind.
182 S. *Weippert*, Synkretismus, passim sowie die gesamte Debatte um »Jahwe und seine Aschera«; s.u. Anm. 184.
183 So gilt das *akītu*-Fest in Babylon als das Fest des Marduk, aber es waren neben seiner göttlichen Ehefrau noch erheblich viel mehr Götter beteiligt.
184 Zur Diskussion s. *C. Frevel*, Aschera und der Ausschließlichkeitsanspruch YHWHs. Beiträge zu literarischen, religionsgeschichtlichen und ikonographischen Aspekten der Ascheradiskussion (BBB 94), Bonn 1995, 854–880.884–898.987f; *Keel / Uehlinger*, Göttinnen, 237–282, bes. 255–263; *M.C.A. Korpel*, Asherah Outside Israel, in: *B. Becking / M. Dijkstra u.a.*, Only One God? Monotheism in Ancient Israel and the Veneration of the Goddess Asherah (The Biblical Seminar 77), London / New York 2001, 127–150, bes. 145ff; *K.J.H. Vriezen*, Archaeological Traces of Cult in Ancient Israel, in: *B. Becking / M. Dijkstra u.a.*, Only One God? Monotheism in Ancient Israel and the Veneration of the Goddess Asherah (The Biblical Seminar 77), London / New York 2001, 45–80, bes. 73ff.

lung von D. Volgger (jeweils abhängig vom eigenen Methodenansatz) den Schwerpunkt auf die Untersuchung der biblischen (und z.T. auch apokryphen, deuterokanonischen und rabbinischen[185]) Texte legen und den religionsgeschichtlichen und geschichtlichen Fragestellungen nicht dieselbe Aufmerksamkeit schenken. Insbesondere fällt auf, daß anthropologische, soziologische, kultur- oder religionswissenschaftliche Fragestellungen, Methoden und Theorien in bezug auf die alttestamentlichen oder altisraelitisch/judäischen Feste nur selten oder eklektisch[186] berücksichtigt werden. Eigens erwähnt sei hier die Arbeit von H. Ulfgard[187], der sich zum Ziel setzte, dieses Defizit in bezug auf das Laubhüttenfest zu beheben. Ausgehend vom ursprünglich agrarischen Charakter der biblischen Feste stellt er deren Loslösung vom landwirtschaftlichen Kalender fest, so daß sie sich zu »manifestations of a particular national and religious identity«[188] entwickeln konnten, was sich an ihrer Historisierung und Theologisierung zeige.

Damit nehmen die biblischen Festtexte, die die eigene Festtradition genau zu profilieren suchen, die gesellschaftsrelevante Aufgabe, die Festen allgemein (s.o. S. 10–15) für die soziale Grenzen übergreifende Integration und Identitätsstiftung[189] zukommt, ernst und sind in diesem Kontext als »expressions of a ›social drama‹«[190] und Teil des Ringens um Selbstdefinition zu begreifen. Entsprechend formuliert H. Ulfgard (mit Hinweis auf V. Turner):

»... these historicized and theologized festivals function ... as ceremonies or rites, through which a certain group of people manifests, realizes and confirms its self-understanding *vis-à vis* surrounding groups or societies. And – an important reminder – these ›out-groups‹ do not only consist of foreign peoples – in the biblical world they also include fellow ›early Jews‹ who do not share this particular historicizing and theologizing ideology«[191].

Auf diesem Hintergrund bestimmt H. Ulfgard das Ziel der Festtheorie des Laubhüttenfests und des Brauchs, in Laubhütten zu wohnen, dergestalt, daß Theorie und Praxis dazu dienten, »to express and strengthen the ideas about the special (›liminal‹) situation of the chosen people (›communitas‹) *vis-à-vis* the surround-

---

185 So *Ulfgard*, Story, 154ff; *Körting*, Schall, 269ff.
186 So z.B. bei *Volgger*, Israel, 4.298 der sich zweimal kurz auf J. *Huizinga*, Homo ludens. Vom Ursprung der Kultur im Spiel, Hamburg 1938/1997, bezieht, ohne dessen Thesen wirklich in seine Betrachtung zu integrieren.
187 *Ulfgard*, Story, 20–31.
188 *Ulfgard*, Story, 46. Ähnlich ebd., 220f.
189 *Ulfgard*, Story, 7f.21–23.
190 *Ulfgard*, Story, 22.
191 *Ulfgard*, Story, 46f.

ing world[192].« Das primäre Interesse von H. Ulfgard besteht nicht
darin, eine Kultgeschichte (= history) des Laubhüttenfests zu
schreiben, sondern die verschiedenen Interpretationsformen (=
stories) des Fests und die dahinterstehenden Interpreten zu profilieren[193]. Aus diesem Ansatz ergibt sich die sozialgeschichtliche
Verortung verschiedener theologischer Positionen bzw. eine reli-
gionssoziologisch orientierte Theologiegeschichte des Laubhüttenfests, die der Verfasser weitgehend ohne eigene ausgedehnte
literarhistorische Untersuchungen an den Texten entwirft.
Demgegenüber entwickelt D. Volgger die juristische Dimension der
Jahresfeste, die sich besonders in Ex 23,17; 34,23; Dtn 16,16 zeige:

»Sooft Israel die Feste YHWHs feiert, erneuert es seine theologisch-juristische
Konstituierung als Volk YHWHs«[194]. Diese »theologisch-juristische Institution ›Israel vor YHWH‹ wird nach dem Vorbild des Instituts ›Hausvater‹ entworfen, wobei YHWH für die israelitischen Männer Herr (ʾdn)) ist wie der
Hausvater für alle seine Hausmitglieder.«[195]

Die Wallfahrten anläßlich der Feste werden in diesem Zusammenhang zu regelmäßigen generationenübergreifenden Besuchsreisen
beim Hausvorstand Jahwe, die, wie die Gaben an Jahwe[196], die Einheit der Bindung des Volks mit seinem Gott stärken. Diese wird
geradezu in der Terminologie des Familienrechts beschrieben. Zentral ist nach D. Volgger die biblische Konzeption des Pascha, an der
(in biblischer Leserichtung von Exodus bis Deuteronomium) der
»Weg Israels in seine Gestalt als Kultgemeinde YHWHs« abzule-
sen sei[197]. Ausgehend von der göttlichen Aufforderung an Moses
(Ex 3,12) über das ägyptische Pascha in Ex 12f als

»die erste kultischen Begehung Israels noch vor der Ankunft am Sinai/Horeb ...
offenbart Mose erst in Dtn die ›Endgestalt‹ des israelitischen Kultes für den
Zielort der Wanderung. Das ursprüngliche Opfer aus Ex 12f hat dabei im Buch
Dtn seinen definitiven Ort in der Mosetora erreicht, indem seine Konzentration
auf den ›Ort, den YHWH erwählt‹, und seine ursprüngliche Dimension als
Opfer allen Anfangs für Israel deutlich wird«[198].

Dtn 16,1–8 blickt »auf die Gestaltung des Passa am Zielort der
Wanderung Israels« voraus[199].

192 *Ulfgard,* Story, 221.
193 *Ulfgard,* Story, 6.20f.
194 *Volgger,* Israel, 67. Ähnlich ebd., 78.85f.
195 *Volgger,* Israel, 67.
196 *Volgger,* Israel, 76f.
197 *Volgger,* Israel, 189.
198 *Volgger,* Israel, 189.
199 *Volgger,* Israel, 189.

Die Stiftung des Kults habe zwar im Deuteronomium ihr Ziel erreicht, jedoch bliebe sie noch unvollendet, da die Landverheißung noch nicht erfüllt ist. Entsprechend seinem Ansatz (s.o. S. 38f) unterläßt D. Volgger in seiner Untersuchung weitgehend literarhistorische, historische oder religionsgeschichtliche Aussagen und interpretiert die Pentateuchendgestalt der Festtexte, wobei sich durch die vorliegende Leserichtung von Exodus bis Deuteronomium, Aufbruch und Ziel, in bezug auf die Festtheorien des Pentateuch eine m.E. zu einseitige Orientierung und Übergewichtung an deuteronomischem Gedankengut wie auch eine zu starke Harmonisierung wenn nicht gar Nivellierung unterschiedlicher Positionen ergibt.

b) *Alttestamentliche Feste als heilige Zeiten*
Die Form und der Inhalt, Festtheorie und Festtheologie der biblisch belegten Jahresfeste haben sich, wie man das in verschiedenen Kulturbereichen ebenso beobachten kann und die biblische Bezeugung selbst nahelegt, im Laufe der Zeit gewandelt. Sie reagierten auf Veränderungen des Alltags, der Sozialstruktur, Geschichte, Innen- und Außenpolitik, Religionsgeschichte und Theologie. Innerhalb des vorliegenden Beitrags ist es nicht möglich, allen Festen in ihrer Entwicklung und den diesen Entwicklungen je und je zugrundeliegenden Voraussetzungen nachzugehen, zumal, wie o. S. 38 bereits angesprochen, die historisch-kritische Textanalyse wie auch die an der Endgestalt orientierte Exegese der biblischen Festüberlieferungen jeweils Konsequenzen für die kultgeschichtliche (Re-)Konstruktion und die Charakterisierungen der Feste haben. Im folgenden müssen daher einige ausgewählte Aspekte genügen, die die alttestamentlichen Feste als heilige Zeiten kennzeichnen.
Generell ist festzustellen, daß die biblischen Festkalender mit ihren wichtigsten Feiern zum Erntebeginn und Ernteabschluß (bzw. im 1. und 7. Monat) das Jahr in zwei ungefähr gleich lange Abschnitte teilen. Als regelmäßig wiederholbare und fest abgesteckte Zeitabschnitte der Feier durchbrechen sie den Alltag und sorgen für die zyklische Gliederung der Jahre[200]. Trotz aller Unterschiedlichkeiten ist den biblischen Festtexten zu entnehmen, daß ihre Verfasser nicht daran zweifelten, daß ein Fest eine abgesonderte Zeit war, in der sich die Feiernden (Familie, Orts- oder

---

200 Zur Zeitdimension in alttestamentlichen Festen s. *Otto / Schramm*, Fest, 38.61–63; K. *Grünwaldt*, »Meine Zeit steht in deinen Händen« (Psalm 31,16). Über die Rhythmisierung der Zeit im Alten Testament, Bibel und Kirche 54 (1999), 170–177, bes. 171ff.

Volksgemeinde) gezielt dem zuwandten, der ihrem Leben als Er-
möglichungsgrund vorausging: Jahwe[201].
Ebenfalls besteht bei den biblischen Verfassern und Redaktoren
Einigkeit darüber, daß es jeweils eigene Handlungsvollzüge und
Festliturgien gab, die mit einem bestimmten Fest verbunden waren und die Festzeit strukturierten, auch wenn in bezug auf die
Agenda (und wohl auch Dicenda) im einzelnen erhebliche Divergenzen festzustellen sind. In bezug auf Musik, Lieder und Gebete
läßt sich Ähnliches annehmen (Am 5,23). Des weiteren läßt sich
den Festkalendern entnehmen, daß sich die land- und viehwirtschaftlich orientierten Feste um Jahwe als die Gottheit zentrier-
ten, der man den Segen von Ernte und Nachwuchs zu verdanken
glaubte. Der Aspekt des Natursegens wird durch die Historisierung der Feste (Pascha in Ex 12,21–23; 12,11ff; Mazzot in Ex 23,
15; 34,18; 12,17; Pascha mit Mazzot in Dtn 16,1–8; Wochenfest
in Dtn 16,12; Herbstfest in Lev 23,42f) zurückgedrängt, die sie
zu Gedenkfeiern des Exodus bzw. des rettenden Heilsgeschehens
(oder des Bundes, so das Wochenfest in Ex 19,1; 2Chr 15,10ff;
Jub 1,1; 6,1–22; 14,10–20; 15,1) durch Jahwe macht. Die Feste
vergegenwärtigen mit dem Exodus die Gründungserinnerungserzählung, die alttestamentlich der Identität des israelitisch-judäischen Volks zugrunde liegt und seine Selbstdefinition prägt. Die
Festgemeinde als die Volksgemeinde ist nun dadurch von anderen
abgegrenzt, daß es sich ausschließlich um (dies praktizierende)
Nachfahren des Exodus handeln muß. Das Feiern eines solcherart
als Rettungsgedächtnisfest konzipierten Fests aktualisiert die frühere Rettungstat von neuem und stärkt die Einheit gesellschaftlicher Bindung wie auch die Bindung an den göttlichen Retter. Die
Verbindung der beiden wichtigsten Jahresfeste im Frühjahr und
Herbst mit dem Exodus stellt den Alltag des gesamten Jahres in
diesen Deutehorizont.
Das gemeinschaftliche Feiern der Gottheit mit ihren Untergebe-
nen (Priestern, König, Bevölkerung) gehörte zu den elementaren
Sozialkontakten, bei denen die Gottheit strukturierendes Element
des Handlungszusammenhangs war. Da das Alte Testament nur

---

201   Die Tatsache, daß die Feste in einem Festkalender zusammengestellt und
jeweils als Feste für Jahwe gekennzeichnet werden, wird von *Körting*, Schall,
10.13 so interpretiert, daß die Feste »nun Feste Jhwhs« (13) werden. D.h. die
Zusammenführung der Feste zu einem Jahreszyklus gehört zum Programm der
Jahwisierung der Feste, die vorher anderen Gottheiten gegolten haben. Folgerichtig formuliert sie: »Kultisch inakzeptable Feste und Feiern hingegen werden ausgegrenzt« (13). In der Tat wäre die explizite Zuweisung der Feste zu
Jahwe / für Jahwe unnötig, wäre der monotheistisch verehrte Gott die einzig
vorstellbare göttliche Größe in diesem Kontext.

Jahwe als die Gottheit bezeugt, der landwirtschaftlicher, viehzüchterischer, politischer, nationaler, heilsgeschichtlicher, individueller wie kollektiver Segen und Erfolg zu verdanken war, ist er es, der in den biblischen Texten die Handlungsmuster der beteiligten Menschen bestimmt, das Fest dominiert und an der Spitze des hierarchisch aufgebauten gemeinschaftlichen festlichen Geschehens und Erlebens steht. Um so beachtlicher ist die Festkritik, die biblisch an drei Stellen deutlich formuliert wird. In Jes 1,13f; Hos 2,13 und Am 5,21–27 wird einerseits deutlich, was zu einem Fest gehörte: Opfer für Jahwe, Wallfahrt zum Tempel, Versammlung der Festgemeinde, Gebet, Lieder und Musik. Andererseits macht die prophetische Kritik aber auch überdeutlich, daß das Fest nur auf dem Hintergrund eines gelungenen Alltags vor Jahwe gefällig sein kann.

Ein ähnliches Konzept bezeugt der Gesamtaufriß des Bundesbuchs, das durch das Altargesetz am Anfang (Ex 20,24–26) und den Festkalender (Ex 23) am Ende gerahmt ist. Die Befolgung der Bestimmungen des Bundesbuchs, das durch diverse Gebote und Verbote das alltägliche menschliche Zusammenleben regelt, ist durch diese Rahmung »auf die Verehrung Jhwhs hin ausgerichtet«[202], wobei die Positionierung der Feste am Schluß des Bundesbuchs denselben erhebliches Gewicht verleiht. Ein einwandfreies Alltagsleben (inhaltlich gefüllt durch die Satzungen des Bundesbuchs) geht einem Fest für Jahwe voraus! Eine etwas andere Tendenz vertritt Nah 2,1. Der Vers macht deutlich, daß das Feiern der Feste Zeichen und Ausdruck der Freude und Sicherheit ist, dem Jahwes Zusage und Triumph (laut Kontext über Assyrien) vorausgeht. Zum Fest gehört Friede!

Alttestamentliche Nachrichten, in denen ein Fest den Hintergrund einer Schilderung abgibt, bezeugen die Feste als Gelegenheiten, Gelübde abzulegen und einzulösen (1Sam 1), Kontakte anzuknüpfen (Ri 9,27ff), Handelsbeziehungen zu pflegen, Preise zu vergleichen, Informationen auszutauschen, zu politisieren und intrigieren (Ri 9,27ff). So waren sie Umschlagplatz für Nachrichten und Waren aller Art. Selbstverständlich waren Feste auch Zeiten des Amusements, der allgemeinen Ausgelassenheit, der Sorglosig- und Unachtsamkeit, so daß sie Feinden auch die ideale Gelegenheit für ein Überrumpelungsmanöver bieten konnten (Ri 21,19ff). Die literarische Darstellung von 1Kön 8 nutzt das Szenario des Fests im 7. Monat (= Herbstfest), um Salomo als fürsorgenden Landesfürsten, Erwählten Gottes und erfolgreichen Lenker der

---

202 So zu recht, jedoch ohne Hinweis auf die prophetischen Texte *Körting*, Schall, 15; *Houtman*, Bundesbuch, 10.

Geschicke seines Landes zu präsentieren. Ähnliches kann für 2Kön 23,21–23, das Pascha des Josija, geltend gemacht werden. In der deuteronomistischen Sicht sind diese Feste die paradigmatische Realisierung des (entsprechend deuteronomischer/deuteronomistischer Programmatik) idealen offiziellen Kults am zentralen Heiligtum mit dem idealen König und dem idealen Volk. Wenn auch an der historischen Zuverlässigkeit dieser Erzählungen berechtigte Zweifel bestehen, so zeigen sie doch, daß die Festtheorie der deuteronomistischen Verfasser ein Fest als Idealzeit sieht, von der aus der Alltag Impuls und Sinn erfahren soll. Die Verfasser der Texte nahmen auch die religionspolitische Bedeutung der Feste des offiziellen Kults auf: Der deuteronomistisch idealisierte Salomo (bzw. Josija) wird so gezeichnet, daß er (auf der literarischen Ebene; ob historisch, kann hier nicht geklärt werden) mit der Feier seines Fests auch politische Ziele verband und es zur königlichen Selbstdarstellung wie zur Vermittlung königsideologischer, herrschaftsstabilisierender und religiöser Inhalte nutzte.

c) *Die Festtheorie des Deuteronomiums*
Die Festtheorie des Deuteronomiums ist innerhalb der alttestamentlichen Festüberlieferungen recht gut zu profilieren und sei daher im folgenden kurz vorgestellt. Es handelt sich dabei keinesfalls um *die* Festtheorie *des* Alten Testaments oder gar *des* Alten Israel, sondern um die einer bestimmten (wirkungsvollen) Traditionsgruppe. Es ist wie immer zu bedenken, daß es sich hierbei um die (Re-)Konstruktion dieser Festtheorie durch heutige Exegeten handelt, die auf der Selbstkonstruktion, -definition und Programmatik der Verfasser des Deuteronomiums basiert, die sich keineswegs in allen Punkten, überall und zu gleicher Zeit durchsetzen konnten. Wie nicht zuletzt aus der Endgestalt des Pentateuch mit den verschiedenen nun kanonisierten Fassungen von Festkalendern, -anweisungen oder -erzählungen (s. z.B. Ez 45, 18ff; 2Chr 30,1–27; 35,1–19; Esr 6,19–22), jedoch auch aus den Elefantinetexten, dem Jubiläenbuch oder den Qumrantexten hervorgeht, blieb die legitime Praxis von manchen Festen und damit sicherlich auch deren Deutungen noch lange Zeit Gegenstand einer strittigen Diskussion. Dies galt vor allem für das Pascha-Mazzot-Fest, über dessen Feierdatum, Feierort (zentrales Heiligtum versus Familie, Ortsgemeinde[203]), Riten, Ausmaß und Art der Priesterbeteiligung, Interpretation und Abgrenzung der Festgemein-

---

203 Gegen Dtn 12 und 16,5f bezeugt der Pascha-Mazzot-Papyrus (s.o. Anm. 78) die Bedenkenlosigkeit, mit der das Fest auch außerhalb des Jerusalemer Heiligtums gefeiert werden konnte.

de es in deuteronomisch/deuteronomistischer, priesterschriftlicher und chronistischer Tradition unterschiedliche Ansichten gab. Herzstück der deuteronomischen Festkonzeption ist das Zentralisationsgebot (Dtn 12; 16,5f.11.15; 26,2), das für den legitimen Jahwekult nur ein einziges Heiligtum im Land (im Deuteronomium noch nicht namentlich konkretisiert) vorsieht, zu dem daher in der Konsequenz jeder, der die Festriten Jahwe-gefällig vollziehen will, wallfahren muß. Die Interpretation dieser Festzentralisation hängt eng mit der Interpretation der deuteronomischen Kultzentralisation zusammen. Für H. Haag[204] diente die Zentralisierung der Feste der Garantie der jahwistischen Reinheit und Festigung der Einheit des Volks. Für E. Otto ist die Kultzentralisation die Entsakralisierung des Alltagsraums, der priesterschriftlich die Sakralisierung der Alltagszeit durch die Sabbattheologie entspricht[205]. Folgerichtig sieht E. Otto in der deuteronomischen Festzentralisation eine »Rationalisierung der Alltagswirklichkeit« am Werk, der »ein Verinnerlichungsprozeß in der Festtheologie« entspreche[206]. In diesen Kontext gehöre die innere Beteiligung der Festteilnehmer, die hinter der Festparänese mit der Forderung von Dank, Gehorsam für Jahwes Gebote und Freude wie Erinnerung stünde. So würde jeder Einzelne zum Angesprochenen des Fests[207]. Dieser These, der deuteronomischen Festkonzeption die Tendenz zur Individualisierung und Verinnerlichung zu unterstellen, widerspricht G. Braulik[208], der die soziale Bedeutung der gemeinsamen Festfreude im Deuteronomium hervorhebt. Seines Erachtens diente die Kultzentralisation der Förderung der staatlichen Integration und sollte dem Regionalismus entgegenwirken[209]. Da jedes Fest die Erfahrung einer individuellen Person und ein gemeinschaftliches Erleben zugeich ist (s.o. S. 13f), schließen sich diese Interpretationen keineswegs aus.

Die Feste, exemplarisch zusammengestellt in Dtn 16,1–17, kommen für das Deuteronomium nur als Feste für Jahwe in den Blick, den alle Männer an seinem Wohnort sehen bzw. besuchen und da-

204 *Haag*, Pascha, 75.
205 *Otto*, Feste und Feiertage, 104.
206 *Otto*, Feste und Feiertage, 105; *ders.*, Pascha, 78.
207 *Otto*, Deuteronomium, 337.
208 G. *Braulik*, Von der Lust Israels vor seinem Gott. Warum Kirche aus dem Fest lebt, in: *I. Baumgartner u.a.* (Hg.), Den Himmel offen halten. Ein Plädoyer für Kirchenentwicklung in Europa, Festschrift für Paul M. Zulehner, Innsbruck / Wien 2000, 92–112, bes. 103f.
209 G. *Braulik*, Durften auch Frauen in Israel opfern? Beobachtungen zur Sinn- und Festgestalt des Opfers im Deuteronomium, LJ 48 (1998), 222–248, bes. 233f.

bei eine Gabe mitbringen (Dtn 16,16f; s. auch 16,10). Die Feste
sind in der in Dtn 16,1–17 vorgestellten Form für die Autoren
und Tradenten des Texts Manifestationen der besonderen nationalen und religiösen Identität, die mit Jahwe als Gott Israels und
dem Exodus als der konstitutiven geschichtlichen Heilserfahrung
verbunden ist. Als solche sind sie fundierend für die Gemeinschaft.
Die Verfasser des Deuteronomiums integrierten die Feste in ihr
Konzept von Kult und Volk und setzten die religionssoziologischen Funktionen der Feste für ihre Zielsetzung ein. Im Vergleich
zu den Festkalendern in Ex 23,34 und den Paschaanordnungen in
Ex 12 fielen schon früh und wiederholt die Besonderheiten von Dtn
16,1–17 auf[210]: die Datierung und Zentralisierung der Feste, die
Wallfahrtspflicht, insbesondere die Angliederung des Pascharitus
an das Mazzotfest (Dtn 16,1–8), die Ersetzung des Blutritus des
Pascha durch ein Opfer mit anschließendem Gemeinschaftsmahl,
(damit zusammenhängend) die Ausweitung des Paschatiers von
Klein- auf Großvieh und Veränderung der Zubereitungsart von
Braten auf Kochen. Die Festversammlung am 7. Tag des siebentägigen Mazzotfests mit Arbeitsruhe, die Dtn 16,8 erwähnt, ist in ihrer Zuweisung zum deuteronomischen Gesetzgeber umstritten[211].
Unabhängig von literarhistorischen Entscheidungen ist festzustellen, daß die Ruhetagsinstitution hier als an die sakrale Festwirklichkeit gebunden erscheint und den letzten Tag des Mazzotfests
als sakralisierte Zeit eigens hervorhebt.
Ein weiterer Unterschied, der Dtn 16 von den übrigen Festkalendern abhebt, ist die mehrfache explizite Verbindung des Pascha-
Mazzot-Fests mit dem Exodusgeschehen und die dadurch vollzoge-

---

210 Z.B. *Wellhausen*, Prologomena, 105ff; *Schmidt*, Glaube, 178f; *Haag*, Pascha, 30–32.73ff; *Kraus*, Gottesdienst, 44–46; *Wilms*, Freude, 294–299.315–
317.333–336.342–346.358–361; *Zwickel*, Tempelkult, 335–337; *Springer*,
Neuinterpretation, 59–64; *Otto*, Deuteronomium, 324ff; *Körting*, Schall, 50–
52; *Müllner / Dschulnigg*, Feste, 36f.55–57.
211 Der erste Festkalender, der in die Festbestimmungen (des Pascha-Mazzotfests, nicht in das siebentägige Laubhüttenfest) die Arbeitsruhe integriert,
ist Dtn 16,8. Dies kann einerseits auf eine »vierte« (*F.L. Hossfeld*, Der Dekalog.
Seine späten Fassungen, die originale Komposition und seine Vorstufen [OBO
45], Fribourg / Göttingen 1982, 251f) oder zweite priesterlich-kultisch-rituelle (*Veijola*, Moses Erben, 145ff) oder eine das ursprüngliche Pascha-Zentralisationsgesetz in eine Pascha-Mazzot-Ordnung verwandelnde (so *Bar-On*, Calendar of Deuteronomy, 133–138), in jedem Fall nachdeuteronomische (*Körting*, Schall, 43–46) Überarbeitung, andererseits auf den deuteronomischen Gesetzgeber selbst (so *Gertz*, Passa-Massot-Ordnung, 74f; *Otto*, Deuteronomium,
328f) zurückgeführt werden. Tendenziell herrschen die Forschungsansätze vor,
die erst ab Lev 23 und Num 28f mit der Arbeitsruhe als Kennzeichen eines Feiertages rechnen; so z.B. *Halbe*, Passa-Massot, 148f.

ne Konzeption als Gedächtnisfest der Rettung aus Ägypten. Auch das Wochenfest wird in Dtn 16,12 (anders als in Ex 23,34) erstmals mit der Erinnerung an die Sklaverei in Ägypten verbunden, während das Herbstfest (noch immer) keine Historisierung erfährt. In bezug auf dieses nun siebentägige Fest fällt in Dtn 16 die Bezeichnung als Sukkotfest auf. Für den Namenswechsel, der in Ex 23 und 34 keinen Vorläufer hat, gibt es im Kontext keine Erklärung. Die deuteronomische Festtheorie wird im folgenden vor allem unter Berücksichtigung der Arbeiten von E. Otto, I. Müllner, B. Janowski und G. Braulik vorgestellt, wobei letzterer die bislang ausführlichsten und einflußreichsten Untersuchungen zum Thema vorgelegt hat.

Die gesellschaftliche Funktion der Feste betonen E. Otto und T. Schramm. Für sie sind Feste »als vornehmliche Institution zur Wirklichkeitsbewältigung«[212] die kultische Bewältigung der konkret erlebten problematischen (politischen, sozialen, religiösen) Vergangenheit, Gegenwart und Zukunft. Problematische Alltagserfahrung würde durch den rituellen Vollzug heilvoller Vergangenheit aufgehoben. Damit erhalten die Feste den Charakter einer Idealzeit, in der sich Utopien realisieren und (in Rezeption der Arbeiten von H. Cox[213]) verschiedene Zeitdimensionen verknüpfen. Diese Idealzeit setzt neue Energien für die Alltagsbewältigung frei und ermöglicht so die Zukunft. In diesem Ansatz wird aufgenommen, daß soziale Systeme Feste brauchen, um das Bewußtsein der Zusammengehörigkeit der Gemeinschaft zu stabilisieren, jedoch auch, um Konflikte und Spannungen abzubauen. Auf diesem Hintergrund ist es nur folgerichtig, daß für E. Otto das Pascha-Mazzot-Fest innerhalb der deuteronomischen Festtheorie das Hauptfest des Jahres ist[214], da dessen Festriten innerhalb von Dtn 16,1–17 am deutlichsten mit dem Exodusereignis als der idealen Vergangenheit, die im Fest aktualisiert wird, verbunden sind.

Im Anschluß an die Arbeiten von J. Assmann hebt I. Müllner hervor, daß Feste Medien des kulturellen Gedächtnisses sind, da sie die rhythmisch wiederkehrenden Anlässe bieten, an denen die Inhalte und Plausibilitätsstrukturen einer Gemeinschaft in Erinnerung und Erzählung (vielleicht auch kultdramatisch) überliefert werden[215]. Die Wiederholbarkeit sorgt für die Inszenierung der Gemeinschaft

---

212 So *Otto / Schramm*, Fest, 68; ähnlich ebd., 35–37.
213 *Otto / Schramm*, Fest, 37ff.
214 *Otto*, Feste/Feiern, 88. Dies gilt jedoch auch für Pascha-Mazzot in der Endgestalt des Buchs Exodus, das gemäß der kanonisierten Leserichtung der Texte beginnend mit Ex 12 das erste und wichtigste Jahresfest Israels ist; so mit *Ulfgard*, Story, 96.190.
215 *Müllner / Dschulnigg*, Feste, 59–62.

und die Aktualisierung der die Gemeinschaft fundierenden Erzählungen bzw. historischen Ereignisse. Von hier aus erschließt sich die
gesellschaftliche Bedeutung der Feste als Elemente der deuteronomischen Pädagogik: Sie sind die Gelegenheiten, bei denen in deuteronomischer Festkonzeption die Weitergabe der Inhalte und
Plausibilitätsstrukturen des kulturellen Gedächtnisses deuteronomischer Prägung ihren regelmäßig stattfindenden Rahmen findet.
Fundierende Erinnerungsfigur der Identität Israels und seines kulturellen Gedächtnisses ist dabei jeweils das Exodusereignis. Die
Feste des Deuteronomiums strukturieren das Jahr nicht nur, sondern verbinden Ereignisse der Natur mit denen der Geschichte.
Sie stellen den einzelnen durch ihren kommemorativen Charakter
und das Nachspiel des Exodus (Mazzen- und Paschaessen) sowohl
in die Gemeinschaft der aktuell vor Ort Feiernden als auch in die
der feiernden Generationen vor und nach ihm. So kann I. Müllner
die Zeiterfahrung im Fest prägnant beschreiben:

»Lineare und zyklische Zeiterfahrung kommen im israelitischen Festjahr zusammen. Das historische Ereignis hat seinen Ort nicht nur auf der Linie, in der
ein Ereignis das andere ablöst, sondern ebenso auch im Zyklus, der
Erfahrungen wiederholbar macht.«

Diese Rettungserfahrung durch Jahwe wird von Generation zu
Generation weitergegeben, so daß sich der einzelne Feiernde

»nicht nur synchron im Kontext der sich aktuell versammelnden Gemeinschaft,
sondern auch diachron in der Gemeinde aller Generationen vor ihm und nach
ihm« bewegt, »die auf das Ursprungsereignis erinnernd und feiernd Bezug
nehmen«[216].

In Aufnahme der Thesen von G. Braulik (s.u. S. 53ff) charakterisiert auch sie die Festzeit für das Deuteronomium als eine ideale
Zeit, in der sich die Gebote der Tora vorweg realisieren. Daraus ergibt sich die Verbindung von Festzeit und sozialer Verantwortung.
Die Festzeit hebt soziale und geschlechtsspezifische Grenzen auf,
die im Alltag *noch* gültig sind, so daß die ideale Gesellschaftsordnung im Fest vorweggenommen wird[217].
B. Janowski setzt sich ebenfalls mit den Thesen von J. Assmann
auseinander und charakterisiert ein Fest als einen religiösen »Kontrapunkt zur Alltagswelt, der dem Leben Sinn und Ziel verleiht«[218].
Am Beispiel des kleinen geschichtlichen Credos von Dtn 26,*5–

216   *Müllner / Dschulnigg*, Feste, 10.
217   *Müllner / Dschulnigg*, Feste, 57–59.
218   *B. Janowski*, Konfliktgespräche mit Gott. Eine Anthropologie der Psalmen, Neukirchen-Vluyn 2003, 290.

10 im Kontext der jährlichen Darbringung der Erstlingsfrüchte weist er nach, daß auch für die deuteronomischen Feste die »Kategorie der Form oder der ›rituellen Kohärenz‹«[219] eine große Rolle spielt. Der Text bietet einen einleitenden rituellen Rahmen (Dtn 26,1.2.5a*), ein Gebet (Dtn 26,5a*.b–9) und einen abschließenden rituellen Rahmen (Dtn 26,10b.11). Das Festgeschehen basiert auf der Grundlage der Wiederholung, die jede neue Festbegehung an die des Vorjahres anknüpfen läßt (= rituelle Kohärenz), während die Grundlage der Vergegenwärtigung ein vergangenes Geschehen (= Exodus) in die Gegenwart einholt und aktualisiert[220]. Sinnstiftung, Lebensbejahung und Überwindung des Alltags spielen innerhalb dieser Festkonzeption für die Feste des Deuteronomiums eine große Rolle.

Die Rekonstruktion der deuteronomischen Festtheorie durch G. Braulik ist von den Schlüsselbegriffen Liturgie und Gemeinde bzw. Liturgiereform und Gemeindereform (die seines Erachtens zusammengehören[221]) her zu begreifen. Im deuteronomischen Festkalender gibt er anders als E. Otto nicht dem Pascha-Mazzot-Fest den Vorzug, sondern erkennt *zwei* Grundformen von Liturgie: »kultisches Werk *für* das Volk und kultisches Werk *des* Volkes, und zwar der Männer wie Frauen in gleicher Weise und der levitischen Priester mitten unter ihnen«[222]. Die hier vorgestellte Gemeindekonzeption des Deuteronomiums als liturgisch emanzipierte Laien (Männer *und* Frauen) in Harmonie mit den Priestern ist denn auch transparent auf aktuelle Probleme der Gemeindestruktur in katholischen Gemeinden[223].

Beide Liturgieformen gehören nach G. Braulik im Deuteronomium notwendig zusammen: So seien das Pascha-Mazzot-Fest einerseits und die Erntefeste andererseits die liturgische Antwort des Volkes auf Gottes Handeln in der Geschichte und in der Natur. Folgerichtig zeigen sich in der deuteronomischen Festkonzeption des Pascha-Mazzot-Fests und der Erntefeste Unterschiede in der Akzentsetzung, die jedoch, da es sich um *eine* Festtheorie (gültig innerhalb eines Jahreszyklus) handelt, aufeinander bezogen sind. G. Braulik charakterisiert die beiden Festkreise folgendermaßen:

Pascha-Mazzot-Fest: Indem das Deuteronomium den Blutritus des Pascha am jeweiligen Haus-/Zelteingang einer Familie durch

219 *Janowski*, Konfliktgespräche, 290.
220 *Janowski*, Konfliktgespräche, 291; *Braulik*, Lust, 99f.
221 *Braulik*, Deuteronomium, 119: »Liturgiereform darf also von Gemeindereform nicht getrennt werden«.
222 *Braulik*, Deuteronomium, 119.
223 *Braulik*, Frauen, 245–248.

ein Gemeinschaftsopfer am Zentralheiligtum ersetzt, wird das Pascha-Mazzot-Fest vom Familien- und Lokalkult dissoziiert und zu
einem Fest des offiziellen Kults, das die gemeinschaftliche Identität des feiernden Volks und Jahwes stiften soll. Das Pascha wird
in den Opferkult integriert und damit der Kompetenz des pro-
fessionellen Kultpersonals unterstellt. Die Mahlgemeinschaft verbindet als Binderitus die Interaktionspartner und ist so arrangiert,
daß der Anlaß bzw. die Bedeutung des Mahls durch die dem Festanlaß zugeordnete Speise Mazzen (mit der eindeutig identifizie-
renden Bezeichnung als »Speise der Bedrängnis« [V. 3] für die
Exodusflucht) und das Paschatier in Szene gesetzt wird[224]. Die
Speisegebote, bei denen die Mazzen (»Speise der Bedrängnis«)
den Tag der Befreiung aus Ägypten erinnernd vergegenwärtigen,
Speiseverbote (Gesäuertes) und das gemeinschaftliche Essen des
Pascha stiften »die Einheit des ganzen Volkes und die *communio*
mit seinem Gott«[225]. Da Dtn 16,1–8 das Datum der Paschafeier,
den Ritus des siebentägigen Mazzenessens und den Zeitpunkt der
Schlachtung des Paschatiers mit der Aufbruchssituation des Exodus verbindet, wird jeder, der das Fest in dieser Weise innerhalb
dieses Interpretationsmodells begeht, »in die beim Auszug erfahrene Befreiung einbezogen«[226]. Von dieser Festerfahrung aus
durchdringt Jahwes Rettungstat den Alltag des einzelnen, der sie
»im eigenen Leben bestimmend werden lassen« kann[227]. So kann
G. Braulik zusammenfassend formulieren:

»Die Leidensgedächtnisfeier des Pascha vergegenwärtigt im gemeinsamen
Opfermahl kultdramatisch die Not des nächtlichen Auszugs aus Ägypten.
Durch das Essen der ungesäuerten Brote, der Speise der Bedrängnis und des
Unterwegsseins, wird auch das schon im Verheißungsland lebende Israel
wieder zum Volk des Exodus«[228].

---

224 Das Kultmahlschweigen des Deuteronomiums in Zusammenhang mit den
Erntefesten (bes. Herbstfest) wird von G. Braulik wohl notiert und als indirekte
Polemik gegen kanaanäische Orgien und Fruchtbarkeitsbräuche interpretiert;
s. *Braulik*, Freude, 210f; *ders.*, Leidensgedächtnisfeier, 114f.
225 *Braulik*, Deuteronomium, 117; *Janowski*, Konfliktgespräche, 294. S. auch
Braulik, Frauen, 233.238ff; *N. Lohfink*, Opfer und Säkularisierung im Deuteronomium, in: *A. Schenker* (Hg.), Studien zu Opfer und Kult im Alten Testament
mit einer Bibliographie 1969–1991 zum Opfer in der Bibel (FAT 3), Tübingen
1992, 15–43, bes. 30f; *Körting*, Schall, 86. Den gemeinschaftsstiftenden
Charakter der Feste, insbesondere des Pascha, hebt auch *Willi-Plein*, Opfer,
126f hervor.
226 *Braulik*, Deuteronomium, 117; *ders.*, Leidensgedächtnisfeier, 118f; *ders.*,
Freude, 161–218; *ders.*, Lust, 100ff.
227 *Braulik*, Deuteronomium, 117.
228 *G. Braulik*, Das Buch Deuteronomium, in: *E. Zenger u.a.*, Einleitung in das
Alte Testament (KStTh 1,1), Stuttgart / Berlin / Köln ³1998, 138.

Die Erinnerung an das Leiden in Ägypten, das durch Jahwe zur
Freude über die Befreiung gewendet wurde, macht aus den Festen
Ereignisse des Übergangs. So soll jeder die Erinnerung an den eigenen Ursprung pflegen, was aus den Festen (in der deuteronomischen Festpädagogik) Orte »kollektiver Mnemotechnik«[229]
und öffentliche Lernrituale des Glaubens macht. Neben der durch
den Festzyklus vorgegebenen Wiederholung als didaktisches Prinzip ist an das Hören, Unterrichten, Weitergeben, Gedenken und
Gehorchen zu erinnern, das innerhalb des Deuteronomiums (Dtn
4,9f; 6,7ff.20ff) und seinem Bestreben, die deuteronomische Theologie bekannt und präsent zu machen bzw. zu halten, eine große
Rolle spielt. Das Feiern des Pascha-Mazzot-Fests deuteronomischer
Prägung war auch ein Mittel über das bloße Hören und Erinnern
hinaus, die Exoduserfahrung ganzheitlich zu internalisieren, indem man (allerdings aus der Perspektive des glücklich Geretteten)
die Speise der Bedrängnis aß. So wurde die aktuelle Festgemeinde
an die Exodusgruppe der Vergangenheit angegliedert und die Gemeinschaft der im Auszug Geretteten von damals und heute geschaffen. Diese zeitübergreifende Rettungserfahrung implizierte
andauernden, auch im Alltag geltenden und ins Heute übertragenen göttlichen Beistand.
Erntefeste: Die alle sozialen Grenzen überbrückende ›Freude‹
bzw. Lust an Gott und seinen Gaben als Leitbegriff der deuteronomischen Festtheorie[230] kommt in Dtn 16,11.14 (im Zusammenhang mit Wochen- und Laubhüttenfest) (ähnlich 26,11) zum
Ausdruck. Dies sind Verse, die die feiernde Gemeinde als den israelitischen Hausvorstand, seine Familie, Sklaven, aber auch den
Leviten, Fremdling, Waisen und die Witwen bestimmen. Soziale
Schranken sind in der Gemeinde der Feiernden aufgehoben. So
realisiert sich für das Deuteronomium in den Festen idealerweise die
»geschwisterliche Gesellschaft«[231] im Sinne einer Familie Jahwes.
Zugleich provozieren die Feste als Idealzeit am Idealort Tempel
dazu, das Solidarethos des Deuteronomiums im Alltag an den verschiedenen Wohnorten zu leben. Die heilige Zeit durchdringt die
Alltagszeit, der heilige Ort das Land! Diese »Selbstdarstellung Israels in der Liturgie« als Versammlung von gleichen auf der Grundlage desselben kollektiven Gedächtnisses und Bekenntnisses gilt

229 *Braulik*, Buch, 137.
230 Dazu *Braulik*, Freude, 171ff; *ders.*, Lust, 95ff; *Willi-Plein*, Opfer, 132f;
Zwickel, Tempelkult, 328ff; *Körting*, Schall, 85–87; *Müllner/Dschulnigg*, Feste, 55f.
231 *Braulik*, Buch, 138; *ders.*, Lust, 103f. Auch *Körting*, Schall, 83f; *Müllner/
Dschulnigg*, Feste, 57–59 verweisen auf die Verbindung von Festen mit sozialer Verantwortung.

für alle Feste, ist jedoch mit G. Braulik nirgendwo deutlicher erkennbar als am Laubhüttenfest in jedem siebten Jahr, als Brachjahr für Jahwe, an dem die Egalität aller wieder hergestellt werden soll (Dtn 31,10–13; 15,1–11)[232]. Das Ideal der geschwisterlichen Welt realisiert sich nach G. Braulik für das Deuteronomium auch in bezug auf die liturgische Emanzipation der Frau, die für das Deuteronomium im Kult aktiv und gleichberechtigt beteiligt ist[233]. Die Festfreude als Spezifikum des Deuteronomiums ist als Freude vor Jahwe ausschließlich auf den Kult am Zentralheiligtum zu konkretisieren[234]. Die Lust an Jahwe wird vor sein Angesicht geholt[235]. Die deuteronomische Festfreude und »Herzenswonne« (Dtn 28,47)[236] ist der Ausdruck der Dankbarkeit, die die angemessene Haltung für den von Jahwe erhaltenen Segen darstellt[237]. Da dieser Segen dem menschlichen Leben vorausgeht, ist Dankbarkeit für das Deuteronomium eine anthropologische Konstante, der B. Janowski in Aufnahme der Thesen von G. Braulik darum mit Recht als »Anthropologisches Stichwort 6« in seiner Anthropologie der Psalmen ein eigenes Kapitel gewidmet hat[238].

Die beschriebenen Ansätze in der Erarbeitung der deuteronomischen Festtheorie, die zwar jeweils die Akzente unterschiedlich stark auf die soziopolitischen, religionssoziologischen, anthropologischen, theologischen oder liturgischen Aspekte legen, zeigen Übereinstimmung in der Einschätzung, daß die Festzeit für das Deuteronomium in mehr als einer Hinsicht als Idealzeit konzipiert ist. Sie ist die Zeit der vorweggenommenen Torarealisierung, des sozialen und politischen Friedens (Ethik der Geschwisterlichkeit, Volk als Familie Jahwes, Kultur der Gastfreundschaft für Fremde im Fest), der Freude, der Sicherheit, des idealen Kults, des idealen Gottesdienstes in der Gemeinschaft mit Jahwe. In dieser Festzeit realisiert sich die Utopie des Deuteronomiums am Idealort Tempel durch die Aktualisierung des idealen Geschehens der als Heilsgeschichte konstruierten eigenen idealisierten Vergangenheit (der Rettung aus Ägypten), die die Identität der Feiernden konstituiert und deren Alltagserfahrung und sozialpolitische Realität kul-

232 *Braulik*, Lust, 104f.
233 *Braulik*, Frauen, passim.
234 So *Gertz*, Passa-Massot-Ordnung, 76f; *Braulik*, Lust, 105f; gegen *ders.*, Leidensgedächtnisfeier, 115f; *ders.*, Freude, 213f.
235 So *Braulik*, Lust, 106.
236 So *Braulik*, Lust, 96f, der damit seine frühere Interpretation als karitative Herzensgüte in *ders.*, Leidensgedächtnisfeier, 116 korrigiert.
237 *Janowski*, Konfliktgespräche, 294; *Willi-Plein*, Opfer, 131; *Braulik*, Lust, 96f.99f.
238 *Janowski*, Konfliktgespräche, 295ff.

tisch bewältigt und überwindet. Die Zeiterfahrung innerhalb der Festzeit ist verändert, da diese als heilige Zeit wahrgenommen wird. Diese intensive Zeiterfahrung in der festlichen Gegenwart bringt es mit sich, daß das Volk als ganzes wie auch der einzelne dazu aufgerufen werden, sich zu erinnern, zu gedenken, zu danken und sich mit dem Segen Gottes auf den Weg durch die Welt und die Zeit zu machen.

5. Schlußbetrachtung

Wendet man sich von der deuteronomischen Festtheorie und ihrer ausgefeilten Festkonzeption zurück auf die Kennzeichen der Feste, wie sie oben (sub I.) beschrieben wurden, so fallen folgende Punkte auf, die hier nur noch kurz angerissen werden können:

a) *Zeit*. Die deuteronomische Festtheorie unterscheidet die Festzeit als heilige Zeit und Idealzeit von der des Alltags Die Zeiterfahrung innerhalb des Fests ist verändert, sie läßt das Volk und den einzelnen synchron aktuell feiern, führt das Volk wie den einzelnen jedoch auch diachron an die Ursprünge zurück und stellt die Kontinuität zu allen denjenigen Generationen her, die an diesen Ursprüngen feiernd teilhatten und noch teilhaben werden.

b) *Raum*. Der Raum, in dem das Fest für das Deuteronomium stattfindet, ist durch die deuteronomische Zentralisationsforderung eindeutig abgegrenzt: der von Jahwe erwählte Tempel, in dem er präsent ist und zu dem alle von Jahwe Geladenen strömen sollen. Von besonderem Schmuck, Festtoren oder -straßen etwa ist nicht die Rede.

c) *Mythen*. Die israelitisch-judäischen Feste waren wohl ursprünglich land- und viehwirtschaftlich orientierte Feste, denen im Rahmen religionsgeschichtlicher Entwicklungen und veränderten sozialpolitischen Bedingungen erst in einer späteren Phase gezielt Historisierungen zugeordnet wurden, die eine heilige Geschichte erzählten, mit der für die alttestamentlichen Verfasser die Geschichte der Identität Israels beginnt. Faßbar sind diese in den alttestamentlichen Festkalendern, die die Feste sukzessiv mit dem Exodus und Jahwes Befreiungshandeln als der zentralen fundierenden Gründungserinnerungserzählung verbinden. Von der fehlenden Orientierung der biblischen Feste an mythischen Sakralüberlieferungen war oben schon die Rede. Wie aus Dtn 16 ersichtlich, können die einem Fest zugeordneten heilsgeschichtlichen Inhalte (wie Mythen auch) in Festritualen durch signifikante Gegenstände (Mazzen), Gesten (Eile), Namensbenennungen (»Speise der Bedrängnis«), Wahl des Festtermins und der Festzeit (Tages- bzw. Nachtzeit) vergegenwärtigt werden. Ritus und Heilsgeschichte können kongruieren, ohne daß das konsequente Nachspiel der Heilsgeschichte in einem begleitenden kultischen Drama zu erwarten wäre. In bezug auf den eventuellen Einsatz von Rezitationen oder bildhaften Darstellungen schweigen die Texte weitgehend, jedoch läßt sich aus Dtn 26 die Zuordnung bestimmter Dicenda belegen.

d) *Handlungsabläufe.* Die Handlungsabläufe des Festtags sind in Dtn 16 von denen der Routine des Werktags unterschieden. Für die Dauer der Feste gilt für das Deuteronomium die Festliturgie des jeweiligen Fests am Tempel. Die Festteilnehmer trennen sich von ihrem Alltag, indem sie sich auf die Wallfahrt begeben, zu deren Gunsten sie die Alltagsarbeit unterbrechen. Eventuell ist auch die Festtagsruhe schon im Deuteronomium, sicher jedoch seit dem Heiligkeitsgesetz Bestandteil der Festzeit. In der deuteronomischen Festkonzeption spielt das Ausfüllen der Festzeit mit Gedenken, Erinnern und Gehorsam eine große Rolle, zugleich werden die Erntefeste auch als Freudenfeste vor Gott mit sinnlichem Genuß und Herzenslust zelebriert. Musik, Tanz, Spiele, Räucherwerk und Rauschmittel werden allerdings nicht explizit benannt, so daß die Ganzheitlichkeit der Welterfahrung reduziert erscheint. Doch fordert das Deuteronomium dazu auf, Emotionalität in Gestalt von Freude offen zur Schau zu tragen, die der Ergriffenheit der Teilnehmer Ausdruck verleiht. Während die Betonung der Festfreude, der sinnlichen Genüsse, Ordnung, Fülle und des Segens die These nahelegt, daß die Feste im Deuteronomium Ausdruck der Weltbejahung sind, fällt auf, daß es keine Feste gibt, die öffentliches Weinen, Selbstminderungsriten oder destruktiv-anarchistische Elemente enthalten. In Zusammenhang mit Exzessen, »Über-die-Stränge-Schlagen«, Ausnahmephänomenen (Kleider- und Rollentausch bis hin zur sog. »verkehrten Welt«) und Weltverneinung kommen die Feste für das Deuteronomium nicht in den Blick, sondern nur als Idealzeit und enthusiastische Zustimmung zur Welt mit Jahwe und seinen Ordnungen. Kollektive Wünsche und Phantasien werden innerhalb der deuteronomischen Festkonzeption bei den geordneten Jahresfesten in der Freude und Lust vor Jahwe realisiert und nicht anders (etwa in Exzeß, Ekstase, rituellen Kämpfen und Orgien) oder anderswo (etwa an jedem beliebigen Ort). Die alltägliche Ordnung wird im Fest zugunsten der Realisierung der deuteronomischen Utopie aufgehoben, in der die Alternative der Ethik der Geschwisterlichkeit durchgespielt wird. Diese hinterfragt die aktuelle gesellschaftliche Situation durchaus, so daß die Ordnung des Alltags im Fest periodisch in Frage steht. Doch scheint es den deuteronomischen Verfassern dabei nicht um die Umkehr der Ordnungen der Welt und Gesellschaft im Fest zu gehen, sondern um die Kommunikation über die bereits bestehende und geltende gute Ordnung unter Jahwe, die im Fest dadurch überboten wird, daß dort das Konzept des Volks als Familie Jahwes gelten soll.

e) *Dynamik* und *Ausnahmephänomene.* Die deuteronomischen Festrituale beinhalten nur für die Festgemeinde Ortswechsel und Wallfahrten, so daß innerhalb des Fests das Verlassen der Routine und Ortsfestigkeit in bezug auf die Menschen festgestellt werden kann, während Jahwe sich an dieser Bewegung und Dynamik des Festkults nicht beteiligt. Regelmäßige Götterprozessionen konnten bislang nicht nachgewiesen werden. In der Festtheorie des Deuteronomiums gibt es für sie auch keine Notwendigkeit. Jahwe verläßt seinen Tempel, zu dem er als »Familienvorstand« sein feierndes Volk einlädt, gerade nicht zur Festzeit! Durch die Vergegenwärtigung des Exodusgeschehens im deuteronomischen Pascha-Mazzot-Fest wird jedoch daran erinnert, daß Jahwe Israel auf seinem Weg immer begleitet bzw. geführt hat und insofern mobil, dynamisch und aktiv war und ist. In dieser Aktivität und Öffentlichkeitsbezogenheit läßt er sich nicht auf die begrenzte Dauer eines Fest einschränken.

f) *Geselligkeit* und *Gemeinschaft* nach innen, *Abgrenzung* nach außen. Die zusammenführende Wirkung der Festriten, Festmähler, Feststimmung, Festsitten und -gebräuche zeremonialisiert auch im Deuteronomium Gemeinsamkeit. Im deuteronomischen Festkult vollzieht sich die Sakralisierung der Festgemeinschaft, was zur Stiftung und Stabilisierung von deren Identität nach innen und deren Abgrenzung nach außen hin beiträgt. Das Deuteronomium reflektiert das Problem, daß innerhalb des sozialen Systems auch Fremde sein können, für die andere Festtraditionen gelten können. Die Leistung des Deuteronomiums besteht m.E. hier darin, die gruppenspezifischen Unterschiede zu erkennen und Brücken zu schlagen, indem eine Kultur der Gastfreundschaft des Fests entwickelt wird, die Außenstehende einlädt.

g) *Funktion.* Die Funktion der Feste im Deuteronomium wurde oben schon ausführlich behandelt. Die Aspekte der Gemeinschaftsstiftung und -stärkung, kollektiven Identitätsvergewisserung, kollektiver Aktualisierung der die Gemeinschaft fundierenden Erzählungen/Ereignisse, Wirklichkeitsbewältigung, sozialen Regulierung, zeitlich begrenzten Utopierealisierung, Inszenierung von Fülle, Segen und freudiger Ergriffenheit, der Sinnstiftung, Orientierung, Lebensbejahung und Überwindung des Alltags für den einzelnen wie die Gemeinde kamen bereits mehrfach zur Sprache. Der Alltag, der auf dem Hintergrund der im Fest als realisiert erfahrenen Ideale und der Verbundenheit mit Jahwe gesehen wird,

steht in diesem Deutehorizont. Während der Festabläufe deuteronomischer Prägung werden religiöse Botschaften in Form von festspezifischen Ritualhandlungen kodiert, wobei die festspezifischen
Inhalte auch durch Gebete oder Rezitationen (Dtn 26) kommuniziert werden. Eine dezidierte Pädagogik der Wiederholung und
des Gedächtnistrainings, der Verbindung von aktueller sinnlicher
Festerfahrung (Essen von Mazzen) mit Tradition (... im Gedenken an ...) soll im Deuteronomium dafür sorgen, daß der einzelne
wie das Volk die Bestimmungen hören, verstehen, befolgen und
internalisieren soll. Die deuteronomische Theologie wird dabei
elementarisiert, so daß auch in diesem Zusammenhang von der
Popularisierung von Theologie gesprochen werden kann. Den Festen kommt im Deuteronomium die zentrale Rolle zu, konforme
religiöse Erfahrungen zu produzieren, die mit den deuteronomischen Glaubensinhalten im Einklang stehen. So ist das Fest gerade
für das Deuteronomium ein Medium der Pflege des kollektiven
Gedächtnisses.

h) *Entwicklungen.* Auch innerhalb des Alten Testaments kann
zwischen der frühesten Bezeugung eines Fests, seinen Inhalten und
seinen Interpretationen und den späteren Wandlungen derselben
unterschieden werden. Religionsgeschichtliche Veränderungen,
Modifikationen alter oder das Aufkommen neuer Glaubensaussagen oder veränderte sozialpolitische Gegebenheiten haben die
Festinhalte wie Festrituale im Laufe der diachronen Entwicklung
eines Fests verändert, auch wenn es im einzelnen sehr schwierig
ist, die Details zu rekonstruieren. Die aktuelle Forschung bewegt
sich dabei zwischen den Polen des grundsätzlichen Mißtrauens gegenüber dem Alten Testament als aussagekräftiger Quelle zur Beantwortung historischer, sozialpolitischer und religionsgeschichtlicher Fragestellungen und dem prinzipiellen Vertrauen in die
Möglichkeiten, durch die kritische Analyse von Bibeltexten und
einer innerbiblischen Diachronie zu historisch zuverlässigen Ergebnissen zu gelangen. Historische und religionsgeschichtliche
Forschungen, die sich mit dem Kult innerhalb der kulturellen Systeme Israel/Juda beschäftigen, können in bezug auf die Feste nur
selten und erst ab späteren Epochen auf außerbiblisches Material
zurückgreifen. Vieles muß hier offenbleiben. Eventuelle Vorgänge der Kultübertragung von einem kulturellen System in ein anderes (Ursprungskultur ist meist Kanaan, Babylonien oder die Je-
busiter, Zielkultur ist Israel/Juda/Jerusalem) werden zwar nach
wie vor mit den Festen, insbesondere ihren vorisraelitischen Ursprüngen verbunden, stecken jedoch voller Unbekannter auf seiten der Ursprungs- und der Zielkultur sowie in bezug auf die Me-
chanismen der Kultübertragung und implizieren u.U. Wertungen,

die in der asymmetrischen Gegenüberstellung von »Israel« und
seiner »Umwelt« sichtbar werden können.
Gleichwohl ob man in den alttestamentlichen Festen einen religiösen Kontrapunkt zur Alltagswelt (B. Janowski), ein Medium
zur Pflege des kulturellen Gedächtnisses (I. Müllner), ein Institut
zur Wirklichkeitsbewältigung (E. Otto), ein (an den biblischen
Festtexten ablesbares) Barometer der Entwicklung des Glaubens
und Kults Israels (J. Wellhausen bis C. Körting), Manifestationen
nationaler und religiöser Identität (H. Ulfgard) oder Zeiten der
Identitätsvergewisserung und Orte der Versammlung zur Einheit
der geschwisterlichen Gesellschaft sieht (G. Braulik), und deren
soziologische, juristische (D. Volgger), sozial- oder individualethi-
sche, liturgische und theologische Aspekte betont, so zeigt sich, daß
es durchaus sinnvoll und ergiebig sein kann, die alttestamentlichen
Bibeltexte über Feste nicht nur literarhistorisch, religionsgeschichtlich, geschichtlich oder theologisch zu untersuchen, sondern auch,
sie im Hinblick auf die Kennzeichen der Feste abzuklopfen, die
die Religions- und Kulturwissenschaften erarbeitet haben. Dabei
ist nicht nur von Interesse herauszustellen, welche Charakteristika
der Feste in den alttestamentlichen Festtheorien vorhanden sind,
sondern auch, welche es gar nicht oder nur modifiziert gibt. Die
Thematik der Feste im Alten Testament – in deuteronomischen/
deuteronomistischen, priesterschriftlichen, chronistischen u.a. literarisch produktiven Traditionsgruppen, im vorstaatlichen oder
staatlichen Israel, in Juda, Jehud, Judäa, den Exil- oder Diasporagemeinden oder der altorientalischen Umwelt, gefeiert für Baal-
Hadad, Tammuz, Aschera oder den Gott des Exodus (sei es aus
Ägypten oder Babylonien) – ruft wie kaum eine andere dazu auf,
die aktuellen Möglichkeiten des Methodenpluralismus und der
Interdisziplinarität zu nutzen. Beides sind Anliegen, die das Werk
Bernd Janowskis durchziehen und kennzeichnen. Ihm sei dieser
Beitrag darum zu seinem Jubiläum in Verbundenheit zugeeignet.

Bernd Janowski / Erich Zenger

Jenseits des Alltags

Fest und Opfer als religiöse Kontrapunkte zur Alltagswelt im alten Israel

Norbert Lohfink zum 75. Geburtstag

I. Religion und Fest – zur Einführung

Wie das Opfer so ist auch das Fest in den antiken Kulturen ein religiöser Kontrapunkt zur Alltagswelt, der dem Leben Sinn und Ziel durch die Unterbrechung der Alltagsroutine und die Eröffnung übergreifender Perspektiven verleiht. Das Fest, so definiert J. Assmann, ist »der Ort des Anderen«[1], und zwar des »Anderen« als Inbegriff all dessen, was eine Kultur im Interesse ihres alltäglichen Funktionierens ausblenden muß:

»Die dem Menschen im Alltag auferlegten Handlungszwänge bedingen eine Konzentration aufs nächstliegende und damit Horizontverengung, die offenbar unerträglich ist. Die Feste müssen hier einen Ausgleich schaffen und Orte bereitstellen, in denen sich das im Alltag ausgeblendete ›Andere‹ ereignen kann. Dieses Andere ereignet sich aber nicht von selbst, es muß inszeniert werden«[2].

Es gehört zu den Merkmalen des Festes, daß es der Primärort und die Primärzeit solcher Inszenierungen des »Anderen«, d.h. eines

---

1 *J. Assmann*, Der zweidimensionale Mensch: Das Fest als Medium des kollektiven Gedächtnisses, in: *ders.* (Hg.), Das Fest und das Heilige. Religiöse Kontrapunkte zur Alltagswelt, Gütersloh 1991, 13–30, hier 13, s. zum Thema ferner *W. Haug / R. Warning* (Hg.), Das Fest (Poetik und Hermeneutik 14), München 1989; *H.-J. Koepping*, Fest, in: *C. Wulf* (Hg.), Vom Menschen. Handbuch Historische Anthropologie, Weinheim / Basel 1998, 1048–1065; *Th. Sundermeier*, Was ist Religion? Religionswissenschaft im theologischen Kontext. Ein Studienbuch (TB 96), Gütersloh 1999, 75ff sowie den Überblick bei *A. Gronover*, Art. Fest, in: *Chr. Auffarth / J. Bernard / H. Mohr* (Hg.), Metzler Lexikon Religion, Bd.1, Stuttgart / Weimar 1999, 369–373 (Lit.) und *Th. Hauschild*, Art. Fest, in: *B. Streck* (Hg.), Wörterbuch der Ethnologie, Wuppertal ²2000, 67–70. Erhellend für die dem Fest zugrundeliegende Zeitauffassung ist *K.E. Müller*, Zeitkonzepte in traditionellen Kulturen, in: *ders. / J. Rüsen* (Hg.), Historische Sinnbildung. Problemstellungen, Zeitkonzepte, Wahrnehmungshorizonte, Darstellungsstrategien (re 55584), Frankfurt a.M. 1997, 221–239. – Teil I und Teil II/1 der folgenden Überlegungen stammen von *B. Janowski*, Teil II/2 und Teil III von *E. Zenger*.
2 *Assmann*, aaO 15.

religiösen Kontrapunkts zur Alltagswelt und seiner Merkmale der »Kontingenz«, der »Knappheit« und der »Routine« ist[3]. Da im Fest die *Besinnung auf die großen Zusammenhänge* (Kosmos und Geschichte)[4] und die *Aufwallung der Gefühle* (Erregung und Ergriffenheit) zum Durchbruch gelangen und das Geschehen prägen, ist das Fest im Gegensatz zum Alltag der Ort und die Zeit der Fülle, wo der Mangel an Sinn (Kategorie der »Knappheit«) aufgehoben und die Monotonie des Alltags überwunden ist. Eine literarische Verdichtung erfährt dieser Aspekt beispielsweise im Topos vom »Schönen Tag«, der sowohl in Ägypten als auch in Israel eine hervorgehobene Rolle spielt. So treten in ägyptischen Beamtengräbern der 18. Dynastie im Zusammenhang bildlicher Darstellungen von Gastmählern kommentierende Beischriften auf, die den dargestellten Szenen eine zusammenfassende, auf die »Festlichkeit« des Geschehens bezogene Überschrift geben, z.B.:

»Das Herz erfreuen, etwas Schönes sehen,
Gaben empfangen im Hause.«[5]

In der Regel geht es dabei um die Sphäre von Sehen und Hören, Riechen und Schmecken[6]. Darüber hinaus geht es aber auch um das »›Verweilen im Augenblick‹, in den die Ewigkeit einströmt«[7], sowie um die Erfahrung der Emanation der Gottheit, deren Aura dem Fest seine besondere Atmosphäre verleiht, z.B.:

»O schöner Tag, da man der Schönheit Amuns gedenkt
– wie freut sich das Herz –
und bis zur Höhe des Himmels dir lobpreist.
›Herrlich!‹ sagen unsere Herzen zu dem, was sie sehen.«[8]

---

3   Vgl. *ders.*, aaO 14ff.
4   Es ist das bleibende Verdienst von *M. Eliade*, Kosmos und Geschichte. Der Mythos der ewigen Wiederkehr, Frankfurt a.M. 1984, diesen Zusammenhang eindrücklich vor Augen geführt zu haben. Allerdings gibt es in methodischer Hinsicht zahlreiche kritische Anfragen an sein Konzept, s. dazu *U. Berner*, Mircea Eliade (1907–1986), in: *A. Michaels* (Hg.), Klassiker der Religionswissenschaft. Von Friedrich Schleiermacher bis Mircea Eliade, München 1997, 343–353.409–412 (Lit.).
5   S. dazu *J. Assmann*, Der schöne Tag. Sinnlichkeit und Vergänglichkeit im altägyptischen Fest, in: *ders.*, Stein und Zeit. Mensch und Gesellschaft im alten Ägypten, München 1991, 200–237, hier 209, ferner *ders.*, Glück und Weisheit im Alten Ägypten, in: *A. Bellebaum* (Hg.), Vom guten Leben. Glücksvorstellungen in Hochkulturen, Berlin 1994, 17–57.
6   S. dazu auch *J. Kügler* (Hg.), Die Macht der Nase. Zur religiösen Bedeutung des Duftes (SBS 187), Stuttgart 2000, 25ff.
7   *Assmann*, Der schöne Tag (s. Anm. 5), 210.
8   S. zu diesem Text *ders.*, aaO 211.

Die ›überwältigende Präsenz Gottes‹, wonach »ein Tag in deinen (sc. JHWHs) Vorhöfen besser ist als tausend, die ich selbst erwählt habe« (Ps 84,11aα.β), ist, wie wir sehen werden, auch das Basismotiv der Tempelfest-Konzepte im Psalter (II/2). Dieses Motiv bestimmt aber auch so gegensätzliche Fest- und Opferkonzeptionen wie diejenige des Deuteronomiums und der Priesterschrift, denen wir uns zunächst zuwenden wollen (II/1).

II. Religiöse Kontrapunkte zur Alltagswelt im alten Israel

1. Deuteronomisches und priesterliches Kultverständnis

Im Pentateuch, vor allem in den Büchern Exodus (Kap. 25–31. 35–40), Leviticus und Deuteronomium (Kap. 12–26), sind Kultüberlieferungen[9] textlich breit dokumentiert. Die grundlegende Perspektive, die diese Überlieferungen prägt, soll im folgenden skizziert und am Beispiel der *deuteronomischen Festfreude* und des *priesterlichen Sühnekults* für das Rahmenthema fruchtbar gemacht werden. Beides – Festfreude und Sühnekult – stehen für das »Andere«[10], das dem Leben Sinn und Ziel verleiht, indem es dem feiernden Gottesvolk in der Besinnung auf die überlieferten Erfahrungen und Normen zur Klarheit über sich selbst und seine Existenz *coram Deo* verhilft. Während nach der deuteronomischen Festtheorie die *symbolische Realisierung der Einheit Israels* im Vordergrund steht (a), entwirft die Priesterschrift eine *von Heiligkeit geprägte Gegenwelt* (b), die das Gottesvolk über die ›unreine‹ Gegenwart zur uranfänglichen Schöpfung und ihrem Ver-

---

9 In einer knappen, aber gehaltvollen Skizze zum Zusammenhang von alttestamentlicher Exegese und Liturgiewissenschaft hat *N. Lohfink*, Alttestamentliche Exegese und Liturgiewissenschaft, TThZ 108 (1999) 313–318 darauf hingewiesen, daß die alttestamentlichen Ritual- und Kultüberlieferungen »zu dem in der Bibel (gehören), was die Christen und Theologen am deutlichsten kalt läßt und ihnen als absolut überflüssig, ja eher störend erscheint. Diese Einstellung schwappt selbst auf viele Alttestamentler über. Und doch bin ich überzeugt, daß man auch alles andere im Alten Testament nicht versteht, wenn man nicht eine geistige Perspektive besitzt, in der gerade diese Dokumentationen des Kultes Israels einen echten und positiven Platz einnehmen« (aaO 313). Zur modernen Verlegenheit gegenüber Opfer und Kult – für den modernen Menschen haben Opfer und Kult etwas Peinliches an sich, weil sie *materiell* vollziehen, was *spirituell* wirken soll – s. *I. Willi-Plein*, Opfer und Kult im alttestamentlichen Israel. Textbefragungen und Zwischenergebnisse (SBS 153), Stuttgart 1993, 7f; *A. Marx*, Opferlogik im alten Israel, in: *B. Janowski / M. Welker*, Opfer. Theologische und kulturelle Kontexte (stw 1454), Frankfurt a.M. 2000, 129–149 und *B. Janowski*, Tieropfer, rhs 6 (2001) 339–344.
10 Zum Fest als »Ort des Anderen« s. oben S. 63.

sprechen einer heilvollen Ordnung zurückführt. Beide Festtheorien propagieren ein bestimmtes Verhältnis von Gott, Mensch und Welt oder – in der Kategorie der Zeit – von Vergangenheit, Gegenwart und Zukunft.

a) *Symbolische Realisierung der Einheit Israels*
Grundsätzlich sind es mehrere Merkmale, die das Fest als Ort der Transzendierung des Alltags auszeichnen: die *Ordnung der Riten,* die *Fülle der Gaben* und die *Ergriffenheit der Teilnehmer.* Alle diese Merkmale sind

»... ästhetische Kategorien oder Erscheinungsformen von *Schönheit*: Ordnung, Fülle und Ergriffenheit. Das Fest ist der Ort einer Inszenierung von Schönheit und Ganzheit, auf die der Mensch angewiesen ist, ohne sie in seinem Alltagshandeln realisieren zu können«[11].

Mit dem Begriff der Inszenierung ist das Moment des Geformten und Festgelegten, also ein Handeln gemeint, das sich »nicht an der Erreichung bestimmter Zwecke, sondern am ›Wie‹ der Ausführung, am Stil«[12] orientiert. Die Kategorie der Form oder der »rituellen Kohärenz«[13] ist dabei grundlegend, auch für die Feste im alten Israel[14]. Nehmen wir als Beispiel das »Kleine geschichtliche Credo« von Dtn 26,5a*–9[15], das ein summierendes Spätprodukt der Tradition von Israels ältester Geschichte darstellt und das sich nach seinem deuteronomistischen Rahmen V. 1f.10b.11 auf den Kontext der jährlichen Darbringung der Erstlingsfrüchte bezieht. Nach deren Deponierung in einen Korb soll der einzelne Israelit (Fami-

11 *Assmann,* Der zweidimensionale Mensch (s. Anm. 1), 17.
12 *Ders.,* aaO 15.
13 Zu diesem Ausdruck s. *J. Assmann,* Das kulturelle Gedächtnis. Schrift, Erinnerung und politische Identität in frühen Hochkulturen, München 1992, 17f.
14 Zu den Festen im alten Israel s. den Überblick bei *W.H. Schmidt,* Alttestamentlicher Glaube, Neukirchen-Vluyn ⁸1996, 175ff; *E. Otto,* Art. Feste/Feiern II, RGG⁴ 3 (2000) 87–89; *R. Rendtorff,* Theologie des Alten Testaments. Ein kanonischer Entwurf, Bd. 2: Thematische Entfaltung, Neukirchen-Vluyn 2000, 112ff und *I. Müllner / P. Dschulnigg,* Jüdische und christliche Feste (NEB. Themen 9), Würzburg 2002, 7ff.
15 Zur Interpretation s. *G. Braulik,* Deuteronomium 2: 16,18–34,12 (NEB.AT 28), Würzburg 1992, 191ff und zuletzt *J.Chr. Gertz,* Die Stellung des kleinen geschichtlichen Credos in der Redaktionsgeschichte von Deuteronomium und Pentateuch, in: Liebe und Gebot (FS L. Perlitt), hg. von *R.G. Kratz* und *H. Spieckermann* (FRLANT 190), Göttingen 2000, 30–45; vgl. zum folgenden auch *B. Janowski,* Theologie des Alten Testaments. Plädoyer für eine integrative Perspektive, in: ders., Der Gott des Lebens. Beiträge zur Theologie des Alten Testaments 3, Neukirchen-Vluyn 2003, 315–350, hier 340ff.

lienvater, »du«) zur erwählten Stätte ziehen (V. 1f) und dort vor JHWH das Bekenntnis sprechen, das den Segen der Ernte als Frucht der Befreiung der Vorfahren aus Ägypten deutet[16]:

Ritueller Rahmen

(1) Wenn du in das Land, das JHWH, dein Gott, dir als Erbbesitz gibt, hineinziehst, es in Besitz nimmst und darin wohnst, (2) dann sollst du von den ersten Erträgen aller Feldfrüchte, die du in dem Land, das JHWH, dein Gott, dir gibt, eingebracht hast, etwas nehmen und in einen Korb legen. Dann sollst du zu der Stätte ziehen, die JHWH, dein Gott, erwählt, um dort seinen Namen wohnen zu lassen. (3) *Du sollst vor den Priester treten, der dann amtiert, und sollst zu ihm sagen: Heute bestätige ich vor JHWH, deinem Gott, daß ich in das Land gekommen bin, von dem ich weiß: Er hat unseren Vätern geschworen, es uns zu geben. (4) Dann soll der Priester den Korb aus deiner Hand entgegennehmen und ihn vor den Altar JHWHs, deines Gottes, stellen.* (5a*) Du aber sollst vor JHWH, deinem Gott, folgendes Bekenntnis ablegen:

Gebetsformular (Credo)

Ereignisse vor der Volkwerdung in Ägypten

5a*.b Mein Vater war ein umherirrender/heimatloser Aramäer[17]. Er zog nach Ägypten, lebte dort als Fremder mit wenigen Leuten und wurde dort zu einem groeinem großen, mächtigen und zahlreichen Volk.

Not

6 Die Ägypter behandelten uns schlecht, machten uns rechtlos und legten uns uns harte Fronarbeit auf.

Klage

7a Wir schrieen zu JHWH, dem Gott unserer Väter,

Erhörung

7b und JHWH hörte unser Schreien und sah unsere Rechtlosigkeit, unsere Arbeitslast und unsere Bedrängnis.

Rettung

8 JHWH führte uns aus Ägypten mit starker Hand und hoch erhobenem Arm, unter großen Schrecken, unter Zeichen und Wundern,

9 und er brachte uns an diese Stätte und gab uns dieses Land, ein Land, in dem Milch und Honig fließen.

10a *Und siehe, nun bringe ich hier die ersten Erträge von den Früchten des Landes, das du mir gegeben hast, JHWH.*

16 Innerhalb des dtr Rahmens V. 1f.10b.11 dürften V. 3f und V. 10a zu einer Fortschreibungsschicht gehören, vgl. *Gertz*, aaO 36ff. Die Rekapitulation der Heilsgeschichte V. 5a*–9 stammt demgegenüber aus dtn-dtr Hand. Ob V. 5a* (»Mein Vater war ein umherirrender Aramäer«) und V. 10a die älteste, vordtn Fassung des Darbringungsgebets darstellen (so etwa *Braulik*, aaO 191), läßt sich literarkritisch nicht mehr erweisen, s. dazu *Gertz*, aaO 36ff.
17 S. dazu GB[18] 2 s.v. אבד Qal 1; oder: »ein dem Untergang naher Aramäer«, vgl. *Gertz*, aaO 36.44.

Ritueller Rahmen
(10b) Wenn du den Korb vor JHWH, deinen Gott, gestellt hast, sollst du dich
vor JHWH, deinem Gott, niederwerfen. (11) Dann sollst du fröhlich sein und
dich freuen über alles Gute, das JHWH, dein Gott, dir und deiner Familie gegeben hat: du, die Leviten und die Fremden in deiner Mitte.

Liest man Dtn 26,1–11 auf der Endtextebene, so wird im kultischen Leben Israels also einmal im Jahr der Zeitpunkt erreicht, an
dem der israelitische Bauer sich und den anderen (»wir«, »uns«)
öffentlich die Wirklichkeit seines Lebens deutet, indem er sein
Bekenntnis zum Gott des Exodus ablegt[18]. Der Deutehorizont ist
der von JHWH geleitete Weg des Gottesvolks aus der Sklaverei
in Ägypten bis zur Jetztzeit im gelobten Land, »in dem Milch
und Honig fließen« (V. 9bβ). Der israelitische Bauer gedenkt im
Aussprechen des Credos also nicht nur einer längst vergangenen
Epoche der Heilsgeschichte, er rechnet sie sich, wie die Fortschreibung formuliert, auch ›jetzt‹, d.h. im Augenblick des Festes, zu:
»Und siehe, nun bringe ich hier die ersten Erträge von den Früchten des Landes, das du mir gegeben hast, JHWH« (V. 10a).
Von Gottes Rettung und Segen ist damit nicht in der kühlen
Sachlichkeit des Chronisten, sondern im Modus des Danks der Be-
schenkten, nicht als Rede über Gott, sondern als Bekenntnis zu
seiner täglich und jährlich erfahrenen Zuwendung die Rede. Was
auf diese Weise in Israel wächst, ist das kollektive Gedächtnis, das
auf den beiden Grundpfeilern der »Wiederholung« und der »Vergegenwärtigung« basiert. Während die *Wiederholung* gewährlei-
stet, daß jede Begehung – die jährliche Darbringung der Erstlingsfrüchte – im zeitlichen Ablauf an die vorhergehende Begehung – die Feier des Vorjahrs – anknüpft und damit eine »rituelle
Kohärenz«[19] herstellt, holt die *Vergegenwärtigung* ein weit zurückliegendes Geschehen – wie den Auszug aus Ägypten – in die
jeweilige Gegenwart hinein und verleiht ihr damit einen grundsätzlichen Horizont. Dieser Horizont ist die fundierende Heilsgeschichte – vergegenwärtigt im Medium der kollektiven Erinnerung, wie sie sich in den Überlieferungen vom Exodus oder in den
Erzählungen von den Erzeltern Israels niedergeschlagen hat, in
den Erzählungen also

»... von Hagar am Brunnen Beer Lachai Roi, von Abraham in Mamre, von Jakob
in Bethel und am Jabbok und viele andere, vielfach Heiligtumsgeschichten aus

---

18   Zu dem in V. 5a*–9 herausgestellten Ursprung Israels in Ägypten s. *Gertz*,
aaO 43ff. Zum Modell »Not – Klage – Erhörung – Rettung« in V. *5–9 s. *Braulik*, aaO 192f.
19   S. dazu oben Anm. 13.

versunkenen Religionen, die Israel sich zu eigen gemacht hat als seine eigenen Geschichten. Daß Jahwe sich darin offenbart hat, daran ist rückblickend kein Zweifel: Er ist der Gott, der Abraham, Isaak und Jakob und mit ihnen Israel erwählt hat. Das bedeutet aber, daß Israel sich nicht nur die Geschichten als leere Hülsen für seine Gotteswahrnehmung angeeignet hat, sondern mit ihnen die lange Zeiträume überbrückenden Gotteserfahrungen seiner ›Vorfahren‹, mit denen ganz Israel sich verbunden wußte«[20].

Anläßlich der jährlichen Darbringung der Erstlingsfrüchte erinnert sich der einzelne Israelit also seiner Zugehörigkeit zu einem umfassenden »Ganzen« (fundierende Heilsgeschichte), das jenseits des Alltagsgeschäfts allein Orientierung zu geben und Identität zu stiften vermag.
Näher zum Kern der deuteronomisch-deuteronomistischen Festtheorie führt uns das Motiv, das auch in Dtn 26,11 zum Ausdruck kommt, das Motiv nämlich, daß

»Israel an seinem Zentralheiligtum als ganzes bei festlichem Opfermahl zur reinen Freude vor seinem Gott gelangen (soll). Das scheint für das Deuteronomium das Wesen des Opfers zu sein«[21].

Das bringen besonders diejenigen Texte zum Ausdruck, die N. Lohfink unter dem Stichwort »Wallfahrtsschema«[22] zusammengefaßt hat. Zu ihnen gehört auch die großartige Passa/Mazzot-Verordnung Dtn 16,1–8[23] innerhalb des Festkalenders Dtn 16,1–17:

20 *H.-J. Hermisson*, Alttestamentliche Theologie und Religionsgeschichte Israels (ThLZ.F 3), Leipzig 2000, 55.
21 *N. Lohfink*, Opferzentralisation, Säkularisierungsthese und mimetische Theorie (1992/1995), in: *ders.*, Studien zum Deuteronomium und zur deuteronomistischen Literatur 3 (SBAB 20), Stuttgart 1995, 219–260, hier 239. Die »Freude« (חֵמְהָׂ) und das »Sich Freuen« (שָׂמַח) Dtn 12,7.12.18; 14,26; 16,11.14; 26,11 u.ö.), nicht aber der orgiastische Jubel, sind die Leitbegriffe der deuteronomischen Festtheorie, s. dazu besonders *G. Braulik*, Die Freude des Festes. Das Kultverständnis des Deuteronomium – die älteste biblische Festtheorie (1970), in: *ders.*, Studien zur Theologie des Deuteronomiums (SBAB 2), Stuttgart 1988, 161–218, hier 171ff.
22 S. dazu *Lohfink*, aaO 232ff und *G. Braulik*, Durften auch Frauen in Israel opfern? Beobachtungen zur Sinn- und Festgestalt des Opfers im Deuteronomium, LJ 48 (1998) 222–248, hier 236ff.
23 Zu diesem Text s. *G. Braulik*, Deuteronomium 1: 1,1–16,17 (NEB.AT 15), Würzburg 1986, 116ff; *J.Chr. Gertz*, Die Passa-Massot-Ordnung im deuteronomistischen Festkalender, in: *T. Veijola* (Hg.), Das Deuteronomium und seine Querbeziehungen (SFEG 62), Helsinki/Göttingen 1996, 56–80 sowie – bei Annahme einer Mehrschichtigkeit des Textes – *T. Veijola*, Die Geschichte des Pesachfestes im Lichte von Deuteronomium 16,1–8, in: *ders.*, Moses Erben. Studien zum Dekalog, zum Deuteronomismus und zum Schriftgelehrtentum (BWANT 149), Stuttgart/Berlin/Köln 2000, 131–152 (dtn Grundbestand: V. 1*.2.5.6*; vorpriesterliche Bearbeitung: V. 1*.3*.4*.6*.7; priesterliche Bear-

Chronologischer Rahmen
1a Achte auf den Monat Abib und feiere JHWH, deinem Gott, das Passa,

Passarahmen (Zeit, Opfermaterie, Ort)
1b denn im Monat Abib hat JHWH, dein Gott, dich aus Ägypten herausgeführt in der Nacht.
2 Als Passa sollst du JHWH, deinem Gott, Kleinvieh und Rinder schlachten an der Stätte, die JHWH erwählen wird, um dort seinen Namen wohnen zu lassen.

Passa/Mazzot-Bestimmung (3–4a: Mazzot, 4b–6: Passa)
3 Du sollst nichts Gesäuertes dazu essen. Sieben Tage lang sollst du ungesäuertes Brot dazu essen, die Speise der Bedrängnis, denn in Hast bist du aus dem Land Ägypten ausgezogen, damit du dein ganzes Leben lang des Tages deines Auszugs aus Ägypten gedenkst.
4a In deinem ganzen Gebiet soll sieben Tage lang kein Sauerteig zu finden sein,

––

4b und von dem Fleisch, das du am Abend des ersten Tages schlachtest, darf über Nacht bis zum Morgen nichts übrigbleiben.
5 Du darfst das Passa nicht in einem deiner Tore schlachten, die JHWH, dein Gott, dir geben wird,
6 sondern an der Stätte, die JHWH, dein Gott erwählt, indem er dort seinen Namen wohnen läßt. Dort sollst du das Passa schlachten, am Abend bei Sonnenuntergang, zur Zeit deines Auszugs aus Ägypten.

Passarahmen (Ritus, Ort, Zeit)
7 Du sollst es kochen und essen an der Stätte, die JHWH, dein Gott, erwählt, und am Morgen sollst du dich aufmachen und zu deinen Zelten zurückkehren.

Chronologischer Rahmen
8 Sechs Tage lang sollst du ungesäuertes Brot essen, und am siebten Tag ist eine Festversammlung für JHWH, deinen Gott; da sollst du keine Arbeit tun.

Hier werden Passa und Mazzot miteinander verschmolzen und auf den Neumond des Monats Abib (14. Nisan) festgelegt, so daß das Passa jetzt lediglich den Anfang der ganzen Feier in Jerusalem (mit der nächtlichen Exodus-Memoria) bildet. Am folgenden Tag geht man wieder nach Hause (»zu deinen Zelten«, V. 7b), wo das

beitung: V. 3*.4*.8; nachpriesterliche Bearbeitung: V. 3*) und *Sh. Gesundheit, Der deuteronomische Festkalender*, in: *G. Braulik* (Hg.), Das Deuteronomium (ÖBS 23), Frankfurt a.M. u.a. 2003, 57–68 (Grundschicht: V. 2.5–7; 1. Bearbeitungsschicht: V. 3*.4*; 2. Bearbeitungsschicht: V. 1.3*.4*.8; 3. Bearbeitungsschicht: V. 3*).

Essen der ungesäuerten Brote sich noch sieben Tage lang hinzieht. Zentral für das deuteronomische Kultverständnis ist nicht nur das Essen der Mazzen – der, wie die wohl späte (Veijola: »nachpriesterliche«) Bearbeitung präzisiert, an den Ur-Exodus erinnernden »Speise der Bedrängnis« (V. 3a)[24] –, sondern auch das gemeinsame Essen des Passatieres, das die Einheit des Volkes und die *communio* mit seinem Gott stiftet:

»Es läßt zugleich jeden Israeliten persönlich erleben, daß auch er in die beim Auszug erfahrene Befreiung einbezogen ist. Wer so den Exodus liturgisch vollzieht, kann seiner dann auch im Alltag gedenken, das heißt, diese Rettungstat Gottes im eigenen Leben bestimmend werden lassen.«[25]

Die Wirklichkeit des Festes ergreift, wie N. Lohfink[26] gezeigt hat, *alle* Schichten des Gottesvolks und gibt dem Alltag seinen Sinn und sein Ziel. Diese Wirklichkeit des Festes ist für das Deuteronomium die Gegenwelt zur politischen, gesellschaftlichen und familiären Alltagswirklichkeit und als solches das eigentliche Sacrum:

»Vom bisherigen, gewissermaßen archaisch-kultischen Verständnis des Sacrum her gesehen mag das, was das Deuteronomium entwickelt, wie eine Auflösung des Sakralen erscheinen. Für das Deuteronomium selbst ist es die Überführung der gesamten Welt-Wirklichkeit der Gesellschaft ›Israel‹ ins Sakrale hinein«.[27]

Heiligkeit bedeutet Gottesnähe. Diese vollzieht sich für das Deuteronomium in seinen Festen. Das bedeutet aber nicht, daß immer mehr menschliche Lebensbereiche aus der Nähe Gottes ausgegrenzt werden, sondern umgekehrt, daß »alle Lebensbereiche Israels in diese Nähe Gottes«[28] hineingeholt werden. Erfahrbar wird diese Gottesnähe, wie am Ende des Festkalenders Dtn 16,1–17 resümierend festgestellt wird, in der Gabe des »Segens« (בְּרָכָה), der seinerseits die religiöse Wurzel der Festfreude ist:

---

24 Die aus ungesäuerten Fladen bestehende »Speise der Bedrängnis« (לֶחֶם עֹנִי) ist »das Brot für unterwegs, wenn vorbereiteter und somit gesäuerter Teig nicht verfügbar ist« (*Braulik*, aaO 117). Das Essen dieser Speise, die den hastigen Aufbruch aus Ägypten symbolisiert, hält »dein ganzes Leben lang« (V. 3b) die Erinnerung an jenen Tag der Befreiung wach, vgl. *Veijola*, aaO 150f: »Der einmalige Tag des Auszugs (V. 1.6) soll durch das Essen der Mazzen gegenwärtig werden und dem Leben orientierende Kraft für alle zukünftigen Tage geben (V. 3aβγ)«.

25 *Braulik*, aaO 117, s. dazu auch *ders.*, Frauen (s. Anm. 22), 238ff.

26 *Lohfink*, Opferzentralisation (s. Anm. 21), 240ff mit Hinweis auf frühere Arbeiten zum Thema, vgl. *Braulik*, aaO 16f.

27 *Lohfink*, aaO 244, vgl. *Braulik*, aaO 15f.

28 *Lohfink*, aaO 252.

(16b) Man soll nicht mit leeren Händen hineingehen, um das Gesicht JHWHs (zu) ‹sehen›, (17) sondern jeder mit seiner Gabe, entsprechend dem Segen JHWHs, deines Gottes, den er dir gegeben hat. (Dtn 16,16b–17)[29]

Daß etwas glückt und man sich gemeinsam über dieses Glück freuen kann, ist nicht selbstverständlich[30]. Wenn es aber eintrifft, ist Dankbarkeit die angemessene Haltung zum Glück. Die Freude, die das Deuteronomium verlangt (»du sollst fröhlich sein …«)[31], ist Ausdruck solcher Dankbarkeit – und zwar für den von JHWH geschenkten Segen[32]. Dieser *Dank für den erfahrenen Segen* unterscheidet das deuteronomische Festverständnis von der priesterlichen Kulttheologie, die mit *ihrer rituellen Konstituierung der Gegenwelt* zur Welt der Unreinheit und Verfehlung anderen Parametern folgt.

b) *Rituelle Konstituierung der Gegenwelt*
Aus dem Alltag herausgenommen, in eine besondere Zeit und an einen besonderen Ort hineingestellt und in der Aura der »Festlichkeit« sich vollziehend – diese für Dtn 16,1–8 und Dtn 26,1–11 charakteristischen Aspekte des Festes gelten ausnahmslos auch für Lev 16,1–34, die Überlieferung vom Großen Versöhnungstag. Zusammen mit Lev 17 stellt Lev 16 die kompositorische und konzeptionelle Mitte des Leviticusbuchs dar[33] und propagiert »die Botschaft vom versöhnungswilligen Gott, der ganz Israel die Gabe bzw. die Gnade kultischer Versöhnung geschenkt hat«[34].

---

29   Zur Qal-Form von ראה »sehen« + Obj. »Gesicht JHWHs« (statt der masoretischen Nif'al-Form »gesehen werden« mit Subjekt JHWH) s. *B. Janowski*, Konfliktgespräche mit Gott. Eine Anthropologie der Psalmen, Neukirchen-Vluyn 2003, 92 Anm. 116.
30   Vgl. *Braulik*, Freude des Festes (s. Anm. 21), 186.
31   Zur deuteronomischen »Mahnung zur Freude« s. *ders.*, aaO 179ff.
32   Vgl. *Willi-Plein*, Opfer und Kult (s. Anm. 9), 131: »Das Ziel des deuteronomischen Gottesdienstes am Zentralheiligtum ist das Opfer als Dank für erfahrenen Segen und das Erfahren des Segens im dankenden Genuß des Opfers als gemeinsame Erfahrung des Lebens (das wesensmäßig auf Essen, Trinken und gemeinsamer Freude beruht) vor Gott«.
33   S. dazu *E. Zenger*, Das Buch Levitikus als Teiltext der Tora / des Pentateuch. Eine synchrone Lektüre mit diachroner Perspektive, in: *H.-J. Fabry / H.-W. Jüngling* (Hg.), Levitikus als Buch (BBB 119), Berlin / Bodenheim 1999, 47–83, hier 62ff, ferner *B. Jürgens*, Heiligkeit und Versöhnung. Levitikus 16 in seinem literarischen Kontext (HBS 28), Freiburg / Basel / Wien 2001, 126ff und zur Struktur des Leviticusbuchs noch *A. Ruwe*, The Structure of the Book of Leviticus in the Narrative Outline of the Priestly Sinai Story (Exod 19:1 – Num 10:10*), in: *R. Rendtorff / R.A. Kugler* (ed.), The Book of Leviticus. Composition and Reception (VT.S 93), Leiden / Boston 2003, 55–78.
34   *Zenger*, aaO 71.

In Lev 16, dem »›Schlußstein‹ des priesterlichen Systems der Sündenvergebung«[35], sind dabei mehrere Rituale miteinander verbunden und im jetzigen Text zu einer Handlungsabfolge verschmolzen:

1. Aaron bringt für sich und sein Haus einen Sündopferstier (V. 3) und für Israel einen Sündopferbock (V. 5) dar, wobei er vom Blut der beiden Tiere nimmt, es ins Allerheiligste trägt und dort an die כַּפֹּרֶת sprengt (V. 14). Der Blutritus hat für Aaron und Israel sühnende Wirkung (V. 16).
2. Mit dem Blut des Sündopferstiers und des Sündopferbocks wird auch der Brandopferaltar besprengt und auf diese Weise von den Unreinheiten Israels gereinigt und geheiligt (V. 18f).
3. Aaron legt einem zweiten Sündopferbock (V. 5), dem sog. »Sündenbock« (V. 10), seine beiden Hände auf, bekennt dabei alle Verschuldungen und Übertretungen der Israeliten und läßt ihn mit Hilfe eines dafür Bereitstehenden in die Wüste laufen (V. 20–22).

Liest man Lev 16 als synchronen Text, d.h. unbeschadet der redaktionellen Erweiterungen (im folgenden kursiv)[36], so lassen sich dessen Verlauf und Struktur – ohne den *narrativen Anfang* V. 1f (← Zwischenfall mit Nadab und Abihu Lev 9,1–10,20) und ohne den *paränetischen Schluß* V. 29–34a (→ Festkalender Lev 23,26–32; Num 29,7–11)[37] samt Ausführungsnotiz V. 34b – wie folgt gliedern[38]:

Ausstattung Aarons beim Eintritt ins Heiligtum

3 Mit folgendem geht Aaron in das Heiligtum hinein: mit einem Stier, einem Rind, zum Sündopfer und einem Widder zum Brandopfer. 4 *Einen heiligen Leibrock aus Leinen zieht er an – dabei sind leinene Hüfthüllen auf seinem Leibe –, eine leinene Schärpe legt er an und bindet einen leinenen Kopfbund um; heilige Kleider sind es, so spült er mit Wasser seinen Leib ab und zieht sie*

35 *Th. Seidl*, Levitikus 16 – »Schlußstein des priesterlichen Systems der Sündenvergebung«, in: *H.-J. Fabry / H.-W. Jüngling* (Hg.), Levitikus als Buch (BBB 119), Berlin / Bodenheim 1999, 219–248. Zu Lev 16 s. noch die Hinweise bei *B. Janowski*, Sühne als Heilsgeschehen. Traditions- und religionsgeschichtliche Studien zur Sühnetheologie der Priesterschrift (WMANT 55), Neukirchen-Vluyn ²2000, 431f.439f und zuletzt *C. Körting*, Der Schall des Schofar. Israels Feste im Herbst (BZAW 285), Berlin / New York 1999, 119ff. 162ff; *G. Fischer*, Altes Testament, in: *ders. / K. Backhaus*, Sühne und Versöhnung (NEB.Themen 7), Würzburg 2000, 9–63, hier 54f; *Jürgens*, aaO passim; *Rendtorff*, Theologie des Alten Testaments 2 (s. Anm. 14), 118f; *H. Pfeiffer*, Bemerkungen zur Ritualgeschichte von Lev 16, in: Kulturgeschichten (FS V. Haas), hg. von *Th. Richter*, Saarbrücken 2001, 313–326 u.a.
36 S. dazu im einzelnen *Seidl*, aaO 221ff.228ff.
37 S. dazu *Jürgens*, aaO 299ff.422f.
38 Die Übersetzung folgt bis auf wenige Ausnahmen *K. Elliger*, Leviticus (HAT I/4), Tübingen 1966, 200f, s. auch die Übersetzung von *Jürgens*, aaO 434ff und zur Textgliederung *Seidl*, aaO 228ff und *Jürgens*, aaO 57ff (mit der Übersicht 72f).

an. 5 Und von seiten der Gemeinde der Israeliten nimmt er zwei Ziegenböcke zum Sündopfer und einen Widder zum Brandopfer.

Zweckbestimmung von Stier und Ziegenböcken (Losritus)
6 Dann bringt Aaron seinen eigenen Sündopferstier dar und schafft Sühne für sich und sein Haus. 7 Und er nimmt die beiden Böcke und stellt sie vor JHWH an den Eingang des Begegnungszeltes. 8 Aaron wirft über die beiden Böcke die Lose, ein Los für JHWH und ein Los für Azazel. 9 Und Aaron bringt den Bock dar, auf den das Los für JHWH gefallen ist, und besorgt ihn als Sündopfer. 10 Der Bock aber, auf den das Los für Azazel gefallen ist, wird lebendig vor JHWH gestellt, *um über/auf ihm* (?) *Sühne zu schaffen,* ihn für Azazel in die Wüste laufen zu lassen.

Riten an der kapporæt
11 Aaron bringt seinen eigenen Sündopferstier dar und schafft Sühne für sich und sein Haus. Und zwar schlachtet er seinen eigenen Sündopferstier. 12 *Dann nimmt er die Räucherpfanne voll glühender Kohlen von dem Altar vor JHWH und seine beiden Hände voll gestoßenes wohlriechendes Räucherwerk und bringt es hinein hinter den Vorhang. 13 Er tut das Räucherwerk auf die Glut vor JHWH; dann bedeckt die Wolke des Räucherwerks das Sühnmal, das auf dem Zeugnis (liegt), aber er braucht nicht zu sterben.* 14 Dann nimmt er von dem Blut des Stiers und sprengt es mit dem (Zeige-)Finger vorn auf das Sühnmal; auch vor das Sühnmal sprengt er siebenmal von dem Blut mit dem (Zeige-)Finger. 15 Dann schlachtet er den Sündopferbock des Volkes, bringt das Blut hinein hinter den Vorhang und verfährt mit dem Blut, wie er mit dem Blut des Stiers verfahren ist, indem er es auf und vor das Sühnmal sprengt. 16 So schafft er dem Heiligtum Sühne wegen der Unreinheiten und der Übertretungen der Israeliten, durch die sie sich irgendwie verfehlt haben. Und ebenso verfährt er mit dem Begegnungszelt, das bei ihnen wohnt inmitten ihrer Unreinheiten. 17 *Aber irgendein Mensch darf im Begegnungszelt nicht anwesend sein, wenn er hineingeht, die Sühne im Heiligtum zu vollziehen, bis er (wieder) herauskommt; er schafft Sühne für sich und sein Haus und für die ganze Versammlung Israels.*

Riten am Brandopferaltar
18 Dann geht er hinaus zum Altar, der vor JHWH (steht), und schafft ihm Sühne; er nimmt von dem Blut des Stiers und von dem Blut des Bockes und tut es rings an die Hörner des Altars. 19 Er sprengt auf ihn von dem Blut mit dem (Zeige-)Finger siebenmal; so reinigt und heiligt er ihn von den Unreinheiten der Israeliten.

Riten am »Sündenbock«
20 Ist er fertig mit der Entsühnung des Heiligtums, des Begegnungszeltes und des Altars, bringt er den lebendigen Bock dar. 21 Aaron stemmt seine beiden Hände auf den Kopf des lebendigen Bocks, bekennt über ihm alle Verschuldungen und alle Übertretungen der Israeliten, durch die sie sich irgend verfehlt haben, tut sie auf den Kopf des Bocks und läßt ihn mit Hilfe eines dafür Bereitstehenden in die Wüste laufen. 22 Der Bock trägt auf sich alle ihre Verschuldungen fort in eine abgelegene Gegend; so läßt er den Bock in die Wüste laufen.

Vorbereitung und Darbringung des Brandopfers
23 Dann geht Aaron in das Begegnungszelt, zieht die leinenen Kleider aus, die er anzog, als er in das Heiligtum hineinging, und legt sie dort nieder. 24 Er

spült seinen Leib mit Wasser ab an heiliger Stätte, zieht seine Kleider an, geht hinaus und besorgt sein Brandopfer und das des Volkes und schafft Sühne für sich und für das Volk. 25 *Und das Fett des Sündopfers läßt er auf dem Altar in Rauch aufgehen.*

Sonderbestimmung für den Führer des Sündenbocks
26 Aber der den Bock für Azazel laufen läßt, wäscht seine Kleider und spült seinen Leib mit Wasser; danach betritt er (wieder) das Lager.

Entsorgung des Sündopferstiers und -bocks
27 Den Sündopferstier und den Sündopferbock, deren Blut hineingebracht worden ist, im Heiligtum die Sühne zu vollziehen, schafft man hinaus vor das Lager, daß man Fell, Fleisch und Gedärm mit Feuer verbrenne. 28 Aber der es verbrennt, wäscht seine Kleider und spült seinen Leib mit Wasser ab; danach betritt er (wieder) das Lager.

Anhand dieser Gliederung läßt sich erkennen, daß der Ritus mit dem Sündopferstier für Aaron (vgl. V. 3) und einem der beiden Sündopferböcke für das Volk (vgl. V. 5) im Zentrum des Gesamtrituals steht, das die Riten an der כַּפֹּרֶת (V. 11–17) und am Brandopferaltar (V. 18f) umfaßt. Beide Riten werden gerahmt durch den Losritus V. 6–10 und den Ritus am lebenden Bock (»Sündenbock« V. 20–22). Den äußeren Rahmen bilden V. 3–5 (*rites de séparation*) auf der einen und V. 23–28 (*rites d'agrégation*)[39] auf der anderen Seite:

1–2 Narrative Einleitung (← Lev 9,1–10,20)

3–28 Ritual des Großen Versöhnungstages
    A 3–5 *rites de séparation*
    B 6–10 Losritus

      C 11–19 Sündopferriten
      Ritus an der כַּפֹּרֶת (11–17)
      Ritus am Brandopferaltar (18–19)

    B' 20–22 Ritus am »Sündenbock«
    A' 23–28 *rites d'agrégation*

29–34a Paränetischer Schluß (→ Lev 23,26–32)
34b Ausführungsbericht

Zum besseren Verständnis der Ritualvorgänge sei die Topographie des Begegnungszeltes und seines Inventars, wie sie sich nach Ex 25–30 darstellt, in einer Skizze (Abb. 1)[40] zusammengefaßt.

---

39 Vgl. *Jürgens*, aaO 57ff.
40 Die Abbildung stammt aus *Janowski*, Sühne als Heilsgeschehen (s. Anm. 35), 223, s. zur Sache auch M. *Douglas*, Leviticus as Literature, Oxford 1999

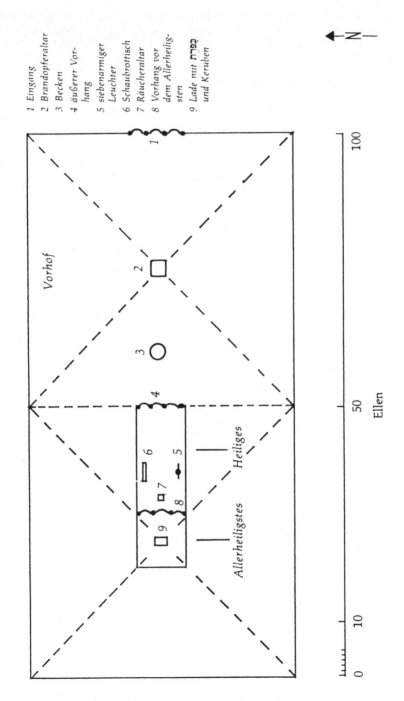

1 Eingang
2 Brandopferaltar
3 Becken
4 äußerer Vorhang
5 siebenarmiger Leuchter
6 Schaubrottisch
7 Räucheraltar
8 Vorhang vor dem Allerheiligsten
9 Lade mit כַפֹּרֶת und Keruben

Vorhof

Heiliges

Allerheiligstes

N

0   10   50   100   Ellen

Abb. 1: Grundriß des Begegnungszeltes nach Ex 25–30

Wie die übrigen JHWH-Reden des Leviticusbuchs will auch Lev 16 eine Antwort auf die Frage geben, wie Israel seine Sünden und Unreinheiten überwinden und so in der Nähe seines heiligen Gottes leben kann. Aus diesem Grund wird im Leviticusbuch ein

»System verschiedener Rituale eingeführt ..., mit denen das Heiligtum immer wieder in den Zustand versetzt werden kann, den es ursprünglich, unmittelbar nach seiner Weihe durch Mose in der Wüste Sinai [sc. in Lev 8–9], besessen hat. Die verschiedenen Sühneriten, die *ḥaṭṭā't*, der *'āšām* und natürlich das in Lev 16 beschriebene Ritual haben die Funktion, die *Heiligkeit* des Heiligtums nach einer Sünde wiederherzustellen und damit die Möglichkeit der Begegnung zwischen JHWH und seinem Volk zu sichern. Auf diese Weise wird es möglich, dass nach einer Sünde die *Versöhnung* zwischen den beiden Partnern rituell im Opfergottesdienst gefeiert wird – sei es in der Darbringung eines *zæbaḥ šelāmîm*, bei dem das Opfertier zwischen JHWH und dem *sacrifiant* geteilt wird und die Menschen anschließend vor JHWH Mahl halten, sei es in der vollkommenen Hingabe eines ganzen Opfertieres an JHWH bei einer *'ôlāh*«[41].

Zum Verständnis der unterschiedlichen Opferarten sei hinzugefügt, daß das Hebräische keinen zusammenfassenden Ausdruck für »Opfer« besitzt. Eine gewisse Ausnahme bilden die Termini מִנְחָה »Gabe« (Gen 4,3ff) und קָרְבָּן »Darbringung« (Lev 1,2)[42]. Die übrigen Ausdrücke bezeichnen jeweils eine bestimmte, nach der Art der *Darbringung* (Schlachten, Verbrennen), des *Anlasses* (Dank, Gelübde), des *Zwecks* (Schuld, Sünde), des *Termins* (morgens, abends) oder der *Materie* (tierisch/vegetabilisch) unterschiedene Opferart.

Das Zentrum des alttestamentlichen Tieropfers[43] ist die rituelle Schlachtung und Verbrennung. Sie weist im wesentlichen folgende Elemente auf: Nach der *Hinzubringung* des fehlerlosen Opfertieres[44] begann der Ritus mit der *Fesselung* des Tieres (vgl. Gen 22,9). Darauf folgte dessen *Tötung*: wegen der Bedeutung des Blutes als Sitz des Lebens[45] ist mit einem besonderen Schlachtverfahren, dem sog. »Schächten« (vgl. שָׁחַט »[die Kehle] durchschneiden«) zu rechnen, das im Alten Testament nur angedeutet, aber in der Mischna und im Talmud genau geregelt wird[46]. Dem rituellen

---

221 und *W.G. Plaut* (Hg.), Die Tora in jüdischer Auslegung, Bd. 2: Schemot / Exodus, Gütersloh 2000, 279.
41 *Jürgens*, aaO 425.
42 S. dazu auch *Willi-Plein*, Opfer (s. Anm. 9), 25f.
43 S. dazu den Überblick bei *H. Seebass*, Art. Opfer II, TRE 25 (1995) 258–267; *B. Janowski*, Art. Opfer I, NBL 3 (2001) 36–40.43 und *A. Marx*, Art. Opfer II, RGG⁴ 6 (2003) 572–576.
44 Vgl. Lev 1,2f; 3,1 u.ö.
45 Lev 17,11 und Dtn 12,16.23b, vgl. Gen 9,4.
46 S. dazu *R.E. Clements*, Art. שָׁחַט usw., ThWAT 7 (1993) 1214–1218.

Schächten folgte ein *Blutritus*: Das Blut wurde entweder am Altar ausgegossen, um es JHWH zurückzugeben und damit dem menschlichen Genuß zu entziehen (vgl. Dtn 12,27), oder es wurde an den Altar bzw. den Vorhang des Allerheiligsten gesprengt. Der nächste Ritualakt, das *Zerteilen* des Opfertieres (Lev 1,6), enthält wiederum mehrere Einzelelemente wie das Herausnehmen (und Waschen) der Eingeweide (Lev 3,3f) und das Herauslösen der Schenkel, vor allem der rechten Keule. Die *vollständige Verbrennung* der Opferteile (ausgenommen der Haut) schlossen den Schlachtungs- und Verbrennungsvorgang ab. Die nicht dargebrachten Opferstücke dienten dem Unterhalt der Priester, die oft in den Genuß der besonders geschätzten rechten Keule kamen[47].

In den priesterlichen Opferbestimmungen von Lev 1–7 werden die Tieropfer genau klassifiziert: als Brand-, Heilsmahl-, Sünd- und Schuldopfer. Das *Brandopfertier* (עוֹלָה, Lev 1, vgl. 6,2ff; Ri 6,26; 13,15ff u.ö.) wurde geschlachtet, zerteilt und vollständig verbrannt. Das *Heilsmahlopfer* (שְׁלָמִים bzw. זֶבַח שְׁלָמִים), für das ein Blutsprengungsritus charakteristisch ist, wurde ursprünglich nach dem Brandopfer dargebracht (Ex 20,24; Ri 20,26; 2Sam 6,17f u.ö.) und erst später mit dem Schlachtopfer verbunden (Lev 3, vgl. 7,1ff). Weiterentwicklungen des (Heils-)Mahlopfers sind das *Dankopfer* (תּוֹדָה, Lev 7,12ff, vgl. Ps 50,14ff; 116,13.17f u.ö.) mit seinen Varianten »freiwilliges Opfer« (Ps 119,108) und »Gelübdeopfer« (Lev 7,11ff). Beim *Sündopfer* (חַטָּאת, Lev 4,1–5,13, vgl. 6,18ff, mit Unterscheidung zwischen »großem« und »kleinem« Blutritus) und beim *Schuldopfer* (אָשָׁם, Lev 5, 14ff, vgl. Lev 7,11ff) hat das Blut eine zentrale, weil sühnende Funktion.

Der Höhe- und Schlußpunkt der priesterlichen Sühneriten ist der Große Versöhnungstag (Lev 16, vgl. Lev 23,27f; Num 25,9), an dem der Hohepriester Aaron die zentralen Sündopferriten an der כַּפֹּרֶת »Sühneort, Sühnmal« und am Brandopferaltar durchführt (V. 11–19) und damit dem sündigen Israel Versöhnung mit dem heiligen Gott ermöglicht[48].

Dieser zusammenfassende Charakter zeigt sich daran, daß Lev 16 »eine Art ›Groß-*ḥaṭṭā(')t*‹ zur Entsündigung von Priestern, Volk und Heiligtum«[49] bildet und so alle im Leviticusbuch vorausgehenden Entsühnungsmaßnahmen steigert, überbietet und vollen-

---

47 Vgl. Lev 7,32ff; 9,21; 10,14 u.ö. Die im Vorhergehenden genannten Ritualelemente liegen *ritualgeschichtlich* auf ganz unterschiedlichen Ebenen, s. dazu *Janowski*, Opfer (s. Anm. 43), 37f.
48 S. dazu *Janowski*, Sühne als Heilsgeschehen (s. Anm. 35), 183ff.423ff (Lit.), vgl. *ders.*, Art. Sühne 1, EKL³ 4 (1996) 552–555. Zur כַּפֹּרֶת s. *ders.*, Sühne als Heilsgeschehen, 277ff.443f (Lit.).
49 *Seidl*, Levitikus 16 (s. Anm. 35), 239.

det[50]. Sehr ansprechend ist in diesem Zusammenhang die Vermutung von Th. Seidl, daß Lev 16

»ursprünglich eine priesterlich-theoretische Abhandlung über die Tilgungs-
möglichkeiten aller Sündenarten und ihrer *materia peccans* war und erst durch
den nachträglichen Kolophon (16,29–34) zur Agende eines einzigen Versöhnungstages (sc. am 10.VII.) geworden ist«[51].

Wenn man die Riten an der כַּפֹּרֶת *innerhalb* des Vorhangs (Lev
16,11–17) mit den *vor* dem Allerheiligsten und dem Vorhang
vollzogenen Sühneriten von Lev 4f und Lev 9 vergleicht, dann
wird das sündige Israel nach der Komposition des Leviticusbuchs
»schrittweise an das Heilige Jahwes angenähert«[52] und auf diese
Weise in die unmittelbare Nähe seines heiligen Gottes gebracht.
Dem entspricht gleichsam spiegelbildlich, daß der mit den Verschuldungen Israels beladene Sündenbock von einem dafür Bereitstehenden aus dem Heiligtumsbereich in die Wüste geführt wird
(V. 20–22). So wird das Ritual des Großen Versöhnungstages

»zwischen den beiden äußersten Polen der den Texten der Bücher Exodus bis
Numeri zugrunde liegenden konzentrischen Heiligtumskonzeption vollzogen:
dem Allerheiligsten im Innersten des Begegnungszeltes auf der einen und der
Wüste (מִדְבָּר; Lev 16,10a.12.21d.22b) bzw. dem ›abgeschnittenen Land‹ (אֶרֶץ גְּזֵרָה;
Lev 16,22a) auf der anderen Seite. Alle zwischen diesen beiden extremen Punk-
ten liegenden Orte werden im Lauf des Rituals berührt«[53].

Beide Orte – das Allerheiligste im Innersten des Begegnungszeltes
und die Wüste außerhalb von Heiligtum und Lager – verhalten

50 Vgl. *ders.*, aaO 238ff mit einem kontextuellen Vergleich von Lev 16 mit
Lev 4f; 8–10 und 14,3–7 (s. bes. 239f). Eine wichtige Einsicht der neueren Forschung an Lev 16 besteht dabei darin, daß eine Aufteilung des Textes in eine
dingliche und in eine *personale* Reinigung und Entsündigung heute nicht mehr
aufrechzuerhalten ist, vgl. *ders.*, aaO 221ff, bes. 227f.
51 *Ders.*, aaO 243, vgl. 246 und *E.S. Gerstenberger*, Das dritte Buch Mose: Leviticus (ATD 6), Göttingen 1993, 204: »Zwei bedeutungsschwere Sühneriten
stehen also im Zentrum des frühjüdischen Bußtages: Eine Blutzeremonie, die
Priester, Volk und Heiligtum reinigen und in einen neuen Stand der Gnade versetzen soll, und die Aussendung eines Sündenbockes, welcher alle Verschul-
dung physisch-symbolisch wegträgt. Jeder Ritus für sich könnte wohl den
Brennpunkt eines solchen Festes bilden. Zusammen machen sie ein eigentüm-
liches Gespann von Riten aus, das aber wohl die lange Entstehungsgeschichte
des Bußtages exemplarisch festgehalten hat«; s. zu dieser ›Doppelung‹ auch
Janowski, Sühne als Heilsgeschehen (s. Anm. 35), 269 Anm. 448 mit dem
Hinweis auf *E. Leach*, Kultur und Kommunikation. Zur Logik symbolischer Zusammenhänge (stw 212), Frankfurt a.M. 1978, 101ff, bes. 106ff, vgl. auch *Seidl*,
aaO 245f.
52 *Seidl*, aaO 239.
53 *Jürgens*, Heiligkeit (s. Anm. 33), 75.

sich als Kontrastelemente der religiösen Topographie also komplementär zueinander.

Es kommt, wenn man der kompositorischen und konzeptionellen Verbindung von Lev 16 mit der priesterlichen Sinaigeschichte Ex 19,1–40,35[54] Rechnung trägt, aber noch etwas Weiteres hinzu[55]. Denn die priesterliche Sinaigeschichte erzählt die Erfüllung der Abraham in Gen 17,7 gegebenen Zusage JHWHs, Israels Gott sein zu wollen, und zwar als Offenbarung seiner »Herrlichkeit« (כְּבוֹד יְהוָה) auf dem Sinai (Ex 24,15b–18aα) bzw. auf dem Begegnungszelt (Ex 40,34f). Im Zentrum dieser Sinaigeschichte steht gemäß dem Programmtext Ex 29,*43–46 JHWHs Ankündigung an Mose, inmitten der Israeliten »wohnen« (שָׁכַן) zu wollen, die er diesem am 7. Tag nach der Ankunft Israels am Sinai gibt und die aufgrund des leitenden 6/7-Tage-Schemas den Bogen von der Sinai- zur Schöpfungsgeschichte und ihrem Motiv von der ›Heiligung des 7. Tages als Tag der Vollendung der Schöpfung‹ (Gen 2,2f P[g]) schlägt. So wird, wie diese Komposition deutlich machen will, Israel am Sinai das schöpfungstheologische Geheimnis des 7. Tages aufgedeckt, weil in der kultischen Präsenz des im Begegnungszelt einwohnenden Sinaigottes (Ex 24,*15–18 / Ex 40,34f) die Schöpfungsabsicht Gottes, Gemeinschaft mit den Menschen zu haben, für Israel konkret erfahrbare Wirklichkeit wird.

Da die Weltgeschichte nach der Priesterschrift ihr Zentrum im »Wohnen« des Schöpfergottes inmitten der Israeliten hat (vgl. Ex 25,8; 29,45f) und die – die Sinaiperspektive der Priestergrundschrift fortsetzenden – Riten von Lev 16 die anfängliche Heiligkeit des Heiligtums wiederherstellen sollen, tragen sie gemäß der konstitutiven *Relation von Tempel und Schöpfung* dazu bei, den »Prozeß der partiellen Restitution der ursprünglichen Schöpfungsordnung im Heiligtum und damit in der Wirklichkeit *dieser* Welt fortzusetzen«[56]. Im Heiligtum am Sinai hat die in der

---

54   Zur priesterlichen Sinaigeschichte und ihrer Leitperspektive »Gottesgegenwart« s. zuletzt A. *Ruwe*, »Heiligkeitsgesetz« und »Priesterschrift«. Literaturgeschichtliche und rechtssystematische Untersuchungen zu Leviticus 17,1–26,2 (FAT 26), Tübingen 1999, 40ff.45ff; E. *Zenger*, Levitikus (s. Anm. 33), 76ff; *ders.*, Das priester(schrift)liche Werk (»P«), in: *ders. u.a.*, Einleitung in das Alte Testament (KStTh 1,1), Stuttgart/Berlin/Köln ⁴2001, 157ff.161f und *Chr. Frevel*, Mit Blick auf das Land die Schöpfung erinnern. Zum Ende der Priestergrundschrift (HBS 23), Freiburg/Basel/Wien 2000, 82ff.181ff.382ff.
55 Zum Folgenden s. ausführlich B. *Janowski*, Tempel und Schöpfung. Schöpfungstheologische Aspekte der priesterschriftlichen Heiligtumskonzeption (1986), in: *ders.*, Gottes Gegenwart in Israel. Beiträge zur Theologie des Alten Testaments, Neukirchen-Vluyn ²2004, 214–246, hier 223ff, ferner die Hinweise bei *ders.*, Sühne als Heilsgeschehen (s. Anm. 35), 445f.
56   *Jürgens*, aaO 425.

Schöpfung grundgelegte Hinwendung Gottes zur Welt demnach als Gemeinschaft des Schöpfers mit seinem Geschöpf ihr Ziel erreicht – allerdings erst, wenn durch das rituelle Handeln, wie es im Buch Levitikus und besonders in Lev 16 beschrieben wird, »eine der ursprünglichen Schöpfungsordnung entsprechende Welt«[57], d.h. eine die kultischen und ethischen Zerklüftungen (heilig/profan, rein/unrein) überwindende und von Gottes Heiligkeit geprägte Gegenwelt zur Welt der Unreinheit und Verfehlung geschaffen wird. Diese von Heiligkeit geprägte Gegenwelt zur politischen, gesellschaftlichen und familiären Alltagswirklichkeit ist die Vision der priesterlichen Heiligtumstheologie für das nachexilische Israel.

2. Tempelfest-Konzepte im Psalter

Zwar ist der Psalter nicht, wie man früher gerne sagte, als das Gesangbuch des Zweiten Tempels entstanden. Aber viele der im Psalter überlieferten Psalmen sind von dem mit dem Jerusalemer Tempel verbundenen Symbolsystem imprägniert, sei es, weil sie (zumindest in ihrer Primärfassung) für die offizielle Tempelliturgie verfaßt worden waren[58], sei es, weil sie Tempelrituale oder Einzelmotive der Tempelsymbolik poetisch nachgestalteten[59], sei es, weil sie im Dienst einer Tempelfrömmigkeit waren, die eine »festliche« Begegnung mit dem Tempelgott fern vom Tempel ermöglichen sollte[60]. Die Polarität Alltag – Fest ist in diesen Psalmen konstitutiv, weil der Tempel als herausgehobener Ort der Präsenz JHWHs zum Erfahrungs- und Vermittlungsmedium göttlicher Transzendenz inmitten einer von Krieg, Chaos, Unheil und Tod bedrohten Welt wurde bzw. werden konnte. Der Tempel versprach Partizipation an der Wirkmächtigkeit des dort gegenwärtigen oder erscheinenden Gottes, sei es durch die Teilnahme an den großen Jahresfesten oder sei es beim »Familienfest« im Tempelareal.

---

57 *Ders.*, aaO 426.
58 Dies gilt für die Primärfassungen von Psalmen, die JHWHs Präsenz auf dem Zion und sein Königtum feiern, wie z.B. Ps 46; 47; 48 und 76 oder Ps 29; 93; 95; 98 und 100 oder auch für Primärfassungen von Psalmen, die mit dem Amt des Jerusalemer Königs in Verbindung stehen wie z.B. Ps 2; 18; 21; 45; 72; 89 und 110.
59 Vgl. z.B. die Aufnahme der sog. Tempeltorliturgie in Ps 15 und Ps 24 oder die poetische Nachgestaltung der kultischen Segenserteilung in Ps 67 und in der Kombination der beiden Psalmen 133 und 134.
60 Vgl. z.B. Ps 42/43; 63 und 91.

Die Tempelfest-Psalmen und die Tempelfrömmigkeits-Psalmen
bieten weder als Einzelpsalmen noch in ihrer Zusammenschau eine
umfassende Tempel- und Festtheologie. In der Regel werden jeweils einzelne Elemente und Aspekte evoziert, die auf das zugrundeliegende Symbolsystem Bezug nehmen, wobei dieses System
über die Jahrhunderte hinweg gewiß vielfältigen Veränderungen
unterworfen war. Gleichwohl lassen sich die Basiselemente unterschiedlicher mit dem Jerusalemer Tempel verbundenen Symbol-
welten erkennen, die zunächst kurz skizziert werden sollen, um
dann vor diesem Hintergrund die im Psalter mit dem Jerusalemer
Tempel verbundenen Festkonzepte konkretisieren zu können.
Dabei muß betont werden: Die beiden im folgenden skizzierten
Bildwelten lassen sich nicht klar gegeneinander abgrenzen, sondern überschneiden sich und sind in den Texten meist miteinander verbunden.

a) *Der Tempel als kosmische Mitte*
Im altorientalischen Weltbild haben Tempel eine Kosmos gründende und Kosmos erhaltende Funktion[61]. Der Haupttempel einer
Stadt oder einer Region ist für diese die kosmische Mitte, um die
sich in der Horizontalen die menschenbezogenen Wirklichkeits-
bereiche konzentrisch gruppierten und deren unterschiedliche Lebensmächtigkeit von ihrer relativen Nähe oder Ferne zum Tempel
abhing.
Der Tempel einer Stadt galt als Ort intensivster Ordnung und
Stabilität, insofern dort die das Chaos bekämpfende und bändi-
gende Gottheit gegenwärtig war. Bisweilen verband sich damit
die Vorstellung, daß der Tempel als Thronsitz Gottes auf dem
»Schöpfungsberg« steht, von dem aus der Schöpfergott die Welt
gründete und weiterhin als dort thronende »Berg-Gottheit« das
Leben verteidigt bzw. erneuert. Der Tempel galt so als Ursprungsort des Lebens und als Quellort allen Segens, was meist mit dem
mythischen Bild der dort entspringenden und die Erde als Lebensraum erhaltenden Wasserquellen zusammengefaßt wurde. Dieses
Symbolsystem läßt sich mit den zwei folgenden altorientalischen
Siegelbildern verdeutlichen.

---

61 Vgl. *B. Janowski,* Die heilige Wohnung des Höchsten. Kosmologische
Implikationen der Jerusalemer Tempeltheologie, in: *O. Keel / E. Zenger* (Hg.),
Gottesstadt und Gottesgarten. Zu Geschichte und Theologie des Jerusalemer
Tempels (QD 191), Freiburg / Basel / Wien 2002, 24–68; *ders.,* Der Himmel auf
Erden. Zur kosmologischen Bedeutung des Tempels in der Umwelt Israels, in:
ders. / B. Ego, Das biblische Weltbild und seine altorientalischen Kontexte
(FAT 32), Tübingen 2001, 229–260.

Abb. 2: Rollsiegel aus Mari (um 2200 v.Chr.)

Dieses akkadische Rollsiegel aus Mari (um 2200 v.Chr.)[62] zeigt den auf dem Götter- und Weltenberg thronenden Götterkönig. Er trägt die Hörnerkrone und das Zepter als Insignien seines Gottkönigtums. Am Fuß des Götterberges entspringen zwei Quellen, aus deren Flüssen zwei Göttinnen »wachsen«. Sie sind durch ihre Gestalt als Baumgöttinnen und durch ihre Attribute (die linke Göttin hält einen Baum, die rechte Göttin wohl ein Gefäß in den Händen) als Personifikationen der durch die Quellen ermöglichten Fruchtbarkeit ausgewiesen. Daß das Entspringen der Leben ermöglichenden Wasser ein höchst dramatischer Vorgang ist, der als durch göttliche Gestaltungskraft herbeigeführte Metamorphose der gefährlichen Chaoswasser in die Lebenswasser zu begreifen ist, wird auf dem Bild mehrfach unterstrichen: Die Quellen entspringen aus dem Mund von Schlangen; das sind die breit (auch im AT) belegten Symboltiere des Chaoswassers (vgl. z.B. Leviatan, Rahab usw.). Sie können freilich ihre zerstörerische Macht nicht entfalten, weil der Schöpfergott auf ihnen sitzt. Links im Bild ist noch einmal eine männliche Göttergestalt dargestellt, die ihren Fuß auf das Wasser setzt und es mit einer Lanze niederhält.

Abb. 3: Sumerische Siegelabrollung (3. Jt. v.Chr.)

62 Die Abbildung stammt aus O. *Keel,* Die Welt der altorientalischen Bildsymbolik und das Alte Testament, Göttingen [5]1996, 39, Abb. 42.

Auf dieser sumerischen Siegelabrollung (3. Jt. v.Chr.)[63] wird der
Fürst Gudea von Lagasch durch seinen persönlichen Schutzgott
zum Thron des Gottes Enki/Ea, dem Gott des Süßwasserozeans,
geleitet, der für die auf ihr aufruhende Erde die Fruchtbarkeit garantiert. Enki/Ea, dessen Thron durch Gefäße mit aus ihnen entspringenden Wasserquellen gebildet wird, hält in beiden Händen
Gefäße, aus denen ebenfalls Wasserquellen heraussprudeln. Aus
dem Gefäß in seiner rechten Hand wächst zusätzlich ein stilisierter
Lebensbaum. Der Schutzgott hält seine Linke unter dieses Was-
sergefäß, während er mit seiner Rechten den Gudea am Handge-
lenk so umfaßt, daß eine Verbindungslinie von Enki über den
Schutzgott zu Gudea entsteht. Das damit dargestellte Konzept ist
evident: Gudea erhält hier Anteil an der Wasser- und Lebensfülle
des Gottes Enki/Ea.

Innerhalb dieses Symbolsystems ist es einerseits wichtig, daß der
Gott in seinem Heiligtum »da« ist und von ihm aus segnend wirkt.
Und andererseits bedeutet es Förderung, ja Erfüllung des Lebens,
in die Nähe dieses das Leben schenkenden Gottes zu gelangen
oder gar in seiner Nähe zu leben.

Daß auch mit dem Jerusalemer Tempel und dem dort gefeierten
Kult diese kosmische bzw. schöpfungstheologische Symbolik verbunden war, wird sowohl an der Architektur und am Bildprogramm
des Tempels als auch an den Formen der Kultgeräte sichtbar[64]. Die
Innenwände und die Torflügel des Tempelhauses waren mit Pal-
men- und Blumenkelchdarstellungen und mit Keruben an Lebens-
bäumen gestaltet, bildeten also eine geradezu paradiesische Land-
schaft üppigen Lebens und symbolisierten so die Lebensmacht des
im Tempel auf dem Kerubenthron unsichtbar thronenden JHWH
(vgl. 1Kön 6). Die beiden Säulen Jachin und Boas (vgl. 1Kön 7,
15–22) evozierten durch ihre lotusförmigen und mit bronzenen
Granatäpfeln behängten Kapitelle ebenfalls die am Tempel gegenwärtige und von ihm ausgehende lebensspendende Schöpfermacht
JHWHs. Das »Eherne Meer«, das im Tempelhof stand, war ein als
Lotusblüte stilisiertes großes Bronzebecken, das auf dem Rücken

---

63 Die Abbildung stammt aus *L. Delaporte*, Catalogue des cylindres orientaux, Paris 1920, Tafel 108.

64 Vgl. *O. Keel / Chr. Uehlinger*, Göttinnen, Götter und Gottessymbole. Neue
Erkenntnisse zur Religionsgeschichte Kanaans und Israels aufgrund bislang
unerschlossener ikonographischer Quellen (QD 134), Freiburg / Basel / Wien
⁴1998, 189–198; *M. Metzger*, Keruben und Palmetten als Dekoration im Jerusalemer Heiligtum und Jahwe, »der Nahrung gibt allem Fleisch«, in: Zion – Ort
der Begegnung (FS L. Klein), hg. von *F. Hahn u.a.* (BBB 90), Bodenheim 1993,
503–529; *H. Weippert*, Die Kesselwagen Salomos, ZDPV 108 (1992) 8–41;
W. Zwickel, Der salomonische Tempel, Mainz 1999, 83–92.113–133.

von zwölf Rinder- bzw. Stierfiguren aufruhte. Es stellte die gebändigten Wasser des chaotischen Urmeeres dar und zeigte so JHWHs Leben schaffende Mächtigkeit an. Nach dem Zeugnis von Flavius Josephus und dem Mischnatraktat Middot war über dem Eingang des herodianischen Tempelgebäudes ein monumentaler goldener Weinstock mit riesigen Weintrauben angebracht und symbolisierte nicht nur Israel als den Weinstock JHWHs (vgl. Ps 80), sondern mehr noch den Segen JHWHs, den Israel sehr konkret als Erhaltung und Förderung des Lebens und als Gabe von Lebensfreude verstand, wie dies plastisch in Dtn 7,13–15 formuliert ist:

JHWH wird dich lieben und dich segnen und mehren; er wird segnen die Frucht deines Leibes und die Frucht deines Landes, dein Korn, deinen Wein und dein Öl, den Wurf deiner Kühe und das Gedeihen deiner Schafe, in dem Land, von dem er deinen Vätern geschworen hat, daß er es dir geben wolle. Gesegnet wirst du sein vor allen Völkern. Niemand unter euch, weder Mann noch Frau, wird unfruchtbar sein, auch euer Vieh nicht. JHWH wird alle Krankheit von dir nehmen und keine von den bösen Seuchen der Ägypter, die du kennst, wird er dir auferlegen ...

Das also ist der »Segen«, den die Tempeltheologie von dem im Tempel »wohnenden« JHWH erhofft: Gesundheit an Leib und Seele, gute Ernten, reichen Viehbestand, viele und gesunde Kinder. Nimmt man andere Texte hinzu, läßt sich zusammenfassen: Gesegnet sind die, die all das erhalten, was sie zum Leben brauchen, was ihr Leben liebenswert macht, was ihr Leben zustimmungsfähig macht – und die dies als Geschenk des sie segnenden Gottes erkennen und anerkennen.

Dieses »Segenskonzept« spiegelt sich auch im Sprachgebrauch der Hebräischen Bibel wider. Anders als die lateinische Sprachtradition, die mit »benedicere« bzw. »benedictio« das Segens*wort* in die Mitte rückt und so Segen als Wortgeschehen versteht, denkt das Hebräische bei »Segen« (בְּרָכָה) zuallererst an die *Heilsgüter* und die *Heilskraft*, die aus Güte und ohne Vorbedingungen verschenkt werden[65].

b) *Der Tempel als Thronsaal des Gottkönigs*
Wie auch die Terminologie anzeigt, wurde das Jerusalemer Tempelgebäude als »Thronsaal« JHWHs verstanden, der von dort aus seine königlichen Amtsgeschäfte führt, dort seine Beschlüsse faßt sowie seine Gesetze erläßt und dort vor allem zur Audienz empfängt. Von diesem »Thronsaal« aus »erscheint« er, und von hier

---

65 Vgl. *O. Keel / S. Schroer*, Schöpfung. Biblische Theologien im Kontext altorientalischer Religionen, Göttingen / Fribourg 2002, 92–99.

aus nimmt er die Huldigung nicht nur seiner Diener und seiner Untertanen entgegen, sondern auch die der Vertreter der Weltvölker. Sprachlich wird dieses Tempelkonzept daran sichtbar, daß »Haus JHWHs« (בֵּית יְהוָה) in der Regel den gesamten Heiligtumsbezirk bezeichnet, also das Hofareal mit den verschiedenen Gebäuden *und* das Tempelgebäude im eigentlichen Sinn, während das Tempelgebäude selbst meist *Hekal* (הֵיכָל = »Königspalast«) hieß, womit entweder als *pars pro toto* das gesamte (dreiteilige) Tempelgebäude gemeint war oder speziell der Hauptraum des Tempelgebäudes, an dessen dem Eingang gegenüberliegender Seite der eigentliche Thronbereich JHWHs war[66]. Im Ersten Tempel war dieser als kubusförmiger Holzeinbau gestaltet, in dem sich der leere Kerubenthron befand, im Zweiten Tempel war die Thronsphäre ein durch einen Vorhang abgegrenzter (leerer) Raum. Diese Thronsphäre hieß *Debir* (דְּבִיר) und war im engen Sinn der Ort der königlichen Gottespräsenz. Das Betreten dieses göttlichen Königspalastes war nur den Priestern möglich; das Betreten des Debir war in nachexilischer Zeit, so scheint es, sogar nur dem Hohenpriester am Versöhnungstag erlaubt. Gleichwohl verstand man das Betreten des Heiligtumsbezirks und den Aufenthalt in den Höfen vor dem Tempelgebäude als Audienz bei JHWH und als Schauen »seines Angesichts«, wie z.B. Ps 5,3.8 erkennen läßt:

3 Nimm wahr die Stimme meines Schreis,
   mein König und mein Gott,
   denn zu dir flehe ich ...
8 Ich aber, in deiner großen Güte
   darf ich dein Haus betreten,
   ich will mich niederwerfen hin zu deinem heiligen Thronsaal
   in Ehrfurcht vor dir.

Der Psalm macht einen deutlichen terminologischen Unterschied: Der Beter darf den Heiligtumsbezirk, d.h. das Tempelareal bzw. die Tempelhöfe, betreten, wo er die Zuwendung des in seinem »Thronsaal« gegenwärtigen JHWH sucht, vor dem er sich – gemäß dem Audienzzeremoniell – niederwirft, freilich nicht im Thronsaal selbst, sondern »hin zu« diesem, d.h. in Richtung auf ihn. Noch präziser beschreibt Ps 28,2 die vorgestellte Szenerie des im Tempelgebäude thronenden JHWH, der von dort aus den um Audienz bittenden Beter hören soll:

---

66   Vgl. *F. Hartenstein*, Die Unzugänglichkeit Gottes im Heiligtum. Jesaja 6 und der Wohnort JHWHs in der Jerusalemer Kulttradition (WMANT 75), Neukirchen-Vluyn 1997, 56–63; *ders.*, Das »Angesicht JHWHs«. Studien zu seinem höfischen und kultischen Bedeutungshintergrund in den Psalmen und in Exodus 32–34, Habil. masch. Marburg 2000, 141–143 (erscheint 2004 in FAT).

Höre die Stimme meines Gnadengesuchs, da ich zu dir schreie,
da ich meine Hände erhebe zu deinem heiligen Debir.

Daß hier das Symbolsystem der Königsaudienz im Hintergrund
steht, läßt sich durch entsprechende alttestamentliche Schilderungen von Königsaudienzen erhärten (vgl. z.B. die Audienz der Frau
aus Tekoa und des Joab bei König David: 2Sam 14,4–24; die Audienz der Ester bei König Ahaschwerosch: Est 5,1–3; die Audienz
der Judit bei Holofernes: Jdt 10,20–11,4), aber auch durch die
altorientalische Ikonographie, die sowohl das Konzept der Königsaudienz als auch das der Audienz bei einer Königsgottheit bezeugt. Aus dem reichen Material, das F. Hartenstein zusammengestellt hat[67], wähle ich im Hinblick auf unsere Frage nach den
»Tempelfest-Konzepten« zwei Bildzeugnisse aus.
Aus dem zeit- und theologiegeschichtlichen Kontext der Psalmengruppe Ps 93–100, die wir anschließend exemplarisch betrachten
wollen, stammt der Ausschnitt der folgenden Audienzdarstellung,
die sich ursprünglich auf dem monumentalen Treppenaufgang der
Audienzhalle von Persepolis befand.

Abb. 4: Treppenaufgänge des Appadāna (6./5. Jh. v.Chr.)

Das Zentrum des Reliefs[68] zeigt den unter einem Baldachin thronenden Perserkönig Xerxes und hinter ihm den Kronprinzen Da-
rius. Auf dieses Zentrum bewegen sich von den beiden Seiten

67 *Ders.*, Das »Angesicht JHWHs« (s. Anm. 66).
68 Die Abbildung stammt aus *Hartenstein*, aaO, Taf. 38.1b, vgl. auch *K. Koch,*
Weltordnung und Reichsidee im alten Iran und ihre Auswirkungen auf die Provinz Jehud, in: *P. Frei / K. Koch*, Reichsidee und Reichsorganisation im Perserreich (OBO 55), Fribourg / Göttingen ²1996, 160–164.

prozessionsartig die Repräsentanten des Reiches zu. Von links kommen persische und medische Soldaten und Fürsten, von rechts kommen die Vertreter der zum Perserreich gehörenden Völkerschaften mit ihren Huldigungsgaben. Diese Audienzszene beschwört mit ihrer kompositionellen Harmonie nicht nur die universale Weltordnung des Perserreichs, die sich in der rituellen Königshuldigung gewissermaßen revitalisiert, sondern sie imaginiert die Königshuldigung als Partizipation an der vom König gewährleisteten Fülle der Macht und des Reichtums.

Neben der Völkeraudienz beim Großkönig als ritueller Inszenierung von Weltherrschaft gibt es auch die Audienz von Einzelgestalten, meist von Königen, bei Göttern, die dabei in ihrer Thronsphäre und somit als Königsgötter dargestellt werden. Auch diese Vorstellung soll mit einem Bildzeugnis dokumentiert werden, das aus dem kulturellen Umfeld der entsprechenden Psalmenbelege stammt.

Abb. 5: Phönizische Stele (5. Jh. v.Chr.)

Diese phönizische Stele (5. Jh. v.Chr.)[69] zeigt eine in einem Tempelschrein unter einem Flügelsonnen-Fries auf einem Sphingenthron sitzende Gottheit, die einer vor ihr stehenden Gestalt eine Audienz gewährt. Mit ihrer Linken hält die Gottheit ein Zepter mit lanzettförmiger Spitze, ihre erhobene Rechte symbolisiert den dem Bittsteller/Adoranten in der Audienz gewährten Segen und Schutz.

69 Die Abbildung stammt aus *Hartenstein*, aaO, Taf. 8,2.

Daß Israel und die Völker der Welt zu dem im Tempel von Jerusalem residierenden Weltkönig JHWH ziehen, um ihm feierlich zu huldigen, um dort an seiner Segensfülle zu partizipieren und um sich seinen Rechtsentscheiden zu unterwerfen, ist eine alttestamentlich gut bezeugte Vorstellung. Ebenso setzen die einzelnen Israeliten, nicht zuletzt angesichts des Versagens der Institutionen, leidenschaftlich und beharrlich darauf, in ihren Bedrängnissen und Rechtsstreitigkeiten »das Angesicht JHWHs« sehen zu können, um von ihrem König JHWH Recht, Schutz und Segen zu erlangen. Beide Perspektiven wurzeln letztlich in der Überzeugung, daß der im Tempel gegenwärtige JHWH die vielfältigen Formen des alltäglichen Chaos bekämpft – und gerade deshalb im Fest gefeiert wird.

c) *Die Jerusalemer Tempelfeste als Feier der Epiphanie des Weltkönigs JHWH*
Die Differenz Alltag – Fest gibt es in Israel auch auf der Ebene der offiziellen Tempelliturgie. In dieser gibt es zum einen das tägliche Tempelritual, das ohne Teilnahme des Volkes stattfindet und in seinem sich täglich wiederholenden Ablauf festgelegt ist. Daneben gibt es die öffentlichen sakralen Feste, die nicht nur ihren spezifischen, vom täglichen Tempelritual abweichenden Ablauf haben, sondern vor allem durch die aktive Mitwirkung der Festgemeinschaft bestimmt sind[70]. Für die sakralen Feste ist die für Spontaneität und Begeisterung offene Mitwirkung des Volkes konstitutiv. Die kommunitären Feste haben ihre primäre Erlebniswelt in den Höfen des Jerusalemer Tempels, aber sie entfalten ihre Festdynamik auch in der Stadt Jerusalem, so daß sich diese in solchen Festzeiten sehr real als »Gottesstadt« erfährt. Die Tempelfeste feiern einerseits die als gegenwärtig erfahrbare Epiphanie des Zionsgottes JHWH inmitten seines Volkes. Andererseits sind sie eine Beschwörung der Urzeit als des die Geschichte bestimmenden »Anfangs« und eine rituelle Prolepse der Vollendung dieser Geschichte. Kurz: Diese Tempelfeste sind eine kommunitäre Bejahung der von JHWH festgelegten Rolle Israels, und als solche sind sie ein unverzichtbares Element im Ablauf der Weltgeschichte. Das kommt in der Gestalt der Tempelfeste selbst, aber auch in den solche Tempelfeste widerspiegelnden Texten zum Ausdruck. Dies soll im folgenden an den JHWH-König-Psalmen Ps 93–100 gezeigt werden.

---

70 Vgl. zu dieser Unterscheidung J. *Assmann*, Das ägyptische Prozessionsfest, in: *ders.* (Hg.), Das Fest (s. Anm. 1), 105–111; A. *Berlejung*, Geheimnis und Ereignis. Zur Funktion und Aufgabe der Kultbilder in Mesopotamien, JBTh 13 (1999) 113–137; *Hartenstein*, aaO 43–45.

Die JHWH-König-Psalmen 93–100 sind in der Forschung als Psalmengruppe mit spezifischem Profil anerkannt[71]. Es gibt gute Gründe für die Annahme, daß dieser (literarischen) Komposition eine fünfteilige »Tempelkantate« zugrunde liegt, die die Psalmen 93*; 95*; 96*; 98 und 100 umfaßte und bei dem im Herbst bzw. zur Jahreswende gefeierten Fest des Königtums JHWHs »aufgeführt« wurde[72]. Als »Festpsalmen« huldigen sie JHWH als dem in seinem Tempel gegenwärtigen König des Kosmos und beschwören ihn, diese im Fest gefeierte Königsherrschaft endlich volle Wirklichkeit werden zu lassen. Zugleich aber konstituiert sich die diese Psalmen singende Festgemeinschaft als »Volk« eben dieses Königs JHWH, dessen Königsherrschaft über Israel als Epiphanie seines Weltkönigtums proklamiert und als solche durch die Festgemeinschaft rituell inszeniert wird. Wir wollen dies durch eine kurze Kommentierung der Psalmen dieser Tempelkantate erläutern, um die darin implizierte Festtheologie zu erfassen.

Ps 93[73] ist ein Hymnus auf den Weltkönig JHWH, der in Ausübung seines vor Anfang der Welt bereits gegebenen Königtums das Chaos, das die Welt immer wieder bedroht, bändigt und so der Welt Festigkeit und Leben gibt. Der Ort, von dem aus JHWH diese chaosbekämpfende und lebenspendende Wirkmacht entfaltet, ist der Jerusalemer Tempel:

Proklamation des kosmischen Königtums JHWHs
1 JHWH ist König geworden.
   Mit Hoheit ist er bekleidet.
   Bekleidet ist JHWH.
   Mit Macht hat er sich umgürtet.
   Ja, fest gegründet ist der Erdkreis.
   Nicht gerät er ins Wanken.

71 Vgl. dazu die entsprechenden Beobachtungen bei *E. Zenger*, Theophanien des Königsgottes JHWH. Transformationen von Psalm 29 im Psalter, in: *ders.* (Hg.), Ritual und Poesie. Formen und Orte religiöser Dichtung im Alten Orient, im Judentum und im Christentum (HBS 36), Freiburg / Basel / Wien 2003, 163–190, hier 174f.
72 Vgl. die Begründungen zu dieser Hypothese bei *Zenger*, Theophanien (s. Anm. 71), 175–186.
73 Zum im einzelnen divergierenden Verständnis von Ps 93 vgl. besonders *J. Jeremias*, Das Königtum Gottes in den Psalmen. Israels Begegnung mit dem kanaanäischen Mythos in den Jahwe-König-Psalmen (FRLANT 141), Göttingen 1987, 15–29; *E. Otto*, Mythos und Geschichte im Alten Testament. Zur Diskussion einer neuen Arbeit von Jörg Jeremias, BN 42 (1988) 93–102; *B. Janowski*, Das Königtum Gottes in den Psalmen. Bemerkungen zu einem neuen Gesamtentwurf, in: *ders.*, Gottes Gegenwart in Israel (s. Anm. 55), 148–213; *K. Löning / E. Zenger*, Als Anfang schuf Gott. Biblische Schöpfungstheologien, Düsseldorf 1997, 49–52; *R.G. Kratz*, Der Mythos vom Königtum Gottes in Kanaan und Israel, ZThK 100 (2003) 147–162.

2   Fest gegründet ist dein Thron von Anbeginn.
    Von fernster Zeit her bist du.

Wirksamkeit des Königtums JHWHs
3   Erhoben haben Ströme, JHWH,
    erhoben haben Ströme ihr Brausen,
    immerzu erheben Ströme ihr Tosen.
4   Mehr als das Brausen mächtiger Wasser,
    gewaltiger als die Brecher des Meeres,
    gewaltig in der Höhe ist JHWH.

Der Tempel als Ort der Gottespräsenz
5 * Deinem Haus gebührt Heiligkeit,
    JHWH, für die Länge der Tage.[74]

Das theologische Programm dieses Psalms kommt zunächst im Kontrast der beiden Teile V. 1–2 und V. 3–4 zum Ausdruck. Dem in V. 3–4 geschilderten Tosen des Chaos, das den Kosmos bedroht, steht in V. 1–2 das hymnisch gestaltete Bild von JHWH als dem seit Ur-Beginn auf seinem Thron sitzenden und regierenden Weltkönig entgegen, der so immer schon und immer noch das Chaos besiegt hat und besiegt. Hier liegt eine spezifische Ausprägung des altorientalisch vielfach belegten Zusammenhangs zwischen Sieg über das Chaos und göttlichem Königtum vor. Doch anders als z.b. beim Wettergott Baal, der König *wird*, weil er den Chaoswasserdrachen Jammu besiegt hat, dreht Ps 93 den Zusammenhang um: JHWHs Königtum ist nicht die *Folge*, sondern die *Voraussetzung* seines »ur-anfänglichen« (vgl. V. 3a.b) und »andauernden« (vgl. V. 3c) siegreichen Kampfes mit dem Chaos. Der Psalm feiert nicht die Thronbesteigung JHWHs bzw. den Antritt seiner Königsherrschaft, sondern deren Wirkmächtigkeit *in Beziehung* auf das die Erde bedrohende Chaos. Symbole dieser Königsherrschaft sind – ganz im Horizont der oben in a) und b) beschriebenen Bildkonstellation – JHWHs Königsthron und sein Thronsaal, die als mythisches Zentrum des Kosmos diesem Festigkeit geben. Der Psalm setzt diesen Königsthron nicht in den Himmel, sondern in den Jerusalemer Tempel. Dabei dürften aber wie in Jes 6[75] der Thron und der Tempel »nur« als sichtbarer Vordergrund je-

---

74   Meist wird mit guten Gründen der ganze V. 5 als spätere Erweiterung von Ps 93 beurteilt; vgl. die Begründung bei *F.-L. Hossfeld / E. Zenger*, Psalmen 51–100 (HThK.AT), Freiburg / Basel / Wien ²2001, 645f; es erscheint mir aber auch denkbar, daß nur V. 5aβ sekundär ist, so daß die hier abgedruckte Primärfassung anzunehmen wäre.
75   Vgl. zu dieser Interpretation von Jes 6 *Hartenstein*, Die Unzugänglichkeit Gottes (s. Anm. 66), 41–56; *B. Janowski*, Die heilige Wohnung (s. Anm. 61), 32–38.

ner hintergründigen Präsenz JHWHs dienen, in der JHWHs »eigentlicher« Thron die kosmische Achse zwischen Erde und Himmel bildet. Die im Jerusalemer Tempel gefeierten Feste für diesen Weltkönig JHWH haben dann eine zweifache Funktion, was in V. 5 wenigstens ansatzhaft angedeutet und in den anschließenden JHWH-König-Psalmen weiter entfaltet wird: (1) Die Feste feiern die sich am Tempel offenbarende »Heiligkeit« des Weltkönigs JHWH. Sie sind der diesem König zukommende Jubel und Dank für seine machtvolle Gegenwart. (2) Durch die Versammlung in den Palasthöfen des Königs JHWH partizipieren die Festteilnehmer an der mythischen Aura dieser Gottesnähe.

Beide Aspekte werden in den Psalmen der »Tempelkantate« Ps 93*; 95*; 96; 98 und 100 »durchgespielt«. Das soll durch einen kurzen Blick auf die Psalmen 95; 96 und 98 sowie durch eine kurze Interpretation des Schlußpsalms der Kantate, Ps 100, verdeutlicht werden[76].

Zur ursprünglichen Tempelkantate gehörte in Ps 95 nur dessen erster Teil V. 1–7[77]. In ihm fordert Israel sich selbst zum Königsjubel im Jerusalemer Tempel auf. Der Psalm kombiniert dabei ausdrücklich JHWHs Weltkönigtum mit seinem Königtum über Israel.

Aufforderung zur Huldigung vor JHWH als dem König des Kosmos
1   Kommt, laßt uns JHWH zujubeln,
      zujauchzen dem Fels unseres Heiles,
2   laßt uns treten hin vor sein Angesicht mit Dank,
      mit Gesängen laßt uns ihm zujauchzen,
3   denn ein großer El ist JHWH
      und ein großer König über allen Göttern,
4   in dessen Hand die Tiefen der Erde sind
      und dem die Spitzen der Berge gehören,
5   dem das Meer gehört, das er gemacht hat,
      und das trockene Land, das seine Hände gebildet haben.

Aufforderung zur Huldigung vor JHWH als dem König Israels
6   Geht hinein, laßt uns uns niederwerfen, laßt uns beugen,
      laßt uns niederknien vor dem Angesicht JHWHs, unseres Schöpfers,
7   denn er ist unser Gott und wir sind das Volk seiner Weide
      und die Schafe seiner Hand.

Der Psalm spiegelt die Abfolge einer Massenaudienz vor dem Großkönig JHWH wider: Betreten des Innenhofs der Königsresi-

---

76   Vgl. zur näheren Begründung dieser These *Zenger*, Theophanien (s. Anm. 71), 175–186.
77   Argumente für diese literarkritische Option (abweichend von der in *Hossfeld / Zenger*, Psalmen 51–100 [s. Anm. 74] vertretenen These der Einheitlichkeit von Ps 95) finden sich bei *Zenger*, Theophanien (s. Anm. 71), 180.

denz mit Liedern und Hochrufen sowie Proskynese und Huldigung vor dem seinem Volk »erscheinenden« König (sowohl V. 2 als auch V. 6 reden ausdrücklich vom »Angesicht« JHWHs). Der Gestus der Proskynese darf dabei nicht als Ausdruck von sklavischer Unterwerfung mißverstanden werden, sondern signalisiert vor dem Hintergrund des Audienzkonzepts das Privileg und die Freude, an der Audienz dieses einzigartigen Königs teilnehmen zu dürfen[78] – und dabei »leibhaftig« die Wirkmächtigkeit dieses Königs zu erleben.

Daß solche »Königsfeste« im Jerusalemer Tempel sowohl die Mächtigkeit dieses Königs »revitalisieren« können und zugleich der Inganghaltung der Schöpfung dienen, zeigen die nächsten beiden Psalmen der Tempelkantate, Ps 96 und Ps 98. Beide Psalmen bieten die gleiche dreiteilige Aufforderung zur Königshuldigung mit jeweils sich ausweitendem Adressatenkreis: Israel (Ps 96,2–6; Ps 98,1–5), Weltvölker (Ps 96,7–10; 98,4–6), der ganze Kosmos (96,11–13; 98,7–9). Die Psalmen haben auffallend viele bis in den Wortlaut hineinreichende Gemeinsamkeiten; dadurch erhalten die Differenzen ein um so stärkeres Gewicht. Drei Aspekte der Festtheologie der beiden Psalmen sollen hervorgehoben werden.

(1) Wie die zweite Strophe von Ps 96 zeigt, ist die Huldigung vor dem Weltkönig mit der Überbringung von Gaben verbunden:

7 Bringt dar für JHWH, ihr Sippen der Völker,
 bringt dar für JHWH Herrlichkeit und Macht,
8 bringt dar für JHWH die Herrlichkeit seines Namens,
 nehmt Gaben und geht hinein in seine Höfe,
9 werft euch nieder vor JHWH in heiliger Pracht,
 erbebt vor seinem Angesicht, du ganze Erde!

Ps 96,7–9 nimmt unzweifelhaft die in Ps 29,1–2 gestaltete Szenerie der Huldigung der mythischen Göttersöhne vor dem auf seinem Thron sitzenden und von dort aus das Chaos bekämpfenden König JHWH auf und überträgt sie auf die »Sippen der Völker«[79]. Sie sollen im Jerusalemer Tempel nicht nur ihre Huldi-

---

78 Vgl. *O. Keel / Chr. Uehlinger*, Der Assyrerkönig Salmanassar III. und Jehu von Israel auf dem schwarzen Obelisken aus Nimrud, ZKTh 116 (1994) 391–420, hier 414: »Das Niederfallen bzw. Sich-Niederwerfen stellt nicht in erster Linie eine Demütigung der Betroffenen dar, sondern ist – aus der Perspektive der assyrischen Herrschaftsideologie gedacht – im Gegenteil Ausdruck besonderer Nähe zum Großkönig, ja geradezu Ausdruck eines Privilegs.«
79 Vgl. dazu bereits das Fazit des Vergleichs von Ps 96 mit Ps 29 bei *Jeremias*, Königtum (s. Anm. 73), 125: »... ergibt sich zwingend der Schluß, daß nicht nur die Verse 7–9 mit ihren häufig beobachteten Zusätzen und Verände-

gungsgaben bzw. Tributablieferungen (vgl. die oben skizzierte Darstellung aus Persepolis) darbringen, sondern zugleich »Herrlichkeit und Macht« (עֹז וְכָבוֹד). Das sind aber in Ps 29 zunächst genau die Nomina, die die von JHWH ausgehende Wirkmächtigkeit (seine Ausstrahlung und seine kämpferische Macht) bezeichnen[80]. Wenn die Völker aufgerufen werden, beim Tempelfest JHWH »Herrlichkeit und Macht« darzubringen, kommt der für altorientalisch-ägyptisches Denken typische Kultkreislauf zum Ausdruck, daß der schenkenden Gottheit ihre Gabe zurückgegeben und so ihre Mächtigkeit »revitalisiert« wird[81].

(2) Beide Psalmen sprechen jeweils in ihrer dritten Strophe dem Festjubel vor JHWH eine den Kosmos verwandelnde Kraft zu. In Ps 96,11–13 wird dies so formuliert:

11 Es freue sich der Himmel und es jauchze die Erde,
    es brause das Meer und seine Fülle,
12 es soll fröhlich sein das Feld und alles, was auf ihm ist,
    es sollen jubeln alle Bäume des Waldes
13 vor dem Angesicht JHWHs ...

Hier gibt es keine Spur von kosmischer Bedrohung. Der Kosmos ist ein wohlgeordnetes »Lebenshaus«, das dem Weltkönig JHWH ausdrücklich die begeisterte Zustimmung gibt, »*seine*« Welt zu sein. Selbst das donnernde Meer (vgl. Ps 93,3–4) bricht nun in Applaus aus, die Bäume tanzen vor Begeisterung und die Blumen haben gewissermaßen ihre Festkleider angezogen – »vor dem Angesicht JHWHs«.

(3) Die beiden Psalmen nennen explizit einen besonderen Anlaß für dieses gigantische Königsfest. Der Anlaß klingt am Ende von Ps 96 nur kurz an und wird dann in Ps 98,1–3 breiter besungen:

1 Singt JHWH ein neues Lied,
    denn Wundertaten hat er gewirkt,
    geholfen hat ihm seine Rechte
    und sein heiliger Arm.
2 JHWH hat kundgetan sein Heil,
    vor den Augen der Nationen hat er geoffenbart seine Gerechtigkeit,

---

rungen gegenüber Ps 29,1f., sondern _Ps 96,1–9 im ganzen eine ›moderne‹ Exegese von Ps 29,1f._ sein will.« Zu einem detaillierteren Vergleich von Ps 96 mit Ps 29 vgl. _Zenger_, Theophanien (s. Anm. 71), 183–185.
80 Zu Analyse und Interpretation von Ps 29 vgl. E. _Zenger_, Psalm 29 als hymnische Konstituierung einer Gegenwelt, in: Textarbeit. Studien zu Texten und ihrer Rezeption aus dem Alten Testament und der Umwelt Israels (FS P. Weimar), hg. von _K. Kiesow / Th. Meurer_ (AOAT 294), Münster 2003, 569–583.
81 Vgl. _H.-P. Müller_, »JHWH gebe seinem Volke Kraft.« Zum Hintergrund der alttestamentlichen Geschichtsreligion, ZThK 98 (2001) 266–268.

3   er hat gedacht seiner Güte und seiner Treue
    zum Haus Israel.
    Gesehen haben alle Enden der Erde
    das Heil unseres Gottes.

Hier wird die Heilsverkündigung Deuterojesajas aufgenommen und als erfüllt präsentiert[82]. Das geschichtliche Ereignis der Wiederherstellung Israels wird als Offenbarung »der Gerechtigkeit« des Weltkönigs JHWH gefeiert und dann in V. 9 als Beginn der großen universalen Versöhnung gedeutet, wenn wie in Ps 96,11–13 (s.o.) der Kosmos zum Jubel aufgefordert wird

9   vor dem Angesicht JHWHs, denn er ist gekommen[83],
    um zu richten die Erde:
    Er wird richten den Erdkreis in Gerechtigkeit
    und die Völker in Geradheit.

Das JHWH-König-Fest feiert die Epiphanie des die Weltordnung »in Geradheit« durchsetzenden Gottes, und die Festgemeinschaft ist die kultische Prolepse dieses Geschehens, dessen Vollendung dann Ps 100, der letzte Psalm der Tempelkantate, besingt. Zwar fehlen in Ps 100 die יְהוָה מָלַךְ-Formel und eine explizite Königstitulatur für JHWH, doch ist die Sprache bzw. Motivik von Ps 100 so stark königstheologisch geprägt[84], daß er sich schon von daher als Psalm über JHWHs Königtum ausweist. Daß Ps 100 als Höhepunkt und Abschluß der Tempelkantate Ps 93*; 95*; 96; 98 und 100 konzipiert ist, ergibt sich nicht zuletzt daraus, daß er fast vollständig aus Zitaten der vorangehenden JHWH-König-Psalmen besteht. Gattungsmäßig folgt er dem Schema des imperativischen Hymnus:

---

82   Ps 98,1c.d: vgl. Jes 41,10; 52,10. Ps 98,2: vgl. Jes 46,16; 51,5. Ps 98,3: vgl. Jes 52,10. Zu Recht stellt *Jeremias*, Königtum (s. Anm. 73), 134 fest: »Die Folgerung erscheint mir unabweisbar, daß Ps 98 die Ankündigung DtJes's ... als eingetretenes Faktum preist und aufgrund dessen zum ›neuen Lied‹ aufruft.« Das umgekehrte Abhängigkeitsverhältnis, das von H. Leene vertreten wird (vgl. *H. Leene*, Psalm 98 and Deutero-Isaiah: Linguistic Analogies and Literary Affinity, in: *R.F. Poswick* [éd.], Actes du quatrième Colloque International Bible et Informatique, Paris 1995, 313–340), erscheint mir weniger plausibel.
83   Die Suffixkonjugation בָּא in Ps 98,9 (= Ps 96,13 [2mal!]) bezeichnet einen individuellen Sachverhalt der Vergangenheit und muß wie oben übersetzt werden: »er ist gekommen« (gegen die meist übliche Übersetzung: »denn er kommt«). Die Aussage bezieht sich also auf ein einmaliges, bestimmtes Ereignis, das auf der Weltbühne stattgefunden hat und deshalb vom Kosmos bejubelt werden kann bzw. soll.
84   V. 1: Königsjubel; V. 2.4 »hineingehen vor sein Angesicht« bzw. »hineingehen in seine Höfe«: Königsaudienz im Palastbezirk = Tempelareal.

Aufforderung an die Völker zur Königshuldigung gemeinsam mit Israel
1   Jauchzet JHWH zu, du ganze Erde,
2   dienet JHWH mit Freude,
         geht hinein vor sein Angesicht mit Jubel!
3   Erkennet: Ja, JHWH – nur er – ist Gott.
      Er ist's, der uns gemacht hat, und ihm gehören wir,
      wir sind sein Volk und Schafe seiner Weide.
4   Geht hinein durch seine Tore mit Dank,
      in seine Höfe mit Lobpreis,
      lobt ihn, preist seinen Namen!

Begründung / Ausführung der Königshuldigung
5   Ja, JHWH ist gut,
      auf ewig währet seine Güte,
      und von Geschlecht zu Geschlecht seine Treue.

Die mit drei Dreizeilern in V. 1–4 konzentrisch gestaltete Einladung an die ganze Erde, gemeinsam mit Israel in einer grandiosen
Audienz das definitive Anbrechen der universalen Königsherrschaft JHWHs zu feiern, lädt zur Königshuldigung ein (V. 1–2),
ruft die Völker zur Anerkenntnis der Tatsache auf, daß der Gott
Israels – er allein – auch ihr Schöpfer ist und daß sie deshalb zu
ihm in einer – freilich schöpfungstheologisch begründeten – Bun-
desbeziehung stehen (V. 3)[85], und lädt alle Erdenbewohner aber-
mals dazu ein, wie die Israeliten bzw. mit ihnen zusammen die
Tore der Mauern um den Tempelbezirk zu durchschreiten und in
den Tempelhöfen die Lob- und Danklieder für JHWH mitzusin-
gen (V. 4). Das Thema der JHWH-König-Lieder ist seine königliche Güte und Treue – gemäß jener »Selbstdefinition«, die er Mose bei dessen Audienz auf dem Berg Sinai gegeben hat (vgl. Ex
34,5–8)[86].

d) *Tempelfrömmigkeit im Psalter*
Während in vorexilischer Zeit der Jerusalemer Tempel für die einzelnen Israelitinnen und Israeliten nur bzw. primär bei den großen
Festen als Ort der Präsenz JHWHs erfahrbar war, dürfte in nachexilischer Zeit der Tempel auch für die familiären Feste und für die
private Frömmigkeit eine größere Bedeutung erhalten haben, zumal es nun keine regionalen oder lokalen Heiligtümer mehr gab.

85   Vgl. dazu *Hossfeld/Zenger*, Psalmen 51–100 (s. Anm. 74), 710f sowie *Chr.
Macholz*, Psalm 100 – Israels Toda-Feier mit den Völkern, in: Prophetie und
Psalmen (FS K. Seybold), hg. von *B. Huwyler u.a.* (AOAT 280), Münster 2001,
143–162.
86   Vgl. dazu vor allem *R. Scoralick*, Gottes Güte und Gottes Zorn. Die Gottes-
prädikationen in Ex 34,6f und ihre intertextuellen Beziehungen zum Zwölfpro-
phetenbuch (HBS 33), Freiburg/Basel/Wien 2002, 73–130.207–214.

Solche »privaten« Tempelfeste spiegeln sich in den Bitt- und Dankpsalmen wider. Dabei sind die Bittpsalmen stärker von dem oben skizzierten Audienzkonzept beeinflußt, während die Dankpsalmen Elemente von außerkultischen Großfamilienfesten aufnehmen und in den Tempelbereich übertragen. Als Beispiel eines solchen Bittpsalms kann Ps 26 dienen. Zwar wird der diesen Psalm prägende institutionelle Zusammenhang von der Forschung sehr unterschiedlich bestimmt[87], doch scheint uns die Auffassung am wahrscheinlichsten, daß es sich um ein Bittgebet für den »privaten« Tempelbesuch handelt oder sogar »nur« um eine »geistliche« Wallfahrt zum Tempel. Der Psalm läßt sich folgendermaßen gliedern:

1–3	Einleitende Bitten
4–7	Unschuldsbekenntnis, mit rituellen Bezügen
8–11	Zentrale Bitte, eingeleitet mit einem JHWH-Bekenntnis
12	Abschließendes Lobversprechen

Leider lassen sich die in V. 4–7 angesprochenen rituellen Bezüge nicht mit Sicherheit deuten. Immerhin dürfte das in V. 6 zur Sprache kommende »Händewaschen« unterstreichen, daß der Tempelbesuch als Betreten des Hauses JHWHs eine bewußt vollzogene Trennung vom Alltagsleben und ein »Hineintauchen« in das Kraftfeld der rettenden Mächtigkeit des im Tempel gegenwärtigen JHWH verstanden wird, wie dann das Bekenntnis V. 8 mit der anschließenden Bitte V. 9 zeigen:

8 JHWH, ich habe liebgewonnen die Stätte deines Hauses
   und den Ort der Wohnung deiner Herrlichkeit:
9 Nicht raffe mich hinweg mit den Sündern
   und mit Männern voll von Blutschuld nicht mein Leben.

---

87 Wegen der sprachlichen und motivlichen Gemeinsamkeiten mit den als Tempeleinlaßliturgien gedeuteten Psalmen 15 und 24 wird Ps 26 als »Pilgergebet« bestimmt, mit dem der Beter am Eingang zum Tempelbezirk die Priester um Zulassung zur Teilnahme an der Liturgie gebeten hätte, vgl. E. *Vogt*, Psalm 26, ein Pilgergebet, Bib. 43 (1962) 328–337. Andere Ausleger sehen in Ps 26 das Gebet eines am Tempel angestellten Leviten, der die ungeteilte, mystische Gemeinschaft mit seinem Gott erfleht, vgl. G. *von Rad*, »Gerechtigkeit« und »Leben« in der Kultsprache der Psalmen, in: *ders.*, Gesammelte Studien zum Alten Testament (TB 8), München 1961, 225–247. Wieder andere verstehen Ps 26 als ein Formular, das die Priester, jedes Mal wenn sie ihre Tätigkeit ausübten, etwa im Zusammenhang der Waschung, persönlich rezitieren mußten, vgl. *N. Lohfink*, Einige Beobachtungen zu Psalm 26, in: Ein Gott, eine Offenbarung. Beiträge zur biblischen Exegese, Theologie und Spiritualität (FS N. Füglister), hg. von *F. V. Reiterer*, Würzburg 1991, 189–204.

Der Tempelbesuch wird hier zweifellos als »Audienz« bei JHWH
dargestellt, in der der Beter JHWH seinen »Fall« vorträgt und
von ihm sein Recht erhofft, wie er in der eröffnenden Bitte sagt:

1   Sprich du über mich das Urteil, JHWH!

Diesen Urteilsspruch JHWHs will der Beter dann im Tempelareal
mit einem Dankfest feiern, wie er in V. 7 ankündigt.
Die Durchführung eines solchen »privaten« Dankfestes läßt sich
an der Primärfassung von Ps 30[88] ablesen, die aus folgenden Elementen besteht:

2   Selbstaufforderung zur Dankfeier
     (mit zweifacher Begründung)
3f   Rettungserzählung
     (Rückblick: Not – Hilfeschrei – Rettung)
5f   Aufforderung/Einladung an die Dankfestteilnehmer,
     sich dem Dank anzuschließen

Das Dankfest[89] war verbunden mit einem Schlachtopfermahl, mit
Liedern und vermutlich sogar mit Tänzen (vgl. V. 10–11). Der
Tempel erscheint hier als der Ort par excellence, an dem die Rettung aus Not und schwerer Krankheit gefeiert wurde, weil diese Rettung eben als Tat des lebensmächtigen JHWH begriffen
wurde.
Daß der Tempel und die mit ihm verbundene Symbolwelt auch
außerhalb des Tempels in der Frömmigkeit eine große Rolle spielten, dokumentieren jene Psalmen, die poetisch die Tempelaura
beschwören, die also gerade fern vom Tempel die Lebensmächtigkeit des Tempelgottes JHWH erbitten oder feiern. Als Beispiel
dieser Tempelfrömmigkeit soll Ps 84 dienen. Zwar werden die
Tempelbezüge dieses Psalms in der Forschung unterschiedlich gedeutet. Der Psalm wird oft als »Tempeltor-Liturgie« ausgelegt,
d.h. als rituelles Wechselgespräch am Eingang zum Tempelareal
zwischen dort ankommenden Wallfahrern und diensthabenden
(Tempel-)Priestern[90]. Wahrscheinlicher ist Ps 84 aber eine Sehn-

88   Zu den Gründen, die zur Annahme führen, Ps 30,7–13 sei eine »Fortschreibung« von Ps 30,2–6 vgl. *F.-L. Hossfeld / E. Zenger*, Die Psalmen. Psalm
1–50 (NEB.AT), Würzburg 1993, 186; *H.-P. Müller*, Formgeschichtliche und
sprachliche Beobachtungen zu Psalm 30, ZAH 12 (1999) 192–201.
89   Zur Toda-Feier vgl. *B. Janowski*, Dankbarkeit. Ein anthropologischer
Grundbegriff im Spiegel der Toda-Psalmen, in: *Zenger* (Hg.), Ritual und Poesie
(s. Anm. 71), 98–105.
90   Vgl. z.B. *G. Wanke*, Die Zionstheologie der Korachiten in ihrem tradi-
tionsgeschichtlichen Zusammenhang (BZAW 97), Berlin / New York 1966,
16–21.

suchtsklage fern vom Tempel, die die Erfahrung der Nähe des Tempelgottes beschwört und so im Rezitieren des Psalms den Alltag transzendieren will. Der Psalm läßt sich in drei Strophen gliedern:

2–5 Liebeserklärung an den Tempel
6–8 Unterwegs zum Tempel
9–13 Ankunft am Tempel und Audienz bei JHWH[91]

Der Psalm beginnt mit der Faszination darüber, daß es in dieser Welt einen Ort gibt, an dem der Gott JHWH »wohnt«, und daß an diesem Ort ein »Haus« steht, das JHWH den Menschen (und den Tieren) als »Zuhause« anbietet (1. Strophe). Diese Faszination treibt den Beter und andere neben bzw. mit ihm auf den (Pilger-) Weg zu diesem »Haus«, um dort JHWH selbst zu begegnen (2. Strophe). Der Psalm kulminiert dann in der Schilderung einer »Tempelaudienz« bei JHWH (3. Strophe):

11 Ja, besser ist ein Tag in deinen Höfen
    als tausend, die ich selbst erwählt hätte,
    (besser ist es, sogar nur) an der Schwelle im Haus meines Gottes zu stehen,
    als in den Zelten des Frevels sitzen zu dürfen.
12 Ja, Sonne und Schild ist der Gott JHWH,
    Gnade und Herrlichkeit gibt JHWH.
    Er verweigert Gutes nicht
    denen, die in Vollkommenheit gehen.
13 JHWH Zebaoth,
    selig die Menschen, die auf dich vertrauen.

V. 12 beschreibt die Audienz bei JHWH als Beschenktwerden mit »Gutem«, d.h. mit allem, was ein Menschenleben braucht, damit es gelingt und glücklich wird. Mehr noch: Wer zur Audienz zugelassen wird, hat die Chance, JHWHs »Gnade« und Anteil an seiner »Herrlichkeit« zu erlangen, d.h. von ihm in ein besonderes Dienst- und Schutzverhältnis aufgenommen zu werden. V. 12a faßt dies mit den zwei Metaphern »Sonne« und »Schutzschild« zusammen. Fast könnte man sagen: Die Gewährung einer Tempelaudienz verändert das ganze Leben!
V. 11 qualifiziert den Tag einer solchen Audienz ausdrücklich als »Festtag«. Sein Proprium wird dadurch bestimmt, daß man sich ein solches »Fest« nicht selbst machen kann, sondern daß es ein Geschenk JHWHs ist; vor allem aber wird seine unvergleichbare und einzigartige Kostbarkeit hervorgehoben. Selbst wenn man

---

91 Die »Königsbitte« V. 9–10 gehörte nicht zur Primärfassung von Ps 84, sondern geht auf eine königstheologische Redaktion (»messianischer Psalter« Ps 2–89) zurück, vgl. *Hossfeld / Zenger*, Psalm 51–100 (s. Anm. 74), 513f.

nur bis an die Schwelle der »Gottesresidenz« gelangt und dort
stehenbleiben muß, d.h.: Wenn man nur am Rande dieses Festes
der geschenkten Gottesnähe steht, ist dies kostbarer als aller Luxus »in den Zelten des Frevels«. Dieser Gegensatz steigert die
Differenz Fest – Alltag also bis ins Extremste.

III. Jenseits des Alltags – eine Schlußreflexion

Die großen Tempelfeste und die familiär begangenen Feste, aber
auch die im privaten Psalmenrezitieren konstituierte Festaura, sind
für die Religion des biblischen Israel und insbesondere für ihr Konzept der Präsenz und Wirkmächtigkeit JHWHs in dieser Welt konstitutiv. Alltag und Fest werden als kontrapunktische und komple-
mentäre Gestaltungen der Zeit bzw. des Lebens wahrgenommen
und, da es sich um kultische Feste handelt, in ihrer Differenz ausdrücklich verteidigt. In der gezielten Differenzierung von Alltag
und Fest kommt so die spezifisch menschliche Kunst des Lebens
zur Realisierung, die O. Marquard folgendermaßen beschreibt:

>»Der Mensch ist unter den Lebewesen der Exzentriker. Alle anderen Lebewesen
>leben ihr Leben, der Mensch lebt sein Leben nicht nur, sondern verhält sich
>auch noch zu ihm, und das kann er nur, weil er auf Distanz geht zu seinem Le-
>ben. Darum ... braucht und hat er das Fest. Sein Leben leben: das ist beim Men-
>schen sein Alltag. Auf Distanz gehen zu seinem Leben: das ist beim Menschen
>das Fest ... So gehört das Fest zur Lebensexzentrizität des Menschen: ... als eine
>Art Moratorium des Alltags.«[92]

Die alttestamentliche Tradition hat diese Lebensexzentrizität im
Sabbatgebot ausdrücklich festgeschrieben und die Differenz von
Zeit der Arbeit und Zeit des Festes sogar zur Grundstruktur der
Inganghaltung der Schöpfung gemacht. Wenn die Erde als Lebenshaus erhalten bleiben soll, müssen Fest und Alltag als unterschiedene Zeiten und Formen des Lebens geschützt und verteidigt werden. Das Fest darf nicht an die Stelle des Alltags treten, und der
Alltag darf nicht das Fest verdrängen. Das oben skizzierte »Erntefest« der israelitischen Bauern (vgl. oben zu Dtn 26,1–11) kann
seine Festfunktion nur entfalten, wenn der Alltag der bäuerlichen
Arbeit vorangeht. Das Glück oder die Sehnsucht, in einer Audienz des göttlichen Königs JHWH beschenkt zu werden (vgl. oben
zu Ps 84), kann nur in Menschen lebendig sein, deren (harter)
Alltag dieses Glücks bedarf.

---

92 *O. Marquardt*, Moratorium des Alltags. Eine kleine Philosophie des Festes, in: *W. Haug / R. Warning* (Hg.), Fest (s. Anm. 1), 685.

Man kann das Fest einerseits mit J. Assmann als Gegenwelt zum Alltag, zu dessen Last, Routine und Banalität begreifen.[93] Man kann diese Korrelation freilich auch umgekehrt akzentuieren und mit Th. Sundermeier sagen: Weil das Fest

»... Fülle repräsentiert, Mitte und Ordnung darstellt, entlässt es aus sich die Möglichkeit des alltäglichen, von Routine und Mangel bestimmten Lebens.«[94]

Diese zweite Sicht der Korrelation Fest – Alltag ließe sich detailliert an der Gesamtkomposition der sog. Wallfahrtspsalmen Ps 120–134 darstellen. Das ist hier nicht möglich; es soll aber wenigstens noch an den beiden Schlußpsalmen Ps 133 und Ps 134 konkretisiert werden.

Der Wallfahrtspsalter ist dadurch gekennzeichnet, daß er einerseits den harten Alltag der bäuerlichen Familie zur Sprache bringt und andererseits den mitten über diesen Alltag kommenden Segen des Zions- bzw. Tempelgottes JHWH beschreibt. Die beiden Schlußpsalmen 133 und 134 imaginieren zum einen die auf die im Tempel versammelte Festgemeinschaft »herabsteigende« Segensfülle (Ps 133) und betonen zugleich, daß die Segensfülle des Zion auf bzw. in den Alltag verströmen soll (Ps 134).

Ps 133 beschreibt als Proprium des Festes nicht die vom König JHWH gewährte Audienz, sondern – im Horizont der oben skizzierten deuteronomischen Festtheologie – die im Fest konstituierte »Brüderlichkeit«, die nicht nur die sozialen Schranken überwindet, sondern auch die funktionale Differenz zwischen Priesterschaft und »Laien« aufhebt. Dabei wird das vor allem bei nichtkultischen Festen wichtige Element des »Wohlgeruchs« zu einem zentralen Element der Kennzeichnung des Festcharakters:

1 Siehe, wie gut und lieblich ist es,
   wenn Brüder wirklich miteinander wohnen:

2 Wie bestes Öl auf dem Haupt,
   das herabsteigt auf den Bart, den Bart Aarons,
   das herabsteigt auf den Obersaum seiner Kleider.

3 Wie Tau des Hermon, der herabsteigt
   auf die Berge Zions.

   Denn dorthin hat JHWH den Segen befohlen,
   Leben bis in Ewigkeit.

Der Psalm überträgt die im alltäglichen Zusammenleben erfahrbare Lebensförderlichkeit von guter Nachbarschaft und Solidarität

93 Vgl. oben S. 63f mit Anm. 1.
94 *Sundermeier*, Was ist Religion? (s. Anm. 1), 76.

auf die Erfahrung des kultischen Zusammenseins auf dem Zion. V. 2 vergleicht die bei diesem Zusammensein entstehende Festaura mit der festlichen Atmosphäre, die die parfümierten Öle verströmten, die man sich bei Festmählern auf die Kopfbedeckungen und in die Haare gab und die im Festverlauf langsam herabperlten (»bis in den Bart«) und ein Fluidum von Wohlgerüchen verbreiteten. Das Ende von V. 2 evoziert durch die Figur »Aarons«, d.h. des Hohepriesters, den beim Festgottesdienst erteilten sog. aaronitischen Segen, der auf die Festgemeinschaft »gelegt« wird (vgl. Num 6,23–27). V. 3 deutet die Wirkmächtigkeit dieser auf dem Zion im Fest sich ereignenden Segnung: Sie ist wie der sprichwörtliche »Hermontau«, der wunderbare Fruchtbarkeit bewirkt.

Ps 134,3 betont dann abschließend, daß diese im Fest auf dem Zion konstituierte Lebensmächtigkeit sich in den Alltag verströmen wird:

Es segne dich JHWH vom Zion her,
er, der Himmel und Erde gemacht hat.

Dieser Fest-Segen hebt den Alltag nicht auf, aber er gibt ihm soziale und schöpfungserhaltende Lebensförderlichkeit.

Friedhelm Hartenstein

Der Sabbat als Zeichen und heilige Zeit

Zur Theologie des Ruhetages im Alten Testament

Die Herkunft des siebten Tages der Woche als einer Zäsur in der Zeit ist für die Forschung am Alten Testament immer noch in vielem rätselhaft. Wegen seiner Relevanz für eine Biblische Theologie, für das Gespräch der Religionen und für gegenwärtige Diskussionen über die kulturelle und soziale Bedeutung des Sonntags gehört der Sabbat dennoch zu den besonders häufig behandelten Themen alttestamentlicher Exegese[1]. Die folgenden Überlegungen stellen keinen neuen Versuch einer Herleitung des altisraelitischen Sabbats dar und wollen auch keine umfassende Darstellung der bisherigen Diskussion geben. Statt dessen soll ein Aspekt der Theologie des Ruhetages im Alten Testament zur Sprache kommen: Inwiefern handelt es sich beim israelitischen Sabbat um ein *Fest*[2], und was hat es mit der *Zeitstruktur des siebten Tages* im Alten Israel auf sich?

I. Vorüberlegungen zur Geschichte des Sabbats

Schon seit Beginn des vergangenen Jahrhunderts ist die Rückfrage nach den Anfängen des Sabbats mit der Dimension des Festes verbunden. In einer einflußreichen Studie hatte nämlich J. Meinhold die These aufgestellt, der in vielen alttestamentlichen Texten von JHWH gebotene Tag der Arbeitsruhe sei ursprünglich *ein Vollmondfest* gewesen[3]. Zusammen mit dem Neumond (חדשׁ)

---

1   Vgl. die neueren Überblicksartikel (mit weiterführender Literatur): *C. Körting / H. Spieckermann*, Art. Sabbat I. Altes Testament, TRE XXIX (1998), 518–521; *A. Lemaire*, Art. Sabbat, NBL III (2001), 388–391 sowie *F. Stolz*, Art. שׁבת, THAT II (²1979), 863–869; *E. Haag*, Art. שׁבת, ThWAT VII (1993), 1047–1057.

2   Dazu bisher z.B. *F. Mathys*, Sabbatruhe und Sabbatfest. Überlegungen zur Entwicklung und Bedeutung des Sabbat im Alten Testament, ThZ 28 (1972), 241–262.

3   *J. Meinhold*, Sabbat und Woche im Alten Testament. Eine Untersuchung (FRLANT 5), Göttingen 1905; weitergeführt in *ders.*, Die Entstehung des Sabbats, ZAW 29 (1909), 81–112; vgl. auch die spätere Kontroverse zwischen Meinhold und K. Budde: *J. Meinhold*, Zur Sabbathfrage, ZAW 48 (1930), 121–138; *K. Budde*, Antwort auf Johannes Meinholds »Zur Sabbathfrage«, ebd., 138–

stelle er ein im einzelnen nicht mehr aufzuhellendes vorisraeliti-
sches Erbe dar. Am für uns erkennbaren Anfang des Sabbats stehe
demnach *ein auf die Mondphasen bezogener Feiertag*, der von
kultischen Handlungen und einer damit verbundenen (partiellen)
Arbeitsenthaltung geprägt war. Die beiden althergebrachten Festtermine Neumond und Sabbat seien dann im Zuge der deuteronomischen Reformbestrebungen des ausgehenden 7. Jh.s v.Chr.
teilweise abgeschafft worden. In dieser Zeit lasse sich – so Meinhold – als zweite Einrichtung *eine in den praktischen Erfordernis-
sen bäuerlicher Arbeit begründete regelmäßige Arbeitsruhe* erkennen. Die zunächst nur für die Erntezeit belegbare Folge aus sechs
Arbeitstagen und einem siebten (Ruhe-)Tag erkläre sich aus der
Beliebtheit der Zahl 7 im Alten Orient und in Israel[4]. In der Exilszeit sei schließlich der immer noch erinnerte alte Sabbat durch Verschmelzung mit dem wöchentlichen Ruhetag der Erntezeit in einen *durchlaufenden Wochensabbat* umgewandelt worden[5]. Er
habe nun seine unverwechselbare Form als *identitätsstiftendes
Merkmal Israels* erhalten[6]: An die Stelle des alten Vollmondfestes
trat der JHWH allein vorbehaltene und durch das Jahr hindurch
gezählte siebte Wochentag.
Die These Meinholds bestimmt immer noch bzw. erneut die Diskussion um den israelitischen Sabbat[7]. Aus religions- wie aus lite-

145. Den Bezug zwischen Sabbat und Mondzyklus (allerdings noch nicht die
Identifikation mit dem Vollmond der Monatsmitte) hatte zuvor auch schon J.
Wellhausen notiert: *ders.*, Prolegomena zur Geschichte Israels, Berlin [6]1905,
107–114.
4   Vgl. *Meinhold*, Sabbat und Woche, 13–34, bes. 32, der aus der für »Südis-
rael« belegten Bezeichnung שבעת »Wochenfest« einen in »Siebenheiten« gegliederten Zeitraum von 50 Tagen während der Erntephase ableitete.
5   Das gemeinsame Element, das die Verschmelzung ermöglicht habe, bildet
die Arbeitsunterbrechung (ebd., 34).
6   In »Sabbat und Woche« (s.o. Anm. 3) hatte Meinhold diese Transformation
auf Ezechiel zurückgeführt (34), im späteren Aufsatz »Zur Sabbathfrage« (s.o.
Anm. 3) korrigierte er die Datierung in die Nehemiazeit (128–130).
7   So folgen Meinhold neben den in Anm. 1 genannten Artikeln in TRE und
NBL etwa *C. Levin*, Der Sturz der Königin Atalja. Ein Kapitel zur Geschichte Judas im 9. Jahrhundert v.Chr. (SBS 105), Stuttgart 1982, 39–42 (Exkurs: Der
Sabbat); *T. Veijola*, Die Propheten und das Alter des Sabbatgebots, in: Prophet
und Prophetenbuch (FS Otto Kaiser) (BZAW 185), hg. von *V. Fritz / K.-F.
Pohlmann / H.-C. Schmitt*, Berlin / New York 1989, 246–264; *R. Bartelmus*,
Sabbat und Arbeitsruhe im Alten Testament, in: *ders.*, Auf der Suche nach dem
archimedischen Punkt der Textinterpretation. Studien zu einer philologisch-
linguistisch fundierten Exegese alttestamentlicher Texte, Zürich 2002, 159–
200. – Die These eines Vollmondsabbats wird jedoch auch bestritten (bei Annahme eines in Israel alten Wochensabbats). Vgl. dazu z.B. *W.W. Hallo*, New
Moons and Sabbaths. A Case-study in the Contrastive Approach, HUCA 48
(1977), 1–18; *E. Kutsch*, Der Sabbat – ursprünglich Vollmondtag?, in: *ders.*,

rargeschichtlicher Perspektive spricht tatsächlich viel für die Annahme eines vorexilischen Vollmondsabbats und für einen davon
bis in die Exilszeit zu unterscheidenden stärker sozial konnotierten
bäuerlichen Ruhetag[8].
So verstehen die zumeist als vorexilisch geltenden Prophetenstel-
len Am 8,5; Hos 2,13; Jes 1,13 (wozu eventuell noch Am 6,3 zu
rechnen ist [s.u.]) sowie 2Kön 4,23 und der wohl frühexilische Text
Thr 2,6 unter einem »Sabbat« einen *einzelnen Feiertag* (s.u. III.).
Dieser bildete zusammen mit dem »Neumond« ein festes Begriffs-
paar (in der Reihenfolge »Neumond und Sabbat«; vgl. Am 8,5;
Hos 2,13; Jes 1,13; 2Kön 4,23 – jedoch auch noch in dem späten
Vers Jes 66,23 [s.u. V.]). Nirgends verstehen ihn diese Texte wie
die Priesterschrift oder spätere Stellen als einen für JHWH ausgesonderten Tag. Statt dessen setzen die genannten Prophetenbelege
Neumond und Sabbat einfach als gut bekannte Feiertage voraus.
Ein *Bezug auf die Mondphasen* ist dabei schon aufgrund des festen Wortpaares wahrscheinlich[9]. Und es gibt weitere Stützen für
die Annahme, der »Sabbat« bezeichne zusammen mit dem Neumond einen Merismus »Neumond – Vollmond«, also den *Mondphasenzyklus*. Seit der Erschließung keilschriftlicher Quellen hat
man nämlich auf den möglichen Zusammenhang des alttestamentlichen Sabbat mit dem *Vollmondtag in Babylonien* hingewiesen[10].

Kleine Schriften zum Alten Testament (BZAW 168), Berlin / New York 1986,
71–77; *G.F. Hasel*, »New Moon and Sabbath« in Eigth Century Israelite Prophetic Writings (Isa 1:13; Hos 2:13; Amos 8:5), in: *M. Augustin* / *K.-D. Schunck*
(Hg.), »Wünschet Jerusalem Frieden« (BEATAJ 13), Frankfurt / Bern / New
York / Paris 1988, 37–64; *E. Haag*, Vom Sabbat zum Sonntag. Eine bibeltheo-
logische Studie (TThSt 52), Trier 1991.
8   Vgl. zu diesem u.a. *F. Crüsemann*, Bewahrung der Freiheit. Das Thema des
Dekalogs in sozialgeschichtlicher Perspektive (KT 128), München 1993, 53–58;
R. Kessler, Das Sabbatgebot. Historische Entwicklung, kanonische Bedeutung
und aktuelle Aspekte, in: *D. Georgi* / *M. Moxter* / *H.-G. Heimbrock*, Religion
und Gestaltung der Zeit, Kampen 1994, 92–103; *E. Otto*, Art. Dekalog, RGG[4]2
(1999), 625–628.
9   Der Sprachgebrauch »Neumond und Sabbat« schließt den Bezug auf den
Wochensabbat jedoch nicht prinzipiell aus; dazu z.B. *W.H. Schmidt* in Zusammenarbeit mit *H. Delkurt* / *A. Graupner*, Die Zehn Gebote im Rahmen alttestamentlicher Ethik (EdF 281), Darmstadt 1993, 86–96.
10   So u.a. schon *Meinhold*, Sabbat und Woche (s.o. Anm. 3), 2; *ders.*, Entstehung (s.o. Anm. 3), 103f. In einem Exkurs zusammengestellt findet sich das religionsgeschichtliche Material aus Mesopotamien bei *G. Robinson*, The Origin
and Development of the Old Testament Sabbath. A Comprehensive Exegetical
Approach (BET 21), Frankfurt / Bern / New York / Paris 1988, 159–166; s. auch
A. Livingstone, Mystical and Mythological Explanatory Works of Assyrian and
Babylonian Scholars, Oxford 1986, 38–42 (zum Text K 2164 +); am bekannte-
sten ist die Erwähnung des *šab/pattu* im Enūma eliš, Tf. V,18, wo Marduk dem
Mondgott seine Aufgaben zuweist (V. 15–18): »Am Monatsanfang scheine über

Dieser trägt wahrscheinlich die Bezeichnung _šab/pattu_ (teils in den Schreibweisen u₄–é–15; u₄–15–kam »15. Tag«)[11], mit der das hebräische Nomen שבת aufgrund bestimmter Eigenarten seiner Bildung in Beziehung stehen könnte[12]. Auch die Belege für _kultische Kalender aus Syrien_ (Ebla, Ugarit) und Phönizien zeigen für das 2. und 1. Jt. v.Chr. eine _bedeutende Rolle des lunaren Zyklus_ für den Kult (mit Belegen für Opfer im Rahmen des Tempelkults und möglichen Bezügen zum königlichen Ahnenkult)[13]. Der kosmische Rhythmus des zu- und abnehmenden Mondes mit den beiden Fixpunkten Neumond und Vollmond spielte hier eine ebenso wichtige Rolle wie offenbar auch die kurze mondlose Phase vor dem Neulicht, das sog. Interlunium[14]. Die genannte ältere schriftprophetische Beleggruppe (s.u. III.) für den vermutlichen Vollmondsabbat am 15. Tag eines Monats unterscheidet sich nun auffallend von den beiden _vordekalogischen Rechtssätzen_ in Ex 23,12 und 34,21. In ihnen wird die _Einhaltung einer Arbeitsruhe für Mensch und Tier am siebten Tag_ ge-

---

dem Land, leuchte mit Hörnern, um sechs Tage zu bestimmen. Am siebenten Tag soll die Krone halbvoll sein, am 15. Tag [_šá-pat-tu_], in der Hälfte des Monats, stehe in Opposition.« (zitiert nach TUAT III, Gütersloh 1994, 588, Einfügung in eckigen Klammern von mir).

11 Vgl. _W. von Soden_, Art. _šapattu(m)_, AHw III (1981), 1172.

12 So etwa _H. Rechenmacher_, _šabbat[t]_ – Nominalform und Etymologie, ZAH 9 (1996), 199–203. Vielleicht handelt es sich aber auch nur um eine sekundäre Angleichung. Die Verbindung mit dem Verb שבת »aufhören« muß jedenfalls nicht notwendig nur »volksetymologisch« sein; vgl. dazu in Auseinandersetzung mit Rechenmacher _I. Willi-Plein_, Anmerkungen zu Wortform und Semantik des Sabbat, ZAH 10 (1997), 201–206.

13 Die Rolle des Mond(gott)es auch für die Religionsgeschichte Israels hat in den vergangenen Jahren größere Aufmerksamkeit erfahren; vgl. _O. Keel_, Goddesses and Trees, New Moon and Yahweh. Ancient Near Eastern Art and the Hebrew Bibel (JSOT.S 261), Sheffield 1998, 102–109 (zum Neumond im Alten Testament, dem Keel im Gegensatz zu Hallo [s.o. Anm. 7] mit Gründen eine erhebliche Wichtigkeit für israelitische Gottesvorstellungen beimißt) sowie jetzt _G. Theuer_, Der Mondgott in den Religionen Syrien-Palästinas. Unter besonderer Berücksichtigung von KTU 1.24 (OBO 173), Freiburg (Schweiz) / Göttingen 2000, 496–513 (zu Neumond und Sabbat in Israel). Zur Deutung des israelitischen Sabbat vor dem religionsgeschichtlichen Hintergrund der Levante s. bereits die erhellende Auswertung des ugaritischen und phönizischen Materials bei _A. Lemaire_, Le sabbat à l'époque royale Israélite, RB 80 (1973), 161–185; zur bedeutenden Rolle des lunaren Zyklus für kultische Kalender in Syrien, v.a. in Ugarit, vgl. _Theuer_, Mondgott, 75–80. – Für das Alte Testament wird die Sachlage noch dadurch kompliziert, daß es neben שבת ein weiteres Wort für den Vollmond gibt, nämlich כסה bzw. כסא (Ps 81,4; Prov 7,20; auch phönizisch belegt).

14 Letzteres stand aufgrund der damit verbundenen Dunkelheit in Mesopotamien und Syrien in Verbindung mit Ritualen, die sich auf die Ahnenpflege bzw. den Totenkult richteten (vgl. _Theuer_, Mondgott, 79–80 mit Anm. 312).

fordert[15]. Die Bezeichnung »Sabbat« kommt hierbei nicht vor, wohl aber das *Verb* שבת, dessen Semantik im Hebräischen in fast allen Fällen das *»Aufhören« bzw. »zu Ende bringen« einer Tätigkeit* meint. Die Gebotsformulierungen lassen traditionsgeschichtlich keine expliziten kultischen bzw. festlichen Bezüge erkennen[16]. Erst die frühestens exilischen *Sabbatgebote der beiden Dekalogfassungen* in Ex 20,8–11 und Dtn 5,12–15 zeigen in ihren priester(schrift)lichen und deuteronomischen Begründungen *die Verbindung der beiden zuvor getrennten Aspekte eines kultisch »heiligen Tages« und der Arbeitsenthaltung für den bäuerlichen Haushalt.* Die Unterschiede in den älteren Sabbatbelegen (Feiertag mit dem Namen Sabbat einerseits, Unterbrechung bäuerlicher Arbeit am siebten Tag andererseits) erklären sich kaum lediglich als milieubedingte oder gattungsspezifische Varianten derselben Sache eines alten Wochensabbats[17].

Im folgenden gehe ich ohne weitere Darlegung der in der Forschung lange diskutierten Argumente von dieser These aus und frage zunächst kulturwissenschaftlich nach der *Funktion von Festen für die Zeiterfahrung im Alten Orient* (II.). Anschließend möchte ich dem *Wandel biblischer Sabbat-Konzeptionen* unter dem Aspekt des *Verhältnisses von Fest und symbolischer Zeitstruktur* nachgehen (III.–VI.).

II.   Das Fest als Vermittlung zwischen kosmischer und sozialer Zeit

Es ist hier nicht der Ort, um ausführlich auf das Thema des »Festes« im Alten Orient und in Israel einzugehen. Dafür muß auf einschlä-

---

15   Neben der für den Alten Orient geltenden Wichtigkeit des Mondzyklus hat man auch für die Herleitung des nicht mondphasenbezogenen Ruhetages am siebten Tag auf mögliche Einflüsse des Zweistromlandes hingewiesen. Dort sind nämlich besonders für das 1. Jt. v.Chr. Tabutage belegt, die in Hemerologien zusammengestellt sind (vgl. schon *Meinhold*, Sabbat und Woche [s.o. Anm. 3], 15–17; *ders.*, Entstehung [s.o. Anm. 3], 104 [zu IV R 32f]); dazu z.B. A. *Livingstone*, The Case of Hemerologies. Official Cult, Learned Formulation and Popular Practice, in: E. *Matsushima* [Hg.], Official Cult and Popular Religion in the Ancient Near East, Heidelberg 1993, 97–111. An ihnen werden aufgrund ungünstiger Einflüsse bestimmte Tätigkeiten v.a. des Herrschers unterbunden (s. *Robinson*, Origin [s.o. Anm. 10] 159–166). Einige Forscher sehen hierin ein mögliches Vorbild für den siebten Tag der Arbeitsenthaltung in Israel, jedoch ist dies höchst unsicher. Der zunächst vom Sabbat unabhängige siebte Tag der Arbeitsruhe stellt eine religionsgeschichtlich bisher unableitbare Größe dar.
16   Vgl. dazu z.B. F. *Crüsemann*, Bewahrung (s.o., Anm. 8), 57, der solche Rückschlüsse (mit der eventuellen Ausnahme eines Bezugs der Arbeitsruhe auf das Land als Gabe JHWHs) als »pure Spekulation« bezeichnet.
17   Anders z.B. *Kutsch*, Sabbat (s.o. Anm. 7).

gige Literatur (sowie auf weitere Beiträge dieses Bandes) verwiesen werden. Jedoch ist es nützlich, sich *ein* Grundelement der *komplexen Rituale*, die wir »Fest« nennen, zu vergegenwärtigen[18]. Der für die Erfassung der Bedeutung des Sabbats als »Fest« im Alten Israel wesentliche Aspekt ist nämlich m.E. dessen Beitrag zur *Konstituierung der Zeiterfahrung* der Gruppe und der Einzelnen[19]. In den Hochkulturen des Alten Orients mit ihren städtischen Dauersiedlungen hatten vor allem *die großen Rhythmen des Himmels* zentrale Bedeutung für die Symbolisierung einer allgemeinen Zeit. Das zeigen am besten *Sonnenlauf* und *Mondphasen* und der damit verbundene Wechsel von Tag und Nacht, von Monats- und Jahreszyklen[20]. In Ägypten bildete die »sakramentale« Ausdeutung des Sonnenlaufs eine Grundfigur für kultische Handlungen[21]. Diese tägliche »Inganghaltung der Welt«[22] hat im Tempelkult Ägyptens eine ausdifferenzierte *institutionelle Verankerung* erfahren. In den komplexen Gesellschaften des Vorderen Orients kam es ja zu einer veränderten Form der kulturellen Identität, indem sich eine »offizielle Religion« als eigenständige

18   Vgl. *B. Gladigow*, Art. Ritual, komplexes, HRWG IV (1998), 458–460; »Das Fest ist der typische Fall eines komplexen Rituals, in dem sich höchst unterschiedliche rituelle und religiöse (oder ideologische) Elemente verbinden« (459).
19   Vgl. dazu aus religionsphänomenologischer Perspektive *M. Eliade*, Kosmos und Geschichte. Der Mythos der ewigen Wiederkehr (st 1273), Frankfurt a.M. 1986, 65–104; *ders.*, Das Heilige und das Profane. Vom Wesen des Religiösen, Frankfurt a.M. ²1985, 76–84 (Festzeit und Struktur der Feste). Zum kritisch-konstruktiven Umgang mit dem Programm Eliades siehe z.B. *K. Rudolph*, Eliade und die »Religionsgeschichte«, in: *H. P. Duerr* (Hg.), Die Mitte der Welt. Aufsätze zu Mircea Eliade (st 981), Frankfurt a.M. 1984, 49–78. – Der religionswissenschaftlichen und hermeneutischen Theorie des Festes sind u.a. folgende Aufsatzbände gewidmet: *J. Assmann* (Hg.), Das Fest und das Heilige. Religiöse Kontrapunkte zur Alltagswelt (Studien zum Verstehen fremder Religionen 1), Gütersloh 1991; s. darin v.a. den grundsätzlichen Beitrag von *Assmann*, Der zweidimensionale Mensch: Das Fest als Medium des kollektiven Gedächtnisses (13–30); *W. Haug / R. Warning* (Hg.), Das Fest (Poetik und Hermeneutik 14), München 1989.
20   Vgl. dazu z.B. *A. Leroi-Gourhan*, Hand und Wort. Die Evolution von Technik, Sprache und Kunst, Frankfurt a.M. ³1984, 387–394 (Die Domestikation von Zeit und Raum); »In der natürlichen Welt gibt es nur wenige regelmäßige Rhythmen, den der Sterne, der Jahreszeiten und Tage, den Rhythmus des Laufens und Gehens und schließlich den des Herzens; in unterschiedlichen Graden geben sie der Zeitvorstellung die Priorität vor der des Raumes« (391).
21   Siehe *J. Assmann*, Ägypten. Theologie und Frömmigkeit einer frühen Hochkultur (UT 366), Stuttgart/Berlin/Köln/Mainz 1984, 77–84.
22   Vgl. *J. Assmann*, Ma'at. Gerechtigkeit und Unsterblichkeit im Alten Ägypten, München 1990, 179, wonach sich im kultisch ausgedeuteten und unterstützten Sonnenlauf eine als mythischer Handlungszusammenhang interpretierte »In-Gang-Haltung der Welt« vollzieht.

Sphäre der Gesellschaft ausbildete. Sie stellte die mythologische »Stützkonzeption und Legitimation von Sinnwelten« – darunter auch *die öffentliche Symbolisierung von Zeit* – bereit[23]. Dies geschah vor allem durch die *Feste,* denen so eine fundamentale Bedeutung für die geordnete Existenz der Gesellschaft zukam[24]. In ihnen wurden die *mythische Zeit der Götter* (als Ausdeutung der kosmischen Rhythmen) und die *Zeit der Menschen* aufeinander bezogen. Mit P. Ricœur läßt sich diese Funktion der Feste folgendermaßen beschreiben[25]:

»Denn durch die Vermittlung des Ritus erweist sich die mythische Zeit als die gemeinsame Wurzel der Zeit der Welt und der Zeit der Menschen. Durch seine regelmäßige Wiederkehr drückt der Ritus eine Zeit aus, deren Rhythmen weitgespannter sind als die des gewöhnlichen Handelns. Indem er so die Handlung skandiert, fügt er die gewöhnliche Zeit und damit jedes kurze menschliche Leben in eine Zeit von großer Weite ein. Wenn man *Mythos* und *Ritus* einander gegenüberstellen will, könnte man sagen, daß der Mythos die gewöhnliche Zeit (wie auch den Raum) *erweitert,* während der Ritus die mythische Zeit der profanen Sphäre des Lebens und Handelns *annähert.«*[26]

Eine traditionelle Gesellschaft existierte demnach in der *Erfahrung zweier Zeiten,* die man mit J. Assmann als *»Alltag«* und *»Fest«* bzw. als »profane« und »heilige Zeit« kennzeichnen kann[27]. Der Begriff des »Alltags« hat dabei noch einmal eine doppelte Ausrichtung: Einmal meint er den *»profanen Alltag«,* die eher sinnentleerten täglichen Verrichtungen, eine »Sphäre des Mangels« im konkreten und übertragenen Sinn (kärgliche Lebensbedingungen, »Routine« als Entlastung[28]). Zum anderen läßt sich innerhalb ritueller Handlungen auch ein *»sakraler Alltag«* des täglichen Op-

---

23 S. *P.L. Berger / T. Luckmann,* Die gesellschaftliche Konstruktion der Wirklichkeit. Eine Theorie der Wissenssoziologie, Frankfurt a.M. 1980, 118.

24 Für Ägypten vgl. *J. Assmann,* Das ägyptische Prozessionsfest, in: *ders.* (Hg.), Fest (s.o. Anm. 19), 105–122, bes. 107; für Mesopotamien: *J. Renger, isinnam epēšum:* Überlegungen zur Funktion des Festes in der Gesellschaft, in: *A. Finet* (Hg.), Actes de la XVIIe Rencontre Assyriologique Internationale, Ham-Sure-Heure 1970, 75–80; *B. Pongratz-Leisten, ina šulmi īrub.* Die kulttopographische und ideologische Programmatik der *akītu*-Prozession in Babylonien und Assyrien im I. Jahrtausend v. Chr. (BagF 16), Mainz 1994.

25 Vgl. dazu auch *Assmann,* Ägypten, 90–100.

26 *P. Ricœur,* Zeit und Erzählung III. Die erzählte Zeit (Übergänge 18/III), München 1991, 167–168 (Kursivierung im Original).

27 Zur Unschärfe einer Gleichsetzung von »Fest« und »Alltag« mit »heilig« und »profan« s. auch *C. Colpe,* Über das Heilige. Versuch, seiner Verkennung kritisch vorzubeugen, Frankfurt a.M. 1990, 32–36.

28 Vgl. *Assmann,* Der zweidimensionale Mensch (s.o. Anm. 19), 14–15.

fer- und Tempelkultes ausmachen, eine »Routine« des regelmäßigen Götterdienstes im Gegensatz zu den herausgehobenen Zeiten der Feste als _Inszenierungen einer »anderen Zeit«_[29]. Für Assmann sind Feste die entscheidenden Institutionen zur »_Vermittlung von Ungleichzeitigkeit_«, deren eine Kultur bedarf, um nicht einen ständigen Sinnverlust zu erleiden. Antike Gesellschaften hätten sich demnach in regelmäßigen Abständen zu erneuern vermocht, indem sie im Fest – durch die Vergegenwärtigung ihrer Verankerung in der mythischen Zeit – die Sinnentleerung des Alltags aufbrachen[30]. Auch wenn man diese Übertragung der modernen Unterscheidung von Alltag und Fest hinterfragen kann, erscheint sie im Blick auf _kalendarisch_ festgelegte rituelle Handlungen antiker Gesellschaften heuristisch wertvoll: _Monatliche und jährliche Feste bildeten wichtige Strukturmomente der kollektiven Zeiterfahrung._ Wie läßt sich ihre Funktion in dieser Hinsicht noch näher beschreiben?

Durch die Feste vollzog sich die _Verortung einer Kultur in der Weite der kosmischen Zeit._ Durch die Verbindung von mythischem Sinn und heiliger Handlung realisierte sich eine umfassende »_anthropokosmische_« Zeit als Rahmenbedingung gesellschaftlichen (und individuellen) Handelns[31]. Dabei spielten zwei Aspekte eine Rolle: Erstens hatte der erzählende oder hymnische Rekurs auf _Anfänge_ (der spezifische Vergangenheitsbezug des Festsinns) eine _identitätsstiftende_ Relevanz. Er verknüpfte beispielsweise die Herkunft der feiernden Gruppe mit einem _göttlichen Gründungshandeln._ Im kultischen Geschehen wurde zweitens die größtmögliche _Annäherung der Zeiten von Menschen und Göttern_ erfahren: Das Fest überbrückte (symbolisch) den Abstand zur Ursprungssituation des _Anfangs_ in der Erfahrung der _Anwesenheit_ der göttlichen Handlungsträger.

29 Ebd., 14–15.25; _ders._, Prozessionsfest (s.o. Anm. 24), 105–111.
30 Vgl. _Assmann_, Der zweidimensionale Mensch (s.o. Anm. 19); _ders._, Das kulturelle Gedächtnis. Schrift, Erinnerung und politische Identität in frühen Hochkulturen, München 1992, 84–85 (zum Fest als einem Ursprungsort des kulturellen Gedächtnisses).
31 Vgl. _Ricœur_, Zeit und Erzählung III (s.o. Anm. 26), 166–167 (Kursivierung im Original): »[...] begründet die mythische Zeit die eine und umfassende _Skandierung_ der Zeit, indem sie Zyklen unterschiedlicher Dauer, wie die großen Himmelszyklen, die ständig wiederkehrenden biologischen Abläufe und die Rhythmen des sozialen Lebens ordnend aufeinander bezieht. Und genau dadurch haben die mythischen Vorstellungen mitgewirkt an der Einführung der kalendarischen Zeit.« S. weiter 167f, Anm. 4 zur entscheidenden Rolle der _Feste_ für die symbolische Gesamtzeit. Danach hat der Festkalender »weniger die Aufgabe [...], die Zeit zu messen als sie zu rhythmisieren und für eine Abfolge heilvoller und unheilvoller Tage, günstiger und ungünstiger Zeiten zu sorgen.«

Ein Fest, bei dem die symbolische *Anwesenheit* der Gottheit die größtmögliche Annäherung zwischen Menschen- und Götterwelt bedeutete, hatte dann – weil es an wichtigen Einschnitten des kosmischen Zeitablaufs gefeiert wurde – den Charakter eines *Übergangsritus*. Es schuf eine *Anbindung an die Welt der Götter* und konnte der Gesellschaft einen Weg durch bedrohlich instabile Phasen im Ablauf der Zeit eröffnen. Hier erweist sich das von A. van Gennep schon zu Beginn des vorigen Jahrhunderts festgestellte Schema der *Passageriten* als hilfreich[32]. Feste erscheinen in seinem Licht als Instrumente zur Gliederung und Bewältigung der Zeit. Indem an den durch kosmische Abläufe definierten Einschnitten (Mondphasen, Jahreslauf) kultische Handlungen zu vollziehen sind, wird die Instabilität zwischen den Zeiten kontrolliert (vgl. entsprechend die Anstrengungen zur Verwandlung von unregelmäßigen kosmischen Vorgängen wie Mond- und Sonnenfinsternissen in regelgemäße, in die Ordnung zurückführende Ereignisse[33]). In dem *dialektischen Verlauf* zwischen Alltag, Fest und erneuter Rückkehr in den Alltag liegt dann die eigentlich *strukturbildende Kraft der Feste für die Konzeption einer einheitlichen »anthropokosmischen«* Zeit. Was diese Überlegungen zum Verständnis des altisraelitischen Sabbats beitragen, soll der folgende Durchgang durch einschlägige Stellen des Alten Testaments deutlich machen. Er ist chronologisch angelegt und fragt zunächst nach dem Fest-Charakter des vorexilischen Vollmondsabbats.

III. Der Fest-Charakter des vorexilischen Vollmondsabbats

Das Problem bei der Erfassung der mit dem Sabbat verbundenen Vorstellungen in vorexilischer Zeit ist, daß wir diese nur durch die prophetische Kritik hindurch rekonstruieren können[34]. In das 722 v.Chr. untergegangene *Nordreich Israel* führen dabei sehr wahrscheinlich zwei, vielleicht aber auch drei Belege. Die wichtigste Stelle, *Hos 2,13*[35], findet sich im Kontext der Verurteilung Israels als der untreuen Ehefrau JHWHs (im Hintergrund steht dabei die

---

32 *A. van Gennep*, Übergangsriten (Les rites de passage), Frankfurt a.M. / New York / Paris 1986 (frz. 1909).
33 S. dazu *S.M. Maul*, Zukunftsbewältigung. Eine Untersuchung altorientalischen Denkens anhand der babylonisch-assyrischen Löserituale (Namburbi) (BagF 18), Mainz 1994, 17–25 (zur akribischen astronomischen und terrestrischen Omenbeobachtung v.a. unter den letzten neuassyrischen Herrschern).
34 Zu den im folgenden behandelten Stellen vgl. die oben (I.) genannte Literatur zum Sabbat.
35 S. zum Abschnitt Hos 2,4–25 v.a. die Auslegung von *J. Jeremias*, Der Prophet Hosea (ATD 24/1), Göttingen 1983, 36–52.

prophetische Ehe-Metaphorik für das Verhältnis zwischen Gott und Volk[36]). Israel »weiß nicht mehr«, daß JHWH der Geber der Früchte des Landes ist (V. 10). Deshalb kündigt JHWH an, ihm »*mein* Korn« und »*meinen* Most« wieder »wegzunehmen« (V. 11). Das soll zu »seiner [des Korns] Zeit« und »zu seinem [des Mosts] Termin« geschehen (V. 11 בעתו // במועדו). Zur *Ernte*zeit also wird JHWH das Land in Ödnis verwandeln, er wird, wie es V. 14 sagt, »Weinstock und Feigenbaum« »verwüsten«. Mit den *Erntezeiten* sind die in V. 13 genannten *festlichen Aktivitäten* Israels (an den lokalen Heiligtümern?) auf das engste verbunden:

»Ich lasse aufhören[37] all ihre Freude: ihr Fest, *ihren Neumond und ihren Sab-bat*, all ihre Festtermine.«

Von diesen Feiern und der mit ihnen verbundenen Freude (כל-משושה) distanziert sich JHWH, weil sie als das *Instrument des Vergessens* seiner Zuständigkeit für die Fruchtbarkeit des Landes erscheinen (vgl. den Gegensatz »*mein* Korn // *mein* Most« [V. 11] – »*ihre* [Israels] Freude // *ihr* Fest« [V. 13]). Präziser wird das aus V. 14–15 ersichtlich, wo die Feste als »*die Tage der Baale*« bezeichnet werden, als Feier des »Dirnenlohns« der »Liebhaber« der abtrünnigen »Frau« Israel (V. 14). Aus der bitteren Polemik läßt sich als Voraussetzung entnehmen, daß bei dem »Fest« (חג) in V. 13 wohl an ein Erntefest bzw. die Jahresfeste zu denken ist und daß auch »Sabbat und Neumond« als Quelle von Israels »Freude« gelten, an denen man festlich geschmückt (V. 15) den Gottheiten begegnete (vgl. den Plural »die Baale«). »Neumond und Sabbat« bezeichnen sehr wahrscheinlich *monatliche Freudentage*. Vermutlich steht dahinter ein lunarer Kalender, der Mondphasen und Vegetationszyklus aufeinander bezog. Wenn in diesem Text bereits der spätere Wochensabbat im Sinne des Dekalogs vorausgesetzt wäre, würde die grundsätzliche Polemik, die im Suffix »*ihr* Neumond, *ihr* Sabbat« zum Ausdruck kommt, kaum verständlich sein[38]. Hosea zieht vielmehr religionsintern eine Grenze zwischen JHWH und

---

36 Vgl. dazu B. *Seiffert*, Metaphorisches Reden von Gott im Hoseabuch (FRLANT 166), Göttingen 1996, 92–114 (zu Hos 2,4–17); G. *Baumann*, Liebe und Gewalt. Die Ehe als Metapher für das Verhältnis JHWH – Israel in den Prophetenbüchern (SBS 185), Stuttgart 2000, 91–110 (zu Hosea).

37 Hier mag bereits ein Wortspiel zwischen dem Verb שבת Hi »aufhören lassen / beenden« und dem Nomen שבת beabsichtigt sein.

38 »Neumond und Sabbat« gehören zum selbstverständlichen Adressatenwissen von Hos 2,13. Ihre Feier ist aber nach dem Verständnis des Propheten so problematisch, weil sie *von JHWH wegführen*. Das wäre unverständlich, wenn mit »Sabbat« hier schon der *exklusiv auf JHWH bezogene* (Wochen-)Tag der späteren Zeit gemeint wäre, vor dessen Entheiligung gewarnt wurde, nicht aber vor seiner Einhaltung, die gerade die Grundforderung darstellte.

den Baalen (beide tragen Züge von Wettergottheiten und sind daher mit der Vegetation verbunden). Man beachte die doppelte Verwendung von מוֹעֵד »*festgelegter Termin, bestimmte Zeit*« in V. 11 und 13, jeweils mit Possessivsuffix, die diesen Grundkontrast markiert: Die »Frist des Korns« steht allein unter JHWHs Macht, so daß die als Baalsdienst gekennzeichneten »Feiertage« der »Frau Israel« aus JHWHs Sicht als Termine gelten, mit denen er nichts zu schaffen hat.

Ebenfalls in das Nordreich verweist *2Kön 4,23*, eine Stelle aus der älteren Elisa-Überlieferung[39], aus der ersichtlich wird, daß »Neumond und Sabbat« als besondere *Zeiten der Zugänglichkeit JHWHs* galten und auch als Reisetage in Frage kamen[40]. Nach dem Tod ihres Sohnes bittet die Frau aus Schunem ihren Mann um Knecht und Eselin, weil sie unverzüglich den »Gottesmann« Elisa aufsuchen möchte, von dem sie sich Hilfe erhofft. Ihr Ehemann jedoch fragt sie:

»Warum willst du zu ihm gehen? *Heute ist weder Neumond noch Sabbat!* Sie aber sagte: Friede!«

Über den Fest-Charakter erfährt man weiter nichts, wohl aber scheint es plausibel, daß Neumond und Sabbat als *günstige Tage für eine Gottesbefragung* angesehen wurden[41].

Über die festlichen Konnotationen des Sabbats im Nordreich kann eventuell eine schwierige Stelle aus dem Amosbuch weiteren Aufschluß geben, die jedoch fast immer als Beleg für den Sabbat ausgeschieden wird, obgleich die Septuaginta den Text eindeutig in diesem Sinn verstanden hat[42]. Gemeint ist *Am 6,3*, wo im jetzi-

---

39   Zur Erzählung über die Erweckung des toten Kindes in 2Kön 4,18–37 und ihrer Bearbeitung vgl. E. *Würthwein*, Die Bücher der Könige. 1. Kön. 17 – 2. Kön. 25 (ATD 11/2), Göttingen 1984, 292–294; nach R. *Smend*, Die Entstehung des Alten Testaments (ThW 1), Stuttgart/Berlin/Köln/Mainz ²1981, 136 ist die Geschichte älter als die von Elia handelnde Parallele in 1Kön 17,17–24. Den Kern von 2Kön 4,18–37* ordnet auch S. *Otto* in die Wundergeschichten des 8. Jh.s v. Chr. ein: *dies.*, Jehu, Elia und Elisa. Die Erzählung von der Jehu-Revolution und die Komposition der Elia-Elisa-Erzählungen (BWANT 152), Stuttgart/Berlin/Köln 2001, 249.
40   Ob dies auf eine an diesen Tagen geltende Arbeitsenthaltung schließen läßt, sei dahingestellt.
41   Die Frage des Mannes (מדוע »aus welchem Grund«? [zu diesem Fragewort siehe *B.K. Waltke* / *M. O'Connor*, An Introduction to Biblical Hebrew Syntax, Winona Lake, Indiana 1990, 324, Anm. 17]) impliziert wohl die aus seiner Sicht sinnlose Konsultierung des Gottesmanns am dafür ungeeigneten Tag.
42   Diese anregende Beobachtung verdanke ich *A. Schart* (vgl. dazu demnächst *ders.*, The Sabbath: In the Law, in the Prophets, and in Mark, Verbum et Ecclesia 25 [2004]).

gen Text die sorglosen Mitglieder der Oberschicht Zions und Samarias zusammen angeredet werden (V. 1). Ursprünglich war das Wehewort Am 6,1–7* wohl einmal allein an die begüterten Eliten des Nordreichs gerichtet[43]. Ihnen wirft der Prophet beispiellosen Luxus vor, der sich in Form von *kultisch konnotierten Mahlfeiern* (מרזח [vgl. V. 7][44]) manifestiert:

»4 Die auf Elfenbeinbetten liegen, hingeräkelt auf ihren Lagern, dabei Lämmer aus der Herde speisen und Kälber aus dem Maststall, 5 die zum Klang der Harfe grölen, zu immer neuen Instrumenten, 6 die Wein aus Schalen trinken und erstklassiges Öl versalben [...].«[45]

Die Schilderung einer Mahlfeier mit übersteigerten Genüssen (bestes Fleisch, Wein und Öl, immer neue Musikinstrumente) berührt sich begrifflich mit dem *gottesdienstlichen Bereich* (Opferterminologie, vgl. das »Mastvieh« und das Weintrinken aus »Schalen«[46]). Ein *Ort* für die Feiern wird aber nicht angegeben (es ist kaum an ein Heiligtum, aufgrund der Elfenbeinmöbel eher an die Häuser der Reichen zu denken). Daß die prophetische Kritik hier – darin Hos 2,13 vergleichbar – auf eine verwerfliche Form der JHWH-Vergessenheit (wenn auch ohne Polemik gegen die »Baale«) zielt, könnte V. 3 noch unterstützen, wenn man שבת mit der Septuaginta als »Sabbat« vokalisiert. Die sich in falscher Sicherheit wiegenden »Vertrauensseligen auf dem Berg Samarias« (V. 1) werden darin folgendermaßen umschrieben:

»3 Die den Unheilstag verdrängen, aber *einen Sabbat von Gewalt* (MT: שבת חמס, vgl. LXX: σαββατων ψευδων ›Lügen-Sabbat‹) nahebringen/herbeiführen!«

Anders als in den vielen Auslegungen, die die Bedeutung von שבת in V. 3 nur mit Mühe rekonstruieren, ergibt der Gegensatz zwischen dem »*Unheilstag*« (der »fern gehalten« wird) und dem »*Sabbat*« (der »nahegebracht« wird) einen guten Sinn: Der *Unglücks*tag kontrastiert offensichtlich dem implizit als *heilvoll* zu verstehenden Sabbat. Eventuell steht hier das oben erwähnte, für

43 Vgl. zur Diskussion des Problems J. *Jeremias*, Der Prophet Amos (ATD 24/2), Göttingen 1995, 83, Anm. 1.
44 Das religionsgeschichtliche Phänomen der מרזח genannten Kultmähler hat viel Beachtung gefunden; vgl. dazu den Exkurs bei *Jeremias*, ebd., 85–86 sowie z.B. *B.B. Schmidt*, Israel's Beneficent Dead. Ancestor Cult and Necromancy in Ancient Israelite Religion and Tradition (FAT 11), Tübingen 1994, 22–23 (Ebla); 62–66 (Ugarit); 144–147 (zu Am 6,7), der zu Recht vermerkt, daß die Am-Stelle keinen Bezug auf den Totenkult erkennen läßt.
45 Übersetzung im Anschluß an *Jeremias*, Amos, 83.
46 Vgl. ebd., 87f.

Assyrien im 1. Jt. v.Chr. breit belegte Phänomen von mit Tabus belegten Unglückstagen[47] im Hintergrund, denen positiv »Tage der Herzensberuhigung« der Gottheiten (darunter gerade auch der 15. Tag des Monats, der *šab/pattu*) entsprachen[48]. Die Angehörigen der samarischen Oberschicht meinten wohl, solche Unglückstage »verdrängen, fern halten« (נדה I Pi[49]) zu können, indem sie sich der (falschen) Sicherheit ihrer Mahlfeiern hingaben. Vorauszusetzen wäre dann, daß die in V. 4–5 geschilderten Mahlfeiern *am »Heilstag«, dem Sabbat*, stattfanden, an dem man JHWH besonders zugänglich glaubte (vgl. nochmals 2Kön 4,23). Vielleicht sind diese Feiern analog zu den am *Neumond*termin für Saul und seine Umgebung und die Sippe Davids in Bethlehem belegten *familiären (Opfer-)Mahlfeiern* (1Sam 20,5–6) zu verstehen und demnach auf einen *Vollmond*sabbat zu beziehen. Indem nach Am 6,3 dieser Feiertag mißbräuchlich opulent begangen wird, wird dadurch »ein Sabbat *von Gewalt*« »herbeigeführt« (נגש Hi), also das Unrecht gerade im Fest sichtbar gemacht und so zuletzt über das eigene Haupt gebracht (V. 7):

> »7 Darum: Jetzt müssen sie in die Verbannung, an der Spitze (der) Weggeführten, und weg ist (das) Gelage (מרזח) (der) Hingeräkelten.«

Damit sind die für das Nordreich in Frage kommenden Stellen ausgeschöpft. Der oft hierfür noch angeführte Vers *Am 8,5* gehört zusammen mit seinem Kontext (Am 8,4–7) literargeschichtlich in ein jüngeres Stadium des Amosbuches[50]. Zwar finden sich auch hier »Neumond und Sabbat« im Zusammenhang einer prophetischen Kritik an der Ausbeutung der Armen. Auffallend ist jedoch die

---

47 S.o. Anm. 15. Zu יום רע (nur hier) bzw. יום רעה oder יום הרעה als bedrohlichen Tagen, an denen z.B. die Feinde gegen Beter oder Volk vorgehen und aus deren Not JHWH zu retten vermag, vgl. Ps 27,5; 41,2; Jer 17,17f; 51,2; Koh 7,14; Prov 16,4. Dabei mag in Am 6,3 durchaus auch die in Jer 17,17f und in Prov 16,4 mitschwingende Konnotation des JHWH-Gerichtstags vorhanden sein (vgl. das Mißverständnis des »Tages JHWHs« durch die Adressaten von Am 5,18–20, das der oben vermuteten Fehleinschätzung des Sabbats durch die Oberschicht Samarias ähnelt).
48 Vgl. die bei *W. von Soden*, Art. *šapattu(m)*, AHw III (1981), 1172 genannte Gleichsetzung von *ūm*[(um)] *nu-uḫ lìb-bi* »Tag der Herzensberuhigung« mit *šapattu(m)* in CT 18,23 e 17 // LTBA 2,1 XI 114.
49 Vgl. dazu HAL III (1983), 635. Zum Gebrauch von נדה Pi mit der Präposition ל in Am 6,3 vgl. *E. Jenni*, Die hebräischen Präpositionen 3. Die Präposition Lamed, Stuttgart/Berlin/Köln 2000, 130 (Nr. 5882: Kategorie »mentaler Kontakt: Abwendung«).
50 Vgl. dazu *J. Jeremias*, Am 8,4–7 – ein Kommentar zu 2,6f., in: *ders.*, Hosea und Amos. Studien zu den Anfängen des Dodekapropheton (FAT 13), Tübingen 1996, »231–243; *ders.*, Amos (s.o. Anm. 43), 115–118.

determinierte Form »*der* Neumond« // »*der* Sabbat«, die eventuell dafür spricht, daß die Feiertage eines ganz bestimmten Monats
(der Erntezeit?) gemeint sind, auf deren »Vorübergehen« (עבר [V.
5]) die angeklagten Mitglieder der Oberschicht (V. 4) ungeduldig
warten, um ihre betrügerischen Geschäfte durchführen zu können.
An sich erscheint eine spätvorexilische Datierung im Südreich
wahrscheinlich[51]. Dann fügt die Stelle zum Verständnis des Fest-
Charakters des vorexilischen Sabbats noch das Element bestimmter *Einschränkungen des sozialen Lebens* (partielles Handelsta-
bu?[52]) hinzu, das eine mögliche Voraussetzung für die spätere
Vereinigung mit dem siebten Tag der Arbeitsruhe bildet.
Für das *Südreich Juda* kommen zwei weitere Stellen in Frage[53],
die für den Sabbat einen eindeutigen *Heiligtums*bezug (Jerusalemer Tempel) nahelegen. Hier ist zuerst *Jes 1,13* aus dem Anfangs-
kapitel des Jesajabuches zu nennen. Trotz der gegen eine Datierung
des Textabschnitts Jes 1,10–17* in staatliche Zeit angeführten
Argumente scheint mir nach wie vor eine solche Ansetzung (spät-
vorexilisch) für den Kernbestand des Textes plausibel[54]. In diesem
Beispiel für die sogenannte prophetische Kultkritik wird in einer
Gottesrede dem mit »Blut(schuld)« behafteten (V. 15) und dadurch kultunfähigen Israel der Zugang zu JHWH verweigert:

»12 Wenn ihr eintretet, um mein Angesicht zu sehen – wer hat denn dies aus
euren Händen gefordert: daß ihr meinen Vorhof zertretet? 13 Ihr sollt nicht
weiterhin vergebliche Huldigungsgabe/Speisopfer bringen! [...] *Neumond und
Sabbat*, Festversammlung – nicht ertrage ich Frevel und Feier! 14 Eure
Neumonde und eure Festtermine hasse ich! Sie sind mir eine Last, ich bin es
müde, (sie) zu tragen. 15 Und wenn ihr eure Handflächen ausbreitet, verberge
ich meine Augen vor euch; auch wenn ihr (die) Bitte(n) zahlreich macht, höre ich
nicht! Eure Hände sind voll Blut(schuld)!«

51   So *Jeremias*, Am 8,4–7, 242f; vgl. A. *Schart*, Die Entstehung des Zwölfpro-
phetenbuchs (BZAW 260), Berlin / New York 1996, 89–91 (D-Schicht).
52   *Veijola*, Propheten (s.o. Anm. 7), 252–255 bezog die Stelle auf ein *Han-
delsverbot*, für das es nur späte Parallelen gibt, die den Wochensabbat als
JHWHs heiligen Tag längst voraussetzen (vgl. Neh 10,32 שבר »Getreide« wie in
Am 8,5; sachlich auch die eschatologisch ausgerichtete Paränese in Jer 17,19–
27). Daher datiert er die Nachinterpretation in nachexilische Zeit.
53   Zu der oft noch für das Südreich herangezogenen Erzählung über den
Sturz der Königin Atalja in 2Kön 11 (Wachwechsel am Sabbat, der wahrscheinlich bereits den späteren Wochensabbat meint) vgl. *Levin*, Atalja (s.o. Anm. 7).
54   Für eine nachexilische Datierung s. O. *Kaiser*, Das Buch des Propheten Jesaja. Kapitel 1–12 (ATD 17), Göttingen ⁵1981, 40–43; U. *Becker*, Jesaja – von
der Botschaft zum Buch (FRLANT 178), Göttingen 1997, 188–189 mit wenig
überzeugenden Gründen gegen *Veijola*, Propheten (s.o. Anm. 7), 251, Anm. 35
und *Levin*, Atalja, 39, die beide die Stelle sachlich für den vorexilischen Vollmondsabbat heranziehen.

Hier gelten »Neumond und Sabbat« ebenso wie andere festliche Versammlungen (V. 13 קרא מקרא // עצרה) bzw. Festtermine (V. 14 מועד) als bevorzugte *Zeiten des geregelten Gotteskontakts*, sie sind günstige Tage für eine »*Audienz*« vor dem Königsgott und lassen auf Erhörung der dabei vorgetragenen Bitten und Gebete hoffen (vgl. die audienztypische Sequenz V. 12 בוא »eintreten« – ראה פני יהוה »das Angesicht JHWHs schauen« – V. 13 הביא מנחה »Huldigungsgabe bringen« sowie das Vorbringen von תפלה »Gebetsbitte« in V. 15[55]). JHWH »verbirgt« jedoch angesichts der Schuld des Volkes trotz aller Opfergaben »seine Augen« und macht sich unzugänglich (V. 15)[56]. Dieser hervorgehobenen Konnotation der *Zugänglichkeit Gottes an Neumond, Sabbat und anderen kultischen Terminen* sind wir schon in 2Kön 4,23 begegnet und finden sie hier nun eng mit dem Jerusalemer Tempelkult verbunden: Es sind vor allem *öffentliche Zeiten der Gottesbegegnung* im Gegensatz zum abgeschirmten täglichen Tempeldienst. Auch hier ist kaum der spätere Wochensabbat, sondern wohl *die an den Mondphasen orientierte Einteilung monatlicher Feiertage* im Blick, wie sie vielleicht auch noch in Ez 45,17 und 46,1–12[57] als ältere Tempeltradition Jerusalems vorausgesetzt wird.

Schließlich zeigt auch noch der wohl älteste Text aus den Klageliedern des Jeremia in *Thr 2* einen vergleichbaren Befund[58]. JHWH ist in seinem Zorn zum »Feind« Israels geworden und hat (durch die Babylonier) seine Stadt Jerusalem zerstört. Ja sogar »seine Hütte / seinen Schrein« und »seinen Festort« hat er vernichtet, »seinen Altar« verworfen und »sein Heiligtum« entweiht (V. 6a.7). Mit dieser Zerstörung des »*Festorts*« Gottes (מועד [V. 6a] im Sinne des Versammlungsorts) ist auch der mit den »*Festterminen*« verbun-

---

55. Zu dieser kultisch gebrauchten Audienzterminologie vgl. ausführlich *F. Hartenstein*, Das »Angesicht JHWHs«. Studien zu seinem höfischen und kultischen Bedeutungshintergrund in den Psalmen und in Ex 32–34 (erscheint demnächst in FAT).
56 Vgl. zu Jes 1,15f* in diesem Sinn *F. Hartenstein*, Die Unzugänglichkeit Gottes im Heiligtum. Jesaja 6 und der Wohnort JHWHs in der Jerusalemer Kulttradition (WMANT 75), Neukirchen-Vluyn 1997, 200–201.
57 In Ez 46,1 ist deutlich der Wochensabbat im Blick. Beide Ezechiel-Stellen betonen die besondere Zuständigkeit des »Fürsten« (vorexilisch: des Königs) für die entsprechenden kultischen Verrichtungen (die Darbringung von »Brandopfern, Speisopfern und Trankopfern« an »Neumonden und Sabbaten und an allen Feiertagen/Festterminen [מועד] des Hauses Israel«).
58 Evtl. frühexilisch, zeitgleich mit dem in manchem ähnlichen Ps 74; vgl. zu dieser Volksklage und ihren Bezügen zu Thr 2 und 5 *Hartenstein*, Unzugänglichkeit (s.o. Anm. 56), 229–250; ebenso *M. Emmendörffer*, Der ferne Gott. Eine Untersuchung der alttestamentlichen Volksklagelieder vor dem Hintergrund der mesopotamischen Literatur (FAT 21), Tübingen 1998, 39–76 (Thr 2 und 5); 77–102 (Ps 74).

dene Gotteskontakt abgebrochen (מוּעֵד [V. 6b] im Sinne der Fei-
ertage/Fest-Termine):

»6 Er zerstörte wie einen Garten seine Hütte, hat verwüstet seinen *Festort*.
JHWH hat vergessen gemacht in Zion *Festtermin und Sabbat*, auch hat er verworfen in der Glut seines Zorns König und Priester. 7 Verstoßen hat der Herr
seinen Altar, entweiht hat er sein Heiligtum.«

Auch hier steht der Sabbat zusammen mit anderen Feiertagen für
kalendarisch festgelegte Zeiten des heilvollen Gotteskontakts am
Tempel im Rahmen von Festen unter Teilnahme einer breiteren
Öffentlichkeit. Und auch hier kann kaum der Wochensabbat gemeint sein.
Ich notiere ein *Zwischenresultat* im Blick auf den Fest-Charakter
des vorexilischen Sabbats[59]: Der Sabbat der vorexilischen Zeit war
kein allgemeiner Ruhetag, sondern ein sehr wahrscheinlich mond-
phasenbezogener Freuden- und Festtag, der für das Nord- und
Südreich belegt ist. Seine Begehung scheint nicht an Kultorte gebunden gewesen zu sein, obgleich man die an ihm (wie am Neumond) vorausgesetzte besondere Zugänglichkeit JHWHs auch am
Tempel feierte. Insofern waren Sabbat und Neumond offenbar
zugleich Elemente der »offiziellen« wie der »Volksreligion«[60].
Hinter der Kritik von Hos 2,13 und Am 6,3 wird eine Sabbatpra-
xis der Oberschicht des Nordreiches sichtbar, die sich am landwirtschaftlichen Zyklus orientierte und üppige Mahlfeiern einschloß.
Zusammen mit anderen im Jahreszyklus verankerten Festterminen
gehörte der Sabbat zu den Zeiten, an denen man JHWH nahe
und erhörungsbereit wußte (vgl. 2Kön 4,23). Von einer umfassenden Arbeitsenthaltung (vgl. eventuell Am 8,5: Handelsbe-
schränkung) oder konkreten Hinweisen auf einen Wochensabbat
verlautet nichts. Dies ändert sich erst mit der *Exilszeit*. Denn aus
den Texten des Dtn (mit Ausnahme der späteren Begründung des
Sabbatgebotes in Dtn 5) läßt sich nichts über den Sabbat entnehmen. Er ist offenbar weder Gegenstand der Kultreinigung unter
Joschija noch der nachfolgenden Kultzentralisation gewesen. Gerade in seiner *relativen Unabhängigkeit vom Tempelkult* wird einer der Gründe für die exilische Transformation des Sabbat gele-

---

59 Zu den hier formulierten Folgerungen ist wieder die oben in Abschnitt I
genannte Literatur zum Sabbat zu vergleichen.
60 Vgl. zu der nicht unproblematischen, aber heuristisch wertvollen Unterscheidung im Blick auf die Propheten des 8. Jh.s v.Chr. *J. Jeremias / F. Hartenstein*, »JHWH und seine Aschera«. »Offizielle Religion« und »Volksreligion«
zur Zeit der klassischen Propheten, in: *B. Janowski / M. Köckert* (Hg.), Religionsgeschichte Israels. Formale und materiale Aspekte (VWGTh 15), Gütersloh
1999, 79–138.

gen haben. Als am Heiligtum begangenes Vollmondfest war er mit dem Untergang Jerusalems zunächst einmal an sein Ende gekommen. Als *auch ohne Tempel begehbarer Feiertag* Israels hat er hingegen neue Wichtigkeit gewonnen, wie dies vor allem die Sabbat-Konzeption der Priesterschrift erkennen läßt.

IV. »Gott in der Zeit entdecken« – zur Sabbat-Konzeption der Priesterschrift

Die Priesterschrift und die auf sie bezogenen Texte des Alten Testaments sprechen vom Sabbat in neuer, theologisch profilierter Form[61]. Die entscheidende Änderung ist die Vereinigung der Tradition vom Sabbat als Feiertag mit der ursprünglich nicht explizit religiös konnotierten Tradition eines Ruhetages für den (bäuerlichen) Arbeitsrhythmus (vgl. Ex 34,21: »zur Zeit des Pflügens und Erntens«). Mit der Kombination verband sich die Ablösung des früheren Sabbats vom Mondphasenzyklus und eine neue *schöpfungstheologische Begründung des nun das ganze Jahr durchlaufenden Rhythmus' einer siebentägigen Woche* als der Zeitstruktur, die JHWH, der Gott Israels und zugleich umfassender Schöpfergott, der Welt eingestiftet hat.

Die nun theologisch maßgeblich werdende Ruhe am siebten Tag galt dabei vor dem Exil zunächst für alle, die an der Bewirtschaftung des Landes beteiligt waren (der freie Bauer, seine Knechte bzw. auch die bei ihm arbeitenden »Fremden« sowie die Arbeitstiere Rind und Esel – evtl. ist von der späteren Brachregelung her auch das Land im Blick[62]). Später wurde sie generalisiert und führte in primären sowie sekundären priester(schrift)lichen Texten zu einer Deutung des Sabbats als Aufforderung, auch fernab Jerusalems und eines Heiligtums »Gott in der Zeit zu entdecken«[63].

Sehr deutlich zeigt dies die priesterschriftliche Erzählung *Ex 16*. Sie setzt den Wochensabbat voraus und zeigt eine Rückprojektion der exilisch-nachexilischen Situation in die Wüste: Israel »findet« als erwünschten Nebeneffekt göttlicher Pädagogik durch das Ausbleiben des Manna am siebten Tag den Sabbat als eine JHWH

---

61 Vgl. dazu K. *Grünwaldt*, Exil und Identität. Beschneidung, Passa und Sabbat in der Priesterschrift (BBB 85), Frankfurt a.M. 1992, 122–219.
62 Vgl. dazu *Crüsemann*, Bewahrung (s.o. Anm. 8), 57; *Kessler*, Sabbatgebot (s.o. Anm. 8), 94.
63 So in Aufnahme einer Formulierung von *O.H. Steck*, der damit eine Leseperspektive für die Schriftprophetie umschreibt; vgl. *ders.*, Gott in der Zeit entdecken. Die Prophetenbücher des Alten Testaments als Vorbild für Theologie und Kirche (BThSt 42), Neukirchen-Vluyn 2001.

vorbehaltene Unterbrechung aller Tätigkeiten[64]. Die Verbindung des Sabbats als Feiertag mit der Tradition des siebten Tages der Arbeitsruhe zeigt dabei die Abfolge von Ex 16,29 und 30:

> »29 Ihr sollt sehen, daß JHWH euch den Sabbat gegeben hat. Deshalb gibt er euch am sechsten Tag Brot für zwei Tage. Bleibt (also), jeder an seiner Stelle, keiner gehe hinaus von seinem Ort am siebten Tag. 30 Da *hörte auf / enthielt sich* (vom Tun) das Volk am siebten Tag.«

Bemerkenswert ist in V. 30 dieselbe Verwendung des Verbs שׁבת wie in den älteren Ruhetagsgeboten von Ex 23,12 und Ex 34,21. Am siebten Tag soll man »aufhören«, also den Fluß der normalen Tätigkeiten unterbrechen. Diese »Zeitbrache« soll nach Ex 16 im Kontext der Wüstenerzählungen als Ordnung JHWHs wahrgenommen werden, noch *bevor* Israel an den Gottesberg gelangt ist und dort in Gestalt der kultischen und sozialen Lebensordnungen ausdrücklich den Gotteswillen vernommen hat. Der Sabbat erscheint so als eine *Rahmenstruktur zeitlicher Abläufe*, als *fundamentale Gliederung der Zeit*, die aber nicht an kosmischen Rhythmen wie Tageslauf und Monatszyklus ablesbar ist, sondern eigens »gefunden« werden muß. Die Versorgung der Seinen durch den (hier vor dem Hintergrund der Tempeltheologie Jerusalems zu verstehenden) Schöpfergott JHWH mit Speise geschieht mit Ausnahme des siebten Tages. Seine Unableitbarkeit aus dem Himmelsgeschehen macht den Sabbat in der Priesterschrift zusammen mit seiner Schöpfungsdimension zu einer *im strengen Sinn theologischen, auf Gott allein verweisenden Größe*.

---

64 In den späteren Ergänzungen in V. 4f und in V. 28f.31f wird dies spezieller auf das Sabbat*gebot* und dessen Einhaltung zugespitzt. Vgl. die Analyse von *E. Ruprecht*, Stellung und Bedeutung der Erzählung vom Mannawunder (Ex 16) im Aufbau der Priesterschrift, ZAW 86 (1974), 269–307, auf die sich *E. Blum*, Studien zur Komposition des Pentateuch (BZAW 189), Berlin / New York 1990, 146–148 bezieht (priesterliche Grunderzählung mit dtr. Elementen in V. 4f. 28f.31f); vgl. auch *A. Schart*, Mose und Israel im Konflikt. Eine redaktionsgeschichtliche Studie zu den Wüstenerzählungen (OBO 98), Freiburg (Schweiz) / Göttingen 1990, 134: D-Schicht: V. 4–5 + 28–29; spätere Nacharbeit »im priesterschriftlichen Stil«: V. 32–34; Glossen: V. 8 + 36. Vgl. weiter *Grünwaldt*, Exil (s.o. Anm. 61), 141–157, der die Sabbatthematik in Ex 16,22–30* (wie Ex 16* im ganzen) P^g zuschreibt (V. 27f sind wie V. 4f dtr. Zusatz [145]). – Für priester(schrift)liche Herkunft von Ex 16* spricht weiter, daß der siebte Tag in V. 23 als ליהוה שׁבת־קדשׁ שׁבתון »Sabbatliche Unterbrechung (?), heiliger Sabbat für JHWH« bezeichnet wird; zu dem Abstraktum שׁבתון als vermutlicher Sekundärbildung siehe *Willi-Plein*, Anmerkungen (s.o. Anm. 12), 201f, die die Übersetzung »Sabbatung« vorschlägt; vgl. z.B. die Verwendung in Lev 16,31 für den großen Versöhnungstag und im Heiligkeitsgesetz die Tendenz zur »Sabbatisierung« der israelitischen Feste (vgl. Lev 19,3.30; 23 [s.u. V.]; 24,8; 25,1–7; 26).

Insofern steckt auch in dem in der Geschichtsgliederung von »P« immer wieder bewußt gesetzten *Rekurs auf die Wochenstruktur des Schöpfungsgeschehens* eine eigenständige Sicht auf die Zeit Gottes, die durch den Sabbat bestimmt ist: So ruft in Ex 24,16 Gott Mose am *siebten Tag* vom Gottesberg her »mitten aus der Wolke«, um ihm die Pläne für den Heiligtumsbau mitzuteilen. Und auch der in Ex 25–31 und 35–40 geschilderte Abschluß dieser Arbeit mit der anschließenden erstmaligen Präsenz des göttlichen כבוד (»Herrlichkeit«) folgt dem Vorbild des Schöpfungsberichts in Gen 2,1–3[65].

Weltschöpfung und Heiligtumsbau sind also eng aufeinander bezogen, wie dies im Alten Orient breit belegt und in Israel besonders in der Schöpfungstheologie der Weisheit reflektiert worden ist[66]. Durch die Betonung des allein durch das Gründungshandeln Gottes und nicht durch kosmische Rhythmen vorgegebenen Schemas der durchlaufenden Woche grenzt sich die Sabbat-Konzeption der Priesterschrift von der Bindung des Sabbats an den Mondphasenzyklus (und den lunaren Kalender der Babylonier?) ab[67]. In einer sozusagen katechetisch verdichteten Formel bezieht sich auch die Begründung des Ruhetagsgebotes im Dekalog von *Ex 20,11* auf diese Sabbat-Konzeption zurück[68]:

65   Man vergleiche dazu die oft notierten terminologischen Entsprechungen zwischen Gen 1,31; 2,2–3 (P^g) und a) Ex 40,33 (P^s: Mose brachte die Arbeit am Heiligtum zum Abschluß [כלה Pi + המלאכה] wie Gen 2,2; vgl. Gen 2,1 von Himmel, Erde und Meer]), b) Ex 39,32 (P^s: Das ganze Werk am Heiligtum wurde zum Abschluß gebracht [wieder כלה Pi]) und c) Ex 39,43 (P^s: Mose sieht die getane Arbeit am Heiligtum an, stellt ihre genaue Übereinstimmung mit dem Gottesauftrag fest und segnet sie [המלאכה + הנה + ברך + ראה] wie Gen 1,31; 2,3]). Vgl. dazu *B. Janowski*, Tempel und Schöpfung. Schöpfungstheologische Aspekte der priesterschriftlichen Heiligtumskonzeption, in: Schöpfung und Neuschöpfung (JBTh 5), Neukirchen-Vluyn 1990, 37–69, bes. 46ff; s. auch *M. Weinfeld*, Sabbath, Temple and the Enthronement of the Lord – The Problem of the Sitz im Leben of Genesis 1:1–2:3, in: Mélanges bibliques et orientaux en l'honneur de M. Henri Cazelles (FS H. Cazelles) (AOAT 212), hg. von *A. Caqout / M. Delcor*, Kevelaer/Neukirchen-Vluyn 1981, 501–512. Zur Diskussion der Bezüge im Blick auf den Sabbat s. auch *Grünwaldt*, Exil (s.o. Anm. 61), 158–169.
66   Vgl. neben dem in Anm. 65 genannten Aufsatz von *B. Janowski* auch *ders.*, Sühne als Heilsgeschehen. Traditions- und religionsgeschichtliche Studien zur priesterlichen Sühnetheologie (WMANT 55), Neukirchen-Vluyn ²2000, 309–313; *E. Zenger*, Gottes Bogen in den Wolken. Untersuchungen zu Komposition und Theologie der priesterschriftlichen Urgeschichte (SBS 112), Stuttgart 1983, 170–175. Zur Weisheit s. *H.-J. Hermisson*, Zur Schöpfungstheologie der Weisheit, in: *ders.*, Studien zu Prophetie und Weisheit. Gesammelte Aufsätze (FAT 23), Tübingen 1998, 269–285.
67   Vgl. dazu *Theuer*, Mondgott (s.o. Anm. 13), 505.
68   Der Streit um die Priorität der Dekalogfassungen ist noch nicht entschieden, obgleich sich viele Forscher in neuerer Zeit der These *F.-L. Hossfeld*s (Der

»11 Denn sechs Tage lang hat JHWH den Himmel und die Erde gemacht, das Meer und alles, was in ihm ist, und ruhte (dann) am siebten Tag. Deshalb hat gesegnet JHWH den Sabbattag und heiligte ihn.«

Die Arbeitsunterbrechung am siebten Tag hat ihr vorausliegendes Vorbild im »Ruhen« JHWHs nach Abschluß der Schöpfung. Auch hier wird deutlich das Ende der Schöpfungserzählung der Priesterschrift in *Gen 2,2–3* (P^g) vorausgesetzt[69]:

»2 Und Gott brachte zum Abschluß am siebten Tag seine Arbeit, die er getan hatte, und er hörte auf am siebten Tag mit all seiner Arbeit, die er getan hatte. 3 Und es segnete Gott den siebten Tag und heiligte ihn. Denn an ihm hat er aufgehört mit all seiner Arbeit, die Gott geschaffen hatte, indem er (sie) machte.«

Nach Ex 20,11 »ruhte« Gott von seiner Arbeit aus (נוח wie in Ex 23,12), nach Gen 2,2 »hörte er (damit) auf« (שבת wie in Ex 23,12; 34,21). Eventuell hat Ex 20,11 mit dieser Variation eine bewußte Anleihe an der (älteren?) Sabbatgebot-Fassung in *Dtn 5,14* gemacht[70]. Mit deren heilsgeschichtlich ausgerichteter Begründung (vgl. V. 14f) ist ja eine deutliche Wiederaufnahme des älteren Ruhetagsgebots von Ex 23,12 verbunden, wobei das »Ruhen« (נוח) von »Rind und Esel« nun auf die Abhängigen übertragen erscheint: »damit dein Knecht und deine Magd ruhen wie du!« (Dtn 5,14). Ex 20,11 verweist für dieses »Ruhen« (נוח) noch einmal auf eine andere Begründungsebene: Die menschliche Unterbrechung der Arbeit *entspricht* dem »Ruhen« Gottes am Anfang. Die Einhaltung des Sabbats ist danach offenbar als ein besonderer Aspekt der *imago Dei* zu sehen. Bewußt verweist ja Ex 20,11 auch auf die abschließende »Segnung« und »*Heiligung*« des siebten Tages durch JHWH in Gen 2,3[71].

Dekalog. Seine späten Fassungen, die originale Komposition und seine Vorstufen [OBO 45], Freiburg [Schweiz] / Göttingen 1982) angeschlossen haben, nach der Dtn 5 die ältere, Ex 20 die jüngere Fassung darstellt; zur Diskussion siehe z.B. *Schmidt/Delkurt/Graupner*, Zehn Gebote (s.o. Anm. 9), 25–35.
69 Zum vielfach kommentierten priesterschriftlichen Schöpfungsbericht Gen 1,1–2,4a vgl. immer noch *W.H. Schmidt*, Die Schöpfungsgeschichte der Priesterschrift. Zur Überlieferungsgeschichte von Genesis 1,1–2,4a und 2,4b–3,24 (WMANT 17), Neukirchen-Vluyn ²1967; *O.H. Steck*, Der Schöpfungsbericht der Priesterschrift. Studien zur literarkritischen und überlieferungsgeschichtlichen Problematik von Gen 1,1–2,4a (FRLANT 115), Göttingen ²1981; vgl. für weiterführende Literatur *H. Seebass*, Genesis I. Urgeschichte (1,1–11,26), Neukirchen-Vluyn 1996, 57–58.
70 Zum Vergleich der beiden Fassungen haben sich die meisten Ausleger des Dekalogs bzw. des Sabbatgebots geäußert (vgl. die oben genannte Literatur); stellvertretend sei nur auf *Bartelmus*, Sabbat (s.o. Anm. 7), 175–191 verwiesen.
71 Vgl. den Beginn des Sabbatgebots in Ex 20,8: »Gedenke (זכור) des Sabbattages, *um ihn zu heiligen!*« (לקדשׁ).

Wie ein Brennspiegel sammelt schließlich der wohl späteste Sabbat-Text der priester(schrift)lichen Tradition in *Ex 31,12–17* die verschiedenen theologischen Perspektiven und bedenkt sie noch einmal neu. Seine Theologie ist erheblich tiefer, als dies viele Auslegungen des oft aufgrund seiner »Gesetzlichkeit« getadelten Abschnitts vermuten lassen[72]. Nach der Überleitung V. 12.13a, die die folgende Einschärfung des Sabbatgebotes als Fortsetzung des Auftrags zum Heiligtumsbau zu verstehen gibt, bildet Ex 31, 13aβ.b–17eine durch drei mit Imperativen (bzw. Jussiven) von שׁמר gegliederte Komposition (V. 13aβ.b.14.16)[73]:

13aβ.b Jedoch, meine Sabbate **haltet/bewahrt!**
Denn ein Zeichen (ist) er zwischen mir und euch
für eure Generationen/Geschlechter,
um zu erkennen / daß man erkennt,
daß ich JHWH (es) bin, der euch heiligt!

14 Und **haltet/bewahrt** den Sabbat,
denn heilig (ist) er für euch / um euretwillen!
Wer ihn entweiht, der muß ganz sicher sterben.
Ja, jeder, der an ihm eine Arbeit tut:
Ausgetilgt werden soll diese Person
aus der Mitte ihres Volkes.
15 Sechs Tage soll eine Arbeit getan werden,
aber am siebten Tag ist Sabbat sabbatlicher Unterbrechung,
heilig für JHWH.
Jeder, der eine Arbeit tut am Sabbattag,
muß ganz sicher sterben.

16 Und **halten/bewahren** sollen die Israeliten den Sabbat,
um den Sabbat zu tun / zu schaffen für ihre Generationen
als Verpflichtung / Bund fernster Zeit.
17 Zwischen mir und zwischen den Israeliten
(ist) er ein Zeichen für fernste Zeit.

Denn sechs Tage lang hat JHWH gemacht/geschaffen den Himmel und die Erde,
aber am siebten Tag hat er aufgehört und schöpfte Atem.

72 Vgl. die ausführliche Exegese bei *Grünwaldt*, Exil (s.o. Anm. 61), 170–185. Auch der posthum veröffentlichte große Exodus-Kommentar von *B. Jacob* ist aufgrund seiner theologischen Einsichten in den Text mit Gewinn heranzuziehen; vgl. *ders.*, Das Buch Exodus, Stuttgart 1997, 841–855.
73 Vgl. zur konzentrischen Struktur des Textes *Grünwaldt*, Exil, 172, der literarkritischen und redaktionsgeschichtlichen Lösungsversuchen für die komplexen Textprobleme keine große Erklärungskraft zubilligt. Meine vorliegenden Überlegungen legen den Endtext aus, auch wenn eine literarhistorische Hypothese notwendig ist – vermutlich lagen dem Verfasser drei unterschiedliche Gebotsformulierungen vor (V. 13aβ.b + 14 + 15.17b). Durch die Aufteilung von Gebot und Begründung des dritten Stückes (ursprünglich V. 15 und 17b, jetzt durch das analog zum ersten Stück 13aβ.b durch den Verfasser geschaffene Gebot V. 16.17a unterbrochen) wäre dann die Komposition entstanden.

Zwei Rahmenstücke (V. 13aβ.b und 16–17) legen sich um ein noch einmal zweiteiliges Zentrum (V. 14–15), das durch das Stichwort der »Heiligkeit« des Sabbats geprägt ist (vgl. auch V. 13b). Die Kernaussage des ganzen Abschnitts steht in der durch zwei *mot jumat*-Formeln (im Text kursiv) gerahmten Aussage V. 15aβ: »*aber am siebten Tag ist Sabbat sabbatlicher Unterbrechung, heilig für JHWH*«[74].

Der *schöpfungstheologische Satz V. 17b* hat Begründungsfunktion für die Komposition insgesamt. Die Struktur von Ex 31,12–17 orientiert sich demnach an der Dekalogfassung des Sabbatgebotes in Ex 20,8–11, sie bildet eine paränetische Paraphrase dazu. Welche theologischen Weiterungen werden sichtbar? Der Sabbat wird in Ex 31,13.17 singulär in »P« ein »Zeichen« (אות) genannt[75]. Es soll offenbar *die Erkenntnis der von Gott gesetzten Zeitstruktur in Schöpfung und Geschichte ermöglichen*: Am durch die Zeiten laufenden Wochenschema mit seinem Zielpunkt des für JHWH ausgesonderten Sabbats soll die Grundrelation von Gott als dem Bleibenden und den wechselnden Generationen Israels (und der Menschheit) »erkannt« werden (V. 13)[76]. Indem Israel selbst den Sabbat »*tut/schafft*« (vgl. das sonst nur noch Dtn 5,15 belegte ungewöhnliche עשׂה vom Sabbat in Ex 31,16), wird es hier m.E. von Gott an der *Aufrechterhaltung der Schöpfungsordnung* beteiligt[77]. Seine in dieser Hinsicht herausgehobene Stellung wird auch in der *reziproken* »*Heiligkeit*« sichtbar: An jedem Sabbat »heiligt« JHWH Israel (V. 13b.14), und umgekehrt läßt dieses im »Bewahren/Halten« des Sabbats die »Heiligkeit« JHWHs hervortreten (V. 15). Deshalb wird der Sabbat durch die Todessanktionssätze gesichert. Er ist in der spätpriester(schrift)lichen Theologie von Ex 31,12–17 zu einem exklusiven Garanten für die Gemeinschaft JHWHs mit Israel geworden, so daß er sogar als »(Bundes-) Verpflichtung für fernste Zeit« (ברית עולם) bezeichnet wird[78]. Der Verfasser sieht offenbar den Sabbat in einer Linie mit den Bundeszeichen für Noah und Abraham (jeweils אות »Zeichen« für den Regenbogen nach der Sintflut Gen 9,12f.17 bzw. die Beschnei-

---

74 S. zu V. 15a als Zentrum der Textstruktur *Grünwaldt*, Exil, 172.

75 Vgl. noch Ez 20,12.20, wo ebenfalls אות für den Sabbat steht; nach *Veijola*, Propheten, 260 wird dort »die Kenntnis von Ex 31,13(–17) vorausgesetzt.«

76 Sehr wahrscheinlich wird hier auf »alle Welt« als logisches Erkenntnissubjekt geblickt und somit der Sabbat als Bekenntniszeichen verstanden (s.u. V.). Vgl. dazu *Grünwaldt*, Exil (s.o. Anm. 61), 179.

77 Vgl. *Jacob*, Exodus (s.o. Anm. 72), 849, der den Ausdruck »den Sabbat *machen*« als »kühn« bezeichnet.

78 Vgl. dieselbe Wendung auch Lev 24,8 von der Zurichtung der »Angesichts-Brote« an jedem Sabbat.

dung in Gen 17,11). Er komplettiert also gewissermaßen die Ge-
schichtskonzeption der »P«-Grundschrift und die Sinaiperikope,
um noch vor Bundesbruch und -erneuerung (Ex 32–34) und Herstellung des Wüstenheiligtums[79] (Ex 35–39), aber nach Bekannt-
gabe des Dekalogs (mit seiner besonderen Betonung des Sabbatgebots [Ex 20]) die Wichtigkeit des Sabbats als »Zeichen« und
»heilige Zeit« herauszustellen[80].
Wie weit der theologische und literarische Horizont von Ex 31,
12–17 reicht, sei abschließend *am letzten Wort* des Textes demonstriert, das erneut an das »Ruhen« Gottes bei der Schöpfung anknüpft (s.o. zu Ex 20,11). *Ex 31,17b* stellt neben das vorgegebene
שבת »aufhören« ein charakteristisch anderes Verb als der Exodus-
Dekalog:

»Denn sechs Tage lang hat JHWH gemacht/geschaffen den Himmel und die
Erde, aber am siebten Tag hat er aufgehört *und schöpfte Atem.*«

M. Noth schrieb einst zu dieser Stelle: »wobei am Schluß noch die
massive Aussage auffällt, daß Jahwe nach dem sechstägigen Schöp-
fungswerk ›aufatmete‹«[81]. Tatsächlich wird hier das aus Gen 2,2
bekannte שבת »aufhören« noch einmal anders beleuchtet als im
Dekalog. Vordergründig geschieht dies in einem starken Anthropomorphismus. Wie die beiden weiteren alttestamentlichen Beleg-
stellen zeigen, ist an *ein tiefes Durchatmen nach körperlicher Anstrengung* gedacht. Und es ist aufschlußreich, daß neben 2Sam 16,
14 (David erholt sich am Jordan von den Anstrengungen seiner
Flucht) nur noch in Ex 23,12, dem alten Ruhetagsgebot aus dem
Bundesbuch, נפש Ni. »Atem holen / Luft schöpfen« vorkommt:

»Sechs Tage sollst du deine Arbeit tun, aber am siebten Tag sollst du aufhören,
damit ruhen dein Rind und dein Esel und *damit Atem schöpfen der Sohn deiner
Magd und der Fremde.*«

Angesichts der Reflexionsebene des Textes wird die anthropomor-
phe Rede von Gott m.E. bewußt gebraucht, um die (oben anhand
des Gebrauchs von נוח in Ex 20,11 dargelegte) *Entsprechungslogik*
des Sabbats weiter zu vertiefen. Auch hier geht es wohl um die
mit der Einhaltung des Sabbats zum Ausdruck kommende *imago*

---

79 Vgl. den Nachtrag zum Sabbat in Ex 35,1–3 (P^s).
80 Vgl. zur mit אות »Zeichen« in Ex 31,13.17 verbundenen theologischen
Perspektive auch *Grünwaldt*, Exil (s.o. Anm. 61), 179: »Diese Verbindungslinie
ist mit Recht zu betonen, auch wenn sie kein ursprünglich priesterschriftliches
Produkt, sondern das Ergebnis von Redaktionsarbeit ist. Die Sabbatobservanz
ist das Zeichen der mosaischen Epoche, so wie der Regenbogen Zeichen der erneuerten Schöpfung und die Beschneidung Zeichen der Väterzeit ist.«
81 *M. Noth*, Das zweite Buch Mose. Exodus (ATD 5), Göttingen ^{5}1973, 198.

Dei: Im Atemschöpfen während der Zeitbrache des siebten Tages
wird etwas von jenem schöpferischen Atem des Anfangs erfahrbar, den Gott als Geber des Lebens seinen Geschöpfen mitge-
teilt hat (vgl. Gen 2,7: חיה נפש für den Menschen [vgl. 2,19]).
Auch weil Gott selbst »aufgeatmet« hat, ist das wieder zu Atem
kommen seiner Geschöpfe und besonders derjenigen, die schwere
Arbeit tun, ein Stück Zeichenhaftigkeit des Sabbats[82]. In jedem
durch Israel verwirklichten Sabbat wird Schöpfung erinnert und
wirksam. Insofern scheint mir der oft wenig geschätzte Text theologisch Wesentliches zu enthalten.

V.   Der Sabbat als »Heiligtum« und am Heiligtum – Aspekte
nachexilischer Sabbat-Theologie

Die von der Exilszeit an feststellbare immer stärkere Aufwertung
des Sabbats als eines für JHWH heiligen Tages und als grundlegende Manifestation »heiliger Zeit« prägt die nachexilische Sabbat-Theologie. In den verschiedenen Literaturwerken des Alten
Testaments zeigt der Sabbat aber noch einmal je besondere Züge,
von denen abschließend einige angesprochen werden sollen. An
ihnen läßt sich zeigen, daß nicht nur die durchgängig gezählte
Woche der älteren Ruhetagsregelungen, sondern ebenso manche
Züge des vorexilischen Sabbatfeiertags weiterwirkten bzw. erneut
hervortraten.
Der Sabbat als Zielpunkt der (Schöpfungs-)Woche und als Gottes
»heilige Zeit« führte in manchen kultgesetzlichen Partien des Pentateuch zu einer »*Sabbatisierung*« *der Feste Israels* (verantwortlich
dafür ist zumeist eine spätpriesterliche Redaktionsarbeit[83]). Besonders ausgeprägt ist dies im Festkalender des Heiligkeitsgesetzes in
Lev 23, der mit einer (deutlich sekundär vorangestellten) Anweisung zur Sabbateinhaltung als Leitlinie für die Wahrnehmung aller
weiterer Feste einsetzt:

»2 Rede zu den Israeliten und sage zu ihnen: Die Festtermine JHWHs, die
ihr ausrufen sollt als heilige Versammlungen – jene (sind) meine Festtermine:
3 *Sechs Tage soll Arbeit getan werden, aber am siebten Tag ist Sabbat sabbatlicher Unterbrechung, heilige Versammlung. Keinerlei Arbeit sollt ihr (an
ihm) tun! Sabbat ist er für JHWH an all euren Wohnstätten.*«

Erst danach werden ab Lev 23,4 die Feste im einzelnen mit ihren
Opfern abgehandelt und dabei von ihren Terminen her möglichst

---

82   Vgl. *Jacob*, Exodus (s.o. Anm. 72), 850f: »In diesem Anthropomorphismus
kommt zuletzt auch die Humanität der Sabbatinstitution zum Ausdruck.«
83   Vgl. *C. Körting / H. Spieckermann*, Art. Sabbat (s.o. Anm. 1), 520.

mit Sabbaten verbunden. *Vor jedem anderen Fest war der Sabbat
also bereits da,* und insofern ist er *die Grundfigur jedes Festes,*
die Gott selbst am Anfang eingesetzt und allein Israel bekannt
gemacht hat[84]. Für den in Lev 23,3.31 unabhängig vom Tempel
an den Wohnorten Israels (auch im Exil bzw. der Diaspora) als
Festversammlung abzuhaltenden Sabbat sind auch keine speziellen Opfer genannt[85]. Dieselbe fundamentale Bedeutung des Sabbats zeigt die (wiederum sekundäre) Einleitung von *Lev 26,* dem
großen Segen- und Fluchkapitel am Ende des Heiligkeitsgesetzes.
In ihr werden zuerst die *»Einhaltung«* des *Sabbats* (Verb שׁמר)
und dann *die »Ehrfurcht« vor dem »Heiligtum«* JHWHs (Verb
מקדשׁי + ירא) einander als Grundgebote gleichgestellt:

»2 *Meine Sabbate* sollt ihr halten/bewahren, und *mein Heiligtum* sollt ihr
fürchten! Ich bin JHWH.«

Sabbat und Heiligtum werden hier so eng zusammengesehen, daß
ersterer wie ein Inbegriff dessen erscheint, was (gerade auch unabhängig vom Tempel) das »Heiligtum« JHWHs ausmacht (vgl.
dieselbe Formulierung wie in Lev 26,2 auch in Lev 19,30)[86]. Im
Sabbat ist grundlegend gegeben, was der Gott Israels von seinem
Volk fordert und ihm zugleich schenkt. Die Einhaltung des Sabbats rückt in dieser Perspektive *in die Nähe des Hauptgebots.*
Dies scheint auch im Bußgebet *Neh 9,6–37* der Fall zu sein, wo
zusammenfassend auf die Selbstkundgabe Gottes am Sinai zurück-
geblickt wird. Dabei werden wohl die Einfügung des Dekalogs
und der Gesetze in die Sinaiperikope ebenso vorausgesetzt wie
die Manna-Erzählung Ex 16 (s.o.)[87]. In *Neh 9,13–15* heißt es:

---

84 Für die Sabbattermine werden in der Praxis nach wie vor auch die Mondphasen einen Anhalt geliefert haben; die solare Orientierung einiger priesterschriftlicher Texte (vgl. Gen 7,11; 8,14 sowie 5,23) hat in der kultischen Praxis
des nachexilischen Israel kaum je eine entscheidende Rolle gespielt. Für die
komplizierte Geschichte des altisraelitischen Kalenders ist nachexilisch »offiziell« mit einer Mischform (einem lunisolaren Kalender) zu rechnen; vgl. dazu
z.B. *K. Jaroš,* Art. Kalender, NBL II (1995), 429–432. Das Wochenschema mit
dem Sabbat steht dabei mit dem Mondrhythmus immer in einer letztlich nicht
auflösbaren Spannung.
85 Wie in Ex 31,12–17 und Ex 35,1–5; Opfer für die Sabbate nennen dagegen
der späte Opferkalender Num 28,9–10 sowie (darin noch vorexilische Traditionen spiegelnd?) Ez 45,17 und 46,1–4.12 (Opfer des Fürsten).
86 S. auch die im Rückblick auf die Sünden Israels formulierte Anklage
JHWHs in Ez 23,38, daß am gleichen Tag »mein Heiligtum« (קדשׁי) »verunreinigt« (טמא) und »meine Sabbate« »entheiligt« (חלל) wurden.
87 Vgl. etwa *A.H.J. Gunneweg,* Nehemia (KAT 19/2), Gütersloh 1987, 124:
»Außer dem Paradigma der Geschichtspsalmen setzt er [sc. der Verfasser] offensichtlich den – dem Hauptinhalt nach – fertigen Pentateuch einschließlich
der priesterschriftlichen Schicht bereits voraus.«

»13 Und du bist herabgestiegen auf den Berg Sinai und hast mit ihnen vom Himmel her geredet, du hast ihnen gegeben gerechte Rechtssätze und wahrhaftige Weisungen, Satzungen und gute Gebote. 14 *Deinen heiligen Sabbat hast du ihnen bekannt gemacht,* und Gebote, Satzungen und Weisung/Gesetz hast du ihnen befohlen durch Mose, deinen Knecht. 15 Und Brot vom Himmel hast du ihnen gegeben, als sie hungerten [...].«

Im Nehemiabuch spielt die hier *als einziges Gebot des Dekalogs inhaltlich genannte Sabbateinhaltung* auch sonst eine wichtige Rolle als Unterscheidungsmerkmal innerhalb der Gemeinde der Israeliten und gegenüber den »Völkern«. Zur Sicherung einer Orthopraxie in diesem Sinn gehört Neh 13,15–22, der »Ich-Bericht« von der Sabbatschändung durch die Arbeit im Weinberg und das Tragen von Lasten in die Tore der Stadt[88], die offenbar am Sabbat ebenfalls als »geheiligt« galt (vgl. ähnlich und wohl zeitgleich Jer 17,19–27, wo die Einhaltung des Sabbats ebenfalls an den »Stadttoren« festgemacht wird und Bedingung einer zukünftigen Restitution des Königtums ist[89]). *Neh 10,32* berichtet vom Bemühen Nehemias, JHWH-Gläubige von Geschäften mit »Fremden« am »Sabbat« und »heiligen Tag« abzuhalten.

In den anschließenden Versen *Neh 10,33–34* geht es um die Verpflichtung des Volkes auf Abgaben zugunsten des »*Dienstes des Hauses unseres Gottes*« (V. 33). Zu ihm gehörten nach V. 34 die regelmäßigen Opfer im Heiligtumsinneren und am Altar im Hof. Diese Opfer werden terminlich fixiert auf tägliche/ständige Darbringungen, auf Sabbate, Neumonde und Festzeiten. Dieses *vierteilige,* nach Zeiteinheiten gegliederte Schema für den Jerusalemer Opferkult am Zweiten Tempel begegnet noch mehrfach in der Chronik (vgl. 1Chr 23,30f; 2Chr 2,3; 8,13; 31,3): a) »Tag für Tag / andauernd« (תמיד // יום ביום): *täglich,* b) »Sabbate« (שבתות): *wöchentlich,* c) »Neumonde« (חדשׁים): *monatlich,* d) »Festzeiten« (מועדים): *jährlich.* In dieser zeitlichen Reihe stehen die »Sabbate« vor den »Neumonden« für die *Wochen*einteilung[90].

Mit dem Wochenrhythmus als einer eigenen Einheit kultischer Zeiteinteilung verbindet sich im Blick auf den Jerusalemer Tempel in nachexilischer Zeit weiterhin das dem inneren Kult (dem göttlichen »Haushalt«) zugehörige *Wechseln der »Brote des Angesichts«*

---

88   S. weiter den Einschub von der Steinigung des Sabbatschänders in Num 15,32–36. Zu diesen durchweg späten Sabbat-Stellen ist wieder auf die oben (v.a. in Abschnitt I) genannte Literatur zum Sabbat zu verweisen.

89   Zur späten Datierung von Jer 17,19–27 vgl. *Veijola,* Propheten (s.o. Anm. 7), 255–258.

90   Von den oben besprochenen älteren prophetischen Sabbatstellen weicht dieser Sprachgebrauch signifikant ab, indem er die alte Reihenfolge »Neumond – Sabbat« umgekehrt hat: »Sabbate (stets Pl.) – Neumonde«.

an jedem Sabbat (nach Lev 24,8; vgl. 1Chr 9,32). Die Brote lagen demnach eine Woche vor JHWH aus und sollten dann als »Heiliges« von den Priestern im Tempel verzehrt werden (Lev 24,8). Wahrscheinlich haben sich in dieser Zeit mit den sog. »Schaubroten« auch schöpfungstheologische Gesichtspunkte verbunden, was wiederum für den zum Berufswissen der Priester am Tempel gehörenden *Schöpfungsbezug des Sabbats* spricht (s.o.)[91]. Auch die aus dem alten Sabbat der vorexilischen Zeit bekannte Vorstellung der *besonderen Zugänglichkeit Gottes am Festtag*, die mit der Symbolik der (kultischen) Audienz vor dem Königsgott JHWH einherging, spielt in manchen Texten eine wichtige Rolle (vgl. in dieser Hinsicht auch den einzigartigen Zyklus der Sabbatopferlieder aus Qumran, der die Symbolik des am Sabbat offenen himmlischen Thronsaals JHWHs breit entfaltet[92]). Der Sabbat kommt unter diesem Aspekt besonders in der (wohl spätesten, hellenistischen) Redaktionsschicht in *Tritojesaja* zur Sprache[93]. Hier geht es nicht explizit um den Rekurs auf die uranfängliche Einsetzung des Sabbats, sondern dieser wird zum *Festtermin der Zukunft*, die Gott eröffnet. Seine Einhaltung ist ein *Kriterium der Eschatologie*. An ihr werden nicht nur Israel (vgl. dazu wiederum Jer 17,19–27), sondern *auch die Völker* gemessen. Möglich ist dies wiederum aus der schöpfungstheologisch begründeten Geltung des Sabbats über die Grenzen Israels hinaus. So stellt die Einleitung zu Tritjes in *Jes 56,1–8* die Beachtung des Sabbats (vgl. auch Jes 58,13f) mit der Verwirklichung von »Recht« und »Gerechtigkeit« zusammen (vgl. V. 1f). Der Text liest sich wie

91 Vgl. dazu *F. Hartenstein*, »Brote« und »Tisch des Angesichts«. Zur Logik symbolischer Kommunikation im Tempelritual, in: »Einen Altar von Erde mache mir ...« (FS D. Conrad) (Kleine Arbeiten zum Alten und Neuen Testament 4/5), hg. von *J.F. Diehl / R. Heitzenröder / M. Witte*, Waltrop 2003, 107–127.
92 Vgl. dazu die Ausgabe von *C. Newsom*, Songs of the Sabbath Sacrifice. A Critical Edition (Harvard Semitic Studies 27), Atlanta, Georgia 1985 sowie z.B. *A.M. Schwemer*, Gott als König und seine Königsherrschaft in den Sabbatliedern aus Qumran, in: *M. Hengel / A.M. Schwemer* (Hg.), Königsherrschaft Gottes und himmlischer Kult im Judentum, Urchristentum und in der hellenistischen Welt (WUNT 55), Tübingen 1991, 45–118.
93 Vgl. dazu *Veijola*, Propheten, 262–263; *K. Koenen*, Ethik und Eschatologie im Tritojesajabuch. Eine literarkritische und redaktionsgeschichtliche Studie (WMANT 62), Neukirchen-Vluyn 1990, 28f: »Jes 56,3–8 bildet mit dem Schlußtext des Tritojesajabuchs, Jes 66,18–22, eine Klammer um das ganze Buch.« Die beiden Schlußverse Jes 66,23f gehören für Koenen zu einer noch späteren Glossierung (208). Nach *O.H. Steck* bilden Jes 56,1–8 und 65,1–66,24 einen Bestandteil der redaktionellen Fortschreibung III des Großjesajabuchs, die er in die Zeit nach Alexander dem Großen datiert (3. Jh. v.Chr.); vgl. *ders.*, Der Abschluß der Prophetie im Alten Testament. Ein Versuch zur Frage der Vorgeschichte des Kanons (BThSt 17), Neukirchen-Vluyn 1991, 29.

eine Umkehrung des oben behandelten Abschnitts Jes 1,10–17*
(vgl. III.). Der Einklang von kultischer und sozialer Solidarität ist
die Bedingung auch für die Zugehörigkeit der *Völker* zu JHWH:

»6 Und die Fremden, die sich JHWH angeschlossen haben, um ihm (kultisch) zu
dienen, um den Namen JHWHs zu lieben und ihm Knechte zu sein, *jeder, der
den Sabbat vor seiner Entweihung bewahrt,* und die meinen Bund festhalten: 7
Ich werde sie bringen zu meinem heiligen Berg und werde sie fröhlich machen
im Haus meiner Gebetsbitte[94], ihre Brandopfer und ihre Schlachtopfer (werden
sein) zum Wohlgefallen auf meinem Altar, ja mein Haus soll *ein Haus (der)
Gebetsbitte genannt werden für alle Völker!«*

Noch einmal formuliert dies ausdrücklich im Blick auf *die ganze
Völkerwelt, ja die belebte Schöpfung* (»alles Fleisch«; vgl. Jes 40,
5f) der vorletzte Vers des Jesajabuches: *Jes 66,23*[95]:

»23 Und es wird sein: Neumond für Neumond und *Sabbat für Sabbat wird
kommen alles Fleisch, um meinem Angesicht zu huldigen.«*

Dieser Vers greift die alte vorexilische Reihenfolge von »Neumond
und Sabbat« wieder auf, versteht aber beide Festtermine als *Inbegriff einer nie endenden Proskynese der ganzen Welt vor dem
Angesicht des Königsgottes.* Dem Feiertag des Sabbats wird hier
eine (seiner uranfänglichen Qualität entsprechende) *endzeitliche
Bedeutung* zugesprochen. Insofern bildet dieser Festtermin nun
noch einmal anders ein auf Gottes Souveränität und Freiheit ver-
weisendes »Zeichen« und eine universale Geltung beanspruchende
Grundfigur »heiliger Zeit«.

VI. Resümee

Der israelitische Sabbat hat sich wahrscheinlich aus der doppelten
Vorgabe eines alten monatlichen Feiertags (Vollmond) und der
bäuerlichen Arbeitsruhe am siebten Tag in der Exilszeit herausge-
bildet. Der Grund für diese Transformation lag im kultischen, nicht
aber exklusiv tempelbezogenen Charakter des Sabbats einerseits
und in der nach der Verbindung der beiden Traditionen durchgängigen Wochenzählung des alten Ruhetagsgebotes andererseits.

94 בבית תפלתי, vgl. Jes 1,15 (s.o. III.).
95 Zu diesem Vers vgl. die o. in Anm. 93 genannte Literatur. Zur Abgrenzung
von Jes 66,23 vom folgenden V. 24 vgl. *J. Blenkinsopp,* Isaiah 56–66. A new
Translation with Introduction and Commentary (AncB 19B), New York / London
/ Toronto / Sydney / Auckland 2003, 309.315, der den Buchschluß einleuchtend
in V. 22–23 und V. 24 aufteilt.

Diese Synthese machte ihn zum bevorzugten Bekenntnismerkmal Israels. Indem in Gottes anfänglichem Ruhen bei der Schöpfung die Grundstruktur der Zeit im Wechsel von »Arbeit« und »(festlicher) Unterbrechung« vorgegeben war (Priesterschrift), konnten die Israeliten erstens auch in der Völkerwelt den Sabbat feiern und zweitens über seine Einhaltung schließlich auch die Völker selbst in das »Haus Gottes« einbeziehen (vgl. das entsprechende Wortspiel in Jes 56,5 und 7; Jes 66,23). Als »Zeichen« und »heilige Zeit« war der Sabbat *vor* den Festen Israels da und bildete so deren *Grundfigur* und *Gegenüber.* Als Gott allein vorbehaltener »heiliger Tag« strukturierte er elementar die Zeiterfahrung Israels in den zwei Dimensionen von Tätigsein und Aufhören/Aufatmen (Ex 20,11; Ex 31,17). Insofern verweist jeder Sabbat zurück auf die weltlich unableitbare Freiheit des Schöpferhandelns und macht Geschöpflichkeit als Gabe und Aufgabe bewußt.

Ludger Schwienhorst-Schönberger

Gefeierte Lebenszeit bei Kohelet

Der Aufruf zur Freude steht im Zentrum der Botschaft des Buches Kohelet. Seine Diskussionen, Reflexionen und Meditationen kulminieren im großartigen Schlussgedicht 11,9 – 12,8: »Freu dich, junger Mann, in deiner Jugend, sei glücklichen Herzens in deinen jungen Jahren!« (11,9). Umso erstaunlicher ist, dass die Freude dort, wo sie erstmals im Buch begegnet, einen ausgesprochen negativen Beigeschmack trägt. Kohelets Erstkontakt mit der Freude war offensichtlich eine »Vergegnung« (2,1f):

1 Ich sprach in meinem Herzen:
  Auf! Ich will es mit Freude versuchen.
  Ja, genieß das Glück!
  Doch siehe: Auch das ist Windhauch.
2 Zum Lachen sprach ich: Wie dumm!
  und zur Freude: Was bringt sie ein?

Es hat den Anschein, als sei die Freude, zu der Kohelet aufruft, eine andere als jene, die er verwirft. Das Koheletbuch – so lautet die These dieses Beitrags – deckt die Ambivalenz dessen auf, was damals wie heute mit Vorstellungen von Freude und Glück in Verbindung gebracht wird. Dazu bedient sich der Autor des Buches einer narrativen Strategie, die Kohelet vorübergehend als König in Erscheinung treten lässt. Es fällt auf, dass die einzige eindeutig negative Qualifikation der Freude im Rahmen der sogenannten Königstravestie (1,12 – 2,23) begegnet. In der Königstravestie wird eine Anthropologie durchgespielt, die letztlich zum Scheitern verurteilt ist.

1 Anthropologie: Ein König wird Mensch

Ein Schlüssel zum Verständnis des Buches liegt darin, dass die Aussagen der Königstravestie (1,12 – 2,23) nicht als auf derselben Ebene liegend angesehen werden dürfen wie die übrigen Aussagen des Buches. In der Königstravestie blickt Kohelet auf eine frühere Phase seines Lebens zurück, eine Phase, in der er »König

war über Israel in Jerusalem« (1,12). Natürlich ist dies nicht in einem historischen Sinn zu verstehen. Es handelt sich um eine Form
literarischer Anthropologie. In 1,12 – 2,26 erzählt Kohelet von der
Zeit, da er König war, von den Absichten, die er damals verfolgte,
von dem, was er erreichte, von den Krisen, die er durchmachte, und
von den Erkenntnissen, zu denen er gelangte. In sehr geraffter
Form liegt hier eine Gattung vor, die in etwa dem entspricht, was
wir aus der neuzeitlichen Literatur als Entwicklungsroman kennen[1].
Der Protagonist macht eine geistige Entwicklung durch.
In 2,3–23 erzählt Kohelet von seinem Auf- und Abstieg als König.
Der Aufstieg beginnt grandios mit dem Bau einer königlichen Lebenswelt (2,4–10):

4   Ich vollbrachte meine großen Taten:
    Ich baute mir Häuser,
    ich pflanzte mir Weinberge.
5   Ich legte mir Gärten und Parkanlagen an,
    und ich pflanzte darin alle Arten von Bäumen jeglicher Frucht.
6   Ich legte mir Wasserbecken an,
    um daraus einen Wald, der vor Bäumen sprießt, zu bewässern.
7   Ich kaufte Knechte und Mägde,
    obwohl ich schon hausgeborene Sklaven besaß,
    auch Vieh – Großvieh und Kleinvieh.
    Ich besaß mehr als alle, die vor mir in Jerusalem waren.
8   Ich häufte mir auch Silber und Gold an
    und als besonderen Schatz der Könige: Provinzen.
    Ich besorgte mir Sänger und Sängerinnen
    und die Lüste der Menschensöhne: Brüste über Brüste.
9   Ich wurde reicher als ein jeder, der vor mir in Jerusalem war,
    auch meine Weisheit stand mir zur Verfügung.

---

1   Vgl. *J. Schweikle*, Art. Entwicklungsroman, Metzler Literatur Lexikon
(²1990), 125: »Romantypus, in dem die geist. Entwicklung der Hauptgestalt
(meist eines jungen Menschen) dargestellt wird. ... In der modernen Literaturwissenschaft wird deshalb versucht, die Bez. ›E.‹ [scil. ›Entwicklungsroman‹]
formal zu fixieren als überhistor., immer und in jeder Literatur möglicher
Bautyp; entscheidend für die Zuordnung zum E. sind neben dem Inhaltl. (Konzeption eines individuellen Lebensganges) bestimmte *strukturelle Kriterien*,
z.B. die *Funktion der Stoffverteilung*: Held als Zentrum der dargestellten Welt
..., eine spezif. *Erzählsituation*: bes. typ. ist z.B. die Ichform (erzählendes im
Ggs. zum erlebenden Ich), die viele E.e in die Nähe der Autobiographie und der
Problematik des autobiograph. Romans stellt (zwei Bewußtseinsebenen des Ich)
oder das *chronolog. fortschreitende Zeitgerüst*.« Der Hinweis auf die Gattung
»Entwicklungsroman« hebt die Herleitung der Königstravestie aus zeitge-
schichtlich belegten Gattungen wie ägyptischen Königslehren (*K. Galling*) oder
fiktionalen Autobiographien (*T. Longman*) nicht auf. Vgl. *T. Longman III*, The
Book of Ecclesiastes (NJCOT), Grand Rapids 1998, 15–22. *C.L. Seow*, Qohelet's
Autobiography, in: Fortunate the Eyes that See. FS D.N. Freedman, ed. A. Beck et
al., Grand Rapids 1995, 257–282.

10   Und was immer meine Augen verlangten, versagte ich ihnen nicht.
      Meinem Herzen verweigerte ich keine einzige Freude,
      ja, mein Herz freute sich an meinem ganzen Besitz,
      und das war mein Anteil an meinem ganzen Besitz.

Doch bereits auf dem Höhepunkt der Karriere kündigen sich erste
Zweifel, Unsicherheiten und Misstöne an (2,11):

11   Dann wandte ich mich all meinen Werken,
      die meine Hände geschaffen hatten,
      und dem Besitz, für den ich mich abgemüht hatte,
      um ihn zu erwerben, zu,
      und siehe: Das ist alles Windhauch und Luftgespinst.
      Es gibt keinen Gewinn unter der Sonne.

Mit 2,12 setzt der unaufhaltsame Abstieg des Königs ein. Auch
die Weisheit, so erkennt »König Kohelet«, kann ihn letztlich vor
dem Tod nicht retten (2,12–17): »Da hasste ich das Leben, denn
als etwas Böses lag auf mir das, was unter der Sonne geschieht. Ja,
das ist alles Windhauch und Luftgespinst« (2,17). Der Versuch,
sich und seinem Werk mittels der Bildung einer Dynastie Unver-
gänglichkeit zu verschaffen, ist mit Unsicherheiten behaftet (2,
18–20). Vor allem aber wird er dem nicht gerecht, was Kohelet
als König sucht: bleibendes Glück (2,3). Er, der König, müht sich,
und ein anderer soll die Früchte seiner Arbeit genießen (vgl.
2,21)? »Was bleibt also dem Menschen von all seiner Mühe und
dem Streben seines Herzens, mit denen er sich abmüht unter der
Sonne?« (2,22). Das im Königsexperiment durchgespielte Lebens-
modell endet in Resignation und Verzweiflung: »Ja, all seine Tage sind Leid, und Kummer ist sein Geschäft. Selbst in der Nacht
findet sein Herz keine Ruhe« (2,23a).
Der Leser war auf dieses Ergebnis nicht ganz unvorbereitet. Denn
mit 1,13 – 2,2 gab König Kohelet bereits einen Überblick über
das, was im Folgenden zu erwarten war. Im Horizont der auch bei
Aristoteles anzutreffenden Unterscheidung der drei Lebensformen (βίοι), einem Leben, das sich der Praxis widmet (»Taten«:
1,14–15), einem Leben, das sich der Theorie widmet (»Weisheit«:
1,16–18), und schließlich einem Leben, das sich dem Vergnügen
hingibt (»Freude«: 2,1f)[2], teilt König Kohelet dem Leser mit, dass
die von ihm unternommenen Versuche mit diesen Lebensformen
»im Windhauch« endeten. Hier, in 2,1f, findet sich die einzige
dezidiert negative Bewertung der Freude. Sie hängt offensichtlich

---

2   Vgl. *A.A. Fischer*, Skepsis oder Fucht Gottes? Studien zur Komposition und
Theologie des Buches Kohelet (BZAW 247), Berlin / New York 1997, 208–210.

mit jener Lebensform zusammen, die Kohelet angenommen hatte,
aus der er aber am Ende, durch Krisen geläutert, erwacht. Die
Wende vollzieht sich in 2,24f:

24   Nicht im Menschen gründet das Glück,
     wenn er isst und trinkt
     und seine Seele Gutes sehen lässt bei seiner Arbeit.
     Vielmehr habe ich selbst gesehen,
     dass es aus der Hand Gottes stammt.
25   Denn wer isst und wer sorgt sich, wenn nicht ich?

Am Ende des königlichen Experiments kommt Gott ins Spiel. In
der königlichen Lebenswelt von 2,3–23 kam Gott nicht vor. Er
wird mit keinem Wort erwähnt. Lediglich in 1,13 wird im Gestus
eines distanzierten Beobachtens gefragt, ob es ein schlechtes Geschäft sei, »das ein Gott den Menschen aufgetragen hat, dass sie
sich damit plagen«[3].
Das Königsexperiment Koh 1,12 – 2,23 spielt eine Anthropologie ohne Gott durch. Wo Gott nicht vorkommt, übernimmt der
Mensch die Rolle Gottes, *er* wird zum Königsgott. Tatsächlich
weist 2,3–11 durchgehend »gott-königliche« Konnotationen auf.
Kohelet wird zum Schöpfer (s)einer Welt. Doch am Ende zeigt
sich: Auch der König ist nur ein Mensch. Auch er ist sterblich, wie
jeder andere Mensch (2,15). Auch seine Welt ist nichts anderes als
eine vergängliche Menschenwelt.
Das hier im Rahmen einer autobiographischen Stilisierung gestaltete Thema »Sterblichkeit des Königs« kann als kritische Auseinandersetzung mit hellenistischer Königsideologie verstanden werden.
Der Sache nach weist Koh 2,12.13–17 starke Gemeinsamkeiten
mit Weish 7,1–6 auf. In Weish 7,1–6 sagt ein König (der weise
Salomo) von sich:

Auch ich bin ein sterblicher Mensch wie alle anderen,
Nachkomme des ersten,
aus Erde gebildeten Menschen.
Im Schoß der Mutter wurde ich zu Fleisch geformt,

---

3   Koh 1,13b ist als Fragesatz (so N. Lohfink) oder als eine von *König* Kohelet
aufgestellte These, die im weiteren Verlauf der Argumentation revidiert wird
(3,10f), zu verstehen. Zur Begründung verweise ich, auch bezüglich anderer
fachexegetischer Details, auf meinen Kommentar, der in der Reihe »Herders
Theologischer Kommentar zum Alten Testament« voraussichtlich im Jahre
2004 erscheinen wird. Zu Koh 1,13b vgl. *N. Lohfink*, Koh 5,17–19 – Offenbarung durch Freude (1990), in: *ders.*, Studien zu Kohelet (SBA 26), Stuttgart
1998, 151–165. *L. Schwienhorst-Schönberger*, »Nicht im Menschen gründet
das Glück« (Koh 2,24). Kohelet im Spannungsfeld jüdischer Weisheit und hellenistischer Philosophie (HBS 2), Freiburg i.Br. ²1996, 45–51.

zu dem das Blut in zehn Monaten gerann
durch den Samen des Mannes
und die Lust, die im Beischlaf hinzukam.
Geboren atmete auch ich die gemeinsame Luft,
ich fiel auf die Erde, die Gleiches von allen erduldet;
und Weinen war mein erster Laut wie bei allen.
In Windeln und mit Sorgen wurde ich aufgezogen;
kein König trat anders ins Dasein.
Alle haben den einen gleichen Eingang zum Leben;
gleich ist auch der Ausgang.

Nach H. Engel ist dieser Text »in deutlichem Gegensatz formuliert zur hellenistischen Königsideologie, wie sie die Ptolemäer und in ihrer Nachfolge in Ägypten die römischen Kaiser, altägyptische Pharaonentexte übernehmend, propagieren ließen.« Demgegenüber formuliert Weish 7,1–6: »Ein König stammt nicht von Göttern ab, sondern wie alle anderen sterblichen Menschen ›von dem aus Erde gewordenen Erstgestalteten‹ ... Der Eintritt ins Leben und das Sterbenmüssen sind für alle Menschen gleich.«[4]
In Koh 2,12.13–17 wird König Kohelet diese Einsicht in schmerzhafter Weise bewusst: Auch der weise König muss sterben! Beginnend mit 2,24 wird die (selbst)herrliche Anthropologie des Königs revidiert. Das Koheletbuch kann insgesamt als eine revision de vie gelesen werden. Das Leben, das revidiert wird, wird in 1,12 – 2,23 literarisch entworfen. Alles, was ab 2,24 gesagt wird, kann – im weitesten Sinne – als Korrektur an 1,12 – 2,23 verstanden werden. Den Durchbruch zur wahren Erkenntnis findet Kohelet aber noch als König (2,24f). Aus diesem Grunde wird die Königstravestie formell nicht explizit beendet. Sie läuft dort aus, wo der König zum Menschsein erwacht (2,24–26). Und dies geschieht, da erstmals die Wirklichkeit Gottes ins Gewahrsein kommt: »Ich habe erkannt, dass es aus der Hand Gottes stammt« (2,24b). So gesehen, werden im Koheletbuch nicht einfachhin zwei unterschiedliche Anthropologien nebeneinander gestellt. Es spricht in 1,2 – 12,8 ein und dieselbe Person[5]. Sie entwickelt ihre Lehre in einem autobiographisch stilisierten Rückblick auf die eigene Le-

---

4   H. *Engel*, Das Buch der Weisheit (NSK 16), Stuttgart 1998, 126f.
5   In jüngster Zeit vereinzelt wieder aufgenommene Versuche, die »Spannungen und Widersprüche« des Koheletbuches literarkritisch zu lösen, werden von der Forschung mehrheitlich und mit guten Gründen abgelehnt. Vgl. *F.J. Backhaus*, Widersprüche und Spannungen im Buch Qohelet. Zu einem neueren Versuch, Spannungen und Widersprüche literarkritisch zu lösen, in: *L. Schwienhorst-Schönberger* (Hg.), Das Buch Kohelet. Studien zur Struktur, Geschichte, Rezeption und Theologie (BZAW 254), Berlin / New York 1997, 123–154. *L. Schwienhorst-Schönberger*, Neuere Veröffentlichungen zum Buch Kohelet (1998–2003), ThLZ 128 (2003), 1123–1138.

bensgeschichte, im Nachzeichnen jenes Weges, der sie zu der Lehre, die sie jetzt vertritt, geführt hat.
Die im Koheletbuch entfaltete Anthropologie ist – entgegen einer verbreiteten Ansicht[6] – sowohl traditionsgeschichtlich als auch der Sache nach tief in der Heiligen Schrift verwurzelt. Die Frage »Was ist der Mensch?« wird in zentralen Texten der Heiligen Schrift im Horizont einer Königsmetaphorik entfaltet, die sich in

6   Zwei Vertreter dieser Ansicht seien zitiert. A. *Lauha*, Kohelet (BK XIX), Neukirchen-Vluyn 1978, 22–24: »... die Hauptursache seines weltanschaulichen Bankrottes liegt darin, dass er von der israelitischen persönlich-existentiellen Glaubenslinie abgeglitten und zu einem beobachtenden Zuschauer ohne religiösen Eifer geworden ist ... So läßt er viel Zentrales biblischer Glaubensinhalte unberücksichtigt oder stellt sie sogar in Abrede. ... Infolge seiner dem alttestamentlichen Gottesglauben fremdartigen Grundanschauung dürfte Kohelets Schrift aber in ihrer Gesamtintention kaum die Chance haben, persönliche Glaubensüberzeugung im biblischen Sinne wachzurufen und zu festigen.« D. *Michel*, Untersuchungen zur Eigenart des Buches Qohelet (BZAW 183), Berlin 1989, 288: »Mit großer denkerischer Strenge hat Qohelet den Versuch unternommen, in der Welt nach einem letzten Sinn zu fragen und aufgrund seiner Erkenntnisse etwas über Gott zu sagen. Ganz sicher ist, daß seine Aussagen über den Gott, der im Himmel thront und dem man nie begegnen kann, nicht zu vereinbaren sind mit dem, was sonst im Alten Testament über Gott gesagt wird: daß er sich offenbart hat, daß er handelnd und erwählend in die Geschichte eingegriffen hat und eben in diesem seinem erwählenden Handeln erkennbar und anzubeten ist. ... Wenn man auf die reine Lehre sieht, hatten diejenigen Recht, die Qohelet nicht im Kanon haben wollten. Und dennoch ist es wohl gut, daß dieses Buch in die Sammlung der Heiligen Schrift aufgenommen ist. Denn hier wird eine Möglichkeit menschlichen Redens von Gott vorexerziert, die für die Theologie immer eine Gefahr bedeutet.« Zur neueren, nach wie vor kontrovers geführten Diskussion vgl. einerseits J.Y.-S. *Pahk*, Il canto della gioia in Dio. L'itinerario sapienziale espresso dall' unità letteraria in Qohelet 8,16 – 9,10 e il parallelo di Gilgameš Me. iii, Napoli 1996; M. *Maussion*, Le mal, le bien et le jugement de Dieu dans le livre de Qohélet (OBO 190), Fribourg/Göttingen 2003, 171: »Le Dieu de Qohélet est un Dieu bon et proche, qui donne la vie et la joie, et non le malheur«; A. *Vonach*, Nähere dich um zu hören. Gottesvorstellungen und Glaubensvermittlung im Koheletbuch (BBB 125), Berlin/Bodenheim 1999 und V.D'*Alario*, Struttura e teologia del libro del Qohelet, 274: »Per quanto riguarda la concezione di Dio, Qohelet è perfettamente in linea con la tradizione ...«, andererseits A. *Schoors*, L'ambiguità della gioia in Qohelet, 292: »La mia analisi ha mostrato che Qohelet non è un libro con un messaggio di gioia. Esso è un libro in cui gioca un ruolo importante il godere o il piacere, quando si limita a rendere la vita vivibile. Così esso è un bene di cui la persona riceve la sua porzione, ma questo godimento non è in grado né di cancellare le assurdità della vita umana né di renderle trasparenti. L'esortazione a godere del piacere è il contrappeso pratico di una filosofia che scorge assurdità ovunque nel mondo e che è consapevole che il mondo, e l'uomo che vive in esso, in definitiva sono impenetrabili, perché sono l'opera impenetrabile di un impenetrabile Dio«. Die beiden zuletzt genannten Aufsätze sind erschienen in: G. *Bellia* / A. *Passaro* (ed.), Il libro del Qohelet. Tradizione, redazione, teologia, Milano 2001, 256–275 (V. D'*Alario*) und 276–292 (A. *Schoors*).

gesamtbiblischer Perspektive auf folgende Dynamik fokussieren lässt: Jeder Mensch ist ein König. Sein Königtum aber empfängt er von Gott (vgl. Gen 1,26–38; Ps 8)[7]. Insoweit der Mensch dies anerkennt und vollzieht, ist er ein König, der von seinem Thron herabsteigt, ein König, der Mensch wird (vgl. Weish 7,1–6; Joh 18, 37; 19,5). Eine derartige »Menschwerdung des Königs« vollzieht sich im Buch Kohelet. Sie vollzieht sich in Begleitung heftiger Schmerzen. Sie erweist sich als ein Prozess der Desillusionierung, der Ent-täuschung. Die »enttäuschenden« Aussagen des Koheletbuches dürfen nicht als für sich stehende Aussagen, als Ausdruck einer pessimistischen Weltsicht gelesen werden. Sie sind Ausdruck einer verfehlten Lebenseinstellung. In einem schmerzhaften Bewusstseinsprozess schält sich Kohelet aus dieser verfehlten Lebensform heraus. Der Prozess vollzieht sich in 2,3–23. Erst am Ende dieser via purgativa ist sein Bewusstsein in der Lage, das zu empfangen, was es von Anfang an gesucht hatte (vgl. 2,3): wahres Glück (2,24).

2 Eudämonologie: Suche nach Glück

Das Spezifische der Anthropologie des Koheletbuches besteht nun darin, dass sie im Rahmen eines eudämonologischen Diskurses entfaltet wird. Davon soll im Folgenden die Rede sein.
Die Koheletsche »Lehre vom Glück« lässt sich in folgenden Aussagen zusammenfassen und, von diesen ausgehend, entfalten:
1. Freude ist eine *Gabe* Gottes.
2. Freude ist eine spezifische Form der *Erfahrung*.
3. Freude ist zugleich eine Selbstmitteilung (»*Antwort*«) Gottes.

---

7 In Bezug auf Ps 8,6–9 spricht *E. Zenger* vom »Zentrum biblischer Anthropologie«: »Anders als die altorientalische Anthropologie, die die Menschen als Sklaven der Götter definiert und lediglich die Könige (und gelegentlich die Oberpriester von Tempeln) aus der Masse der Göttersklaven heraushebt und als ›Gottesbilder‹, ›Gottessöhne‹ oder sogar als ›Götter‹ proklamiert, spricht [Ps 8,6–9] (ähnlich wie Gen 1,26–28) dem Menschen als Menschen eine Würde zu, die ihn zu einem ›Beinahe-Gott‹ und zu einem königlichen Stellvertreter Gottes auf der Erde macht. Diese quasi-göttliche und königliche ›Menschenwürde‹, die den Menschen für den Weltherrscher-Gott liebenswürdig macht und die dieser schützt, muß er sich nicht erst erkämpfen, sie ist ihm von JHWH mit seinem Mensch-Sein, so zerbrechlich und gefährdet es sein mag, gegeben« (*F.-L. Hossfeld / E. Zenger*, Die Psalmen I. Psalm 1–50 (NEB), Würzburg 1993, 79f). Vgl. ferner *W. Groß*, Gen 1,26.27; 9,6: Statue oder Ebenbild Gottes? Aufgabe und Würde des Menschen nach dem hebräischen und dem griechischen Wortlaut, JBTh 15 (2000), 11–38.

4. Als Gabe und Selbstmitteilung Gottes ist die Freude dem
Menschen als etwas *Bleibendes* »gegeben«.

2.1 Freude als Gabe Gottes

Dass Freude eine Gabe, ein Geschenk Gottes ist, wird im Koheletbuch mehrfach gesagt. Dies ist in der Forschung unumstritten.
Umstritten ist, ob der Freude damit etwas Willkürliches und dem
Geber der Freude, Gott, etwas Despotisches anhaftet.
Wenden wir uns zunächst kurz jenen Aussagen zu, die die Freude
als eine Gabe Gottes qualifizieren. An erster Stelle ist Koh 2,24
zu nennen. Die hier formulierte Erkenntnis markiert die entscheidende Wende am Ende der Königstravestie:

Nicht im Menschen gründet das Glück,
wenn er isst und trinkt
und seine Seele Gutes sehen lässt bei seiner Arbeit.
Vielmehr habe ich selbst erkannt (gesehen),
dass es aus der Hand Gottes stammt.

Der Texteinheit 2,24–26 kommt für das Verständnis des Buches
grundlegende Bedeutung zu. Erstmals beantwortet Kohelet – hier
noch als König – die Frage nach dem Inhalt und der Bedingung
der Möglichkeit menschlichen Glücks. Die Bedingung der Möglichkeit menschlichen Glücks wird mit Hilfe des Oppositionspaars
»Mensch – Gott« expliziert: Glück gründet nicht im Menschen
(V. 24a), sondern stammt aus der Hand Gottes (V. 24b). Die inhaltliche Bestimmung des Glücks wird gleichsam beiläufig einge-
schoben: Essen, Trinken, seine Seele Gutes sehen lassen – das ist
Glück (טוֹב). Damit ist der Kerngedanke des Buches erstmals ausgesprochen. Alles weitere kann als Entfaltung, Erläuterung, Ver-
teidigung dieses Gedankens verstanden werden. Seine Plausibilität
gewinnt er dadurch, dass er – mit Hilfe der Figur des Königs – als
Einsicht eines durch Krisen geläuterten Lebensweges formuliert
wird. Mit 2,24–26 endet die Königstravestie. Am Ende seines
»königlichen Lebens« gelangt Kohelet zu seiner Lebensphiloso-
phie, die er ab 3,1ff als weisheitlicher Lehrer weiter durchdenkt
und entfaltet.
Die Einsicht von 2,24 wird in 3,12f mit einer variierenden Formulierung wiederholt:

Ich erkannte: Es gibt kein Glück bei [in] ihnen,
außer sich zu freuen
und sich Gutes zu tun in seinem Leben.
Immer wenn ein Mensch isst und trinkt

und Glück erfährt bei all seiner Arbeit –
eine Gabe Gottes ist das.

Die durch eine Pendenskonstruktion hervorgerufene Betonung,
dass die mit »essen« und »trinken« beschriebene Erfahrung von
Glück eine Gabe Gottes sei (הִיא אֱלֹהִים מַתַּת »Gabe Gottes ist dies«),
lässt sich als Abwehr eines Missverständnisses begreifen. Nach *L.
Levy* richtet sich der Satz gegen das Missverständnis, »der Mensch
könnte aus sich heraus dies Glück erreichen.«[8] Darin scheint wiederum eine kritische Revision der sich in der Königstravestie arti-
kulierenden Anthropologie vorzuliegen. Denn dort hatte König
Kohelet versucht, Glück allein durch eigene Weisheit und Mühe
zu erlangen und musste am Ende doch eingestehen, dass es aus
der Hand Gottes stammt (2,24f).

2.2 Freude als Erfahrung

Die entscheidende Erkenntnis, die Kohelet am Ende seines königlichen Weges zuteil wird, ist die Einsicht, dass Glück nur als Gabe
Gottes vom Menschen empfangen werden kann. Was dies heißt,
wird im weiteren Verlauf der Argumentation entfaltet. Dabei
wird zunächst der Aspekt der Erfahrung akzentuiert. Nach Koh
5,18 ist Glück nicht identisch mit dem Besitz von Gütern. Glück
ist ein spezifischer Modus der Erfahrung, der Wahrnehmung. Sie
selbst ist von Gott ermöglicht, »gegeben«:

Ja, jedem Menschen, dem Gott Reichtum und Schätze gegeben
und dem er ermöglicht hat, davon zu genießen (essen)
und seinen Anteil davonzutragen
und sich zu freuen bei seiner Arbeit –
eine Gabe Gottes ist das.

Koh 5,18 setzt voraus, dass Gott einem Menschen Reichtum und
Schätze gibt. Damit ist aber noch nicht sichergestellt, dass ein derart »beschenkter« Mensch glücklich ist. Glück stellt sich erst dort
ein, wo ein Mensch das, was ihm gegeben ist, genießen kann. In
5,18 bezieht sich das Verb אכל »essen« auf Reichtum und Schätze,
trägt die Bedeutung »genießen« und hebt sich von dem in 5,12–
16 geschilderten Fall ab, bei dem der Besitzer nicht in den Genuss
seines Vermögens kommt, sondern nur noch »im Dunkeln« unter
Ärger, Krankheit und Wut »essen« (אכל) kann. Das Glück besteht
nach Koh 5,18 nicht darin, dass Gott dem Menschen Reichtum und

8   *L. Levy*, Das Buch Qohelet. Ein Beitrag zur Geschichte des Sadduzäismus,
Leipzig 1912, 83.

Schätze *gibt* (נתן), sondern darin, dass er ihm ermöglicht (שׁלט),
davon zu genießen (לֶאֱכֹל מִמֶּנּוּ) und seinen Anteil (חֵלֶק) davonzutragen und sich zu freuen (שׂמח) an all seinem Besitz. Glück ist für
Kohelet kein Modus des Habens, sondern ein Modus gegenwärtigen Erlebens. טוֹב »Glück« ist also nicht טוֹבָה »Gut, bonum physi-
cum«, sondern לִרְאוֹת טוֹבָה »Gutes erfahren«. Vor diesem Hintergrund wird deutlich, dass die Bestimmungen von טוֹב »Glück« mit
Hilfe der Wendungen וְהֶרְאָה אֶת־נַפְשׁוֹ טוֹב »seine Seele Glück/Gutes
sehen lassen« (2,24), לַעֲשׂוֹת טוֹב »Gutes tun; sich Glück verschaffen« (3,12) und וְרָאָה טוֹב »Glück zu sehen« (3,13) keine Tautolo-
gien sind, sondern das Bedeutungsfeld von טוֹב »Gutes«, »Glück«
auf den Aspekt der Erfahrung hin spezifizieren. Der dem Menschen zukommende »Anteil« (חֵלֶק) ist die Erfahrung der Freude
und nicht die »Mitnahme« eines Teils seines Besitzes. Koh 5,18
geht nun noch einen Schritt weiter und sagt, dass eine solche Erfahrung von Glück selbst noch einmal von Gott ermöglicht ist.
Gott ist nicht nur Geber der Gaben, sondern auch derjenige, der
das Genießen dieser Gaben ermöglicht.
Nun gibt es tatsächlich einige Aussagen, die den Eindruck erwecken, als sei die göttliche Gabe der Freude an einen willkürlichen
Akt der Zuteilung gebunden: Dem einen gibt Gott, dem anderen
nicht. Das Ganze scheint für den Menschen undurchschaubar zu
sein. Er lebt, so wird oft gesagt, in der Angst vor einem unbe-
rechenbaren Gott[9]. Gegenüber derartigen Interpretationen wird
hier die These vertreten, dass im Koheletbuch die Freude als Gabe
Gottes zur Schöpfung Gottes selbst gehört. Sie ist, von Gott her gesehen, dem Menschen, solange er lebt, *immer* »gegeben«. Deshalb
kann Kohelet am Ende seines Buches dazu aufrufen, der Mensch
möge sich *alle* Jahre seines Lebens freuen (11,8). Erst wenn diese
Aussage des Buches wirklich verstanden ist, ist sein eigentlich
theologischer Rang innerhalb der Heiligen Schrift erfasst. Es ist,
zugegebenermaßen, eine provokative Aussage; sie scheint allem,
was wir gerade in den letzten Jahrzehnten mit der Leidempfind-
lichkeit biblischer Gottesrede gelernt haben, zuwiderzulaufen. Bevor diese These anhand der Texte entfaltet wird, soll zunächst die
Frage des »Willkürgottes« diskutiert werden.
Es gibt einige Aussagen, die die Vorstellung zu stützen scheinen,
der Gott Kohelets sei ein Gott, der seine Gaben willkürlich vertei-
le. Einer dieser Texte ist Koh 2,26:

---

9 Vgl. *Lauha*, Kohelet, 114: »In den Worten Kohelets schimmert der bittere
Gedanke an die Eigenmächtigkeit Gottes durch. Die Schmerzlichkeit der beschriebenen Situation besteht darin, daß der Mensch ohnmächtig ist gegenüber
den Launen des fernen himmlischen Despoten.«

»Ja, einem Menschen, der gut (טוֹב) ist vor seinem Angesicht,
gibt er Weisheit und Wissen und Freude.
Aber dem, der sein Leben verfehlt (חוֹטֶא),
gibt er das Geschäft, zu sammeln und zu horten,
um es dem zu geben, der glücklich ist vor Gott.
Auch das ist Windhauch und Luftgespinst.«

Für sich genommen scheint die Aussage die Vorstellung eines Willkürgottes zu stützen. Beachtet man aber den Kontext und interpretiert man sie im Gesamt des Koheletbuches, so weist das Verständnis in eine andere Richtung. Mit der Bestimmung von Glück als Gabe Gottes richtet sich das Koheletbuch gegen die Vorstellung, Glück sei in einem eigentlichen und letztgültigen Sinn vom Menschen machbar. Der »empirischen« Dekonstruktion einer derartigen eudämonologischen Homo-faber-Mentalität dient die Königstravestie. Auch dort, wo das Glück vom Menschen »ergriffen« wird, trägt das »Ergreifen« die Struktur einer »An-nahme«. Der Mensch nimmt etwas ihm Gegebenes an. Im Horizont biblischer Sprachkultur heißt dies im Koheletbuch, Glück stammt »aus der Hand Gottes« (2,24b), es ist »Gabe Gottes« (3,13). Da sich nun aber die Erfahrung von Glück in der leiblichen Konstitution des menschlichen Daseins normalerweise mittels unterschiedlicher »Gaben« vollzieht, entsteht bei vielen Menschen der naheliegende Eindruck, Glück *sei* der Besitz dieser Gaben: der Reiche sei glücklich. Gegen dieses naheliegende, verbreitete Missverständnis argumentiert Kohelet vor allem im zweiten Teil des Buches (4,1 – 6,9), in dem es vor allem um die »Auseinandersetzung mit einem vorphilosophischen Glücksverständnis« geht, eine Auseinandersetzung, die sich der Form nach durchgehend in den eudämonologischen Diskursen der Antike beobachten lässt. Es geht Kohelet um ein vertieftes Verständnis dessen, was Glück ist. Um dieses Bemühen kreist nun die zweite der oben genannten eudämonologischen Akzentsetzungen: Glück ist ein spezifischer Modus der Erfahrung. Die Aussage ist gegen jene Vorstellungen gerichtet, die das Glück mit dem Besitz von Gütern einfachhin identifizieren.

So ergibt sich für Koh 2,26 unter Berücksichtigung des Kontextes und der Annahme, dass König Kohelet hier einen Gedanken andeutet, den er als »Philosoph« an späterer Stelle breiter entfaltet, folgende Deutung: Die meisten Ausleger stimmen darin überein, dass טוֹב und חוֹטֶה hier nicht im engeren Sinne religiös zu verstehen sind. חוֹטֶה bezeichnet hier nicht den Sünder, nicht denjenigen, der gegen die Tora verstößt, sondern denjenigen, der sein Leben im Sinne weisheitlicher Konzeption verfehlt: den Menschen mit einer verfehlten Lebenseinstellung (vgl. 7,26; 9,18). *L. Levy* übersetzt mit »Tor«[10]. Entsprechend bezeichnet טוֹב hier denjenigen, dessen Lebenseinstellung im Angesichte Gottes als »gut« erscheint. Den sittlich Guten bzw. sittlich Bösen im engeren Sinne bezeichnet das Koheletbuch mit den Lexemen צַדִּיק »Gerechter« bzw. רָשָׁע »Frevler« (7,15–17.20; 8,9f.12.13f.; 9,2.18). In 2,26 greift Kohelet den Gedanken von 2,24 wieder auf: Gott ist letztlich Geber aller Gaben des Glücks. 2,26 deutet eine enge Verschränkung von Lebenseinstellung und einem daraus resultierenden Ergehen an: Der »Gute« bekommt Weisheit, Wissen und Freude und – so wird man assoziieren dürfen – wird dadurch glücklich. Der »falsch Eingestellte« bekommt das Geschäft aufgetragen, zu sammeln und zu horten, um das so eifrig Gesammelte und Gehortete dem vor Gott Glücklichen zu geben; und eben dadurch wird er – so wird man auch hier assoziieren dürfen – unglücklich. »His ›offense‹ is also his punishment. In other words, his obsession breeds itself«[11]. Der Vers kann als abschließender, kritisch-ironischer Rückblick auf König Kohelets Lebensweg verstanden werden: Er hatte Silber und Gold gehortet (כֶּסֶף: 2,26b → 2,8), er hatte Weisheit und Wissen erworben mehr als alle seine Vorgänger (2,26a → 1,16; 2,9; 2,15) und muss am Ende doch erkennen, dass er all dies einem Nachfolger überlassen muss, über den er nicht mehr verfügen kann (2,18–20), weil auch er, der König, nur ein Mensch, das heißt ein Sterblicher ist (2,13–17). Sein Handeln orientierte sich am Gewinn (1,3). Doch als er erkannte, dass es einen solchen auf Dauer nicht gibt, wurde ihm sein Handeln als ein »Streben nach Wind« offenbar (2,11). Die Freude, die kurz aufgekommen war (2,10), wird von der Sorge um den Erhalt seines Besitzes, welcher die Quelle seiner Freude war, erstickt. Sie wandelt sich zum Lebenshass (2,17) und zur Verzweiflung (2,20). So ist König Kohelet der Unglückliche geworden, dem Gott die Last zugeteilt hat, zu sammeln und zu horten, um es schließlich dem zu übergeben, der glücklich ist vor Gott (2,26b). Das, was er suchte, Weisheit, Wissen und Freude, ist nicht als Gewinn zu haben, sondern nur als Gabe (נתן »geben«) von Gott zu empfangen (2,26a). Der mit der Weisheit Vertraute mag sich an Spr 28,20 erinnert fühlen: »Ein ehrlicher Mensch erntet vielfachen Segen, wer aber hastet, um reich zu werden, bleibt nicht ungestraft.« Die Windhauchaussage (2,26b) bezieht sich also nicht, wie einige Kommentatoren annehmen[12],

---

10 *Levy*, Qohelet, 78.
11 *M.V. Fox*, A Time to Tear down and a Time to Build up. A Rereading of Ecclesiastes, Grand Rapids / Cambridge 1999, 190.
12 So *Lauha*, Kohelet, 58 mit literarkritischer Beseitigung von 2,24b.25; *Michel*, Untersuchungen, 37.40.

auf die Freude von 2,24, sondern nur auf den in 2,26 beschriebenen Fall dessen, der aufgrund ständiger Sorge (אָסַף, כּוּס) nicht in
den Genuss der gottgegebenen Gaben kommt (2,26bα)[13].
Bei der Interpretation von 2,24–26 ist, wie bereits gesagt, zu bedenken, dass manche Aussagen in der programmatischen Grundschrift von Koh 1–3 änigmatisch gehalten sind, weil sie an späterer Stelle wieder aufgegriffen und in einem größeren Zusammenhang erörtert werden. Dazu gehört auch der in 2,26 provokativ
angesprochene Gedanke, dass Glück als *Glückserfahrung* zu bestimmen ist. Deutlicher als in 2,26 findet sich der Gedanke in
5,18:

Ja, jedem Menschen,
dem Gott Reichtum und Schätze gegeben
und dem er ermöglicht hat,
davon zu genießen (essen)
und seinen Anteil davonzutragen
und sich zu freuen bei seiner Arbeit –
eine Gabe Gottes ist das.

Das Weiterführende und Vereindeutigende gegenüber der Aussage von 3,12f besteht in 5,18 darin, dass nicht nur die Gaben des
Glücks (»Reichtum«, »Schätze«), sondern auch das Genießen der
»Gaben des Glücks« als Gabe Gottes gedeutet wird. Was damit
gemeint ist, wird in den beiden unmittelbar anschließenden Texteinheiten in äußerster Schärfe und Provokation verdeutlicht. Sie
sollen im Folgenden etwas eingehender vorgestellt werden.

2.2.1 Koh 6,1f: Fehlender Genuss gottgegebener Gaben
Koh 6,1f lautet:

6,1a   Es gibt ein Übel, das ich gesehen habe unter der Sonne;
1b   es lastet häufig auf dem Menschen:
2a   Da ist jemand, dem Gott Reichtum und Schätze und Vermögen gibt,
        so dass es seinem Verlangen an nichts von allem,
        was er sich wünscht, fehlt,
        Gott ermöglicht ihm aber nicht, davon zu genießen (essen),
        sondern ein Fremder isst es auf –
2b   das ist Windhauch, ja eine schlimme Krankheit ist das.

Der in 6,1f geschilderte Fall, so heißt es, »lastet häufig auf dem
Menschen«. Darin scheint er sich von dem in 5,12–16 geschilder-

---

13 So auch F.J. *Backhaus*, »Denn Zeit und Zufall trifft sie alle.« Zu Komposition und Gottesbild im Buch Qohelet (BBB 83), Frankfurt a.M. 1993, 111. Vgl.
auch M.V. *Fox*, The Meaning of Hebel for Qohelet, JBL 105 (1986), 417.

ten Fall zu unterscheiden. Dort ging es um einen plötzlichen Vermögensverlust. Das scheint wohl etwas Außergewöhnliches zu sein. In 6,1f dagegen beschreibt Kohelet ein Phänomen, das häufig bei den Menschen anzutreffen ist. Führt man sich die Darlegung vor Augen, so ist man geneigt, von einer allgemein-menschlichen Ge fährdung zu sprechen. 6,2 nimmt fast wörtlich 5,18a wieder auf. Es soll offensichtlich etwas verdeutlicht werden, was dort bereits angedeutet, aber noch nicht voll ausgesprochen war. Beide Fälle sind durch zwei Eigenschaften gekennzeichnet. Gemeinsam ist ihnen, dass jemand Reichtum und Schätze und in 6,2 darüber hinausgehend Vermögen besitzt. Der gravierende Unterschied aber liegt darin, dass die Person von 6,2 im Unterschied zu der von 5,18 nicht in den *Genuss* der gottgegebenen Gaben kommt. *Diesen* Fall bezeichnet Kohelet als »Windhauch und eine schlimme Krankheit«. Dabei geht es nicht um das göttliche Handeln als solches, sondern um das *Nicht-Genießen der gottgegebenen Gaben*. In 5, 18 wurde gesagt, dass Gott nicht nur die Gaben des Glücks *gibt*, sondern auch ihren Genuss ermöglicht. Darin zeigt sich eine gegenüber der Tradition weiterführende Phänomenologie des Glücks. Der Akzent liegt dabei auf der Betonung der durch Gott gegebenen Ermöglichung des *Genusses*. In 6,2 wird diese Bedingung geändert. Der Fall wird ex negativo verdeutlicht. Genuss wird durch Nicht-Genuss ersetzt. Dabei wird allerdings selbstverständlich nichts von dem zurückgenommen, was bisher über die Allwirksamkeit Gottes gesagt wurde. 6,1f steht in Parallele zu 5,12–16. In beiden Fällen geht es um das Nicht-Genießen-Können des Besitzes. In 6,1f wird dies unter Beibehaltung der in 5,17–19 eingeführten theologischen Dimension reflektiert. Möglicherweise enthält 6,2 sogar eine versteckte Kritik an einer theologischen Legitimation von Unglückssituationen: Selbst wenn jemand die Tatsache, dass er seine Güter nicht genießen kann, als von Gott verfügt ansieht, so ist ein solcher Zustand »eine schlimme Krankheit«. Diese Beobachtung wird von 6,8f her bestätigt, wo Kohelet einen sich theologisch legitimierenden Mangelzustand als sinnlos (als Windhauch und Luftgespinst) qualifiziert, worauf D. Michel hingewiesen hat[14]. Die Aufzählung »Reichtum, Schätze und Vermögen« in 6,2 findet sich auch in 2Chr 1,11.12 und wird dort König Salomo zugesprochen. Selbst der Besitz solch »königlicher Gaben« ist nicht identisch mit einem glücklichen Leben. Auch die Tradition weiß um den Unterschied, Güter zu besitzen und Güter zu genießen (vgl. Dtn 20,5–7; Hos 6,14; Ps 128,2; Am 5,11; 9, 14). Doch eine verbreitete (Koh 6,1b), gewissermaßen vorphilo-

---

14　*Michel*, Untersuchungen, 151–159.

sophische Lebensauffassung dürfte diejenige gewesen sein, derzu-
folge mit dem von Gott gegebenen Besitz von Gütern ipso facto
der Zustand des Glücks identifiziert wurde, wie A.

Bonora zu
Recht bemerkt: »La sapienza tradizionale tendeva a identificare la
felicità con il possesso di ricchezza, una posizione sociale onore-
vole, una numerosa famiglia e una vita longeva intesi tutti come
doni concessi al sapiente« (vgl. Prov 3,16; 8,8)[15].
Kohelet kennt offensichtlich den Unterschied zwischen Haben und
Sein: Jemand, der viele Güter hat, ist nicht automatisch glücklich.
Möglicherweise zeigt sich Kohelet hier als kritischer Beobachter
eines in seiner Zeit häufig anzutreffenden Phänomens. Schon die
Ausgangsfrage des Buches: »Welchen Gewinn hat der Mensch von
all seiner Arbeit, für die er sich abmüht unter der Sonne?« (1,3)
lässt eine auf Fortschritt und Profit ausgerichtete Atmosphäre
spüren. N. Lohfink spricht vom »voll in seinen ›Gründerjahren‹
vibrierenden ptolemäischen Reich[16]«. Das Wort »Gewinn« (יִתְרוֹן),
das innerhalb des Alten Testaments nur im Koheletbuch begegnet, und zwar insgesamt zehnmal, stammt wahrscheinlich aus der
Kaufmannssprache und bezeichnet in seiner Grundbedeutung das,
was übrig bleibt. Wir können vermuten, dass zur Zeit der Entstehung des Buches im 3. Jh. v.Chr. in Palästina eine ganz neue
Form des Wirtschaftens entstand. Die traditionelle Subsistenz-
Wirtschaft wird durch eine Surplus-Wirtschaft überlagert bzw.
ersetzt. Der Wechsel von der Subsistenz- zur Surplus-Wirtschaft
geht mit einem fundamentalen Bewusstseinswandel einher. Der
französische Wirtschaftsethnologe M. Godelier hat beobachtet,
dass primitive Gesellschaften in fast allen Fällen zwar ein Sur-
plus hervorbringen *können*, dies aber nicht tun[17]. In der Königstravestie von 2,3–11 artikuliert sich eine optimistische Weltge-
staltungsmentalität, die mit ihrem Träger, »König Kohelet«, in
die Krise gerät (2,12ff). Koh 5,7–9 lässt eine Landreform erahnen, der es um die Steigerung wirtschaftlicher Effizienz geht. Wenn
in 6,2 davon die Rede ist, dass »ein Fremder (אִישׁ נָכְרִי) es aufisst«,
dann könnte dies vor dem Hintergrund der zeitgenössischen po-
litisch-ökonomischen Verhältnisse zu verstehen sein. Zwar kann
das Wort נָכְרִי einfach einen Nicht-Angehörigen bezeichnen (Ps
69,6; Spr 27,2; Jes 28,21), in den meisten Fällen bezieht es sich
aber auf den Ausländer, also den Nicht-Israeliten, der im Alten

---

15   A. *Bonora*, Il libro di Qoèlet, Roma 1992, 105.
16   N. *Lohfink*, Kohelet (NEB), Würzburg ⁴1993, 27.
17   Hinweis bei *H.G. Kippenberg*, Religion und Klassenbildung im antiken
Judäa. Eine religionssoziologische Studie zum Verhältnis von Tradition und
gesellschaftlicher Entwicklung, Göttingen ²1982, 43.

Testament in der Regel – im Unterschied zum גֵּר »Fremder« – als
wohlhabend geschildert wird[18]. Th. Krüger verweist im Anschluss
an N. Lohfink und H.G. Kippenberg in diesem Zusammenhang
auf das ptolemäische Steuersystem in Juda[19]. Josephus berichtet,
»daß die Tobiaden den Geldwert des Tributes der Provinz Syria-
Phoenicia verdoppelt haben«[20].

2.2.2 Koh 6,3–6: Leben ohne Glückserfahrung

Dass Glück in einer spezifischen Form der Erfahrung und nicht im
Besitz von Gütern und der Verwirklichung höchster Werte besteht, wird über Koh 6,1f hinausgehend in 6,3–6 zum Ausdruck
gebracht:

3aα	Wenn jemand hundert Kinder zeugen
	und viele Jahre leben würde,
	ja so viele wie die Tage seiner Jahre,
	sein Verlangen sich am Gut aber nicht sättigen würde,
3aβ	ja auch wenn ihm niemals ein Grab zuteil würde –
3b	ich sage: Eine Fehlgeburt hätte es besser als er.
4a	Denn im Windhauch kam sie, und in Finsternis geht sie,
4b	und in Finsternis bleibt ihr Name gehüllt.
5a	Auch hat sie die Sonne nicht gesehen und nicht gekannt.
5b	So hat sie Ruhe, er nicht.
6aα	Und falls er zweimal tausend Jahre gelebt,
6aβ	aber kein Gut gesehen hätte –
6b	geht nicht jeder zu ein und demselben Ort?

Die Texteinheit greift die Relativierung traditioneller Werte aus
4,1 – 5,6 wieder auf, aber unter Beibehaltung des in 5,9 – 6,2
eingeführten Kriteriums des Genusses. Mit Hilfe dieses Kriteriums
kann sich Kohelet in 6,3–6 kurz fassen und gleich radikal anset-
zen. Im Unterschied zu den vorangehenden Fallbeispielen, die
tatsächlich vorkommen können und von denen Kohelet behauptet, dass er sie »gesehen« habe (5,12–16; 6,1f), führt er nun rein
fiktive Fälle an, die entsprechend mit אִם »wenn« (V. 3) und אִלּוּ
»falls« (V. 6) eingeleitet sind.
Koh 6,3–5 führt die höchsten sozialen Werte der jüdischen Tradition ins Feld: zahlreiche Nachkommenschaft und langes Leben
(vgl. Gen 1,28; 25,8; 35,29; Dtn 7,13; Ijob 42,12–17; Ps 112,2;
128; 1Chr 29,28; 2Chr 24,25). Beide Werte werden ins Phantasti-

---

18 *L. Schwienhorst-Schönberger*, »... denn Fremde seid ihr gewesen im Lande
Ägypten.« Zur sozialen und rechtlichen Stellung von Fremden und Ausländern
im Alten Israel, BiLi 63 (1990), 108–117.
19 *Th. Krüger*, Kohelet (Prediger) (BK XIX [Sonderband]), Neukirchen-Vluyn
2000, 235.
20 *Kippenberg*, Religion, 81.

sche gesteigert: hundert Kinder (V. 3), zweitausend Jahre (V. 6), d.h. mehr als doppelt so lang wie die Vorväter aus Gen 5. Koh 6,3aβ: »ja auch wenn ihm niemals ein Grab zuteil würde« meint wahrscheinlich ein Leben ohne Tod im Sinne einer Entrückung, einer »Wegnahme aus dem Leben direkt zu Gott«[21]. Dieses Glück wurde im Alten Testament nur Henoch (Gen 5,24) und Elija (2Kön 2) zuteil. In 6,3a: »ja so viele wie die Tage seiner Jahre« könnte überdies eine Anspielung an Henoch vorliegen, worauf Th. Krüger hingewiesen hat[22]. Nach dem solaren Kalender hat das Jahr 364 Tage. Henoch wurde 365 Jahre alt (Gen 5,23). Die Aussage 6,3aα: »und viele Jahre leben würde« wird im Sinne von »so viele [Jahre] wie die Tage seiner Jahre sind«, also 364 Jahre, präzisiert. Mit dieser Angabe stellt sich beim Leser eine Assoziation an Henoch ein, die von 6,3aβ: »ja auch wenn ihm niemals ein Grab zuteil würde« eine Bestätigung findet. Wir hätten dann in 6,3–6 hinsichtlich der Länge des Lebens zwei irreale Fälle: in V. 3–5 ein Leben von etwa 364/365 Jahre ohne Tod (wie Henoch) und in V. 6 ein Leben von zweimal tausend Jahren, also mehr als doppelt so lang wie die ältesten Vorväter aus Gen 5 (Adam: 930 Jahre, Set: 912 Jahre, Enosch: 905 Jahre). Selbst ein solches Leben, das die anerkanntermaßen höchsten Werte realisiert, ist wertlos, wenn sich »seine Seele am Gut (טוֹבָה) nicht sättigt« und ein solches Leben »nichts Gutes (טוֹבָה) sieht (erfährt: רָאה)«. Der Gedanke, dass Glück in der *Erfahrung* von Glück und nicht im Besitz von Gütern und der Verwirklichung höchster Werte besteht, wird hier in einer äußersten Schärfe ausgedrückt. Damit wird sogleich dem Missverständnis entgegengetreten, als sei der Fall von 6,1f deshalb beklagenswert, weil der Besitzer keinen Erben aus der eigenen Familie hatte, sondern seinen Besitz einem Fremden (אִישׁ נָכְרִי) überassen musste. Selbst wenn er hundert Söhne hat und seinen Besitz vererben kann (vgl. Est 5,11), aber selbst nicht in den Genuss desselben kommt, so ist eine Fehlgeburt glücklicher als er: »Die Fehlgeburt hat nichts gesehen und darum nichts genossen, jener Mann aber sah und konnte genießen, tat es aber nicht, מַזֶּה נַחַת לָזֶה' dieser ist wohler als jene‹, denn glücklicher, wer nicht lebte, als wer freudlos lebte«[23].

Koh 6,6 variiert noch einmal den Gedanken des langen Lebens, greift das Stichwort שָׁנִים »Jahre« aus V. 3 wieder auf und bringt die Texteinheit durch Rahmung formal zum Abschluss. Mit der rhetorischen Frage von V. 6b: »geht nicht jeder zu ein und dem-

21 D. *Michel*, Qohelet (EdF 258), Darmstadt 1988, 147.
22 *Krüger*, Kohelet, 236.
23 *Levy*, Qohelet, 101.

selben Ort?« wird im Rückgriff auf 3,20 erneut der Tod ins Spiel gebracht. Auch ein phantastisch langes Leben (»zweimal tausend Jahre«) geht einmal zu Ende. Auf die Länge des Lebens kommt es nicht an, ja nicht einmal darauf, ob ein Mensch überhaupt gelebt hat (Fehlgeburt), sondern allein auf die Frage: Hat er das Glück geschaut? »Non quam diu, sed quam bene acta sit, refert« (Seneca, epistulae morales 77,20).

2.2.3 Carpe diem als Ruf zur Umkehr

Kohelet scheint in diesem Abschnitt einen platten *Hedonismus* zu vertreten. Seine Äußerung über die Fehlgeburt mag für unser Empfinden zynisch klingen. Deshalb erscheint es mir wichtig, jenen Spielraum auszuloten, den der Text eröffnet, um ihn »in bonam partem« zu verstehen. Hinsichtlich der ursprünglichen Kommunikationssituation spricht Kohelet bzw. der Autor des Buches, soweit erkennbar, nicht zu Menschen, die (im normalsprachlichen Sinn des Wortes) krank sind, schwer leiden und ihre Not herausschreien, wie es in den Klagepsalmen überliefert ist. Seine Ausführungen richten sich an junge Menschen (vgl. 11,9), die den Elementarunterricht erfolgreich hinter sich gebracht haben und dabei sind, einen »bürgerlichen Beruf« zu ergreifen. Sie suchen nach einer grundlegenden Lebensorientierung, die über das elementare Orientierungswissen der »primären Sozialisation« hinausgeht. Im Jerusalem des ausgehenden 3. Jahrhunderts v.Chr. werden ihnen verschiedene Sinnsysteme angeboten. Sie müssen wählen. In dieser Situation der Wahl spricht das Buch junge Menschen an.

Welche Perspektiven eröffnet 6,3–6? Zunächst einmal wird der Blick von außen nach innen gelenkt. Das äußerlich Sichtbare und Benennbare – viele Kinder, hohes Alter – bekommt seinen Wert nur durch etwas Inneres. Dieses Innere ist eine spezifische Form der Wahrnehmung, die hier mit »sättigen« (6,3) und »sehen« (6,6) umschrieben wird. Nur von dieser Wahrnehmung her bekommen die Dinge des Lebens ihren Wert. Unabhängig davon sind sie wertlos. Das Streben der Jugend richtet sich zunächst auf das Äußere. Der Mensch möchte sein Werk in die Welt setzen. Auch Kohelet ist als König diesen Weg gegangen. Er hat seine Möglichkeiten erkundet, ist an seine Grenzen gestoßen und am Ende in die Verzweiflung geraten (1,12 – 2,23). Die Wende wurde eingeleitet durch eine Erkenntnis, eine Erfahrung, die zum »Sehen« und zu Gott führte (2,24). Kohelet will seine Schüler zu dieser neuen Sicht verhelfen, sie zur Umkehr bewegen. Dazu bedient er sich provokativer Bilder, Bilder, die aus der gewohnten Weltwahrnehmung herausreißen. P. Hadot hat darauf hingewiesen, dass auch »das

horazische *carpe diem* keineswegs der Rat eines Genussmenschen
ist, wie man oft gemeint hat, sondern im Gegenteil eine Aufforderung zur Umkehr, das heißt zu einem Sich-Bewusstwerden der
Nichtigkeit der ›hemmungslosen und eitlen‹ Begierden, aber auch
der Nähe des Todes, der Einmaligkeit des Lebens, der Einmaligkeit
des Augenblicks«[24].
Der Gedanke sei in kurzer Auseinandersetzung mit einer verbreiteten Interpretation von A. Lauha verdeutlicht. Er schreibt zu
Koh 6,6: »Im Angesicht des Todes ist das Leben nichtig, ob es
nun lang oder kurz gewesen ist oder gar nicht anfangen konnte.
Einen dauerhaften Wert gibt es nicht. Man muß sich damit be-
gnügen, sich ungeachtet des unbefriedigten Lebens ein Weilchen
an kleinen Vergnügungen erfreuen zu dürfen«[25]. Dagegen ist darauf hinzuweisen, dass es nach Kohelet angesichts des Todes zwar
keinen Gewinn gibt (2,13–17.18–23; 3,16–22). Daraus darf aber
nicht die Schlussfolgerung gezogen werden, dass für Kohelet das
Leben sinnlos sei. Gewinnlosigkeit ist nicht Sinnlosigkeit. Der
Sinn erschließt sich nicht in der Haltung des Habens. Er zeigt sich
in einer Erfahrung, in der letztlich die Stimme Gottes vernehmbar
wird (vgl. 5,19). In dem Maß, in dem sich ein Mensch in der Haltung des Habens dieser Erfahrung verweigert, verspielt er den
Sinn seines Lebens. Es wäre besser für ihn, wenn er »die Sonne
nie gesehen hätte.«

2.3 Freude als Antwort Gottes

Damit kommt ein Schlüsseltext des Buches in den Blick, der allerdings hinsichtlich seiner Deutung höchst umstritten ist. In Koh
5,18 wurde gesagt, dass der Genuss gottgegebener Gaben selbst
eine Gabe Gottes ist. Wenn dies der Fall ist, so fährt der Text fort
(5,19), denkt der Mensch nicht so oft an die (wenigen) Tage seines Lebens, *weil Gott (ihm) Antwort gibt in der Freude seines
Herzens.*
Umstritten ist die Bedeutung des Wortes מַעֲנֶה, das hier im Anschluss an L. Levy und N. Lohfink sowie ältere Deutungen (Rabbi Samuel ben Meir, Rabbi Abraham ben Esra, Mose ben Mai-
mon, David Kimchi) mit »Antwort geben« übersetzt wurde. L.
Levy hat darauf hingewiesen, dass Koh 5,19 für Kohelets Gottes-
idee und Lebensauffassung zentrale Bedeutung zukommt, »er
ist der archimedische Punkt, in dem die Hebel zur Lösung der

---

24 *P. Hadot*, Philosophie als Lebensform. Geistige Übungen in der Antike,
Berlin 1991, 109.
25 *Lauha*, Kohelet, 115.

vermeintlichen Widersprüche des eigenartigen Buches anzusetzen
sind.«[26] Und auch nach N. Lohfink »ist Kohelet 5,19 eine der
Schlüsselstellen für das Verständnis des ganzen Buches Kohelet
und des in ihm investierten Denkens. Vielleicht ist es sogar der eigentliche Schlüssel zu dem, was Kohelet letztlich über Gott zu sagen hat.«[27] L. Levy sieht in Koh 5,19 eine Polemik gegen Ijob
33,19ff, wo sich Gott im Schmerz und in der Krankheit offenbart.
»Dieser Offenbarung im Schmerz stellt Qoh seine Offenbarung
Gottes in der Freude gegenüber, es bedarf nicht erst der Läute-
rung durch das Leid, bis man Gottes Antlitz in Jubel schaut«[28].
Die von Levy vorgenommene scharfe Gegenüberstellung ergibt
sich aber nur, wenn man Koh 5,17–19 isoliert betrachtet. Blickt
man auf den bisherigen Textverlauf zurück, so zeigt sich, dass
Kohelet im autobiographisch stilisierten Rückblick auf Erfahrun-
gen von Leid, Tod, Sinnlosigkeit und Nichtigkeit zurückblickt.
Der erste Versuch, Freude zu erlangen, scheitert (2,1f). Erst am
Ende dieses dunklen Weges (2,23) leuchtet – von Gott her –
Freude auf (2,24–26). So liegen die Anthropologien der Bücher
Kohelet und Ijob gar nicht so weit auseinander wie L. Levy an-
nimmt. Der Mensch muss sich wohl erst den Erfahrungen der
Nichtigkeit stellen, um jene Wirklichkeit zu vernehmen, die in
der Bibel mit dem Wort »Gott« bezeichnet wird.

2.4   Bleibende Freude

Im Vergleich mit dem Buch Ijob wird aber auch noch einmal deutlich, welche Form von Leid das Koheletbuch anhand seines Prota-
gonisten zur Sprache bringt. Es dürfte wohl am ehesten mit dem
Begriff »Frustration« umschrieben sein. Der Protagonist erleidet,
rein äußerlich gesehen, keine Not. Er wird nicht, wie etwa Ijob,
von einem Schicksalsschlag heimgesucht. Er hat alles, was er zu einem glücklichen Leben braucht. Und doch gerät er in Not, Verzweiflung und Lebenshass. Der Mensch ist also nach Auskunft des
Koheletbuches keineswegs »von Natur aus« glücklich, wenngleich
er, was etwas anderes ist, »von Natur aus« darauf angelegt ist.
Wie ist diese Diskrepanz zu erklären? Lässt sie sich überwinden?
Hier setzen die Reflexionen des Buches an.
Kohelet bedenkt also sehr wohl jene unbestreitbare Tatsache, dass
ein Mensch nicht von Natur aus »glücklich ist«. Er führt viele Beispiele dafür an, und er erzählt in der Königstravestie einen Teil

---

26   *Levy*, Qoheleth, 99.
27   *Lohfink*, Offenbarung 165. Vgl. ähnlich *Bonora*, Qoèlet, 101f.
28   *Levy*, Qohelet, 99.

seiner eigenen Lebensgeschichte, die ihn in die Sackgasse der Verzweiflung führte (2,23). In der Koheletexegese wird nun häufig
dieses Phänomen unvermittelt mit Gott in Verbindung gebracht.
Dadurch bekommt der Gott Kohelets ein Janusantlitz, und die
von ihm propagierte Freude wird als Narkotikum gegenüber den
Unerträglichkeiten des Lebens verstanden. Im Folgenden soll gezeigt werden, dass eine solche Interpretation falsch ist.
Von Gott her gesehen ist das Glück als Gabe immer »da«. Doch
der Mensch ist »von sich aus« nicht (immer) in der Lage es anzunehmen. Dies liegt nicht an Gott, sondern am Menschen, an seinen eitlen und hemmungslosen Begierden, an seiner gestörten
Wahrnehmung, an seinem verschleierten Bewusstsein, an seinem
Unwissen. Kohelet ist den Weg der Unwissenheit gegangen und
zum Wissenden geworden[29].
Es finden sich im Koheletbuch Hinweise darauf, dass die Freude
hier als etwas Bleibendes gedacht wird. Der Argumentationsgang
des Buches ist darauf ausgerichtet, Freude als eine das ganze Leben des Menschen durchdringende Größe in den Blick zu nehmen.
Dabei lässt sich eine mit der Lektüre einhergehende Vereindeuti-
gung vom Anfang bis zum Ende des Buches beobachten.
Die Aussage von 3,12 lässt sich zunächst einmal so verstehen,
dass sich die Freude, zu der Kohelet aufruft, auf das Leben vor
dem Tod, nicht auf das Jenseits bezieht. Dass sie das *ganze* Leben
durchdringen soll, wird noch nicht explizit gesagt:

Ich erkannte, dass es kein Glück bei ihnen gibt,
außer sich zu freuen und sich Glück zu verschaffen in seinem Leben.

Einen Schritt weiter geht 3,22:

Da sah ich ein, dass es kein Glück gibt,
außer dass der Mensch sich freut bei seinem Tun.

Mit der Angabe »bei seinem Tun« deutet Kohelet über 3,12 (»in
seinem Leben«) hinausgehend an, dass die Freude, zu der er aufruft, eine Art Grundgestimmtheit meint, die alles Tun des Menschen durchdringt. Von der aristotelischen Tugendlehre herkommend könnte man von einem Habitus sprechen. So setzen die

---

29   Vor dem Hintergrund von Sätzen wie »Ich sagte: Ich will Weisheit erlangen. Sie aber blieb mir fern« (7,23) mag die Aussage überraschen. Sie bezieht
sich auf Sätze wie 3,12.14 »Ich erkannte, dass ...«. Es gibt im Koheletbuch so etwas wie ein befreiendes, rettendes Wissen. Vgl. K. *Löning* (Hg.), Rettendes Wissen. Studien zum Fortgang weisheitlichen Denkens im Frühjudentum und im
frühen Christentum (AOAT 300), Münster 2002.

Angaben »in seinem Leben« (3,12) und »bei seinem Tun« (3,22) einen doppelten Akzent: zum einen auf das Diesseits im Unterschied zum Jenseits und zum anderen auf eine alles menschliche Tun begleitende und durchdringende Haltung im Unterschied zu einem rein ephemeren event. Die folgende Aussage in 8,15 kann man hinsichtlich der hier vertretenen These bereits als eindeutig bezeichnen:

So preise ich die Freude, denn es gibt kein Glück für den Menschen unter der Sonne, als zu essen, zu trinken und sich zu freuen. Das soll ihn begleiten bei seiner Arbeit während der Tage seines Lebens, die Gott ihm gegeben hat unter der Sonne.

Von der Freude wird gesagt, dass sie den Menschen begleiten (לוה) wird bzw. soll »bei seiner Arbeit während der Tage seines Lebens, die Gott ihm gegeben hat unter der Sonne«. Hier wird erstmals eindeutig gesagt, dass die Freude, zu der Kohelet aufruft, kein punktuelles, sich vom sonstigen Mühen des Menschen unterscheidendes Ereignis ist, sondern eine Haltung, eine Gestimmtheit, die alles menschliche Tun und Lassen durchdringen soll. Das Wort לוה »begleiten« begegnet im Koheletbuch nur an dieser Stelle und im Qal nur noch in Sir 41,12, wo es heißt: »Sei besorgt um deinen Namen; denn er begleitet dich treuer als tausend kostbare Schätze.« So wie nach biblischem Verständnis ein namenloser Mensch im Grunde nicht existiert, so ist nach koheletschem Verständnis ein freudloser Mensch ein Mensch, der das, worauf er angelegt ist, nicht realisiert (vgl. 6,3–6). Nachdem in Koh 1,2 – 8,17 die Freude als höchstes Gut erkannt und gegenüber dem konkurrierenden Anspruch alternativer Güter verteidigt worden ist, ruft Kohelet im vierten Teil des Buches dazu auf, das höchste Gut zu ergreifen (9,7–10):

7a   Auf, iss mit Freude dein Brot
         und trink glücklichen Herzens deinen Wein,
7b   denn schon längst hat Gott Gefallen an diesem deinem Tun.
8   Jederzeit seien deine Kleider weiß,
         und an Öl auf deinem Haupt fehle es nicht.
9aα   Genieße das Leben mit einer Frau, die du liebst,
         alle Tage deines Lebens voll Windhauch,
9aβ   die er dir gegeben hat unter der Sonne,
9aγ   alle deine Tage voll Windhauch,
9bα   denn das ist dein Anteil am Leben und an deiner Arbeit [deinem Besitz],
9bβ   für die [den] du dich abmühst unter der Sonne.
10a   Alles, was deine Hand, solange du Kraft hast, zu tun vorfindet, das tu!
10b   Denn es gibt weder Tun noch Planen,
         weder Wissen noch Weisheit in der Unterwelt,
         zu der du unterwegs bist.

Koh 9,7–10 bildet mit 9,1–6 ein Paar. In 9,1–6 geht es um den Tod, in 9,7–10 um das Leben. Über beiden steht die unausgesprochene Frage, wo der dem Menschen zukommende »Anteil« (חֵלֶק) zu finden sei und worin er bestehe. 9,1–6 formuliert negativ: Den Toten kommt kein Anteil am Geschehen unter der Sonne zu (V. 6). 9,7–10 formuliert positiv: Der dem Menschen zukommende Anteil ist allein *in* seinem Leben zu finden, und er besteht darin, dieses Leben zu genießen (V. 9). 9,10 greift noch einmal mit dem Stichwort שְׁאוֹל »Unterwelt« das Thema Tod auf und schlägt damit den Bogen zurück zu 9,1–6. In ihrer Abfolge entfalten die beiden Texteinheiten das Carpe-diem-Motiv: den Aufruf zur Freude (9,7–10) angesichts des bevorstehenden Todes (9,1–6).

In 9,7–10 findet sich die breiteste Entfaltung des Carpe-diem-Motivs im Buch Kohelet. In 5,17–19 wurde gesagt, worin das höchste Gut besteht, 9,7–10 ruft dazu auf, es zu ergreifen. Die Infinitive לֶאֱכוֹל »zu essen« und לִשְׁתּוֹת »zu trinken« aus 5,17 werden in 9,7 in Imperative umgesetzt und mit je einem Objekt und einer Umstandsangabe erweitert:

5,17: Wahres Glück besteht darin, zu *essen* und zu *trinken* und Gutes zu sehen bei all seiner Arbeit.

9,7a: Auf, *iss* mit Freude dein Brot und *trink* glücklichen Herzens deinen Wein!

Der Imperativ לֵךְ »geh!«, mit dem die Texteinheit relativ abrupt einsetzt, ist als Interjektion im Sinne von »auf, wohlan!« zu verstehen. Er verstärkt den Aufforderungscharakter der beiden folgenden Imperative »iss!« und »trink!« und intensiviert den Hörer-/Leserbezug. Der bisher überwiegend reflexive Charakter des Buches geht mit 9,7–10 in einen appellativen über. Dieser rahmt den vierten Teil des Buches und verleiht ihm die Funktion einer applicatio, einer Aneignung und Anwendung dessen, was in den vorangehenden Teilen als Lehre dargelegt, entwickelt und verteidigt wurde. 9,7a greift auf jene Texte zurück, in denen Freude und Genuss als höchstes Gut dargelegt oder gepriesen wurden: 2,24; 3,12f; 3,22; 5,17–19; 8,15. Mit Ausnahme von 3,22 begegnen an all diesen Stellen die Begriffe »essen«, »trinken«, »Gutes sehen«, »sich freuen / Freude«; in 3,22 findet sich nur der Begriff »sich freuen«. Die Begriffe variieren je nach Kontext in Reihenfolge, Zuordnung und Näherbestimmung. So ergibt sich insgesamt ein klares Bild in Bezug auf die zentrale Botschaft des Buches. In diesem größeren Zusammenhang setzt 9,7a einen besonderen Akzent: בְּשִׂמְחָה »mit Freude« und בְלֶב־טוֹב »mit gutem Herzen« soll gegessen und getrunken werden. Freude soll die Haltung sein, in der und aus der heraus der Mensch isst. Der Ausdruck בְּלֶב־טוֹב »mit

gutem, wohlgemutem Herzen« begegnet innerhalb des Alten
Testament nur in Koh 9,7 (vgl. 11,9a). Von einem »frohen Herzen« (לֵב שָׂמֵחַ) sprechen Spr 15,13 und Spr 17,22: »Ein frohes Herz
tut dem Leib wohl, ein bedrücktes Gemüt lässt die Glieder ver-
dorren.« Innerhalb des Koheletbuches werden nur in 9,7 »essen«
und »trinken« durch die Angaben »Brot« und »Wein« näher bestimmt. Das dürfte wohl als Steigerung zu verstehen sein. Die
Suffixe (»*dein* Brot« und »*deinen* Wein«) verstärken nicht nur den
Hörer- /Leserbezug, sondern signalisieren auch, dass es sich um
Gaben handelt, die dem Angesprochenen zukommen. »Das Wichtigste zum Leben sind Brot und Wasser« heißt es in Sir 29,21 (vgl.
Ex 23,25). »Brot essen« kann ganz allgemein für »Mahlzeit halten« (Gen 31,54; 37,25; 43,32; Ex 2,20) und »kein Brot essen«
für »nichts essen« stehen (1Sam 20,34; 28,20; 1Kön 13,8f). Bei
Wohlhabenden und bei einem Festmahl kommt, wie in Koh 9,7,
der Wein hinzu. Brot und Wein gehören zu den Grundnahrungs-
mitteln Palästinas (Dtn 8,8; 2Kön 18,33; Neh 5,11; Klgl 2,15). Sie
sind Gaben des guten Schöpfergottes, die das Herz des Menschen
stärken und erfreuen (Ps 104,14f).
In Koh 9,7b wird nun ausdrücklich gesagt, dass Gott Gefallen an
einer solchen Form freudigen Genießens hat. Diese Aussage geht
über alles bisher zur Freude Gesagte hinaus. Der Sache nach kann
sie sich auf eine breite biblische Tradition stützen (Lev 26,5; Dtn
16,9–12.13–15). Möglicherweise könnte die zeitliche Angabe כְּבָר
»schon längst« auf eine solche »Vorgabe« anspielen. Dabei rückt
freilich als erste Stelle, an der das Wort »Brot« in der Heiligen
Schrift begegnet, Gen 3,19 in den Blick. Dort ist allerdings davon
die Rede, dass der Mensch »im Schweiße seines Angesichts« sein
Brot essen wird. Vor dem Hintergrund von Gen 3,19 ist Koh 9,7
als eine Art von Umkehrung zu verstehen. Das Koheletbuch gehört unter diesem Gesichtspunkt in eine Gruppe weisheitlicher
(Hld) und eschatologischer (Jes 11; 25,6–8) Texte, die eine Umkehrung jener Wirklichkeit ansprechen, die den Menschen als Folge der Sünde getroffen hat. Diese Wirklichkeit hat etwas mit der
Abwendung von Gott zu tun. Spielt כְּבָר »schon längst«, das nur
im Koheletbuch vorkommt (1,10; 2,12.16, 3,15; 4,2; 6,10; 9,6.7),
möglicherweise auf den ursprünglichen Zustand der Schöpfung an?
רצה (Qal) »Gefallen haben an, freundlich gesinnt sein« begegnet
28-mal im Alten Testament mit Gott/JHWH als Subjekt. Im kultischen Kontext ist das Wort Terminus technicus für die wohlge-
fällige Annahme eines Opfers durch Gott (Lev 1,4 u.ö.; vgl. auch
Mi 6,7f). In Koh 9,7 richtet sich Gottes Wohlgefallen auf ein
menschliches Tun (מעשׂה), welches im freudigen Genießen von
Brot und Wein besteht.

Die Motive und Zeitangaben in Koh 9,8–9 oszillieren zwischen der Lebenswelt des Alltags und dem vom Alltag abgehobenen Festtag:

Alltag	→	Festtag	→	Alle Tage
Essen Brot				
Trinken		Wein		
		Weiße Kleider, Öl		
				Geliebte Frau
				»Alle Tage...«

Innerhalb des im Koheletbuch ablaufenden eudämonologischen Diskurses besteht die Funktion der Perikope 9,7–10 in der Aussage, dass das Leben des Menschen durchgehend von Festtagsstimmung durchdrungen sein soll. Mit »weißen Kleidern« dürften Festkleider gemeint sein (Est 8,15). Auch das aromatisierte Öl (vgl. 10,1) gehört zum festlichen Mahl. »Ägyptische Bilder bezeugen die Sitte, bei festlichen Mählern den Gästen parfümierte Fette und Öle in sogenannten Salbkegeln (teilweise noch mit Blumen geschmückt) auf den Kopf zu binden, die dann im Laufe des Mahls auf den erhitzten Häuptern zerflossen, den Kopf herunterträufelten und einen betörenden Wohlgeruch verbreiteten«[30] (vgl. Ps 23,4). Für das Gesamtverständnis der Perikope ist die Frage nach dem Sinn der vorangestellten Zeitangabe von Bedeutung: »*Alle Zeit* seien deine Kleider weiß!«. Nach N. Lohfink ist Kohelet »kein Prediger ›der kleinen Freuden des Alltags‹, wie manche Moralisten möchten. Er denkt an große Gelage«[31]. Nach Th. Krüger dagegen scheinen V. 7–9 »relativ ›bescheidene‹ Genüsse im Auge zu haben, die für die Adressaten des Textes jederzeit (בְּכָל־עֵת) relativ leicht verfügbar waren«[32]. S. Fischer empfiehlt, die Zeitangabe »punktuell als ›zu jedem angemessenen Zeitpunkt, bei jeder Gelegenheit, wenn immer es möglich ist‹ zu verstehen«[33]. *Für sich betrachtet* ist die Zeitangabe »jederzeit« im Grunde nur sinnvoll, wenn man sie im distributiven Sinn versteht: wann immer es möglich ist. Doch im weiteren Textverlauf und aus anderen Passagen des Buches ergibt sich ein Verständnis, das in eine andere Richtung weist. Denn schon die folgende Aussage V. 9 lässt sich nicht mehr auf die Zeit eines festlichen Mahles beschränken.

---

30 E. *Zenger*, Mit meinem Gott überspringe ich Mauern, Freiburg i.Br. 1987, 23.
31 *Lohfink*, Kohelet, 70.
32 *Krüger*, Kohelet, 307.
33 S. *Fischer*, Die Aufforderung zur Lebensfreude im Buch Kohelet und seine Rezeption der ägyptischen Harfnerlieder (Wiener Alttestamentliche Studien 2), Frankfurt a.M. 1999, 74.

Ausdrücklich heißt es jetzt: »*alle Tage* deines Lebens voll Windhauch« (V. 9aα), »*alle deine Tage* voll Windhauch« (V. 9aγ)[34]. Von V. 9 her gelesen erschließt sich das in V. 7a.8 beschriebene Fest im Nachhinein als ein »*Lebensfest*«. Nach Koh 9,7–10 soll das Leben des Menschen durchgehend Festcharakter in sich tragen.

Koh 9,9 greift das Stichwort חַיִּים »Leben« auf, das im Zusammenhang mit der Diskussion um den Tod in 9,1–6 eine Rolle spielte. רְאֵה חַיִּים, wörtlich: »sieh das Leben«, bedeutet hier soviel wie »genieß das Leben« (vgl. 2,1.24; 3,13; 5,17; 6,6; 8,16)[35]. Die Frau ist nicht »Gegenstand« des Genusses, sondern Partnerin. *Mit* (עִם) ihr soll der hier implizit angesprochene (junge) Mann (vgl. 11,9) das Leben genießen. Es geht um den gemeinschaftlichen Lebensgenuss. Dass es sich um die Ehefrau des Angesprochenen handeln soll, wird nicht explizit gesagt; es wird aber auch nicht geleugnet. Die ursprünglichen Adressaten des Buches dürften wohl mehrheitlich noch nicht verheiratet gewesen sein. Sie werden auf eine zukünftige Möglichkeit hin angesprochen. So dürfte die Aussage »mit einer Frau, *die du liebst*« vor allem auf jene Liebe anspielen, die junge Männer und Frauen zueinander (vgl. Hld) und in die Ehe führt. Damit kommt nun aber auch der sexuell-erotische Genuss mit ins Spiel, den Spr 5,18–20 ausdrücklich mit der Treue zur »Frau deiner Jugendtage« in Verbindung bringt: »Dein Brunnen sei gesegnet; freu dich der Frau deiner Jugendtage, der lieblichen Gazelle, der anmutigen Gemse! Ihre Liebkosung mache dich immerfort trunken, an ihrer Liebe berausche dich immer wieder! Warum solltest du dich an einer Fremden berauschen, den Busen einer anderen umfangen?« Der Heerführer Urija betrat aus Solidarität mit seinen Soldaten, die an der Front auf freiem Felde lagern mussten, sein Haus nicht, »um zu essen, zu trinken und bei seiner Frau zu liegen« (2Sam 11,11). Im Zentrum des Hohenliedes findet sich die Aufforderung: »Freunde, esst und trinkt, berauscht euch an der Liebe!« (Hld 5,1). So dürfte der durch Koh 9,9 angesprochene *gemeinsame* Genuss von Mann und Frau den gegenseitigen mit einschließen. Genau in der Mitte der Perikope wird mit zwei Aussagen daran erinnert, dass all dies vor dem Hintergrund der Vergänglichkeit des Lebens gesagt ist: »alle Tage

---

34 V. 9aβγ fehlt in einigen hebräischen Handschriften und in der Peschitta. *K. Galling,* Der Prediger (HAT I/18), Tübingen 1969, 112f streicht V. 9aβγ. Der Vers wurde vielleicht als Doppelung zu »alle Tage deines Lebens voll Windhauch« in V. 9aα angesehen und ausgelassen oder aufgrund von Homoioteleuton zu V. 9aα (הֶבְלֶךָ) versehentlich übersprungen (aberratio oculi). V. 9aβγ steht zusammen mit V. 9aα* (»alle Tage deines Lebens voll Windhauch«) im Zentrum der Texteinheit und dürfte ursprünglich sein.

35 So auch *D. Vetter,* Art. ראה sehen, THAT II, 693.

deines Lebens voll Windhauch ... alle deine Tage voll Windhauch«. So wird das Thema Tod aus 9,1–6 noch einmal herübergeholt, in das Zentrum des *carpe diem* platziert und somit die innere Zusammengehörigkeit von *carpe diem* und *memento mori* markiert. Zwischen die beiden Vergänglichkeitsaussagen aber wird noch eine andere, ebenfalls für das Koheletbuch zentrale Aussage gesetzt: dass Gott alle Tage des Lebens voll Windhauch gibt (V. 9aβ). Um das Zentrum »Leben als Gabe Gottes« lagert sich so das Bewusstsein des Todes (»Tage deines Windhauches«), welches den Impuls zum Genuss dieses Lebens in Freude freisetzt (V. 7a.8.9aα), der seinerseits wiederum das Wohlgefallen Gottes findet (V. 7b).

In Koh 9,9b erfolgt die zweite Begründung innerhalb der Perikope: »denn das ist dein Anteil am Leben und an deiner Arbeit, für die du dich abmühst unter der Sonne.« Sie schließt die Aufforderung zur Lebensfreude im engeren Sinne ab. Die Begründung setzt die Diskussion von 9,1–6 voraus und greift den für das Koheletbuch wichtigen Begriff חֵלֶק »Anteil« wieder auf. Mit dem Begriff wurde die Diskussion in 9,1–6 abgeschlossen (V. 6b). Er begegnet hier zum letzten Mal in jener für die Thematik des Koheletbuches zugespitzten Bedeutung (in der Bedeutung »Kapital, Besitz« findet er sich noch einmal in 11,2). Die Aussage 9,9b setzt sich von derjenigen in 9,6b ab. Der dem Menschen zukommende Anteil liegt nicht im Jenseits, sondern im Leben (בַּחַיִּים) »unter der Sonne«, im freudigen Genuss der gottgegebenen Gaben. Es bleibt allerdings nicht bei der allgemeinen Bestimmung »im Leben«, sie wird ergänzt durch die Angabe »und bei deiner Mühe (וּבַעֲמָלְךָ), mit der du dich abmühst unter der Sonne«. S. Fischer übersetzt וּבַעֲמָלְךָ mit »als Lohn für deine Mühe« und schreibt dazu: »Kohelet kontrastiert die Arbeit zur Lebensfreude und zeigt zugleich, daß sie nicht unabhängig von ihr zu haben ist. Sie ist der Lohn der Arbeit«[36]. Damit dürfte er schwerlich den Sinn der Aussage erfassen. Einen Anteil als Lohn der Arbeit scheint Koh 2, 10 im Blick zu haben. Dort wird aber bezeichnenderweise anders formuliert (מִן statt בְּ: »Und das war mein Anteil *von* all meiner Mühe (מִכָּל־עֲמָלִי)«. Das Königsexperiment führt allerdings in die Verzweiflung, wird einer Revision unterzogen und gibt folglich nicht den Maßstab für die Lehre des Buches ab. Der Sinn des Ausdrucks »bei/an deiner Arbeit« (9,9b) scheint darin zu liegen, dass die Freude, zu der Kohelet aufruft, alle Dimensionen des Lebens durchdringen soll, auch die mühevollen, auch diejenigen, die in einem »unaufgeklärten« Bewusstsein als mit ihr unvereinbar *erscheinen*. Darauf deuten auch 3,22 (»bei seinem Tun«); 5,18 (»bei

---

36 *Fischer*, Lebensfreude, 78.

seiner Arbeit«); 8,15 (»das soll ihn begleiten bei seiner Arbeit«) und 11,8 (»Freude in allen Tagen seines Lebens«) hin. Damit aber ist erst der wahre, allerdings auch provokative Anspruch des *carpe-diem*-Motivs erfasst.

Mit der dritten Strophe (9,10) mündet der Aufruf zur Freude in einen Aufruf zum tatkräftigen Handeln. Der Vers leitet zum Corpus des Schlussteils (9,11 – 11,6) über, wo es genau darum geht. Damit wird noch einmal deutlich, dass die Freude, zu der das Buch aufruft, keinen selbstgefälligen Quietismus meint, der sich dem Leben verweigert, sondern eine Haltung, die ins Handeln führt und sich den Herausforderungen des Lebens stellt. Denn ein solches Handeln ist in der Unterwelt, zu der der Mensch unterwegs ist, nicht mehr möglich – das ist die Kernaussage der Begründung von V. 10b. »Nicht ein nichtsnutziges Schlaraffenleben, sondern ein Leben welches Genuß und Arbeit verbindet dünkt Kohelet das Beste auf dieser Welt«[37]. Gerade die Kürze des Lebens gibt dem Handeln des Menschen seinen Wert und seine Dringlichkeit: »Ein Mann, der so spricht, ist kein moroser Pessimist und auch kein verweichlichter Genußmensch«[38].

Das Schlussgedicht des Buches (11,9 – 12,7.8) ruft den jungen Mann zur Freude in der Jugend auf angesichts von Alter, Krankheit und Tod (11,9aα):

Freu dich, junger Mann, in deinen jungen Jahren,
sei glücklichen Herzens in den Tagen deiner Jugend!

Um allerdings dem Missverständnis entgegenzutreten, die Freude sei der Jugend vorbehalten, stellt Koh 11,8a in einer Art vorauslaufenden Interpretation klar:

Selbst wenn ein Mensch viele Jahre lebt,
freue er sich in allen (diesen Jahren).

Hier findet sich ein letzter, eindeutiger Hinweis darauf, dass die Freude, zu der Kohelet aufruft, das ganze Leben eines Menschen durchdringen soll[39].

---

37 F. *Delitzsch*, Hoheslied und Koheleth, mit Excursen von Consul D. Wetzstein (BC IV/4), Leipzig 1875, 256.
38 *Levy*, Qoheleth, 119.
39 Vgl. N. *Lohfink*, Freu dich Jüngling – doch nicht, weil du jung bist. Zum Formproblem im Schlussgedicht Kohelets (Koh 11,9 – 12,9), BJ 3 (1995), 158–189. Die Einleitung zu dem Gedicht in 11,7f erweist sich »als dessen inhaltlich zutreffende Deutung. Denn sie sagt nicht, der *junge* Mensch soll sich freuen, sondern *jeder* Mensch: הָאָדָם von 12,5 ist in 11,8 schon weggenommen. Nicht in der *Jugend* solle man sich freuen (wie 11,9f behauptet), sondern *solange man*

3 Dauerhaftes Glück?

Damit ist ein kritischer Punkt im eudämonologischen Diskurs des Buches erreicht. Gibt es für den Mensch so etwas wie dauerhaftes Glück? Die *alttestamentliche Tradition* tendiert, aufs Ganze gesehen, zu einem vorsichtigen Ja: Trotz aller Gefährdungen ist es dem Menschen möglich, *in diesem Leben* Glück zu erlangen. Allerdings, und diese Einschränkung muss sofort gemacht werden, bringt sie, direkt oder indirekt, das gute und gelingende Leben mit der Wirklichkeit Gottes in Verbindung. Nur von dieser Wirklichkeit her kommt dem Glück des Menschen Dauerhaftigkeit und Beständigkeit zu (vgl. Ps 4,8; 23,6: »alle Tage meines Lebens«; Hab 3,17–19). Wo diese Wirklichkeit aus dem Bewusstsein des Menschen – aus welchen Gründen auch immer – entschwindet, schwindet des Menschen Glück, gerät er in Not, Trauer, Angst und Gefahr.

Das im Hintergrund stehende Problem kann mit Hilfe eines kurzen Blicks auf die hellenistischen Philosophien verdeutlicht werden[40]. Auch die *hellenistischen Philosophen* vertraten die Ansicht, dass der Mensch auf Dauer glücklich werden könne. Allerdings spielt in ihrem Konzept die Wirklichkeit der Götter keine bestimmende Rolle. Der Mensch – so die hellenistischen Philosophen – kann allein durch eigene Anstrengung glücklich werden. Die geforderte Anstrengung richtet sich dabei nicht auf die äußeren Verhältnisse, sondern auf die innere Einstellung. Um dauerhaft glücklich zu werden, muss der Mensch eine spezifische Form der Bewusstseinsschulung durchlaufen. Kernelement dieser »geistigen Übung« (*P. Hadot*) ist die Entwertung alles Unverfügbaren. Sie besteht darin, den Zustand des Glücks von den äußeren Dingen, über die der Mensch nicht verfügen kann, unabhängig zu machen. Die verschiedenen hellenistischen Philosophenschulen entwarfen unterschiedliche Übungsprogramme, um dieses Ziel zu erreichen.

An der These der »Philosophen«, dass der Mensch dauerhaftes Glück im diesseitigen Leben erreichen könne, entzündete sich die Kritik *Augustins*. Für ihn gibt es dauerhaftes Glück erst nach dem

---

zu leben hat, auch wenn es viele Jahre sind (so explizit in 11,8). Die Jahre des Alters und der Krankheit sind nicht ausgeschlossen« (ebd. 182).
40   Vgl. zum Folgenden *Schwienhorst-Schönberger*, Glück (s.o. Anm. 3), 251–273; M. *Hossenfelder*, Die Philosophie der Antike 3. Stoa, Epikureismus und Skepsis (Geschichte der Philosophie, hg. von *W. Röd*, Bd. III), München 1985; H. *Flashar* (Hg.), Die hellenistische Philosophie (Grundriss der Geschichte der Philosophie. Die Philosophie der Antike, Bd. 4, mit Beiträgen von M. *Erler*, H. *Flashar*, G. *Gawlick*, W. *Görler*, P. *Steinmetz*), Basel 1994.

Tod, im endgültigen Sein des Menschen bei Gott[41]. Damit kommt die biblische Sicht der Wirklichkeit Gottes wieder ins Spiel. Allerdings hatte sich inzwischen die Perspektive verschoben. Der Tod spielt eine andere Rolle. Bringt man eine diachrone Perspektive mit in Anschlag, dann lässt sich, vereinfachend gesprochen, der Hauptstrom alttestamentlicher Tradition folgendermaßen beschreiben: Die in diesem Leben mögliche Gemeinschaft mit Gott wird auch durch den Tod letztlich nicht aufgehoben (vgl. Ps 16; 23; 49; 73). Bei Augustin verschiebt sich die Perspektive: Volle Gemeinschaft mit Gott ist dem Menschen erst nach seinem Tod, nach seiner »zeitlichen Pilgerschaft«, möglich. Beide Konzeptionen setzen letztlich das Glück des Menschen mit einem Leben in der Gegenwart Gottes ineins. Aber die Gegenwart Gottes wird unterschiedlich akzentuiert: im Alten Testament prämortal, bei Augustin postmortal.

Genau genommen muss noch weiter differenziert werden, indem die Bedeutung der Bezeichnungen »prämortal« und »postmortal« näherhin zu bedenken ist. Will man in gesamtbiblischer Perspektive, die nach der Bedeutung von Texten in Kontexten und nicht nach der Intention von Autoren fragt, das an Mose gerichtete JHWH-Wort von Ex 33,20: »Du kannst mein Angesicht nicht sehen; denn kein Mensch kann mich sehen und am Leben bleiben« mit der Aussage Ijobs: »Vom Hörensagen nur hatte ich von dir vernommen; jetzt aber hat mein Auge dich geschaut« (Ijob 42,5) vermitteln, dann muss man den bei Ijob in Ijob 1,1 – 42,6 ablaufenden Prozess als ein »Sterben vor dem Sterben« (vgl. Ijob 42,17) verstehen. In diesem Sinne wäre auch Mt 5,8 zu verstehen: »Selig, die reinen Herzens sind, denn sie werden Gott schauen.«

Wo ist nun im Kontext dieses idealtypisch rekonstruierten »eudämonologischen Diskurses« die Stimme Kohelets zu verorten? Mit der älteren alttestamentlichen Tradition belässt er die Frage nach

---

41   Allerdings sind die Formulierungen in seinem frühen Werk »De beata vita« (386 n.Chr.) offener als meine missverständliche Formulierung »nach dem Tod« zu erkennen gibt. Am Ende des Dialogs heißt es: »Doch solange wir noch auf der Suche sind, werden wir noch nicht aus der Quelle selbst und – um jenes Wort zu gebrauchen – aus der Fülle gesättigt, und so wollen wir bekennen, daß wir noch nicht zu unserem Maß gelangt sind. Deshalb sind wir trotz der Hilfe Gottes noch nicht weise und glücklich.« Schließlich wirft die Mutter, »als wache sie inmitten ihres Glaubens auf«, den Vers: »den Betern hilf, Dreieinigkeit!« in das Gespräch ein und fügt hinzu: »Das ist zweifellos das Glück, das ist vollkommenes Leben! Ihm eilen wir entgegen, und wir erwarten mit Recht, dorthin gelangen zu können, in festem Glauben, freudiger Hoffnung und flammender Liebe.« Augustin beendet den Dialog mit dem Hinweis auf »die Heimkehr zu unserem Gott« (beat. vit. 35, Übers. I. Schwarz-Kirchenbauer / W. Schwarz).

dem Glück des Menschen im Diesseits, im Raum »unter der Sonne«. Allerdings tut er es, im Unterschied zu jener, *explizit*. Ihm sind offensichtlich bereits Konzepte bekannt, die das endgültige Glück des Menschen ins Jenseits verlagern. Mit diesen setzt er sich kritisch auseinander (9,1–6.7–10)[42]. Deshalb haben einige in Kohelet einen Vorläufer der späteren Sadduzäer gesehen[43], die ja bekanntlich den Glauben an die Auferstehung der Toten ablehnten[44]. Auch Kohelet bringt die Erfahrung von Glück mit der Wirklichkeit Gottes in Verbindung: Glück ist eine Gabe Gottes (3,13), in der »Freude des Herzens« vermag der Mensch eine »Antwort Gottes« (5,19) zu vernehmen, das freudige Genießen gottgegebener Gaben findet Gottes Wohlgefallen (9,7). Auch hierin steht Kohelet der Sache nach im Hauptstrom alttestamentlicher Tradition. Die Art und Weise allerdings, wie er Gott und Glück in Verbindung bringt, unterscheidet sich vom Mainstream alttestamentlicher Tradition. Kohelet stellt sich nicht einfachhin in die Tradition einer weisheitlichen Paränese. Vielmehr macht er sie zum Gegenstand einer kritischen Überprüfung. Er betrachtet das System von außen und beurteilt es aufgrund eigener Beobachtungen und Überlegungen. Sein Zugang ist analytisch, reflektiert, distanziert. Er thematisiert und analysiert Fehlformen menschlicher Glückssuche. Dabei gelangt er zu einer Relativierung jener Güter und Werte, deren Besitz von vielen Menschen als unabdingbare Voraussetzung des Glücks oder sogar als mit diesem identisch angesehen wird. Zwar warnen viele Texte des Alten Testaments den Mensch, seine Hoffnung auf die Dinge dieser Welt zu setzen, aber sie tun dies mit Blick auf Gott: »Seht den Mann, der nicht zu Gott seine Zuflucht nahm, vielmehr auf seinen großen Reichtum vertraute, Zuflucht nahm zu seinem Verderben« (Ps 52,9)[45]. Kohelet analysiert Fehlformen menschlicher Glückssuche immanent. Er deckt anhand von Beispielen und aufgrund eigener Beobachtungen die *innere Inkonsistenz* verfehlter Formen menschlicher Glückssuche auf. Das ist in dieser Form etwas Neues innerhalb der biblischen Tradition. Ob Kohelet dabei die »äußeren Dinge« nur relativiert

---

42 Vgl. *L. Schwienhorst-Schönberger*, Vertritt Kohelet die Lehre vom absoluten Tod? Zum Argumentationsgang von Koh 9,1–6, in: Auf den Spuren der schriftgelehrten Weisen (FS J. Marböck), hg. von *I. Fischer / U. Rapp / J. Schiller* (BZAW 331), Berlin / New York 2003.
43 So u.a. *Levy*, Qohelet, 45.
44 Vgl. *O. Schwankl*, Die Sadduzäerfrage (Mk 12,18-27 parr). Eine exegetisch-theologische Studie zur Auferstehungserwartung (BBB 66), Frankfurt a.M. 1987.
45 Übers.. *F.-L. Hossfeld*, in: *ders. / E. Zenger*, Psalmen 51–100 (HThAT), Freiburg i.Br. 2000, 60.

oder sogar gänzlich entwertet, ist umstritten. Deutlich aber ist, dass er das Glück des Menschen an sein Bewusstsein, an eine spezifische Form der Wahrnehmung bindet. Der »innere Mensch« kommt in den Blick. Ein Mensch, der – aus welchen Gründen auch immer – nicht in der Lage ist, das, was ihm zukommt, zu genießen, verfehlt letztlich sein Leben, das auf die Erfahrung von Glück angelegt ist (6,3–6). Kohelets Philosophie ist nun darauf ausgerichtet, den Hörer/Leser/Schüler auf dieses »Nicht-in-der-Lage-Sein« hin anzusprechen. Es geht ihm in erster Linie, soweit erkennbar, nicht um eine Änderung der äußeren Verhältnisse, sosehr er Ungerechtigkeiten (4,1–3) und öffentliche Dummheit (5,7f; 9,2f. 5–7) beklagt, sondern um Änderung und Entwicklung der inneren Einstellung, aus der heraus mit den Widerwärtigkeiten des Lebens zurechtzukommen (7,14; 10,4), aber auch anderen Gutes zu tun ist: »Leg dein Brot auf die Wasserfläche, denn nach vielen Tagen kannst du es wiederfinden!« (11,1) ist wahrscheinlich eine Aufforderung, Großzügigkeit und Mildtätigkeit gegenüber dem Nächsten zu üben, wie bereits das Targum und Hieronymus erkannten (»Ad eleemosynam cohortatur«, in eccl. XI,1).

4   Hedonismus?

War Kohelet ein Hedonist? Preist er in seinem Buch die Lust als das höchste Gut? Gern wird das Buch mit der Philosophie Epikurs verglichen. S. Fischer dagegen betont mehrfach, dass im Koheletbuch »die Lebensfreude nicht als Hedonismus zu verstehen ist«[46]. Ein kurzer Blick auf die Philosophie Epikurs soll das im Hintergrund stehende Problem verdeutlichen. Höchstes Gut ist für Epikur das Glück (εὐδαιμονία) des Einzelnen. Es besteht in der Unerschütterlichkeit (ἀταραξία) der Seele. Die Seelenruhe definiert Epikur weiterhin als Lust (ἡδονή). So kann er sagen: Die Lust (ἡδονή) ist das höchste Gut (τέλος). Wer allerdings meint, Epikur damit zu einem Hedonisten im üblichen Sinne des Wortes abstempeln zu können, sei durch seine eigenen Worte gewarnt (Brief an Menoikeus 131f)[47]:

Wenn wir also sagen, die Lust sei das Ziel, meinen wir damit nicht die Lüste der Hemmungslosen und jene, die im Genuss bestehen, wie einige, die dies nicht kennen und nicht eingestehen, oder böswillig auffassen, annehmen, sondern:

---

46 *Fischer*, Lebensfreude, 79.
47 Hier und im Folgenden zitiert nach der Ausgabe: *Epikur*, Briefe, Sprüche Werkfragmente (Abk.: BSW). Griechisch und deutsch, übersetzt und herausgegeben von *H.W. Krantz*, Stuttgart 1989.

weder Schmerz im Körper noch Erschütterung in der Seele zu empfinden. Denn nicht Trinkgelage und aneinandergereihte Umzüge, auch nicht das Genießen von Knaben und Frauen, von Fischen und allem übrigen, was eine aufwendige Tafel bietet, erzeugen das lustvolle Leben, sondern ein nüchterner Verstand, der die Gründe für jedes Wählen und Meiden aufspürt und die bloßen Vermutungen vertreibt, von denen aus die häufigste Erschütterung auf die Seelen übergreift.

Aus den folgenden Worten mag man eher die Stimme eines Asketen hören als die eines »Epikureers« (Menoikeus 130–131):

Auch die Selbstgenügsamkeit halten wir für ein großes Gut ... Denn bescheidene Suppen verschaffen eine ebenso starke Lust wie ein aufwendiges Mahl, sooft das schmerzhafte Gefühl des Mangels aufgehoben wird; auch Brot und Wasser spenden höchste Lust, wenn einer sie aus Mangel zu sich nimmt. Sich also zu gewöhnen an einfache und nicht aufwendige Mahlzeiten befähigt zu voller Gesundheit, macht den Menschen unbeschwert gegenüber den notwendigen Anforderungen des Lebens, stärkt unsere Verfassung, wenn wir uns in Abständen zu aufwendigen Mahlzeiten aufmachen, und entläßt uns angstfrei gegenüber dem Zufall.

In der Tat war Epikur ein »Asket«. Er verstand seine Philosophie als eine Einübung (ἄσκεσις) in das glückliche Leben. Ein glückliches Leben ist nach Epikur aber nichts anderes als ein lustvolles Leben (vgl. Brief an Anaxagoras [BSW 53, 1.3.2] und das Ende des Briefes an seine Mutter [BSW 59]; SV 33 [BSW 87]; 63 [BSW 93].

Um die Philosophie Epikurs zu verstehen, müssen wir uns klar machen, dass sein Begriff der Lust (ἡδονή) weder dem damaligen noch dem heutigen normalsprachlichen Verständnis des Wortes entspricht. Es ging ihm gerade nicht um ein Aufpeitschen der Leidenschaften, sondern um eine Beruhigung derselben, um ein sensitives Erwachen. Gegen eine verbreitete Missdeutung Epikurs hat sich bereits Seneca, De vita beata 13,5 ausgesprochen: »Daher erkläre ich nicht, was die meisten von uns tun, die Schule Epikurs sei eine Lehrerin der Laster, sondern behaupte folgendes: man spricht schlecht von ihr, sie steht im üblen Ruf, und zu Unrecht« (vgl. ebd. 13,2; Cicero, Tusculanae disputationes III, 40). Nun war Epikur fest davon überzeugt, dass der Mensch aus eigener Anstrengung glücklich werden kann. Um dies sicherzustellen, konnte er allerdings nicht – wie die Stoiker – den Weg der Entwertung alles Unverfügbaren gehen, sondern musste umgekehrt erklären, dass das Wertvolle, das heißt: die Lust, das höchste Gut jederzeit verfügbar sei[48]: »Solange ich lebe, freue ich mich ähnlich wie die Göt-

---

48   Vgl. RS XV (= SV 8) (BSW 71); RS XXI (BSW 73); RS XXX (BSW 75); SV 67; 68 (BSW 95); vgl. Cicero, Tusculanae disputationes V, 74–75.110.

ter« schreibt er im Brief an seine Mutter: »Inmitten solcher Güter, das erwarte von mir, Mutter, freue ich mich allezeit, und du richte dich an dem auf, was ich tue!« Zu einer solchen beständigen Freude ruft er seine Schüler auf (Brief an Idomeneus [BSW 61–62, 1.3.11]; SV 41 [BSW 89]; vgl. Koh 11,8: »Denn selbst wenn ein Mensch viele Jahre lebt, freue er sich in diesen allen!«). Im Hintergrund des Koheletbuches scheint eine ähnliche Problematik zu stehen. Sie klingt in Koh 9,7–10 an. Kohelet ruft zur Freude auf. Doch sein Aufruf zur Freude beschränkt sich nicht auf die Empfehlung, üppige Feste zu feiern. Was in Koh 9,7–10 gesagt ist, wird durchsichtig hin auf den Alltag. Kohelet entwirft eine Philosophie des guten Lebens, in der die Freude als eine von Gott gewollte (9,7b) und ermöglichte (2,24f; 3,13) das ganze Leben des Angesprochenen durchdringen soll. Damit scheint eine ähnliche Konzeption vorzuliegen wie bei Epikur. Sie ist hedonistisch, aber nicht im heute üblichen Verständnis des Wortes. Durch polemische Verzerrung der Gegner Epikurs ist das Wort in Misskredit geraten. Deshalb sollte es nicht kommentarlos, sei es negierend, sei es affirmierend, auf das Koheletbuch angewandt werden.

5   Fazit

Es gibt vielfältige Nöte, von denen Menschen heimgesucht werden. Das Christentum wird in der Weltöffentlichkeit vor allem als eine Religion wahrgenommen, die sich um die Schwachen, um die Armen, um die von Krankheit Getroffenen kümmert, um Menschen wie Ijob. Hier hat das Christentum eine hohe, öffentlich anerkannte soziale Kompetenz mit einer zum Teil starken institutionellen Ausprägung entwickelt. Diese Kompetenz gehört zum unaufgebbaren Kern der jüdisch-christlichen Tradition. Sie ist tief in der Heiligen Schrift verwurzelt.
Doch Leid trägt viele Gesichter. In der Gestalt Kohelets kommt eine andere Form von Leid in der Heiligen Schrift zur Sprache. Sie wird oft nicht wahrgenommen, nicht einmal von den Betroffenen selbst. König Kohelet fehlte nichts. Er besaß alles, was er sich wünschte. Und doch gerät er in Not, Verzweiflung und Lebenshass. Die Not Kohelets ist, so wird in der exegetischen Forschung durchaus zu Recht festgestellt, historisch gesehen ein Phänomen der Oberschicht. Tatsächlich dürfte sie eine typische Not »bürgerlicher Gesellschaften« sein. Äußerlich ist alles da, doch der Mensch findet innerlich nicht in die Wahrheit der Dinge und des Lebens. Innere Leere und Freudlosigkeit werden nicht selten durch Spaß und Amüsement überspielt.

Es zeugt von der Größe der Heiligen Schrift, dass auch eine derartige Not in einem eigenen Buch zur Sprache kommt. Aber sie kommt nicht nur zur Sprache, es wird auch ein Weg gewiesen, der aus ihr herausführt. Wenn Kohelet zur Freude aufruft, dann meint er damit nicht jene Freude, mit der sich der Mensch gerne über die Nichtigkeit des Lebens hinwegtröstet (vgl. Koh 2,1f), sondern jene Freude, die erst im Durchgang durch die Nichtigkeit aller Dinge aufscheint. Sie hat nach Auskunft des Koheletbuches etwas mit jener Wirklichkeit zu tun, auf die das Wort »Gott« verweist (vgl. Koh 2,24; 3,12f; 5,17–19; 9,7–10). Sie ist kein Narkotikum, wie immer wieder behauptet wird, sondern Folge eines sensitiven Erwachens. Das *carpe-diem*-Motiv, das im Zentrum des Koheletbuches steht, ist, so wurde versucht zu zeigen, ein Ruf zur Umkehr. Die Umkehr, von der das Buch Kohelet spricht, ist aber nicht Folge einer ethisch motivierten Paränese. Sie ergibt sich aus der Erfahrung der Inkonsistenz einer verfehlten Lebenseinstellung.

Über Jahrhunderte hin war das Christentum, zumindest im Abendland, ein Kompetenzzentrum für Fragen des guten und gelingenden Lebens. In Augustins »De beata vita« fand eine Vermählung zwischen der »Wahrheit der Schrift« und der »Wahrheit des Menschen« statt. Im Zuge der Neuzeit hat die jüdisch-christliche Tradition de facto viel von ihrer ursprünglichen Kompetenz verloren. Das Buch Kohelet, integraler Bestandteil der Heiligen Schrift, enthält den Kern einer Kompetenz, die es neu zu entdecken gilt, will das Christentum nicht in zentralen Fragen eines »modernen« Lebens der Bedeutungslosigkeit anheimfallen.

Claudia Rakel

Die Feier der Errettung im Alten Testament als Einspruch gegen den Krieg

Folgt man den Begriffen חַג »Fest« und מוֹעֵד »Feier« im Alten Testament, wird man vor allem zum Festkalender geführt[1]. Neben Passa-, Wochen- und Laubhüttenfest (vgl. Ex 34,18–24; Dtn 16,1–17), dem Sabbat (vgl. Ex 20,8; 34,21; Dtn 5,12–15), den übrigen Jahresfesten wie Neujahrs- (vgl. Lev 23,23–25) und Versöhnungstag (vgl. Lev 23,26–32), Purim und Chanukka sowie den Voll- und Neumondtagen (vgl. Num 28,11–15) werden jedoch im Alten Testament eine Reihe von Feiern genannt, die nicht in den kalendarischen Festablauf des Volkes Israel eingehen. Feste wie Entwöhnung (vgl. Gen 21,8) oder Beschneidung (vgl. Gen 17) eines Kindes, Hochzeit (vgl. Ri 14) und Beerdigung (vgl. 2Sam 3,31–34) strukturieren die Lebenszeit des Einzelnen und brechen den familiären Alltag auf. Zudem finden sich Feste, die das gesellschaftliche und politische Leben betreffen und außergewöhnliche politische Ereignisse markieren, wie etwa Feste anlässlich der Thronbesteigung eines Königs (vgl. 1Kön 1,38–40)[2].

1 Krieg als gesellschaftliche Realität Israels

Die im Folgenden näher vorgestellten Feiern gehören in die gesellschaftspolitische Sphäre. Sie zeichnen sich dadurch aus, dass mit Tanz und Gesang ein zurückliegendes Ereignis der Errettung (zum überwiegenden Teil von oder in einem Krieg) gefeiert wird. Aufgrund der geographischen Lage Israels sind nationale Sicherheit und damit Kriege oder Kriegsgefahr mit die wichtigsten The-

---

1 Vgl. dazu R. *Rendtorff*, Die Entwicklung des altisraelitischen Festkalenders, in: J. *Assmann* (Hg.), Das Fest und das Heilige. Religiöse Kontrapunkte zur Alltagswelt (Studien zum Verstehen fremder Religionen 1), Gütersloh 1991, 185–205.
2 Vgl. überblickshaft und einführend zu den Festen im Alten Testament E. *Otto*, Feste und Feiertage II. Altes Testament, TRE XI (1983), 93–107; H.-J. *Fabry*, Feste und Feiertage II. Biblisch, LThK³ III (1995), 1251–1253 sowie I. *Müllner* / P. *Dschulnigg*, Jüdische und christliche Feste (NEB – Themen 9), Würzburg 2002, 7–62.

men des öffentlichen Diskurses. Maßgeblich getragen werden die
Festivitäten, die das Ende eines erfolgreichen Krieges begehen,
von Frauen. Ihre Partizipation am öffentlichen Leben und ihre
Einbindung in die sich verändernden politischen Situationen des
Landes sind in hohem Grade auffällig[3]. Frauen nahmen selten an
Kriegen als Kämpfende teil[4], doch sie waren von Kriegen betroffen,
bedroht oder nahmen emotional Anteil am Kriegsgeschehen. Mit
Liedern, in denen sie die öffentliche Meinung zum Ausdruck brachten, begrüßten sie die zurückkehrenden Krieger. Diese in der Forschung häufig als »Siegeslieder« bezeichneten Gesänge thematisie-
ren zu einem überwiegenden Teil weniger den Sieg als vielmehr
die Errettung durch Gott. Frank Crüsemann hat darauf hingewiesen, dass ein Siegeslied als eigenständige Gattung nicht ermittelt
werden könne, denn die Erfahrung von JHWHs Siege gewähren-
der Macht habe ihren festen Platz im Hymnus[5]. Dies bedeutet jedoch nicht, dass es keine spezifische literarische Tradition singen-
der Frauen im Alten Testament gäbe. Dass »Frauen den aus dem
Kampf zurückkehrenden Siegern entgegentanzten, mit den Handtrommeln spielten und Dankeslieder sangen«[6], ist eine im Alten
Testament mehrmals belegte Tradition.
Diese Feiern der Errettung unterscheidet von den klassischen
Festtagen des Alten Testaments, dass sie sich auf ein kontingentes
Ereignis beziehen. Sie sind einmalig und gebunden an eine konkrete Bedrohung, die durch Gott abgewendet wurde, oder an ein
spezifisches Kriegsereignis, das zugunsten des Volkes Israel ver-
lief. Dementsprechend sind sie nicht wiederholbar – es sei denn in
Gedenktagen. Einmalige Feste sind, wie Jan Assmann hervorhebt,
ein Widerspruch in sich selbst. »Wenn Feste ein Gemeinschafts-
bewußtsein inszenieren, dann impliziert das Wiederholbarkeit.«[7]
Erst in der biblischen Zusammenschau werden die einzelnen Erfahrungen, *dass* Gott sein Volk vor Feinden oder drohenden
Kriegen rettet, zu einer wiederholten und dadurch verlässlichen

3   Vgl. F. *van Dijk-Hemmes*, Traces of Women's Texts in the Hebrew Bible, in:
A. *Brenner* / F. *van Dijk-Hemmes*, On Gendering Texts. Female and Male Voices
in the Hebrew Bible (BIS 1), Leiden u.a. 1993, 17–109, hier 33.
4   Texte, in denen Frauen als am Kriegsgeschehen aktiv Teilnehmende vorgestellt werden (vgl. etwa Ri 9,53f), sind die Ausnahme.
5   Vgl. F. *Crüsemann*, Studien zur Formgeschichte von Hymnus und Danklied
in Israel (WMANT 32), Neukirchen-Vluyn 1969, 207.
6   A. *Rebić*, Musik im Alten Testament, IKaZ 29 (2000), 296–304, hier 298.
7   J. *Assmann*, Der zweidimensionale Mensch: Das Fest als Medium des kollektiven Gedächtnisses, in: *ders.* (Hg.), Das Fest und das Heilige. Religiöse
Kontrapunkte zur Alltagswelt (Studien zum Verstehen fremder Religionen 1),
Gütersloh 1991, 13–31, hier 16.

Erfahrung, die Israels Geschichtsbewusstsein prägt. Es lassen sich daher eine Reihe von Texten anführen, die mit ähnlichen sprachlichen, narrativen und semantischen Mitteln das Ende eines Krieges und die Errettung des Volkes Israel durch seinen Gott feiern. Zum obligatorischen Inventar dieser Feiern gehören Musik, Tanz und Loblieder, die auf die konkreten Ereignisse nacherzählend rekurrieren.

2 Alles beginnt mit dem Exodus – Die Feier der Befreiung am Schilfmeer (Ex 15)

Ex 15,1–21 ist im Rahmen einer kanonischen Lektüre des Alten Testaments die erste *gemeinsame* Feier des Volkes Israel, in der die Israeliten und Israelitinnen Gott für die Errettung aus einer Bedrängnis danken. Die Erfahrung, von seinem Gott aus dem Sklavenhaus Ägypten herausgeführt worden zu sein (vgl. Ex 20,2; Dtn 5,6), ist für das Volk Israel *das* identitätsstiftende Ereignis schlechthin. Diese Befreiung findet in der Erzählung von Ex 14–15 ihren Abschluss. Der Durchzug durch das Schilfmeer ist der Übergang des Volkes Israel von der Sklavenexistenz in die Existenz als freies und von Gott befreites Volk[8]. Ein derart zentrales Moment bedarf des Festes; und es ist daher nicht verwunderlich, dass der Text es nicht bei einer schlichten Erzählung der Ereignisse belässt, sondern mit Ex 15 eine Feier dieses Errettungsgeschehens überliefert. Mit seinen beiden Liedern, dem des Mose und der Kinder Israels (Ex 15,1–18) sowie dem der Mirjam (15,21), feiert das Volk Israel die Befreiung.

2.1 Das Lied des Mose und der Kinder Israel

Ex 15,1–18 ist der erste Gesang des Volkes Israel, in dem es JHWH und seine Wunder preist. »An der Schwelle der israelitischen Volkswerdung steht die religiöse Poesie.«[9] James W. Watts hat aufgezeigt, dass innerhalb des Alten Testaments poetische Passagen bestimmten Handlungscharakteren in den Mund gelegt und häufig als Klimax einer Handlung innerhalb der Erzählung in strategischen Positionen platziert werden. Sie erlauben, die Bedeutung der Handlung zu verstärken oder die Erzählung zu interpretieren, indem sie spezifische Themen hervorheben, ohne dass der

---

8 Vgl. G. *Fischer*, Das Schilfmeerlied Exodus 15 in seinem Kontext, Bib. 77 (1996), 32–47, hier 46.
9 B. *Jacob*, Das Buch Exodus, Stuttgart 1997, 428.

»objektive« Duktus des Autors verloren geht[10]. Ex 15,1–18 ist als
Klimax des Geschehens am Schilfmeer die feierliche Reaktion des
Volkes Israel auf die Errettung vor dem Pharao durch JHWH.
Als erstes gemeinsames Lob Gottes nimmt das Lied »eine Spit-
zenstellung«[11] ein. Mose ist hier nicht mehr Fürsprecher, Prophet
und Gesandter im Gegenüber zum Volk, sondern er singt mit ihm
gemeinsam das Lied[12]. Die erzählerische Einleitung zum Lied verwendet in V1 das singularische Verb יָשִׁיר, das sich sowohl auf
Mose als auch auf die Kinder Israels bezieht (vgl. ähnliche Konstruktionen in Ri 5,1; Num 12,1). Der Singular vermag Mose als
denjenigen zu qualifizieren, der das Lied anstimmt, nicht jedoch
als *alleinigen* Sänger des Liedes, wie der Plural וַיֹּאמְרוּ im gleichen
Vers verdeutlicht. Das Verb שִׁיר »singen« fungiert als Marker für
den folgenden poetischen Teil[13].
Unterschiedlich fallen die Voten für eine Gliederung des Liedes
aus. Exegeten und Exegetinnen favorisieren meistens eine Zweitei-
lung von Ex 15,1b–18: Ein erster Teil bezieht sich direkt auf das
Ereignis am Schilfmeer, und in einem zweiten Teil werden Gottes
Heilstaten an seinem Volk antizipierend besungen[14], wobei sowohl die Ereignisse der Landnahme als auch Gottes Gegenwart
inmitten des Volkes im Land thematisiert werden. In seiner Form
und in seinem Inhalt ist es ein »poem of mixed type«[15]. Das Lied,
das durch ein exzeptionelles Ereignis der Geschichte Israels angeregt ist, wurde später erweitert, um die Kontinuität der Erret-
tungserfahrung vom Exodus an zu garantieren. Differenzen liegen vor allem in der Antwort auf die Frage, wo der erste Teil endet und der zweite beginnt. So wird sowohl für eine Untergliede-
rung in V1b–12 und V13–18[16] als auch für eine Einteilung in

10   Vgl. *J.W. Watts*, »This Song«. Conspicuous Poetry in Hebrew Prose, in:
J.C. de Moor / W.G.E. Watson (Hg.), Verse in Ancient Near Eastern Prose
(AOAT 42), Kevelaer / Neukirchen-Vluyn 1993, 345–358, hier 351f.
11   *Fischer*, Schilfmeerlied, 47.
12   Vgl. *Jacob*, Exodus, 428.
13   Vgl. *Watts*, Song, 345f.
14   Vgl. *M.S. Smith*, The Poetics of Exodus 15, in: Imagery and Imagination in
Biblical Literature (FS A. Fitzgerald), hg. von *L. Boadt / M.S. Smith* (CBQMS
32), Washington 2001, 23–34, hier 25.
15   *J.I. Durham*, Exodus (WBC 3), Waco 1983, 203.
16   Vgl. *D.N. Freedman*, The Song of the Sea, in: *ders.*, Pottery, Poetry and
Prophecy. Studies in Early Hebrew Poetry, Winona Lake 1980, 179–186, hier
180; *Durham*, Exodus, 205; *T.B. Dozeman*, The Song of the Sea and Salvation
History, in: On the Way to Nineveh (FS G.M. Landes), hg. von *St.L. Cook / S.C.
Winter* (ASOR Books 4), Atlanta 1999, 94–113; *Smith*, Poetics, 26–29; ebenso
lässt *M.L. Brenner*, The Song of the Sea (Ex 15,1–21) (BZAW 195), Berlin / New
York 1991, 127ff den zweiten Teil mit V13 beginnen.

V1b–11 und V12–18 optiert[17], der sich diese Untersuchung anschließt.

Teil 1 (V1b–11)		*Teil 2 (V12–18)*	
V1–3	Aufgesang und hymnisches Bekenntnis	V12–13	Gottes Beistand bis ins Land
V4–6	Untergang des Pharao am Schilfmeer	V14–16	Die Furcht der Völker
V7–10	Untergang des Feindes im Meer	V17	Gottes Heiligtum inmitten seines Volkes
V11	Die Unvergleichlichkeit Gottes	V18	Proklamation von Gottes Königtum

Beginnend mit der Selbstaufforderung zum Singen, nennt V1, eingeleitet durch כִּי, den Grund der Begeisterung. Der erste Abschnitt (V1–3) ist Lobaufforderung und Bekenntnis in einem:

Ich will singen JHWH,
denn hoch erhaben ist er,
das Pferd und seinen Wagen warf er ins Meer.

Meine Stärke und mein Lied: Jah.
Er ist mir zur Rettung geworden.
Dieser mein Gott, ich will ihn preisen.
Der Gott meines Vaters, ich will ihn erheben.

JHWH, Mann des Krieges,
JHWH, sein Name.

Gott stürzte Ross und Wagen des Pharao ins Meer. Zu diesem Gott, der in V3 angesichts des Geschehenen als אִישׁ מִלְחָמָה »Mann des Krieges« bezeichnet wird, bekennen sich die Singenden (V2). Gott wird aufgrund des Kontextes auch in militärischen Kategorien gedacht. Ex 15,1–18 insgesamt ist kein gewaltfreies Lied. Es beschreibt nicht nur die Vernichtung von Kriegsgeräten, sondern auch das Töten von Menschen. Nicht der Krieg wird gepriesen, sondern Gott wird hier als im Krieg helfender und auch kriegerisch-helfender Gott gedacht[18].
Zweimal wird in den folgenden V4–10 das Geschehen am Schilfmeer rekapituliert. Die V4–6 nehmen sehr konkret auf פַּרְעֹה und sein Heer, das im Meer versank, Bezug. Stichworte wie מרכבה »Wa-

---

17   Mit *G.W. Coats*, The Song of the Sea, CBQ 31 (1969), 1–17, bes. 5–8; *J.W. Watts*, Psalm and Story. Insert Hymns in Hebrew Narrative (JSOT.S 139), Sheffield 1992, 42; *Fischer*, Schilfmeerlied, 35; *Jacob*, Exodus, 117–127.
18   Vgl. *H.-D. Preuß*, מִלְחָמָה, in: ThWAT IV (1984), 914–926, hier 922.

gen« (15,4; 14,25), חַיִל »Streitmacht« (15,4; 14,4.9.17.28), בַיָּם »im Meer« (15,4; 14,28), שָׁלִשׁ »Wagenlenker« (15,4; 14,7) oder כסה »bedecken« (15,5; 14,28) stellen die Verbindung des poetischen zu seinem narrativen Teil her[19]. V6 schließt mit seinem zweimaligen Ausruf יְמִינְךָ יְהוָה »deine Rechte, JHWH«, die nach Auskunft des Verses das Errettungswunder bewirkte, diesen Teil ab[20].

Der Abschnitt V7–10 spricht in allgemeiner Form von dem Feind, den das Meer bedeckte, weil JHWH mit dem Hauch seines Atems die Wasser (V8.10) bändigte. Dieser Teil ist geprägt von den Motiven des חָרוֹן »Grimmhauches«[21] (V7) und der רוּחַ »Geisteskraft« (V8.10), mit denen JHWH die Gegner Israels zu Fall bringt. Der Feind erhält im Lied eine eigene Stimme, um sein Vorhaben zu beschreiben (V9). Seine in das Lied eingebettete wörtliche Rede fängt in sechs kurzen, teilweise nur aus einem Verb bestehenden Sentenzen die Brutalität ein, mit der er Israel verfolgt. Ähnlich wie V5 beschreibt auch V10 den Untergang in den Wassern. Während in V5 die Streitmacht Pharaos von den Fluten des Meeres *bedeckt* wird und in die Tiefen des Meeres *wie ein Stein* sinkt, *bedeckt* die Feinde in V10 das Meer und sie versinken *wie Blei* in den gewaltigen Wassern[22].

V11 bildet mit seiner rhetorischen Frage: מִי־כָמֹכָה »Wer ist dir gleich?« den Höhepunkt und zugleich den Abschluss des ersten Teils[23].

Wer ist dir gleich unter den Göttern, JHWH?
Wer ist dir gleich, hervorragend in Heiligkeit, gefürchtet in Ruhmestaten, vollbringend Wunder?

Zentrum des Liedes ist damit JHWH. Nicht nur, dass der fragende Ausruf, wer wie JHWH unter den Göttern sei, in V11 durch die Struktur des Liedes in seiner Mitte steht[24], auch sonst ist inhaltlich in erster Linie von Gott und seinen machtvollen Taten die Rede. Die Errettung Israels am Schilfmeer wird allein Gott zugesprochen. Das Lied ist nicht in erster Linie Ausdruck der »Freude über den *Untergang des ägyptischen Heeres* und *Dank gegen Jah-*

---

19 Vgl. dazu auch ausführlich *Watts*, Psalm, 45f.
20 Vgl. zur Struktur von V6 mit der Wiederholung des A-Kolons J. *Fokkelman*, Major Poems of the Hebrew Bible at the Interface of Hermeneutics and Structural Analysis. Volume I: Ex. 15, Deut. 32, and Job 3 (SSN 37), Assen 1998, 27.
21 In der Übersetzung von *Jacob*, Exodus, 426.
22 Vgl. zu den Bezügen *Fokkelman*, Poems, 29.
23 Vgl. *Jacob*, Exodus, 435. Auch hier findet sich eine Wiederholung des A-Kolons, vgl. *Fokkelman*, Poems, 27.
24 Vgl. *Fischer*, Schilfmeerlied, 35.

ve, der dieses Wunder gewirkt hat«[25], sondern »ein Protest gegen die Summe aller Machtlehre, daß Gott immer mit den stärksten Bataillonen sei«[26]. Seine Macht ist größer als alle Macht feindlicher Herrscher, die Israel bedrängen wollen. Diese Aussage wird anhand des Schilfmeerereignisses und des Scheiterns des Pharaos veranschaulicht. Zugleich gehen die Verse in der Beschreibung der Größe und Stärke Gottes über dieses konkrete Ereignis hinaus. Sie feiern die Gottheit Israels in ihrer allumfassenden Macht. Die theologische Konzentration auf die Befreiung von Unterdrückung, in der jedwedem weltlichen Herrschaftsanspruch eine Absage erteilt wird, diese Vorstellung »des prophetisch erzogenen Israel stammt vom Schilfmeer.«[27]

Im zweiten Teil (V12–18) fehlen nennenswerte Bezüge auf Ex 14. Hier wird nun prospektiv die noch ausstehende Geschichte Israels mit seinem Gott eingespielt. Inhaltlich dominiert diesen Abschnitt der Gedanke der göttlichen Führung des Volkes Israel[28]. V12, der häufig als eine Zusammenfassung des ersten Teils verstanden wurde[29], lässt sich nur schwer auf das in Ex 14 beschriebene Geschehen beziehen[30], denn die rechte Hand Gottes bewirkt hier, dass die Gegner von der Erde verschlungen werden (ארץ und בלע). Es handelt sich hier um eine Anspielung auf die Rebellion von Datan und Abiram in Num 16 (vgl. ארץ und בלע in Num 16,32.34). Mit V12 liegt damit ein erster Lobpreis JHWHs vor, der sich auf ein Ereignis nach dem Geschehen am Schilfmeer bezieht; in diesem Fall erinnert der Vers an die Wüstenwanderung und ihre Herausforderungen, die Einheit innerhalb des Volkes zu bewahren. Im folgenden Vers heißt es, dass JHWH sein Volk aus der Wüste zu seiner heiligen Wohnung führt. Der Ausdruck in diesem Kontext ist doppeldeutig, so dass letztlich nicht zu entscheiden ist, ob es sich dabei um den Sinai oder den Tempel in Jerusalem handelt[31].

Der Abschnitt V14–16 berichtet von den Reaktionen der Völker auf das Handeln Gottes zu Gunsten Israels. Durch eine Vielzahl

---

25 *P. Heinisch*, Das Buch Exodus (HSAT I/2), Bonn 1934, 121f (Kursivierungen im Text).
26 *Jacob*, Exodus, 434.
27 Ebd., 335.
28 Vgl. *Dozeman*, Song, 99.
29 Vgl. *Durham*, Exodus 207; *Brenner*, Song, 122–125; *Jacob*, Exodus, 446.
30 Vgl. zur Problematik des Verses bereits *E. Zenger*, Tradition und Interpretation in Exodus XV 1–21, in: *J. Emerton* (Hg.), Congress Volume: Vienna 1980 (VT.S 32), Leiden 1981, 452–483, hier 466f.
31 *Brenner*, Song, 130f weist darauf hin, dass נוה vor allem in exilischen und nachexilischen Texten auftaucht, in denen es um die Rückführung des Volkes durch JHWH zu seiner Wohnung geht (vgl. Jer 23,3; 31,23; 33,12).

von Verben und Substantiven werden die Furcht und der Schrecken, der die Völker befällt, ausgemalt. Die Verse führen ausführlich jene Völker auf, die Israel im Rahmen der Landnahme und
darüber hinaus in Kriege verwickelten. Die Verse vermitteln die
Botschaft, dass Gott nicht nur in der aktuellen Bedrängnis die Errettung vollzieht, sondern auch die zukünftigen Feinde Israels
derart mit Angst erfüllen wird, dass sie seinem Volk nichts anha-
ben können. Abgeschlossen wird dieser Abschnitt durch eine weitere Doppelung von Ausdrücken (עַד־יַעֲבֹר עַמְּךָ »bis hindurchzog
dein Volk« und עַד־יַעֲבֹר עַם־זוּ »bis hindurchzog dieses Volk«). Erinnert dieser Abschnitt vor allem an die Landnahme, so folgt mit
V17 die Erinnerung an die Existenz Israels im Land, das Gott
dort, an seinem Berg, einpflanzte, dort, wo seine Hände sein Heiligtum gründeten. V17 ist Ziontheologie[32] (vgl. בְּהַר נַחֲלָתְךָ »zum
Berg deines Erbes«). Auch der Ausdruck מִקְּדָשׁ אֲדֹנָי כּוֹנְנוּ יָדֶיךָ »das
Heiligtum Adonajs, das deine Hände bereitet haben« bezieht sich
eindeutig auf den Tempel[33], der in diesem literarischen Zusammenhang als das Ziel des Durchzugs durch das Schilfmeer erscheint,
»zu dem der Dichter offensichtlich gar nicht schnell genug hin-
kommen kann: [...] nicht sosehr ins Land als vielmehr gleich zum
Tempel(berg), der nach dem überschwenglichen Lob von V17 alles ist, Lebensraum des Volkes und Wohnstatt Jahwes, wo er als
König herrscht und immerfort herrschen möge (V18).«[34] V18 mit
seiner Proklamation JHWHs als König »für immer und darüber
hinaus« bildet den Abschluss des gesamten Liedes.
Das Lied von Ex 15,1–18 ist weder eine poetische noch eine chro-
nologische Einheit; seine Einheit ist theologischer Natur. Denn
bei aller Komplexität und Disparatheit der Themen ist seine zentrale Botschaft doch nur eine: JHWH errettet sein Volk[35]. Bis auf
ganz wenige Ausnahmen (V5.9.14f.) wird Gott in diesem Lied in
jedem Vers thematisiert: Er wird direkt angesprochen, sein Handeln wird beschrieben oder es werden preisende Aussagen über
sein Wesen gemacht. Vergangenheit und Zukunft – sie alle sind
in JHWHs Errettung am Schilfmeer bereits eingeschlossen[36]. Mit
seinem Bekenntnis zu diesem unvergleichlichen Gott ist das Schilfmeerlied die angemessene Feier des Befreiungsgeschehens[37]. So ist

32   Vgl. *E. Zenger*, Das Buch Exodus, Düsseldorf 1978, 151.
33   Vgl. *Brenner*, Song, 20 und seine detaillierte Argumentation ebd.,
143–160.
34   *H. Spieckermann*, Heilsgegenwart. Eine Theologie der Psalmen (FRLANT
148), Göttingen 1989, 108.
35   Vgl. *Durham*, Exodus, 210.
36   Vgl. *Watts*, Song, 51.
37   Vgl. *Fischer*, Schilfmeerlied, 45.

Ex 15,1–18 weniger die Feier eines seiner großen Siege als vielmehr die Feier von JHWH an sich. Das Lied feiert die Präsenz Gottes für sein Volk und die Erkenntnis, dass er für Israel handelt, wie kein Gott irgendwo und zu irgendeiner Zeit für dieses Volk zu handeln vermag[38]. Es übergreift Jahrhunderte, um Israels Vergangenheit und Gegenwart im Lob JHWHs zu vereinen[39].

Feste, wenn in ihnen das Volk Israels über seinen Existenz ermöglichenden Urgrund, seine Herkunft und seine Geschichte nachdenkt, sind probate Mittel der Identitätsfindung[40]. Das Lied des Mose, das als Sprechhandlung den umfangreichsten Teil des Festes am Meer darstellt, ist ein Beispiel für identitätsstiftende Feierlichkeit, denn es rekurriert nicht nur auf die im Text soeben erfahrene Rettung. So zeigt es in seiner Endfassung »modellhaft einen Glaubensweg von der Befreiung des Volkes über das Heiligtum zum Bekenntnis des nie endenden Königtums Jahwes.«[41] Wenn Jan Assmann das kulturelle Gedächtnis als einen Diskurs der Identität und mit Niklas Luhmann als Selbstthematisierung des Gesellschaftssystems definiert, insofern es der Konstitution und Reproduktion von Gruppenidentität dient[42], dann lässt sich die Feier am Schilfmeer mit dem Lied von Ex 15,1–18 als die innerbiblisch erste Formulierung des Exodus als kulturellem Gedächtnis lesen.

2.2 Mirjam korrigiert Mose

Der feierliche Charakter von Ex 15 wird nicht nur über die Inhalte des Liedes hervorgebracht, sondern auf der Erzählebene in V20 durch den Hinweis auf die Musik und den Tanz der Frauen unterstrichen.

Und Mirjam, die Prophetin, die Schwester Aarons,
nahm die Handtrommel in ihre Hand,
und alle Frauen zogen aus, ihr nach,
mit Handtrommeln und mit Reigentänzen.

Ex 15,20 beschreibt Mirjam in dem – wie Martin Noth meint – »zu der geschichtlichen Situation nicht ganz passenden Brauch«[43], dass singende Frauen aus ihren Wohnsitzen herauszogen und mit Gesang und Tanz die zurückkehrenden Soldaten begrüßten und ihnen

---

38 Vgl. *Durham*, Exodus, 210.
39 Vgl. *Watts*, Psalm, 60f.
40 Vgl. *Fabry*, Feste, 1252.
41 *Fischer*, Schilfmeerlied, 47.
42 Vgl. *Assmann*, Mensch, 22.
43 *M. Noth*, Das zweite Buch Mose. Exodus (ATD 5), Göttingen 1959, 97.

ein Siegeslied sangen. Musikalische Performances, die mit Handtrommeln (תֹף) begleitet werden und bei denen eine Gruppe von
Frauen oder einzelne Frauen einen Reigentanz (מְחֹלָה) aufführen[44],
sind im Alten Testament mehrmals überliefert (vgl. Ri 11,34; 1Sam
18,6–7; Jer 31,4; Jdt 15,12–14). Sie alle teilen zentrale Elemente[45]:

Ex 15,20–21	Ri 11,34	1Sam 18,6–7	Jer 31,4	Jdt 15,12–16,1
וַתֵּצֶאן	יָצֵאת	וַתֵּצֶאנָה	וְיָצֵאת	συνέδραμεν
כָּל־הַנָּשִׁים		הַנָּשִׁים מִכָּל		πᾶσα γυνή
בְּתֻפִּים	בְּתֻפִּים	בְּתֻפִּים	תֻפֵּיךְ	ἐν τυμπάνοις
וּבִמְחֹלֹת	וּבִמְחֹלוֹת	וְהַמְּחֹלוֹת	בִּמְחוֹל	ἐν χορείᾳ
שִׁירוּ		לָשִׁיר		ᾄσατε
וַתַּעַן		וַתַּעֲנֶינָה		ἐξῆρχεν

Immer wenn Frauen in dieser Form auftreten, geht es um die Feier
des Endes einer Bedrohung, zumeist durch Krieg. Dies gilt auch für
das Schilfmeerereignis. Was der Pharao plant, ist eine gewaltsame
und kriegerische Rückholung der Israeliten und Israelitinnen in die
Sklaverei. Die Szenerie, in die Mirjams Gesang eingebettet ist, ist
also nicht unpassend.
Georg Fischer spricht davon, dass das Auftreten Mirjams und der
Frauen samt Tanz und Musik in Ex 15,20–21 in einzigartiger
Weise das Lob für Gottes Sieg ›doppelt‹[46]. Überlegungen, warum
dies der Fall ist, stellt er jedoch nicht an. Die Exegese ist mit dem
Mirjamlied insofern einseitig umgegangen, als fast ausschließlich
die Frage dieser »Doppelung« und die Debatte, ob dem Mirjam-
oder dem Moselied (zeitliche) Priorität zukomme, die Forschungslage dominierte. Dabei war die historische Priorität des Mirjamliedes über lange Zeit unhinterfragt[47]. Die Verhältnisbestimmung
zwischen den beiden Liedern hat auch die feministische Exegese
beschäftigt. Phyllis Trible vertritt die These, dass Mirjam und die

---

44   H. *Eising*, חול, ThWAT II, Stuttgart 1977, 799–802, hier 800 geht davon
aus, dass die Handtrommel den Takt für den Tanz angibt.
45   Vgl. dazu bereits *Brenner*, Song, 37.
46   Vgl. *Fischer*, Schilfmeerlied, 33.
47   Vgl. etwa *Noth*, Exodus, 98, der es als den ältesten Text bezeichnet, der
von dem Schilfmeerwunder erzählt, oder *Zenger*, Tradition, 472, Anm. 39, der
das Mirjamlied in das 8. Jahrhundert v.Chr. datiert. Carol Meyers spricht sogar
von dem möglicherweise frühesten Stück hebräischer Literatur (vgl. *C. Meyers*,
Miriam the Musician, in: *A. Brenner* [Hg.] A Feminist Companion to Exodus–
Deuteronomy [The Feminist Companion to the Bible 6], Sheffield 1994, 207–
230, hier 207).

Frauen Israels ursprünglich ein längeres Lied gesungen hätten, das durch redaktionelle Überarbeitung zugunsten des Moseliedes auf Ex 15,20–21 reduziert und an das Ende von Ex 15 gesetzt worden sei, wodurch es den Status einer verkümmerten refrainartigen Antwort auf die mosaische Fassung erhalten habe[48]. Der antwortende Duktus des Mirjamliedes wird oft an dem Verb ענה festgemacht. Weil dem Verb darüber hinaus auch die Bedeutung des antiphonischen Singens zukommt[49], wurde auch die These vertreten, dass Mirjam und die Frauen V20–21 nach jedem Stanza von V1b–18 als Refrain sangen[50]. Irmtraud Fischer deutet ענה ל- als stellvertretendes Antworten Mirjams für das Volk auf das Handeln Gottes – und nicht auf das Lied des Mose –, womit Mirjam hier die klassische Funktion der Prophetin einnimmt[51].

Eine der Begründungen für die These der historischen Vorrangigkeit des Mirjamliedes liegt in den Redeeinleitungen von Ex 15, 1.21. Was von der Textanordnung als Rede (Mose) und Antwort (Mirjam und die Frauen) erscheint, stellt sich angesichts der Einleitungsworte nach Fokkelien van Dijk-Hemmes genau umgekehrt dar: Die Einleitung des Moseliedes »Ich werde singen« könne als Antwort auf den Imperativ »Singt«, mit dem Mirjam ihr Lied beginnt, verstanden werden. Mit anderen Worten, das Lied des Mose und der Söhne Israels sei in Wahrheit eine Antwort auf das Lied Mirjams und der Frauen[52]. Durch die redaktionelle Tätigkeit blieb die Mirjamtradition zwar erhalten, wurde aber zugunsten derjenigen des Mose abgewertet[53].

Inzwischen wird die These vertreten, das Mirjamlied sei kein alter, sondern ein relativ junger Text. Klara Butting nimmt an, Ex 15,1–21 sei eine einheitliche Komposition und Mirjam sei nicht aus der Tradition durch spätere Redaktionen herausgeschrieben worden, vielmehr habe eine späte Redaktion »die nahezu totgeschwiegene Mirjamtradition im Widerspruch gegen ihre Verdrängung und Marginalisierung in die Exodusgeschichte hineingeschrie-

---

48 Vgl. *Ph. Trible*, Bringing Miriam out of the Shadows, in: *A. Brenner* (Hg.), A Feminist Companion to Exodus – Deuteronomy (The Feminist Companion to the Bible 6), Sheffield 1994, 166–186.

49 Vgl. *E.B. Poethig*, The Victory Song Tradition of the Women in Israel (UMI 8518794), Ann Arbor 1985, 86–91.

50 Vgl. *U. Cassuto*, A Commentary on the Book of Exodus, Jerusalem 1967, 182.

51 Vgl. *I. Fischer*, Gotteskünderinnen. Zu einer geschlechterfairen Deutung des Phänomens der Prophetie und der Prophetinnen in der Hebräischen Bibel, Stuttgart 2002, 66.

52 Vgl. *Van Dijk-Hemmes*, Traces, 38.

53 Vgl. *Trible*, Miriam, 172.

ben«[54]. Auch Ursula Rapp datiert das Mirjamlied spät. Sie nimmt eine Entstehung des Textes in persischer Zeit an, in der Frauen der jüdischen Oberschicht sowohl lehrten als auch das gesellschaftliche Leben mitgeprägt haben. V19–21 bilde im Kontext von Ex 15 einen *zweiten* Abschluss des Schilfmeerereignisses, der als Korrektur des ersten Schlusses in Ex 14,29–31 mit seiner alleinigen Autorität des Mose zu lesen sei[55]. Damit hat das Moselied nicht ein altes Mirjamlied verdrängt; das Mirjamlied relativiert vielmehr als später Text die Omnipräsenz des Mose in der Exodustradition und macht die Frauen und ihren Anteil am Exodusgeschehen deutlich. Wenn man annimmt, das Mirjamlied doppele lediglich das Moselied, dann wird der kritische Impetus, den der Mirjamtext gegenüber dem Mosetext einnimmt, übersehen.

Und Mirjam antwortete für sie:
»Singt JHWH, denn hoch erhaben ist er,
das Pferd und seinen Wagen warf er ins Meer.«

Das Lied Mirjams feiert in 15,21 den Untergang von Pferd (סוס) und Wagen (רכב). Wenn diese beiden als Kriegsmaterial aufgefasst werden, das nun zerstört wird, dann lässt sich das Mirjamlied kriegskritisch lesen, v.a. im Zusammenhang mit anderen Stellen der Bibel, die paarweise Kriegsmaterial aufzählen. Pfeil und Bogen (vgl. Jes 5,28), Soldatenmantel und Stiefel (vgl. Jes 9,4), Schwerter und Lanzen (vgl. Joël 4,10) neben dem Oppositionspaar Pflugscharen und Sicheln (vgl. Mi 4,3; Jes 2,4) gehören zu den im Alten Testament paarweise genannten Kriegsmaterialien. Marie-Theres Wacker hat darauf hingewiesen, dass das Mirjamlied nicht den Untergang der Reiter (פרש) besingt, von denen unmittelbar vorher in Ex 15,19 gesagt wird, dass sie mit in das Meer zogen. Das Mirjamlied besingt nicht ausgiebig den Tod der Feinde, sondern nur die Zerstörung des Kriegsmaterials[56]. Das Lied des Mose nennt in Ex 15,3 Gott einen »Mann des Krieges« und trifft damit eine Aussage, die von einem ungebrochenen Verhältnis zum Krieg zeugt. Das Mirjamlied kann gerade in diesem Punkt

54 *K. Butting,* Prophetinnen gefragt. Die Bedeutung der Prophetinnen im Kanon aus Tora und Prophetie (Erev-Rav-Hefte: Biblisch-feministische Texte 3), Wittingen 2001, 40.
55 Vgl. *U. Rapp,* Mirjam. Eine feministisch-rhetorische Lektüre der Mirjamtexte in der hebräischen Bibel (BZAW 317), Berlin / New York 2002, 231f.
56 Vgl. *M.-Th. Wacker,* Mirjam. Kritischer Mut einer Prophetin, in: *W. Karin* (Hg.), Zwischen Ohnmacht und Befreiung. Biblische Frauengestalten, Freiburg i.Br. u.a. 1988, 44–52, hier 45f; vgl. auch *R.J. Burns,* Has the Lord Indeed Only Spoken through Moses? A Study of the Biblical Portrait of Miriam (SBL.DS 84), Atlanta 1987, 12.

als eine kritische Replik auf die Darstellungsvariante von 14,29 – 15,18 verstanden werden, wenn in ihrem Lied nicht die Vernichtung der Ägypter, sondern allein die Befreiung Israels und die Zerstörung von Kriegsmaterial im Zentrum stehen[57]. Die Aussage, die Mirjam in diesem Lied trifft, ist nicht bellizistisch[58], gewalt- oder kriegsverherrlichend. Alice Bach bezeichnet dieses Lied sogar als »Mirjams pazifistischen Ruf am Meer«[59]. Die Aussage über JHWH, die Mirjam aufgrund der soeben gemachten Erfahrung trifft, lautet: Gott zerstört die Kriegsmaschinerie.

Das Mirjamlied, das die Erzählung vom Auszug aus Ägypten abschließt, lässt im Vergleich zum Abschluss des narrativen Teils in Ex 14,31 die theologische Konzentration auf das rettende Handeln Gottes deutlich hervortreten. Dort heißt es, dass Israel, als es sah, dass JHWH mit großer Macht an den Ägyptern handelte, JHWH fürchtete und an Gott und seinen Diener Mose glaubte. Der narrative Abschluss der Erzählung spricht damit Gott *und* Mose eine zentrale Rolle im Rettungsgeschehen zu. Der poetische Teil, dessen Abschluss das Lied Mirjams ist, schweigt von Mose und spricht allein von Gott[60]. Die Textanordnung mit dem Mirjamlied als abschließendem Kommentar in Ex 15 garantiert, »daß der Sieg über den Pharao als eine von Gott gewirkte Befreiung in ganz Israel gefeiert und weitererzählt werden kann.«[61]

Sprache macht erst Erfahrung möglich und konstituiert sie. Sie hat weltgestaltende Kraft[62]. Die poetische Darstellung des Schilfmeerereignisses durch Mirjam ist theologische Geschichtsdeutung. Sie formt die Erinnerung an den Exodus und bestimmt abschließend, wen Israel in Ex 15 feiert: JHWH, der Israel errettet, indem

---

57 Vgl. *Fischer*, Gotteskünderinnen, 67; *Rapp*, Mirjam, 225.
58 In diese Richtung interpretiert das Mirjamlied *B.W. Anderson*, The Song of Miriam Poetically and Theologically Considered, in: *E.R. Follis* (Hg.), Directions in Biblical Hebrew Poetry (JSOT.S 40), Sheffield 1987, 285–296, hier 294: »The dominant metaphor in the Song of Miriam is a military one: Yahweh is the warrior – nor Yahweh is like a warrior (simile) but Yahweh is the warrior (metaphor) – who comes to the rescue of the weak and helpless.«
59 *A. Bach*, De-Doxifying Miriam, in: »A Wise and Discerning Mind« (FS B.O. Long), hg. von *S.M. Olyan / R.C. Cully* (BJSt 325), Province 2000, 1–10, hier 3; vgl. auch *dies.*, »With a Song in Her Heart«. Listening to Scholars Listening for Miriam, in: *A. Brenner* (Hg.), A Feminist Companion to Exodus – Deuteronomy (The Feminist Companion to the Bible 6), Sheffield 1994, 243–255.
60 *S.D. Gotein*, Women as Creators of Biblical Genres, Prooftexts 8 (1988), 1–33, hier 7: »The glory of the victory did not go to Moses, though he was the great leader of that generation, not to someone else, nor to the people as a whole. Rather the ›hero of the day‹ was the Lord alone."«
61 *Butting*, Prophetinnen, 42.
62 Vgl. ebd., 41.

er das Kriegsmaterial zerstört. Mirjam steht damit für jene biblische Tradition, nach der es in Israel für die Vernichtung der Feinde kein Fest und keine Feiertage gibt[63]. Gefeiert wird in Israel die Errettung und Befreiung aus Gewaltzusammenhängen. Genau dies leitet Mirjam mit ihrem Gesang, mit dem sie zugleich ihrer prophetischen Funktion nachkommt[64], ihrem Musizieren und dem gemeinsamen Tanz mit den Frauen ein.

3   Ri 5 – Debora als Sängerin, Prophetin und Geschichtsdeuterin

Kanonisch gelesen ist Mirjam in Ex 15,20–21 die erste Frau, die Gott mit einem Lied für die Errettung preist und damit ein Kriegsereignis kommentiert. Und in diesem – nicht im historischen – Sinne lässt sie sich als »founder of the tradition that certain types of songs were sung by women«[65] bezeichnen. Zwei Texte, in denen nach einem Krieg die Errettung Israels gefeiert wird, finden sich im Richterbuch. Dabei weist der erste Text, das Lied der Debora (Ri 5), viele Gemeinsamkeiten mit Ex 15 auf. Der zweite Text ist ein Zeugnis für das jähe Ende einer Frau, die aus dem Haus ihrem Vater entgegengeht, um seine Rückkehr aus dem erfolgreichen Krieg und das Ende der Kampfhandlungen zu feiern (Ri 11,34). Die Gesamterzählungen von Ri 4–5 und Ex 14–15 teilen eine Reihe von Gemeinsamkeiten. Die erste ist, dass beide Texte eine Prosa- und eine Poesieform enthalten, in denen das gleiche Geschehen thematisiert wird. Die poetische Version, die in die Erzählung hineinkomponiert ist, bietet eine erste Interpretation der Geschehnisse. Die Poesie ist dadurch der erste Schritt in die Historiographie[66] im Sinne von Geschichtsdeutung, da jede Form der Geschichtsschreibung Deutung ist. Eine zweite Gemeinsamkeit besteht darin, dass beide Frauen als נְבִיאָה »Prophetin« tituliert werden (Mirjam in Ex 15,20, Debora in Ri 4,4[67]). Mit ihren Liedern werden diese

---

63   Vgl. *D. Vetter*, Das Judentum und seine Bibel. Gesammelte Aufsätze (Religionswissenschaftliche Studien 40), Würzburg u.a. 1996, 401.
64   Zur Prophetie Mirjams in Ex 15,19–21 vgl. *Fischer*, Gotteskünderinnen, 65–68 sowie *Rapp*, Mirjam, 222–225.
65   *Van Dijk-Hemmes*, Traces, 41.
66   Vgl. *Y. Zakovitch*, Poetry Creates Historiography, in: »A Wise and Discerning Mind« (FS B.O. Long), hg. von *S.M. Olyan / R.C. Cully* (BJSt 325), Province 2000, 311–320, hier 311.
67   Vgl. zu Debora als Prophetin *Fischer*, Gotteskünderinnen, 109–130; *Butting*, Prophetinnen, 101–125; *D.I. Block*, Deborah among the Judges: The Perspective of the Hebrew Historian, in: *A.R. Millard / J.K. Hoffmeier / D.W. Baker* (Hg.), Faith, Tradition, and History. Old Testament Historiography in Its Near Eastern Context, Winona Lake 1994, 229–253.

zwei Prophetinnen theologisch aktiv[68], denn sie interpretieren
»geschichtliche« Ereignisse Israels als Geschehnisse, in der die
Gottheit Israels als Befreierin und Retterin auftritt.
Während das Deboralied lange Zeit unangefochten als einer der
ältesten Texte des Alten Testaments angesehen wurde und in der
Mehrzahl auch heute noch dafür gehalten wird[69], mehren sich die
Stimmen für die Spätdatierung, so dass die Datierungsvorschläge
für das Lied inzwischen um mehr als ein ganzes Jahrtausend dif-
ferieren[70]. Anders als das Mirjamlied ist das Deboralied in seiner
Einleitung nicht in die Tradition der tanzenden und singenden
Frauen nach einem Krieg eingebunden[71]. Mit seiner direkten Einleitung »Und es sang (Sg. fem.) Debora und Barak, der Sohn
Abinoams, an jenem Tag« (V1a) erinnert es an das »prose setting
of the Song of Mose«[72] in Ex 15[73]. In Ri 5 konstituiert allein das

---

68   Vgl. *Poethig*, Victory, 250.
69   Für eine Frühdatierung in jüngster Zeit steht *H.-D. Neef*, Deboraerzählung und Deboralied (BThSt 49), Neukirchen-Vluyn 2002, 115, der eine
Grundform des Liedes auf 1030/20 v.Chr. datiert.
70   Stellvertretend für eine Frühdatierung in vorstaatlicher Zeit seien *H.W.
Hertzberg*, Josua, Richter, Rut (ADT 9), Göttingen ⁴1969, 173, für den »das
herrlich-wilde Deboralied [...] gewiß gleich nach den Ereignissen, die es beschreibt, abgefaßt ist« und *A. Globe*, The Literary Structure and Unity of the
Song of Deborah, JBL 93 (1974), 493–512, hier 499, der es auf 1200 v.Chr. datiert, genannt. Für eine Entstehung zwischen dem 10. und 8. Jahrhundert votiert *J.A. Soggin*, Bemerkungen zum Deboralied, Richter Kap. 5. Versuch einer
neuen Übersetzung und eines Vorstoßes in die älteste Geschichte Israels, ThLZ
106 (1981), 625–639, bes. 634f. Für eine Entstehung in der Zeit zwischen
dem Untergang des Nord- und des Südreiches, also zwischen 722 und 586
v.Chr., votiert *U. Bechmann*, Das Deboralied zwischen Geschichte und Fiktion.
Eine exegetische Untersuchung zu Richter 5 (Diss.T 33), St. Ottilien 1989,
212. In das 5.–3. Jh. v.Chr. datiert Ri 5 *M. Waltisberg*, Zum Alter der Sprache
des Deboraliedes Ri 5, ZAH 12 (1999), 219–232 aufgrund der Tatsache, dass
sich aramäischer Einfluss erkennen lasse und der Text als poetische Antwort
den Erzähltext Ri 4 voraussetzt. Einen noch jüngeren Datierungsvorschlag
(100 v. bis 100 n.Chr.) macht *B.-J. Diebner*, Wann sang Debora ihr Lied? Überlegungen zu zwei der ältesten Texte des TNK (Ri 4 und 5), ACvEBT 14 (1995),
106–130.
71   Vgl. *Van Dijk-Hemmes*, Traces, 42.
72   *M.A. Vincent*, The Song of Deborah: A Structural and Literary Considera-
tion, JSOT 91 (2000), 61–82, hier 69.
73   Darauf, dass beide Lieder darüber hinaus gemeinsame Motive wie etwa das
Wasser aufweisen, hat *A.J. Hauser*, Two Songs of Victory. A Comparison of Exodus 15 and Judges 5, in: *E.R. Follis* (Hg.), Directions in Biblical Poetry (JSOT.S
40), Sheffield 1987, 271–273 hingewiesen. Auch *Fischer*, Gotteskünderinnen,
120f weist auf die Beziehungen zwischen Ex 15 und Ri 5 hin: »Beide beschreiben in Anlehnung an Theophanien die Mithilfe von Naturgewalten, vor allem
des Wassers, beim Kampf; beide weisen Elemente des Spottes gegen die Feinde
auf, deren Niederlage jeweils als Fallen beschrieben wird.«

Lied die Feierlichkeit der Szenerie, es selber ist die Feier der Errettung. In dem Lied werden die Errettungsfreude mit einem Lobpreis Gottes und einem Dank an die Frauen verbunden, die maßgeblich zu der Rettung beigetragen haben.

Das Deboralied, das hier in Form des masoretischen Endtextes in den Blick genommen werden soll[74], ist unterschiedlich gegliedert worden. Es bietet selber eine Vielzahl sprachlicher und semantischer Indizien, die je nach Gewichtung zu unterschiedlichen Gliederungen führen[75]. Klara Butting lässt sich in ihrem Gliederungsvorschlag von der dreimaligen Nennung des Gottesnamens in V13.23.31 und der dort ebenfalls zu findenden Wurzel גבר, die innerhalb des Liedes »corner positions«[76] einnimmt, leiten. Dadurch käme diesen drei Versen eine zusammenfassende und gliedernde Funktion zu. Das Lied besteht demnach aus drei Teilen (V2–13.14–23.24–31), die sich jeweils noch einmal untergliedern lassen. Der erste Teil (V2–13) preist die Offenbarung Gottes. Sein Handeln in der Geschichte wird in zwei Teilen (V2–8.9–13[77]) beschrieben, die jeweils angereichert sind mit Lobaufforderungen. Im zweiten Teil (V14–23) wird in einer Art Lob- und Rügelied[78]

---

74 Jenseits aller redaktionskritischen Überlegungen wird die stilistische Einheitlichkeit des Textes immer wieder gewürdigt. Vgl. etwa zum parataktischen Stil *A.J. Hauser*, Judges 5: Parataxis in Hebrew Poetry, JBL 99 (1980), 23–41; vgl. zu den Stilfiguren, die sich nicht auf einzelne Passagen des Liedes beschränken, sondern über das ganze Lied verteilt sind, *H.-D. Neef*, Der Stil des Deboraliedes (Ri 5), ZAH 8 (1995), 275–293 sowie *ders.*, Deboraerzählung, 70–98.

75 Viele Kommentatoren und Kommentatorinnen haben sich in ihren Gliederungen maßgeblich von ihren redaktionsgeschichtlichen Hypothesen leiten lassen. So etwa *Soggin*, Bemerkungen, 628–634 oder *H. Schulte*, Richter 5: Das Debora-Lied. Versuch einer Deutung, in: Die Hebräische Bibel und ihre zweifache Nachgeschichte (FS R. Rendtorff), hg. von *E. Blum / Ch. Macholz / E.W. Stegemann*, Neukirchen-Vluyn 1990, 177–191, die davon ausgeht, dass ein profanes Heldenepos der Seevölker aus dem Norden sukzessive »jahwisiert« wurde.

76 *J.P. Fokkelman*, The Song of Deborah and Barak: Its Prosodic Levels and Structure, in: Pomegranates and Golden Bells. Studies in Biblical, Jewish, and Near Eastern Ritual, Law, and Literature (FS J. Milgrom), hg. von *D.P. Wright / D.N. Freedman / A. Hurvitz*, Winona Lake 1995, 595–628, hier 625.

77 Auf die lexikalischen Bezüge zwischen V2.9 hat *Vincent*, Song, 69f. aufmerksam gemacht.

V2: בִּפְרֹעַ פְּרָעוֹת בְּיִשְׂרָאֵל בְּהִתְנַדֵּב עָם בָּרֲכוּ יְהוָה

V9: לִבִּי לְחוֹקְקֵי יִשְׂרָאֵל הַמִּתְנַדְּבִים בָּעָם בָּרֲכוּ יְהוָה

Er sieht in diesen beiden Versen eine Schlüsselstellung für die Struktur des Liedes und kommt deshalb zu einer anderen Dreiteilung des Liedes (V2–8.9–22.23–31).

78 Vgl. *Schulte*, Richter 5, 183.

die Bereitschaft der einzelnen Stämme zum Kampf (V14–18) angeführt und im Anschluss daran der Kampf der ganzen Schöpfung gegen die Koalition der kanaanäischen Könige (V19–22) beschrieben. Der dritte Teil (V24–31) behandelt den Tod Siseras durch Jaëls Hand (V24–27) und das Warten der Mutter Siseras auf die Rückkehr ihres Sohnes (V28–31)[79].
Den feierlichen Charakter prägt vor allem der erste Teil des Liedes. In seinem Zentrum steht der Lobpreis JHWHs. Sein Name wird in diesem Teil allein zehnmal genannt, während er im weiteren Verlauf nur noch in den Schlussversen (5,23.31) auftaucht[80]. Nach der gleich im ersten Vers des Liedes (V2) ergehenden Aufforderung, JHWH zu segnen, wird dieser Lobpreis in V3 weiter ausdifferenziert:

Hört, Könige,
horcht Fürsten,
  ich, für JHWH, ich will singen,
  spielen für JHWH, den Gott Israels.

Nicht allein das Volk Israel ist durch Debora angesprochen, die Errettung zu feiern. Durch diesen Vers richtet sich das Lied auch an die Herrscher anderer Völker – sowohl der erzählten als auch der erzählenden Zeit. Es fordert selbstbewusst die Machthaber auf: »Merkt auf, hört zu, ihr Machthaber, wovon ich jetzt singe – nämlich von einem Sieg über eine Koalition von Leuten eurer Art«[81]. Von Sieg und Errettung zu singen, heißt nach V3 von JHWH zu singen und für ihn zu spielen bzw. zu musizieren[82]. Von der Größe und Bedeutung JHWHs singen die beiden folgenden Verse in einer Theophanieschilderung[83], die sich fast wörtlich in Ps 68,8–10 findet[84].

---

79   Vgl. *Butting*, Prophetinnen, 109f.
80   Vgl. *Bechmann*, Deboralied, 109f.
81   *J. Kegler*, Debora – Erwägungen zur politischen Funktion einer Frau in einer patriarchalen Gesellschaft, in: *W. Schottroff / W. Stegemann* (Hg.), Traditionen der Befreiung. Sozialgeschichtliche Bibelauslegung, Bd. 2: Frauen in der Bibel, München u.a. 1980, 37–59, hier 43.
82   Das Verb זמר, »spielen«, als ein »verbe ›psalmique‹ par excellence« (*R.J. Tournay*, Le cantique de Débora et ses relecture, in: Text, Temples, and Traditions (FS M. Haran), hg. von *M.V. Fox u.a.*, Winona Lake 1996, 195–207, hier 200) signalisiert, dass Ri 5 als Gesang mit musikalischer Begleitung gedacht werden muss.
83   Nach *R.G. Boling*, Judges. Introduction, Translation and Commentary (AncB VI/1), Garden City 1975, 118 ist diese Theophanie eine der klarsten alttestamentlichen Beispiele für diese Gattung.
84   Vgl. *Schulte*, Richter 5, 179.

JHWH,
  als du auszogst aus Seïr,
  als du einher schrittest aus dem Gebiet Edoms.
  Die Erde bebte,
    auch die Himmel trieften,
    auch die Wolken trieften von Wasser.
  Die Berge zerflossen
  vor JHWH, dieser vom Sinai,
  vor JHWH, dem Gott Israels[85].

Die allumfassende Größe JHWHs, dessen Erscheinen sich auf die ganze Schöpfung niederschlägt und diese bis ins Tiefste erschüttert, findet in der poetischen Virtuosität, von der dieser Vers zeugt, seine angemessene literarische Ausdrucksform. Die V6–8[86] sind eine Schilderung der Notlage, bevor Debora Richterin wird. Es ist Debora, die aufsteht (vgl. das zweimalige קוּם in V7) und damit den Widerstand gegen die Separierung der Stämme durch fehlende Kommunikation und durch den Abbruch der Handelsbeziehungen initiiert[87]. Doch letztlich rettet der Gott Israels aus dieser Situation, wie der ausführliche Lobpreis im folgenden Abschnitt (9–13) hervorhebt, dessen erster Vers erneut dazu auffordert: בָּרֲכוּ יְהוָה »preist JHWH«. Der Abschnitt ist eine fortlaufende Aufforderung an die unterschiedlichsten Statusgruppen, die gerechten Taten JHWHs gegenüber den Landbewohnern zu verkünden (שׂיח, V10) und zu besingen (תנה, V11). Nun beginnt sich das Volk Israel als Volk JHWHs (עַם־יְהוָה) zu konstituieren (vgl. V11). Auch Debora wird in V12a aufgefordert, zu erwachen und zu singen.

Erwache, erwache, Debora!
Erwache, erwache, sprich Lied!

Die außergewöhnliche und einmalige Konstruktion דַּבְּרִי־שִׁיר »sprich Lied« ist wohl auf das »unübersetzbare Wortspiel *dᵉbôrah – dabbᵉrî*«[88] zurückzuführen.
Obwohl im zweiten Teil des Liedes (14–23) zuerst ausführlich sowohl die Stämme, die sich am Kampf beteiligen, als auch diejenigen Stämme, die sich verweigern, kritisch aufgeführt werden, spart die

---

85 Auf das kunstvolle Arrangement dieser beiden Verse hat bereits *Vincent,* Song, 79 hingewiesen.
86 Einige Kommentatoren halten diesen Teil für den ursprünglichen Beginn des Liedes. So *J.A. Soggin,* Judges. A Commentary (OTL 7), London 1981, 96; *B. Lindars,* Debora's Song: Women in the Old Testament, BJRL 65 (1983), 158–175, hier 167.
87 Vgl. *Neef,* Deboraerzählung, 189.
88 *Soggin,* Bemerkungen, 630; vgl. auch *H.-J. Fabry u.a.,* שׁיר, ThWAT VII, Stuttgart u.a. 1997, 1260–1295, hier 1285.

anschließende Beschreibung der Schlacht am Bach Kischon (V19–22) gegen die Koalition der Könige Kanaans die Teilnahme der Stämme an diesem Kampf aus. Auch JHWH kämpft nicht[89]. Die Vorstellung, dass Gott für sein Volk kämpfe, lässt sich für Ri 5 nicht belegen[90]. Die Könige kämpfen gegen Sterne – ein noch hoffnungsloseres Unterfangen als der Kampf gegen Windmühlen – und werden vom Wasserlauf des Kischon fortgeschwemmt. Es bleibt den Lesern und Leserinnen die Schlussfolgerung überlassen, dass die Sterne auf Gottes Befehl agieren[91]; und dass diese überhaupt erwägen, den Kampf der Sterne als eine Metapher für JHWHs Eingreifen zu entschlüsseln, hängt maßgeblich vom ersten Teil des Liedes mit seinen umfassenden Lobpreisungen Gottes und seiner Theophanieschilderung zusammen.

Vor allem der dritte Teil mit seiner ausführlichen Beschreibung der Ermordung Siseras durch Jaël hat in den vergleichenden Analysen von Ri 4 und 5 einen breiten Raum eingenommen[92]. In diesem Abschnitt wird eine Frau gefeiert. Außer JHWH wird nur sie gepriesen (ברך).

Gepriesen unter den Frauen
Jaël, die Frau Hebers, des Keniters,
unter den Frauen im Zelt gepriesen.

Die *inclusio* von ברך in V24 ist der literarische Ausdruck dafür, dass der Segen Jaël vollständig umfängt. Im Kampf gegen Sisera ist sie es, die Israel von diesem Feldherrn und Unterdrücker befreit. Gerade in der Szenerie von der Ermordung Siseras offenbaren sich die Differenzen zwischen der Prosa- und der Poesieversion. Während die Ermordung in Ri 4 »so dargestellt wird, daß Sisera quasi im Schlaf gemeuchelt wird, da er ja im Zelt der Verbünde-

---

89 Vgl. *S. Becker-Spörl*, Krieg, Gewalt und die Rede von Gott im Deboralied (Ri 5), BiKi 51 (1996), 101–106, hier 102.
90 Vgl. dazu ausführlich *S. Becker-Spörl*, Und sang Debora an jenem Tag. Untersuchungen zur Sprache und Intention des Deboraliedes (Ri 5) (EHS.T 620), Frankfurt a.M. u.a. 1998, 313–322.
91 Vgl. *Lindars*, Debora, 170.
92 Vergleichende Analysen von Ri 4 und 5 haben in der Exegese einen großen Raum eingenommen: *Watts*, Psalm, 82–98; *A. Brenner*, A Triangle and a Rhombus in Narrative Structure. A Proposed Integrative Reading of Judges 4 and 5, in: *dies.*, A Feminist Companion to Judges (The Feminist Companion to the Bible 4), Sheffield 1993, 98–109; *H.-D. Neef*, Deboraerzählung und Deboralied: Beobachtungen zum Verhältnis von JDC. IV und V, VT 44 (1994), 47–59 (aktualisierte Fassung in: *ders.*, Deboraerzählung, 144–158); *A. van der Kooij*, On Male and Female Views in Judges 4 and 5, in: *B. Becking / M. Dijkstra* (Hg.), On Reading Prophetic Texts. Gender-Specific and Related Studies in Memory of Fokkelien van Dijk-Hemmes (BIS 18), Leiden u.a. 1996, 135–152.

ten nichts Böses ahnt«[93], wird in 5,25–27 eine Szenerie entworfen, die voller sexueller Anspielungen ist[94], so dass die Szene »als
eine Vergewaltigung mit vertauschten Rollen«[95] erscheint. Die
Begegnung einer weiblichen Zivilperson mit einem Soldaten geht
gerade umgekehrt zu dem aus, was im Kriegsfall sonst häufig
über solche Begegnungen konstatiert werden muss, nämlich dass
Frauen Opfer von Vergewaltigung durch die siegreichen Soldaten werden[96]. Stattdessen ist in der Mordszene von V25–27 die
Konstellation umgekehrt: »the violator is in turn violated by a
woman«[97].
Gerade der folgende Abschnitt (V28–30), in dem auch eine Mutter, quasi die Gegenfigur zu Debora, die als אֵם בְּיִשְׂרָאֵל »Mutter in
Israel« (V7) bezeichnet wird[98], zusammen mit ihren »weisen«
Fürstinnen zu Wort kommt, verdeutlicht die Situation von Frauen
im Krieg[99].

> Durch das Fenster blickte hinunter und klagte
> die Mutter Siseras durch die Fenstergitter:
>> »Warum säumt sein Wagen zu kommen,
>> warum zögern die Hufschläge seiner Wagen?«
> Die Weisen ihrer Fürstinnen antworten ihr,
> und sie selbst wiederholt ihre Worte für sich:
>> »Finden sie nicht, teilen sie nicht Beute?
>> Ein Frauenschoß, Frauenschöße pro Kopf jeden Mannes,
>> Beute an Kleidern für Sisera, Beute an Kleidern,
>> bunt Gewirktes, gewirktes Buntes für meinen Hals als Beute.«

Ungebrochen wird hier Frauen ein Satz in den Mund gelegt, mit
dem Vergewaltigung von Frauen legitimiert wird. Die Vorstel-
lungswelt, die hier zum Vorschein kommt, ist eine männliche, in
der Gewalt gegen Frauen im Krieg unhinterfragt bleibt. Kritisch
wird an dieser Stelle zu fragen sein, ob »wir nicht den Erzähler
dafür verantwortlich machen [sollten], der im Interesse seiner
Ideologie die Stimmen von Frauen ausnutzt, um Vergewaltiger
zu legitimieren, die ihrerseits Frauenkörper ausbeuten«[100]. Der
Text spricht an dieser Stelle nicht mit einer weiblichen, sondern
mit einer männlichen Stimme, die Gewalt gegen Frauen im Kon-

---

93 *Fischer*, Gotteskünderinnen, 118.
94 Vgl. *Y. Zakovitch*, Siseras Tod, ZAW 93 (1981), 364–374.
95 *Ch. Exum*, Was sagt das Richterbuch den Frauen? (SBS 169), Stuttgart
    1997, 27.
96 Vgl. *Fischer*, Gotteskünderinnen, 119.
97 *Van der Kooij*, Views, 148.
98 Vgl. *Lindars*, Debora, 172; *Butting*, Prophetinnen, 119.
99 Die folgende Übersetzung folgt *Fischer*, Gotteskünderinnen, 119.
100 *Exum*, Richterbuch, 30.

text des Krieges als etwas Alltägliches und Selbstverständliches behandelt. Diese männliche Stimme wird Frauen in den Mund gelegt, um Spott über das Königshaus des Sisera zu schütten. Die Sängerin Debora macht sich über ein Königshaus lustig, in dem angeblich »weise« Frauen sich damit trösten, dass ihre Männer Frauen zu Sexualobjekten machen. Die Botschaft des Liedes ist damit nicht identisch mit der Botschaft der ironisch als »weise« titulierten Frauen. Das Gegenteil ist der Fall: Das Lied spottet über jene Stimmen. Dadurch spricht der Text selbst nicht mit einer männlichen Stimme, sondern steht gerade in kritischer Distanz zu jenen, die mit solchen Vorstellungen agieren. Ausbrechend aus dieser konkreten Szenerie und zugleich abschließend das gesamte Geschehen interpretierend konstatiert der letzte Vers (V31) die »Lehre« aus den konkreten Ereignissen:

So werden alle deine Feinde umkommen, JHWH,
die ihn lieben, werden sein wie der Aufgang der Sonne in ihrer Stärke.

Der abschließende Kommentar bietet die Verallgemeinerung und das Potenzial zur Aktualisierung.

Während Ri 4 die Ereignisse berichtet, macht erst Ri 5 sie zu einem »Paradigma für Gottes Geschichte mit seinem Volk«[101]. In seiner Endgestalt lässt das Deboralied keine Zweifel daran, dass Israel die Errettung aus der Bedrängnis durch Sisera und die Koalition von Kanaans Königen JHWH zu verdanken hat. Insofern ist es insgesamt ein zutiefst religiöses Lied, jedoch sicherlich ohne kultische Anbindung, auch wenn es einzelne Vignetten enthält, die im kultischen Kontext denkbar wären.

»Das kritische, die Wirklichkeit verändernde Potential, das im Feiern eines Festes lebendig wird, resultiert wesentlich aus dem Wiedererzählen vergangener Erfahrung, weil sie gerade den Stimulus abgibt, die bestehende Wirklichkeit von erinnerten Kontrasterfahrungen her aufzubrechen. Indem der Feiernde vergangene Erfahrungen wieder lebendig werden läßt, bleibt sie nicht einfach vergangene Erfahrung, sondern wird nicht zuletzt durch die besondere Atmosphäre, die das Fest schafft, gegenwärtig.«[102]

Ri 5 ist ein Beispiel für das feierliche Wiedererzählen vergangener Erfahrungen. Es ist die literarische Manifestation dessen, was Peter Weimar über das Potenzial des Festes schreibt. Jedes wiederholende Lesen dieses Textes ist die Vergegenwärtigung von Got-

---

101 Vgl. *Butting*, Prophetinnen, 109.
102 *P. Weimar*, Kult und Fest. Aspekte eines Kultverständnisses im Pentateuch, in: Liturgie – ein vergessenes Thema der Theologie? (FS E. J. Lengeling), hg. von *K. Richter* (QD 107), Freiburg i.Br. u.a. 1986, 65–83, hier 81.

tes Rettungswillen. Mit ihrem Lied kommt Debora ihrer Rolle als Prophetin nach[103], nicht weil hier eine Prophetin singt, sondern weil die vergangene Geschichte erneut Bedeutung gewinnt[104]. Das Lied ist der Stachel, die gegenwärtigen Erfahrungen an den erinnerten zu messen und Widerstand zu leisten gegen Unrecht: wie Debora aufzustehen gegen Gewaltverhältnisse. Von der prophetischen Kraft einer Frau wie Debora, die ein Israel repräsentiert, das sich »auf die Erinnerung der gesellschaftsverändernden und -erneuernden Geschichtserfahrungen«[105] konzentriert, muss die Kirche noch viel lernen.

4 Feiern der Errettung – aber kein Ende der Gewalt (Ri 11,34)

Neben der Feier und dem Gesang Deboras erzählt das Richterbuch von einer weiteren Frau, die eine Feier nach einem Krieg begehen will. In Ri 11,34 kommt dem aus dem Krieg zurückkehrenden Jiftach seine Tochter entgegen:

Jiftach kam nach Mizpa zu seinem Haus.
Und siehe, seine Tochter zog aus, ihm entgegen
mit Handtrommeln und mit Reigentänzen –
nur sie als einzige,
er hatte außer ihr[106] weder Sohn noch Tochter.

In Ri 11,34 geschieht, was auch in anderen biblischen Texten im Rahmen der Feierlichkeiten nach Kriegen geschieht. Jiftach kommt (בוא) nach Hause, und seine Tochter kommt heraus (יצא), ihm entgegen (לִקְרָאתוֹ), um ihn mit Handtrommeln (בְתֻפִּים) und Reigentänzen (בִמְחֹלוֹת) zu begrüßen. Dies ist die Einleitung zu einer Feier für die aus dem Krieg Zurückgekehrten. Die gleichen Verben verwendet auch 1Sam 18,6, wo ebenfalls Handtrommeln und Tänze zum Inventar der Darbietung durch die Frauen gehören[107]. Doch wendet sich das freudige Ereignis, dass ein Krieg vorüber ist, aufgrund des vorschnellen und törichten[108] Schwurs, den Jif-

---

103 Vgl. *Fischer*, Gotteskünderinnen, 122.
104 Vgl. *Butting*, Prophetinnen, 121.
105 E. *Zenger*, Eigenart und Bedeutung der Geschichtserzählungen Israels, in: *ders. u.a.*, Einleitung in das Alte Testament (KStTh I/1), Stuttgart u.a. ³1997, 177–180, hier 179.
106 Vgl. zur Textkritik *Boling*, Judges, 208.
107 Vgl. dazu ausführlich im nächsten Abschnitt.
108 Vgl. zur Charakterisierung Jiftachs als Tor und zur Kritik seiner Person im Kontext alttestamentlicher Weisheitstraditionen J. *Claassens*, Theme and Function in the Jephthah Narrative, JNWSL 23 (1997), 203–219, bes. 207–212.

tach in Ri 11,31 vor Gott tat, in eine Tragödie für Jiftachs Tochter und für ihn. Die Tragik liegt in der Koinzidenz zwischen dem,
was in V31 geschworen wird, und dem, was in V34 erscheint[109].
Der Schwur in V31 verwendet gleiche Verben und gleiches Voka-
bular wie V34[110]:

»Und es soll sein: Das Herauskommende (הַיּוֹצֵא), das herauskommt (יֵצֵא) durch
die Tür meines Hauses, mir entgegen (לִקְרָאתִי) [...], es soll JHWH gehören. Ich
will es als Brandopfer opfern.«

War das Gelübde noch mehrdeutig, so wird mit V34 aufgrund
der Bezüge unabweisbar, dass die Tochter Jiftachs dem Schwur
zum Opfer fällt.
Anders als in allen übrigen Texten kommt es hier zu keinem
Sprechakt mehr, mit dem Jiftachs Tochter Gott hätte loben oder
die Heimkehrenden feiern können. Ihr Versuch, die als zu eng
empfundene Wirklichkeit der Welt[111], den Krieg, in der Feier zu
überwinden, seine Überwindung im gesprochenen Wort zu feiern,
scheitert an dem bereits gesprochenen Wort des geschwätzigen
Vaters. Statt ihres Freudengesanges hören wir die Klage Jiftachs
darüber, dass er vor Gott seinen Mund auftat und nicht zurück-
kann (vgl. V35)[112]. Kommentatoren und Kommentatorinnen haben mit Rückgriff auf Ex 15,20; Ri 5 und 1Sam 18,6–7 darauf
hingewiesen, dass Frauen nach biblischer Tradition den zurückkehrenden Soldaten entgegen kommen. Es kann daher »keine
Überraschung«[113] sein, dass Jiftachs Tochter ihn mit Handpauke
und Tänzen begrüßt, als er nach Mizpa zurückkehrt[114]. Doch hätte Jiftach während des Schwurs bereits die Möglichkeit, seine
Tochter zu opfern, einkalkuliert, wäre die Dramatik der Szenerie
unglaubwürdig[115].

---

109   Vgl. *J.Ch. Exum*, The Tragic Vision and Biblical Narrative: The Case of
Jephthah, in: *dies.* (Hg.), Signs and Wonders. Biblical Texts in Literary Focus,
Decatur 1989, 59–83, hier 68.
110   Vgl. *Ph. Trible*, Mein Gott, warum hast Du mich vergessen? Frauen-
schicksale im Alten Testament, Gütersloh ²1990, 144.
111   Vgl. *Weimar*, Kult, 82.
112   Vgl. zum Phänomen des »Blaming the victim« in seiner Rede *Exum*,
Richterbuch, 37f.
113   *Trible*, Gott, 144.
114   Vgl. *Boling*, Judges, 208.
115   Vgl. *N. Steinberg*, The Problem of Human Sacrifice in War: An Analysis
of Judges 11, in: On the Way to Nineveh (FS G.M. Landes), hg. von *St.L. Cook /
S.C. Winter*, Atlanta 1999, 114–135, hier 125 und ebenso *S. Valler*, The Story
of Jephthah's Daughter in the Midrash, in: *A. Brenner* (Hg.), Judges (The Feminist Companion to the Bible. Second Series 4), 48–66, hier 48.

Mit dem Schicksal von Jiftachs Tochter erzählt die Bibel erstmals, dass die geplante Feier der Errettung sich in ein Gewaltereignis wandelt. Das Richterbuch überliefert noch eine weitere Gewalttat im Kontext der Festtraditionen von Frauen: Die nach Aussage des Textes feste Tradition der Töchter Schilos, am Fest JHWHs herauszugehen (יָצָא), um in Reigentänzen (בַּמְּחֹלוֹת) zu tanzen, wird von den Söhnen Benjamins zum Anlass für Frauenraub und sexuelle Gewalt genommen (vgl. Ri 21,19–21.23)[116]. Obwohl Ri 11,29–40 kein Text ist, der von einem Fest der Errettung oder Freude nach dem Ende eines Krieges erzählt, sondern von seinem selbstverschuldeten Gegenteil, gehört er zu den Texten, die Elemente einer solchen Feier enthalten[117].

5. Gesang und Politik – 1Sam 18,6–7

Auch die von der Königszeit in Israel erzählenden Bücher kennen die Feier der Errettung aus Kriegen. In 1Sam 18,6–7 entsteht spontan ein Fest von Frauen aus allen Städten Israels, die damit auf die Rückkehr von David und Saul aus dem Krieg reagieren. Die Übersetzung folgt dem masoretischen Text[118].

Und es geschah, als sie kamen, als David von der Erschlagung des Philisters zurückkehrte:
Da kamen die Frauen aus allen Städten Israels heraus mit Gesang und Reigentänzen, Saul, dem König, entgegen – mit Handtrommeln, mit Freudenklang und mit Triangeln.
Die sich lustig machenden Frauen sangen im Wechsel und sagten:
»Geschlagen hat Saul auf seine Tausende
und David auf seine Zehntausende.«

Die narrative Einleitung in V7 bezieht die Feierlichkeiten zurück auf 1Sam 17. Durch den Kontext, in dem der Gesang der Frauen zu stehen kommt, und durch seinen Inhalt wird der feierliche Charakter einer Errettung aus einem Krieg zugunsten von machtpolitischen Implikationen eingeschränkt. Das Lied ist in der Textanordnung keine unmittelbare Reaktion auf die Rückkehr des israelitischen Heeres aus dem Krieg. Der Erzählerkommentar in V7 muss diesen Bezug erst ausdrücklich herstellen, weil der Erzähl-

---

116   Vgl. dazu ausführlich A. *Bach*, Rereading the Body Politic. Women and Violence in Judges 21, in: A. *Brenner* (Hg.), Judges (The Feminist Companion to the Bible. Second Series 4), Sheffield 1999, 143–159.
117   Vgl. dazu bereits die Übersicht oben S. 178.
118   Vgl. zur Textkritik im Einzelnen P.K. *McCarter*, I Samuel (AncB 8), Garden City 1980, 310f.; R.W. *Klein*, 1 Samuel (WBC 10), Waco 1983, 185.

faden vom Kampf Israels gegen die Philister (1Sam 17,1–54) hin zum Lied der Frauen (18,6–7) als Reaktion auf dieses Geschehen durch Einschübe – über die Begegnung zwischen Saul und David nach dem Kampf (17,55–58), den Bericht über die Zuneigung Jonatans zu David (18,1–4) und eine Notiz über die Beliebtheit Davids beim ganzen Volk (V5) – unterbrochen ist.

Die Frauen reagieren mit Jubelgesängen auf das prominente Kriegsereignis der Erschlagung Goliats durch David. Gesang (שׁוּר) und Reigentanz (מְחֹלָה) sind die Konstituenten, die das Geschehen mit Ex 15,20–21 verbinden. Aus der Reihe der Musikinstrumente wird die für Gesänge von Frauen charakteristische Handtrommel (תֹּף) erwähnt[119]. Wie das Lied Mirjams zeichnet sich auch dieser Gesang dadurch aus, dass er mit wenigen Worten die erzählten Ereignisse kommentiert. Auch hier greift die Literatur die Möglichkeit auf, Erzählung durch Gesang auszulegen. Anders jedoch als Mirjam geben die Frauen hier nicht Gott, sondern allein den Kämpfern die Ehre. Die Frauen betätigen sich hier nicht als theologische Deuterinnen, sondern als politische Kommentatorinnen. Das Errettungsgeschehen, das David in 17,45 noch mit Gott verbindet, geht zugunsten der politischen Programmatik in 18,7 unter. Hier wird nur noch über die menschlichen »Heldentaten« berichtet.

Im Vergleich zu Liedern wie Ex 15,1–18 und Ri 5 ist dieses Siegeslied kurz. Und während die längeren Lieder keinerlei Funktion für die Handlung haben, sondern allein der Kommentierung dienen, hat 1Sam 18,7 und seine Zitation in 21,12 und 29,5 auch narrative Funktion. Es verdeutlicht Sauls Eifersucht und die Angst der Philister vor David[120]. Das Gesagte ist nicht retrospektiv, sondern prospektiv ausgerichtet. Retrospektiv ist der Text allein aufgrund des Erzählerkommentars in V7, nach dem das Lied eine Reaktion auf den Kampf Davids mit Goliat sei. Prospektiv ist das Lied insofern, als es schon hier die im weiteren Verlauf der Erzählung offen zutage tretende Konkurrenz zwischen Saul und David durch einen antithetischen Parallelismus eröffnet. Der Gesang mit seinen zwei Kopula und seinem Zahlenpaar אֲלָפִים – רְבָבוֹת (vgl. auch Ps 91,7) vermittelt nicht die Botschaft, Saul und David hätten gemeinsam eine ausgesprochen große Zahl von Feinden besiegt[121]. Dagegen spricht der für einen synonymen Parallelismus unübliche Wechsel

---

119 Ob es sich bei שָׁלִשׁ um ein von seiner Wurzel abgeleitetes dreisaitiges Musikinstrument oder eine Triangel handelt, ist umstritten (vgl. *J. Braun*, Die Musikkultur Altisraels/Palästinas. Studien zu archäologischen, schriftlichen und vergleichenden Quellen [OBO 164], Fribourg / Göttingen 1999, 60).

120 Vgl. *Watts*, Song, 352f.

121 So *S. Gevirtz*, Patterns in the Early Poetry of Israel (SAOC 32), Chicago 1963, 24, der hier von einem synonymen Parallelismus ausgeht.

des Subjektes von Saul zu David in der zweiten Kopula[122]. Die subversiven Untertöne dieses Textes werden nicht erst durch Saul in 1Sam 18,8 in das Lied hineingedeutet, sondern sie sind in ihm selbst bereits enthalten. Saul wird gepriesen, doch David übertrifft ihn. Mit ihrem Gesang schaffen die Frauen einen neuen Helden. Die öffentliche Meinung, welche die Frauen zum Ausdruck bringen, droht zu Gunsten Davids und zu Sauls Ungunsten zu kippen. Die breite öffentliche Akzeptanz Davids wird mit dem Hinweis, dass ganz Israel und Juda David liebte (V16), im unmittelbaren Kontext ein weiteres Mal betont[123]. Tendenziöse und vielleicht sogar apologetische Interessen im Rahmen der Aufstiegsgeschichte Davids sind hier möglicherweise in Rechung zu stellen[124].
Die Frauen in 1Sam 18,6–7 feiern einen Mann, nicht Gott. Das auch die profanen Siegeslieder der Frauen alles andere als »freudige Nebensächlichkeiten«[125] sind, davon zeugt 1Sam 18,6–7. Der Text schreibt den Frauen eine nicht unwichtige Rolle bei den Umwälzungen der politischen Situation am Königshof zu[126]. Ihre Musik macht Politik. David eilt sein Ruf voraus. Das Lied hat eine derart große öffentliche Wirkung, dass es selbst bei den feindlichen Philistern in Gad, am Königshof Achischs, bekannt und zitiert wird (vgl. 1Sam 21,12; 29,5). Mit dem zweimaligen Zitat des Liedes innerhalb von 1Sam bringt der Makrotext literarisch die Popularität Davids zur Geltung.
Zwar ist der Gesang der Frauen in dem Sinne subversiv, dass er den schon gesalbten, aber noch nicht am Königshof eingeführten David feiert und protegiert, indem sein Handeln gegenüber König Sauls Taten als größer hervorgehoben wird. Doch hinterfragt ihr Jubel weder Krieg noch Kampf und feiert auch nicht Gott, sondern einen erfolgreichen Hirtenjungen. In 1Sam 18,6–7 erhalten Frauen eine Stimme, die im Nachhinein kriegerische Gewalt affirmiert.
Die Tradition der Feiern nach Kriegen ist also nicht ungetrübt kriegskritisch und dient nicht allein dem Lobpreis Gottes. Die Frauen, die David hochleben lassen, feiern nicht, dass der Schwa-

---

122 Vgl. *Van Dijk-Hemmes*, Traces, 34f. Mit dem Argument, dass 1Sam 18,7 das einzige Beispiel eines Zahlenparallelismus mit »a significant distinction of subjects« ist, hatte bereits *D.N. Freedman*, Review of Gervirtz, JBL 83 (1964), 201–203, hier 202 sich gegen den synonymen Parallelismus ausgesprochen.
123 Vgl. *Klein*, Samuel, 187.
124 Vgl. *S. Schroer*, Die Samuelbücher (NSKAT 7), Stuttgart 1992, 92.
125 Vgl. *Fabry u.a.*, שׁיר, 1283.
126 Vgl. zur Rolle von Kriegs- und Rebellenliedern insgesamt *M. O'Connor*, War and Rebel Chants in the Former Prophets, in: Fortunate the Eyes That See (FS D.N. Freedman), hg. von *A.B. Beck u.a.*, Grand Rapids 1995, 322–337, bes. 327–330.

che den Starken überwand – ein Aspekt, der sich ebenso gut aus 1Sam 17 aufgreifen ließe. Sie feiern die – wenn auch symbolisch zu verstehende – enorme Zahl von zehntausend im Krieg geschlagenen Männer. Frauen werden so zu Ideologinnen für Gewalt.

6. Den Kriegen ein Ende setzen – Das Errettungslied Judits in Jdt 16

Das Ende des griechischsprachigen Juditbuches erzählt in Anlehnung an Ex 15 und Ri 5 von einer Rettungsfeier[127]. Wie Debora in Ri 5 ein Lied anstimmt und wie Mirjam in Ex 15,20 sich gemeinsam mit allen Frauen zu Tanz und Gesang formiert, stimmt auch Judit ein Danklied für die Errettung aus Kriegsbedrängnis an und stellt sich an die Spitze der Frauengruppe, die ihr zu Ehren einen Reigentanz aufführt. Musik und Tanz sind auch hier erneut die signifikanten Elemente, die diesen Text mit den vorher beschriebenen Texttraditionen verbinden. Anders als in den Festen, die das Makkabäerbuch beschreibt (vgl. etwa 1Makk 13,51), wird im Juditbuch den Frauen bei der Prozession eine zentrale Rolle zugeschrieben und damit an die biblische Tradition angeknüpft, nach der Frauen Lieder anstimmen, in denen die Beendigung einer Bedrohung Israels durch Gott besungen wird. Die narrative Einleitung zum Juditlied in Jdt 15,12–14 nennt sowohl den Tanz (χρόνος) als auch das Lied (in diesem Fall als Dank- und Loblied spezifiziert) als Festelemente.

12 Jede Frau Israels lief herbei, um sie zu sehen.
   Sie priesen sie
   und führten ihretwegen einen Reigentanz auf.
   Sie nahm Thyros-Stäbe in ihre Hand
   und gab den Frauen, die bei ihr waren.
13 Gekrönt mit dem Olivenzweig waren sie und die bei ihr waren.
   Und sie ging dem ganzen Volk voran,
   den Reigentanz aller Frauen anführend.
   Es folgte jeder Mann Israels
   geschmückt mit Kränzen und Hymnen in ihren Mündern.
14 Judit stimmte dieses Danklied vor ganz Israel an,
   und das ganze Volk übertönte dieses Loblied.

Die Passage beschreibt die Formierung einer feierlichen Prozession nach Jerusalem, die ganz und gar eine Friedensprozession ist. Statt der Waffen tragen die Männer nun Kränze. Die feierliche Prozession zum Berg Zion wird im Juditbuch in eine frauenorientierte

---

127 Vgl. *Watts*, Story, 176.

Tradition gestellt. Den sich formierenden Festzug führt Judit an,
die tanzenden und mit Olivenzweigen geschmückten Frauen folgen ihr. Den Schluss des Festzuges bilden die Männer, die ebenfalls hymnische Gesänge intonieren.

Wenn das Buch Judit so offenkundig eine Szenerie entwirft, die
die Frauentradition, nach Kriegen mit Liedern und Tanz zu feiern,
in dieser geschichtlichen Phase erneut aufleben lässt, so kann dies
als Indiz gelesen werden, dass der Text Judit in der Rolle der Theologin auftreten lässt. Sie fungiert wie Mose, Mirjam und Debora als
Interpretin von Israels Geschichte als Geschichte mit Gott. Erst diese Interpretation führt dazu, dass Befreiung als Gotteserfahrung
verstanden und erinnert wird[128].

Das Lied, das Judit im Wechselgesang mit dem Volk singt, besteht
aus zwei Teilen (16,1–12 und 13–17). Während der erste Teil sich
konkret auf das im Juditbuch erzählte Geschehen bezieht, wird
JHWH im zweiten Teil im Kontext der Schöpfung und als sich in
der Geschichte für sein gottesfürchtiges Volk einsetzender Gott
gepriesen. Der hymnische Aufgesang in V1–2 ist durch ein direktes Zitat von Ex 15,3 LXX gekennzeichnet[129].

Stimmt an meinem Gott mit Handtrommeln,
singt meinem HERRN mit Zimbeln,
lasst ihm erklingen Psalm und Lob,
erhebt und ruft aus seinen Namen:
Gott, der Kriege zerschlägt, HERR,
denn in seine Lager inmitten des Volkes rettete er mich
aus der Hand derer, die mich verfolgten.

Gott ist nicht mehr ein »Mann des Krieges«, sondern derjenige,
der die Kriege zerschlägt, sich also gegen den Krieg selbst wendet.
Mit dem direkten Zitat συντρίβων πολέμους wird die gesamte
Exodustradition in Erinnerung gerufen, die für Israel nicht nur historisches Ereignis, sondern auch Erinnerungsfigur ist[130]. Gefeiert

---

128   So ist Gott im gesamten Juditbuch nur ein einziges Mal handelnde Person (vgl. Jdt 4,13).
129   Vgl. *H. Engel*, »Der HERR ist ein Gott, der die Kriege zerschlägt«. Zur
griechischen Originalsprache und der Struktur des Buches Judit, in: *K.-D.
Schunck / M. Augustin* (Hg.), Goldene Äpfel in silbernen Schalen (BEAT 20),
Frankfurt a.M. u.a. 1992, 155–168, hier 157; vgl. zu den Bezügen zwischen Jdt
16 und Ex 15 *P. Skehan*, The Hand of Judith, CBQ 25 (1963), 94–110; *A.E.
Gardner*, The Song of Praise in Judith 16:2–17 (LXX 16:1–17), HeyJ 29 (1988),
413–422 sowie *C. Rakel*, Judit – über Schönheit, Macht und Widerstand im
Krieg. Eine feministisch-intertextuelle Lektüre (BZAW 334), Berlin / New York
2003, 249–260.
130   Vgl. *J. Assmann*, Das kulturelle Gedächtnis. Schrift, Erinnerung und politische Identität in frühen Kulturen, München 1992, 201.

wird eine neue Exoduserfahrung in einer veränderten Zeit. Am Ende des Buches trifft das Juditlied eine Aussage über Gott, die in ihrer »richtungsweisenden Programmatik«[131] auf die gesamte Erzählung zurückwirkt. Das Lied feiert einen Gott, der gerade nicht über Gewalt seine Größe erweist, sondern »als die Wirklichkeit schlechthin, an der alle zerstörerische Wut ihr Ende findet. Das Buch Judit ist deshalb zutiefst antimilitaristisch und antiimperialistisch.«[132]

In einem Rückblick auf die Bedrohung (V3–4) wird die ganze Brutalität des feindlichen Assur offenkundig, das nach Judits Aussage plant, »meine«, also Judits, junge Männer mit dem Schwert umzubringen, »meine« Säuglinge zu Boden zu werfen, »meine« Kinder zu entrechten und »meine« jungen Frauen zu erbeuten. Judit spricht in V4 wie eine »Mutter in Israel«[133]. Sie greift die Trauer und Klage der Mutter Zion auf und verarbeitet hier die historisch erfahrenen Leiden von Frauen im Krieg[134]. V5–9 beschreiben die Wende zugunsten Israels. Gott weist die Feinde zurück durch »die Hand einer Frau« (V5)[135]. In ihrem Widerstand setzt die Gottheit Israels nicht auf junge Männer, Titanen oder Giganten, sondern auf die Schönheit einer Frau (V6). Es folgt eine Rekapitulation, wie Judit ihre Schönheit inszeniert (V7–8) und wie diese auf den Feldherrn Holofernes wirkt bis hin zu seinem Tod (V9). In seiner Rekapitulation der erzählten Ereignisse von Kap. 13 verschweigt Jdt 16,9, wer das Schwert führt. Verschiedene Partien von Holofernes' Kopf werden von Teilvers zu Teilvers als Akkusativobjekte – und zwar immer mit dem Possessivpronomen der 3. Pers. Sg. mask. – genannt und bilden eine Sinnlinie: »Ihre Sandale raubte *sein Auge*, ihre Schönheit nahm *seinen Geist* gefangen und das Schwert durchdrang *seinen Nacken*.« (V9) Diese Sinnlinie verbindet die drei Teilverse auf der syntaktischen

131 H. *Groß*, Judit (NEB.AT 19), Würzburg ²1987, 61.
132 E. *Zenger*, Der Juditroman als Traditionsmodell des Jahweglaubens, TThZ 83 (1974), 65–80, hier 74.
133 Vgl. *G.W.E. Nickelsburg*, Stories of Biblical and Early Post-Biblical Times, in: *M.E. Stone* (Hg.), Jewish Writings of the Second Temple Period. Apocrypha, Pseudepigrapha, Qumran Sectarian Writings, Philo, Josephus (CRINT 2), Assen u.a. 1984, 33–87, hier 48.
134 *L.S. Rehmann*, Das vierte Esrabuch. Vom Ringen um neues Leben, von der sich erfüllenden Zeit und der Verwandlung der Erde, in: *L. Schottroff / M.-Th. Wacker* (Hg.), Kompendium Feministische Bibelauslegung, Gütersloh ²1999, 450–458, hier 455.
135 Der Ausdruck ἐν χειρὶ θηλείας »durch die Hand einer Frau« (Jdt 9,10; 13,15; 16,5), kommt an zentralen Stellen des Juditbuches vor. χείρ ist insgesamt eines der Leitwörter des Buches (vgl. E. *Zenger*, Das Buch Judit [JSHRZ I/6], Gütersloh 1981, 533).

Ebene des Akkusativobjektes. Auf der Ebene der Subjekte jedoch
bricht die Sinnlinie ab. War in den beiden ersten Versen von *ihrer*,
d.h. Judits, Schönheit und von *ihrer* Sandale die Rede, so steht
das Schwert ohne Possessivpronomen. Durch diesen literarischen
Kniff wird im Siegeslied am Ende des Juditbuches verhindert, benennen zu müssen, dass *Judit* Holofernes ermordet. Den Krieger
Holofernes ereilt sein eigenes Schwert und wendet sich gegen seinen eigenen Träger[136].
Die sich anschließende Beschreibung der Befreiung Israels von
dem übermächtigen Feind (10–12) enthält – ähnlich wie in Ex 15,
1–18 – einen Bericht über die Reaktion der schockierten Völker
(V10). Der Jubel in Israel angesichts der Errettung (V11) und die
Beschreibung, wie der Feind geschlagen wird (V12), schließen den
ersten Teil des Liedes ab.
Mit Jdt 16,13 beginnt nicht nur ein neuer Abschnitt, sondern ein
zweites Lied, das – stünde es für sich – einen eigenen Hymnus
darstellen könnte. Der zweite Teil (V13–17) ist eine »pastiche of
older biblical ideas and phrases«[137]. Hier wird nun das Gotteslob
vom konkreten Ereignis abstrahiert und auf allgemeinere bzw.
»universalgeschichtliche«[138] Gegebenheiten ausgeweitet.

Ich werde lobsingen meinem Gott ein neues Loblied.
HERR, groß bist du und herrlich,
bewundernswert an Stärke, unüberwindlich.

Schöpfung (14–15b), Gottesfurcht und Kultkritik (V15c–16) sowie Gottes Gericht (V17) an denen, die sich gegen das Volk Gottes
erheben, sind die Themen, die der zweite Teil aufgreift. Gottes
Größe erweist sich in der Schöpfung dadurch, dass Gott sagt, und
es geschieht. Mit dem Motiv des »Sagen – Geschehen« wird an
die Schöpfungserzählung in Gen 1 erinnert. Auch die Erschaffung
der Frau in Gen 2 wird in diesem Teil eingespielt[139] und in seiner
Theophaniebeschreibung, in der die Berge aus ihren Fundamen-
ten erhoben werden und die Felsen wie Wachs schmelzen, greift
das Juditbuch Elemente von Mi 1,4[140] und Ps 18 auf[141]. Die Kult-

---

136   Vgl. *I. Müllner*, Mit den Waffen einer Frau? Stärke und Schönheit im
Buch Judit, KatBl 118 (1993), 339–406, 404.
137   *C.A. Moore*, Judith. A New Translation with Introduction and Commentary (AncB 40), Garden City 1985, 255.
138   *Zenger*, Judit, 519.
139   Vgl. dazu *J.R. Levinson*, Judith 16:14 and the Creation of Woman, JBL
114 (1995), 467–469.
140   Vgl. *Zenger*, Judit, 520.
141   Vgl. *M.S. Enslin / S. Zeitlin*, The Book of Judith. Greek Text with an English Translation (JAL 7), Leiden u.a. 1972, 174.

kritik, die gerahmt wird von Aussagen über die Gottesfurcht als angemessene Haltung vor der Gottheit Israels, greift auf die Psalmenliteratur zurück[142]. Das Gericht an dem gewalttätigen »assyrischen Nabuchodonosor«, der letztendlich nichts anderes als eine Chiffre für Antiochus IV. Epiphanes ist[143], wird in Anlehnung an Jes 66,24 und 2Makk 9,7–11 beschrieben.

»Kultureller Sinn zirkuliert und reproduziert sich nicht von selbst. Er muß zirkuliert und inszeniert werden.«[144]

Das Juditlied mit seinen Reminiszenzen an andere alttestamentliche Texte ist ein Beispiel für die Zirkulation kulturellen Sinns. Da es dem Juditbuch »nicht nur um ein einmaliges Rettungsgeschehen geht, sondern um die zentralen Fragestellungen: ›Wie erweist sich die Göttlichkeit Jahwes für Israel? Wie kann Israel überleben angesichts der scheinbaren Übermacht seiner Feinde? Worin findet Israel Kraft, vor politischen Systemen, die Unterwerfung und Anbetung fordern, nicht zu kapitulieren?‹«[145], greift es auf den reichen biblischen Schatz seines kulturellen Gedächtnisses zurück. Die Feier der Errettung Israels durch die Hand einer Frau wird zum Anlass genommen, sich sowohl dessen zu erinnern, dass Gott der Exodus-Gott ist, der Israel vor Kriegen errettet, als auch, dass JHWH es ist, in dem Israel seine Identität findet. Judit, die selbst maßgeblich zur Errettung Israels beiträgt, wird mit dem Lied, das sie singt, zur Theologin und zur Schriftauslegerin.

7.   Geschichtsdeutung als theologische Leistung

Zusammenfassend lassen sich für die Feste der Errettung nach Kriegen im Alten Testament zwei literarische Traditionsstränge ausmachen:
1.   Zum einen gibt es eine feste *Frauentradition,* nach der Frauen nach *Kriegen* mit Gesang und Tanz das Ende eines erfolgreichen Krieges bzw. die Erfahrung der Errettung feiern (Ex 15,20–21; Ri 11,34; 1Sam 18,6–7; Jdt 15,12ff.).
2.   Zum anderen gibt es die *literarische Tradition* im Alten Testament, Lieder nach Errettungserzählungen einzufügen, die das Geschehen besingen und Gott die Befreiung aus der Bedrängnis

---

142   Vgl. *J.F. Craghan,* Esther, Judith, Tobit, Jonah, Ruth (OTMes 16), Wilmington 1982, 24.
143   Vgl. *Rakel,* Judit, 282f.
144   *Assmann,* Mensch, 24.
145   E. *Zenger,* Judit/Juditbuch, TRE XVII, Berlin 1988, 404–408, hier 405.

zuschreiben. In kürzeren (Ex 15,20–21) und in längeren Liedern
(Ex 15,1–18; Ri 5; Jdt 16,1–17) sind die poetischen Teile Interpretation und zugleich Theologisierung der zuvor erzählten Ereignisse.
Was beide Stränge miteinander verbindet, sind die Feierlichkeiten
angesichts des Endes eines Krieges oder einer militärischen Bedrohung. Die verschiedenen Texte arbeiten nicht immer mit beiden
Traditionssträngen gleichzeitig. Während in Ri 5 der Tanz fehlt,
fehlt in Ri 11,34 das Lied, weil auf der narrativen Ebene Jiftachs
Tochter durch ihren Vater – letztendlich aber durch den Text selber[146] – die Möglichkeit genommen wird, das Ende des Krieges zu
feiern. In 1Sam 18,6–7 fehlt die theologische Dimension, denn
hier stellen sich die Frauen weniger in den Dienst der Theologie
denn in den der Politik. Das Exodus- wie das Juditbuch enthalten
beides: die Tradition der Frauen und die theologische Deutung des
Liedes. Beide Linien, ob sie allein oder in Kombination in den alttestamentlichen Texten erscheinen, sind narrativ als spontan dargestellt. Sie entstehen, wenn Israel einen Krieg gewonnen hat oder
eine Errettungs- bzw. Befreiungserfahrung aus Gewaltzusammenhängen gemacht hat. Literarisch sind sie jedoch im höchsten Grade
inszeniert.
Wenn Fest und Feier als Gegenüber zum Alltag die Aufgabe haben, diesen zu transzendieren[147], dann haben die in diesem Artikel behandelten Feiern der Errettung die Funktion, einen Zustand
jenseits der gottlosen Zeit des Krieges zu entwerfen. Sie sind Feier von Ruhe und Frieden und zugleich Ausdruck der Sehnsucht
danach. Der Alltag, aus dem die alttestamentlichen Feste der Errettung ausbrechen, ist der des Krieges und der Bedrohung durch
andere Völker. Nach Odo Marquard kann der Mensch ohne das
Fest nicht auskommen und feiert entweder Feste oder sucht sich
»schlimme Ersatzformen des Festes – bis zum Krieg«[148]. Krieg
tritt in dieser Vorstellung an die Stelle des Festes. Genau die umgekehrte Bewegung vollziehen die Feiern der Errettung. An die
Stelle des Krieges tritt das Fest. Das Fest wird zum Einspruch gegen den Krieg. Die umfangreicheren Lieder wie Ex 15,1–18; Ri 5
und Jdt 16,1–17 zeichnen sich dadurch aus, dass sie auf eine spezifische Weise das erzählte Geschehen zusammenfassen und es zu-

---

146 Vgl. zum Motiv »raped by the pen« *J.Ch. Exum*, Fragmented Women. Feminist (Sub)versions of Biblical Narratives (JSOT.S 163), Sheffield 1993, 170.
147 Vgl. *Assmann*, Mensch, 17.
148 *O. Marquard*, Kleine Philosophie des Festes, in: *U. Schultz* (Hg.), Das
Fest. Eine Kulturgeschichte von der Antike bis zur Gegenwart, München 1988,
413–420, hier 420.

gleich gesellschaftspolitisch und theologisch deuten. Identitätsfindung und -konsolidierung finden in diesen Liedern über die Gottheit Israels statt und drücken sich in einer Fülle von Lobpreisungen und Danksagungen für die erfahrene Errettung aus. Israels Gott ist der errettende und Unterdrückung verneinende Gott. In der Mehrheit sind diese Lieder keine Triumphgesänge, sondern Ausdruck des Ungenügens an einer Welt von Krieg und Gewaltherrschaft. Lieder wie diese müssen für die westlich-christliche Hemisphäre in heutigen Zeiten, in denen Krieg als Mittel der Konfliktlösung wieder hoffähig zu werden scheint, ein fortdauernder Stachel sein.

Matthias Konradt

Die gottesdienstliche Feier und das Gemeinschaftsethos der Christen bei Paulus

Fragt man nach der Festfeier im frühen Christentum und blickt man dabei speziell auf die Gemeindegründungen der paulinischen Völkermission, so verdichtet sich hier die Funktion von religiösen Festen, »der Vergegenwärtigung von Erfahrungen göttlichen Wirkens«[1] zu dienen, wesentlich auf die Zusammenkunft zur gottesdienstlichen Feier, in der des Heilshandelns Gottes in Christus gedacht wurde[2]. Geht man näherhin speziell der Frage nach, inwiefern der gottesdienstlichen Feier als Ort der Vergegenwärtigung des Christusgeschehens zugleich im Blick auf die Etablierung eines – aus dem Christusgeschehen abgeleiteten – Gemeinschaftsethos eine bedeutsame Rolle zukommt, ist man wesentlich auf Paulus' Ausführungen im 1Kor verwiesen. Der 1Kor bietet nämlich nicht nur wie kein zweiter Paulusbrief allgemein Informationen über Schwierigkeiten bei der Konstituierung und Entwicklung einer paulinischen Gemeinde; er gewährt näherhin in 1Kor 11–14 auch einen Einblick in Probleme der Gestaltung der gottesdienstlichen Feier – wie auch in deren Grundstruktur, wenn es richtig ist, dass die Akolouthie der verhandelten Gemeindeprobleme in 1Kor 11,17–34; 12,1 – 14,40 die Aufeinanderfolge von Mahlfeier und »Wortgottesdienst« widerspiegelt[3]. Paulus diagnostiziert hier

---

1 *Ilse Müllner / P. Dschulnigg*, Jüdische und christliche Feste (NEB – Themen 9), Würzburg 2002, 65.
2 Das zum entstehenden Christentum zeitgenössische Judentum verfügte bekanntlich über einen Jahresfestkreis, dessen Feste verschiedene die Existenz des Gottesvolkes bestimmende Heilserfahrungen vergegenwärtigten. Nahmen die ersten judenchristlichen Gruppierungen weiterhin an der Feier dieser Feste teil, so ist dies für die (vornehmlich) heidenchristlichen paulinischen Gemeinden nicht ohne weiteres vorauszusetzen.
3 Siehe dazu grundlegend *M. Klinghardt*, Gemeinschaftsmahl und Mahlgemeinschaft. Soziologie und Liturgie frühchristlicher Mahlfeiern (TANZ 13), Tübingen/Basel 1996, 333–347, zustimmend z.B. *P. Wick*, Die urchristlichen Gottesdienste. Entstehung und Entwicklung im Rahmen der frühjüdischen Tempel-, Synagogen- und Hausfrömmigkeit (BWANT 150), Stuttgart/Berlin/Köln 2002, 202f. – Für diese Annahme spricht grundlegend die Analogie zum Verlauf von Mahlfeiern in der Umwelt – sei dies im Rahmen von Vereinen oder privat (das Gewicht dieses Arguments wird dabei durch den »häuslichen« Cha-

vor allem im Blick auf das Herrenmahl eine gravierende Fehlent-
wicklung: Die Feier erscheint ihm als von einem Sozialverhalten
geprägt, das dem Wesen der christlichen Gemeinschaft diametral
entgegengesetzt ist.
Paulus begegnet der Problematik nun nicht durch ethische Appel-
le, sondern durch eine theologische Argumentation, in deren Zentrum der Rekurs auf die Abendmahlsparadosis in 11,23–25/26
steht. Paulus sieht also offenbar in dem in der gottesdienstlichen
Feier vergegenwärtigten Christusgeschehen eine bestimmte Art
der Gemeinschaftsbeziehungen der Christen untereinander mitgesetzt[4], die die Zusammenkunft prägen soll. Um dies im einzelnen
zu entschlüsseln, werde ich im Folgenden zunächst nach christologisch begründeten Grundbestimmungen christlichen Sozialverhaltens bei Paulus fragen. Abschnitt 2 wird dies dann auf die gottesdienstliche Feier als zentralen Ort, an dem diese Gemeinschaftsbeziehungen erfahrbar werden sollen, rückbeziehen, wobei ich
mich hier auf Paulus' Ausführungen zur Feier des Herrenmahls in
1Kor 11,17–34 konzentrieren werde. Abschnitt 3 reflektiert sodann Problembereiche, die sich aus der Spannung zwischen innovativen Impulsen des christlichen Gemeinschaftsethos einerseits
und überkommenen Konventionen und Ordnungen andererseits
im Blick auf das (alltägliche) Leben in den »Strukturen der
Welt«, aber auch im Blick auf die gottesdienstliche Praxis selbst
ergeben. Dabei wird dann insbesondere auch 1Kor 11,2–16 in die
Überlegungen einzubeziehen sein[5].

1   Egalität und Liebe als Grundbestimmungen des paulinischen Gemeinschaftsethos

1.1   Der egalitäre Impetus des paulinischen Gemeinschaftsethos

Christliche Existenz ist für Paulus bekanntlich eine Existenz »zwischen den Zeiten«[6]. Signalisieren Kreuz und Auferstehung für den

---

rakter frühchristlicher Zusammenkünfte unterstrichen) –, bei denen auf das
Mahl das Symposium folgte (s. dazu *Klinghardt*, Gemeinschaftsmahl, 99ff).
4   Es führt hier also eine direkte Linie von der Christologie zur Ethik.
5   Für Rat und Hilfe danke ich Ulrich Dällenbach, Bettina Kindschi und Moisés Mayordomo-Marin.
6   Siehe dazu *J.P. Sampley*, Walking between the Times. Paul's Moral Reason-
ing, Minneapolis (MN) 1991; *R.B. Hays*, The Moral Vision of the New Testament. Community, Cross, New Creation. A Contemporary Introduction to New
Testament Ethics, Edinburgh 1997, 19–27, bes. 20f; *J.D.G. Dunn*, The Theology
of Paul the Apostle, Grand Rapids (Mich.) / Cambridge (UK) 1998, 461–472
u.a.m.

Völkerapostel den Anbruch des neuen Äons, so steht gleichwohl die Heilsvollendung, die erst die Parusie Christi bringen wird, noch aus. Alte und neue Welt überschneiden sich; dem »Schon jetzt« steht das »Noch nicht« zur Seite. Diese Spannung zu beachten, ist im Blick auf bestimmte Aspekte paulinischer Ethik von elementarer Bedeutung.

Ein für Paulus zentrales Kennzeichen der *eschatologischen* Bestimmtheit des »Seins in Christus« tritt in der Einheitsaussage von Gal 3,(26–)28 hervor: »Da gibt es nicht Jude noch Grieche, nicht Sklave oder Freier, nicht männlich und weiblich; alle nämlich seid ihr einer in Christus Jesus«[7]. Diese geradezu programmatische Aussage impliziert dabei mehr, als dass die angezeigten Differenzen *coram Deo* bedeutungslos (geworden) sind[8] – *soteriologisch* relevant war letztlich ohnehin nur erstere. Vielmehr ist mit dieser theologischen Aussage zugleich die Vision einer veränderten Sozialstruktur verbunden[9]: Das »Sein in Christus« impliziert, dass Identitätsmerkmale, die das soziale Miteinander im »alten Äon« wesentlich prägen und hierarchisch strukturieren, für die, die in der Taufe »Christus angezogen haben« (3,27), keinerlei Rolle mehr spielen; ihre Identität ist nunmehr fundamental und exklusiv durch die Zugehörigkeit zu Christus definiert[10].

Aus der Irrelevanz der angezeigten Identitätsmerkmale für die, die »in Christus« sind, folgt eine grundlegende Neuorientierung des Sozialverhaltens untereinander. Dies wird sogleich bei dem ersten Paar deutlich: In der Gemeinde soll ein Zusammenleben von Juden- und Heidenchristen Gestalt gewinnen, bei dem ab-

---

7   J. *Roloff*, Die Kirche im Neuen Testament (GNT 10), Göttingen 1993, 91 nennt diesen Vers treffend eine »Schlüsselstelle paulinischer Ekklesiologie«.
8   Anders z.B. D. *Lührmann*, Wo man nicht mehr Sklave oder Freier ist. Überlegungen zur Struktur frühchristlicher Gemeinden, WuD 13 (1975), 53–83, hier 69.
9   Auf dieser Linie z.B. H. *Thyen*, »... nicht mehr männlich und weiblich ...«. Eine Studie zu Galater 3,28, in: F. *Crüsemann* / H. *Thyen*, Als Mann und Frau geschaffen, Gelnhausen/Berlin 1978, 107–201, hier 134f; H. *Paulsen*, Einheit und Freiheit der Söhne Gottes – Gal 3,26–29, ZNW 71 (1980), 74–95, hier 88f; G. *Dautzenberg*, »Da ist nicht männlich und weiblich«. Zur Interpretation von Gal 3,28, Kairos 24 (1982), 181–206, hier 193.196f; K. *Schäfer*, Gemeinde als »Bruderschaft«. Ein Beitrag zum Kirchenverständnis des Paulus (EHS.T 333), Frankfurt a.M. u.a. 1989, 96–109 sowie *Roloff*, Kirche, 91–95, der andererseits zu weit geht, wenn er postuliert: »Gal 3,28 ist als *Erfahrungsbericht* über das, was sich in den paulinischen Gemeinden tatsächlich vollzieht, zu lesen« (94, Hervorhebung im Original). Gal 3,28 ist zunächst einmal eine programmatische theologische Aussage. Sie impliziert ein bestimmtes Sozialverhalten, doch sind, wie sich im Folgenden zeigen wird, im Blick auf ihre tatsächliche Umsetzung in soziale Wirklichkeit doch Einschränkungen zu machen.
10   Vgl. *Roloff*, Kirche, 94.

grenzende Verhaltensweisen, wie Paulus sie in der Befolgung der alttestamentlichen Speisegebote als einem traditionellen jüdischen »boundary marker« wahrnimmt, bei dem also traditionelle soziale Barrieren keine Rolle mehr spielen (vgl. Gal 2,11–14). Sodann gilt für die Interaktion von Sklaven und Freien, umfassender gesagt: von Menschen mit unterschiedlichem Sozialstatus, dass sie sich in der christlichen Gemeinde nicht an den üblichen Spielregeln der gesellschaftlichen Hierarchie orientiert bzw. zu orientieren hat. Faktisch bedeutet das für die Bessersituierten einen Verzicht darauf, dass ihr höherer Status in der christlichen Gemeinde Berücksichtigung findet[11]. Der Sklave ist *in der Gemeinde* nicht Sklave, sondern Bruder. Durch das dritte Glied wird schließlich die Thematik *geschlechtlich* definierter sozialer Konventionen einbezogen. Spielt die auffallende Rede von »männlich und weiblich« (statt von »Mann und Frau«) auf Gen 1,27 an[12], so liegt der Akzent gleichwohl nicht auf der biologischen Differenzierung an sich – schließlich bleibt diese bestehen –, sondern auf den sozialen Rollen[13], die mit dieser in der »(alten) Schöpfung« verbunden sind, aber in der »neuen Schöpfung« nicht mehr fortgeschrieben werden. Anders gesagt: Die untergeordnete Stellung der Frau ist hier ausweislich der Anspielung auf Gen 1,27 als in der Ordnung der Schöpfung begründet angesehen[14], doch gilt diese (patriarchale) Schöpfungsordnung »in Christus« – analog zur heilsge-

---

11   Das erste und zweite Glied gleichen sich also darin, dass jeweils von dem in traditioneller Perspektive höhergestellten Teil (Juden und Freie) der Verzicht auf Verhaltensweisen eingeklagt wird, in denen ihre privilegierte Position lebensweltlich wahrnehmbar Gestalt gewinnt.

12   Vgl. *Thyen*, Studie, 109–111 (Gal 3,28 will »als die eschatologische Antithese von Gen 1,27 begriffen sein« [111]); G. *Dautzenberg*, Zur Stellung der Frauen in den paulinischen Gemeinden, in: *ders. u.a.* (Hg.), Die Frau im Urchristentum (QD 95), Freiburg/Basel/Wien 1983, 182–224, hier 216; H. *Merklein*, Im Spannungsfeld von Protologie und Eschatologie. Zur kurzen Geschichte der aktiven Beteiligung von Frauen in paulinischen Gemeinden, in: Eschatologie und Schöpfung (FS E. Gräßer), hg. v. *M. Evang u.a.* (BZNW 89), Berlin / New York 1997, 231–259, hier 234; *Chr. Strecker*, Die liminale Theologie des Paulus. Zugänge zur paulinischen Theologie in kulturanthropologischer Perspektive (FRLANT 185), Göttingen 1999, 384 u.a.m.

13   Vgl. dazu *Thyen*, Studie, 169–187; *Dautzenberg*, Interpretation, 194f; *Schäfer*, Gemeinde, 93–95; *J. Gundry Volf*, Christ and Gender. A Study of Difference and Equality in Gal 3,28, in: Jesus Christus als die Mitte der Schrift. Studien zur Hermeneutik des Evangeliums (FS O. Hofius), hg. v. *C. Landmesser u.a.* (BZNW 86), Berlin / New York 1997, 439–477, hier 458f. E. *Schüssler Fiorenza*, Rhetoric and Ethic. The Politics of Biblical Studies, Minneapolis (MN) 1999, 156 deutet ἄρσεν καὶ θῆλυ – auf der Basis der Annahme eines Bezugs auf Gen 1,27 – im Sinne von »husband and wife«.

14   Zu diesem Verständnis siehe unten Anm. 86.

schichtlichen Differenzierung von Juden und Griechen – prinzipiell als überholt[15]. Dass dies Konsequenzen im Blick auf das Verhalten insbesondere im Rahmen der gottesdienstlichen Feier hat, gibt auch der in anderer Hinsicht schwierige Text 1Kor 11,2–16 deutlich zu erkennen: Das prophetische Reden und Beten von Frauen an sich wird hier nicht hinterfragt, sondern als selbstverständlich vorausgesetzt.

Kurz gesagt ergibt sich also: Nach Gal 3,28 spielen »in Christus« und damit in der Gemeinde Privilegien, seien sie heilsgeschichtlich festgemacht, in der Gesellschaftsordnung »dieser Welt« verankert oder geschlechtlich, d.h.: in der Schöpfungsordnung begründet, keine handlungsbestimmende Rolle mehr. Für die (bisher) Privilegierten bedeutet dies Verzicht darauf, dass sich der höhere Status, der ihnen traditionell zugekommen ist, in den in der Gemeinde gültigen Sozialformen niederschlägt; für die (bisher) Nicht-Privilegierten folgt daraus die volle Akzeptanz als (sozial) gleichwertige und -rangige Glieder der Gemeinde.

Dass es hier um ein Moment der *eschatologischen* Bestimmtheit christlicher Existenz geht, erscheint, zumal angesichts des Rückverweises auf Gen 1 im dritten Glied, evident. Das »Sein in Christus« bedeutet Zugehörigkeit zur mit Christus anhebenden »neuen Schöpfung« (2Kor 5,17a; Gal 6,15); die genannten sozialen Barrieren und Statusunterschiede gehören zum in Christus vergangenen »Alten« (2Kor 5,17b)[16]. Freilich existiert der »alte Äon« eben noch: Die Menschheit existiert weiterhin in der geschlechtlichen Differenzierung von Männern und Frauen, und Christen müssen sich in einer Gesellschaft bewegen, in der die traditionellen Geschlechterrollen in Geltung stehen. Ebenso ist eine prinzipielle Aufhebung der Sklaverei bzw. – allgemeiner gefasst – eine gesamtgesellschaftliche antihierarchische Neuordnung für Paulus nicht in Sicht[17]. Bei dem »Spitzensatz« von Gal 3,28 geht es um eine Identitätszuschreibung, die sich allein aus der Christuszugehörigkeit ergibt. Die alten Identitäten sind damit nicht aufgehoben, sondern eher überlagert – sie bestehen fort, doch ist ihre hand-

---

15   Der eschatologische Horizont dieser Aussage erscheint durch den Bezug auf Gen 1,27 evident. Dies heißt zugleich: Das dritte Glied unterstreicht dezidiert, dass beim ἐν Χριστῷ der Sinnhorizont der neuen Schöpfung (vgl. 2Kor 5,17) präsent ist.

16   Gegen eine Inbeziehungsetzung von Gal 3,28 mit der Rede von der »neuen Schöpfung« *Dautzenberg*, Interpretation, 193. Zu bedenken ist aber, dass Paulus selbst die das erste Glied von Gal 3,28 aufnehmende Behauptung der Irrelevanz von Beschnitten- und Unbeschnittensein in Gal 6,15 mit der Rede von der »neuen Schöpfung« direkt verbindet.

17   Siehe dazu noch unten in Abschnitt 3.

lungsleitende Relevanz untergraben –, und seinen sozialen Ort
hat dies konkret in der sich auf Christus gründenden Gemeinde.
Daraus folgt, dass hier grundlegend zwischen dem Binnenraum
der Gemeinde und der »Welt« zu differenzieren ist[18].
Bevor dies weiter unten im einzelnen zu verfolgen ist, ist jedoch
zunächst noch auf einen zweiten für das Gemeinschaftsethos der
christlichen Versammlung relevanten theologischen Ansatzpunkt
für die Überwindung traditioneller Statusorientierung bei Paulus
zu verweisen, nämlich auf die *theologia crucis*, wie Paulus sie in
1Kor 1–4 ethisch ausdeutet[19]. Paulus erkennt in der korinthischen
Weisheitseuphorie ein Geltungsstreben, das der in der »Welt«
üblichen Orientierung an den traditionellen Statusindikatoren,
wie sie Paulus mit der Trias in 1,26 exemplarisch auffächert, verhaftet ist, und stellt dem das Kreuz entgegen: Gott hat gerade an
dem mit Schande besetzten Ort des Kreuzes[20] den Menschen zum
Heil gehandelt, und dies dokumentiert paradigmatisch die Belanglosigkeit der »weltlichen« Matrix sozialer Anerkennung vor
Gott[21] und damit für die Verhaltensorientierung der Christen[22].
Aus dem Kreuzesgeschehen folgert Paulus entsprechend ethisch die
Absage an jegliches Rühmen, das sich an menschlicher »Größe«,
an menschlichen Qualitäten wie Bildung, (wirtschaftlicher) Macht
oder (nobler) Herkunft (1,26), orientiert (1,29–31) und, positiv
gewendet, ein »Ethos der Niedrigkeit«, das Paulus den Korinthern, wie er in 2,1–5 ausführt, exemplarisch vorgelebt hat. Impliziert für Paulus das Kreuzesgeschehen also die Abrogation der
gesellschaftlich eingespielten Werteskala, ist die übliche Statusorientierung mit dem christlichen, am Kreuz orientierten Ethos
unvereinbar, so liegt auf der Hand, dass dies im Blick auf die Gestaltung der Gemeinschaftsbeziehungen innerhalb der *Ekklesia*

---

18   Vgl. dazu *Thyen*, Studie, 166.
19   Siehe dazu M. *Konradt*, Die korinthische Weisheit und das Wort vom
Kreuz, Erwägungen zur korinthischen Problemkonstellation und paulinischen
Intention in 1Kor 1–4, ZNW 94 (2003), 181–214.
20   Dazu M. *Hengel*, Mors turpissima crucis. Die Kreuzigung in der antiken
Welt und die »Torheit« des »Wortes vom Kreuz«, in: Rechtfertigung (FS E.
Käsemann), hg. v. *J. Friedrich u.a.*, Tübingen/Göttingen 1976, 125–184, hier
bes. 128–131; M. *Wolter*, »Dumm und skandalös«. Die paulinische Kreuzes-
theologie und das Wirklichkeitsverständnis des christlichen Glaubens, in: *R.
Weth* (Hg.), Das Kreuz Jesu. Gewalt – Opfer – Sühne, Neukirchen-Vluyn 2001,
44–63, hier 46f.
21   Zum Ausdruck kommt dies insbesondere in dem Rekurs auf Gottes Er-
wählungshandeln und damit auf die Zusammensetzung der Gemeinde in 1Kor
1,26ff.
22   Vgl. dazu besonders die Studie von *R. Pickett*, The Cross in Corinth: The
Social Significance of the Death of Jesus (JSNT.S 143), Sheffield 1997.

einen egalitären Impuls birgt: Die Überwindung des gesellschaftlichen »Oben« und »Unten« in der Gemeinde erscheint als ein Stück angewandter *theologia crucis*[23]. Hinsichtlich der drei Oppositionspaare von Gal 3,28 ist dies insbesondere für das zweite im Blick zu behalten.

1.2 Die Liebe als Grundbestimmung des paulinischen Gemeinschaftsethos

Der Rekurs auf den Tod Jesu ist noch in einer zweiten Hinsicht für die paulinische Ethik von elementarer Bedeutung. Dabei geht es nun nicht um den Aspekt des Kreuzes als eines Ortes der Schande, sondern um die Deutung des Todes Jesu als liebende Lebenshingabe für andere. Ist diese in soteriologischer Hinsicht von – im strengen Sinne des Wortes – einmaliger Bedeutung und insofern nicht wiederhol- oder nachahmbar, so gewinnt sie bei Paulus gleichwohl zugleich auch eine paradigmatische Bedeutung, indem er aus ihr die liebende Suche nach dem Wohl des anderen als fundamentalen ethischen Imperativ an die Christen folgert, die selbst eben von der in der Selbsthingabe Christi erwiesenen Liebe her leben[24].

Besonders anschaulich tritt dieser ethische Zusammenhang in Paulus' Argumentation angesichts der Problematik des Verzehrs von Götzenopferfleisch in der korinthischen Gemeinde hervor, der er den Verweis auf die Liebe als Leitmotiv voranstellt (8,1–3). Wird ein Schwacher durch das rücksichtslose Ausleben der eigenen Erkenntnis zu einem mit seinem Gewissen nicht zu vereinbarenden Handeln provoziert und damit »zugrunde gerichtet«, geht ein »Bruder« verloren, »für den Christus gestorben ist« (8,11, vgl. Röm 14,15). Ein am Handeln Christi orientiertes Verhalten würde auf eigene Rechte um des Heils des anderen willen verzichten (vgl. 1Kor 8,13[ff]). 10,24 formuliert dies grundsätzlich: »Niemand suche das Seine, sondern das, was dem anderen dient« (vgl. 10,32), und eben dies bedeutete eine *imitatio Christi* (vgl. 11,1!).

Ganz ähnlich unterbaut Paulus seine ethischen Anweisungen in Röm 15,1ff christologisch: »Jeder von uns soll dem Nächsten gefallen zum Guten, zur Auferbauung. Denn auch Christus hat nicht sich selbst gefallen ...« (15,2f). Christenmenschen sollen einander annehmen, wie Christus sie angenommen hat (15,7). Ebenso liegt dieser christologisch ausgerichtete ethische Begründungszusammenhang der Rede vom Gesetz Christi, das durch gegenseitiges Lasten-

---

23 Dies wird unten bei der Anlayse von 1Kor 11,17–34 noch deutlicher werden.
24 Zu diesem Zusammenhang vgl. *Hays*, Vision, 27–32.

tragen erfüllt wird, in Gal 6,2 zugrunde[25]. Und die Mahnungen, »in Demut den anderen höher als sich selbst zu achten« (Phil 2,3) sowie »nicht auf das Seine, sondern auch auf das, was dem anderen dient, zu sehen« (Phil 2,4), erscheinen im Licht des Christushymnus von 2,6–11 als Entsprechung zur Selbsterniedrigung Christi; entsprechend bedeutet solches Verhalten, eine Gesinnung an den Tag zu legen, wie sie in Jesus Christus war (2,5)[26].

Festzuhalten ist: Das soteriologische Bekenntnis, dass das eigene Leben im Sinne heilvoller Existenz in der Lebenshingabe eines anderen, nämlich Christi, gründet, wird von Paulus zum Fundament christlicher Existenzdeutung, christlichen Selbstverständnisses, gemacht, womit zugleich eine grundlegende Norm christlichen Ethos gesetzt ist: Die liebende Hingabe an andere wird zum Leitmotiv und Strukturprinzip christlichen Gemeinschaftslebens.

1.3   Die Verbindung von Egalität und Liebe im paulinischen Gemeinschaftsethos

Den beiden skizzierten ethischen Grundbestimmungen[27] ist gemeinsam, dass Paulus sie durch das Christusgeschehen begründet sieht. Sie sind aber auch darüber hinaus miteinander verbunden. Ist das hellenistische Freundschaftsideal auf die Beziehung zu sozial Gleichstehenden bezogen[28], so gilt der Imperativ der Liebe prinzipiell gegenüber jedem in der sozial heterogen zusammengesetzten Gemeinde. Im Blick auf die Frage nach dem innovativen Impetus des christlichen Gemeinschaftsethos ist gerade diese Verbindung von Liebesgebot und Nivellierung von Statusdifferenzen von entscheidender Bedeutung[29]: Durch diese Verknüpfung eignen dem christlichen Gemeinschaftsethos »gegenkulturelle«, innovative Züge.

25   Siehe dazu *R.B. Hays,* Christology and Ethics in Galatians. The Law of Christ, CBQ 49 (1987), 268–290, hier bes. 272–276. Kritisch dazu *Chr. Burchard,* Die Summe der Gebote (Röm 13,7–10), das ganze Gesetz (Gal 5,13–15) und das Christusgesetz (Gal 6,2; Röm 15,1–6; 1 Kor 9,21), in: *ders.,* Studien zur Theologie, Sprache und Umwelt des Neuen Testaments, hg. v. *D. Sänger* (WUNT 107), Tübingen 1998, 151–183, hier 174f.
26   Zu dieser Deutung von ὃ καὶ ἐν Χριστῷ Ἰησοῦ vgl. *Hays,* Vision, 29f.
27   Die beiden herausgearbeiteten Bestimmungen treffen sich mit den beiden urchristlichen Grundwerten, auf die *G. Theißen,* Die Religion der ersten Christen. Eine Theorie des Urchristentums, Gütersloh ²2001, 101–122 verweist.
28   Siehe exemplarisch *T. Schmeller,* Hierarchie und Egalität. Eine sozialgeschichtliche Untersuchung paulinischer Gemeinden und griechisch-römischer Vereine (SBS 162), Stuttgart 1995, 23.
29   Vgl. *Theißen,* Religion, 113, der mit Recht anmerkt, dass »erst in der Verbindung der beiden Werte Liebe und Demut ... die Grundstruktur und das Neue des urchristlichen Ethos sichtbar [wird]«.

Gut illustrieren lässt sich die Verbindung der beiden Grundbestimmungen anhand der paulinischen Aufnahme der in der Antike
verbreiteten Leibmetapher zur Beschreibung der (funktionalen)
Einheit eines sozialen Gebildes angesichts der Verschiedenartigkeit seiner Glieder im Blick auf das Zusammenleben innerhalb der
christlichen Gemeinde in 1Kor 12[30]. Paulus' Ausführungen verweisen darauf, dass in Korinth bestimmte pneumatische Fähigkei-
ten, allen voran die Glossolalie, dazu benutzt wurden, um daraus
den Anspruch auf besondere Geltung in der Gemeinde abzuleiten.
Paulus sucht hier zum einen den Aspekt der Geistbegabung gegenüber der korinthischen Fixierung auf außeralltägliche Geist-
phänomene gewissermaßen zu »demokratisieren«: Grundlegendes
Zeichen der Begabung mit dem Geist ist das Bekenntnis zu Jesus
als dem Herrn (12,3)[31]. Zum anderen und vor allem aber werden
die – darüber hinausgehenden – unterschiedlichen Geistwirkun-
gen auf den Nutzen für die Gemeinde (τὸ συμφέρον, 12,7) bezogen. Die Geistesgaben (πνευματικά) werden als *Gnadenga-
ben*, als χαρίσματα (12,4.9.28.30.31), interpretiert, und als solche sind sie nicht dazu gegeben, der Selbstinszenierung oder dem
persönlichen Prestigegewinn zu dienen; sie zielen vielmehr auf die
Auferbauung der Gemeinde und also der anderen Gemeindeglieder. In 12,12 nimmt Paulus sodann die bereits zuvor eingeführte
Leibmetapher (vgl. v.a. 10,17) auf und verbindet darin den anti-
hierarchisch-egalitären Impuls mit dem Imperativ der liebenden
Sorge um den anderen. Die Verschiedenartigkeit der Glieder begründet nicht eine unterschiedliche Wertigkeit. Paulus betont vielmehr die Unverzichtbarkeit eines jeden Glieds und das gegenseitige Aufeinanderangewiesensein[32]. Anders als etwa in der bekannten Fabel des Menenius Agrippa[33] dient die Leibmetapher bei

---

30   Zur Aufnahme der Leib-Metapher in Röm 12,4f siehe unten Anm. 52.
31   Ähnlich »demokratisiert« 2,6ff die Weisheit, indem die als »Weisheit« zu
adelnde theologische Erkenntnis auf die allen Christen auch ohne überdurch-
schnittliche intellektuelle Begabung und Bildung zugängliche Erkenntnis des
Kreuzes konzentriert wird. Siehe dazu *Konradt*, Weisheit, 205.210f.
32   Vgl. *A. Lindemann*, Die Kirche als Leib. Beobachtungen zur »demokrati-
schen« Ekklesiologie bei Paulus, ZThK 92 (1995), 140–165, hier 164: »In der
paulinischen Rezeption und Explikation des Bildes befinden sich die Glieder
des Leibes in einer vollständigen wechselseitigen Abhängigkeit und Gleichheit«.
33   Livius, Ab urbe condita II 32,9–12 zufolge soll der römische Patrizier
Menenius Agrippa 494 v.Chr. dem Protest der Plebejer gegen den Senator erfolgreich mit der Fabel vom Aufstand der Glieder des Körpers gegen den Bauch
begegnet sein: Danach haben sich einst die Glieder des Leibes gegen den untä-
tigen und nur genießenden Magen empört und beschlossen, nicht mehr für
ihn zu arbeiten, um ihn durch Hunger gefügig zu machen, wodurch freilich der

Paulus also nicht der Aufrechterhaltung der sozialen Hierarchie, sondern wird dem egalitären Impuls seines Gemeinschaftsethos dienstbar gemacht, der durch 12,22–24 noch zugespitzt wird: Gerade dem geringeren Glied ist besondere Ehre zu geben. In V. 25 verknüpft Paulus die Leibmetapher sodann ausdrücklich mit der Sorge füreinander. Postuliert Paulus also zum einen die prinzipielle Gleichrangigkeit der Christen, so bildet zum anderen die Liebe die zentrale materiale Bestimmung, wie die egalitären Beziehungen zu gestalten sind. In 12,12f.27 verweist Paulus dabei explizit auf die christologische Begründung des Gemeinschaftsethos: Die anhand der Leibmetapher illustrierten Gemeinschaftsbeziehungen gelten vom Leib *Christi*. Paulus verlässt mit dieser Redeweise nicht die Ebene der Metapher, d.h. er denkt keine reale oder »mystische« Identifikation von Gemeinde und Leib des erhöhten Christus[34]. Wohl aber qualifiziert das Genitivattribut Χριστοῦ die mit dem Bild des Leibes beschriebene Gemeinschaft als Christi Eigentum und Herrschaftsbereich[35]: Die Rede vom »Leib *Christi*« nimmt christliche Gemeinde als Gemeinschaft in den Blick, die in Christi Heilswirken gründet[36], der damit seine Proexistenz als Strukturprinzip eingestiftet und die durch die statusnivellierende Einheit ihrer Glieder gekennzeichnet ist[37].

ganze Körper entkräftet wurde, so dass den Gliedern der vom Magen geleistete Dienst der Verteilung evident wurde (vgl. die Schilderungen bei Plutarch, Marcius Coriolanus 6,2–4; Dio Cassius, HistRom IV 17,10–12; Dionysios Hal. AntRom VI 86,1–5. – Zu diesem »konservativen« Verwendungstyp und Paulus' Distanz dazu vgl. *Lindemann*, Kirche, 142–144.153; *D.B. Martin*, The Corinthian Body, New Haven (CT) / London 1995, 92–96. Es gibt freilich auch anders ausgerichtete Verwendungsweisen (s. *Lindemann*, Kirche, 144–146).

34   Zu dieser Frage siehe nur *Chr. Wolff*, Der erste Brief des Paulus an die Korinther (ThHK 7), Leipzig 1996, 301–305, ausführlich zu 1Kor 12 zuletzt *M. Walter*, Gemeinde als Leib Christi. Untersuchungen zum Corpus Paulinum und zu den »Apostolischen Vätern« (NTOA 49), Freiburg (Schweiz) / Göttingen 2001, 126–147.

35   Vgl. *Ch.K. Barret*, A Commentary on the First Epistle to the Corinthians (BNTC), London ²1971, 292: *P. Lampe*, Ad Ecclesiae Unitatem. Eine exegetisch-theologische und sozialpsychologische Paulusstudie, Habilitationsschrift Universität Bern 1989, 309; *G.L.O.R. Yorke*, The Church as the Body of Christ in the Pauline Corpus. A Re-examination, Lanham / New York / London 1991, 46–49.72. Siehe ferner unten Anm. 36.

36   Vgl. die Paraphrase von 12,27 bei *Wolff*, 1Kor, 301: »›Ihr seid als Gemeinde ein Organismus, der sich dem Heilswirken des Christus durch das Pneuma verdankt ...‹«.

37   Analog zu diesem Verständnis von σῶμα Χριστοῦ in 12,27 gilt für οὕτως καὶ Χριστός in 1Kor 12,12b, dass es sich um eine Breviloquenz für »so steht es auch dort, wo Christus durch den Geist heilschaffend wirkt‹« handelt (*Wolff*, 1Kor, 298, auf dieser Linie z.B. auch *Lampe*, Ad Ecclesiae Unitatem, 308f; anders

In 1Kor 12,13 verbindet Paulus dabei ausdrücklich die Leibmetaphorik mit Elementen der auch in Gal 3,28a aufgenommen Tradition[38]. Zum Aspekt der Verschiedenartigkeit der Geistesgaben (1Kor 12,4–11, vgl. Röm 12,6–8) fügt Paulus anders gelagerte Differenzierungen hinzu, die er offenbar als analoge Fälle begreift, d.h.: »Juden und Griechen, Sklaven und Freie« illustrieren die Verschiedenartigkeit der Glieder des Leibes. Diese Verschiedenartigkeit an sich wird sowenig negiert wie die Vielfalt der Charismen. Sie begründet aber, so ist analog zu folgern, keine Statusdifferenz in der Gemeinde, sondern die mit der Taufe gegebene Zugehörigkeit zu dem einen »Leib« impliziert eine durch gegenseitige Fürsorge und prinzipielle Gleichwertigkeit qualifizierte Gemeinschaft[39]. Christliche Gemeinde erscheint mit dieser – christologisch fundierten – Bestimmung der Signatur der Gemeinschaftsbeziehungen als Gegenentwurf zu traditionellen sozialen Orientierungsmustern.

Wenn nicht »und wir wurden alle mit einem Geist getränkt« in 1Kor 12,13b auf das Abendmahl zu beziehen ist[40], so verbindet Paulus jedenfalls in 10,16f die ekklesiologische Leib-Metapher ausdrücklich mit der Feier des Abendmahls (siehe auch 11,29[41]). Ferner ist für 12,12–27 zu bedenken, dass die dortige Entfaltung der Leibmetapher im Zusammenhang mit der Regelung von Fragen zur gottesdienstlichen Feier, genauer: zu ihrem »sympotischen« Teil nach der Mahlfeier steht. Schon dies verweist auf die besondere Bedeutung der gottesdienstlichen Zusammenkunft der Gemeinde als des sozialen Ortes, an dem das christliche Gemeinschaftsethos »eingeübt« werden soll.

z.B. W. *Schrage*, Der erste Brief an die Korinther, 3. Teilbd.: 1Kor 11,17–14,40 [EKK VII/3], Zürich/Düsseldorf / Neukirchen-Vluyn 1999, 210–213).

38 Zur Frage der Abgrenzung der Tradition in Gal 3,26–28 siehe *Paulsen*, Einheit, 78–84 sowie M. *Konradt*, Gericht und Gemeinde. Eine Studie zur Bedeutung und Funktion von Gerichtsaussagen im Rahmen der paulinischen Ekklesiologie und Ethik im 1 Thess und 1 Kor (BZNW 117), Berlin / New York 2003, 428f, Anm. 1221.

39 Vgl. *Strecker*, Liminale Theologie, 344: »Das Symbol des Leibes Christi umfaßt ... das Modell einer anti-strukturellen, die herkömmlichen Werte invertierenden Communitas.«

40 Für einen Bezug auf das Abendmahl z.B. H.-J. *Klauck*, Herrenmahl und hellenistischer Kult. Eine religionsgeschichtliche Untersuchung zum ersten Korintherbrief (NTA NF 15), Münster 1982, 335; B. *Kollmann*, Ursprung und Gestalten der frühchristlichen Mahlfeier (GTA 43), Göttingen 1990, 57, Anm. 97; *Strecker*, Liminale Theologie, 320 mit Anm. 93. Dagegen z.B. *Wolff*, 1Kor, 127; *Schrage*, 1Kor III, 217f.

41 Es ist verschiedentlich gezeigt worden, dass die Frage, ob σῶμα in 1Kor 11,29 christologisch oder ekklesiologisch zu verstehen ist, sich in einer falschen Alternative bewegt. Siehe *Konradt*, Gericht, 436f.

2   Die gottesdienstliche Feier als zentraler sozialer Ort des christlichen Gemeinschaftsethos

Erwartete Jesus das Hinzuströmen von Menschen aus allen Himmelsrichtungen zum eschatologischen Festmahl (Mt 8,11f par Lk 13,28f) und ist dabei die Integration von Nichtjuden zumindest mit im Blick[42], so sind die Mahlgemeinschaften Jesu mit ihrer Offenheit für »Zöllner und Sünder« (vgl. nur Mk 2,15–17) ebenfalls fundamental durch das Moment der Integration von Außenstehenden gekennzeichnet. Jesus hat dabei seine Mahlgemeinschaften offenbar als »Antizipation des eschatologischen Mahls in der Gottesherrschaft« verstanden[43]. Die eschatologische Bestimmtheit christlicher Existenz bei Paulus, wie sie in Gal 3,28 zutage tritt, steht insofern in einer Korrespondenz zum Charakter der Mahlgemeinschaften Jesu: Die erwartete Zukunft des Reiches Gottes bzw. die schon als im Anbruch befindlich geglaubte »neue Schöpfung« wird als prägendes Moment für die Gestaltung der Gemeinschaftsbeziehungen *hic et nunc* geltend gemacht. In diesen Gemeinschaften gelten jeweils bereits eschatologisch bestimmte Normen.

Nun haben die Mahlfeiern, sei es durch Jesus selbst bei seinem letzten Mahl, wie dies in der Abendmahlsparadosis verankert ist (Mk 14,22–25 parr; 1Kor 11,23–25), sei es nachösterlich durch die Gemeinde[44], mit der Deutung von Brot und Wein auf den Tod Jesu eine neue Bedeutung gewonnen. Paulus stellt mit seiner Quintessenz aus der Paradosis in 11,26 diesen Bezug ausdrücklich heraus, ja fokussiert den Sinn der Feier eben darauf: Die gesamte Feier ist nichts anderes als Verkündigung des Todes Jesu. Allerdings bedeutet dies keinen Widerspruch zum angeführten eschatologischen Horizont, da Paulus eben davon ausgeht, dass mit Christus, mit Tod und Auferstehung Jesu, die neue Schöpfung anhebt. Dies wird darin bestätigt, dass die eschatologische Dimension im Kelchwort in der Rede vom »neuen Bund« zum Ausdruck kommt.

Paulus rekurriert nun in 1Kor 11,23–25, wie eingangs angedeutet, auf die Abendmahlsparadosis, weil er in Korinth einen gravierenden Missstand bei der Feier des Herrenmahls wahrnimmt[45]. In

42   Zur Deutung vgl. *G. Theißen,* Lokalkolorit und Zeitgeschichte in den Evangelien. Ein Beitrag zur Geschichte der synoptischen Tradition (NTOA 8), Freiburg (Schweiz) / Göttingen 1989, 46–48.
43   *Theißen,* Religion, 179.
44   Siehe dazu *Theißen,* Religion, 183f.
45   Meine Sicht der Genese und Signatur der korinthischen Mahlprobleme habe ich dargelegt in *Konradt,* Gericht, 403–416.

der Mahlfeier wird nicht die Einheit der Gemeinde »in Christus«
sichtbar, sondern es manifestiert sich ihre soziale Heterogenität:
Begütertere Gemeindeglieder warten nicht, bis alle versammelt
sind, sondern speisen vor der Ankunft anderer unter sich. Ist bereits diese Gruppenbildung dazu angetan, die Ärmeren zu beschä-
men (vgl. 1Kor 11,22), so hat dieses »Voressen« ferner Konsequenzen für den Charakter der gemeinsamen Mahlzeit zwischen
der Austeilung von Brot und Wein. Während es für die einen nur
noch eine Zukost ist, stellt es für die anderen, wie es sein sollte, die eigentliche Abendmahlzeit dar, doch steht offenbar, darf
man 11,21b beim Wort nehmen, nicht mehr ausreichend Nahrung zur Verfügung. Paulus kommt angesichts dieser Situation zu
einem schroffen Urteil: Ein *Herrenmahl* findet in Korinth gar
nicht statt[46].
Seinen Grund hat dieses Urteil in den ekklesiologischen und ethischen Implikaten, die Paulus mit dem Mahlgeschehen verbunden
sieht und beim Rekurs auf die Abendmahlsparadosis in 11,23–25
voraussetzt. Repräsentiert das Brot die Lebenshingabe Jesu »für
uns«[47] und der Kelch den durch das Blut Christi errichteten neuen
Bund, so verweist der *Koinonia*-Gedanke von 10,16, der die paulinische Deutung der Paradosis zu erkennen gibt[48], darauf, dass
das Mahlgeschehen als Teilhabe der Mahlteilnehmer an der Heils-
wirkung des Todes Jesu und an der Heilsordnung des »neuen
Bundes« verstanden ist. Fragt man nun weiter, wodurch Paulus
die Heilsordnung des »neuen Bundes« wesentlich bestimmt sieht,
ist im hier verfolgten Zusammenhang vor allem auf die obigen
Ausführungen zu Gal 3,(26–)28 zu rekurrieren: Das Abendmahl
bedeutet die Vergegenwärtigung der – in der Taufe grundlegend
geschehenen – Eingliederung in die eschatologische Heilsordnung, in der die traditionellen gesellschaftlichen Differenzierungen und Hierarchisierungen aufgehoben sind und, positiv gewendet, Menschen unterschiedlicher religiöser Herkunft, sozialen
Standes und unterschiedlichen Geschlechts »eins sind in Jesus Chris-

---

46 Siehe zu diesem Verständnis *A. Lindemann*, Der Erste Korintherbrief
(HNT 9/1), Tübingen 2000, 251, vgl. *O. Hofius*, Herrenmahl und Herrenmahls-
paradosis. Erwägungen zu 1 Kor 11,23b–25, in: *ders.*, Paulusstudien (WUNT
51), Tübingen 1989, 203–240, hier 206, Anm. 17.
47 Die Deutung in 1Kor 11,26 wie bereits das τὸ ὑπὲρ ὑμῶν im Becherwort
selbst machen deutlich, dass es bei dem σῶμα um den *in den Tod dahingege-
benen* Leib Jesu Christi geht (vgl. nur *F. Hahn*, Das Herrenmahl bei Paulus, in:
Paulus, Apostel Jesu Christi [FS G. Klein], hg. v. *M. Trowitzsch*, Tübingen 1998,
23–33, hier 25).
48 Vgl. *G. Bornkamm*, Herrenmahl und Kirche bei Paulus, ZThK 53 (1956),
312–349, hier 331; *Roloff*, Kirche, 100.

tus«[49]. Kommen hingegen die »im alten Äon« traditionellen sozialen Differenzen in der christlichen Versammlung zum Tragen, widerspricht dies elementar ihrem Wesen.

Zieht man das Brotwort hinzu, so wird in 1Kor 10,17 die ekklesiologische Konsequenz der Teilhabe an der Lebenshingabe Jesu »für uns« von Paulus mittels der assoziativen Verknüpfung von christologischem Leibbegriff (10,16) und ekklesiologischer Leibmetapher (10,17) explizit ausgeführt: Mit der gemeinsamen Christuskoinonia wird zugleich ein sozialer Zusammenhang der Mahlteilnehmer untereinander gestiftet. Die Mahlteilnehmer bilden die Gemeinschaft derer, die ihre heilvolle Existenz der im Mahl verkündigten (vgl. 11,26) Lebenshingabe Jesu verdanken – wobei das Brechen und Verteilen (11,24) des *einen* Brotes (10, 17)[50] die Einheit und Zusammengehörigkeit der Mahlteilnehmer im Sinne des gemeinsamen Gegründetseins ihrer Existenz in dem von Christus am Kreuz gewirkten Heil versinnbildlicht – und die damit zugleich auf die liebende Hingabe an den Mitmenschen als ethischer Grundbestimmung dieser Gemeinschaft verpflichtet sind[51].

Dass die Bedeutung der angeführten sozialethischen Grundbestimmungen sich für Paulus auch auf die Beziehungen der Christen untereinander im »Alltagsleben« erstreckt, also über die Versammlungen der Gemeinde hinausreicht, wird durch 1Kor 8,11 exemplarisch angezeigt und durch die Einleitung der »Paraklese« des Röm (Röm 12,1 – 15,13) in 12,1f geradezu programmatisch formuliert, indem das gesamte Leben mit all seinen irdisch-kommunikativen Bezügen als Ort des »Gottesdienstes« ausgewiesen wird. Gleichwohl ist ebenso deutlich, dass es die gottesdienstliche Feier, näherhin speziell die Feier des Abendmahls ist, der im Blick

---

49   Vgl. *W.A. Meeks*, Urchristentum und Stadtkultur. Die soziale Welt der paulinischen Gemeinden, Gütersloh 1993, 325: »Die in der Taufe erfahrene *communitas*, in der Rollen- und Statusunterschiede für den ›neuen Menschen‹ durch die Einheit von Brüdern und Schwestern ersetzt werden, soll, nach der Intention des Paulus, im Herrenmahl sichtbar werden« (Kursivierung im Original). Vgl. auch *D.G. Horrell*, The Social Ethos of the Corinthian Correspondence. Interests and Ideology from 1 Corinthians to 1 Clement (Studies of the New Testament and Its World), Edinburgh 1996, 88.197.
50   Lindemann, 1Kor, 225 vermerkt zu Recht, dass »das betonte εἷς ἄρτος wenig Sinn [gäbe], wenn in der Realität nicht *ein* Brot verwendet worden wäre« (Kursivierung im Original), anders z.B. *H. Merklein*, Der erste Brief an die Korinther, 2. Teilbd.: Kapitel 5,1 – 11,1 (ÖTBK 7/2), Gütersloh/Würzburg 2000, 263. Dadurch, dass das Mahl mit einer Sättigungsmahlzeit verbunden war, ist in keiner Weise ausgeschlossen, dass es durch den Ritus des Brechens und Verteilens *eines* Brotes eröffnet wurde.
51   Vgl. oben in Abschnitt 1.3 zur Rede vom »Leib Christi« in 1Kor 12,27.

auf die Einübung und Gestaltwerdung der neuen Gemeinschaftsbeziehungen eine einzigartige Bedeutung zukommt[52]. Diese fundamentale Relevanz speist sich aus verschiedenen Faktoren:
1. Die gottesdienstliche Feier bedeutet in besonders verdichteter
Weise Begegnung mit dem Göttlichen. Paulus kann diesen Aspekt so ausformulieren, dass Christen sich in der gemeindlichen
Zusammenkunft im Tempel Gottes bewegen, in dem Gott durch
seinen Geist präsent ist (1Kor 3,16f), d.h.: Die gottesdienstliche
Feier steht unter dem Vorzeichen der Anwesenheit Gottes, worin
als ethischer Imperativ mitgesetzt ist, im Verhalten der Heiligkeit
dieses sozialen Raumes eingedenk zu sein. Dieser Präsenzgedanke
gilt in Sonderheit für das Abendmahl, denn der erhöhte Herr
steht diesem als Gastgeber vor; die Mahlteilnehmer nehmen an
seinem Tisch Platz (vgl. 1Kor 10,21)[53].
2. In der gottesdienstlichen Feier loben und danken die Gemeindeglieder Gott für das ihnen geschenkte Heil[54]. Hier wird
eben das Christusgeschehen als Grundgeschichte des Heils, aus der
sich für Paulus das Gemeinschaftsethos der Christen unmittelbar
ergibt, vergegenwärtigt, wobei der Mahlfeier wiederum eine besondere Bedeutung zuzuweisen ist, verdichtet sich hier doch die
Anamnesis in rituellen Vollzügen.
3. Schließlich ist in gruppendynamischer Hinsicht zu bedenken,
dass die gottesdienstliche Versammlung als Zusammenkunft der
»Gleichgesinnten« an sich die besten sozialen Rahmenbedingungen
bietet, um eine gesellschaftlich unkonventionelle Gemeinschafts-
form zu leben, um die Beziehungen zueinander in Absehung von
den Bindungen des Alltags eben im Sinne des neuen Seins »in
Christus« zu gestalten.

---

52   Vgl. dazu *M. Wolter*, Ethos und Identität in paulinischen Gemeinden, NTS
43 (1997), 430–444, hier 434 sowie vor allem *ders.*, Die ethische Identität
christlicher Gemeinden in neutestamentlicher Zeit, in: MJTh 13: Woran orientiert sich Ethik?, hg. v. *W. Härle / R. Preul* (MThSt 67), Marburg 2001, 61–90,
hier 76f. – Die fundamentale Bedeutung der gottesdienstlichen Zusammenkunft
wird im Grunde auch durch Röm 12 bestätigt, denn die programmatische Ein-
gangsmahnung von V. 1f wird in 12,3–8 zunächst im Blick auf die Gestaltung
der *Ekklesia* konkretisiert. Die nach 1Kor 12 erneute Aufnahme der ekklesiologischen Leibmetapher (Röm 12,4f) dient hier dazu, die wesenhaft zum Christsein gehörende Einbindung des einzelnen Christen in einen neuen Sozialzu-
sammenhang zu unterstreichen (vgl. dazu zuletzt *Walter*, Gemeinde, 150f).
53   Zum Gedanken der Präsenz des erhöhten Herrn in der gemeindlichen Versammlung vgl. bes. Mt 18,20.
54   Dazu *J. Roloff*, Der Gottesdienst im Urchristentum, in: *H.-Chr. Schmidt-
Lauber / K.-H. Bieritz* (Hg.), Handbuch der Liturgik. Liturgiewissenschaft in
Theologie und Praxis der Kirche, 2., korrigierte Aufl., Leipzig/Göttingen 1995,
43–71, hier 57–59.67f.

Fragt man also nach geeigneten sozialen Orten, an denen die genannten ethischen Grundbestimmungen christlicher Existenz als gemeinschaftsprägend lebensweltlich sichtbar werden, so kommt der Versammlung der Gemeinde zur gottesdienstlichen Feier die höchste Priorität zu. In der gottesdienstlichen Feier, insbesondere in der Feier des Abendmahls, müsste also christliche Gemeinde sich darstellen als eine Gemeinschaft, in der das neue nichthierarchisch strukturierte Miteinander von Juden und Griechen, von Männern und Frauen und von Menschen unterschiedlicher sozialer Herkunft Gestalt annimmt und in der das Wohl und die Auferbauung der anderen die zentrale Richtschnur des Handelns ist – in Abgrenzung zum einen von den traditionellen Barrieren im sozialen Miteinander und zum anderen von dem Bestreben, eigene Bedürfnisse ohne Rücksicht auf andere zu verfolgen[55] bzw. für sich selbst Sozialprestige zu gewinnen[56].

Überblickt man den Zusammenhang zwischen dem im Mahl vergegenwärtigten Heilsgeschehen und den darin gesetzten Ethosbestimmungen, so wird deutlich, dass das Mahl als zentrales Ritual der christlichen *communitas* mit der Etikettierung als »Solidaritätsritual«[57] unterbestimmt bleibt.

Es geht eben nicht bloß darum, dass sich die Begüterteren im Mahl mit den »Habenichtsen« (vgl. 1Kor 11,22) »solidarisieren« sollten, sondern tiefer gehend darum, die den Christen als Glieder am »Leib Christi« *vorgegebene Einheit* durch ein prinzipiell egalitär ausgerichtetes Füreinander der Glieder sichtbar werden zu lassen.

Es geht darum, dass in der Feier Gestalt gewinnt, was die Gemeinde in Christus von dem im Mahl vergegenwärtigten Heilsgeschehen her ist. Wenn Paulus in 11,26 als Quintessenz aus der Paradosis anführt, dass die Mahlfeier Verkündigung des Todes des Herrn bedeutet, dann sind dabei nicht nur verbale Akte – wie z.B. Mahlgebete[58] – im Blick, die »expressis verbis« auf den Tod

---

55   Paulus legt dies den sogenannten »Starken« in 1Kor 8,1 – 11,1 zur Last, deren Teilnahme an Mahlzeiten in Tempeln wesentlich ihrem Interesse an der Aufrechterhaltung ihrer sozialen Integration diente (dazu *Merklein*, 1Kor II, 200 u.a.).

56   Zieht man den 1Kor im Ganzen heran, kennzeichnet dies das Verhalten der »Weisen« in 1Kor 1,10 – 4,21. Dazu *Konradt*, Weisheit, 186–192.

57   So *Meeks*, Urchristentum, 322ff, siehe auch *St. C. Barton*, Paul's Sense of Place: An Anthropological Approach to Community Formation in Corinth, NTS 32 (1986), 225–246, hier 241 u.a.m.

58   Daran denken z.B. *Bornkamm*, Herrenmahl, 333; *P. Neuenzeit*, Das Herrenmahl. Studien zur paulinischen Eucharistieauffassung (StANT 1), München 1960, 133; *Hofius*, Herrenmahl, 234f.

Jesu rekurrieren, sondern es geht um die Feier als Ganze[59], also auch um Essen und Trinken als solches. Von daher wird auch verständlich, *warum* Paulus zu dem harschen Urteil von 11,20 kommt. Damit die gemeinsame Mahlfeier tatsächlich ein *Herrenmahl* ist, genügen nicht die Zitation von Mahlgebeten und die rituellen Akte des Brechens des Brotes und des gemeinsamen Trinkens aus dem Kelch, sondern auf der Basis des von Paulus postulierten Zusammenhangs zwischen dem vergegenwärtigten Christusgeschehen und dem christlichen Gemeinschaftsethos steht das gesamte Verhalten der Mahlteilnehmer im Blick. Deshalb ist die Beschämung der »Habenichtse« (V. 22c) gleichbedeutend mit der Verachtung der *Ekklesia*. Und da deren Wesen von Paulus, wie ausgeführt, christologisch bestimmt ist, bedeutet die Beschämung der »Habenichtse« zugleich ein Schuldigwerden an »Leib und Blut des Herrn« (V. 27). Positiv gewendet: Verkündigung des Todes des Herrn wäre es, wenn sich die zum Mahl zusammengekommene Gemeinde so darstellte, wie es den ekklesiologischen und ethischen Implikaten der im Mahl vergegenwärtigten Lebenshingabe des Herrn entspricht, wenn sie also als eine in Christus begründete Einheit, in der die übliche Sozialstruktur aufgehoben ist und die Glieder füreinander da, in Liebe miteinander verbunden sind, erkennbar wäre.

Die fundamentale Bedeutung, die Paulus dem Mahl als Ort, an dem die christliche *communitas* erfahrbar wird, beimisst, wird dadurch unterstrichen, dass Paulus' Reaktion auf die korinthische Situation keineswegs defensiv orientiert ist. Im Mahlverhalten der für den Missstand hauptsächlich verantwortlichen Korinther schreiben sich faktisch Statusorientierungen fort, wie sie gesellschaftlichen Konventionen entsprachen. Zwar gibt es auch anderorts vereinzelte Ansätze, mit der Mahlfeier die Außerkraftsetzung hierarchischer Ordnungen zu verbinden[60], doch unterstreicht dies

---

59 Zum Einbezug nonverbaler Akte vgl. *R.F. Collins*, First Corinthians (Sacra Pagina 7), Collegeville (MN) 1999, 429; *Schrage*, 1Kor III, 45f; *J. Murphy-O'Connor*, Eucharist and Community in First Corinthians, Worship 51 (1977), 56–69, hier 60f; *Klauck*, Herrenmahl, 319f; *B.R. Gaventa*, »You Proclaim the Lord's Death«: 1 Corinthians 11:26 and Paul's Understanding of Worship, RExp 80 (1983), 377–387, hier 380–383; *P. Lampe*, Das korinthische Herrenmahl im Schnittpunkt hellenistisch-römischer Mahlpraxis und paulinischer Theologia Crucis (1 Kor 11,17–34), ZNW 82 (1991), 183–213, hier 208.211f; *T. Engberg-Pedersen*, Proclaiming the Lord's Death: 1 Corinthians 11:17–34 and the Forms of Paul's Theological Argument, in: *D.M. Hay* (Hg.), Pauline Theology, Vol. II: 1 & 2 Corinthians, Minneapolis 1993, 103–132, hier 115 u.a.m.

60 Siehe Xenophon, Mem III 14,1; Plutarch, Mor 616E–F (... ὅτι δημοκρατικόν ἐστι τὸ δεῖπνον); Martial, Epigr III 60; Lukian, Saturn 17f.32, s. auch

zugleich den Normalfall, dass Symposien in der Regel nicht der Ort waren, an dem soziale Statusdifferenzen zeichenhaft außer Kraft gesetzt waren. Üblich war vielmehr, dass unterschiedliche soziale Positionen in der Sitzordnung oder auch in der Zuteilung der Speise Berücksichtigung fanden[61]. Zu bedenken ist ferner, dass die korinthische Gemeinde als sozial heterogener erscheint, als dies sonst bei Mahlfeiern üblich war. Die wohlhabenderen Gemeindeglieder konnten sich dabei sogar zugute halten, dass sich ihre »Solidarität« mit den ärmeren Christen hinreichend darin dokumentierte, dass sie von den von ihnen mitgebrachten Speisen auch etwas für die »Habenichtse« zur Verfügung stellten[62].

Paulus' Vorstellungen über das christliche Mahlethos gehen aber weit darüber hinaus, und seine Lösung der korinthischen Situation ist nun keineswegs darauf ausgerichtet, Reibepunkte zwischen den konfligierenden Ethosvorstellungen zu minimalisieren, indem die Verbindung von Sättigungsmahlzeit und eucharistischer Feier gelöst wird[63]; nach V. 33 soll die Gemeinde weiterhin zusammenkommen, um zu speisen (εἰς τὸ φαγεῖν)[64]. Paulus verfolgt in 1Kor 11,17–34 vielmehr eben die Durchsetzung eines Gemeinschaftsethos, wie es dem von ihm aus dem Christusgeschehen gefolgerten Wesen der Gemeinde entspricht. Mit einem Wort: *Die Feier des Mahls erscheint bei Paulus als die Quelle für die Etablierung bzw. Einübung des neuen Gemeinschaftsethos.* »Gedenkt« die Gemeinde hier in ritueller, sinnlich wahrnehmbarer Weise des ihr geschenkten Heils, so bildet dies den sozialen Ort par excellence, an dem das Verhalten der Christen untereinander eben von diesem Bezug auf das christlicher Existenz zugrunde liegende (bzw.

Musonius 18[B] (ed. Hense p. 101); Plinius d.J., Ep II 6 (»Ich setze allen dasselbe vor, denn zum Essen lade ich ein, nicht zum Bemäkeln, und mit wem ich Tisch und Polster teile, den stelle ich in jeder Hinsicht mir auf die gleiche Stufe ...« [II 6,3]).

61   Siehe dazu *G. Theißen*, Soziale Integration und sakramentales Handeln. Eine Analyse von 1 Cor. XI 17–34, in: *ders.*, Studien zur Soziologie des Urchristentums (WUNT 19), Tübingen [3]1989, 290–317, hier 301–306; *Strecker*, Liminale Theologie, 321–323.324–326.

62   Vgl. in diesem Sinne *Theißen*, Integration, 309.

63   Auf dieser Linie z.B. auch *Wolff*, 1Kor, 262; *Schrage*, 1Kor III, 27f; *Bornkamm*, Herrenmahl, 319; *P. Lampe*, Herrenmahl, 204; *Klinghardt*, Gemeinschaftsmahl, 301; *Schmeller*, Hierarchie, 71f. – Anders (akzentuieren) z.B. *Neuenzeit*, Herrenmahl, 71; *Klauck*, Herrenmahl, 294f; *Theißen*, Integration, 302.311.

64   Was Paulus abschaffen möchte, ist die *vorgelagerte* Sättigungsmahlzeit, die sich (vor allem) unter den Begüterten eingebürgert hatte, und damit der ungeregelte Beginn der Mahlzeit. Darauf zielt seine Anweisung in V. 33: »wartet aufeinander«. Die Sättigungsmahlzeit soll ihren Ort, wie es der Abendmahlsparadosis entspricht, für alle zwischen Brot- und Weinkommunion haben.

ekklesiologisch gewendet: Gemeinde gründende) Christusgeschehen her normiert ist.

Zieht man Paulus' Reaktion auf die 1Kor 12–14 zutage tretenden Probleme bei der Gestaltung der gottesdienstlichen Feier – nun im Blick auf ihren »sympotischen« Teil im Anschluss an das gemeinsame Mahl – hinzu, so findet sich hier, wie bereits oben in Abschnitt 1.3 ausgeführt wurde, die Normierung der ekklesialen Interaktion vom Christusgeschehen her in der Rede vom »Leib Christi« verdichtet. Die *Agape* als Leitmotiv und der egalitäre Impetus des paulinischen Gemeinschaftsethos sind dabei, wie gesehen, miteinander verbunden: Innerhalb des »Leibes Christi« ist den geringeren Gliedern umso höhere Ehre zu erweisen, die Glieder sorgen füreinander und nehmen am Ergehen der anderen Anteil (12,22–26)[65]. Davon hat allem voran das Verhalten in der gottesdienstlichen Versammlung geprägt zu sein.

3   Christliches Gemeinschaftsethos zwischen gottesdienstlicher Feier und Alltag im Spannungsfeld von »schon jetzt« und »noch nicht«

Wo christliche Gemeinde das dargestellte Sozialethos in ihren Versammlungen tatsächlich realisiert (wie partiell dies auch sein mag[66]), tritt das Gemeinschaftsleben der Christen mit seiner charakteristischen Verbindung von Liebe und Egalität in eine grundlegende Differenz zu Regeln der Mehrheitsgesellschaft, so dass sich die gottesdienstliche Feier auch in dieser Hinsicht als von der (nichtchristlichen) Alltagswelt abgehoben darstellt: In der Feier soll im Blick auf die gesellschaftlichen Rollenzuweisungen – an Männer und Frauen, Freie und Sklaven – die Aufhebung von Unterscheidungen erfahrbar sein, die sonst nicht aufgehoben sind.

Mit der Erkenntnis dieser Differenz stellt sich freilich die Frage, inwiefern das vom Christusgeschehen her begründete Gemeinschaftsethos, wie es die gottesdienstliche Versammlung prägen soll, sich zugleich in die alltäglichen Lebensbezüge der Christen hinein vermitteln kann. Schon ausweislich Röm 12,1f geht Paulus ja offenkundig nicht davon aus, dass sich die »Feier des neuen Lebens« zum einen und die Geltung traditioneller Verhaltenskonventionen zum anderen auf den sozialen Ort der gottesdienstlichen Feier auf der einen Seite und auf die alltäglichen Lebens-

---

65   In 1Kor 13 wird der Verweis auf die *Agape* dann ausdrücklich.
66   Zur optimistischen Einschätzung von *Roloff*, Kirche, 94 siehe oben Anm. 9.

vollzüge auf der anderen Seite verteilen ließen. Zugleich liegt es
jedoch auf der Hand, dass sich im Alltag der Konflikt zwischen
den eschatologisch begründeten egalitären Zügen des christlichen
Ethos und überkommenen Rollenmustern wesentlich schärfer stellen musste, und zwar nicht nur dort, wo, was kaum bloß seltene
Einzelfälle waren[67], Christinnen mit nichtchristlichen Männern
oder Christen mit nichtchristlichen Frauen verheiratet waren (vgl.
1Kor 7,12–16[68]) und Sklaven nichtchristliche Herren hatten, sondern auch in »christlichen Häusern«: Sollten Sklaven hier auch im
Alltag nicht »mehr Sklaven sein und Geschlechterrollen grundlegend neu definiert werden? Macht, wie bereits angedeutet, schon
Paulus' Erörterung der Problematik des Götzenopferfleischs (1Kor
8,1 – 11,1) exemplarisch deutlich, dass die *Agape* auch außerhalb
der Versammlung fundamentale Richtschnur christlichen Verhaltens ist, so weist die Frage nach dem Verhältnis zwischen dem
egalitären Impuls der programmatischen Aussage von Gal 3,28
und den Lebensbedingungen in den Strukturen »dieses Äons« auf
ein komplexes Problem, das grundlegend durch die eingangs angeführte Spannung von »schon jetzt« und »noch nicht« gekennzeichnet ist. In dieser Hinsicht stellt sich dabei nicht nur die Frage,
inwiefern Erfahrungen einer neuen Gemeinschaft in der gottesdienstlichen Feier den Alltag zu inspirieren vermögen, sondern
umgekehrt auch das Problem, inwiefern die traditionellen Verhaltensorientierungen und Rollenmuster der Etablierung des »christlichen« Gemeinschaftsethos *auch innerhalb der Ekklesia* Grenzen
setzen, inwiefern sich also die Spannung zwischen dem neuen
Sein und dem Eingebundensein in den »alten Äon« auch auf die
christliche *communitas* in der gottesdienstlichen Feier selbst niederschlägt, und zwar nicht nur in der Form, dass es in der Gemeinde zu von Paulus kritisierten Missständen kommt, die aus
dem beschriebenen Ethoskonflikt resultieren, sondern so, dass
Paulus selbst »Konzessionen« macht.
Blickt man zunächst auf die soziale Differenzierung, wie sie im
zweiten Glied von Gal 3,28 exemplarisch mit der Differenz von
Freien und Sklaven angesprochen wird[69], so ist es schon im Blick
auf die realen Veränderungsmöglichkeiten zum einen und die Erwartung des baldigen Endes des »alten Äon« zum anderen nicht

---

67 Vgl. *Merklein*, 1Kor II, 118.
68 Auch die »Frau des Vaters« in 1Kor 5,1 ist offenbar keine Christin. Ansonsten erklärte sich kaum, warum Paulus nur auf den Gemeindeausschluss des
Mannes drängt. Im Blick auf Christinnen, die mit Nichtchristen verheiratet waren, vgl. bes. 1Petr 3,1.
69 Ich übergehe hier die anders gelagerte Thematik, die durch das erste Glied
der Trias von Gal 3,28 angesprochen ist.

verwunderlich, dass Paulus keine gesamtgesellschaftliche Perspektive zur Aufhebung der Sklaverei entwickelt hat. Eher schon kann man darauf verweisen, dass Paulus offenbar auch für den Binnenraum der christlichen Gemeinde nicht an eine grundsätzliche Abschaffung der gesellschaftlichen Sozialstruktur von Freien und Sklaven gedacht hat (vgl. 1Kor 7,17–24), nach der es Christen prinzipiell untersagt wäre, sich Sklaven zu halten. Immerhin ist hier aber zu beachten, dass Paulus Philemon anhält, das Verhältnis zu seinem Sklaven Onesimus grundlegend neu zu definieren: Er soll ihn wieder aufnehmen, und zwar »nicht mehr als einen Sklaven, sondern als einen, der mehr ist als ein Sklave: ein geliebter Bruder« (Phlm 16). Sachlich geht Paulus mit dieser Rede von Onesimus als einem »geliebten Bruder« und, zieht man V. 17 hinzu, als »Partner« (κοινωνός) über die Forderung nach einer *manumissio* insofern hinaus, als bei letzterer das hierarchische Gefälle faktisch bestehen bleibt[70], während es zu den Grundsätzen des antiken Verständnisses von *Koinonia* gehört, »daß sie ebenso wie die Freundschaft, deren Mittelpunkt sie markiert ..., nur zwischen Gleichen möglich ist«[71]. Ebenso »impliziert Bruderschaft Gleichstellung«[72] in Opposition zum hierarchischen Sklave-Herr-Verhältnis. Paulus setzt also zwar nicht bei grundsätzlichen strukturellen Veränderungen an, doch wird am Fall des Onesimus deutlich, wie Paulus »innerhalb des Systems«[73] Rollenverständ-

---

70   Siehe dazu *Strecker*, Liminale Theologie, 376f.

71   M. *Wolter*, Der Brief an die Kolosser – Der Brief an Philemon (ÖTBK 12), Gütersloh/Würzburg 1993, 274.

72   *Strecker*, Liminale Theologie, 369f.

73   Dass Paulus zwar Sklaven, denen sich die Möglichkeit zur Freiheit bietet, emfiehlt, diese zu ergreifen (1Kor 7,21b; zu dieser Deutung des Verses vgl. *Merklein*, 1Kor II, 131–134; P. *Trummer*, Die Chance der Freiheit. Zur Interpretation des μᾶλλον χρῆσαι 1 Kor 7,21, Bib. 56 [1975], 344–368, hier 352–363; *Thyen*, Studie, 158–161; *Schäfer*, Gemeinde, 283–288; S. *Vollenweider*, Freiheit als neue Schöpfung. Eine Untersuchung zur Eleutheria bei Paulus und in seiner Umwelt [FRLANT 147], Göttingen 1989, 234–236; *Horrell*, Ethos, 162–166 u.a., anders z.B. *Lührmann*, Sklave, 62; R. *Gayer*, Die Stellung des Sklaven in den paulinischen Gemeinden und bei Paulus. Zugleich ein sozialgeschichtlich vergleichender Beitrag zur Wertung des Sklaven in der Antike [EHS.T 78], Bern / Frankfurt a.M. 1976, 206–208), grundsätzlich aber das »Bleiben« in der jeweiligen »Berufung« anempfiehlt (7,17.24), lässt fragen, inwiefern hier auch missionsstrategische Aspekte sowie Gesichtspunkte der Konfliktvermeidung eine Rolle spielen. Begüterte, die über Haussklaven verfügten, sind nicht genötigt, sich, wenn sie Christen werden wollen, diesbezüglich radikal neu zu orientieren. Zudem ist zu bedenken, dass die Häuser wohlhabender Christen für die Gemeindeorganisation von nicht zu unterschätzender Bedeutung waren, Paulus also von daher an der Aufrechterhaltung und Stabilität der traditionellen οἶκος-Struktur, die die Rolle von Sklaven einschloss, ein grundsätzliches In-

nisse in signifikanter Weise neu justiert: Die Identität des Onesimus als Sklave wird durch die des »geliebten Bruders im Herrn«
überlagert, und dies gilt, wie Paulus eigens herausstellt, auch »im
Fleisch« (Phlm 16), d.h. auch für das alltägliche soziale Miteinander. Es geht hier entsprechend nicht nur um eine veränderte af-
fektive, innere Einstellung zum Sklaven[74], sondern um eine tatsächliche Statusveränderung: Die Geschwisterlichkeit »in Christus« tritt als dominierendes Vorzeichen vor die überkommenen
Rollen[75].
Bindet man dies an die Ausführungen von Abschnitt 2 zurück, so
kann man davon reden, dass hier das Bemühen ansichtig wird, die
»Einheit in Christus«, die neue *communitas*, wie sie in der gottesdienstlichen Feier erfahrbar sein soll, in Alltagsvollzüge hinein
fortzuschreiben[76], allerdings eben so, dass Paulus »das von ihm
favorisierte egalitäre Verhältnis zwischen Herrn und Sklaven im
Kontext einer auf Hierarchie gründenden Sozialstruktur, dem auf
Sklaverei basierenden antiken Haushaltssystem, zu etablieren«[77]
sucht. Im Rahmen dieser spannungsreichen Vermittlungsaufgabe
kommt der gottesdienstlichen Feier als »Nährboden« christlicher
Gemeinschaftsbeziehungen eine fundamentale Bedeutung zu, um
das Leben in den fortbestehenden sozialen Strukturen immer wie-

teresse haben musste (vgl. *J.M.G. Barclay*, Paul, Philemon and the Dilemma of
Christian Slave-Ownership, NTS 37 [1991], 161–186, hier 176f.184; *Strecker*,
Liminale Theologie, 416f). Es zeigt sich hier, kurz gesagt, das Dilemma, dass die
programmatisch auf egalitäre Beziehungen hin ausgerichtete *Ekklesia* zugleich
in ihrer Organisationsform auf der überkommenen οἶκος-Struktur aufbaut.
Zum anderen werden Sklaven nicht zum Ungehorsam angestachelt, was insbesondere dann, wenn Christen bei nichtchristlichen Herren im Dienst standen
(vgl. die Ausrichtung der Sklavenparänese in 1Petr 2,18–20), schnell zu Vor-
würfen an die Gemeinden hätte führen können, sie wären Aufrührer wider die
gesellschaftliche Ordnung.
74 Zur Differenz zur Sklaventheorie bei Seneca und anderen s. *Wolter*, Kol/
Phlm, 272; *Strecker*, Liminale Theologie, 373.
75 *Wolter*, Kol/Phlm, 272 spricht davon, dass »die Zugehörigkeit zur christlichen Gemeinde die bestehenden sozialen Statuszuweisungen suspendiert und
durch neue ersetzt«. Siehe auch *Strecker*, Liminale Theologie, 373f: »Paulus
hebt ... auf eine effektive Statustransformation des Sklaven Onesimus zum Bruder (und zum Partner; V. 17) ab«.
76 *Strecker*, Liminale Theologie, 375 sieht in der Rede vom κοινωνός in
Phlm 17 den Gedanken der Christuskoinonia (s. 1Kor 10,16) mitklingen. In
diesem Fall wäre hier also die »im Ritual ... gestiftete Teilhabe an Christus und
dem Christusgeschehen« (ebd., 375) als Grundlage der »horizontalen« Koinonia zwischen Philemon und Onesimus mitzuhören. Sachlich ist es in jedem Fall
so, dass das Sein ἐν Χριστῷ und damit die Zugehörigkeit zur »neuen Schöpfung« die Basis für die Neudefinition der sozialen Rollen im Sinne der Koinonia darstellt.
77 *Strecker*, Liminale Theologie, 417.

der neu vom christlichen Gemeinschaftsethos her umzuformen, um das egalitäre Moment als Dimension des Seins »in Christus« lebendig zu halten.

Zieht man sodann das dritte Glied von Gal 3,28 hinzu, so tritt das Gewicht fortbestehender gesellschaftlicher Konventionen noch deutlicher hervor. Zwar zeigt sich einerseits z.B. in der bereits kurz erwähnten selbstverständlichen Partizipation von Frauen im Gottesdienst wie in der missionarischen Verkündigung[78], dass die Aussage des Einssein von »Männlichem und Weiblichem« in Christus keine für die Lebenspraxis der Gemeinden folgenlose theologische These war. Ferner gibt die Reziprozität der Aussagen in 1Kor 7,2–4 eine Neujustierung der Geschlechterrollen auch innerhalb der Ehe und damit im Kontext des Alltagslebens zu erkennen. Andererseits tritt aber gerade hier die Problematik hervor, den egalitären Impuls – im Sinne der Spannung von »schon jetzt« und »noch nicht« – mit überkommenen Konventionen zu vermitteln.

Dabei reicht der »Kompromiss« hier bis in die Gestaltung des Gottesdienstes hinein. In Korinth hatte sich, folgt man 1Kor 11,2–16[79], offenbar eingebürgert, dass Frauen »mit unbedecktem Haupt« beteten und prophetisch redeten, d.h. wohl: mit aufgelöstem Haar[80], offenbar – und dies ist unabhängig davon, ob

---

78 Siehe *Dautzenberg*, Stellung, 184–183; *E.W. Stegemann / W. Stegemann*, Urchristliche Sozialgeschichte. Die Anfänge im Judentum und die Christusgemeinden in der mediterranen Welt, Stuttgart/Berlin/Köln 1995, 337–339; *Strecker*, Liminale Theologie, 402–407; *Merklein*, Spannungsfeld, 245–248 u.a.m.

79 Auf Details dieses schwierig Textes ist hier nicht einzugehen. Ich muss mich auf eine thetische Skizze beschränken.

80 Es geht m.E. nicht, wie vielfach vertreten wurde, um die Negierung einer Kopfbedeckung (zu den Schwierigkeiten dieser Deutung *M. Gielen*, Beten und Prophezeien mit unverhülltem Kopf? Die Kontroverse zwischen Paulus und der korinthischen Gemeinde um die Wahrung der Geschlechtsrollensymbolik in 1Kor 11,2–16, ZNW 90 [1999], 220–249, hier 223–228), sondern um Haartracht (ebenso z.B. J. Murphy-O'Connor, Sex and Logic in 1 Corinthians 11:2–16, CBQ 42 [1980], 482–500, hier 483–490; *ders.*, 1 Corinthians 11:2–16 Once Again, CBQ 50 [1988], 265–274, hier 265–269; *W. Schrage*, Der erste Brief an die Korinther, 2. Teilbd.: 1Kor 6,12 – 11,16 [EKK VII/2], Solothurn/Düsseldorf / Neukirchen-Vluyn 1995, 491–494; *M. Mayordomo-Marin*, La relación hombre-mujer en el culto cristiano entre honor y vergüenza social: Una exposición de 1ª Corintios 11,2–16, Agenda Teológica 2–3 [1997], 4–41, hier 15–20). Eine Modifikation der Haartrachtthese hat jüngst *Gielen*, Beten, bes. 231–235 wieder ins Spiel gebracht: Der Hintergrund sei nicht darin zu sehen, dass Frauen das Haar lösten, sondern darin, dass sie eine den Männern vorbehaltene Kurzhaarfrisur zulegten. Dafür verweist sie auf 11,14f, doch kann man dies auch so verstehen, dass die Natur für Frauen langes Haar vorsieht, damit sie diese zu einem περιβόλαιον zusammenbinden können, während für Männer

es um Kopfbedeckung oder Haartracht ging – eben als Ausdruck
der Negierung traditioneller Geschlechtsrollensymbolik[81] bzw.,
positiv gewendet, als Ausdruck der Überzeugung der »in Christus« neu gewonnenen »eschatologischen« Statusindifferenz. Pa-
te steht dabei, wie verschiedentlich vermerkt wurde, die in Gal 3,
28 rezipierte Tradition[82], d.h.: Die Praxis der korinthischen Frau-
en ist Ausdruck *ihres* Verständnisses der Einheit von Männern
und Frauen in Christus. Auf diesem Hintergrund wird auch die
Auslassung des dritten Gliedes der Tradition in 1Kor 12,13 verständlich[83]: Paulus will im Blick auf die Rolle von Frauen und
Männern dem in Korinth anzutreffenden egalitären Enthusiasmus
keinen weiteren Vorschub leisten. Darf man ferner den alleinigen
Hinweis auf den gottesdienstlichen Kontext dieses Verhaltens
(11,4f.13) so verstehen, dass es um ein nur dort und nicht auch
im Alltag geübtes Verhalten ging[84], bestätigt dies, dass das Lösen der Haare mit der Neudefinition sozialer Rollen »in Christus« zusammenhing und diese symbolisierte: Der Gottesdienst
wurde damit in Korinth an dieser Stelle ein von der umgebenden Gesellschaft tatsächlich abgehobener Ort[85], nämlich ein Ort
der Etablierung eines unkonventionellen, »gegenkulturellen«
Verhaltens.
Auch hier aber kritisiert Paulus die korinthische Praxis, und zwar
mittels einer schöpfungstheologisch ausgerichteten Argumentation
(11,7–9, siehe auch 11,13–15)[86], nach der die Geschlechterrollen
als in der Schöpfungsordnung verankert erscheinen[87]. Immerhin
ist hier die aktive Partizipation von Frauen im Gottesdienst an sich

---

kurzes Haar schicklich ist – in Korrespondenz damit, dass sie kein langes Haar
zum Zusammenbinden brauchen, ja vielmehr für *sie* Beten »mit etwas auf dem
Kopf« schändlich wäre. Vor allem aber erklärt die Kurzhaarthese nicht gut,
warum Paulus in V. 4f betont vom Beten und Prophezeien spricht. Dies spricht
eher für ein gottesdienstspezifisches Verhalten.
81   Vgl. *Wolff*, 1Kor, 245.249; *Merklein*, Spannungsfeld, 237.243f; *Gielen*,
Beten, 221.
82   Vgl. nur *Wolff*, 1Kor, 245–247; *G. Theißen*, Psychologische Aspekte paulinischer Theologie, Göttingen ²1993, 170f; *Horrell*, Ethos, 169; *Merklein*,
Spannungsfeld, 243f; *Gielen*, Beten, 235–237.
83   Vgl. *Thyen*, Studie, 146; *Dautzenberg*, Stellung, 219 u.a.m.
84   Siehe dazu *Dautzenberg*, Stellung, 210.
85   Vgl. ebd., 210.
86   In Paulus' patriarchaler Lesart leitet Gen 2 das Verständnis von Gen 1,
27. Die Aussage von Gen 1,27 kommt daher nicht zu ihrem eigenen Recht.
Schon aus diesem Grunde ist Paulus' Argumentation aus heutiger Sicht zu hinterfragen.
87   Diese schöpfungstheologische Verankerung der Geschlechterrollen bestätigt zugleich, dass eben diese Dimension in der – freilich genau entgegengesetzt ausgerichteten – Aussage von Gal 3,28 nicht auszuklammern ist.

nicht in Frage gestellt[88]. Umgekehrt formuliert: Der egalitäre Impuls ist nicht gänzlich zurückgedrängt, wird aber durch das gleichzeitige Festhalten an überkommenen Konventionen begrenzt. War die korinthische Praxis von dem in Gal 3,28 aufgenommenen Grundsatz inspiriert, dokumentiert 1Kor 11,2–16 letztlich also einen Dissens über das Verständnis dieser Aussage[89]. Paulus sieht darin zwar ebenfalls keinen Satz, der allein die Gottes- bzw. Christusbeziehung betrifft, sozial aber folgenlos bleibt, sondern vielmehr eine Aussage, die eine neue Sozialstruktur impliziert, in der die Unterprivilegierung der bisher Benachteiligten (Grieche, Sklave, weiblich) grundsätzlich aufgehoben ist – was sich hier eben in der selbstverständlichen Beteiligung der Frauen im Gottesdienst ausdrückt[90]. Zugleich fordert er jedoch ein, dass die Ordnung der ja noch fortbestehenden Schöpfung, mit der er unterschiedliche Geschlechterrollen verbunden sieht, nicht einfach übergangen wird. Und die damit aufgeworfene Problematik, eschatologisch bestimmte »Normen« mit überkommenen »Ordnungen« zu vermitteln, stellt sich nicht erst bei der Aufgabe der Fortschreibung egalitär bestimmter Verhaltensorientierungen in die alltäglichen Lebensbezüge hinein, sondern bereits im Kontext der gottesdienstlichen Feier selbst.

4 Resümee und Ausblick

Zieht man 11,17–34 noch einmal hinzu, so erscheint Paulus' Stellungnahme zu den unterschiedlichen gottesdienstlichen Problemen in der korinthischen Gemeinde unter einer streng systematischen Optik als spannungsvoll. In 11,17–34 wendet Paulus sich gegen soziale Diskriminierung, weil die in ihr zutage tretende Orientierung an konventionellen Statuspositionen dem Wesen der in Christi Tod begründeten eschatologischen Heilsgemeinschaft widerspricht. In 11,2–16 hingegen insistiert Paulus darauf, überkommene »Sitte« nicht einfach zu übergehen[91], wobei freilich zu

---

88 1Kor 14,33–35/36 kann hier außer Betracht bleiben. Der Text ist m.E. eine nachpaulinische Interpolation (siehe dazu exemplarisch *Lindemann*, 1Kor, 317–321).
89 Vgl. dazu *Merklein*, Spannungsfeld, 243–245.
90 Vgl. nur *Merklein*, Spannungsfeld, 243.
91 Eine dezidiert kompromisslose Haltung hat Paulus letztlich nur im Blick auf das erste Glied, also im Blick auf die Beseitigung der Unterprivilegierung der Nichtjuden gezeigt. *Merklein*, Spannungsfeld, 244 bemerkt zu Recht, »daß Paulus die Gegensätze von Gal 3,28 und deren Belanglosigkeit nicht einheitlich beurteilt«. Es liegt auf der Hand, dass dies grundsätzlich damit zu tun hat, dass in

bedenken sein dürfte, dass hier möglicherweise die Rücksicht auf
Gemeindeglieder, die das Auftreten von Frauen mit gelöstem Haar
als anstößig empfanden, eine Rolle spielte[92]. Die gottesdienstliche
Feier erscheint nicht konsequent als der von der »Welt« abgeho-
bene Ort der Etablierung und Einübung eines neuen auf Egalität
beruhenden Ethos, sondern die oben skizzierte Vermittlungsaufgabe wird hier eben für die gottesdienstliche Praxis selbst von
Bedeutung, während in Korinth an dieser Stelle offenbar bewusst
eine von den neuen religiösen Überzeugungen inspirierte Differenz zwischen der gottesdienstlichen Zusammenkunft und der
umgebenden gesellschaftlichen Öffentlichkeit praktiziert wurde.
Paulus hingegen macht hier – wie anderorts im 1Kor – den eschatologischen Vorbehalt geltend. Was sich hier im Rahmen des theologischen Ansatzes des Paulus als Spannung zwischen dem »Schon
jetzt« und dem »Noch nicht« klassifizieren lässt, verweist allgemein auf das Fundamentalproblem, dass bei der konkreten ethischen Entscheidungsfindung eine Vielzahl von Aspekten mit aus
theologischen Grundüberzeugungen abgeleiteten Grundwerten
bzw. ethischen Impulsen ins Gespräch zu bringen ist.
Umgekehrt können die Ausführungen in Abschnitt 3 aber nicht
den Blick dafür verstellen, dass Paulus mit dem Christusgeschehen
ein, vorsichtig formuliert, gesellschaftlich durchaus nicht selbstverständliches Gemeinschaftsethos mitgesetzt sieht und die Zusammenkunft der Gemeinde – und darin insbesondere die Feier des
Herrenmahls – dabei als *der* Ort erscheint, an dem diese neue,
von dem liebenden Füreinanderdasein der Glieder bestimmte Form
der Gemeinschaft über heilsgeschichtlich, sozial oder geschlechtlich begründete Grenzen und Barrieren hinweg erfahrbar werden
soll. Andernfalls steht, wie Paulus' harsches Urteil in 1Kor 11,20
hinreichend illustriert, nichts weniger als das Wesen der gottesdienstlichen Feier selbst auf dem Spiel.
Wagt man von hier aus einen Blick auf heutige Gottesdienstpraxis,
so dürfte über alle historisch-kontextuellen Differenzen hinweg
eben darin eine bleibende Anfrage bzw. Aufgabe liegen. Christlicher Gottesdienst geht nicht darin auf, als ein von Alltagsvollzü-
gen abgehobener Ort für den/die Einzelne(n) ein Raum der Öff-
nung auf eine andere Dimension des Lebens hin zu sein, sondern

den drei Gliedern von Gal 3,28 unterschiedlich begründete Differenzierungen
aufgenommen sind. Zu bedenken ist daneben Paulus' Selbstverständnis, als
Völkermissionar berufen worden zu sein (Gal 1,16). Hier schlug, wenn man das
einmal so sagen darf, sein Herz.
92   Zu bedenken ist hier ferner die mögliche Wirkung auf nicht-christliche
Besucher des Gottesdienstes (vgl. 1Kor 14,23). – Hinweis von Moisés Mayordomo-Marin.

christlicher Gottesdienst sollte zugleich ein Ort sein, an dem eine neue Form von Gemeinschaftsbeziehungen, die auf das Wohl des/ der anderen ausgerichtet ist und – gesellschaftlich nach wie vor in Geltung stehende – soziale Hierarchien überwindet, erfahrbar wird und der in diesem Sinne inspirierend auch auf das Alltagsverhalten der Christen (und darüber auf die Gesellschaft) ausstrahlt.

II
Jüdische Rezeption

Clemens Leonhard

Die Erzählung Ex 12 als Festlegende für das Pesachfest am Jerusalemer Tempel*

1. Altisraelitische Feste müssen das Hirtenleben zur Grundlage gehabt haben

Mit dieser These prägte J. Wellhausen ein seither selten infrage gestelltes Paradigma[1]. Die Bibel erzählt, dass Gott vor dem Auszug aus Ägypten Mose und Aaron Anweisungen für einen bislang noch nicht gefeierten Ritus gibt, die danach ausgeführt werden und auch in aller Zukunft immer so zu halten sind. Der Gedanke, dass es sich tatsächlich um eine liturgische *Innovation* handelt, kann vor der historisch-kritischen Exegese nicht bestehen. Es gilt, nach Vorläufern des Pesach zu suchen. Diese finden sich in den Schichten, die jeweils aus dem Text herausgelöst werden. Die Vorstellung, dass mehr oder weniger alle Generationen Israels seit dunkelster Urgeschichte ein Pesach, wie es in Ex 12 geschildert ist, gefeiert haben, erfreut sich breiter Zustimmung. Das Klischee, dass Teile des Textes von Ex 12 zwar Zeichen der Zugehörigkeit zu einer sehr jungen Schicht des Pentateuchs tragen, dennoch aber uraltes liturgisches Material überliefern, wird fraglos weitergegeben. Schließlich wird selten darüber gestaunt, dass das Pesach angeblich lange vor Mose schon üblich gewesen sein soll, im babylonischen Exil jenseits des Tempels als eines der drei Grundelemente israelitischer Identität in den Häusern gefeiert worden und auch während der Zeit des Zweiten Tempels im Land und in der Diaspora nie unterbrochen worden sei; dass es aber als vom Tempel unabhängige Hausfeier keine Spur in Qumran hinterließ und nach

* Die Arbeit an diesem Aufsatz wurde durch das Stipendium des *Austrian Programme for Advanced Research and Technology* (APART) ermöglicht. Ich danke E. Ballhorn, H. Buchinger und G. Stemberger für wichtige Hinweise und die kritische Lektüre des Textes.
1 Prolegomena zur Geschichte Israels, Berlin ⁶1927 [Nachdr. 1981], 88; vgl. B.N. *Wambacq*, Les Maṣṣôt, Bib. 61 (1980), 31–54, hier 33; *ders.*, Les origines de la Pesaḥ israélite, Bib. 57 (1976), 206–224.301–326; *ders.*, Pesaḥ – Maṣṣôt, Bib. 62 (1981), 499–518. *Wambacq* hält daran fest, dass – wenn auch spät in der Geschichte Israels oder nur in der Diaspora – ein Sippenritual nach Ex 12 existierte.

der Zerstörung des Tempels (70 n.Chr.) die Liturgie des jüdischen
Seder kaum und des christlichen Osterfestes überhaupt nicht be-
einflusste.
Bei der Rekonstruktion des alttestamentlichen Pesach besteht die
Gefahr, dass jüngere Quellen als Zeugen einer »Nachgeschichte«
dazu vereinnahmt werden, in ihrem Schweigen die Kontinuität
ihrer Vorgänger zu bestätigen. Im folgenden Aufsatz gilt es, den
umgekehrten Weg zu beschreiten, indem zuerst Grundelemente
jener »Nachgeschichte« analysiert werden, um von dort zu den
alttestamentlichen Texten als den Bedingungen ihrer Entstehung
zurückzufragen. Die Aufmerksamkeit richtet sich auf das Pesach
nach Ex 12 als »Einsetzungsbericht« des Festes.

2. Drei Altäre hatten unsere Väter in Ägypten

a) Das ägyptische Pesach und das Pesach der Generationen

»Was ist der Unterschied zwischen dem ägyptischen Pesach und
dem Pesach der (nachfolgenden) Generationen? Das *Nehmen* (Ex
12,3) des Pesach(tieres) geschieht vom zehnten (Nisan) an. Es
(nämlich das ägyptische Pesach) erfordert die Besprengung der
Oberschwelle und der *beiden Türpfosten* mit einem *Ysopbüschel*
(Ex 12,22). Es wird in *Eile* (Ex 12,11) in einer einzigen Nacht (Ex
12,8.10) gegessen. Das Pesach der (nachfolgenden) Generationen
wird jedoch ganze sieben (Tage) gehalten« (mPes 9,5). Die Tosefta (tPes 8) kennt neben weiteren Unterschieden in Bezug auf das
Pesach der (nachfolgenden) Generationen: strengere Vorschriften
für die Makellosigkeit des Pesachtiers; keine Verpflichtung, die
ganze Nacht im Haus, in dem das Tier gegessen wurde, zu ver-
bringen (Ex 12,22); das Gebot, alle Tiere an einem Ort zu schlachten[2]. Die Passage des palästinischen Talmud, welche die Mischna
weiterführt, stellt Überlegungen zu Details des ägyptischen Pesach und des Pesach am Tempel an. Als Glied der Argumentations-
kette erscheint: »Drei Altäre hatten unsere Väter in Ägypten: die

---

2   Elemente der Kontinuität zwischen dem ägyptischen Pesach und dem Pesach
der (nachfolgenden) Generationen sieht tPes (8,18, S. 188 gegen R. Leazar ben
Yaakov) in den Zugangsbedingungen für die Mitfeiernden und den Geboten,
nichts bis zum Morgen übrig zu lassen (8,20) und »ein Lied« (8,22) zu rezitieren. Der Charakter des »Lieds« erscheint erst in der Mischna in Form der Bestimmungen über die (ersten beiden) Psalmen des Hallel (mPes 10,6; vgl. tPes
10,7, S. 197 für Ps 118 und 10,9 par zur Mischna), die nicht mit Ex 12, sondern
mit dem (inhaltlich nicht genau definierten) Gesang am Tempel zu verbinden
sind (2Chr 35,15; mPes 5,7 und tPes 4,11: »Hallel«).

Oberschwelle und die beiden Türpfosten«[3]. Von gegürteten Hüften und Stäben in den Händen (Ex 12,11) ist keine Rede mehr[4]. Für das ägyptische Pesach typische Ritualelemente fallen weg. Dafür kommen kultische Bestimmungen über das Tier und den Ort der Schlachtung, den Tempel, hinzu. Im Hinblick auf den Blutanstrich ist eine Brücke geschlagen: Das Blut, das im Tempel an den Sockel des Altars geschüttet wird, strich die Exodusgeneration auf Oberschwelle und Türpfosten, die daher die Funktion von Altären hatten. Der Gedanke wird nicht weiter ausgeführt.

Wenn die rabbinischen Gelehrten das ägyptische Pesach mit dem »Pesach der (nachfolgenden) Generationen« vergleichen, ist oft nicht klar, ob es sich dabei um das Pesach vor der Zerstörung beziehungsweise nach einer zukünftigen Wiedererrichtung des Tempels handelt oder ob die Praxis der Gegenwart nach 70 n.Chr. besprochen wird. Die Terminologie zieht damit die entscheidende Grenze zwischen dem ägyptischen Pesach und allen folgenden Epochen. Das Pesach nach Ex 12 ist der Sonderfall, der von jeder folgenden Praxis substanziell abweicht. Die Rabbinen haben es übernommen zu klären, inwiefern und warum Einsetzung und Anfang dieser Liturgie von ihr selbst so verschieden war (und ist). Sie bezeugen, dass in den Riten des Pesach des (Zweiten) Tempels die mimetischen Komponenten, die einen Gedächtnischarakter an das ägyptische Ur-Pesach liturgisch entfaltet hätten, fehlen.

Auch das Mahl nach Mischna (und Tosefta) ist keine Imitation des ägyptischen Pesach. Rabban Gamaliel (II.) setzt fest: »Jeder, der nicht diese (folgenden) drei Worte an Pesach gesagt hat, hat seine Pflicht nicht erfüllt. Pesach(tier), ungesäuertes Brot und Bitterkräuter« (mPes 10,5). Nach der Zerstörung des Tempels fällt das rituell geschlachtete Pesachtier gemeinsam mit allen anderen Opfern weg. Rabban Gamaliel gibt ungesäuertem Brot und Bitterkräutern in dieser Aufzählung dieselbe Dignität wie der verbalisierten Erinnerung an das Pesachtier. Mit den Bitterkräutern tritt ein liturgisches Element von Ex 12 in die Liturgie ein, das zuvor nicht erwähnt wurde. Es bleibt lange das einzige Proprium der Feier von Ex 12 im Seder. Wenn Rabban Gamaliel die drei Worte in Wortspielen deutet, fällt nur für das Pesachtier ein Hinweis auf Ex 12: »Pesach, weil der Ort (d.h. Gott) die Häuser un-

---

3   Vgl. yPes 9,4 36d–37a; vgl. MekhY *pisḥa* 11, S. 84f (Integration von סף in die Diskussion); bPes 96a (Es gab nur »drei Altäre« zur Ausgießung des Bluts, keinen zum Verbrennen der normalerweise dafür bestimmten Opferteile; vgl. tPes 8,14, S. 188).

4   MekhY *pisḥa* 7, S. 51f interpretiert das »hastige« Essen nicht als Vorschrift für ein Mahl und schließt mit der Ablehnung des Gedankens, dass es in Zukunft »Hast« geben wird: »Doch zieht nicht weg in Hast ...« (Jes 52,12).

serer Väter in Ägypten *übersprang* (dieselbe Wurzel wie *Pesach*)«
(vgl. Ex 12,13.23.27). Die Bitterkräuter symbolisieren die Skla-
venzeit davor (»Bitterkräuter, weil die Ägypter das Leben unserer Väter in Ägypten bitter machten« [vgl. Ex 1,14]) und das ungesäuerte Brot die Befreiung danach (»ungesäuertes Brot, weil sie
erlöst wurden«).
Geröstetes (nicht gekochtes) Fleisch oder sogar die Verwendung
eines »als ganzes gebratenen Lammes«[5] wurde nach der Zerstörung des Tempels an manchen Orten in die Mahlfeiern integriert.
Nach diesem Ansatz zur Überwindung des Verlusts der Tempelliturgie werden nach 70 dem vorher rituell geschlachteten und zu-
bereiteten Tier *ähnliche* Gerichte aufgetragen. Die Rabbinen
lehnten diese Praxis zunehmend ab, weil sie die Gefahr in sich
birgt, dass das Fleisch als rituell geschlachtet betrachtet werden
könnte. Der zweite Zugang zur Überwindung des Verlusts des
Tempels, von dem die Vorschriften der Mischna (mPes 10) zum
Seder ausgehen und der sich im mittelalterlichen Judentum breit
durchgesetzt hat, verzichtet auf die Imitation von zum Tempel
gehöriger Liturgie und Mahltradition und ersetzt sie durch andere
liturgische Elemente. Für beide Zugänge – Imitation oder Substi-
tution – ist das Pesach am Tempel zusammen mit dem Mahl das
Grundparadigma, zu dem Ex 12 fast keine rituellen Details bei-
steuert.
Beide Zugänge belegen, dass man die Pesachmähler, die zur Zeit
des Zweiten Tempels gehalten wurden, als Bestandteil der Tempelliturgie und nicht als Erbe von Ex 12 verstand. Eine Konstruktion der Liturgie auf der Basis von Ex 12 wurde nach 70 n.Chr.
nicht versucht[6], obwohl jener Text gerade ein tempelloses, nicht
im Land Israel gefeiertes Pesach vorzuschreiben scheint.

---

5   Der Begriff ist unklar. *B.M. Bokser* deutet ihn nach Ex 12,8 (wo er selbst
nicht belegt ist). Ein mit seinem Fett, »als ganzes« gebratenes Lamm ist zur Zeit
des Tempels nicht zu erwarten (The Origins of the Seder. The Passover Rite and
Early Rabbinic Judaism, Berkeley / Los Angeles / London 1984, 90f, 101–106;
vgl. *Y. Tabory*, The Passover Ritual Throughout the Generations, Tel Aviv 1996
[hebr.], 97–122 [der auch die jüngeren Traditionen diskutiert]). Zu Todos, dem
Römer vgl. *B.M. Bokser*, Todos and Rabbinic Authority in Rome, in: *J. Neusner
u.a.* (Hg.), New Perspectives on Ancient Judaism, Vol. 1. Religion, Literature,
and Society in Ancient Israel, Formative Christianity and Judaism [Nachdr.]
(BJSt 206), Atlanta, Georgia 1990, 117–130. mPes 4,4 überlässt es lokalem
Brauch (Bokser: nach der Zerstörung des Tempels), »Gebratenes« in den Pe-
sachnächten zu essen, und eine der Fragen in mPes 10,4 setzt voraus, dass nur
gebratenes, nicht aber gekochtes Fleisch genossen wird.
6   Ausnahmen sind: die Verwendung der Bitterkräuter (die sich aber aus den
normalen Mahlbräuchen nahe legte) und der Dialog zwischen Vater und Sohn
(Ex 12,26; 13,8.14) in der Mischna (nicht der Tosefta).

Als Lesungstext ist Ex 12 ein Spätphänomen in den Liturgien zu Pesach[7]. Den Text »Dieser Monat (sei euch der Beginn der Monate)« (Ex 12,2) verzeichnet die Mischna in der ältesten Leseordnung als Toralesung drei Sabbate vor Pesach und damit zu Beginn des Nisan. Ex 12,2f ist hier aber »Einsetzungsbericht« des Jahresbeginns zum 1. Nisan und nicht des Pesach[8]. Zum 15. Nisan sehen weder die Mischna noch die Tosefta Ex 12 als Lesung vor. Für den Seder schlägt die Mischna Dtn 26,5ff »Mein Vater war ein heimatloser Aramäer ...« vor. Nach den Talmudim kann auch Jos 24,2ff (yPes 10,5 37d; bPes 116a) und Dtn 6,21 (bPes 116a) als Ausgangstext des Tischgesprächs gewählt werden. Der in der Tosefta überlieferte Seder (tPes 10,12, S. 198f)[9] sieht »Gesetze des Pesach« als Diskussionsgegenstand der Nacht vor und ist auf das Prinzip gegründet, dass das Studium der Gesetze der Opfer die bis zur Wiedererrichtung des Tempels nicht mögliche Darbringung derselben ersetzt. Ex 12 passt auch im System der Mischna wesentlich schlechter als Dtn 26,5ff zum rhetorischen Prinzip, »Er beginnt mit Schande und schließt mit Ruhm« (mPes 10,4)[10]. Ex 12 war aufgrund seines Inhalts und seiner Beziehung zur Liturgie als Ausgangstext für das Pesach ungeeignet.

Erst im babylonischen Talmud (bMeg 31a, Hs. München 95) wird auf die bis heute übliche synagogale Lesung aus Ex 12 als allgemeiner Brauch angespielt. Der Text zitiert zunächst die Mischna: »Zu Pesach liest man aus dem Festabschnitt des Priestergesetzes (d.h. aus Leviticus)«. Die Bemerkung wird nicht weiter kommentiert. Er fährt fort, Angaben über die Prophetenlesungen zu machen[11]. Danach folgt eine aramäische Bemerkung im Namen von Abaye (etwa 280–339): »Heute aber pflegen alle zu lesen: *Hole* (vgl. Ex 12,21; heute ab Ex 12,1 gelesen), *Rind* (Lev 22,27), *erkläre als geheiligt* (Ex 13,2), *mit Geld* (Ex 22,24), *Hau* (Ex 34,

---

7   *G.A.M. Rouwhorst*, The Quartodeciman Passover and the Jewish Pesach, QL 77 (1996), 152–173, bes. 172.

8   Ex 12 als Festlesung beginnt mit V. 21 – erst nachtalmudisch mit dem Kapitelanfang. Der Jahresbeginn zu Nisan ist ein bekannter Topos (mRHSh 1,1).

9   *J. Hauptman*, How Old is the Haggadah?, Jdm 51 (2002), 5–18. tPes 10,12 (halakhisch überarbeitet: »bis Mitternacht«) wird in MekhY *pisḥa* 18, S. 166f zur Frage des Sohnes nach Ex 13,8 und nicht zum ägyptischen Pesach assoziiert.

10   *S. Stein*, The Influence of Symposia Literature on the Literary Form of the Pesaḥ Haggadah, JJS 8 (1957), 13–44.

11   Das Notarikon von Rav Pappa (Schüler Abayes, gest. 375), מאש'ו, sieht Ex 12,21ff noch als Lesung für den ersten Halbfeiertag (und offenbar Lev 23 für den 15. *und* 16. Nisan) vor (Raschi). Die Hss. lesen שאש'ו, obwohl Ms. München Ex 12,21 anzitiert (מ'). Der Buchstabe ש in der Abkürzung verweist wahrscheinlich auf Lev 22,26f.

1), _in der Wüste_ (Num 9,1), _er ließ ziehen_ (Ex 13,17), _Erstling_ (Dtn 15,19; heute 14,22 – 16,17).« So wird die Lesung gemäß der Mischna für den ersten (und in Palästina einzigen) Feiertag von Pesach aus dem Festabschnitt von Leviticus auf den zweiten Tag der Diaspora verschoben und am ersten Tag (Ex 12,21ff) vorgesehen. In der Diaspora wendet sich das Interesse vom Gebot aus dem Festgesetz hin zum historischen Pesach in Ägypten. Dieser Vorgang ist im babylonischen Talmud als Sekundärphänomen gekennzeichnet und älteren Quellen unbekannt.

Ex 12 spielt in rabbinischer Sicht nach der Zerstörung des Tempels eine marginale Rolle in der rituellen Gestalt und der theologischen Interpretation des Pesach. Das Mahl des Pesachtieres zur Zeit des Tempels und der Seder nach 70 n.Chr. sind weder als Imitation noch im Hinblick auf den Gegenstand der Anamnese Nachfolger des ägyptischen Pesach.

b) Nichtrabbinische Quellen zum Pesach

In seiner Überarbeitung der biblischen Geschichte versetzt das _Jubiläenbuch_ (2. Jh. v.Chr.) die Einführung des Wochenfestes und des Kalenders mit den vier Gedächtnisfesten in die Zeit Noachs. Zum Pesach, dessen genaue Beschreibung erst zum Ende des Buches, der Erzählung des Auszugs aus Ägypten, folgt, gibt es einen versteckten Hinweis auf seine Einsetzung durch Abraham. Er bricht (17,15) am 12. des ersten Monats auf und erreicht nach drei Tagen den Zion, wo – am 15. Nisan – die »Bindung Isaaks« und die Darbringung des Widders stattfindet. Zu Hause richtet Abraham ein siebentägiges Fest zur Erinnerung an die sieben Tage, die die gesamte Reise dauerte, ein (18,17–19). Diese implizite Einsetzung des siebentägigen Fests der ungesäuerten Brote durch Abraham knüpft an die »Bindung Isaaks« an, wo es um ein _Brandopfer_ an der Stelle, an der später der Tempel errichtet wird, geht. Eine Mahlfeier ist hier nicht im Blick.

In der Mahlbeschreibung von Jub bleiben die mimetischen Elemente von Ex 12 unerwähnt[12]. Für die Feier des Pesach fordert Jub 49,9 Reinheit der Mahlteilnehmer und entfaltet, was das Pesach »zur Zeit seines Tages zu halten« bedeutet: »ein Opfer darzubringen, das angenommen wird vor dem Herrn, und zu essen und zu trinken vor dem Herrn am Tage seines Festes« (Übers. nach JSHRZ 2). In 49,13f.20 werden die Anweisungen für die Zube-

---

12 »Und ganz Israel war dabei, das Fleisch des Passah zu essen und Wein zu trinken, und lobte und segnete und feierte den Herrn, den Gott seiner Väter ...« (49,6; Übers. nach JSHRZ 2). »Eile« ist in Jub 49,23 erwähnt.

reitung des Tieres und die Vollendung des Mahls aus Ex 12,8–10 für jedes Pesach obligatorisch. Das Verbot, dem Tier einen Knochen zu brechen, wird zweimal symbolisch interpretiert[13]. Da es in der Opfergesetzgebung keine Parallele hat, ergab sich offenbar erhöhter Interpretationsbedarf. Jub 49,16f.20f sieht vor, dass das Pesach im Tempel von allen (männlichen) Israeliten über zwanzig Jahren zu verzehren ist[14]. Der Ausblick auf das Pesach an Stiftszelt und Tempel fehlt nicht. 49,20 erwähnt die Sprengung des Bluts an den Altarsockel und die Verbrennung der Fettteile.

Dtn 16,6 sieht als Inhalt der Anamnese den *Auszug aus Ägypten* vor und lässt ihn nach seinem Termin mit der Schlachtung der Tiere zusammenfallen[15]. »Festinhalt« des Pesach (am Tempel) ist hier der Exodus – nicht die erste Feier des Pesach vor dem Exodus. Ex 12,27 empfiehlt aber, das Pesach der Zukunft als Mimesis des ägyptischen Pesach und in Erinnerung daran zu halten. Jub 49,2–5.7.15 (und in seiner breiten Schilderung der letzten Plage auch Weish 18,10–19[16]) folgt diesem Vorschlag, indem es die Tö-

13 49,13f. *J. Henninger*, Les fêtes de printemps chez les sémites et la pâque israélite (EtB), Paris 1975, 149–157 verweist auf (vor)arabisches Brauchtum und auf Jub 49,13 für die Deutung des Verbots des Knochenzerbrechens unter anderem als Analogiezauber. Er gibt der Deutung den Vorzug, dass die Bewahrung der Knochen eine Rückkehr des Tiers zum Leben ermöglicht. Dieselbe hält *F.J. Stendebach*, Das Verbot des Knochenzerbrechens bei den Semiten, BZ 17 (1973), 29–38 für sekundär. *M. Delcor*, L'interdiction de briser les os de la victime pascale d'après la tradition juive, in: *P. Borgeaud u.a.* (Hg.), L'animal, l'homme, le dieu dans le Proche-Orient ancien. Actes du Colloque de Cartigny 1981 (Les Cahiers du CEPOA 2), Leuven 1984, 71–81 schließt sich der Meinung *Henningers* an. Belege wie germanische Mythen – vgl. *K. Kohler*, Verbot des Knochenzerbrechens, ARW 13 (1910), 153f – dienen nicht der historischen Interpretation. Vielleicht schärft die Bestimmung die Unversehrtheit des Tieres *vor* der Schlachtung (Ex 12,5) oder während der Zubereitung ein. Nach dem Mahl werden sie mit anderen Überresten verbrannt (vgl. mPes 7,10).

14 S. *J. Maier*, Die Tempelrolle vom Toten Meer und das »Neue Jerusalem« (UTB.W 829), München/Basel ³1997 für die Parallele in Tᵃ 11Q19 17,7–9. 4Q265 3, Z. 3 (DJD 35) schließt »junge« Männer und explizit Frauen vom Pesachmahl aus. Das ideale Pesach könnte nach den Vorstellungen der Überlieferer dieser Texte von einer Familien- oder Hausfeier nicht weiter entfernt sein.

15 S. unten Anm. 78.

16 Weish hat kein Interesse an einem Hausritus. Die Rettung in Ägypten erfolgt sogar durch den Dienst des (Hohen-)Priesters (am Tempel, Weish 18, 21.24). 18,9 erzählt die Feier des Pesach mit drei Elementen: opfern, die Gesetze der Göttlichkeit bestätigen/rezitieren und schon vor der Befreiung die heiligen Hymnen der Väter singen. Indem Weish 18,9 den Exodus im ägyptischen Pesach als aufgrund der Verheißung an die Patriarchen (vgl. Gen 15,13f; 46,4; 50,24) *vorausgefeiert* versteht, kann sogar die Erinnerung an das erste Pesach (Ex 12) bereits den Auszug miteinbeziehen. Der Tragiker Ezechiel (vgl. JSHRZ 4) paraphrasiert den Bibeltext von Ex 12, ohne die Frage der Zukunft der Liturgie des ägyptischen Pesach zu stellen. LibAnt (nach 70 entstanden) para-

tung der ägyptischen (und Aussparung der israelitischen) Erstge-
borenen zum Gegenstand der Anamnese und zum Heil schaffen-
den Zweck des Pesach macht: »Und es wird kommen als Gedächt-
nis(opfer) für den Herrn, das er annehmen wird. Und keine Plage
wird über sie kommen, zu töten und zu schlagen in diesem Jahr,
wenn sie Passah halten zu seiner Zeit nach allem, gleichwie es geboten ist« (Jub 49,15; Übers. nach JSHRZ 2). Das Verständnis
des Pesach als Erinnerung an das ägyptische Pesach in Ex 12 birgt
die Gefahr, dasselbe zu einem Fest der letzten Plage und nicht des
Auszugs aus Ägypten zu machen.

Neben diesen am Bibeltext orientierten Belegen sind liturgische
Fragmente aus *Qumran* überliefert, die auf das Pesach hinweisen.
Sie bewahren wahrscheinlich Gebetselemente des Tempels[17]. Obwohl die bei Qumran gefundenen Texte auch Benediktionen und
Elemente der Etikette bei Gemeinschaftsmählern überliefern, zeigen sie nicht, dass in Qumran ein Mahl analog zu Ex 12 gehalten wurde[18]. Das Mahl des Pesachtieres nach dessen Schlachtung
am Tempel wurde als Teil der Tempelliturgie aufgefasst. Auch
wenn der Faktor des Überlieferungszufalls für Qumran eine Rolle
spielt, zeigen doch die reichlich vorhandenen Texte nicht, dass Ex
12 dort irgendeine liturgische Bedeutung hatte.

Im *Neuen Testament* spielt das Pesach eine wichtige Rolle. Hier
ist zu fragen, ob christliche Pascha-Feiern beschrieben sind und
welche Beziehung sie zum ägyptischen Pesach haben. Die Auswertung von Allegorien über Elemente des Pesach ist dabei problematisch. 1Kor 5,7 benützt die Fortschaffung des Sauerteigs als
Metapher für den Übertritt der christlichen Gemeinde in ein neues
Leben[19]: Die Christen sind »ungesäuertes Brot«, Christus ist das

---

phrasiert den Festkalender von Lev 23 und übergeht das ägyptische Pesach in
der Schilderung des Exodus (Kap. 10).

17 *D.K. Falk*, Daily, Sabbath and Festival Prayers in the Dead Sea Scrolls
(StTDJ 27), Leiden/Boston/Köln 1998 in Zustimmung zu *J. Maier*, Zu Kult und
Liturgie der Qumrangemeinde, RdQ 14 (1990), 543–586. Vgl. zu einer weitergehenden Neubewertung der liturgischen Texte aus den Höhlen bei Qumran
(und Masada) *J. Maier*, Liturgische Funktionen der Gebete in den Qumrantexten, in: *A. Gerhards u.a.* (Hg.), Identität durch Gebet. Zur gemeinschaftsbilden-
den Funktion institutionalisierten Betens in Judentum und Christentum (Studien zu Judentum und Christentum), Paderborn u.a. 2003, 59–112.

18 Die Knochendepots in Qumran stammen von gekochten Tieren und enthalten keine Lämmerknochen; *Delcor*, L'interdiction, 77. Sie haben nichts mit
Pesach zu tun.

19 Der Sauerteig wird für positiv wie negativ wertende Metaphern herangezogen. In Mt 16,5–12 (Mk 8,15; Lk 12,1; ähnlich Gal 5,9) ist »Sauerteig« die
»Lehre (Lk: Heuchelei) der Pharisäer und Sadduzäer«. In Mt 13,33 (Lk 13,20f)
ist das Reich Gottes wie der Sauerteig.

»Pascha«. In 1Kor 5,8 wechselt die Metaphorik: »Das Fest« ist »in den ungesäuerten Broten der Aufrichtigkeit und Wahrheit« zu »feiern«. Was »feiern« bedeutet, sagt Paulus in den folgenden Versen 9–13. Es geht um die Entfernung des Blutschänders aus der Gemeinde. Wenn auch Paulus seine Reisepläne gegenüber den Korinthern im Rahmen des Festkalenders zur Sprache bringt (1Kor 16,8), so ist damit noch nicht gesagt, ob überhaupt und, wenn ja, wie in Korinth ein Pascha gefeiert wurde.

Ein paschaler Kontext ist auch nicht die erste Assoziation der Rede vom »Lamm Gottes« (Joh 1,29.36). Das Pesachtier wird im Neuen Testament (auch in Anwendung auf Jesus) τὸ πάσχα genannt. Das »Lamm« (Gottes), ἀμνός[20], ist neben anderen Opfern mit dem Tamid und mit dem Gottesknecht verbunden (Jes 53,7; Apg 8,32). Außer Joh 2,14f benutzt das Neue Testament πρόβατον, – das »Lamm« in Ex 12 – nicht in kultischem oder paschalem Kontext. Offb (und Joh 21,15) benutzt ἀρνίον, das in der Septuaginta nicht mit dem Pesach verbunden ist. Die Idee des sühnenden Schafs verweist auf viele Belege der Opferliturgie und der durch sie generierten Metaphorik, an der später auch das Pesach partizipiert.

Obwohl die synoptischen Evangelien das letzte Mahl Jesu als Pesachmahl bezeichnen, sind neben allgemeinen, symposialen Elementen[21] keine Hinweise auf Ex 12 überliefert. Das »Pascha«(tier) ist aus den Anmerkungen über die Vorbereitung erschließbar. Bitterkräuter, Wanderkleidung, hastiges Essen usw. sind nicht erwähnt. Die Apostel bildeten mit Jesus auch keine »Hausgemeinschaft«.

Die Ausführungen *Philos* (1. Hälfte des 1. Jh.s n.Chr.) bezeugen kein nach den Regeln von Ex 12 gestaltetes Mahl für die Diaspora[22]. Seine Erklärung des Pesach als διαβατήρια »setzt also das

---

20   2Chr 35,7: unter den Opfern zu Pesach. Weish 19,9 schlägt über den Begriff eine Brücke zu Ps 114,4.6, der auch im Hallel (nach m/tPes) enthalten ist. Das »Lamm ohne Fehl und Makel« (ἀμνὸς ἄμωμος) in 1Petr 1,19 ist nicht das Pesach- (Ex 12,5 πρόβατον τέλειον ἄρσεν ἐνιαύσιον), sondern das Tamidopfer (Ex 29,38; Num 28,3, ebenfalls ἐνιαύσιον) uoder bezieht sich auf andere Opfer (Lev 9,3 usw.; öfter in Num 28f und Ez 46).

21   Mit ἀνακείμαι wird mehrmals im Neuen Testament das »zu Tisch liegen« bezeichnet. Es kann mit den rabbinischen Quellen verglichen werden, die eine analoge Terminologie kennen (mPes 10,1). Der Gebrauch (1) von Wein und (2) einem Gericht, in das die Mahlteilnehmer (Brot?) tauchen, (3) Gesang zum Abschluss des Mahles (Mt 26,30; Mk 14,26), (4) Benediktionen über Bechern (und Brot) wie auch (5) die Deutung der aufgetragenen Speisen durch den Vorsitzenden des Symposiums haben nichts mit Ex 12 zu tun.

22   Philo beschreibt, was aufgrund der Einsetzung des Pesach in Ex 12 (vgl. V. 3) *in Jerusalem* zu geschehen hat; vgl. *J. Leonhardt*, Jewish Worship in Philo of

jüdische Opfer gleich mit demjenigen, das die Griechen bei wichtigen Uebergängen, insbesondere beim Ueberschreiten von Landesgrenzen, brachten ...«[23] und bezeichnet es als »Gedächtnis und Dank(opfer)« (SpecLeg 2,146). »Jedes Haus erhält zu dieser Zeit den Charakter und die Weihe eines Heiligtums; denn das geopferte Tier wird zu weihevollem Mahle zubereitet und die Teilnehmer an diesem Festmahle haben sich mit heiligem Sprengwasser gereinigt ...«[24], womit Philo wahrscheinlich nichts über die Diaspora sagt, sondern das Problem löst (das auch Jub hatte), dass die Mahlfeiern in der Stadt Jerusalem und nicht im Tempel selbst stattfinden: Ex 12 wird a posteriori in dieser Frage Vorbild und Legitimation für die Jerusalemer Praxis. Nach den meisten Quellen schlachten die Überbringer der Privatopfer die Tiere (Lev 1,5 MT), während die darauf folgenden Riten durch Priester ausgeführt werden. Das Pesach ist keine Ausnahme. Philos Betonung der Rolle des Volkes zu Pesach folgt seinem Bibeltext (Lev 1,5 LXX), demgemäß außer beim Pesach *die Priester* nach dem Aufstemmen der Hände durch den Überbringer das Tier schlachten[25].

Alexandria (TSAJ 84), Tübingen 2001, 32f. Auch *A. Mendelsohn*, »Did Philo Say the Shema?« and Other Reflections on E.P. Sanders' *Judaism: Practice and Belief*, in: *D.T. Runia* (Hg.), The Studia Philonica Annual. Studies in Hellenistic Judaism, Vol. VI (BJS 299), Atlanta, Georgia 1994, 160–170 neigt dazu, nicht anzunehmen, dass Riten nach Ex 12 in der Diaspora stattfanden. Trotz der Augenzeugenschaft Philos ist oft nicht klar, wo er dem Text der Bibel folgt und wo er an zeitgenössische Praxis denkt.

23 *I. Heinemann*, Philons griechische und jüdische Bildung. Kulturvergleichende Untersuchungen zu Philons Darstellung der jüdischen Gesetze, Breslau 1932 [Nachdr. Hildesheim 1962], 120; im folgenden nach *Leonhardt*, Worship, 29–36.

24 SpecLeg 2,148; Übers. nach *I. Heinemann*, Ueber die Einzelgesetze, in: *L. Cohn u.a.* (Hg.), Philo von Alexandria. Die Werke in deutscher Übersetzung, Berlin ²1962, Bd. 2, 148. Die Interpretation der »Reinigung« der Häuser in Ant 2,312/14,6 durch *F.M. Colautti*, Passover in the Works of Josephus (JSOT.S 75), Leiden/ Boston/Köln 2002, 138 wird von Josephus selbst nicht mit dem Tempel in Verbindung gebracht, sondern gibt eine Erklärung des Blutanstrichs mit Ysop in Ex 12. *N. Martola*, Eating the Passover Lamb in House-temples at Alexandria: Some Notes on Passover in Philo, in: *U. Haxen u.a.* (Hg.), Jewish Studies in a New Europe, Copenhagen 1998, 521–531 behauptet auf der Basis dieser Stelle, dass Juden der Diaspora Pesachlämmer »in their own houses« (523) zu schlachten pflegten. Die Hinweise auf Elephantine und Leontopolis schwächen diese These jedoch; vgl. unten Anm. 35.

25 Vgl. *Heinemann*, Bildung, 33. *J.B. Segal*, The Hebrew Passover. From the Earliest Times to A.D. 70 (LOS 12), Oxford / New York / Toronto 1963, 30–32 unterscheidet in Quaest in Ex zwischen zeitgenössischer Praxis (in Jerusalem) und – durch die Formel »(Why) does he command (or: say) that ...?« eingeleiteten – nicht üblichen Elementen des ägyptischen Pesach. Letztere sind: die Auswahl des Tieres am 10. Nisan und seine Aufbewahrung bis zum 14., die Blutap-

Ex 12 legitimiert die zeitgenössische Praxis der Opferliturgie. Philo sieht in SpecLeg 2,145–149 nur die Schlachtung durch Laien als Parallele zwischen der Gegenwart und Ex 12. Das zweite Element der gegenwärtigen Feier, εὐχαί und ὕμνοι, ist Teil des rituellen Repertoires des Festmahles und gehört nicht zu Ex 12. Die enge Bindung an den Bibeltext und die Philos Ausführungen zu entnehmende Tatsache, dass ein reguläres Pesach nur in Jerusalem möglich ist, zeigen, dass die Juden der Diaspora im Spiegel Philos in einem Festmahl zu Pesach keine Parallelen zu Ex 12 sahen. Umgekehrt ist dort, wo Ex 12 paraphrasiert wird, die Tempelliturgie mit ihrer Erweiterung auf die Häuser Jerusalems im Blick. Außerdem ist die allegorische Auslegung der Gesetze ein Hinweis darauf, dass Autor und Leserschaft nicht damit zufrieden waren, aus dem Text für ihre Praxis irrelevante Regeln einer Liturgie zu gewinnen.

Die Erzählung über die Befreiung des Petrus nach *Apg 12* wird zuweilen als paschaler Text verstanden[26]. Einige Elemente der Erzählung erinnern an Ex 12. So geschieht alles »in jener Nacht« (ähnlich Ex 12,8.12). Der Engel befiehlt Petrus, »schnell« (ἐν τάχει) aufzustehen; das Pesachmahl ist »hastig« (μετὰ σπουδῆς) zu essen. Der Engel befiehlt Petrus, sich zu »gürten« und seine »Sandalen zu binden«[27]. In diesem Zustand haben sich die Mahlteilnehmer nach Ex 12,11 zu halten.

Das literarische Klischee der nächtlichen Befreiung hat von sich aus keinen paschalen Kontext[28]. Die Erzählung ist aber mit Zeitangaben eingeleitet, die sie um das Pesachfest situieren[29]. »Das geschah in den Tagen der ungesäuerten Brote« deutet darauf hin,

---

plikation am Türstock, Gürtel, Schuhe, Stäbe, die Verbrennung der Überreste zur Morgendämmerung und das Gebot, das Fleisch nur in der Nacht zu essen; desgleichen von der Mischna als verändert gedeuteten Elementen: Bestimmung der Anzahl der Partizipanten an einem Tier und Zustand und Alter des Tieres.

26 *I.J. Yuval,* »Two Nations in Your Womb«. Perceptions of Jews and Christians [hebr.], Tel Aviv 2000, 77–83; *A. Strobel,* Passa-Symbolik und Passa-Wunder in Act. XII. 3ff., NTS 4 (1957), 210–215. Reserviert gegenüber A. Strobels Ansatz ist *W. Radl,* Befreiung aus dem Gefängnis. Die Darstellung eines biblischen Grundthemas in Apg 12, BZ NF 27 (1983), 81–96.

27 *C.K. Barret,* The Acts of the Apostles (ICC), Edinburgh 1994, 579f behandelt mögliche Parallelen. Die Anweisungen des Engels »are also common-sense instructions«. Lukas erzählt eher eine lebendige Geschichte, »than that he is working out a subtle typological scheme.« Auch Lk 12,35 ist kein Zitat von Ex 12,11.

28 Vgl. Apg 5,19. *Barret,* Acts, 580–582; *A. Weiser,* Die Apostelgeschichte, Bd. 1 (ÖTBK 5/1 = GTB.S 507), Gütersloh 1981, 284f und *Radl,* Befreiung verweisen auf antike Erzählungen von Befreiungswundern.

29 Der Beginn knüpft nicht an eine vorangegangene Zeitangabe in Apg an; *Barret,* Acts, 573.

dass Petrus zwischen dem 15. und 21. Nisan *verhaftet* wurde.
Dass ihn Herodes »nach dem Pascha« dem Volk vorführen wollte
zeigt, dass »Tage der ungesäuerten Brote« und »Pascha« Synony-
me sind (vgl. Lk 22,1)[30] und dass das Befreiungswunder nicht in
der Pesachnacht, sondern nach dem Abend nach dem 7. Tag von
Pesach stattfindet (V. 6)[31]. Dass sich die Gemeinde zu einer Festliturgie versammelt hat, ist unwahrscheinlich, weil ihr Gebet »für
ihn«, Petrus (V. 5), gehalten wird und daher seiner Verhaftung
und nicht dem liturgischen Kalender folgt[32]. Nach dem letzten
Tag der Woche der ungesäuerten Brote ist keine liturgische Feier
zu erwarten. Die Lichterscheinung, die den Engel begleitet, gehört zum Repertoire von Theophanien (für Paulus: Apg 9,3; 22,
6; 26,13) und ist – wenn überhaupt mit dem Exodus – mit Weish
18,3f und mit dem Durchzug durch das Schilfmeer, nicht aber mit
Ex 12 zu verbinden.
Obwohl nicht ausgeschlossen werden soll, dass Lukas auf Ex 12 als
Text anspielt, ist klar, dass er keine *Liturgie* assoziiert. Diejenigen
Elemente, die Apg 12 aus Ex 12 aufnimmt – »eilig«, »gegürtet«
und mit »gebundenen« Sandalen zu essen – sind in keiner Pesachliturgie als mimetische Komponenten des Ritus belegt. Tatsächlich
belegte Elemente – Bitterkräuter oder ungesäuertes Brot, die in
der Mischna wichtig werden, oder ein Vorläufer des Hallel – haben keinen Platz in der Geschichte. Petrus »erzählte« zwar von
seiner Befreiung. »Erzählt« wird aber sonst auch in der Apg, ohne
dass ein liturgischer Kontext zu erkennen ist (vgl. 9,27; 10,30ff;
21,40 und 22; 26,1)[33]. Die Position der Epistula Apostolorum
(15/26–17/28 NTApo) darf nicht in Apg 12 hineingelesen werden, sondern gehört zu deren Rezeptionsgeschichte.
Josephus Flavius überliefert (Ende 1. Jh. n.Chr.) Details zum Pesach, die als Zeugnisse über zeitgenössische Feiern verstanden werden können[34]. Er paraphrasiert aber oft biblischen Text. Josephus
kennt keine »Hausliturgie« der Diaspora für das Pesach[35].

---

30 *Strobel*, Passa-Symbolik, 213, Anm. 4 u.a. (nicht *Barret*, Acts, 576) wollen
»Das geschah in den Tagen der ungesäuerten Brote.« streichen.
31 Der siebte Tag von Pesach ist erst in der späteren Synagogenliturgie dem
Gedächtnis des Auszugs aus Ägypten gewidmet.
32 Vgl. *Barret*, Acts, 583f.
33 Vgl. *Hauptman*, Haggadah, 15f, Anm. 3. Das »Erzählen des Exodus« wird
erst nach Abschluss der Mischna zur Grundlage des Seder. Die Vorschrift zur
anamnetischen (nicht mimetischen) Aktualisierung des Exodus: »In jeder Generation ist der Mensch verpflichtet, sich selbst so zu sehen, als ob er aus
Ägypten ausgezogen wäre ...« (mPes 10,5) fehlt in den alten Handschriften der
Mischna.
34 Aus der Wendung νῦν ἔτι in Ant 2,313/14,6 können keine weitreichenden
Schlüsse über das Pesach zur Zeit des Josephus gezogen werden. Josephus ver-

An der Interpretation des Pesach in Gilgal (Jos 5) – scheinbar ein biblisches Pesach jenseits von Tempel und Opfer – lässt sich die Position des Josephus illustrieren[36]. Der aus 4QJosh[a] rekonstruierbare Bibeltext und die Paraphrase des Josephus versetzen die Errichtung des ersten Altars und der ersten Opferliturgie nach dem Einzug ins Land *vor* Beschneidung und Pesach[37]. Nach dem Pesach erobern die Israeliten Jericho in sieben Tagen[38], die Josephus (über die Septuaginta hinaus) als »Festtage« bezeichnet (Ant 5,22/ 1,5). Dem Pesachmahl in Gilgal folgt damit nicht nur die siebentägige Eroberung Jerichos, sondern es geht ihm sogar eine Opferliturgie voran.

bindet außer Ant 10,267/11,7 und 14,188/10,2 geographische Informationen über ferne Länder und Ätiologien mit νῦν ἔτι u.ä. (s. *Colautti*, Passover, 233, Anm. 56). In Ant 3,31/1,6 rationalisiert Josephus die Mannaerzählung so weit, dass er eine Fortsetzung desselben Naturphänomens in seine Gegenwart hinein annimmt. Das Urteil *Boksers*, dass »Josephus ... adds little that differs structurally from what has been encountered in other sources« (Origins, 24), wird durch die Studie von *Colautti* indirekt bestätigt.

35　Nach *Colautti*, Passover, 91 kennt Josephus eine Pesachfeier außerhalb Palästinas. Colautti diskutiert den (problematischen) Beleg in Zusammenhang mit dem *Tempel* des Onias in Ägypten. Damit bleibt das Grundparadigma des Pesach eine Tempelliturgie. Nachdem Ant 2,312/14,6 und 3,248/10,5 Ex 12 paraphrasieren, kann daraus nicht abgeleitet werden, dass vor oder nach 70 Ex 12 ähnliche Pesachfeiern üblich waren. Über die Liturgie eines Pesach in Elephantine sind keine Details bekannt. Die Rolle, welche die Schlachtung von Pesachtieren am jüdischen Tempel bei dessen Zerstörung gespielt hat, wird unterschiedlich bewertet. Der einzige außerbiblische Beleg des Begriffs und des Festes stammt mit Elephantine jedoch gerade aus einem Ort, der einen jüdischen *Tempel* beherbergte und ist deswegen kein Beleg für »die Diaspora« – als Inbegriff der Trennung vom (Jerusalemer) Tempel. Texte: *B. Porten / A. Yardeni*, Textbook of Aramaic Documents from Ancient Egypt, [Bd.] 1: Letters, Winona Lake, IN 1986; [Bd.] 2: Ostraca & Assorted Inscriptions, 1999: A4.1; vgl. A4.7–9; D7.6; D7.24 (Übers. nach TUAT I, 253–258); *E. Gaß*, Der Passa-Papyrus (Cowl 21) – Mythos oder Realität, BN 99 (1999), 55–68.
36　Jos 5,11 LXX setzt voraus, dass ungesäuertes Brot und »neues« (Getreide) gemeinsam und offenbar am Pesachtag gegessen wurden. Der masoretische Text gleicht die Passage den dtn Gesetzen über die Erstlingsgarbe an.
37　*Colautti*, Passover, 46f. 4QJosh[a] 1–2 (DJD 14, No. 47) setzt wahrscheinlich nach der Perikope des Altarbaus (Ende: 8,34–35) und einem nichtmasoretischen Zwischenstück mit Jos 5,2 fort. Die Opfer des Josua sind nicht direkt mit dem Pesach verbunden (Colautti). Die Position der Perikope vor dem Pesach ist jedoch auffallend und kann zumindest eine Anspielung auf das Pesach am Tempel (wie die folgende Eroberung Jerichos als Bezug auf das Fest der ungesäuerten Brote) sein.
38　Vgl. *Colautti*, Passover, 48f. Die Eroberung Jerichos steht in zu engem Kontext zum Pesach des Josua, um sich ausschließlich auf Sukkot zu beziehen. Die Umkreisungen Jerichos werden in ySuk 4,3 54c mit der Liturgie am Laubhüttenfest assoziiert.

Die Liturgie der Osterfeier der *Quartodezimaner* dürfte mit einem
Fasten und Gebet »für« die Juden parallel zum jüdischen Festmahl
begangen worden sein[39]. Sie enthielt wahrscheinlich Schriftlesun-
gen. Aus Melitos Homilie[40] (2. Jh.) kann geschlossen werden,
dass unter anderem die Einsetzung des Pesach (Ex 12) gelesen
und ausgelegt wurde. Die Feier schloss mit einem Mahl.
Christliche Autoren beginnen somit im zweiten Jahrhundert, die
im Neuen Testament (Joh 19,36; 1Kor 5,7) angelegte typologische
Verbindung zwischen dem Tod Christi und Ex 12 auszuarbeiten.
Ex 12 wird aber zum Augsangspunkt für eine Ostertheologie, nicht
zur Vorlage für eine Osterliturgie. Auch Melito verbindet den
Text mit Ostern, weil er die Umstände des Todes Christi vorab-
bildet, nicht weil er etwas mit Liturgie zu tun hätte. Melito deutet daher keine mimetischen Parallelen zwischen Ex 12 und seiner
Liturgie an. Die Geschehnisse von Ex 12 waren Wachsmodell und
Skizze von Tod und Auferstehung Christi und sind danach wertlos (34–45, Z. 216–300). Nach Melitos Rhetorik wäre es wahrscheinlich ein grober Rückfall in der Heilsgeschichte, wenn ein
Christ aus Ex 12 Prinzipien einer kirchlichen Handlung ziehen
wollte. Ab 72 (Z. 507) wird »Israel« als Mörder Christi und Gottes – nicht als solche, die eine veraltete Liturgie praktizieren –
verurteilt. Wo Melito das Pesach, das »Israel« während der Kreuzigung Jesu feierte, beschreibt[41], erwähnt er: Freude, Genuss von
Wein und Brot, Musik, Tanz, zu Tisch liegen beim Mahl[42]. Ent-

---

39 Vgl. dazu allgemein und für die Frage des Verständnisses Melitos als
Quartodezimaner die Hinweise bei *Rouwhorst*, Passover.
40 *S.G. Hall*, Melito of Sardes On Pascha and Fragments (OECT), Oxford
1979. Für Origenes hat *H. Buchinger*, Pascha bei Origenes [erscheint 2004 in
IThS] gezeigt, dass die verschiedenen Auslegungsebenen des Origenes *keine*
Rückschlüsse auf eine Osterliturgie ziehen lassen. Das Gebot, die »Fleischteile
des Lammes zu essen«, erfüllen die Christen, indem sie die Heilige Schrift lesen
– nicht, indem sie eine Osterliturgie feiern. Vgl. zu Melito auch *L.H. Cohick*,
The *Peri Pascha* Attributed to Melito of Sardis. Setting, Purpose, and Sources
(BJSt 327), Providence, RI 2000, bes. 92–102.
41 80 (Z. 566–581), verschiedene Formen des Ausdrucks von Freude – εὐ-
φραίνεσθαι: auch beim ägyptischen Pesach (16, Z. 95). »Historische« Details
der Passionserzählungen sind der Rhetorik untergeordnet: 72 (Z. 506), 93 (Z.
692), 94 (Z. 694) – Jesu Tod »in der Mitte Jerusalems« (anders *Hall*, Melito, 53,
Anm. 55); 80 (Z. 581) – sein Begräbnis in einer σορός (»Sarg«; anders *Hall*, 45,
Anm. 49); 94 (Z. 705) gegen 71 (Z. 499) – sein Tod »in der Mitte des Tages«. Es
ist zu vermuten, dass das auch für liturgische Details gilt.
42 93 (Z. 678–691) listet Melito auf, warum das Fest der ungesäuerten Brote
für Israel (nach dem Tod Christi) oder ihre allgemeine Situation »bitter« ist.
Dabei spielt er auf Ex 12,8 (Num 9,11) an (Z. 679), ohne das Pesachtier zu erwähnen. Melito zieht dort, wo ein Pesachmahl angedeutet ist (80, Z. 566–581),
keine Verbindung zu den für die Liturgie von Ex 12 entscheidenden Elementen.

weder stellt sich Melito das Pesach zur Zeit Jesu als normales Symposion vor, oder er weiß, dass Juden seiner Zeit das Fest so zu halten pflegen. Das christliche Ostern und das jüdische Pesach werden nicht mit dem Ritual von Ex 12 assoziiert.

c) Das Pesach der Samaritaner

Wenn auch keine ununterbrochene Kontinuität bestand[43], so ist doch an den Wurzeln einer Opferliturgie zu Pesach auf dem Berg Garizim aus der Zeit der biblischen Geschichte nicht zu zweifeln[44]. Seit dem 16. Jahrhundert wird die Feier ansatzweise so beschrieben, wie sie heute abläuft[45]. Mit dem Beginn der Entwicklung der liturgischen Texte, die das Pesach begleiten, ist vor dem 4. Jh. n.Chr. nicht zu rechnen[46].
In der heutigen Liturgie sind viele Elemente von Ex 12 ritualisiert (hastiges Essen, Gürtel, Stäbe usw.). Der Text selbst hat als Rezitationstext eine hohe Bedeutung. Zunächst hat A.D. Crown gezeigt, dass sich das Schisma zwischen (den späteren rabbinischen) Juden und Samaritanern seit dem Bar Kochba-Aufstand (nach 135 n.Chr.) entwickelte und nicht vor dem 3. Jh. zum irreparablen Bruch führte, dass somit die »Samaritaner« bis dahin »Juden« waren und auch als solche betrachtet wurden. Wahrscheinlich hat sich ein Pesach auf dem Garizim nicht wesentlich von dem am Jerusalemer Tempel unterschieden. Im Hinblick auf die rekonstru-

---

43 Vgl. *J. Jeremias*, Die Passahfeier der Samaritaner und ihre Bedeutung für das Verständnis der alttestamentlichen Passahüberlieferung (BZAW 59), Gießen 1932, 55ff.

44 *Y. Meshorer*, A Samaritan Syncretistic Passover Sacrifice on a Coin of Neapolis, INJ 14 (2002), 194–195 + Taf. 21 interpretiert die Darstellung auf einer Münze ca. des 3. Jh.s n.Chr. als Pesachopfer, wobei er die erhobenen Hände einzelner Personen als Blutapplikation auf ihre Stirn deutet. Denselben Gestus interpretiert er bei einer der Figuren (Zeus Hypsistos = יהוה), die im Profil zu sehen ist, allerdings als Gruß. Die Münze dokumentiert einen (Opfer-)Kult am Garizim, beweist aber nicht das hohe Alter des Ritus einer Blutapplikation auf der Stirn. Eine von *Y. Meshorer* als »Bindung Isaaks« interpretierte Darstellung bildet ebenfalls die hinter dem Kult stehende Mythologie und nicht den Kult ab (On Three Interesting Cults at Neapolis in Samaria, in: *G. Le Rider* (Hg.), Kraay-Mørkholm Essays [GS *C.M. Kraay / O. Mørkholm*, Publications d'histoire de l'art et d'archéologie de l'Université catholique de Louvain 59 = Numismatica Lovaniensia 10], Louvain-la-Neuve 1989, 173–177 + Pl. LXXII).

45 *Jeremias*, Passahfeier, 64.

46 *A.D. Crown*, Redating the Schism Between the Judaeans and the Samaritans, JQR 82 (1991), 17–50; 44f: 3. Jh. *R. Pummer*, The *Book of Jubilees* and the Samaritans, EeT(O) 10 (1979), 147–178, bes. 165ff widerlegt die Meinung von *Jeremias*, Passahfeier, 69, dass Jub (49,16–21) gegen samaritanische Gegner (oder Verteidiger einer vordtn Hausfeier) verfasst sei.

ierbare Liturgieentwicklung der Samaritaner muss vermutet werden, dass Elemente von Ex 12 nach dem Schisma als Angleichung
der Liturgie an die Tora aufkamen. Das samaritanische Pesach
lehrt nicht, dass »das Pesach« schon immer wie in Ex 12 vorgeschrieben gefeiert wurde, sondern, dass die Samaritaner nach dem
4. Jh. Ex 12 ausschließlich als Opferliturgie nahe dem Ort des
Tempels und nicht als Anweisung für eine überall zu begehende
»Hausfeier« verstanden.

d) Aus Texten rekonstruierte Liturgie: Das Pesach der Beta Israel

Die Beta Israel (äthiopische Juden, politisch nicht korrekt »Fala-
scha« genannt) feierten bis in die Mitte des 20. Jh.s eine anschei-
nend archaische Form des Pesach, indem sie ungesäuertes Brot
aßen und Lämmer rituell schlachteten[47]. Vor der Übernahme der
jüdischen Bräuche aufgrund der jüdischen Mission kannten sie
weder Seder noch Haggada. Abgesehen von der deuteronomischen Kultzentralisation schienen hier viele Elemente des biblischen Pesach in der Praxis überliefert zu sein. Musikwissenschaft-
liche Untersuchungen der Liturgie der Beta Israel und historische
Vergleiche ihrer mündlichen Traditionen mit der schriftlichen
Überlieferung beweisen aber, dass die Wurzeln ihrer Liturgie und
Theologie im äthiopischen Christentum des 13.–15. Jh.s liegen.
Das Pesach der Beta Israel hat paradigmatische Bedeutung, weil
es zeigt, wie der bloße Text zu jeder Zeit zur Konstruktion ei-
ner Liturgie und schließlich eines Volkes führen kann. Wo immer
Liturgie in enger Anlehnung an Bibeltext besteht, ist auch mit
Prozessen analog zur Entstehung des Pesach der Beta Israel zu
rechnen.

3. Eine optische Täuschung

So deutet M. Haran die Beschreibung des Pesach nach Ex 12[48].
Entpricht diese Auffassung dem Text und seiner Liturgie? Ex 12

---

47 S. Kaplan, The Beta Israel (Falasha) in Ethiopia. From the Earliest Times to
the Twentieth Century, New York / London 1992; K.K. Shelemay, Music, Ritual,
and Falasha History, East Lansing, MI 1986 [Nachdr. 1989].
48 M. Haran, Temples and Temple-Service in Ancient Israel. An Inquiry into
Biblical Cult Phenomena and the Historical Setting of the Priestly School, Winona Lake, IN 1995 [2. Nachdr. v. Oxford 1978], 348 (vgl. 342) und ders., The
Passover Sacrifice, in: Studies in the Religion of Ancient Israel (VT.S 23), Leiden 1972, 86–116. Haran zieht diesen Schluss unter Beibehaltung der üblichen

versteht sich als »Einsetzungsbericht« einer Liturgie. Um welche Liturgie handelt es sich? Wie oben gezeigt, existiert aus der Zeit des Zweiten Tempels und den ersten Jahrhunderten nach seiner Zerstörung kein Beleg, dass jemals ein Pesach mit den für Ex 12 typischen, mimetischen Elementen gefeiert wurde, oder dass Autoren der Meinung gewesen wären, es hätte so gefeiert werden sollen. Ex 12 repräsentiert eine Liturgie ohne »Nachgeschichte«. Hatte es eine »Vorgeschichte«?

a) Ein Nomadenritual

Das Ur-Pesach, das seine Spuren in Ex 12[49] hinterlassen habe, sei in naturhafter Schlichtheit von der Komplexität der späteren Religionsgeschichte Israels abzuheben. Eine Feier in einer »orientalischen Mondnacht«[50] sei einfach »natürlich«. Nachdem die Hirten zu einem Lokalheiligtum zusammengekommen waren[51], hätte das Tier mangels Kochgeschirrs gebraten werden müssen[52]. Ihrem Lebensstil entspräche auch ihre (Wander-)Kleidung. Die Bitterkräuter hätten den Nomaden das Salz ersetzt[53]. In Ermangelung von Priestern sei dem Vater der Familie die Leitung des Ritus zugekommen[54]. Die ungesäuerten Brote könnten als typische Speise von Nomaden oder Menschen auf der Wanderschaft später leicht mit archaischen, agrarischen Bräuchen verschmolzen worden sein[55]: Das ungesäuerte Brot sei Teil eines kanaanäischen Festes zum Beginn der Gerstenernte, wo man das erste Brot aus der neuen Ernte ohne Sauerteig herstellte[56]. In Ex 12,23 begegne im »Verderber«

Schichtentrennung von Ex 12,1–27. *Haran*, Temples, 320 verteidigt einen nomadischen Ursprung des Pesach.

49   Das Fest oder die Opfer, die das Volk in der Wüste feiern/darbringen will (Ex 3,18; 5,1.3; 7,16; 8,4.16.21–25; 9,1.13; 10,3.9.24–26), ist nicht das Pesach; vgl. *Haran*, Temples, 300–303.

50   H. *Haag*, Vom alten zum neuen Pascha. Geschichte und Theologie des Osterfestes (SBS 49), Stuttgart 1971, 49 – wenn das Pesach nicht überhaupt dem Mondgott geopfert wurde (50).

51   Nach *Henninger*, Fêtes, 42 sind Pilgerfeste den Beduinen fremd und »späteren« Einflüssen zuzuschreiben.

52   *Haag*, Pascha, 51f. P. *Laaf*, Die Pascha-Feier Israels. Eine literarkritische und überlieferungsgeschichtliche Studie (BBB 36), Bonn 1970, 149f: Das Urpesach beinhaltete kein Mahl, sondern war ein rein apotropäischer Ritus mit anderweitiger Verwertung des Fleisches.

53   *Laaf*, Pascha-Feier, 137.

54   *Haag*, Pascha, 55.

55   *Haag*, Pascha, 64–66.

56   *Laaf*, Pascha-Feier, 123. Dazu muss Lev 23,14 ausgeblendet werden. Das neue Getreide ist gemäß dem Gesetz erst *nach* dem Schwenken der Garbe zum Genuss freigegeben und in der Pesachnacht daher noch nicht zugänglich.

die Erinnerung, dass der gesamte Ritus der Abwehr eines Wüsten-
dämons diente[57]. Dass Dämonen ihr Unwesen in der Nacht zu
treiben pflegten, spräche dafür, dass der Nomadenritus in der
Nacht stattfand[58]. Mit Blut sei ursprünglich der Zelt- (und nicht
der Haus-)Eingang bestrichen worden. Nachdem die Israeliten zuerst in Zelten und dann in Häusern lebten, bestätige das Detail
die Liturgieentwicklung.

Diese Details deuten an, wie sich in Ex 12 eine Evolution von der
Urreligion des naturverbundenen Wilden[59] zur komplexen, aus
der liturgischen Erinnerung an die Geschichte genährten Identität
des Volkes Israel eröffnet. Ist dieses Modell geeignet, die Liturgiegeschichte Israels zu beschreiben? Die Vorstellung, dass Riten
und Bräuche der im 19. und 20. Jh. zu beobachtenden Bewohner
Palästinas die Liturgie der Urzeit Israels spiegeln, geht erstens davon aus, dass unter ähnlichen Bedingungen der Umwelt dieselben
Religionsvorstellungen auftreten, und zweitens, dass die Literatur
Israels wortgetreu Texte aus jener Urzeit beinhaltet.

Vgl. auch die Argumente bei *Van Seters*, Place, 171f und *Wambacq*, Maṣṣôt,
44: Neben dem Bezug zum Exodus kennt die Bibel keinen anderen Ursprung
des Festes der ungesäuerten Brote; *ders.*, Pesaḥ – Maṣṣôt, 504. Vgl. mBik 1,
3.6: Erstlingsfrüchte werden ab dem Wochenfest und maximal bis Chanukka
dargebracht und haben nichts mit Pesach zu tun. Die These *Wambacqs*, Pesaḥ –
Maṣṣôt, 504f, dass das Fest der ungesäuerten Brote als Neuschöpfung zum
Zweck des Exodusgedächtnisses geschaffen wurde, ist weiter zu prüfen. Es
handelte sich nicht um eine Darbringung von Erstlingen (Ex 22,29; auch im
Dtn klar vom Pesach unterschieden); vgl. *ders.*, Origines 212–215. Dass die
Auslösung der Erstgeburten mit dem Exodus rationalisiert wird, lässt nicht
darauf schließen, dass das Pesach ursprünglich ein Opfer von Erstgeburten
war.

57 *Laaf*, Pascha-Feier, 116ff. Dass sich der Monotheismus über den archaischen Dämonenglauben erhoben hat – vgl. *K. Grünwaldt*, Exil und Identität.
Beschneidung, Passa und Sabbat in der Priesterschrift (BBB 85), Frankfurt
a.M. 1992, 82 –, muss junge Texte des Alten Testaments (Job, Tobit), das Neue
Testament und außerkanonische Texte ausblenden. משחית wird in Ex 12,13 (LXX:
πληγὴ τοῦ ἐκτριβῆναι) und 23 erwähnt. Mit *F. Buhl*, Wilhelm Gesenius' he-
bräisches und aramäisches Handwörterbuch über das Alte Testament, Berlin/
Göttingen/Heidelberg [17]1915; vgl. *Wambacq*, Origines, 205–215, bes. 211,
Anm. 14 und *Van Seters*, Place, 172 ist auch in Ex 12,23 »das Verderben« (im
Rückverweis auf V. 13 determiniert) zu übersetzen. HALAT 609.1365 (Ex
12,13: unpersönlich; in V. 23 ein Dämon) trägt die gängige These über die Fest-
entwicklung in die Wortbedeutung ein. In jedem Fall ist an *beiden* Stellen dieselbe Bedeutung zu wählen. Im Hinblick auf das geringe Alter des Gesamttexts
ist die dämonologische Bedeutung akzeptabel.

58 *Laaf*, Pascha-Feier, 111.155.157, Anm. 150 im Rückgriff auf Henninger.

59 *Henninger*, Fêtes, 109: Beobachtungen unter semitischen Nomaden und
afrikanischen (für Asien vgl. ebd., 121f) Hirten tragen fast nichts zum Verständnis des Pesach bei.

Abgesehen von der methodischen Problematik dieses Zugangs zu antiken Texten sind Parallelen des ägyptischen Ur-Pesach zu seiner heutigen und historischen Umwelt spärlich. Weder in Ägypten noch in Mesopotamien haben sich vergleichbare Institutionen gefunden. Palästinische Beduinen feiern kein Pesach. Muslime der Region, pfleg(t)en zu bestimmten Gelegenheiten Schafe zu schlachten und das Blut in Riten einzusetzen. Durch die Details der Riten wird nicht die Rückführung derselben und von Ex 12 auf ein archaisches Ritual plausibel, sondern gezeigt, dass beide – wie viele Opfer vieler Kulturen – am rituellen Potenzial von Schlachtung und Blut partizipieren[60]. Die Rekonstruktionen des religionsgeschichtlichen Hintergrunds von Ex 12 zeigen, dass der Text selbst die einzige, zuverlässige Quelle für Rekonstruktionen seines religionsgeschichtlichen Hintergrunds ist.

b) Seit den Tagen der Richter

Die Annahme, dass ein Ur-Pesach schon lange *vor* dem Exodus gefeiert worden sein soll, bezieht ihre Plausibilität unter anderem aus der Meinung, dass das Pesach *nach* dem Exodus ununterbrochen gefeiert wurde. Dabei lassen jene Texte aufhorchen, in denen die Feier eines Pesach als Wiedereinrichtung eines lange nicht geübten Brauchs dargestellt wird. Kein anderes Fest betreffend (vgl. Neh 8,17) betont die Bibel so oft, dass es nicht kontinuierlich gefeiert wurde.
Schon vor dem Einzug in das Land wurde das Pesach offenbar als nicht regelmäßige Institution gedacht. Josua muss schließlich die Israeliten – unter anderem als Voraussetzung für das Pesach – erst beschneiden (Jos 5,4–8). Die Auffindung des Gesetzbuches durch Joschija führt zu einer Kultreform, die in einem Pesachfest gipfelt: »Ein solches Pascha war nämlich nicht gefeiert worden seit den Tagen der Richter, die Israel regierten, auch nicht in der ganzen Zeit der Könige von Israel und Juda«[61]. Der Text gibt keine Aus-

---

60   D. *Bergant*, An Anthropological Approach to Biblical Interpretation: The Passover Supper in Exodus 12: 1–20 as a Case Study, Semeia (Heft) 67 (1995), 43–62 bietet eine Sammlung von Gemeinplätzen (»gekocht/gebraten« vs. »roh«) und übernimmt kritiklos die Nomadenthese von R. de Vaux als Deutung von Ex 12. Echte Forschungsergebnisse der Anthropologie könnten die Frage vielleicht weiterbringen.
61   2Kön 23,22; vgl. 2Chr 30,5.26: »seit den Tagen Salomos« (historisch nicht plausibel; *Wambacq*, Origines, 217) in der Zeit des Hiskija und das Pesach des Hiskija übergehend in 2Chr 35,18: »seit den Tagen des Propheten Samuel«. Das in Esr 6,19ff gefeierte Pesach ist ebenfalls eine Wiederaufnahme eines lange nicht geübten Ritus.

kunft darüber, wie man sich ein »solches« korrektes Pesach in der tempellosen »Zeit der Richter« vorzustellen habe. Der Autor des Textes stellt sich keine »Hausfeier« nach Ex 12 als Ursprung des Pesach _am Tempel_ vor. Jenes als Norm wäre ja geradezu ein Gegenargument gegen die Zentralisation. Joschija profaniert Heiligtümer[62]. »Hausfeiern« des Pesach sind nicht im Blick. Neben den Erzählungen über seine Wiedereinsetzung wird kein Pesach beschrieben. Jene sind aber nicht als Familienfeiern stilisiert[63]. Außer teilweise Dtn 16,1–8 kennen die Gesetzessammlungen die spezifischen Vorschriften von Ex 12 nicht. Die »Hausfeier« von Ex 12 ist nicht Paradigma des Pesach im Alten Testament[64].

c)   Ex 12 als vielschichtiger Text

Es besteht ein breiter Konsens darüber, dass Ex 12,1–27 literarisch nicht einheitlich ist. Er basiert auf zwei Annahmen. (1) Ein origineller Autor wiederholt keinen Gedanken. Vor allem Ex 12, 1–20 und 21–27a sind daher unterschiedlichen Schichten zuzuordnen. Das relative Alter der Abschnitte ist aber umstritten. Sowohl für V. 1–20* als auch 21–27a* wird historische Priorität vorgeschlagen[65]. (2) Die Zeichen, dass in Ex 12 vergleichsweise _junge_ Texte vorliegen, müssen mit der These, dass das Pesach als uraltes Nomadenritual in der Geschichte Israels immer vorhanden war, harmonisiert werden. Ex 12,1–20* und 21–27* werden folglich selbst als Produkte mehrstufiger Überarbeitungen gedeutet, indem vor allem Anspielungen auf den Tempel als »Zusätze«

---

62   _Wambacq_, Origines, 224.309 für das Dtn.
63   Zu Jos 5,10 bei Josephus s. oben. _J.A. Wagenaar_, The Cessation of the Manna. Editorial Frames for the Wilderness Wandering in Exodus 16,35 and Joshua 5,10–12, ZAW 112 (2000), 192–209: Das Pesach in Jos 5 ist ein priesterlicher Zusatz zum Text als Parallele zu Ex 12; vgl. auch _Van Seters_, Place, 168f. Jenseits der Frage, ob sich in Jos die »Priesterschrift« fortsetzt, ist hervorzuheben, dass (analog zu Ex 12) beim Pesach des Josua der Kult des Jerusalemer Tempels im Hintergrund steht. Vgl. _Wambacq_, Origines, 304 zu Num 9,7.13: Ein Pesach zu feiern bedeutet: »das Opfer יהוה‎s zu seinem Termin inmitten der Israeliten darbringen«.
64   Grünwaldt stützt seine Annahme, dass eine dem ägyptischen Pesach vergleichbare Feier zu einem der drei Grundelemente der jüdischen Identität während des Exils wurde, auf die literarkritische Analyse von Ex 12; s. unten Anm. 66 und 86.
65   _Sh. Bar-On_, Zur literarischen Analyse von Ex 12,21–27*, ZAW 107 (1995), 18–31 beschreibt einen vierstufigen Entstehungsprozess von Ex 12*. Die V. 21–27* sind einer priesterlichen (jungen) Quelle zuzuordnen. _P. Weimar_, Zum Problem der Entstehungsgeschichte von Ex 12,1–14, ZAW 107 (1995), 1–17 geht davon aus, dass 1–14* als Überarbeitung des jehowistischen 21–23* in drei Stufen entstand.

klassifiziert werden. Die literarkritische Analyse von Ex 12 ist darin Zirkelschlüssen ausgeliefert, weil die Analyse der Schichten im Text die Liturgiegeschichte voraussetzt, die sie beweist[66]. Der Exodus ist eine spannende Geschichte. Die endgültige Konfrontation zwischen Israel und Ägypten scheint zu Beginn von Ex 12 nahe. Da gibt Gott Mose und Aaron detaillierte Anweisungen zum Kalender und zu einer neuen Liturgie und ihrer langwierigen Vorbereitung. Etwas kürzer wiederholt Mose (V. 21–27) die Vorschriften vor den Ältesten Israels. Erst darauf wird die eigentliche Handlung fortgesetzt, wobei die Ausführung der Anweisungen nicht mehr beschrieben ist (V. 28). Der Text nutzt die in der Plagenerzählung steigende Spannung, um knapp vor dem Höhepunkt innezuhalten und wichtige Mitteilungen zu machen. An dieser Stelle haben sie eine größere Wirkung, als sie sie nach der Befreiung, durch welche die Macht der Vorschriften erst begründet wird, hätten. Die Anordnungen in Ex 12,2–20 und 21–27 widersprechen einander nicht, sondern ergänzen einander[67]. Vor einer literarkritischen Analyse des Textes ist ein Gesamtverständnis möglich.

In der Gottes- und Moserede tritt der Autor *teilweise* aus der Erzählsituation heraus. Er bespricht zwar weiterhin, was die Israeliten damals in Ägypten taten und erlitten, wendet sich aber gleichzeitig an seine Hörer und Hörerinnen und verknüpft die Vergangenheit mit der Gegenwart, indem er Assoziationen an ihre eigene liturgische Erfahrung hervorruft. Wie jede Ätiologie beschreibt Ex 12 den Sinn der Gegenwart als Erzählung der Vergangenheit.

Ex 12f erzählt nicht bloß über eine magische Technik zur Abwendung des Verderbers[68], die in Ägypten einmal ihren Nutzen hatte, jetzt aber obsolet ist. Der Text betont den liturgischen Charakter der Riten. Sie begannen zwar in Ägypten, sind aber auf alle Zukunft hin angelegt und müssen der folgenden Generation erklärt werden. Nachdem das Alte Testament keine Daten für eine Rekonstruktion eines Nomadenpesach bietet, ist die Liturgie, auf

---

66 *Grünwaldt*, Exil, 71 schließt Ex 12,15–20 (mit M. Noth) als »spätpriesterliche Schrift« aus: »Hier schwebt ... die Kulturlandsituation vor.« Weil das nomadische Urpesach und das es aufnehmende Exilspesach nicht an einem Tempel gefeiert wurden, »enthält« V. 16 »einen Anachronismus« (90). Die »Tendenz«, dem Familienpesach jeden Opfercharakter zu nehmen, findet *Grünwaldt* (82f) in P^g – einem Text, den er durch Ausschluss von Hinweisen auf den Kult (»Zusätze« [84–89]) herstellt. »Es muß schon für ein solches besonderes Fest ein besonderes Tier sein« stuft die Parallelen von V. 5 zu den Opfergesetzen als bloßen Zufall ein.

67 Vgl. die Vermittlung der יהוה-Rede (Ex 19,10–13) in V. 15. Gen 24,15–27 und 43–48 reflektieren nicht zwei Schichten, sonder eine Erzählstrategie.

68 Oder des »Verderbens«; s. oben Anm. 57.

die sich Ex 12 bezieht, das einzige Pesach, das biblisch und nach-
biblisch, von Autoren der Diaspora und Palästinas reichlich bezeugt
wird: das Pesach am Jerusalemer Tempel gemeinsam mit dem untrennbar mit ihm verbundenen Mahl[69].

d) Die Liturgie von Ex 12

Das Gebot, am 10. des ersten Monats ein junges Schaf oder eine
junge Ziege (V. 5) zu »nehmen« und es bis zum 14. »aufzube-
wahren«, ist weder aus den übrigen Opfergesetzen noch aus religionsgeschichtlichen Parallelen erklärbar und bleibt enigmatisch,
weil es nicht als narratives Element des ägyptischen Pesach gedeutet werden kann. Dass Ex 12 eine vorbereitende oder gar reini-
gende Liturgie vorsieht, wie Sukkot der Versöhnungstag vorangeht, ist nicht gesagt[70]. Die Bezeichnung und Qualität des Tieres
in Ex 12,3.5 ist allerdings aus Opfergesetzen bekannt[71].
Die Bildung von Gruppen um je ein Tier ist in Quellen der Zeit
des Zweiten Tempels und der rabbinischen Literatur belegt. Jene
stimmen bei allen Unterschieden darin überein, dass die Gruppe

---

69 Dtn 16,1–8 kann im Rahmen dieses Aufsatzes nicht besprochen werden. In
jedem Fall ist zu vermeiden, dass Vorurteile über das »Nomadenpesach« den
Hintergrund für die Interpretation des dtn Gesetzes bilden. Vgl. die vorsichti-
ge Darstellung von *T. Veijola*, Moses Erben. Studien zum Dekalog, zum Deuteronomismus und zum Schriftgelehrtentum (BWANT 149), Stuttgart 2000, 141.
G. Braulik, Leidensgedächtnisfeier und Freudenfest. »Volksliturgie« nach dem
deuteronomischen Festkalender (Dtn 16,1–17), ThPh 56 (1981), 335–357 =
ders., Studien zur Theologie des Deuteronomiums (SBAB 2), Stuttgart 1988,
95–121 zeigt, dass die Tatsache, dass Pesach (und das Fest der ungesäuerten
Brote) nach dem Dtn kein »Wallfahrtsfest« ist, der Theologie des Buchs entspricht. Der spezifische Charakter des Pesach und der es feiernden Gruppe nach
dem Dtn gibt daher Auskunft über die humanistische Utopie des Buches und
sagt nichts über eine »Hausfeier« des Pesach jenseits eines Heiligtums. Vgl.
auch *Haran*, Temples, 342.
70 »Am 8. Xanthikos« in Bell 6,290/5,3 ist der erste Teil einer genaueren
Zeitangabe, die sich nicht auf die Versammlung der Pilger, sondern auf das folgende Lichtwunder bezieht und nicht impliziert, dass das Volk sich immer (zum
Zweck der Garantie seiner Reinheit) am 8. Nisan in Jerusalem einzufinden
pflegte; anders *Colautti*, Passover, 140–142, der Bell 6,290 mit Ez 45,18–20
zusammenbringt. Josephus, der Ez 45,20 nach der LXX las, hatte diese Assoziation offenbar nicht. Ez LXX sieht jeweils am Monatsersten vor dem Laubhüttenfest und Pesach eine Reinigung des Tempels durch einen Blutanstrich unter anderem am Türstock vor (s. unten Anm. 79). Daraus ergibt sich keine Pflicht, am
8. Nisan in Jerusalem zu sein, und das Datum des 10. Nisan hat nichts mit der
Reinigung des Volkes zu tun. Vgl. *Haag*, Pascha, 87 zum 10. Nisan.
71 Fehlerlos, einjährig und/oder männlich: Lev 1,3.10; 3,1.6; 4,3.23.28.32;
5,15.18.25; 9,2.3; 12,6; 14,10; 22,19.21; 23,12.18f; Num 6,12.14; 7 und 28; öfter
in Ez 43; 45; 46.

nicht grundsätzlich aus Mitgliedern einer Familie oder Hausgemeinschaft besteht[72]. Die Feiern in den Häusern Jerusalems ist eine (z.b. von Jub nicht anerkannte) Lösung der Zeit des Zweiten Tempels, die es einer großen Zahl von Pilgern gestattet, in Jerusalem das Pesach gemeinsam zu feiern, obwohl der Tempel, wo das Mahl stattfinden sollte, schon für die Schlachtung zu klein ist[73]. Bei denjenigen Opfern, wo die Darbringer einen Teil der Materie in einem Mahl verzehren, bestehen Regeln, nach denen das Fleisch bis zu einem gewissen Zeitpunkt gegessen werden darf und andernfalls vernichtet werden muss[74]. Vielleicht hat sich aus Zeitgrenzen der Opfermahlzeit die Nachtfeier entwickelt[75]. Mit dem Tempel zusammenhängende Handlungen sind im Allgemeinen auf den Tag beschränkt. Das Verbot, das »Haus« zu verlassen oder etwas vom Fleisch des Pesachtiers hinauszutragen (V. 22.46), ist gut in die Exoduserzählung eingefügt. Die Vorstellung des draußen durchziehenden Verderbers macht die im Tempel (oder innerhalb Jerusalems) versammelten Israeliten zu einer Schicksalsgemeinschaft im Zeichen des Exodus. Neben den Grenzen der Zeit existieren am Tempel auch räumliche Grenzen für Opferfleisch oder Priesterkleider, die bestimmte Bereiche nicht verlassen durften[76]. Ex 12,3f.10 legt nahe, eine Untergrenze der Mahlgemeinschaft vorzusehen, um die Notwendigkeit, untauglich gewordenes Opferfleisch verbrennen zu müssen, zu vermeiden. Der Hinweis auf den »Nachbarn« ist Teil der narrativen Verankerung der Vorschriften in der Situation Ägyptens[77]. In Jerusalem kommen Pilger aus unterschiedlichen Orten und Situationen zusammen, um das Opferfleisch zu verzehren. Sogar Ex 12 ordnet damit die fiktive Familiensituation den Regeln des Umgangs mit *Opfermaterie* unter: Wenn die Hausgemeinschaft zu klein ist, wird sie um des Tieres wil-

---

72   φατρίαι ist bei Josephus wahrscheinlich ohne Implikation einer Verwandtschaft (und daher nicht »family groups«) zu übersetzen; s. φράτρα in *H.G. Liddell / R. Scott (u.a.)*, A Greek-English Lexicon, Oxford ⁹1940 [Nachdr. 1961] 1953; anders *Colautti*, Passover, 34.
73   Vgl. *Segal*, Passover, 240; *Wambacq*, Origines, 222–224.
74   Auch das Manna am Wochentag (Ex 16,19) muss bis zum Morgen verzehrt sein. Vgl. zu anderen Opfern: Ex 23,18; Lev 7,15–18; eventuell 8,32; 22,30; Fleisch und Brot vom Einsetzungsopfer der Priester (Ex 29,34). Details sind umstritten. Nach 4QMMT B 10 = 4Q394 3–7 i 12–16; DJD 10, S. 47 und 150–152 (gegen mZeb 6,1: bis Mitternacht; vgl. 11QTᵃ 20,12f; 43,10–12) müssen Anteile der Speiseopfer vor Einbruch der Dunkelheit verzehrt werden.
75   S. unten Anm. 78.
76   S. zur Kleidung der Priester *Maier*, Tempelrolle, 176, Anm. 499 und Lev 6,1–4; 16,23f.
77   Nach der anonym überlieferten Meinung in tPes 8,12f, S. 187f galt die Bestimmung über den »Nachbarn« nur in Ägypten.

len erweitert. Ex 12 verschleiert den Charakter des Pilgerfestes und
versetzt die Situation des Tempels in ein Dorf in Ägypten.
Wie die Privatopfer wird auch das Pesach von den Eigentümern
geschlachtet. Die enge Terminisierung führt dazu, dass eine große
Gruppe von Menschen das Pesach am Tempel gemeinsam schlachten muss. Aus dem darauf folgenden Procedere verschweigt der
Autor, ob er sich vorstellt, dass die Israeliten in Ägypten das Fett
genossen[78]. Im Gegensatz zu den Regeln des Umgangs mit dem
Fett ist Blutgenuss bereits seit Gen 9,4 verboten. Dennoch wird
das Blut des Tieres nicht einfach vergossen, sondern auf den Türrahmen gestrichen (Ex 12,7.22)[79]. Dieser Blutanstrich hat viele
Theorien hervorgerufen. An die rabbinische Deutung lässt sich die

---

78 *Haran*, Temples, 344 meint, dass das Fett aus der Sicht von J dargebracht
wurde. Die Notwendigkeit, die Fettteile rasch zu verbrennen, ergibt sich, wenn
man 2Sam 2,13–16 verallgemeinert, wonach das *Essen* des Opferfleischs nach
der Darbringung des Fetts erfolgt. Vor Einbruch der Dunkelheit war bei einem
Pilgerfest kein Mahl (mPes 5,10: erst die *Zubereitung*) zu beginnen, nachdem
davor kaum angenommen werden konnte, dass die Fettteile am Altar lagen; vgl.
2Chr 35,12–14. Dtn 16,6 ordnet sogar den Exodustermin der kultischen Realität unter, indem es zur Schlachtung am »Abend« bemerkt, dass der Auszug am
Abend stattfand (gegen 16,1; Ex 12,42; Num 33,3). Das nächtliche Mahl ergab
sich daher von selbst aus dem im Kult vorgegebenen Abendtermin der Schlachtung (Dtn 16,6; Lev 23,5; nach mPes 5,3 praktisch am ganzen Nachmittag möglich) und den Regeln zum Umgang mit Opfermaterie.
79 Vielleicht regte die Mehrdeutigkeit von קס (»Schale«, »Schwelle«) die Erzählung der Blutapplikation auf den *Türstock* an. Der Blutanstrich in Ex 12
spielt wahrscheinlich nicht auf Ez 45,18–20 an. Er findet dort am *ersten* Nisan
(und am ersten Tischri, LXX) statt und erfolgt nicht mit dem Blut des Pesachtiers. *Van Seters*, Place, 174f und *Wambacq*, Origines, 319–323 nehmen an,
dass dieser Blutritus vom Tempel (den Ez 45,19f schlicht als »das Haus« bezeichnet) auf die Diasporahäuser übertragen wurde, um temporär im Heiden-
land einen »Tempel« herzustellen. Für einen Zusammenhang mit Reinigung
spricht die Erwähnung von Ysop (V. 22) in Ps 51,9 (s. auch JosAnt 2,312/14,6),
bei der Reinigung der Aussätzigen (Lev 14) und bei der Herstellung des Reini-
gungswassers (Num 19). Dass gerade die Toreinfassung der Häuser mit Blut
bestrichen wird, könnte sich mit Ez erklären lassen. Es handelt sich jedoch um
einen sehr speziellen Ritus der Entsühnung des Tempels »für die, die sich aus
Versehen oder aus Unwissenheit verfehlt haben.« Das komplizierte System der
Entsühnung des Tempels nach *versehentlichen* Verfehlungen konnte kaum als
»Reinigung« eines Orts im Ausland verstanden werden. Jener Ritus ist zudem
bestenfalls esoterisch (vgl. auch Lev 4,7f; bei Ez wohl utopisch) im Vergleich
mit hunderten Litern Blut der Pesachtiere selbst, das am 14. Nisan an den Sockel des Altars geschüttet wurde (und bei geschlossenen Toren angeblich knö-
chelhoch stand; tPes 4,12; bPes 65b). Dass aus dem Haus in Ägypten oder der
Diaspora gerade *kein* Tempel gemacht werden soll, zeigt auch das Gebot, Schuhe zu tragen (Ex 12,11). Das ägyptische Pesach findet folglich nicht auf heiligem Boden oder in einem Heiligtum statt; vgl. Ex 3,5; Jos 5,15. S. auch oben
Anm. 70.

Interpretation als Ätiologie gut anschließen. Nachdem in Ägypten weder Priester noch Altar vorhanden waren, wird die Ausgießung des Bluts an den Sockel des Altars in die Applikation auf den Türstock transformiert und mit den Plagen verknüpft. Darin scheint der Zweck der Erzählung durch. Sie stabilisiert die Deutung des Festes als Exodusgedächtnis. So wie die Laubhütten sich ihrem Namen nach einer von Jakob benannten Station[80] des Exodus mimetisch anschließen, lassen sich das Pesach betreffende Details des normalen Opferablaufs am Tempel mit Exoduserinnerungen verknüpfen: Zu Pesach hat sogar das Ausgießen des Bluts an den Altarsockel eine geschichtliche Bedeutung. Auch die Doppelfunktion des Zeichens für das Volk und für Gott bleibt analog zu Ex 12,42 in der Ausschüttung des Bluts erhalten[81]. Es geht daher in Ex 12 weder um Reinigung noch um apotropäische Rituale und der Text ist kein Beleg dafür, dass jemals ein Türrahmen mit dem Blut des Pesachtieres beschmiert wurde.

Die Zubereitung des Tieres ist problematisch, weil nicht klar ist, warum die Tiere nicht den anderen Opfern entsprechend gekocht wurden[82]. Die außerbiblischen Texte, die die Frage behandeln, sind sich darin einig, dass das Pesachtier nicht gekocht wurde[83]. Auch hier mag eine große Menge an Opfertieren zu einem Kompromiss geführt haben. Für viele Pilger wäre viel (reines!) Geschirr, mehr Holz zur Feuerung und wahrscheinlich mehr Zeit nötig gewesen, wenn alle ihre Tiere kochen sollten. Ex 12 gibt hier Details, damit auch dieser aus den allgemeinen Opfern nicht zu erwartende Brauch mit dem ägyptischen Pesach verbunden und als mimetische Handlung gesehen werden kann.

80 Gen 33,17; Ex 13,20; Lev 23,43; dem Fest entsprechend Num 33,5: »Die Kinder Israels zogen von Ramses weg und lagerten in Sukkot/Laubhütten.«
81 Das Blut sei »euch zum Zeichen« (Ex 12,13) – »wenn er [יהוה] das Blut sieht« (V. 23).
82 2Chr 35,13 harmonisiert lieber Ex 12 und Dtn 16, als seine Praxis in die Zeit des Joschija zurückzudatieren. Dtn 16 sieht »kochen« (לבשל) vor, was Ex 12 verbietet. Wer לבשל als »zubereiten« übersetzt, tilgt das Problem; *Segal*, Passover, 205. Vielleicht reflektiert Dtn 16 einen Zustand (oder eine Utopie), in dem das Pesach im Kontext der normalen Opfer und nur in einen Monat, nicht aber auf einen Tag festgesetzt verstanden wurde. Wenn חדש nicht »Neumond« meint, wäre Dtn 16 der einzige Beleg dieser Terminisierung des Pesach. Ex 12 könnte dagegen eine Innovation, die aufgrund der großen Menge der Pilger entwickelt wurde, rechtfertigen. Reinheitsvorschriften könnten zum Kompromiss geführt haben, dass das Pesach als Massenphänomen in der Hierarchie des Heiligen abgestuft und seine rituelle Praxis verändert wurde.
83 Vgl. auch neben den expliziten Hinweisen mTaan 3,8, wo Ḥoni der Kreiszieher vor dem die Pesachöfen zerstörenden Regen, den er gerade zu erbitten antritt, warnt. tSan 2,12 wird explizit in bSan 11a: Man interkaliert ein Jahr nicht (da)nach, (ob die Pesach-)Öfen (schon fertiggestellt sind).

Normalerweise sind gesäuerte Brote von einer Darbringung zusammen mit Opferfleisch ausgeschlossen[84]. Es verwundert daher nicht, dass sie auch mit dem Pesach erwähnt sind, und ebenso wenig, dass auch in ihnen ein mimetisches Element entdeckt wird (V. 39; Dtn 16,3). Damit ist nicht erklärt, warum die Opferliturgie ungesäuertes Brot vorzieht und sich dem Pesach ein siebentägiges Fest der ungesäuerten Brote anschließt, sondern angedeutet, wie die Liturgie Detail um Detail mit dem Exodus verbunden wurde. Die Bitterkräuter erscheinen erst in der rabbinischen Literatur als Zutat zum Mahl und können daher dort eine Innovation aufgrund des Textes von Ex 12 und Num 9 sein[85]. Wenn die Bitterkräuter mit Salz zu verbinden sind, transponieren sie Lev 2,13 in die narrative Situation Ägyptens.

Vier mimetische Regeln gibt Ex 12,11 (Dtn 16,3 auch »Hast«[86]) für das Mahl. Im Seder, wie ihn die Rabbinen entwickeln, aber auch im Neuen Testament scheint eine andere Atmosphäre beim Mahl angestrebt worden zu sein. Ex 12 ist Deutung und nicht Vorschrift. Der Vers reflektiert vielleicht an der Grenze zur Karikatur einen Teil des Flairs eines Pilgerfestes in Jerusalem. Eine große Menge an Pilgern hatte das Opfermahl unter sehr beengten Bedingungen zu feiern. So kann Ex 12 auch noch die weniger angenehmen Seiten eines Mahls beim Pilgerfest als Mimesis des Ur-Pesach deuten und eine de facto vorhandene Stimmung zum religiösen Nutzen der Feiernden wenden.

4. Zusammenfassung

Ex 12 ist eine allegorische Erklärung der Tempelliturgie in der Form von Geboten zu einer fiktiven Ur-Liturgie. Da jene nie ge-

---

84 Lev 23,17 werden wohl zwei gesäuerte Brote der Erstlinge »dargebracht«. Sie gehören aber offenbar (V. 20) dem Priester, so dass sie nicht verbrannt werden. Auch Lev 7,13 könnte so verstanden werden. Ansonsten wird ungesäuertes Brot verwendet; Lev 2,4f.11; 6;9.10; 7,12; 8,2.26; 10,12; Num 6,15.17.19.

85 Ex 12 konnte in der jüngeren Zeit des Zweiten Tempels die Liturgie beeinflussen. 2Chr 30,16 (vgl. V. 5.18) beruft sich auf einen Text: »Gesetz des Mose, des Mannes Gottes«.

86 חפזון kann als Volksetymologie für פסח gedacht sein und muss daher nicht auch einen liturgischen Hintergrund haben. Als Interpretation der ungesäuerten Brote (nicht aber als Verhaltensregel beim Mahl) kennt auch Tacitus, Historiae V 4,3 dieses Element; *M. Stern*, Greek and Latin Authors on Jews and Judaism. Jerusalem 1980, II, Nr. 281, S. 18.25. Als einzige pagane Quelle, die vom Fest der ungesäuerten Brote weiß, ist Tacitus offenbar von Ex 12,39 abhängig (ebd., 37). Im Gegensatz zu Beschneidung und Sabbat ist das Pesach nichtchristlichen Autoren nie als konstitutives Element des Judentums aufgefallen.

halten wurde, fällt die Verbindung mit der realen Tempelliturgie leicht. Letztere wird als Erfüllung des im Exodusgeschehen gegebenen Gebots betrachtet. Ihre Elemente erschließen sich als Nachahmung der fiktiven Ur-Liturgie und führen zur Erinnerung des Exodus. So werden die Riten am Tempel, die mit dem Exodus nichts gemeinsam haben, zu seinen unmittelbaren Zeugen, die die Festgemeinde durch ihre Kenntnis des Textes von Ex 12 in die Vergegenwärtigung und symbolische Realität des Exodus hineinzieht. Ex 12 und das ägyptische Pesach sind Deutung der Liturgie und weder Gegenstand ihrer Erinnerung noch Vorschrift für ihre Gestaltung.

Die Interpretation ergibt sich aus den Belegen zum Pesach. Auslegungen und Paraphrasen von Ex 12 sind keine Beweise der praktischen Durchführung einer Liturgie. Außerhalb von Deutungen von Ex 12 wird das Pesach oft erwähnt, geregelt und beschrieben. Es wird mit der Liturgie am Tempel verbunden. Das Mahl betreffend erscheinen Charakteristika antiker Mahlkultur. Die für Ex 12 typischen Elemente fehlen als Liturgie. Nach 70 n.Chr. wird Ex 12 seinem Sinn entsprechend nicht als Basistext der Konstruktion von Pesach oder Ostern gewählt.

Seit den Vorschlägen J. Wellhausens, dem Pesach einen Ursprung in der Evolution der Menschheit zu geben und es dabei seines Ursprungs in der Geschichte Israels zu entledigen, sind viele der Plausibilitäten, die sie gestützt haben, weggefallen. Es lohnt sich nicht mehr, die Komplexität der Thesen zu erhöhen, um Kritik zu integrieren. Ein nomadisches oder exilisches Urpesach hat keinen Grund im Alten Testament und in der antiken Liturgiegeschichte. Die Deutung von Ex 12 als Ätiologie gibt dem Text einen Sitz im Leben – vor allem aber einen Sitz in der Liturgie und der Literatur.

Zwei Konsequenzen für die christliche Liturgie und Theologie seien hervorgehoben:

1. Schon im 2. Jh. n.Chr. war Ex 12 ein wichtiger Ausgangspunkt des theologischen Diskurses um Ostern. Warum verschwand der im Text für »alle Generationen« vorgeschriebene, angeblich immer gehaltene und vom Tempel prinzipiell unabhängige *Ritus* spurlos nach der Zerstörung des Tempels? Der vorgelegte Ansatz beantwortet diese Kernfrage jeder Geschichtsdarstellung von Pesach und Ostern. Er erklärt auch, warum aus dem Judentum der Diaspora kein Zeugnis überliefert ist, dass man Ex 12 als liturgische Anleitung für das Fest fernab des Tempels verstand. Wenn sich Juden der Diaspora dem Glauben an Christus zuwandten, konnten sie keine Hausfeier nach Ex 12 als liturgisches »Erbe« in ihre neue soziale Umgebung einbringen. Auch wenn Paulus je ei-

ne Gemeinde lehrte, ein Paschafest zu halten, konnte es nicht aus-
gesehen haben wie das Mahl in Ex 12.
2. Die Lesung aus Ex 12 in der Osterliturgie vertritt ein christli-
ches, allegorisierendes (zum Teil massiv antijüdisches) Interesse
an diesem Text seit dem 2. Jh. Sie repräsentiert keine alte christliche oder jüdische Praxis. Als Ätiologie der Pesachliturgie am Zweiten Tempel ist sie nicht geeignet, Riten des letzten Abendmahls
zu illustrieren. Sie zeigt aber, wie theologische Genialität aus der
Betrachtung einer Opferliturgie, ohne sie zu verändern, ein heilsgeschichtliches Drama erstehen lässt.

Günter Stemberger

Die Megillot als Festlesungen der jüdischen Liturgie

Seit es den Tempel nicht mehr gab, konnte man auch die biblischen Feste, besonders die Wallfahrtsfeste, nicht mehr so begehen, wie es die Tora vorsah. Die Feiern im Tempel wurden durch den Wortgottesdienst der Synagoge ersetzt, an die Stelle der Opfer traten Gebet und Schriftlesung. Dieser Wandel setzte zwar schon in den Jahrzehnten nach 70 ein; die volle Ausgestaltung der Liturgie ist jedoch das Ergebnis einer langen Entwicklung, wie hier am Beispiel der fünf Megillot gezeigt werden soll.

»The very fact that we have extensive early collections of *midrash* on all five megillot (Esther, Lamentations, Ruth, Ecclesiastes and Canticles) indicates that they were part of the synagogue service from a relatively early date«[1].

Diese Aussage gibt eine weithin verbreitete Meinung wieder. Sicher ist, dass die fünf Megillot ab dem Mittelalter auf je verschiedene Weise Festlesungen sind: Ester für Purim, Hoheslied zu Pesach, Rut zu Schavuot, Klagelieder zum 9. Ab, Kohelet zum Laubhüttenfest. Doch ist die Aussage historisch zu differenzieren und zu fragen, seit wann jede einzelne dieser biblischen Schriften Festlesung wurde.
Die Megillot wurden in rabbinischer Zeit nie als zusammenhängende Einheit der Bibel betrachtet; der Begriff der »fünf Megillot« kommt in der rabbinischen Literatur nicht vor. Die einzige rabbinische Liste der biblischen Bücher (bBB 14b) reiht die Hagiographen chronologisch: Rut, Pss, Hiob, Spr, Koh, Hld, Klgl, Dan, Est, Esra, Chr. Der einzige Hinweis, dass man zumindest Teile der Megillot irgendwie als zusammen gehörende Gruppe betrachtet ha ben könnte, ist ein Text aus dem talmudischen Traumbuch (bBer 57b):

---

1 *Ch. Milikowsky*, Reflections on Hand-Washing. Hand-Purity and Holy Scripture in Rabbinic Literature, in: M.J.H.M. Poorthuis / J. Schwartz (ed.), Purity and Holiness. The Heritage of Leviticus, Leiden 2000, 149–162, hier 158, Anm. 16. Nicht zugänglich war mir *G.C. Cohen*, Chamesh ha-megillot u-mo'ade qriatan, Mehqere Hag 1 (1988), 74–90.

»Drei Propheten sind es. Wer das Königsbuch sieht, schaue nach Größe aus; Ezechiel, der schaue nach Weisheit aus; Jesaja, der schaue nach Trost aus; Jeremia, der sorge sich wegen Strafe[2]. Drei (große) Hagiographen sind es. Wer das Buch der Psalmen sieht, schaue nach Frömmigkeit aus; Sprichwörter, der schaue nach Weisheit aus; Ijob, der sorge sich wegen Strafe. Drei kleine Hagiographen sind es. Wer das Hohelied im Traum sieht, schaue nach Frömmigkeit aus; Kohelet, der schaue nach Weisheit aus; Klagelieder, der sorge sich wegen Strafe. Wer die Ester-Rolle siehe, dem geschieht ein Wunder«.

Dem zitierten Text geht eine gleich strukturierte Dreiergruppe von Königen voran; ihr folgen Dreiergruppen von Rabbinen und Gelehrtenschülern[3]. Bei den kleinen Hagiographen ist zu den angekündigten drei Einheiten eine vierte zugefügt[4]. Auf die Textprobleme des Talmudabschnittes ist hier nicht einzugehen; der hier interessierende Text über die kleinen Hagiographen ist jedenfalls einheitlich überliefert.

Die Reihenfolge von bBB 14b (Koh, Hld, Klgl) ist wohl ebenso wie bei den großen Hagiographen rein aus thematischen Gründen geändert, die jeweilige Dreiergruppierung ist jedoch dieselbe. Dass man die Aussage über die Ester-Rolle anfügt (in bBB 14b von den drei vorigen Schriften nur durch Daniel getrennt), mag mit ihrer Verbreitung zusammenhängen. Hier schon an eine traditionelle Gruppe von zumindest vier der fünf Megillot zu denken, ist nicht zu begründen (da wäre Rut statt Kohelet zu erwarten) – die jeweiligen Schriften sind innerhalb der Schriftengruppe, zu der sie gehören, einfach nach Größe geordnet bzw. werden als Werke Salomos zusammengestellt[5]. Biblische Handschriften aus Qumran, die Megillot verbinden, sind nicht erhalten; der früheste Beleg einer biblischen Handschrift, die die

---

2 So MS München 95; MS Oxford 366: »Wer (das Buch der) Könige im Traum sieht, schaue nach Frömmigkeit aus; Jesaja, der schaue nach Weisheit aus; Jeremia, der sorge sich wegen Strafe«. In MS Florenz 7 sind durch Textausfall die Abschnitte über die drei Könige und die drei Propheten ineinander geschoben. Der übliche Druck Wilna liest (wie schon der Druck Soncino 1484): »Wer das Königsbuch sieht, schaue nach Größe aus; Ezechiel, der schaue nach Weisheit aus; Jesaja, der schaue nach Trost aus; Jeremia, der sorge sich wegen Strafe«.
3 MS Oxford 366 und Paris 671 nennen diese gleich nach den Königen, reihen also drei Gruppen von Menschen vor drei Gruppen von Schriften.
4 Ebenso schon bei den Propheten in den Druckausgaben, wo zu Beginn Jesaja aus dem Rahmen fällt wie am Schluss Ester.
5 Bei der Reihung der drei Schriften Salomos spielt auch die von den Rabbinen diskutierte Frage eine Rolle, ob Salomo, der nach seiner Herrschaft Privatmann wurde, noch einmal das Königtum erlangte oder nicht: HldR 1,10; KohR 1,31 zu 1,12; bSan 20b und öfter.

Megillot aneinanderreiht, ist der Kairoer Prophetencodex von 896[6].
Erst im Traktat Soferim, Kap. 14 werden dann die Megillot zusammen als Lesungen erwähnt, wobei allerdings Kohelet nur aufgrund des Machzor Vitry und einer Konjektur des Gaon von Wilna in 14,3 eingefügt wird: »Bei Rut, beim Hohenlied [und bei Kohelet], bei den Klageliedern und der Esterrolle muss man (die Benediktion) über das Lesen der Rolle sprechen« (d.h. »Gepriesen sei er ... der uns das Lesen [der Rolle bzw. des Buches N.N.] geboten hat«). Soferim 14,18 geht noch auf den genaueren Zeitpunkt der Lesung der Schriftrollen ein und nennt hier der Reihe nach die Esterrolle, Hoheslied und Rut: Ester wird zweimal gelesen, Hoheslied und Rut werden auf zwei Lesungen verteilt. Die Klagelieder werden erst in 18,4 genannt – hier werden abweichende Bräuche erwähnt, das Buch am Vorabend oder morgens zu lesen. Kohelet ist offenbar auch hier kein Thema.
Der Traktat Soferim ist keine Einheit; die Kapitel 10–21, die auch die Abschnitte zu den Megillot enthalten, sind den Geonim noch nicht bekannt und auch in der Geniza von Kairo nicht belegt. Somit liegt es nahe, dass sie erst in Europa, vielleicht in Byzanz oder in Italien, an die älteren Teile des Traktats angefügt wurden und von da in den aschkenasischen Raum gelangten, wo sie weiter glossiert wurden, bis im 14. Jh. ein relativ stabiler Text vorliegt[7]. Damit ist die Verwendung der fünf Megillot zu den Festen erst sehr spät bezeugt, aber auch ohne Kohelet ein expliziter Beleg erst im hohen Mittelalter anzutreffen; das bedeutet natürlich nicht, dass es nicht den Brauch schon früher, eventuell auch nur regional, gegeben haben kann. Gehen wir daher im Folgenden der liturgischen Verwendung der fünf Schriftrollen einzeln nach.

1. Die Esterrolle

Wenn von der »Schriftrolle« (*megilla*) gesprochen wird, ist von Anfang an das Buch Ester gemeint, dessen Verlesung Hauptthema des gleichnamigen Traktats Megilla in Mischna, Tosefta und den beiden Talmudim ist; die nähere Bezeichnung »Megillat Es-

---

6   Siehe die Tabellen bei *P. Brandt*, Endgestalten des Kanons. Das Arrangement der Schriften Israels in der jüdischen und christlichen Bibel (BBB 131), Berlin 2001, 165–169. Doch auch später werden die Megillot vielfach nicht als Gruppe behandelt (siehe ebd., passim).
7   *D.R. Blank*, It's Time to Take Another Look at »Our Little Sister« Soferim: A Bibliographical Essay, JQR 90 (1999f), 1–26, hier 4f.

ter« kommt, wie auch der Name Esters selbst, in Mischna und Tosefta noch nicht vor. Für Ester allein unter den Megillot war die
Rollenform für die liturgische Lesung stets vorgeschrieben und ist
dies noch heute. Dass die Verlesung von Ester zu Purim schon
von Beginn der rabbinischen Bewegung an völlig unbestritten ist,
mag verwundern, nachdem das Esterbuch in der Zeit vor 70 nur
dürftig belegt ist und auch Hinweise auf das Purimfest sehr spärlich sind.
Wie bekannt, ist allein Ester von allen biblischen Schriften in
Qumran nicht direkt, sondern nur in Vorformen belegt[8]. Auch
sonst wird das Buch vor 70 nie zitiert oder sonst erwähnt. Allein
die Septuaginta bezeugt seine Existenz, wenn auch mit nicht geringen Abweichungen vom hebräischen Text. Das Kolophon zum
griechischen Text[9] bezeichnet das Esterbuch als »Purim-Brief«
(Einheitsübersetzung: »Purimbericht«, ἐπιστολὴ τῶν φρουραί).
Man hat vermutet, dass die im Kolophon bezeugte Überbringung
des griechischen Textes, den ein Mann aus Jerusalem übersetzt
habe, mit der Einführung des Festes in Alexandria bzw. der religiösen Begründung eines schon bestehenden Festes zusammen
hängt. Wie das Fest, wenn überhaupt, in Alexandria begangen
wurde, ob nur kurzfristig oder auf Dauer (Philo erwähnt es nie),
wissen wir nicht. Als frühere Nachricht könnte man auf 2Makk
15,36 verweisen (wieder einen Text aus der Diaspora): Man solle
den Tod Nikanors am 13. Adar feiern, »dem Tag vor dem Mordechai-Tag«. Doch ist der Mordechai-Tag nicht direkt mit Purim
gleich zu setzen; auch hier wissen wir nicht, wie und wie lang man
den Tag begangen hat; auch der Nikanor-Tag, den man laut 1Makk
7,49 »künftig jedes Jahr zu feiern« beschloss, hat sich nicht auf
Dauer gehalten. Josephus erzählt zwar den Inhalt von Ester (Septuaginta) frei nach[10] und erwähnt dabei auch das Fest: »Deshalb
nämlich feiern die Juden die vorgenannten Tage und bezeichnen
sie als φρουραίοι« (Ant 11,295). Das gibt Est 9,23–24 wieder,
worauf Josephus noch ganz kurz den Abschluss des Esterbuches zu-

---

8   J.T. Milik, Les modèles araméens du livre d'Esther dans la Grotte 4 de
Qumrân, RQ 15,3 (1992), 321–399; S. Talmon, Was the Book of Esther known
at Qumran?, DSD 2 (1995), 249–267; K. De Troyer, Once more, the so-called
Esther fragments of Cave 4, RQ 19,3 (2000), 401–422.
9   E. Bickerman, The Colophon of the Greek Book of Esther, JBL 63 (1944),
339–362; Nachdr.: ders., Studies in Jewish and Christian History I (AGJU 9),
Leiden 1976, 225–245. Die Datierung des Kolophons verweist in die Zeit zwischen 114 und 48 v.Chr., genauer vermutlich, wie Bickerman argumentiert, auf
das Jahr 77/76.
10 Dazu siehe L.H. Feldman, Studies in Josephus' Rewritten Bible (JSJ.S 58),
Leiden 1998, 513–538.

sammenfasst[11]. Damit ist der Hinweis auf das Fest Teil der Nach-erzählung des Esterbuches und nicht unbedingt als Beleg zu verste-hen, dass es auch zur Zeit des Josephus in Palästina oder sonstwo begangen wurde. Schließlich ist auch die Fastenrolle kein direkter Beleg für ein Fest; die Schrift ist eine Liste von Tagen, an denen man wegen für Israel erfreulicher Ereignisse nicht fastet – darun-ter Purim am 14. und 15. Adar, wo man nicht (öffentlich) trauern soll; von einem eigentlichen Fest oder gar von der Verlesung von Ester zu diesem Anlass ist keine Rede[12]. Somit haben wir für die Zeit vor 70 keine klaren Belege, dass Purim in Palästina oder in (Teilen der) Diaspora als Fest begangen, und schon gar nicht da-für, dass bei einem solchen Fest Ester vorgelesen wurde.

Trotz dieser für die Zeit vor 70 äußerst dürftigen Hinweise auf Purim ist nicht anzunehmen, dass das Fest oder auch nur die Pra-xis der Ester-Lesung auf die Rabbinen selbst zurückgeht. Fest und Lesung gelten für die Rabbinen als selbstverständlich; nur die De-tails werden diskutiert. Der Herkunft nach ist Purim schon im Buch Ester Umdeutung eines volkstümlichen, karnevalsartigen Festes. Diese Deutung mag auch das Kolophon zur griechischen Überset-zung in Alexandria zu propagieren versucht haben. Ob sie auch hinter der Aufnahme des Datums in die Fastenrolle steht, kann

---

11 Ob Josephus (Ap I,37–43) Ester zu den 22 biblischen Schriften zählt, wird zwar meist bejaht (Josephus habe Rut mit Richter verbunden, Klagelieder mit Jeremia); so z.B. *S. Mason / R. Kraft*, Josephus on Canon and Scriptures, in: M. Sæbø (Hg.), Hebrew Bible / Old Testament. The History of Its Interpretation, Vol. I/1: Antiquity, Göttingen 1996, 217–235, hier 228f. Das ist aber nicht völ-lig unbestritten; siehe *S. Zeitlin*, An Historical Study of the Canonization of the Hebrew Scriptures, PAAJR 3 (1931f), 121–158; Nachdr. in: S.Z. Leiman (Hg.), The Canon and Masorah of the Hebrew Bible. An Introductory Reader, New York 1974, 164–201. Nach *Zeitlin*, Study, 129–134 (= 172–177) hat Josephus Ester und Kohelet nicht gezählt.

12 Einen Überblick über das Fest und seine Entwicklung bietet *J. Tabory*, Jewish Festivals in the Time of the Mishnah and Talmud (hebr.), Jerusalem 1995. Auf die Besprechung des Buches durch *A. Oppenheimer*, Zion 60 (1995), 473–479, worin er auf Purim nur kurz einging, reagierte *Tabory*, Zion 61 (1996), 215–224; darauf nochmals *Oppenheimer*, ebd., 225–230, nun ausführ-licher zu Purim: »Es gibt also kein Zeugnis für die Existenz des Purimfestes in der Zeit des Zweiten Tempels ... möglich, dass man das Purimfest erst nach der Zerstörung des Zweiten Tempels zu feiern begann« (228). Dagegen *B. Bar-Kochva*, On the Festival of Purim and Some of the Succot Practices in the Peri-od of the Second Temple and Afterwards (hebr.), Zion 62 (1997), 387–407, der Hinweise auf Purim in der Zeit des Zweiten Tempels viel höher wertet; *A. Op-penheimer*, »Love of Mordechai or Hatred of Haman«? Purim in the Days of the Second Temple and Afterwards (hebr.), ebd., 408–418 begründet nochmals ein-gehend das Fehlen jeglicher Beweise für Purim als Fest im eigentlichen Sinn und argumentiert noch mehr für die Lesung von Ester zu diesem Anlass in vor-rabbinischer Zeit.

man nur vermuten. Die Rabbinen wollen ein Fest, gegen das sie sich nicht durchsetzen können, zumindest in der Linie des Esterbuches religiös deuten, indem sie die Lesung von Ester zu seinem wesentlichen Bestandteil machen[13]. Andere Aspekte, die Purim auszeichnen, kommen in der Mischna nicht vor; erst die Tosefta (tMeg 1,4–5) erwähnt das Festmahl und die dafür üblichen Spenden für die Armen. Die ausgelassene Stimmung des Festes mit reichlichem Alkoholgenuss findet man erst später belegt.

R. Meir vertritt die Meinung, man müsse die ganze Rolle lesen; nach Ansicht von R. Jehuda genügt es, den Text von Est 2,5 anzulesen, nach R. Jose setzt man bei 3,1 mit der Lesung ein, nach R. Schimʿon ben Leazar in der Tosefta überhaupt erst bei 6,1. Die Position von R. Meir hat sich durchgesetzt (mMeg 2,3; tMeg 2,9).

Mit dem zentralen Bemühen der Rabbinen um die Lesung der Esterrolle mag die diskussionslose Aufnahme des Buches in der Mischna zusammen hängen. In der Debatte um die Bücher, die »die Hände verunreinigen« (mJad 3–4), wird Ester nicht genannt. Wie bei der Toralesung gilt auch für die Verlesung von Ester, dass man seine Pflicht nur erfüllt, wenn man den hebräisch mit Tinte geschriebenen Text aus einer Pergamentrolle vorträgt (mMeg 2,2) – der auswendige Vortrag des Textes gilt ebensowenig wie die Verlesung in einer Fremdsprache, es sei denn, die Zuhörer verstehen nur diese (2,1). Immerhin ist damit für des Hebräischen nicht Kundige die Primärlesung (und nicht nur die sekundäre Wiedergabe) aus einer nichthebräischen Rolle erlaubt, was bei Tora und Propheten nicht der Fall ist; anders als diese darf man Ester nicht nur stehend, sondern auch sitzend vortragen – all das sind Zeichen dafür, dass Ester nicht auf dem selben Niveau der Heiligkeit steht, aber eben doch als Teil der heiligen Schriften gesehen wird.

Später kommt das Buch Ester aber doch noch in die Diskussion. Für den palästinischen Talmud ist die Einführung des Purimfestes an sich problematisch, da sie eine in der Tora nicht vorgesehene Neuerung ist; 85 Älteste und mehr als dreißig Propheten müssen sich abmühen, bis sie Hinweise auf das Fest in Tora, Propheten und Hagiographen finden (pMeg 1,7,70d; nach bMeg 19b hat Gott Mose am Sinai auch schon die Neuerungen gezeigt, die die Schriftgelehrten einst einführen werden: »Und was ist das? Die Lesung der Megilla«). Die Parallele im babylonischen Talmud sieht das Problem im Buch Ester selbst:

---

13 Ähnlich sind die Rabbinen beim Chanukkafest vorgegangen. Siehe G. *Stemberger*, La festa di Ḥanukkah, il libro di Giuditta e midrashim connessi, in: WE-ZO'T LE-ANGELO. Raccolta di studi giudaici in memoria di Angelo Vivian, ed. G. Busi (AISG, Testi e Studi 11), Bologna 1993, 527–545.

»Es sagte Rab Jehuda, es sagte Samuel: Ester verunreinigt die Hände nicht. Das besagt, dass Samuel meinte: Ester wurde nicht im heiligen Geist gesagt. Aber es sagte doch Rab Jehuda, es sagte Samuel: Ester wurde im heiligen Geist gesagt?! Es wurde gesagt, um vorgelesen, nicht aber, um geschrieben zu werden« (bMeg 7a).

Der Text fährt mit der aus tJad 2,14 bekannten Diskussion fort, wie weit Hoheslied und Kohelet die Hände verunreinigen, erweitert aber die dortige Debatte um Rut und Ester:

»R. Schimʿon ben Jochai sagt: Kohelet gehört zu den Erleichterungen der Schule Schammais und den Erschwerungen der Schule Hillels; doch Rut, das Hohelied und Ester verunreinigen die Hände«.

Es folgen die Aussagen mehrerer Rabbinen, die mit verschiedenen Versen aus Ester belegen wollen, dass »Ester im heiligen Geist gesagt wurde«. Die Frage der Inspiration von Ester bricht hier ebenso auf wie die nach dem kultischen Rang der Esterrolle, wenn diese anders als die übrigen heiligen Schriften eventuell doch nicht »die Hände verunreinigt«. Was sollen wir uns unter einem Text vorstellen, der nur für die Rezitation gegeben wurde? Sollte er doch nur mündlich bleiben? Die Fragen werden alle zu Gunsten von Ester aufgelöst; in pMeg 1,7,70d wird im Namen des Resch Laqisch sogar die These vertreten, dass eines Tages nicht nur die Tora allein bleiben wird, während Propheten und Hagiographen aufgehoben werden – nein, auch die Esterrolle und die Halakhot werden bleiben. Ester erfährt damit eine Überhöhung gegenüber den Propheten und den anderen Hagiographen, wird dabei aber zugleich den Halakhot zugeordnet, also nicht primär als heilige Schrift gesehen. All diese Fragen waren zur Zeit der Mischna noch nicht akut, als man die Lesung der Rolle als wesentlichen Festinhalt zu regeln bemüht war. In diesem Zusammenhang ist eine in der rabbinischen Literatur mehrfach tradierte Erzählung über R. Meir von Interesse, die die vorausgehende Aussage, mit der Rezitation aus dem Gedächtnis erfülle man seine Pflicht zu Purim nicht, beleuchtet:

»Eine Begebenheit mit R. Meir, der nach Asia ging, um das Jahr zu interkalieren, und dort keine hebräisch geschriebene Megilla vorfand. Er schrieb sie aus dem Gedächtnis (wörtlich: aus dem Mund), und dann las er aus ihr vor« (tMeg 2,5).

Die Fassung der Erzählung im palästinischen Talmud fügt hinzu, nach Meinung anderer habe R. Meir zwei Rollen geschrieben: »Er schrieb die erste aus dem Gedächtnis; dann schrieb er eine zweite Rolle von der ersten ab, verbarg die erste und las aus der zweiten« (pMeg 4,1,74d). – Damit eine Schriftrolle auch für die liturgische

Lesung brauchbar ist, muss sie von einem schriftlichen Text kopiert sein, wie es bMeg 18b ausdrücklich im Kontext der Episode mit R. Meir heißt: »Es ist verboten, auch nur einen Buchstaben zu schreiben, der nicht aus einem schriftlichen Text kommt«. In Tosefta und Yerushalmi ist von einer »hebräisch geschriebenen Schriftrolle« die Rede. Anders in den Parallelen: »Und es gab dort keine Esterrolle« (GenR 36,8; bMeg 18b), d.h.: Man hatte dort gar keine Megilla, auch nicht etwa eine griechische oder sonstige Fassung. A. Oppenheimer bevorzugt diese Lesung als die ursprüngliche; auch bezieht er »Asia« nicht auf die römische Provinz Asien bzw. Kleinasien, sondern auf Ezion-Geber (Num 33,35) bei Eilat, das im Onomastikon des Eusebius (ed. Klostermann, 62) Asia genannt wird. Damit wäre auch in Palästina (wenn auch nach rabbinischer Auffassung in einem Gebiet, das nicht mehr zum »Land Israel« zählt) zur Zeit R. Meirs, Mitte des 2. Jhs., die Lesung von Ester zu Purim noch nicht (überall) üblich gewesen; die Episode wäre ein Beleg dafür, wie die Rabbinen die Lesung erst langsam durchsetzen mussten[14]. B. Bar-Kochva dagegen hält an der Lesung der Tosefta und der Deutung von Asia auf Kleinasien fest. Damit würde die Episode nur belegen, dass diese Diaspora-Gemeinde keine hebräische Esterrolle hatte, nicht aber, dass sie gar keine Esterrolle hatte und auch den Brauch der Lesung von Ester zu Purim noch nicht kannte; ob man Ester griechisch las, ist der Stelle nicht zu entnehmen[15].

Es ist hier nicht wesentlich, die Diskussion zu entscheiden, in der beide Seiten gewichtige Argumente vorbringen. Im Kontext geht es primär um einen Beleg dafür, dass man Ester als Purimlesung nicht auswendig vortragen darf; nicht allein die Proklamation der wunderbaren Errettung Israels ist also wichtig, sondern dass sie in Form einer Lesung erfolgt, damit über eine mündliche Volkserzählung hinaus geht. Wenn man bedenkt, dass auch noch in späterer Zeit nicht jede Gemeinde Torarollen hatte, verwundert es nicht, wenn in einer Gemeinde keine Esterrolle vorhanden war, zumal auch Lesekenntnisse noch lange nicht allzu sehr verbreitet waren[16]. Doch macht die kurze Erzählung deutlich, dass die Lesung von Ester zu Purim erst im Lauf der Zeit zur weit verbreiteten, um nicht zu sagen: allgemeinen, Praxis und eine Esterrolle verhältnismäßig preiswert wurde: »Eine Esterrolle um einen Zuz« (d.h. Denar: bBB 155b).

---

14   A. Oppenheimer, Zion 61 (1996), 228f; 62 (1997), 411–414.
15   Bar-Kochva, Zion 62 (1997), 396–402.
16   Siehe C. Hezser, Jewish Literacy in Roman Palestine (TSAJ 81), Tübingen 2001.

2. Klagelieder

Zum 9. Ab, dem nationalen Trauertag, an dem man der Zerstörung des Ersten und des Zweiten Tempels und anderer unheilvollen Ereignisse der jüdischen Geschichte gedenkt (mTaan 4,6), werden die Klagelieder gelesen. In Mischna, Tosefta und halakhischen Midraschim ist davon noch nicht die Rede; dort geht es allein um die Trauerbräuche: In der Woche, in die der 9. Ab fällt, darf man nicht Kleider waschen und Haare schneiden, ausgenommen am Donnerstag, falls der 9. auf den Freitag fällt, damit man den Sabbat würdig empfängt; schon beim letzten Mahl vor dem 9. Ab schränke man sich ein, der 9. ist dann völliger Fastentag, R. Jehuda möchte sogar, dass man wie ein Trauernder das Bett umdreht (mTaan 4,7). Wo es üblich ist, darf man an diesem Tag arbeiten, die Toragelehrten aber arbeiten auf keinen Fall. Drei dieser Einschränkungen – Kleiderwaschen, Haarschnitt, Arbeit – galten am 9. Ab schon, als dieser noch als Holzfest gefeiert wurde, zu Zeichen der Trauer wurden sie erst mit der Umdeutung des Tages im Lauf des 2. Jahrhunderts[17].

Vom Studium der Klagelieder am Vorabend des 9. Ab, der auf einen Sabbat fiel, spricht LevR 15,5 (Parallelen: KlglR 4,23; pSchab 16,1,15c). Rabbi und R. Jischmael beR. Jose befassten sich mit der »Rolle der Klagelieder« (*megillat qinot*) und ließen das letzte Kapitel aus und studierten es erst am nächsten Tag. Daraus leitet man ab, dass man am Sabbat zwar erst ab dem Minchagebet Hagiographen lesen dürfe (zuvor wäre es eine Vernachlässigung der Tora), wohl aber dürfe man sie lernen und auslegen und bei Bedarf auch darin nachsehen.

In bTaan 30a lesen wir als Baraita:

>»Es lehrten unsere Meister: Alle Gebote, die für den Trauernden gelten, gelten auch am 9. Ab. Verboten ist Essen und Trinken, Waschen und Salben, das Tragen von Sandalen und der Geschlechtsverkehr. Auch ist verboten, Tora, Propheten und Schriften zu lesen, Mischna, Midrasch und Talmud, Haggadot und Halakhot zu studieren. Doch liest man (Bibel), wo man nicht zu lesen gewohnt ist, lernt (Mischna), wo man nicht zu lernen gewohnt ist, und man liest Klagelieder, Hiob und die negativen Abschnitte in Jeremia«.

Die Vorschriften sind für den Einzelnen formuliert; im Rahmen der Synagoge mag man es ähnlich gehalten haben, wo man den 9.

---

17 *Y. Shahar*, Rabbi Akiba and the Destruction of the Temple: the Establishment of the Fast Days (hebr.), Zion 68 (2003), 145–165. Die Zuschreibung dieser Umwandlung an R. Aqiba ist problematisch, doch die Wandlung des Datums von einem Fest zum Trauertag ist hier gut beschrieben.

Ab überhaupt synagogal beging. Das bedeutet dann aber, dass die Klagelieder zwar an erster Stelle der Lesevorschläge stehen, aber nicht die einzige Möglichkeit sind. Das gilt auch noch später, da Rab Achai Gaon (Mitte 8. Jh.) in seinen Sche'iltot 158 diesen Abschnitt unverändert als Halakha zitiert.

Die einzige Stelle, wo die Beschäftigung mit den Klageliedern am 9. Ab eventuell im Rahmen der Synagoge zu sehen ist, ist KlglR 3,5 (dasselbe auch in der Peticha 17 zum Midrasch):

>»Man redet über mich in der Versammlung am Tor‹ (Ps 69,13) – das sind die Israeliten, die in den Synagogen und Lehrhäusern sitzen.
›Von mir singen die Zecher beim Wein‹ (ebd.) – nachdem sie gesessen sind, gegessen und getrunken und sich berauscht haben beim Mahl zum 9. Ab, sitzen sie und lesen Klagelieder und seufzen: ›Wie (sitzt verlassen da …)‹ (Klgl 1,1)«.

Vor dem zitierten Text findet sich eine andere Auslegung des Psalmverses: Der Vers wird auf die Weltvölker in den Theatern und Zirkussen bezogen; sie essen und trinken, berauschen sich und machen sich über die Armut Israels lustig. Dazu ist die hier gebotene Auslegung nur eine sekundäre Abwandlung. Da man beim Mahl vor Eingang des 9. Ab keinen Alkohol trinken darf, wäre das »Berauschen«, auf Israel bezogen, nur übertragen zu verstehen: Sie sind schon benommen von der Trauer des kommenden Tages. Die Kontrastierung der Heiden, die im Theater sitzen, mit den Juden, die in den Synagogen sitzen, ist verbreitet; damit wird hier eher mechanisch die Aussage über das Mahl zum 9. Ab kombiniert, wobei der Kontext offen lässt, ob das Lesen der Klagelieder wirklich in den zuvor genannten Synagogen vorzustellen ist oder nicht einfach die Fortsetzung des Abends nach dem Mahl zum Eingang des Trauertags ist.

Wo man die Klagelieder im Rahmen der Synagoge vorgetragen hat, mag man dazu auch gelegentlich gepredigt haben. Der Midrasch Klagelieder (5. Jh.) hat vielleicht Stoffe aus diesem Kontext aufgenommen; doch gehört dieser Midrasch nicht der Gattung der Predigtmidraschim an – soweit wir rabbinische Hinweise haben, gehörte das Studium der Klagelieder eher in die rabbinische Jüngerunterweisung, wohl auch im privaten Rahmen. Die 36 Petichot (»Proömien«), die dem Midrasch als Einleitungsteil vorangestellt sind, gelten zwar meist als Predigtform, doch scheinen sie gegenüber dem Hauptteil des Midrasch sekundär zu sein und können kaum als Beleg für eine verbreitete Praxis sein, zum 9. Ab über einen Text aus den Klageliedern zu predigen[18].

---

18 C.N. *Astor*, The Petihta'ot of Eicha Rabba, Diss. Jewish Theological Seminary, New York 1995, 7: Die Petichot »were literary creations compiled prima-

Als synagogale Lesung am Vorabend des 9. Ab sind die Klagelieder dann im Machzor Vitry (12. Jh.) bezeugt, wonach die Gemeinde dem Vorleser in bestimmten Teilen des Textes respondiert; doch auch hier bleiben die Klagelieder nicht der einzige Text – am nächsten Morgen befasst man sich nach der Toralesung mit Ijob und den negativen Passagen von Jeremia[19]. »In the Talmudic period Lamentations formed no part of the service; and, strictly speaking, it has never become such«[20].

3. Hoheslied

Das Hohelied ist mit Pesach schon sehr früh verbunden, wie aus der ständigen Verwendung des Hohenlieds zur Kommentierung der Auszugserzählung hervorgeht. Schon seit Beginn der rabbinischen Literatur gilt das Hohelied als Darstellung der Beziehung zwischen Gott und Israel in seiner Geschichte: So schon in mTaan 4,8, im Seder Olam, durchgängig dann in der Mekhilta, die vor allem zu Ex 12–15 und 19–20 ständig Texte aus dem Hohenlied zur Erklärung heranzieht, also sämtliche Stationen des Exodus bis zur Offenbarung am Sinai sowie das Spiegelbild dieser Ereignisse in der endzeitlichen Erlösung auf dem Hintergrund dieses Buches versteht; ähnlich verhält es sich in Sifre Numeri. Spätere rabbinische Literatur – etwa die beiden Pesiqtot, der Midrasch und der Targum zum Hohenlied – weiten dann diese Perspektive immer mehr auf die gesamte Geschichte Israels aus[21].

Die Verschränkung des Hohenlieds mit der Exodusauslegung erklärt auch, dass man Verse aus dem Hohenlied gern als Peticha-Text zur Lesung von Ex 12 verwendet.

Rabbinen und ihre Schüler werden daher auch schon früh das Hohelied im Kontext von Pesach gelesen und studiert haben; eine Verwendung als *liturgische* Lesung ist daraus aber nicht abzulei-

---

rily as an aid to preachers who could use them on Tisha B'Av, and perhaps in other settings«. Zumindest jene Petichot, die nicht sekundär aus anderen Kontexten übernommen sind, sollen eine literarische Überarbeitung von tatsächlichen Einführungen zur Verlesung der Klagelieder am 9. Ab sein (72). Dazu müsste allerdings zuerst der Brauch der Synagogenlesung der Klagelieder und der Predigt dazu für die Zeit des Midrasch belegt sein.

19 Machzor Vitry, ed. S. Horowitz, Berlin 1896–97 (Nachdr. Jerusalem 1963), 226f.

20 *I. Singer / L. Blau*, Art. Megillot, The Five, in: Jewish Encyclopedia, 12 Bände, New York 1901–1906, Bd. VIII, 429–431, hier 430f.

21 Siehe *G. Stemberger*, Die Geschichte Israels in Midraschim zum Hohenlied, in: G. Sed-Rajna (Hg.), Rashi 1040–1990. Hommage à E.E. Urbach, Congrès européen des études juives, Paris 1993, 313–319.

ten[22]. Auch die Verarbeitung des Hohenlieds in für Pesach bestimmten Pijjutim schon bei Jannai (6. Jh.)[23], der ganz die Deutung des Textes auf die Geschichte Israels aufnimmt, belegt zwar die Verbindung des Hohenlieds mit dem Pesachfest, nicht notwendig aber auch schon eine synagogale Verlesung des Textes zu Pesach. Die Lesung des Hohenlieds zu Pesach ist erst in Soferim 14,18 belegt; demnach liest man es in der Diaspora je zur Hälfte an den Abenden des siebten und des achten Tages von Pesach, nach anderen als ganzes zum Ausgang des Sabbats in der Pesachwoche; Machzor Vitry, 304 sieht dafür den Sabbat in der Pesachwoche bzw. den siebenten Tag von Pesach vor, wenn kein Sabbat in diese Woche fällt. Ob dabei an eine Lesung in der Synagoge gedacht ist, sagen die Texte nicht explizit; in sefardischen Gemeinden wird bis heute das Hohelied nach Ende der Haggada im Haus gelesen, nicht in der Synagoge[24]. Damit darf man auch für die rabbinische Zeit keine feste Tradition dazu erwarten.

4. Rut

Das Buch Rut wird zum Wochenfest gelesen, wie zuerst in gaonäischer Zeit belegt ist[25]. Laut Soferim 14,18 wird es geteilt: Die erste Hälfte liest man zum Ausgang des ersten Tages, die zweite Hälfte zum Ausgang des zweiten Tages des Wochenfestes; nach anderen aber beginnt man es beim Ausgang des Sabbats vor dem Fest. D.R.G. Beattie möchte über den Targum zu Rut einen früheren Beleg der Lesung zum Wochenfest finden: »it may be conjectured that the Targum originated in conjunction with this practice. If this practice is an ancient one, the Targum could be very old« – ein eindeutiger Zirkelschluss: Eine liturgische Verwendung des Targum ist nur in jemenitischen Gemeinden in neuerer Zeit belegt[26].

22 *Stemberger*, Geschichte Israels, 316 ist in diesem Punkt zu korrigieren.
23 *Z.M. Rabinovitz* (ed.), The Liturgical Poems of Rabbi Yannai according to the Triennial Cycle of the Pentateuch and the Holidays (hebr.), Jerusalem 1987, II, 265–289. Für ein weiteres frühes Beispiel eines auf dem Hohenlied beruhenden Pijjut zu Pesach siehe *M. Sokoloff / Y. Yahalom* (ed.), Jewish Palestinian Aramaic Poetry from Late Antiquity (hebr.), Jerusalem 1999, 78–81.
24 Siehe *Y. Zakovitch*, The Song of Songs. Introduction and Commentary (hebr.), Tel Aviv 1992, 39f.
25 *Y. Zakovitch*, Das Buch Rut (SBS 177), Stuttgart 1999, 69f.
26 *D.R.G. Beattie*, The Targum of Ruth. Translated, with Introduction, Apparatus, and Notes (The Aramaic Bible 19), Edinburgh 1994, 9. Siehe auch schon *E. Levine*, The Aramaic Version of Ruth (AnBib 58), Rom 1973, 2: »The targum to Ruth reflects the liturgical use of the Book of Ruth for the feast of Weeks«,

Die Verbindung der Erzählung des Buches Rut, die zur Zeit der Weizenernte spielt, mit dem Wochenfest, »dem Fest der Erstlingsfrüchte von der Weizenernte« (Ex 34,23), liegt nahe. Wenn pBetsa 2,4,61c (ebenso Midrasch Rut 3,2 zu 1,17) den Tod Davids, des Nachkommen Ruts, auf das Wochenfest datiert, mag das ebenfalls schon die Anbindung des Buches an dieses Fest belegen; doch besagen solche thematische Verknüpfungen nicht unbedingt, dass der Text zum Fest auch in der Synagoge verlesen wurde. Ein stärkerer Hinweis ist wohl ein aramäischer Pijjut zum Wochenfest, der die Geschichte von Rut erzählt[27]. Doch wie bei den Hoheslied-Pijjutim für Pesach könnte man auch hier noch an die thematische Vorgabe durch Peticha-Verse denken.

Midrasch Rut Zutta 1,3 (Buber, 39; ebenso Jalqut Rut § 596) spricht explizit von der Lesung von Rut zum Wochenfest:

»Und was hat Rut mit dem Wochenfest zu tun, dass es zum Wochenfest, zur Zeit der Verleihung der Tora, gelesen wird? (Das geschieht), um zu dich zu lehren, dass die Tora nur durch Leiden und in Armut gegeben wurde«.

Fast wörtlich gleich lesen wir im Leqach Tob zu Rut des Tobia ben Eliezer (um 1100); dann wiederholt man die Frage:

»Und warum liest man diese Megilla zum Wochenfest? Weil diese Megilla ganz Güte (*chesed*) ist und die Tora ganz Güte ist, wie es heißt: ›Und gütige Lehre (*torat chesed*) ist auf ihrer Zunge‹ (Spr 31,26), und sie wurde am Wochenfest gegeben« (Bamberger, 46f). Wenig später heißt es im Machzor Vitry (344): »Und man sitzt und liest die Megillat Rut, da dort geschrieben steht: ›Zu Beginn der Gerstenernte‹ (Rut 1,22), zum Wochenfest, das ›Erstlingsfrüchte der Weizenernte‹ (Ex 34,22) heißt. Und manche sagen: wegen Rut, die konvertierte, wie geschrieben steht: ›Da du gekommen bist, um dich unter seinen Flügeln zu bergen‹ (Rut 1,12) … und Israel konvertierte zum Wochenfest und trat unter die Flügel der Schekhina mit dem Empfang der Tora«.

Die expliziten Belege für die Lesung von Rut zum Wochenfest stammen somit, soweit datierbar, aus dem späten 11. und dem 12. Jh.; keiner besagt eindeutig eine öffentliche Verlesung in der Synagoge; bis heute haben sich sowohl private wie öffentliche Lesung des Buches gehalten.

wie vor allem aus der Betonung der Gebote und der Einhaltung der Tora hervorgehe. Der früheste Beleg für die Existenz des Targum ist der Arukh des Natan ben Jechiel Ende des 11. Jh.s; sein Zeitgenosse Raschi scheint davon noch nichts zu wissen: »Es gibt keinen Targum zu den Hagiographen« (zu bMeg 21b).

27 *Sokoloff/Yahalom* (ed.), Jewish Palestinian Aramaic Poetry, 104–108. Ebd., 108–110 folgt ein weiterer Pijjut zu Rut (Handschrift vielleicht 10. Jh.!), den die Herausgeber wohl zu Recht zum Wochenfest einordnen, auch wenn hier explizite Hinweise fehlen.

5. Kohelet

Wie schon erwähnt, ist die Nennung von Kohelet im Traktat Soferim sekundär. Machzor Vitry, 440 schreibt zum Laubhüttenfest: »Und die ganze Gemeinschaft liest das Buch (sefer, nicht megilla!) Kohelet sitzend«. Bis heute ist die Lesung von Kohelet nicht in allen Riten üblich geworden. Man darf also annehmen, dass die Lesung von Kohelet relativ spät im aschkenasischen Raum eingeführt wurde, wohl um Sukkot mit den anderen Wallfahrtsfesten gleichzustellen, die schon ihre Megilla hatten, zugleich auch allen fünf Megillot einen bestimmten Zeitpunkt im Jahreskreis zuzuteilen. Die trübe Stimmung zu Beginn der Regen- und Winterzeit mag zum Pessimismus des biblischen Buches passen; eine andere Zuordnung war aber auch gar nicht mehr möglich, da alle anderen Feste und Schriftrollen schon besetzt waren.

6. Zusammenfassung

Dieser Überblick macht deutlich, dass die Zusammenstellung der fünf kleinen Hagiographen als Gruppe der fünf Megillot Ergebnis einer langen Entwicklung ist; noch mehr gilt dies für ihre Zuordnung zu bestimmten Festen und ganz besonders für ihre Lesung zu diesen Anlässen. Allein bei der Esterrolle gilt die Lesung von Anfang an als Pflicht, doch auch hier ist es eine Pflicht des Einzelnen – die öffentliche Lesung soll anfangs nur denen helfen, die selbst nicht lesen können oder zu keinem Text Zugang haben. Die anderen Bücher kommen nach und nach dazu; sie werden als Peticha-Verse in der Hinführung zur Festlesung aus der Tora verwendet, bekommen dadurch eine gewisse Bedeutung auch in den Predigten zum Fest und werden so auch als geeignete Texte für die Lesung des Einzelnen und für das Schriftstudium an diesen Tagen betrachtet. Die selbstständige Verlesung der Schriften zu den Feiertagen im Rahmen der Synagoge kommt erst ganz zum Schluss und setzt sich nicht überall durch; liturgische Lesung im eigentlichen Sinn werden diese Texte nicht.

Manchmal verweist man auf die Midraschim und Targumim zu den Megillot als Zeichen einer verbreiteten liturgischen Verwendung dieser biblischen Schriften. Doch sind alle diese Targumim relativ spät und zeigen wohl eher den Wunsch, den Targum auf die ganze Bibel auszudehnen, ohne dass dies notwendig auf liturgische Lesung dieser Texte weist. Wenn man gewisse engere Beziehungen zwischen den einzelnen Targumim zu den Megillot feststellt, belegt dies eher einen diesen schon stark midraschisch geprägten Targumim gemeinsamen religiösen Rahmen und Zeitraum als eine gemeinsame liturgische Verwendung. Der Midrasch Leqach Tob des Tobia ben Eliezer um 1100, der die Tora und die fünf Megillot kommentiert, ist die früheste solche Zusammenstellung, die wir kennen, wohl schon auf dem Hintergrund der Praxis, die Megillot zu den Festen in der Synagoge zu studieren oder auch zu verlesen.

Die Midraschim zu den Megillot stammen aus verschiedenen Zeiten vom 5. bis zum 9. Jh. (der Midrasch Zutta zu den einzelnen Megillot ist noch später; Einzeluntersuchungen stehen noch fast völlig aus); anders als man erwarten könnte, wenn diese Midraschim im Zusammenhang von Festpredigten entstanden wären, sind sie alle keine Predigtmidraschim. Ihre Zusammenstellung als Midraschgruppe zu den Megillot findet man erst in einer Oxforder Handschrift (MS Neubauer 164): Ihr erster Teil umfasst den Jalqut zu Spr, Ijob, Dan, Esr, Neh–Chron; dem auf 1513 datierten Kolophon folgen (auf demselben Papier, doch in anderer Hand) die Midraschim zu den fünf Megillot; insgesamt ist es also eine Sammelhandschrift zu den Hagiographen (mit Ausnahme der Psalmen). Eine ähnliche Handschrift diente als Basis der Druckausgabe der Midraschim zu den fünf Megillot (Konstantinopel 1514), die bald darauf von Gerschom Soncino nachgedruckt wurde (Pesaro 1519). Erst die Ausgabe Venedig 1545 zur Tora und den Megillot bezeichnet das Ganze als Midrasch Rabba. Dieses Vorbild, im Grunde eine verlegerische Entscheidung, hat sich durchgesetzt; bis heute wird diese Kombination von Midraschim immer wieder nachgedruckt, offenbar, da im Leben der Synagoge dafür Bedarf gegeben ist[28].

Die stufenweise Zuordnung der Megillot zu den Festen des Jahres und ihre private oder öffentliche Lesung anlässlich der Feste ist in einem größeren Kontext zu sehen, in dem das Buch Jona mit dem Jom Kippur verbunden wurde, in dem aber auch Chanukka mit einer Festrolle versehen wurde, der Megillat Antiochos, einer aramäischen Nacherzählung der Makkabäergeschichte, die sich seit Saadjas Zeiten im frühen 10. Jh. größter Beliebtheit erfreute, oft kopiert und übersetzt wurde; an ihre Stelle trat im Westen oft die hebräische Nacherzählung von Judit als Festlegende. Der Name Megillat Antiochos mag sehr wohl bewusst ihren Gebrauch im Festkontext andeuten. Doch im allgemeinen bezeichnet der Ausdruck Megilla rabbinisch jedwede kleine Schriftrolle, die Megillat Ta'anit genauso wie eine »Megilla der Geheimnisse«, eine »Me-

---

28 Dazu siehe *M. Bregman,* Midrash Rabbah and the Medieval Collector Mentality, Prooftexts 17 (1997), 63–76.

gilla der Spezereien« usw. Neben der Megilla schlechthin, also
Ester, spricht man früh von der Megillat Qinnot (Klagelieder; erst
später nach dem Anfangswort *ekha*); Megillat Rut findet man
noch nicht in den rabbinischen Schriften selbst, sondern nur als
Titel unter dem Werk, als Zufügung der mittelalterlichen Kopis-
ten. Hoheslied und Kohelet werden, soweit ich sehe, für sich nie
als Megilla bezeichnet, kommen also erst im Rahmen der Sammlung unter diesen Oberbegriff. Das mag zwar nebensächlich scheinen, zeigt aber doch, wie sekundär diese Gruppierung von Texten
ist. Damit ergibt sich auch von selbst, dass man hinter der Verwendung der Megillot zu den Festen kein gemeinsames theologisches Leitmotiv erwarten darf, es sei denn die gemeinsame Auf-
füllung der Feste mit eher populären biblischen Texten, die die
Stimmung des Festes und damit auch die damit verbundene
Volksfrömmigkeit vielfältig befruchten.

III
Christliche Rezeption

Jochen Rexer

Die Entwicklung des liturgischen Jahres in altkirchlicher Zeit

Die Feier der Feste in der Alten Kirche speist sich grundlegend aus
drei sich wechselseitig ergänzenden Quellen: aus der Grunderfah-
rung eines naturgegebenen zyklischen Jahreslaufes als Bedingung
irdischer Existenz, aus der allgemeinen antiken Festpraxis als dem
kultischen Lebensraum der frühchristlichen Gemeinschaft und
schließlich im Speziellen aus der Festpraxis des Judentums, aus
dem das Christentum unmittelbar herauswuchs.
Fest und Feier strukturieren den Jahreslauf, unterbrechen den Alltag, tragen zur Stabilisierung menschlicher Gemeinschaft bei und
schenken Ruhe, Entspannung und Freude, befriedigen also menschliche Grundbedürfnisse. Die Feiern des Jahreskreises bestimmen in
den frühen Kulturen aber nicht nur das soziale und ökonomische,
sondern vor allem auch das religiöse Leben. Der Jahresbeginn und
die Übergänge zyklischer Phasen wurden kultisch begangen, d.h.:
Weltlauf und kultisches Handeln wurden als Einheit erlebt und
gesehen. Das mythische Weltbild der frühen Kulturen führte alle
Lebenszeit auf einen göttlichen Ursprung zurück. Im zyklisch wiederholten Kult sollte die göttliche Gründungstat der Welt ständig
erneuert werden, um den Fortbestand von Welt und Leben zu sichern[1].
Das biblische Israel nahm zunächst an der zyklischen Welt- und
Zeiterfahrung seiner Umwelt teil, indem es seinen Festrhythmus
am Naturjahr orientierte. Bald aber wurden die jüdischen Feste auf
Ereignisse in der eigenen Geschichte bezogen, denen das jüdische
Volk seine Existenz verdankte und die es als Heils- und Rettungstat
Gottes erlebte. Das Judentum verstand sich dabei zunehmend als
eine geschichtliche Religion mit zielgerichtetem Zeitdenken, das
seinen Anfang in der Erwählung und dem Bund Gottes mit seinem
Volk und sein Ziel im Glauben an den gegenwärtig handelnden
Gott hatte, mit dem auch in Zukunft gerechnet werden konnte[2].

---

1 Vgl. K.-H. *Bieritz*, Das Kirchenjahr. Feste, Gedenk- und Feiertage in Geschichte und Gegenwart, München ³1991, 24f.
2 Vgl. R. *Rendtorff*, Die Entwicklung des altisraelitischen Festkalenders: J.
Assmann / Th. Sundermeier, Das Fest und das Heilige: religiöse Kontrapunkte

Nach Schmidt ist diese sog. Historisierung, also die nachträgliche
Einführung ursprünglich nicht geschichtlich verstandener Phänomene in geschichtliches Denken im altorientalischen Raum sehr
ungewöhnlich und verrät ein anderes Gottes- und Menschenver-
ständnis[3]. Damit bekamen die jüdischen Feste ein doppeltes Gesicht: Einmal gedachte das Volk der Großtaten Gottes in der Geschichte, die es aber zugleich auch als Zeichen der Hoffnung auf
die zukünftige Vollendung feierte[4].
Dieses zielgerichtete Zeitdenken des Alten Testaments wurde in der
urchristlichen Gemeinschaft als eschatologisch endgültig erfahren.
Denn mit Jesus Christus ist der καιρός Gottes, die Ewigkeit, in
den χρόνος der menschlichen Zeiterfahrung eingegangen, d.h.:
Das Reich Gottes ist gegenwärtig und zukünftig zugleich. Deshalb
versuchte die christliche Kirche, den göttlichen καιρός mit den
Mitteln des χρόνος zu kennzeichnen und abzubilden. Das sich
entwickelnde liturgische Jahr der Kirche wollte das Christusgeschehen in der Zeitstrecke des Jahres vermitteln.

1. Der Sonntag

Der Grundbaustein des sich langsam entwickelnden Kirchenjahres
ist die Urfeier des christlichen Pascha-Mysteriums: der *Sonntag*
als wöchentlicher Gedächtnistag des Todes und der Auferstehung

zur Alltagswelt (Studien zum Verstehen fremder Religionen 1), Gütersloh
1991, 185–205, der die historische Entwicklung des altisraelitischen Festkalenders darstellt; vgl. zudem *E. Otto*, Feste und Feiertage II. Altes Testament:
TRE 11 (1983) 96–106; *W.H. Schmidt*, Alttestamentlicher Glaube in seiner Geschichte, Neukirchen-Vluyn ⁷1990, 142–152: Zunächst entstanden die älteren
Jahresfeste und ihre Interpretation (Ex 23; 34; Dtn 16), die sich von der stär-
keren Betonung des Naturzyklus zur mehr heilsgeschichtlichen Perspektive
von Exodus, Wüstenwanderung und Landgabe entwickelten. Dann veränderten
und erweiterten die Fest- und Opferkalender (Lev 23; Num 28f) neben dem
Sabbat, der nun in den Festkalender einbezogen wurde, auch den siebten Monat
im Herbst als Ende des Festjahres. Das Laubhüttenfest, das bisher die Jahreswende bezeichnete, wurde um einen halben Monat weitergerückt: Es entsteht
am 1. VII. das selbständige Neujahrsfest und am 10. VII. der Versöhnungstag,
der zum wichtigsten Festtag des Jahres wird. Dadurch hat sich im jüdischen
Festjahr gegenüber dem Passefest – das im Frühjahr den jährlichen Zyklus der
Feste eröffnete mit seinem zentralen Bezug auf die Herausführung aus Ägypten als dem Ereignis, das die nationale und religiöse Existenz Israels begründet – ein zweiter Schwerpunkt im Herbst gebildet: die Jahreswende. Schließlich
führte der nachbiblische jüdische Festkalender noch weitere Feste und Festtage
ein.
3   Vgl. *Schmidt*, Alttestamentlicher Glaube, 143.
4   Vgl. *Bieritz*, Feste, 26.

Christi[5]. Schon das Neue Testament gibt dem ersten Tag der jüdischen Woche, dem späteren Sonntag[6], eine herausragende Bedeutung: Er ist der Auferstehungstag Christi (Mt 28,1ff; Mk 16,1ff; Lk 24,1ff; Joh 20,1ff), der bevorzugte Tag seiner Erscheinungen (Mt 28,9; Lk 24,13ff.36; Joh 20,19ff) und der Tag, an dem er als der erhöhte Herr die Gabe des verheißenen Geistes schenkt (Joh 20,22; Act 2,1ff). So wird der Sonntag als Herrentag (ἡ κυριακὴ ἡμέρα; Apk 1,10) zum bevorzugten Tag der Gemeindeversammlungen (1Kor 16,2; Act 20,7), der vielleicht schon in neutestamentlicher Zeit regelmäßig begangen wurde und die Mahlversammlung mit einschloss[7]. Did 14,1 lässt dann keinen Zweifel, dass der Herrentag zugleich der Tag der regelmäßigen Mahlversammlung der Christen ist, die Justin eindeutig als die eucharistische Mahlfeier identifiziert[8]. Die ersten Spuren kirchlicher Gesetzgebung für die Sonntagsfeier finden sich kurz nach 300 auf der Synode von Elvira in Spanien, die sich in can. 21 gegen Gemeindeglieder wendet, »die nachlässiger zur Kirche kommen«, und ihnen vorschreibt: »Wenn jemand, der in der Stadt wohnt, an drei Sonntagen nicht zur Kirche kommt, dann soll er für kurze Zeit ausgeschlossen werden, damit er als Gemaßregelter erscheint«[9].

Die Konstantinische Wende bringt dann entscheidende Einschnitte für die weitere Entwicklung der christlichen Sonntagsfeier: Konstantins Gesetz vom 3. März 321 verordnet für den öffentlichen Dienst und die Stadtbevölkerung – die Bauern bleiben vorerst ausgenommen – allgemeine Arbeitsruhe am verehrungswürdigen Tag der Sonne (*venerabilis dies solis*; Cod. Iust. III, 12,2). Wenige Wochen später präzisiert das Gesetz vom 3. Juli 321, dass die wünschenswerte Freilassung von Sklaven nicht unter das Ruhegebot am Festtag fällt (Cod. Theod. II, 8,1). Schließlich dehnt ein Gesetz aus dem Jahre 337 das Arbeitsverbot am Sonntag weiter aus mit der Begründung, allen Bürgern sollte die Gelegenheit gegeben sein, ihren kultischen Verpflichtungen nachzukommen[10].

---

5   Zur Entwicklung des Sonntags vgl. vor allem *W. Rordorf*, Der Sonntag. Geschichte des Ruhe- und Gottesdiensttages im ältesten Christentum (AThANT 43), Zürich 1962; *ders.*, Sabbat und Sonntag in der Alten Kirche (TC 2), Zürich 1972; dazu *H. Auf der Maur*, Feiern im Rhythmus der Zeit I. Herrenfeste in Woche und Jahr (GDK 5), Regensburg 1983, 35–43; *K.-H. Bieritz*, Das Kirchenjahr: Handbuch der Liturgik, Göttingen 1995, 465–467.
6   Vgl. Justin, 1 apol. 67,3 (190 Wartelle): τῇ τοῦ ἡλίου λεγομένῃ ἡμέρᾳ.
7   Vgl. *Bieritz*, Kirchenjahr, 465f.
8   Vgl. Justin, 1 apol. 67,3–6 (190 Wartelle); dial. 41,4.
9   Can. 21: E.J. Jonkers, Acta et symbola conciliorum quae s. IV habita sunt, Leiden 1954, 10.
10   Vgl. *Bieritz*, Kirchenjahr, 467, der darauf hinweist, dass sich die Arbeitsruhe als ein eigenständiges und wesentliches Element der Sonntagsfeier neben

Mit seinen Verordnungen erleichterte Konstantin wesentlich die
gottesdienstliche Feier des Sonntags und förderte den politischen
Weg zum reichskirchlichen Festkalender.

2. Der Osterfestkreis

Die *Osterfeier* ist das älteste christliche Jahresfest und hatte anfangs die ganze Heilsgeschichte von der Schöpfung bis hin zur
Parusie als Inhalt. Ihre Wurzeln liegen im alttestamentlich-jüdi-
schen Passafest[11]. Das Volk Israel feierte das Passafest in der Vollmondnacht des Frühlingsmonats Nisan, d.h. in der Nacht von luna
XIV auf luna XV[12]. Werden die zwei grundlegenden Passatexte
des Alten Testaments – Ex 12 und Dtn 16 – miteinander verglichen,
zeigt sich ein Bedeutungsunterschied: In Ex 12 hat Passa einen
eminent theologischen Sinn, weil es hauptsächlich an die rettende
Tat Gottes erinnern will. Es ist Passa, weil Gott vorüberging, d.h.:
Gott ist Subjekt (Ex 12,23.27). Dagegen tritt in Dtn 16 wie auch in
Ex 13–14 ein neuer Protagonist auf, der Mensch. Im Passaverständnis des Alten Testaments liegen damit zwei Pole vor: das Opfermahl des Lammes und der Auszug aus Ägypten, der als Übergang
von der Knechtschaft in die Freiheit interpretiert wird.
Diese Bipolarität scheint im Neuen Testament aufgenommen,
wenn Paulus in 1Kor 5,7–8 einerseits aus der Perspektive Gottes
vom geopferten Passalamm Christus und andererseits aus der Perspektive des Menschen vom Übergang aus dem Sauerteig der
Sünde zum Süßteig der Reinheit spricht[13]. Andere Beispiele wie

dem Gottesdienstbesuch freilich erst ab dem 6. Jh. durchzusetzen beginne. Dann
werden sogar diejenigen, die gegen das sonntägliche Arbeitsverbot verstoßen,
streng bestraft. Daraus folgert *Bieritz*, ebd., 467: »Mehr und mehr zieht der
Sonntag auf solche Weise Vorstellungen und Regelungen an sich, die ursprünglich am Sabbat hafteten. Das Sabbatgebot wird in der Folge von Kirche
und Theologie auch auf den Sonntag angewendet und im Sinne eines Arbeits-
verbots interpretiert«.
11 Mit *Auf der Maur*, Herrenfeste, 64; ebenso *W. Huber*, Passa und Ostern.
Untersuchungen zur Osterfeier der alten Kirche (BZNW 35), Berlin / New York
1969 und *R. Cantalamessa*, Ostern in der alten Kirche (TC 4), Bern / Frankfurt
a.M. / Las Vegas 1981 (ital. Ausg.: La Pasqua nella Chiesa antica, Torino 1978).
Zur Diskussion, ob sich das Osterfest aus der Wurzel des jüdischen Passafestes
oder ob es sich als heidenchristliches Fest der Auferstehung, d.h. aus der wöchentlichen Feier des ersten Tages der Woche, dem Sonntag als Tag der Auferstehung des Herrn, entwickelt hat, wie z.B. *B. Lohse*, Das Passafest der Quar-
tadecimaner (BFChTh II/54), Gütersloh 1953 meint, vgl. *G. Visonà*, Ostern/
Osterfest/Osterpredigt I: TRE 25 (1995) 518.
12 Vgl. *Bieritz*, Kirchenjahr, 40.
13 Vgl. *Cantalamessa*, Ostern, XVII.

die synoptischen Abendmahlsberichte (Mk 14,22–25 par) oder das Johannesevangelium (Joh 6,22ff; 19,36) zeigen: Die urchristliche Gemeinde muss im zeitlichen Zusammentreffen des Todes Jesu mit dem jüdischen Passafest den Anlass gesehen haben, das alttestamentliche Passaverständnis typologisch auf Christus zu beziehen. Daher sah sie alle Vorstellungen und Erwartungen, die das alte Passa enthielt, im Opfer Christi erfüllt. Die neutestamentlichen Schriften nehmen also die Bipolarität des alttestamentlichen Passaverständnisses auf und interpretieren sie nachösterlich neu, verknüpfen sie dann aber in jeweils unterschiedlicher Weise mit der Geschichte Jesu. Dadurch entsteht nach Cantalamessa »die allererste Diversifikation des christlichen Ostern«[14]. Die gemeinsame Grundlage aller neutestamentlichen Interpretationen des Ostergeschehens bleibt jedoch der Glaube an die Auferstehung Jesu, für die es kein Vorbild gab.

Dieses Novum der Auferstehung distanzierte die urchristliche Gemeinde, die sich zunächst noch an die jüdische Gottesdienst- und Festpraxis hielt, immer weiter vom jüdischen Passa. Schließlich feierte sie rituell die jährliche Wiederkehr von Passa mit einem eigenen Fest, das an Tod und Auferstehung Jesu Christi erinnerte. Das Ende dieses Prozesses ist schwer zu datieren, doch lässt sich mit großer Sicherheit annehmen, dass die apostolische Kirche die jährliche Paschafeier bereits gekannt hat[15], auch wenn kein direktes Zeugnis aus frühester Zeit existiert.

Dokumentarisch ist die Existenz einer jährlichen Osterfeier erst ab ca. der Mitte des 2. Jh.s bezeugt, die in ihrem theologischen Gehalt bis zum 3. Jh. einheitlich von der sog. kleinasiatischen Tradition bestimmt wird[16]. »Es handelt sich um ein christologisches Ostern aufgrund seines historisch-kommemorativen und eschatologischen Inhalts«[17], d.h.: Nicht der Mensch oder der Gott des Alten Testaments, sondern Christus ist Protagonist des Osterfestes. Inhaltlich gedenkt es des ganzen Christusmysteriums, findet seinen Höhepunkt im Heilsgeschehen des Kreuzes und hält die Parusieerwartung wach.

Die unterschiedliche Akzentuierung der kleinasiatischen Ostertradition auf historischer und liturgischer Ebene führt im 2. Jh. zum sog. Osterfeststreit[18]: »Während die Kleinasiaten unter Berufung

---

14 Ebd., XVIII.
15 Vgl. die darstellende Untersuchung bei *Auf der Maur*, Herrenfeste, 65f.
16 Vgl. ebd., 65 mit Quellenangaben.
17 *Cantalamessa*, Ostern, XIX.
18 Zum status quaestionis des Osterfeststreits vgl. *Auf der Maur*, Herrenfeste, 67; *Cantalamessa*, Ostern, XXf; anders *Huber*, Passa, 45–61 mit ausführlicher Quellendiskussion.

auf eine apostolische Überlieferung für das christliche Passafest am
14. Nisan eintraten, wurde es in Rom unter den Bischöfen Anicet
(gest. 166) und Victor I. (gest. um 200) – ebenfalls unter Berufung
auf alte Traditionen – am darauffolgenden Sonntag gefeiert«[19].
Neben die alttestamentliche Bipolarität der Passatradition trat
nun die neutestamentliche von Kreuz und Auferstehung. Obwohl
der einheitliche theologische Gehalt gewahrt blieb, hatte die Wahl
des Ostertermins verschiedene Akzentuierungen des Ostergeschehens zur Folge. Indem die kleinasiatischen Quartodezimaner den
jüdischen Passatermin am 14. Nisan übernahmen, verliehen sie dem
Tod Christi am Kreuz Nachdruck. Dagegen betonten Rom und
die übrigen Kirchen mit der Wahl des Sonntags die Auferstehung
Christi und grenzten sich bewusst von der jüdischen Praxis ab. In
der weiteren Entwicklung setzte sich das sonntägliche Osterdatum
durch, so dass sich im 4. Jh. nur noch wenige Gruppen finden lassen, die der quartodezimanischen Praxis folgen[20].
Anfang des 3. Jh.s entsteht in Alexandrien mit Klemens und Origenes die zweite theologiegeschichtliche Ostertradition. »Das
Schlüsselwort dieser Tradition ist nicht Passion, sondern Übergang (diabasis)«[21]; sie nimmt also in ihre christliche Osterinter-
pretation die alttestamentliche Idee des Exodus-Transitus wieder
auf, in der nicht Gott, sondern der Mensch Protagonist war. Im
Zentrum dieses anthropologischen Osterverständnisses steht der
Übergang des Gläubigen »von den Dingen des (irdischen) Lebens
zu Gott«[22]. Der Bezug zum historischen Ereignis tritt zurück, und
die Idee des stetigen Ostern wird betont.
Als die beiden ursprünglichen Osterkonzeptionen der christlichen
Kirche ergeben sich also die kleinasiatische Passa-passio- und die
alexandrinische Passa-transitus-Tradition, die sich über die verschiedenen Sprachgebiete der Alten Kirche verbreiteten, vermisch-
ten und weiterentwickelten. Jörns stellt fest, dass je nachdem, ob
passio oder *transitus* den Akzent setzten, die Eschatologie eher
auf die Parusie des Auferstandenen bezogen oder in eine indivi-
duell gefasste und sakramental begründete Hoffnung auf ein
himmlisches Leben transformiert worden ist: »Der passio-Gedan-
ke hat sich eher mit der jährlichen Gedächtnisfeier verbunden, der
transitus-Gedanke eher mit der wöchentlichen oder gar täglichen
Osterfeier in der Eucharistie«[23]. Erst Augustin ist dann mit seiner

19 *Bieritz*, Kirchenjahr, 78.
20 Vgl. *Auf der Maur*, Herrenfeste, 67.
21 *Cantalamessa*, Ostern, XXI.
22 Origenes, Cels. 8,22: SC 150, 222,1–224,25.
23 K.-P. *Jörns* / K.-H. *Bieritz*, Kirchenjahr: TRE 18 (1989) 583.

aus Joh 13,1 gewonnenen Definition von Ostern als *transitus per passionem* die Synthese der beiden Traditionen gelungen. Seine These lautet, das wahre Ostern sei Passion und Auferstehung Christi und hätte den Gläubigen den Übergang vom Tod zum Leben eröffnet, die Passion Christi sei also erst durch den Glauben an die Auferstehung zum Ostern der Kirche geworden[24]. Damit verbindet er gleichwertig den Ostercharakter des Opfers Christi mit dem seiner Auferstehung und beendet den Prozess der Christianisierung des alten Osterfestes.

Bis zum Ende des 4. Jh.s umfasste das *Osterfest* das gesamte Heilsmysterium: Inkarnation, Leiden, Tod, Auferstehung und Himmelfahrt Christi, d.h.: Ostern gedachte einheitlich dem Kreuzopfer, der Auferstehung und der Erhöhung Christi, wurde über 50 Tage gefeiert und mit Pfingsten abgeschlossen[25]. In der nachnicaenischen Kirche beginnt dann am Ende des 4. Jh.s die historisierende Entfaltung der verschiedenen Aspekte des Ostergeheimnisses in mehrere Feste, die für den Osterfestkreis im wesentlichen bis Mitte des 5. Jh.s abgeschlossen ist[26]. Es entstanden das Weihnachtsfest, der Palmsonntag, das österliche Triduum und das Himmelfahrtsfest. Damit drückt sich der allgemeine historische Umbruch im 4. Jh. – der Übergang aus der primär eschatologisch ausgerichteten Verfolgungszeit der ersten Jahrhunderte in die Zeit der Reichskirche, die sich in der Welt ihren deutlich sichtbaren Raum zu schaffen beginnt – auch in der Liturgie mit sinnlich wahrnehmbaren Bildern aus, die »das Leiden, Sterben und die Verherrli-

---

24 Vgl. Augustin, ep. 55,1,2: CSEL 34/2, 169,1–171,14; auch wenn er in ep. 55 beide Aspekte zusammenführt, betont er doch den Aspekt der Auferstehung der Christen, d.h.: Ostern ist für Augustin ein Fest der Christen und der *transitus Christianorum* das eigentliche Fest, das den *transitus Christi* voraussetzt.

25 Vgl. Tertullian, bapt. 19,2: CCL 293,8–171,14.

26 Das Neue Testament selbst bezeugt schon eine ›historisierende‹ Entfaltung des Ostergeheimnisses, wenn Lukas in Act 1,3 die Himmelfahrt Christi auf 40 Tage nach Ostern und in Act 2,1 die Gabe des Heiligen Geistes an Pfingsten, d.h. am 50. Tag nach Ostern, datiert. Ebenso gibt Lukas für das Weihnachtsfest die biblische Grundlage (Lk 2). Diese biblischen Daten gaben dann später der Kirche den berechtigten Anlass, neben Ostern eigenständige Feste einzurichten und ihr theologisches Detail im gesamten Ostermysterium zu erklären. Daher betonte *H.R. Drobner*, Die Himmelfahrtspredigt Gregors von Nyssa: EPMHNEYMATA. Festschrift für Hadwig Hörner zum sechzigsten Geburtstag, Heidelberg 1990, 98 mit Recht eine ›detaillierende‹ Entfaltung, »da es der Alten Kirche nicht um ein historisches Interesse ging, sondern um die nähere Betrachtung der Fülle der einzelnen Geheimnisse, die im Paschamysterium umfaßt sind«. Doch auf dem biblischen Hintergrund ist der Begriff ›historisierende‹ Entfaltung des Ostergeheimnisses vorzuziehen, dessen Theologie dann später ›detaillierend‹ erklärt wird; vgl. dazu *Auf der Maur*, Herrenfeste, 82.

chung des Herrn chronologisch und lokal möglichst genau nach-
zuerleben und nachzuvollziehen«[27] versuchen.
Die *Osternachtfeier* selbst wird in eine Osterzeit entfaltet, die das
Triduum und die Karwoche umfasst[28]. Sie ist von der Quadrage-
sima eingeleitet und hat in der Osteroktav ihre Verlängerung[29].
Damit verliert die *Osternachtfeier* zwar nicht ihre zentrale, wohl
aber ihre absolute Stellung im Kirchenjahr. Sie wird mit einer
Lichtfeier – einer symbolischen Weiterentwicklung des antiken
Lucernarium – bereichert und zur vornehmlichen Taufnacht des
Jahres[30]. Die *Quadragesima*, das vierzigtägige Fasten als Vorbe-
reitungszeit auf das christliche Passa, dient nun bevorzugt dem
Katechumenunterricht[31], die *Osteroktav* der mystagogischen Un-
terweisung der Neugetauften. Damit beginnt die Zeit der großen
Tauf- und mystagogischen Katechesen, wie besonders Cyrill von
Jerusalem, Johannes Chrysostomus, Ambrosius und Augustin bezeugen[32].
Die sog. »Große Woche«[33] wurde später zur sog. *Karwoche*[34] ausgestaltet, indem die einzelnen Leidensstationen auf die Wochen-
tage verteilt wurden. Diese Tradition, welche die Passion als heiliges Drama zu wiederholen versucht, geht auf die palästinische
Kirche zurück. In Jerusalem als dem historischen Ursprung des
Ostergeschehens und mit den prunkvollen Gedenkkirchen Konstantins und seiner Nachfolger begannen die Gläubigen, die verschiedenen Gedenkstätten entsprechend des geschichtlichen Ver-
laufs während der heiligen Woche mit feierlichen Prozessionen zu
besuchen und Gedenkfeiern abzuhalten[35]. Obwohl diesen Feierlichkeiten zahlreiche Pilger beiwohnten und die Erfahrungen in
ihre Heimatkirchen trugen, konnte sich das Jerusalemer Vorbild
nicht überall durchsetzen, wie Andresen am Beispiel des Auftakts
der Jerusalemer Karwoche mit dem danach sog. ›*Palmsonntag*‹
aufzeigt, »der wohl nach Syrien ausstrahlte (Ephraem Syrus), in

---

27 *Auf der Maur*, Herrenfeste, 79.
28 Zum Triduum Sacrum bei Augustinus von Hippo und zur Kritik an der
Auffassung, Ostern, nur in der Vigilfeier begehen zu wollen, vgl. *B. Studer*,
La celebrazione del triduo pasquale: I. Scicolone (Hg.), Atti del III Congresso
Internazionale di Litugia, Roma 9–13 maggio 1988 (StAns 102), Rom 1990,
273–286.
29 Vgl. *Visonà*, Ostern, 522.
30 Vgl. ebd., 522.
31 Erste Bezeugung bei Athanasius, ep. fest. 6,13 (Merendino).
32 Vgl. *Visonà*, Ostern, 522.
33 Vgl. Johannes Chrysostomus, hom. in Gen. 30,1: PG 53, 273; Const. App. 8,
33,3: SC 336, 240,5–242,1.
34 Der Begriff Karwoche stammt aus dem Mittelalter.
35 Vgl. Itin. Eger. 30–38.

Byzanz aber niemals üblich wurde und in Rom erst ab 1039 nachzuweisen ist«[36]. Im Westen wurde der Sonntag vor Ostern zunächst einfach ›dominica passionis‹ genannt[37]. Dort entstand auf
der anderen Seite der in Jerusalem unbekannte Brauch der Fuß-
waschung am *Gründonnerstag*, dem Tag des »Herrenmahls«[38],
der in der Reichskirche einheitlich als »Haupttag eucharistischer
Kommunion für die Gesamtgemeinde«[39] galt.
Die Vorstellung des *Triduum* nimmt den Zeitraum zwischen dem
Freitag der Passion und dem Sonntag der Auferstehung auf: den
Karfreitag als Tag des Leidens (dies passionis), den Karsamstag als
Tag der Vorbereitung und schließlich den Ostertag als Tag der
Auferstehung, den die vorausgehende Osternachtfeier eröffnet.
Da der Vorabend bereits zum folgenden Tag gezählt wurde, be-
gann das *Triduum sacrum* faktisch mit dem Gründonnerstag-
abend. Als erste erwähnen Johannes Chrysostomus für den Osten
eine Karfreitagsliturgie und Ambrosius für den Westen die Be-
zeichnung *triduum sacrum*[40], die Augustin dann in die klassische
Formulierung *sacratissimum triduum crucifixi, sepulti, suscitati*
aufnimmt[41]. Diese historisierende Sicht der Osterfeier, die den
Tag der Passion liturgisch vom Auferstehungstag unterscheidet[42],
zergliedert in theologischer Sicht die Einheit des Ostermysteri-
ums, das Passion, Tod, Auferstehung und Erhöhung umfasst, d.h.:
Ostern bezeichnet ab jetzt allein das Fest der Auferstehung.
Zusammengefasst zeigt die historisierende Entfaltung des Osterfestes eine Fülle zeitlicher und inhaltlicher Unterschiede. So erhält
sich auf der einen Seite bis ins 5. Jh. das Passafest als das Gedächtnis des gesamten Heilsmysteriums. Auf der anderen Seite feiern
die neuen Einzelfeste aber nicht nur das von ihnen im besonderen thematisierte Detail, sondern haben noch immer das Gesamt-

---

36   C. *Andresen*, Die Kirchen der alten Christenheit, Stuttgart 1971, 366. Hinzuweisen ist in diesem Zusammenhang auf die Palmsonntagspredigten, die Johannes Chrysostomus unsicher zugeeignet werden: PG 59, 703–709; 61, 715–
720 sowie weiter CPG 4748, 5180 (7), 5190 (9).
37   Vgl. Leo I., tract. 52: CCL 138A, 307,1; 308,30.
38   Zu coena domini vgl. Augustin, ep. 54,7,9f: CSEL 34/2, 168,1–25; dazu
Hieronymus, ep. 77,4: CSEL 55, 41,17 – 42,5, der den Gründonnerstag als Tag
der Wiederversöhnung der Sünder bezeugt.
39   *Andresen*, Kirchen, 367.
40   Ambrosius, ep. extra coll. 13,13 (Maur. 23,13): OOSA 21, 254; dazu *Visonà*, Ostern, 522.
41   Ep. 55,14,24. In serm. 218,1: PL 1084 berichtet Augustin dann auch von
einer eigenen Karfreitagsliturgie.
42   Vgl. Ambrosius, der in ep. extra coll. 13,13 (Maur. 23,13): OOSA 21, 253f
sagt: »Wir begehen auf diese Weise einen Trauer- und einen Freudentag. Am
ersten fasten wir, am zweiten werden wir gesättigt«.

mysterium im Blick, auf das die Themen der entsprechenden Fest-
tagspredigten am Ende des 4. Jh.s und Anfang des 5. Jh.s hinweisen. Drobner kommt deshalb zum dem Schluss: »Letztlich ist das
Detail auch niemals vom Ganzen zu lösen und gelöst worden. Erst
etwa ab Mitte des 5. Jh. ist eine klare Differenzierung der Theo-
logie- und Festinhalte der einzelnen Feste festzustellen«[43].
In diesem Historisierungsprozess wurde auch die *fünfzigtägige
österliche Freudenzeit*, die zunächst ihren Abschluss »im summa-
rischen Gedenken an Himmelfahrt und Geistausgießung am
Pfingsttag«[44] hatte, heortologisch untergliedert: Es entstand das
Himmelfahrtsfest, das die Osterzeit nun bereits nach 40 Tagen
beendete. Der Pfingsttag gedachte ab jetzt ausschließlich der Sendung des Geistes.
Das *Pfingstfest* geht auf das jüdische Wochenfest zurück, das
fünfzig Tage nach dem Pesach begangen wurde[45]. Sicher hat die
jüdische Praxis, welche die Chronologie der Apostelgeschichte bestimmt, Einfluss auf die Ausbildung der christlichen Pfingstfeier
genommen, auch wenn die Feier selbst im Neuen Testament noch
nicht erwähnt ist[46]. Vermutlich wurde eine Pfingstfeier bereits in
der zweiten Hälfte des 2. Jh.s begangen[47]. Gesichert ist die Pentekoste für Nordafrika bei Tertullian bezeugt, der sie als *laetissi-
mum spatio*, als Freudenzeit bezeichnet, in der die Taufe vollzo-

43   *Drobner*, Himmelfahrtspredigt, 99.
44   *Andresen*, Kirchen, 369.
45   Wie bereits der Terminus Pfingsten oder Pentekoste anzeigt, der »sich
von der im hellenistische Judentum (vgl. Tob 2,1; 2 Makk 12,32) entstandenen
griechischen Bezeichnung (ἡ) πεντηκοστή (ἡμέρα)« (*K.-H. Bieritz*, Pfingsten,
Pfingstfest II: TRE 26 [1996] 382) herleitet.
46   Zunächst war das Wochenfest ein Dankfest für die Weizenernte (Ex 23,16;
34,22; Lev 23,15f; Num 28,26; Dtn 16,9f). Gegen Ende des 2. Jh.s v.Chr. erfährt
es dann eine Vergeschichtlichung als »Fest des Bundesgedenkens und der Bundeserneuerung« (Jub 6,17–22; vgl. auch 1QS 1,7b–2,26; *J. Roloff*, Pfingsten:
EKL[3] 3 [1992] 1161). »Erst nach 70 n.Chr. (frühester Beleg bei Rabbi ben Cha-
lapta ca. 150 n.Chr.) rückt die Gesetzgebung am Sinai (mit den Perikopen Ex 19
und Ez 1 bzw. 19f am ersten Tag des Festes, Dtn 16 und Hab 3 am zweiten Tag;
Ps 29 als Festpsalm) in den Mittelpunkt der synagogalen Festfeier« (*Bieritz*,
Pfingsten, 383).
In diesem Zusammenhang könnten die rabbinischen Auslegungen zu Ps 68,19
»du bist aufgefahren zur Höhe« – die dem Verfasser des Epheserbriefes (Eph
4,7–11) vielleicht schon vorlagen – wichtig sein. Sie werden »auf den Aufstieg
des Mose zum Sinai gedeutet, wo dieser das Gesetz in Empfang nimmt und es als
Geschenk den Menschen bringt« (*Auf der Maur*, Herrenfeste, 81; vgl. Bill. III,
596–598). »Es ist denkbar, dass dieses Motiv auch bei der Ausbildung des
christlichen Pfingstfestes eine Rolle gespielt hat (Aufstieg Jesu zum Himmel,
Gabe des Geistes)« (*Bieritz*, Pfingsten, 383).
47   Die Epistula apostolorum nimmt bereits auf die Feier der Pentekoste Bezug (Ep. Ap. 17[28]: NTApo I[6], 214).

gen, die Auferstehung Christi begangen, der Geist gegeben und die Parusie erwartet wird[48]. Im 3. Jh. ist diese Festzeit dann auch für Rom und Alexandrien nachzuweisen[49]. Der fünfzigste Tag ist der festliche Abschluss einer liturgisch begangenen Freudenzeit, jedoch »ohne bereits den Charakter eines eigenständigen Festes zu tragen«[50]. Noch Ambrosius ist der Meinung: »Die fünfzig Tage sind wie das Pascha zu feiern, und sie sind alle wie ein einziger Sonntag«[51]. Eine besondere Feier des fünfzigsten Tages lässt sich erst ab dem 4. Jh. nachweisen: In der ostsyrischen und der palästinischen Kirche wurde an diesem Tag allein der Himmelfahrt Christi gedacht[52], während in Jerusalem das Gedächtnis der Geistsendung mit dem der Auffahrt Christi in den Himmel verbunden wurde[53]. In Spanien dagegen scheint schon relativ früh die Sendung des Geistes nach Act 2 zum einzigen Festinhalt geworden zu sein[54]. Die Geistsendung als Hauptinhalt des Pfingstfestes setzt sich erst zum Ausgang des 4. Jh.s im Zusammenhang mit der gesamtkirchlichen Rezeption des Festes Christi Himmelfahrt allgemein durch[55]. Der Pfingsttag erscheint dabei – entgegen Sinn und Praxis der ursprünglichen fünfzigtägigen österlichen Freudenzeit – zunehmend als ein eigenständiges Fest mit eigener Festoktav. Homiletisch wie liturgisch wird jedoch noch immer am Zusammenhang mit der österlichen Freudenzeit festgehalten[56], als deren »Erfüllung und Besiegelung«[57] das Pfingstfest gefeiert wird.

Erwähnenswert ist in diesem Zusammenhang auch die zeitweise Feier der *Mesopentecoste* am 25. Tag nach Ostern, die Drobner eingehend untersuchte[58]. Demnach wurde das Fest für einen kur-

---

48   Vgl. Tertullian, bapt. 19: CCL 293,1–294,18; ieiun. 14: CCL 1272,25–1273,11; orat. 23: CCL 271,1–272,15.
49   Vgl. Origenes, Cels. 8,22: SC 150, 222,1–224,25.
50   *Bieritz*, Pfingsten, 383.
51   Vgl. Ambrosius, in Luc. 8,25: OOSA 12, 303f; dazu *Auf der Maur*, Herrenfeste, 80.
52   Vgl. Eusebius von Caesarea, pasch. 4: PG 24, 697–700.
53   Vgl. Itin. Eger. 42f.
54   Vgl. *R. Cabié*, La Pentecôte. L'évolution de la Cinquantaine pascale aucours des cinq premiers siècles (Bibliothèque de Liturgie), Paris 1965, 123–125.
55   Vgl. *Bieritz*, Pfingsten, 384.
56   Vgl. z.B. Johannes Chrysostomus, pent. 1,5: PG 50, 460; Gregor von Nazianz, or. 41,16–17: PG 36, 449–452; Augustin, c. Faust. 32,12: CSEL 25/1, 770,19–771,11.
57   *Auf der Maur*, Herrenfeste, 81.
58   Vgl. *H.R. Drobner*, Die Festpredigten der Mesopentecoste in der Alten Kirche: Ricerche patristiche in onore di Dom Basil Studer: Aug. 33 (1993) 137–170; *ders.*, Wurzeln und Verbreitung des Mesopentecoste-Festes in der Alten Kirche: RivAC 70 (1994) 203–245.

zen Zeitraum im 5.–7. Jh. gefeiert und dehnte sich auf ein sehr begrenztes Gebiet aus: in der Hauptsache Syrien, Kleinasien, Konstantinopel, Zypern und Oberitalien. Drobner nennt als die entscheidenden Gründe für die nur sehr geringe Verbreitung und den schließlichen Misserfolg der Mesopentecostefeier den fehlenden historischen »Zusammenhang zu den von Palmsonntag bis Pfingsten kommemorierten Heilsereignissen und das mangelnde eigene theologische Profil des Festes«[59].

Das *Himmelfahrtsfest* als eigenständiges Fest am 40. Tag nach Ostern ist zuerst bei Johannes Chrysostomus in einer Homilie des Jahres 386 belegt[60] und hat sich nicht vor dem Ende des 5. Jh.s überall durchgesetzt. Schmidt-Lauber sieht in der Einführung des Himmelfahrtsfestes das Ende der altkirchlichen Pentekoste und mit ihr das Ende einer theologischen Gesamtkonzeption des österlichen Heilsgeschehens: »Die Gründe für diese Entwicklung mögen in dem Vordringen einer Act 1,3 mit 1,9–11 verbindenden Chronologie gesehen werden, die die andere Schau der Evangelisten, besonders Lk und Joh verdrängte, in der Hochschätzung der Zahl 40, in dem Einfluss der heiligen Orte und in der Entwicklung einer Theologie des Heiligen Geistes bei den Kappadokiern, die Pfingsten von Ostern distanzierte«[61]. In diesem Gesamtprozess der liturgischen Detaillierung konnte die Trinitätstheologie deutlich hervorgehoben werden, zugleich drängte sie aber die christologische Einheit von Tod und Erhöhung in den Hintergrund.

3. Der Weihnachtsfestkreis

In den ersten drei Jahrhunderten war das einzig bekannte christliche Jahresfest das Osterfest. Erst Ende des 3. Jh.s entstehen dann

---

59 Ebd., 165.
60 Vgl. Johannes Chrysostomus, ascens. 5: PG 50, 449–451; dazu auch pent. 2,1: PG 50, 463–465; 1,2: PG 50, 454–456; ebenso die antiochenische Const. App. 8,33: SC 336, 240,1–242,24. Nach *B. Studer*, Die anti-arianische Auslegung von Psalm 23,7–10 in De Fide IV, 1–2 des Ambrosius von Mailand: *ders.*, Dominus Salvator. Studien zur Christologie und Exegese der Kirchenväter (StAns 107), Rom 1992, 91–119 scheint auch Ambrosius das Himmelfahrtsfest zu kennen. Erstens stehe die Auslegung von Ps 23,7–10 in einer langen Tradition, die in einer ganz besonderen Weise von Origenes abhänge. Zweitens werde Ps 23 auf die Himmelfahrt Christi bezogen und wurde am Himmelfahrtsfest gehalten. Drittens beschreibe Ambrosius die Himmelfahrt Christi in römischer Triumphalsprache, die auch Gregor von Nyssa in seiner Himmelfahrtspredigt im Gefolge des Origenes anklingen lasse, wenn er auf das Siegeszeichen des Kreuzes hinweise.
61 *H.-Chr. Schmidt-Lauber*, Himmelfahrtsfest: TRE 15 (1986) 343.

– zunächst im Osten – am 6. Januar das Fest der Erscheinung Christi (Epiphanie) und Anfang des 4. Jh. – zunächst im Westen – am 25. Dezember das Geburtsfest Christi (Weihnachten). Die Entstehung und Ausbreitung der beiden Feste zeigt das Bedürfnis »nach einem kirchlichen Fest am Anfang des Kalenderjahres«[62]. Das *Epiphaniefest* ist das älteste Herrenfest, das nicht jüdischen Ursprungs ist. Zudem ist es das älteste Herrenfest, das ›unbeweglich‹ ist, d.h.: Es ist auf ein bestimmtes Datum im spätantiken solaren Kalender festgelegt. Leider fehlen sichere Quellen, um den Ursprung dieses Festes im Osten zeitlich festzusetzen, geographisch exakt einzugrenzen sowie Anlass und Motiv für seine Entstehung sicher zu bestimmen[63]. Durch Clemens von Alexandrien ist die Nachricht überliefert, dass bereits Ende des 3. Jh.s in Ägypten die gnostische Sekte der Basileidesanhänger im Januar den Gedenktag der Jordantaufe Jesu begingen, einige am 10. Januar, andere am 6. Januar[64]. Die Überlegung, das gnostische Fest sei als eine Reaktion auf das heidnische Fest des 6. Januar in Alexandrien zu Ehren der Geburt des Zeitgottes Aion aus der Jungfrau Kore zu verstehen[65], aus dem sich dann das christliche Epiphaniefest der Kirche entwickelt habe, ist unwahrscheinlich. Denn weder Clemens noch Origenes erwähnen eine kirchliche Feier des Epiphaniefestes, d.h.: Seine Existenz ist für ihre Zeit nicht zu vermuten[66]. Die gesicherte Feier des Epiphaniefestes der Kirche fällt in das letzte Drittel des 4. Jh.s: Johannes Cassianus bezeugt für Ägypten – »das immer als das Ursprungsland des Epiphaniasfestes angesehen wird«[67] – die Feier des Epiphaniastages mit dem Inhalt der Taufe und der Geburt Jesu[68]. Das Fest findet, wie er sagt, nach

62　*Andresen*, Kirchen, 363.
63　Vgl. *F. Mann*, Epiphaniasfest I: TRE 9 (1982) 762.
64　Vgl. Clemens, str. 1, 146,1f: GCS 2, 90,4–8.
65　In der Nacht vom 5. zum 6.1. wurde das Geburtsfest des Aion gefeiert, dem am Tag der Gang zum Nil folgt, aus dem heilbringendes Wasser geschöpft wurde. »Sonnen- und Nilkult gehen so eine Verbindung miteinander ein« (*Bieritz*, Kirchenjahr, 477).
66　Vgl. Origenes, Cels. 8,22: SC 150, 222,1–224,25, der die Festtage der Kirche nennt, dabei aber nicht das Epiphaniefest erwähnt; dazu *H. Förster*, Die Feier der Geburt Christi in der Alten Kirche. Beiträge zur Erforschung der Anfänge des Epiphanie- und des Weihnachtsfestes (Studien und Texte zu Antike und Christentum 4), Tübingen 2000, 195, der in seiner Untersuchung über die geschichtliche Entwicklung des Weihnachts- und Epiphaniefestes zum Ergebnis kommt: »Eine direkte Abhängigkeit der christlichen Feier am 6. Januar von der Feier der Taufe Jesu am 10. bzw. 6. Januar bei den Basilidianern, die Clemens von Alexandrien an einer Stelle kurz erwähnt, kann aufgrund des unterschiedlichen Festinhaltes nicht mehr vermutet werden«.
67　*Mann*, Epiphaniasfest, 763.
68　Vgl. Johannes Cassianus, conl. 10,2: SC 54, 75f.

antiqua traditio statt, d.h.: Das Epiphaniefest wurde zu dieser
Zeit in Ägypten bereits als ein altes Fest der Kirche empfunden.
Dazu bemerkt Mann: »Auch die anderen Zeugnisse des Epiphaniefestes im Osten, alle aus dem letzten Drittel des 4. Jh.s, betreffen nie die Einführung des Festes in einem bestimmten Gebiet,
setzen meist diese Feier als ein altes, längst begangenes Fest voraus, berechtigen aber nicht, das Datum der Entstehung des Epiphaniefestes über das erste Viertel des 4. Jh. zu verlegen«[69]. Als
erstes direktes Zeugnis einer Feier des Epiphaniefestes nennt
Förster die Nachricht bei Ammianus Marcellinus, der berichtet,
dass Kaiser Julian an einer Feier dieses Festes in Gallien teilge-
nommen habe[70]. Dennoch lässt sich nach derzeitiger Quellenlage
ein exaktes Entstehungsdatum des Epiphaniefestes nicht festset-
zen. Wahrscheinlich hat sich aber das Fest in der zweiten Hälfte
des 4. Jh.s in den Kirchen des Ostens ausgebreitet und ist über
Spanien, Gallien, Norditalien schließlich auch nach Rom gelangt
und dem dort bereits heimischen Weihnachtsfest zur Seite getreten[71].
Wie die Entstehung, so kann auch der ursprüngliche Inhalt des
Epiphaniefestes nicht sicher bestimmt werden. Wahrscheinlich gedachte es zunächst nur der Taufe und Geburt Jesu. Epiphanius bezeugt dann für Zypern als Inhalt die Geburt Jesu, die Ankunft
der Magier und die Hochzeit zu Kana[72]. Für ihn ist Epiphanie also
ein Kollektivfest, das mehrere Ereignisse aus dem Leben Jesu zu-
sammenfasst, die seine Gottheit offenbaren: Erstens seine Taufe im Jordan durch Johannes, bei welcher der Heilige Geist in
Gestalt einer Taube sichtbar erschien und Jesus durch eine Stimme aus dem Himmel zum Sohn Gottes proklamiert wurde (Mk
1,10f par; Joh 1,32–34). Zweitens die Ankunft der drei Weisen,
die durch ihre Opfergaben Christus als Gott, Menschen und Er-
löser anerkannten und in ihm den erwarteten König der Juden
verehrten (Lk 2,1–12). Drittens schließlich das erste Wunder Jesu, das Weinwunder auf der Hochzeit zu Kana, wodurch er seine göttliche Macht manifestierte, Wunder zu wirken (Joh 2,
1–12).

---

69 *Mann*, Epiphaniasfest, 763; dazu neuerdings *Förster*, Geburt Christi, 195,
der die Einführung des Epiphaniefestes auf die erste Hälfte des 4. Jh.s datiert
und nachweist, dass das Epiphaniefest im Osten entstanden ist.
70 Vgl. Ammianus Marcellinus, Rer. gest. XXI, 2,5.
71 Vgl. *Bieritz*, Kirchenjahr, 477.
72 Vgl. Epiphanius, haer. 51,22,3–11: GCS 2, 284,4–287,3; 30,1–3: GCS 1,
333,5–19, der betont, dass sich genau am 6. Januar die Geburt Jesu ereignet habe, zwei Jahre später die Ankunft der Magier und 30 Jahre später das Wunder
zu Kanaan.

Jerusalem und Syrien dagegen feiern am Ende des 4. Jh.s den Epiphaniastag nur als die Geburt Jesu[73], während in Antiochien und Kappadokien bereits das Weihnachtsfest als Geburtsfest Jesu bekannt ist und am Epiphaniefest deshalb allein der Taufe Jesu gedacht wird[74]. Augustin, der ebenfalls das Weihnachtsfest kannte, bezeugt für Afrika hingegen am 6. Januar die Anbetung der Magier als Festinhalt[75].

Der 6. Januar 372 ist das erste sicher überlieferte Epiphaniefest in Kappadokien. Valens nimmt an diesem Tag an der Liturgiefeier des Basilius in der Kirche von Caesarea teil[76]. Nach der Einführung des Weihnachtsfestes 380 durch Gregor von Nazianz in Konstantinopel, 386 durch Gregor von Nyssa in Kappadokien und durch Johannes Chrysostomus in Antiochien[77] wird dort zum ersten Mal in der Geschichte der Reichskirche am 25. Dezember die Geburt und am 6. Januar die Taufe Jesu gefeiert. Epiphanie wird damit zum großen Tauffest.

Trotzdem ist das Epiphaniefest in der Feiertagsliste, die Valentinianus II. 389 verordnete (Cod. Theod. II, 8,19), noch nicht zu finden. In der Folge wurde zunächst unter den Kaisern Arcadius und Honorius im Jahr 400 das Verbot von Theateraufführungen und Zirkusspielen auf den Tag des Epiphaniefestes ausgedehnt (Cod. Theod. II, 8,24; XV, 5,5), bis dann schließlich unter Justinian der 6. Januar offiziell zu den *feriae* gerechnet wurde[78].

Das *Weihnachtsfest* am 25. Dezember entstand spätestens in den dreißiger oder vierziger Jahren des 4. Jh.s in Rom, indem der »dies natalis invicti solis« zum Geburtstag Christi erklärt wurde[79]. Die

73 Vgl. *Mann*, Epiphaniasfest, 763 mit Quellenangaben.
74 Vgl. Johannes Chrysostomus, Philogon.: PG 48, 752; Gregor von Nazianz, or. 39: PG 36, 335–360; Gregor von Nyssa, Diem Ium: GNO IX, 221–242.
75 Vgl. Augustin, serm. 202,2: PL 38, 1033.
76 Vgl. Gregor von Nazianz, or. 43: PG 36, 561, der darüber berichtet.
77 Vgl. Gregor von Nazianz, or. 38: PG 36, 311–334; Gregor von Nyssa, Diem nat: GNO X/2, 235–296 (vgl. dazu *J. Bernardi*, La prédication des Pères Cappadociens, Paris 1968, 290); Johannes Chrysostomus, nativ.: PG 49, 351–362, der sagt, das Weihnachtsfest sei vor kaum 10 Jahren von Rom nach Antiochien gekommen (vgl. dazu *B. Altaner / A. Stuiber*, Patrologie. Leben, Schriften und Lehre der Kirchenväter, Freiburg/Basel/Wien ⁸1978, 326).
78 Vgl. *Mann*, Epiphaniasfest, 764–766, der dort die Ausbreitung des Epiphaniefestes im Westen genau zu beschreiben versucht, wichtige Anhaltspunkte gibt, dann aber doch zu dem Ergebnis kommt: »Wie und wann das Fest genau die einzelnen Provinzen eroberte, vor allem wie es in den Westen gelangte, diese Frage zu beantworten, heißt nur weiter ungesicherte Hypothesen aneinanderzureihen« (ebd., 767).
79 Vgl. *Förster*, Geburt Christi, 195f, der neuerdings an der Zuverlässigkeit des römischen Chronographen zweifelt, dessen Eintragungen bisher als sicheres Zeugnis für das Weihnachtsfest in Rom vor 336 galten, indem er sie als

Depositio martyrum berichtet, das Weihnachtsfest sei als christli-
ches Geburtsfest dem heidnischen Geburtsfest des *Sol invictus* – das
am 25. Dezember gefeiert wurde und den letzten heidnischen Imperatoren sehr wichtig war – entgegengesetzt worden. Während
sich die Imperatoren mit der Sonne selbst identifizierten, interpre-
tiere die christliche Exegese die Sonne als Symbol Christi, der, im
Osten geboren, die Welt mit seinem Licht erleuchte[80]. Entscheidend
dabei ist, dass die Kirche Roms mit diesem neuen ›Geburtsfest‹ den
unterschiedlichen Akzenten der Christologie im Osten und Westen
gerecht werden konnte. Denn der westlichen Christologie lag es
näher, wie Andresen bemerkt, »die Geburt Christi als ›dies natalis‹ eines Kaisers, d.h. als Herrschaftsantritt, zu feiern. Und das
hatte zudem im heidnisch-römischen Kalender ein Vorbild«[81].
Als erste übernehmen noch im 4. Jh. die Kirchen Nordafrikas und
Norditaliens das Weihnachstfest. In Spanien ist es dann ab 380
bezeugt, wenig später in Kappadokien und Antiochien. Als letzte
führten die Ursprungsländer des Epiphaniefestes, Ägypten und Palästina, das Weihnachtsfest ein: bezeichnenderweise am Vorabend
des 3. ökumenischen Konzils und seiner christologischen Diskussion
um die Theotokos. In der Folge entsteht parallel zu Ostern auch
für das Geburtsfest Christi eine vorbereitende Fastenzeit, aus der
sich dann während des 5. Jh.s die Adventszeit herausbildet[82].

spätere Interpolationen nachzuweisen versucht und als Ergebnis konstatiert:
»Die Predigt des Optatus von Mileve ist somit das erste Zeugnis für eine Feier
des Weihnachtsfestes, und es gibt keinen Grund für die Annahme, dass Weihnachten vor den dreißiger oder vierziger Jahren des 4. Jh. eingeführt wurde«
(ebd., 196); zur Weihnachtspredigt des Optatus von Mileve vgl. *A. Wilmart*, Un
Sermon de S. Optat pour la fête de Noël: RevSR2 (1922) 271–302.
80   Vgl. *P. Carrara / E. Giannarelli*, Il Natale e i Padri: M. Naldini (Hg.), Il
giorno della festa. Origini e tradizioni (Letture Patristiche 4), Fiesole 1997,
61f. Diesen Ursprung unterstützt eines der frühesten christlichen Mosaiken
Roms, das Christus in der Gestalt des Sonnengottes Helios darstellt. Zudem
verehrten Christen noch zur Zeit Leos I. zu Weihnachten an den Stufen von St.
Peter die Sonne (vgl. *Auf der Maur*, Herrenfeste, 167). Daneben nennt *Bieritz*,
Kirchenjahr, 478 noch die Berechnungshypothese als Ursprung des Weihnachtsfestes: »Sie geht davon aus, daß christliche Theologen den 25.12. als
Geburtsdatum Jesu berechnet hätten. Grundlage dafür seien Überlieferungen
gewesen, nach denen der 25.3. als erster Tag der Schöpfung und – in Entsprechung hierzu – auch als Tag der mit der Empfängnis Jesu anhebenden Neuschöpfung der Welt (wie als Todestag Jesu) gegolten habe. Ausgehend vom Tag
der Empfängnis am 25.3. sei man dann auf den 25.12. als Tag seiner Geburt
gekommen. Doch lassen die frühen christlichen Quellen eine solche schlüssige
Ableitung kaum zu«.
81   *Andresen*, Kirchen, 364.
82   Vgl. ebd., 364 mit Stellenangaben. Die ersten Spuren einer weihnacht-
lichen Vorbereitungszeit finden sich bereits am Ende des 4. Jh.s in Gallien und
Spanien, die älteste Bezeugung bei Hilarius von Poitiers, der von drei Wochen

Damit war neben den österlichen ein neuer Festkreis getreten: der Weihnachtsfestkreis, der im Gegensatz zum Osterfestkreis eine Schöpfung der Reichskirche ist. Der Tag des Weihnachtsfestes – der zunächst den Beginn des liturgischen Jahres der Reichskirche anzeigte – galt als Zeichen »des in der Geschichte herrschenden Christkönigs, dem alle Welt huldigt«[83]. Der solar-unbewegliche Weihnachtsfestkreis ergänzte den lunar-beweglichen Osterfestkreis auf der Zeitachse des weder lunar noch solar beeinflussten Wochenzyklus. Der Unterschied zwischen ›beweglichen‹ und ›unbeweglichen‹ Herrenfesten prägte ab jetzt das Kirchenjahr.

4. Die Märtyrerfeste

Ergänzend zu den strukturbildenden Herrenfesten des Kirchenjahres entstanden weitere Einzelfeste, hauptsächlich Märtyrerfeste, die teilweise bewusst als Ersatz für heidnische Feste geschaffen wurden[84]. Die frühe Christenheit sah sich im jüdischen wie im hellenistischen Kulturraum mit verschiedenen Formen der Heiligen- und Heroenverehrung konfrontiert. So kannte die jüdische Theologie schon früh die Funktion der Fürbitter und Mittler im Heilswerk Gottes mit den Menschen, die sie zunächst nur dem Hohepriester und den Engeln, später auch den großen Gestalten der Vergangenheit zusprach. Seit der makkabäischen Verfolgung galten sogar die Blutzeugen, die sich standhaft im Leiden bewährten, als Freunde Gottes und Fürbitter für die Lebenden (2Makk 15,12–16). Die Juden der jesuanischen Zeit ehrten bereits die Heiligengräber, weil sie der Anschauung waren, dass die Wirkkraft des verstorbenen Gerechten von seinem Grab ausgehe[85].

Das Neue Testament kennt nur den einen und einzigartigen Hohenpriester Jesus Christus (1Tim 2,5). Auf ihn allein wird die Stellung des Hohenpriesters als des amtlichen Fürbitters für das ganze Volk und die Funktion des Mittlers im Heilswerk Gottes mit den Menschen übertragen (Joh 17,9; Hebr 9,15–28; 1Joh 2,1f).

---

der Vorbereitung auf das Epiphaniefest spricht; vgl. *L. Wilmart*, Le parétendu ›Liber Officiorum‹ de Saint Hilaire et l'Avent liturgique: Revue Bénédictine 27 (1910) 500–513 sowie Kanon 4 des Konzils von Zaragoza (380) bei Vives, Concilios, 17.

83   *Andresen*, Kirchen, 366.

84   So bezeugt etwa Augustin, dass die Märtyrerfeste als Ersatz für heidnische Feste geschaffen wurden; vgl. Augustinus, ep. 29,9: CSEL 34/1, 119,27–120,18; 46,8: CSEL 34/2, 126,9–13.

85   Vgl. *K. Hausberger*, Heilige/Heiligenverehrung III–V: TRE 14 (1985) 647f.

Im Versöhnungsopfer am Kreuz und in der Parusie am Ende der Tage manifestiert sich diese einzigartige Mittlerrolle Jesu Christi[86]. Als aber die unmittelbare Naherwartung der Christen langsam schwand, gewann das besondere Glaubensbeispiel einzelner als Vorbild für die anderen auch in der frühen Kirche immer mehr an Bedeutung. Die Christen konnten jedoch erst dann besondere Beispiele der Jesusnachfolge verehren und anrufen, als für sie gesichert war, »dass das universale Heilswerk Christi durch die subsidiäre Mittlerschaft der Heiligen nicht beeinträchtigt wird«[87]. Als herausragende Vorbilder galten neben den Aposteln zunächst die Märtyrer, die wie Christus den gewaltsamen Tod aufgrund ihrer Glaubensüberzeugung erlitten. So wird der um 160 im Osten verfasste Bericht über das Martyrium des Bischofs Polykarp von Smyrna als das erste Dokument einer Märtyrerverehrung gesehen[88]. Während der blutigen Christenverfolgungen in der Mitte des 3. Jh. gewann der Märtyrerkult auch im Westen an Einfluss[89].

Die beiden Grunddaten der Märtyrerverehrung sind der jährliche Todestag und der Beisetzungsort, d.h.: Die Märtyrerverehrung hat eine zeitliche und eine räumliche Dimension, welche die beginnende Geschichte der kirchlichen Festkalender und der sich seit der konstantinischen Zeit entwickelnde Bau von Basiliken über den Märtyrergräbern dokumentiert[90]. Die christliche Märtyrerverehrung folgte mit der lokalen Bindung an das Grab, welches nach damaliger Denkweise das ›Haus des Toten‹ darstellt, dem jüdischen Heiligen wie dem hellenistischen Heroenkult, d.h.: Sie nahm Formen der antiken Totenverehrung auf. Obwohl die Seele des Märtyrers nach theologischer Überzeugung bereits im Himmel war, versammelte sich die Gemeinde zum irdischen Gedenken an seinem Grab, um ihn anzurufen. Die Christen verbanden die Erinnerung an den Blutzeugen mit der Bitte um seine Fürsprache bei Gott, weil sie wussten, dass er aufgrund seiner Christusnachfolge bis in den Tod gerettet ist und als Fürsprecher der Menschen vor Gott steht. Der Jahrestag des Märtyrers wurde daher mit Jubel

---

86   Vgl. ebd., 648.
87   Ebd., 648.
88   Zum Polykarpmartyrium vgl. *G. Buschmann*, Das Martyrium des Polykarp, übers. und erkl. von Gerd Buschmann (KAV 6), Göttingen 1998; dazu *J. Martin*, Die Macht der Heiligen: *ders. / B. Quint* (Hg.), Christentum und antike Gesellschaft (WdF 649), Darmstadt 1990, 443–445 mit weiteren Literaturangaben sowie *Hausberger*, Heilige, 648.
89   Calixtus (gest. 222) ist nach der Depositio martyrum von 354 der älteste Blutzeuge der römischen Gemeinde.
90   Vgl. *Th. Baumeister*, Heiligenverehrung I: RAC 14 (1988) 128; *F.W. Deichmann*, Einführung in die christliche Archäologie, Darmstadt 1983, 54–67.

und Freude gefeiert. So verband sich in der Regel ein Totenmahl mit der Eucharistie, bei der im Gebet und durch die Verlesung der Märtyrerakten die Erinnerung an den Blutzeugen wach gerufen wurde[91]. Die Märtyrerverehrung muss im Volk immer beliebter geworden sein, wenn Augustin erwähnt, die Trinkgelage zu Ehren der Märtyrer hätten nicht nur an Festtagen, sondern täglich stattgefunden[92]. Abgesehen von einigen Auswüchsen, die überlegen ließen, das Totenmahl in den Märtyrerbasiliken zu verbieten[93], blieb die kultische Begehung des *dies natalis* des Märtyrers, d.h. der Gedenktag seines Martyriums am Grab, auf Jahrhunderte hin der eigentliche Inhalt der kirchlichen Märtyrerverehrung. Der Platz *apud sanctos* wurde zudem zur bevorzugten Begräbnisstätte der Christen, weil diese sich auch nach ihrem leiblichen Tod der helfenden und schützenden Nähe der Märtyrer bis zum Tag ihrer erhofften Auferstehung gewiss sein wollten[94].

Die Teilung und Translation von *Reliquien* breitete den ursprünglich lokal gebundenen Märtyrerkult in den christlichen Gemeinden aus, so dass schon im 4. Jh. einige Märtyrer in weiten Teilen der Kirche verehrt wurden, wie die ersten kirchlichen Festkalender dokumentieren[95]. Mit dem Reliquienwesen blühte dann auch die Sitte der Wallfahrt auf, bei der sich jedoch vielfach Formen des Wunderglaubens aus dem nichtchristlichen Umfeld zeigten[96]. Schließlich wurde der Märtyrerkult noch durch die private Frömmigkeit gesteigert. Denn in den Menschen war mit dem antiken Phylakterienwesen das Verlangen angelegt, sich durch sichtbare und greifbare Mittel vor Unannehmlichkeiten schützen zu können. Dieses Bedürfnis wollte die Kirche mit der Reliquienverehrung steuern, indem die Christen nicht mehr Amuletten und Phylakterien wie ihre noch heidnische Umwelt vertrauen sollten, sondern auf die Hilfe der Märtyrer, die ihnen in Reliquien oder Grabgegenständen aller Art greifbar nahe waren[97].

Im Laufe des 4. Jh.s, als das Christentum toleriert, gefördert und schließlich zur Staatsreligion erhoben wurde, entstanden neben dem Märtyrer der Verfolgungszeit neue Heiligkeitstypen. Schon im 3. Jh. werden nämlich auch *confessores* als Märtyrer verehrt.

---

91   Vgl. *Hausberger*, Heilige, 648f.
92   Vgl. Augustin, ep. 22,3: CSEL 34/1, 56,12–57,8, aus dem Jahre 392.
93   Vgl. *Baumeister*, Heiligenverehrung I, 126 mit Stellenangaben.
94   Vgl. *Hausberger*, Heilige, 649.
95   Vgl. Ebd., 649.
96   Vgl. *Baumeister*, Heiligenverehrung I, 132. So rät z.B. auch Gregor von Nyssa, Epist 2: GNO VIII/2, 13,1–19,12 von Pilgerfahrten nach Jerusalem ab, weil die äußeren Gefahren, Ablenkungen und Versuchungen zu groß seien.
97   Vgl. *Hausberger*, Heilige, 649.

Sie sind standhafte Bekenner des Glaubens in der Verfolgung, die
aber nicht wie die Märtyrer ihr Leben geben mussten. Herausra-
gendes Beispiel dafür ist Gregor der Wundertäter (gest. um 270).
In der Folge setzt sich immer mehr das Heiligkeitsideal des *engelgleichen Lebens* durch, also das Vorbild in der Erfüllung der christlichen Tugenden, das besonders in der monastischen Askese angestrebt wurde[98]. Das Mönchsleben wurde so als ein täglich zu ver-
wirklichendes Martyrium verstanden[99]. Denn der in Askese lebende
Christ entsagte sich wie der Blutzeuge während der Verfolgungszeit aller irdischen Bindung, d.h.: »aus der Umdeutung des Martyriums in die Form der täglich zu übenden Abtötung war ein neuer
Heiligkeitstyp getreten, der der *Asketen und Jungfrauen*«[100]. Seine frühesten Vertreter sind im Osten die Wüstenväter Antonius
aus Ägypten (gest. 356) und Hilarion aus Palästina (gest. 371),
dann Basilius, der Bischof von Caesarea (gest. 379) sowie im Westen Martin von Tours (gest. 397)[101]. Schließlich werden auch herausragende *Bischöfe* verehrt, deren Heiligkeit nicht mehr monas-
tisch, sondern allein aufgrund ihres Vorbildcharakters im Glauben
der Kirche begründet wird[102]. Abschließend ist für den Osten und
Westen im 4. Jh. festzustellen, dass die Märtyrer und Heiligen die
Rolle christlicher Heroen angenommen haben. Die Christen scheinen offensichtlich Helden gebraucht zu haben, mit denen sie sich
gegen die alten Heroen durchsetzen konnten[103].
Das Bild der tatsächlich begangenen *Heiligenfeste* am Ende des 4.
Jh.s ist lokal noch sehr unterschiedlich[104]. Als wichtigste Quelle für

---

98   Vgl. *S. Frank*, ΑΓΓΕΛΙΚΟΣ ΒΙΟΣ . Begriffsanalytische und begriffsge-
schichtliche Untersuchung zum ›engelgleichen Leben‹ im frühen Mönchtum
(BGAM 26), Münster 1964.
99   Vgl. *Baumeister*, Heiligenverehrung I, 137 mit Verweis auf Athanasius,
v. Anton. 47: PG 26, 912B.
100   *Hausberger*, Heilige, 650.
101   Ihrem Beispiel zu folgen, fordert etwa Johannes Chrysostomus, hom.
11,3 in Hebr.: PG 63, 93 seine Predigthörer auf, wenn er ihnen zuruft: »Tötet
euren Leib ab und kreuzigt ihn, und auch ihr werdet die Märtyrerkrone empfangen«.
102   Wie z.B. aus der von Paulinus verfassten Lebensbeschreibung des Ambrosius zu entnehmen ist, die als erste lateinische Vita gilt, »in der der hl. Bischof qua Bischof im Vordergrund steht« (*Baumeister*, Heiligenverehrung I,
143). Für den Osten vgl. z.B. Gregor von Nyssa, Bas: GNO X/1, 109–134; Melet:
GNO IX, 441–457; u.a.
103   Vgl. *Baumeister*, Heiligenverehrung I, 135; zur frühchristlichen Mär-
tyrer- und Heiligenverehrung im allgemeinen vgl. *E. Dassmann*, Kirchengeschichte II/2: Theologie und innerkirchliches Leben bis zum Ausgang der Spätantike, Stuttgart 1999, 200–215, bes. 214.
104   Zu den Heiligenfesten vgl. vor allem *G. Kretschmar*, Die Theologie des
Heiligen in der frühen Kirche. Aspekte frühchristlicher Heiligenverehrung

die einzelnen Memorialtage der Märtyrer und Heiligen informieren die Kalendaren des 4. und beginnenden 5. Jh.s: der römische Kalender von 354 und das syrische Martyrologium von 411[105]. Zudem rekonstruierte Kretschmar den Jerusalemer Kalender aus der Zeit um 400, den er in diesen Zeitraum als besonders repräsentativ für die Heiligen und ihre Verehrung in der gesamten Christenheit erachtet[106]. Ihre einzelnen Memorialdaten ordnete er in einer Liste an[107]: »Sie umfasst biblische Heilige, Märtyrer (Petrus Apselamos, 40 Märtyrer, die Makkabäischen Märtyrer, die Unschuldigen Kinder, Johannes der Täufer, Stephanus, Apostelnamen, auch die Propheten sind wohl hier zu verbuchen), Asketen (Antonius), Bischöfe (Kyrill und Johannes), Kaiser (Konstantin und Theodosius) sowie sonstige Memorialtage, die nicht als ›dies natales‹ zu begreifen sind (Kreuzeserscheinung, Bundeslade, Maria Theotokos, Kirchweih)«[108]. Der Kalender ist zwar eindeutig von Jerusalem geprägt, hat aber eine bewusst ökumenische Ausrichtung und weist eine auffällige Häufung von Gedenktagen in der letzten Dezemberwoche auf: 25.12. ›Jakobus und David‹; 27. 12. ›Stephanus‹; 28.12. ›Paulus und Petrus‹; 29.12. ›Apostel Jakobus und Johannes der Evangelist‹. Die Anordnung änderte sich dann natürlich mit der späteren Einführung des Weihnachtsfestes am 25.12. und weiterer ökumenischer Einflüsse. Grundsätzlich will nach Kretschmar der Jerusalemer Festkalender in seiner theologischen Absicht den Schwerpunkt der großen Christusfeste im Kirchenjahr unterstreichen: »Die Funktion dieses Kalenders als Ganzem ist offenbar, die Heilsgeschichte zu kommemorieren. Heiligengedenken als Kommemoration der Heilsgeschichte«[109] scheint als Konzept dahinter zu stehen.

Allgemein sind am Ende des 4. Jh.s den meisten Gemeinden vor allem die Feste biblischer Heiliger gemeinsam. So werden Petrus und Paulus am 29. Juni in Rom verehrt, während das syrische Martyrologium sie am 28. Dezember kommemoriert. Für den

---

(Oikonomia 6), Erlangen 1977, 93–112; *O. Pasquato*, Religiosità popolare e culto ai martiri, in particolare a Costantinopoli nei s. IV–V tra paganesimo, eresia e ortodossia: Aug. 21 (1981) 207–242; *H. Auf der Maur*, Feiern im Rhythmus der Zeit II/2.2. Feste und Gedenktage der Heiligen (GDK 6,1), Regensburg 1994, 65–401.
105   Die beiden Kalendaren notiert *H. Lietzmann* (Hg.), Die drei ältesten Martyrologien (KIT 2), Berlin ²1911, der als drittes Dokument einen Kalender von Karthago vom Anfang des 6. Jh.s anführt.
106   Vgl. *Kretschmar*, Theologie, 94–112 mit genauen Quellenangaben und theologischer Interpretation.
107   Vgl. ebd., 95f.
108   Ebd., 96.
109   Ebd., 103.

Raum Byzanz, Kappadokien und Syrien lässt sich insgesamt nachweisen, dass dort nach der Einführung des Weihnachtsfestes (25.
12.) am 26. Dezember das Gedächtnis des zum Apostel erhobenen Protomärtyrers Stephanus, am 27. Dezember das der beiden
Zebedaiden Johannes und Jakobus, am 28. Dezember das der beiden römischen Apostelfürsten Paulus und Petrus gefeiert wurde[110].
Der Jerusalemer Festkalender stellt die Reihenfolge etwas um und
nennt Petrus und Paulus vor Johannes und Jakobus. Im Westen
wurde am 28. Dezember anstelle des Petrus-Paulus-Festes das
Fest SS. Innocentium gefeiert. Ökumenisch verbreitet war schon
bald das Fest des Stephanus, und mit der Zeit setzte sich auch das
Johannes-Jakobusfest durch. Zudem begann das Gedächtnis an
das Martyrium Johannes' des Täufers in großen Teilen der Kirche
bekannt zu werden. Die übrigen zahlreichen Heiligenfeste waren
aber am Ende des 4. Jh. lokal noch sehr verschieden. Schließlich
findet sich bei Johannes Chrysostomus bereits die Wurzel für ein
Allerheiligenfest, das er für die Oktav von Pfingsten bezeugt[111].
Grundsätzlich stellt Kretschmar vier tragende Motive heraus, welche das Konzept des Heiligen in der christlichen Frühzeit ausfor-
men, die er als *Einbruch des Eschaton, Nachfolge Christi, Gültigkeit der Geschichte* und *communio sanctorum* beschreibt[112].

5. Die anderen Feste

Neben den christlich begründeten Jahresfesten finden sich auch
kirchliche Feste, die aus dem soziokulturellen Umfeld übernommen bzw. beibehalten wurden. So wird sowohl das Chanukkafest
als auch der heidnische Brauch, den Dedikationstag eines Tempels
(*natalis templi*) mit Opfern, öffentlichen Festmählern und Spielen
zu begehen, das christliche Kirchweihfest hervorgerufen haben[113].
Sein ältester Beleg ist die Einweihungsfeier der konstantinischen
Anastasis-Basilika in Jerusalem, die jährlich mit dem 14. September eine Woche lang als Jerusalemer Kirchweihtage gefeiert wurde[114]. Ebenso steht höfisches Zeremoniell hinter der Feier am Jahrestag des Amtsantritts der römischen Bischöfe, die seit dem 4. Jh.
als *natalis papae* bezeichnet wird, parallel zum *natalis imperii* des

---

110 Vgl. *Andresen*, Kirchen, 371.
111 Vgl. Johannes Chrysostomus, omn. mart.: PG 50, 705; adv. Iud. 6: PG
48, 904.
112 Vgl. *Kretschmar*, Theologie, 112ff.
113 Vgl. *H. Merkel*, Feste und Feiertage IV: TRE 11 (1983) 119.
114 Vgl. Itin. Eger. 48f.

Kaisers[115]. Bereits im 5. Jh. bestand in Rom die Gewohnheit, die »quatuor tempora« oder Quatember als den Beginn der Jahreszeiten bzw. der agrarischen Etappen durch Fasten und Gottesdienst zu begehen. Nach Klauser waren sie gedacht »als christlicher Ersatz für uralte heidnische Feiern mit gleicher Zweckbestimmung (feriae sementivae, feriae messis, feriae vindemiales), die erst in der Kaiserzeit die Vierzahl erreichten«[116]. Schließlich bezeugen die christlichen Prediger auch die Kalenden, also das Neujahrsfest, und andere Festtage oder staatliche Anlässe, an denen häufig alte heidnische Bräuche wiederauflebten, die sie streng anzumahnen hatten[117].

6. Der Weg zum reichskirchlichen Festkalender

Die ›konstantinische Wende‹ schuf die religionspolitischen Voraussetzungen für eine Entwicklung, in der sich spätrömisches Kaisertum und reichskirchliches Christentum verbanden[118]. In der Folge war das Christentum bemüht, das Geschichtsbild zu charakterisieren, sich das griechisch-römische Kulturgut anzueignen und schließlich sogar das öffentliche Leben zu bestimmen, indem es die heidnischen Feste und Bräuche abzulösen versuchte[119]. Dieser vielschichtige Prozess, in dem die pagane Frömmigkeit während des 4. Jh.s zurückgedrängt, ja sogar unterdrückt wurde, führte zur allmählichen Beseitigung des heidnischen Festkalenders, der durch religiös neutralisierte Festtage alter Provenienz ersetzt oder durch christliche Feiertage verändert wurde[120]. Am Abschluss dieser Entwicklung steht ein christlicher Jahreskalender mit staatlich geschützten Feiertagen unter Ausschluss der heidnischen Feste, wie das Edikt vom 7. August 389 n.Chr. (Cod. Theod. II, 8, 19) im Namen Valentinians II. und Theodosius I. beweist. Es veröffentlichte eine für beide Reichshälften gültige Liste staatlich geschützter Feiertage

---

115   Vgl. *A. Stuiber*, Geburtstag: RAC 9 (1976) 241.
116   *Th. Klauser*, Th., Fest: RAC 7 (1969) 761.
117   Vgl. besonders Johannes Chrysostomus, In kalendas 1–5: PG 48, 953–962; dazu *O. Pasquato*, Gli spettacoli in S. Giovanni Crisostomo. Paganesimo e Cristianesimo ad Antiochia e Costantinopoli nel IV secolo, Roma 1976, 310–324, der dort christliche Feste auf heidnischem Hintergrund thematisiert. Ebenso bezeugt Gregor von Nyssa, Epist 14: GNO VIII/2, 46,15 – 48,18, das Neujahrsfest nach allgemein römischer Tradition zu feiern, die an diesem Tag Geschenke austauscht.
118   Vgl. *C. Andresen / A.M. Ritter*, Geschichte des Christentums I/1. Altertum, Stuttgart/Berlin/Köln 1993, 64.
119   Vgl. *Andresen*, Kirchen, 352.
120   Vgl. ebd., 360.

und musste dem heidnischen Priestertum in der praktischen Konsequenz die Existenzgrundlage entziehen.
Informationen über die religiöse Situation in der zweiten Hälfte des 4. Jh.s geben einmal Inschriften[121] oder Chronographien[122], zum anderen die Schriften der Kirchenväter, aus deren Polemik gegen den heidnischen Kult wertvolle Rückschlüsse zu ziehen sind[123].
Der Chronograph aus dem Jahre 354 bezeugt für die Mitte des 4. Jh.s in Rom neben dem Christentum die Existenz der Isismysterien, den Kybelekult (magna mater) und andere Feste altrömischer Observanz wie die *Parentalia* des Februarmonats, die im Totenkult verankert waren, die *Saturnalia* vom 17. bis 23.12. und die alten Sühneriten der *Lupercalia*[124].
Am längsten konnten sich die heidnischen Kulte halten, die sich mit den *ludi* als Volksbelustigungen verbunden hatten, d.h.: Mit

---

121   Inschriften nennen z.b. den römischen Stadtpräfekten Memmius Vitrasius Orfitus, der sein Amt von 353–356 und 357–359 n.Chr. bekleidete, »PONTIFEX MAIOR VESTAE QUINDECIMVIR S(ACRIS) F(ACIUNDIS) PONTIFEX SOLIS« (CIL VI, 1741). Als Oberpriester des Vestatempels und Priester des ›Unbesiegten Sonnengottes‹ aurelianischer Zeiten vereinigte er damit »in seiner Person zwei Priesterämter, die älteste und jüngste (vorkonstantinische) Tradition repräsentierten« (*Andresen*, Kirchen, 354). Die heidnische Opposition stadtrömischer Kreise muss also trotz der politischen Entmachtung noch sehr aktiv gewesen sein. Wenn sie nämlich noch weithin die traditionellen Priesterämter inne hatten, dann bot sich ihnen auch »die Gelegenheit, mit der Prolongierung der sakralen Akte den heidnischen Mutterboden des Festkalenders im Bewusstsein der Zeitgenossen lebendig zu halten« (ebd., 354). Die Inschriften geben weiter Auskunft, dass Orfitus in der zweitgenannten Eigenschaft als ›Quindecimvir‹, d.h. als ›Angehöriger des Fünfzehnmännerkollegiums für die Veranstaltung der Opfer‹, 357 n.Chr. in Rom sogar noch einen Apollotempel einweihte (CIL VI, 45).
122   Beispielsweise der sog. Chronograph vom Jahre 354 n.Chr. in Rom, der ein stadtrömisches Nachschlagewerk erstellte. Als Grundlage dienten ihm ein heidnischer Jahreskalender und ein astrologischer Jahreskalender, die er durch chronographische Beschreibungen ergänzte, aus denen ein Osterzyklus, Beisetzungstafeln der Bischöfe, die Märtyrer Roms sowie eine stadtrömische Bischofsliste zu entnehmen sind. Zur Textausgabe vgl. *Th. Mommsen*, Chronica minora I, 13ff = MGH AA IX sowie die kunstgeschichtliche und historische Würdigung durch *H. Stern*, Le calendrier de 354. Etude sur son texte et ses illustrations, Paris 1953.
123   Danach haben z.B. in Rom bis Ende des 4. Jh.s trotz der Kaiseredikte gegen das heidnische Opferwesen die sog. ›volkstümlichen Opferhandlungen‹ (sacra popularia) stattgefunden, an denen im Unterschied zu den sog. ›Opferhandlungen für das Volk‹ (sacra pro populo) auch das Volk teilzunehmen pflegte. Ihr abruptes Ende fand diese stadtrömische Ausnahmesituation in Rom erst mit dem Sturz des heidnischen Usurpators Eugenius 394 n.Chr. (vgl. *Andresen*, Kirchen, 355).
124   Vgl. ebd., 355–359.

den Spielen berücksichtigten die christlichen Kaiser das Unterhaltungsbedürfnis der Massen. In der Folge setzten die christlichen Herrscher dieses Phänomen dann bewusst auch für ihre eigenen Zwecke ein: An die Stelle des heidnischen Festkalenders trat jetzt eine Reihe öffentlicher Spiele, die zu kaiserlichen Ehren veranstaltet wurden. Auf diese Weise konnten die christlichen Herrscher in religiös unverfänglicher Weise *ludi et circenses* veranstalten und die Massen beruhigen. Mit ihren *ludi votivi* und *dies natales*-Spielen machten sie einmal sich selbst und ihre Dynastie beim Volk beliebt, zum anderen konnten sie indirekt zugleich die Pläne ihrer antiheidnischen Religionspolitik fördern, deren Ziel die vollständige Beseitigung des heidnischen Festkalenders war.

Die ersten christlichen *dies feriati* wurden 321 implizit in den Jahreszyklus eingeführt, als Konstantin durch Dekret den »Tag des Sol« zum allgemeinen Ruhetag erhob (Cod. Theod. II, 8,1). Damit gab er den Christen die Möglichkeit, den Herrentag als wöchentlichen Feiertag kirchlich zu begehen, bis in einem Edikt vom Jahre 386 (Cod. Theod. II, 8, 18) die Sonntagsheiligung auch explizit festgeschrieben wurde.

Grundsätzlich zeigt die kaiserliche Politik des 4. Jh.s, dass sie zunächst die heidnischen Festtage religiös zu neutralisieren versuchte. So strich als frühes Beispiel bereits Constantius II. ca. 357 n.Chr. die Opferzeremonien aus der Festliturgie der *dies feriati* (CIL I, 334ff), obwohl er weiterhin die Würde eines Pontifex Maximus beibehielt[125]. In der Folge wurden dann immer mehr christliche Feiertage anstelle der heidnischen in den öffentlichen Festkalender aufgenommen. Schließlich proklamierte das Edikt vom 7. August 389 (Cod. Theod. II, 8,19), indem es die *dies feriarum*, also die arbeitsfreien Tage des Reiches, auflistet, die christlichen Feiertage als staatlich geschützte Festtage. Damit waren stillschweigend die heidnischen Feste als staatlich geschützte Feiertage abgeschafft worden. Trotzdem nimmt das Edikt noch auf altes Brauchtum Rücksicht, wenn es die sog. *Computalia* – ein altes Fest zu Ehren der häuslichen Laren – in die Liste aufnimmt. Zudem nennt das Edikt einige religiös neutrale Feiertage: Die Korn- und Weinernteferien (*feriae vindemiales*), die Gründungstage von Rom bzw. von Konstantinopel und die Kaisergeburtstage (*dies natalis*). Im Zentrum der Feiertagsliste standen aber die christlichen Festtage: die Sonntage (*dies solis*), die Karwoche, die Woche nach Ostern und das Weihnachtsfest (*dies natalis domini nostri*), d.h.: Einschließlich des Epiphaniefestes waren von den insgesamt 130 genehmigten *dies feriati* 67 Feiertage christlich.

125 Vgl. ebd., 360.

Neben dem christianisierten Festkalender finden sich im römischen Reich noch immer die beim Volk so beliebten Circusveranstaltungen, die dem christlich-orthodoxen Kaiser Theodosius I. die Volksgunst sichern sollten[126]. Um den christlichen Gottesdienstbesuch nicht zu behindern, schränkte Theodosius zwar in einem Edikt vom 17. April 392 ein, dass an Sonntagen die Circuskämpfe verboten seien. Zugleich nannte er aber als Ausnahme die Feier der kaiserlichen Geburtstage, falls der Sonntag mit ihnen zusammenfiele (Cod. Theod. II, 8,20). Damit konnte der christliche Jahreskalender nur mit Zugeständnissen an die weltliche Macht realisiert und praktiziert werden.

Bei der Ausgestaltung des Kirchenjahres und seines Festzyklus war die Reichskirche jedoch völlig unabhängig. Sie musste zwar einerseits bei Festen, die sich besonderer Popularität erfreuten, oft gegen pagane Entartungserscheinungen oder das Aufleben paganer Volksfrömmigkeit kämpfen[127]. Andererseits aber gewann sie mit dem Ausbau des Kirchenjahres ein wirkungsvolles Instrument, um das öffentliche Leben kirchlich zu durchdringen. Ihre ›pädagogische Zielsetzung der Massenbeeinflussung‹[128], die auf die Bedürfnisse der Masse Rücksicht nehmen musste, hatte dann zur Folge, dass den Festgottesdiensten im Kirchenjahr besondere Aufmerksamkeit geschenkt wurde, während die sonntäglichen Gottesdienste an Anziehungskraft verloren.

Ergebnisse

Am Ende des 4. Jh.s lässt sich ein bereits weit, aber noch nicht vollständig und einheitlich entwickeltes liturgisches Kirchenjahr erkennen. Denn zum einen verlief die Entstehungsgeschichte der einzelnen Feste nach Ort und Zeit sehr unterschiedlich, zum anderen setzt die Quellenlage der Nachforschung Grenzen. Aber als Tendenz ist offensichtlich, dass große Zentren wie Jerusalem und

126 Wie bis zum heutigen Tag der Theodosius-Obelisk in Konstantinopel beweist, der 390 im Hippodrom am Kaiserpalast errichtet wurde und als sog. Meta diente – er war die Streckenbegrenzung während der Wagenrennen im Circus. Der Obeliskensockel zeigt auf einem seiner vier Reliefs Theodosius I. mit seinen Söhnen in der Kaiserloge abgebildet, der in der rechten Hand den Kranz für die Siegerehrung hält, während unter ihm eine weibliche Ballettgruppe zum Klang der Flöten und Wasserorgeln tanzt; vgl. *M.F. Volbach*, Frühchristliche Kunst. Die Kunst der Spätantike in West- und Ostrom. Aufnahmen M. Hirmer, München 1958, Abb. 54.
127 Vgl. etwa Johannes Chrysostomus, In kalendas 1–5: PG 48, 953–962.
128 Vgl. *Andresen*, Kirchen, 362.

Rom zur Nachahmung einladen, die neue Reichshauptstadt Konstantinopel Fremdes anzieht, weil es ihr an eigenen Traditionen mangelt, in Hafenstädten wie Ravenna die Kulturbegegnung den Festkalender bereichern kann und schließlich auch kaiserliche Eingriffe am Horizont erscheinen[129]. Die Folge ist eine Häufung von Festen, die das zentrale Christusgedächtnis in den Hintergrund zu drängen droht. Daneben ist auch die Kraft der Volksfrömmigkeit mit zu berücksichtigen, die viele heidnischen Gewohnheiten vor allem bei Märtyrerfesten und anderen Festtagen soziokultureller Provenienz einbringt.

Konkret kann für das Ende des 4. Jh.s ein abgeschlossener Oster- und ein weit entwickelter Weihnachtsfestkreis im gesamten Einzugsgebiet des Imperium Romanum nachgewiesen werden. Die Märtyrerfeste sind zwar im allgemeinen noch lokal begrenzt und verschieden, doch beginnen sich einige bereits überregional durchzusetzen wie etwa die Feste zum Gedächtnis an Stephanus, Peter und Paul, Johannes und Jakobus sowie Johannes den Täufer. Daneben werden die Kalenden, natalis papae, Kirchweihfeste und andere öffentliche Feste begangen.

Die Alte Kirche drückt mit den vielen im 4. und 5. Jh. entstandenen Festtagen aus, dass sie das menschliche Grundbedürfnis nach Fest und Feier nicht unterdrücken will oder kann, sondern Möglichkeiten sucht, um die sinnliche Wahrnehmung der Gläubigen zu berücksichtigen. Die Kirche war also bemüht, ihre neu gewonnene öffentliche Aufgabe zu nutzen, das grundlegende menschliche Bedürfnis nach Festfreude anzuerkennen und eine christliche Interpretation des Festes zu formulieren, d.h.: Sie versuchte in den soziokulturellen Gegebenheiten der Spätantike, die theologischen Inhalte des christlichen Glaubens zu vermitteln[130].

---

129   Vgl. *Merkel*, Feste, 120.
130   In welcher Art und Weise die Kirche über ihre Festpraxis reflektierte, welche Überzeugungen, Bedürfnisse und Vorstellungen also hinter der sich entwickelnden kirchlichen Festpraxis stehen, führt in den Themenbereich der *Heortologie*, der Rede über das Fest, genauer in den Themenbereich der Theologie des Festes, der Rede von Gott am Fest. Zur Praxis und Theorie des christlichen Festes vgl. *J. Rexer*, Die Festtheologie Gregors von Nyssa. Ein Beispiel reichskirchlicher Heortologie (Patrologia. Beiträge zum Studium der Kirchenväter 8), Frankfurt a.M. 2002.

Klaus Fitschen

Die Transformation der christlichen Festkultur

Von der Aufklärung zur Konfessionalisierung im 19. Jahrhundert

Festforschung hat Konjunktur[1]. Volkskundliche und regionalgeschichtliche Untersuchungen beschäftigen sich mit der Festkultur im Alltag, mit öffentlichen Inszenierungen, familiären Feiern, religiösen und politischen Aspekten. Der Beitrag der Kirchengeschichte dazu ist die Erschließung der historischen, auf die Geschichte des Christentums bezogenen Dimension. Dabei wird das Zeitalter der Aufklärung und der Französischen Revolution geradezu als eine Epochenwende in der Festkultur erkennbar – auch wenn sich hier mancher dramatische Umbruch nur wiederholte, der sich schon in der Reformationszeit ereignet hatte: Die Abschaffung von Heiligentagen, also geradezu die Rationalisierung der Festkultur, war eben keine Erfindung neuzeitlich-aufgeklärten Nützlichkeitsdenkens allein. Der folgende Beitrag wird die Umbrüche in der christlichen Festkultur – und der größte Teil der Festkultur der Frühen Neuzeit ist christlich geprägt – in der Zeit der Aufklärung und der Französischen Revolution zum Thema haben und auch der Frage nachgehen, wie das Erbe der Aufklärung noch im 19. Jahrhundert zur Geltung kam. Der Begriff »Aufklärung« wird dabei gänzlich unspezifisch verwendet, um auch die in neuerer Zeit vielfach bearbeitete katholische Aufklärung einzubeziehen, die pragmatisch und kirchenreformerisch ausgerichtet war[2]. Überdies soll auch die Neuformierung der Festkultur nach den Umbrüchen der Aufklärung und der Französischen Revolution zur Sprache kommen, und dabei soll besonders ihre konfessionelle Prägung vorgestellt werden, die eines der Kennzeichen eines neuerdings in Rede stehenden »Zweiten konfessionellen Zeitalters«[3] im 19. und noch 20.

---

1 Vgl. dazu die hier benutzte Literatur wie auch den Forschungsbericht von *M. Maurer*, Feste und Feiern als historischer Forschungsgegenstand, HZ 253 (1991), 101–130.
2 Vgl. *H. Klueting* (Hg.), Katholische Aufklärung – Aufklärung im katholischen Deutschland, Hamburg 1993 (mit einer Einführung und verschiedenen Beiträgen zum Thema).
3 *O. Blaschke* (Hg.), Konfessionen im Konflikt. Deutschland zwischen 1800 und 1970: ein zweites konfessionelles Zeitalter, Göttingen 2002 (vgl. den in Anm. 98 angeführten Beitrag von *S. Weichlein* zu den Bonifatiusfeiern, 98).

Jahrhundert und somit auch ein Gegenbild zu konfessionellen Annäherungsversuchen in der Aufklärung war.

I. Die Zeit der Aufklärung und des absolutistischen Staatskirchentums

Martin Luther hatte 1520 in seiner Schrift »An den christlichen Adel deutscher Nation von des christlichen Standes Besserung« dazu geraten, das für Wallfahrten aufgewendete Geld lieber den Armen zu geben und vor allem alle Heiligenfeste auf Sonntage zu verlegen oder sie nur in der Morgenmesse zu begehen, dann aber die Arbeit aufzunehmen, denn »Missbrauch mit Saufen, Spielen, Müßiggang und allerlei Sünde« bewirke, dass Gott an Heiligentagen noch mehr erzürnt werde als an anderen. Dabei werde Gott doch mehr geehrt, wenn aus einem Heiligentag ein Werktag gemacht werde. Der Aufruf zu einer gründlichen Reform der Festkultur ist also einer der Grundsteine des protestantischen Arbeitsethos: Der gemeine Mann nehme an den Festtagen nur Schaden, da er seine Arbeit versäume und mehr verzehre als sonst. Luther wollte auch die Kirchweihfeste abgeschafft sehen, weil sie zu Tavernen, Jahrmärkten und »Spielhöfen« geworden seien[4].

Die spätere Aufklärung berief sich nicht auf Luthers Programm – auch wenn manche evangelische Zeitgenossen in katholischen Feiertagsreformen einen späten Sieg Luthers sahen[5]. Die Aufklärung machte sich aber Rationalisierungstendenzen zu eigen, die im Protestantismus verwurzelt waren und im 18. Jahrhundert auch in katholischen Ländern Einzug hielten. Dabei wurden auch Predigten und Lieder und somit die Feste insgesamt inhaltlichen Umdeutungen im Sinne der Aufklärung unterzogen[6]. Die denkwürdige Allianz zwischen Aufklärung und absolutistischer Herrschaft hatte ihre innere Mitte im Vereinfachungsdenken. Das Schlichte, Ursprüngliche, Kostengünstigere wurde zum Ziel, sei es aus Überdruss am Barocken, sei es, um das Geld der Gläubigen in andere Bahnen zu lenken, sei es, weil man sich eine Modernisierung des Staates ohne eine Modernisierung der Kirche nicht vorstellen konn-

---

4 *Martin Luther*, An den christlichen Adel deutscher Nation, WA 6, 437,31–438,13.445,33–446,26.
5 *B. Goy*, Aufklärung und Volksfrömmigkeit in den Bistümern Würzburg und Bamberg, Würzburg 1969, 75f.
6 *P. Graff*, Geschichte der Auflösung der alten gottesdienstlichen Formen in der evangelischen Kirche Deutschlands, Bd. 2: Die Zeit der Aufklärung und des Rationalismus, Göttingen 1939, 72–88.

te, sei es, weil man einfach »Missbräuche« abstellen wollte[7]. Gerade die mit Festen verbundenen und durch den Alkoholkonsum noch verstärkten »Ausschweifungen« sollten unterbunden werden. Besonders Kirchweihfeste zogen Kritik auf sich, sollte die Festfreude doch dem Nutzen und der Wohlfahrt des Staates dienen[8]. Die Kirche war dabei, typisch für den absolutistischen Staat, als Werkzeug der Volkserziehung einbezogen: Bestandteil der von den Aufklärern initiierten Festkultur sollten auch Predigten der Ortspfarrer sein, die auf Sinn und Zweck des betreffenden Festes Bezug nahmen[9]. Dass Menschen ihre Hemmungen verloren, war den Aufklärern ebenso unheimlich wie den Pietisten. Ungehemmtes Essen, Trinken und Tanzen – das Thema Sexualität wurde häufig mit letzterem verbunden – war eben genauso unfromm wie unvernünftig[10]. Das Gegenbild war auf aufklärerischer Seite der stumme Jubel der Seele und eine Vergeistigung der Festfreude, die sich nach außen in Tränen der Rührung zeigen konnte[11].

Der Staatswissenschaftler Johann Heinrich Gottlob von Justi, dessen turbulente Biographie ihn in österreichische, preußische und andere Dienste führte, diskutierte 1760 in seiner »Policey-Wissenschaft« die Frage nach Sinn und Nutzen der Feiertagsreduktionen: Einerseits seien diese aus wirtschaftlichen und politischen Gründen sinnvoll, andererseits bräuchten die Menschen auch Tage, ja sogar mehrere zusammenhängende, an denen sie ihre Arbeitskraft regenerieren könnten – das wirtschaftliche Nützlichkeitsargument war also durchaus ambivalent. Hätte man die freie Wahl, sollten diese Tage im Sommer liegen, da der traurige Winter zu Lustreisen und Vergnügungen nicht geeignet sei. Vergnügungen und Lustbarkeiten waren für Justi essentielle Bestandteile der Festkultur des Volkes, ja sogar für die Wohlfahrt des Staates notwendig, da die Menschen sonst zum Feiern in festfreudigere Lande auswandern würden – angesichts der territorialen Verhältnisse in Deutschland zu dieser Zeit immerhin kein unmöglicher Gedanke. Justi verband damit aber auch den Gedanken einer Reinigung der Religion, um sie von den Überwucherungen weltlicher Vergnügungen zu befreien: »und ob zwar die christliche Religion von

---

7   Vgl. zu diesem Komplex *Chr. Dipper*, Volksreligiosität und Obrigkeit im 18. Jahrhundert, in: *W. Schieder* (Hg.): Volksreligiosität in der modernen Sozialgeschichte, Göttingen 1986, 73–96.
8   *B. Heidrich*, Fest und Aufklärung. Der Diskurs über die Volksvergnügungen in bayerischen Zeitschriften (1765–1815), München 1984, 35f.
9   *Heidrich*, Fest und Aufklärung, 205.
10   Zu den Aufklärern vgl. *Heidrich*, Fest und Aufklärung, 51–54.
11   *Heidrich*, Fest und Aufklärung, 65.

ihrem Ursprunge an sich alle ersinnliche Mühe gegeben hat, die
Verbindung der Feiertage mit denen Vergnügungen und Lustbarkeiten zu verhindern; so hat sie doch hierinnen ihren Endzweck
niemals erreichen können.« Religiöse Feste aber »erfordern, daß
sie ganz und gar der Andacht und einer reinen und dankbaren
Freude des Herzens in Gott gewidmet werden«, sie durften also
nicht durch Tanz, Schauspiel und andere Lustbarkeiten entheiligt
werden. Aufgabe der öffentlichen Ordnung war es demnach, beide
Sphären zu trennen und somit das zu leisten, was die Geistlichen
bei aller Anstrengung nicht leisten konnten, nämlich die religiösen Feste rein zu halten. Justis Modell für die Abhaltung kirchlicher Feste waren die Bußtage und ihre andächtige Stille. Die von
der »Policey« im Sinne der öffentlichen Ordnung einzuführenden
weltlichen Feste sollten sich vorwiegend auf Ereignisse aus der
Landesgeschichte beziehen, hier hätten auch Vergnügungen ihren
Platz, die aber wiederum mit »Ordnung und Ceremonien« verbunden werden sollten. Vor die Erreichung dieses Fernziels setzte der
Realist Justi die Verwirklichung kurzfristiger Reformen. Wenigstens der erste Feiertag von Ostern, Pfingsten und Weihnachten
sollte »als ein wahres Religionsfest mit wahrer Andacht« gefeiert
werden. An den anderen Tagen seien »vernünftige und gesittete
Ergötzungen und Lustbarkeiten« durchaus zu gestatten[12].
In seinem Werk »Geist der Zeit« kritisierte Ernst Moritz Arndt in
einem Abschnitt »Denkmäler, Feste, Spiele« genau diese Festauf-
fassung. Er bezeichnete die Aufklärung als »die Zeit, wo die Menschen das Tiefste und Überschwänglichste in leere Märchen und die
Märchen wieder in kahlste Prosa zu verwandeln strebten [...] sie
nahm Religion und Regierung, Finanz und Polizei zu Hilfe und
jagte sie [sc. die Menschen] von Jahrmärkten und Landstraßen, von
Bühnen und Schenken weg: die Menschen sollten sich sittlich, ver-
ständig und vernünftig freuen, so klang es«. Von hier aus konnte

---

12 *J.H.G. v. Justi*, Die Grundfeste zu der Macht und Glückseligkeit der Staaten; oder ausführliche Vorstellung der gesamten Policey-Wissenschaft. Zwey-
ter Band, welcher die häusliche Regierung, die bürgerlichen Tugenden, die
innerliche Sicherheit, die Anstalten wider Feuersgefahr, die Ueppigkeit, die
Versorgung der Armen und mithin vornämlich die Stadt-Policey so wohl, als
die practische Erkenntniß der Policey-Wissenschaft abhandelt, Königsberg/
Leipzig 1761 (Nachdruck Aalen 1965), IX. Buch, XXXV. Hauptstück, 2. Abschnitt, § 39–56 (37–46). Rechtschreibung und Interpunktion sind hier wie
bei ähnlichen Zitaten behutsam angepasst worden. Eine ausführlichere Darstellung zu Justi und verwandten Autoren bietet *P. Münch*, Fêtes pour le peuple, rien par le peuple. «Öffentliche» Feste im Programm der Aufklärung, in:
D. Düding / P. Friedemann / P. Münch (Hg.), Öffentliche Festkultur. Politische Feste von der Aufklärung bis zum Ersten Weltkrieg, Reinbek 1988,
25–45.

Arndt dann nicht nur die Wiederbelebung alter Volksfeste anraten, sondern auch den 18. Oktober, also den Gedenktag der Völkerschlacht bei Leipzig, als neuen Festtag empfehlen[13]. In Preußen hatte die staatliche Kontrolle der Feste eine besondere Note, da in diesem protestantischen Territorium große katholische Bevölkerungsanteile lebten. Nach der Inbesitznahme Schlesiens hatte Friedrich der Große 1742 die dort lebenden Katholiken zum Wohle des Staates aufgefordert, die staatlichen Bettage mitzufeiern: »Es wird kein Katholik sein Gewissen beschweren, wann er an solchen Buss- und Bettagen einem andächtigen Gottesdienst beiwohnet und den Höchsten vor [für] das Wohlsein der Landesherrschaft und der Wohlfahrt des Landes anrufet; das Fasten ist eine Nebensache, worunter jeder tun und lassen kann, was er will. Es soll Meinen katholischen Untertanen frei bleiben, Gott nach ihrer Art frei zu dienen; sie müssen aber nicht affectiren, vor den Evangelischen in General-Landes-Sachen etwas voraus zu haben [...]. Wenn man in einem Lande lebet, muss man sich denen Landesgebräuchen unterwerfen«[14]. Der Breslauer Bischof Sinzendorf allerdings machte ein Kompromissangebot und legte ein eigenes Gebetsformular vor, das in den katholischen Kirchen Verwendung finden sollte[15]. So gestand der König im Januar 1743 zu, die Katholiken hätten die Bettage nicht mitzufeiern: »Sie mögen nach ihrer Façon beten und muss man sie bei ihren Gebräuchen lassen«. Ein entsprechender Erlass machte die Gewissensfreiheit zum Kriterium[16]. Dieser aufgeklärten Sinnesart entsprach der Wille, die jeweiligen konfessionellen Feste durch ein Arbeitsverbot vor der Beeinträchtigung durch die jeweils andere Konfession zu schützen und somit »eine gute Harmonie und brüderliche Einigkeit zwischen den Glaubensgenossen verschiedener Religionen ein für alle Mal« beizubehalten[17]. Die Streichung von Feiertagen wurde 1753 auf Vermittlung des allerdings zaudernden Breslauer Bischofs Schaffgotsch mit Papst Benedikt XIV. abgestimmt[18]. Die Schlesischen Protestanten mussten sich für ihre Kritik an der Abschaffung einiger von ihnen mitbegangenen Feiertage anhören,

---

13   *E.M. Arndt*, Geist der Zeit. Vierter Teil, 10. Denkmäler, Feste, Spiele, in: *W. Steffens* (Hg.), Arndts Werke. Neunter Teil, Berlin/Leipzig/Wien/Stuttgart 1912, 201–205, hier 202.204.
14   Kabinetts-Befehl an den Minister Podewils, in: *M. Lehmann* (Hg.), Preußen und die katholische Kirche seit 1640, Teil 2, Leipzig 1881, 114f (Nr. 140).
15   *Lehmann*, Preußen, Teil 2, 127 (Nr. 151).
16   *Lehmann*, Preußen, Teil 2, 237.238 (Nr. 265.268).
17   *Lehmann*, Preußen, Teil 2, 281 (Nr. 310).
18   *M. Lehmann*, Preußen und die katholische Kirche seit 1640, Teil 3, Leipzig 1882, 395f (Nr. 470) u.ö.

»dass der größte Teil der übrigen [Einwohner] sich der vorigen übergroßen Menge solcher Feiertage nur allein als einer Gelegenheit bedient habe, ihrem natürlichen Müßiggang zu folgen, ihr Hauswesen und die nötige Arbeit zum Unterhalt der Ihrigen zu negligieren, überdies aber durch allerhand Üppigkeit und Laster einen ganz widrigen Gebrauch von der ehemaligen Stiftung dergleichen Feiertage zu machen«[19]. Neben der zeittypischen Kritik am Laster begegnet hier auch das typisch aufklärerische Argument, die gegenwärtige Praxis verfehle den ursprünglichen Stiftungszweck. Der König nahm die Feiertagsverminderungen für die Katholiken 1754 auch gleich zum Anlass, evangelische Feiertage wie die Gedenktage der Apostel abzuschaffen. Übrig sollten bleiben: Weihnachten, Ostern, Pfingsten, die vierteljährlichen Bußtage, Gründonnerstag und Karfreitag, Himmelfahrt, Neujahr, Michaelis und Dreikönig, wobei Michaelis und Dreikönig besser auf den nächsten Sonntag gezogen werden sollten[20]. 1773 wurden dann die vier Bußtage auf einen vereinigt.

Auch in katholischen Territorien wurden umfangreiche Reformen des Festkalenders durchgeführt: Papst Clemens XIV. stimmte 1770 auf Drängen des Würzburger Fürstbischofs einer Reduktion der Feiertage zu. So wurden in den Fürstbistümern Würzburg und Bamberg viele Heiligentage auf den nächsten Sonntag verschoben, die dritten Oster- und Pfingstfeiertage fielen weg. Die Heiligenverehrung als solche sollte davon aber nicht beeinträchtigt werden. In einer Musterpredigt, die die Pfarrer halten sollten, wurde als Hauptargument ganz typisch die Wiederherstellung der Reinheit des göttlichen Kultus genannt[21]. Tatsächlich war die Berufung auf die ursprünglichen Zustände in der Kirche (der »ecclesia primitiva«) eines der Hauptargumente solcher Reformen bis in die Französische Revolution hinein[22]. Der bayerische Kurfürst Max III. Joseph erhielt 1772 ebenfalls ein Reduktionsbreve des Papstes mit ganz ähnlichen Maßregeln zugestanden. Ein weiteres Ziel war die Vereinheitlichung der Feiertage und die Aufhebung zusätzlicher lokaler oder regionaler Feste[23].

Die Reduktion der Feiertage war also ein typisches Anliegen der aufgeklärten Staatsverwaltungen, fielen diese Tage doch ebenso wie die Zeiten für Wallfahrten für die landwirtschaftliche Pro-

19 *Lehmann*, Preußen, Teil 3, 500f (Nr. 553).
20 *Lehmann*, Preußen, Teil 3, 441f (Nr. 511).
21 *Goy*, Aufklärung und Volksfrömmigkeit, 57–61.
22 Vgl. *K. Fitschen*, Die Zivilkonstitution des Klerus von 1790 als revolutionäres Kirchenreformprogramm im Zeichen der Ecclesia primitiva, HJb 117 (1997), 378–405.
23 *Heidrich*, Fest und Aufklärung, 113.

duktion und das Handwerk aus. Immerhin sahen sich katholische Territorien mit der Vielzahl ihrer Heiligentage den evangelischen gegenüber wirtschaftlich im Rückstand. In der Kritik trafen sich allerdings wirtschaftliche Überlegungen häufig mit moralisierenden Anwürfen gegen das Landvolk. Auch das schon von Luther gebrauchte Argument der sittlichen Gefahren fand also wieder Anwendung. Vereinzelt meldeten sich immerhin Stimmen, die auf das Eigeninteresse des Bauern an einer guten Ernte hinwiesen[24]. An solche Bestrebungen, die Festkultur zu modernisieren und dem öffentlichen Wohl dienstbar zu machen, konnten dann sowohl die Revolutionäre in Frankreich wie die geistigen Väter des deutschen Nationalgedankens im 19. Jahrhundert anknüpfen. Allerdings war das Volk und waren auch viele Pfarrer den Reformen gegenüber durchaus resistent, und so musste etwa in den Fürstbistümern Würzburg und Bamberg mit Vermahnungen nachgeholfen werden. Den Pfarrern wurde immerhin der Vorwurf gemacht, sie stimmten den Feiertagsreduktionen aus Faulheit zu[25]. Der Bamberger Fürstbischof Erthal musste 1785 konstatieren, dass Ausschweifungen und Müßiggang nicht ab-, sondern zugenommen hätten. Die Menschen nahmen an den Heiligentagen nach der Morgenmesse also nicht die Arbeit auf, sondern blieben ihrem Feiertagsvergnügen treu und trotzten dem ehemals nur protestantischen, jetzt aber auch katholischen Arbeitsethos. An manchen Orten kam es deshalb zu Unruhen[26]. Auch die heute so beliebte Christmette war das Ziel von Reformen, zog sie doch den Argwohn der Obrigkeit auf sich. In Bamberg gaben die erhöhte Einbruchsgefahr in den leeren Häusern und »Ausschweifungen« der Jugend die Gründe ab, den Gottesdienst in der Christnacht auf 5 Uhr am Morgen zu verlegen[27]. In den an Bayern übergehenden Fürstbistümern verschärfte sich die Lage noch durch den Reformeifer der Regierung des Grafen Maximilian de Montgelas.

Der Josephinismus, benannt nach Kaiser Joseph II., jedoch schon ins Werk gesetzt von seiner Mutter Maria Theresia, betrieb eine umfängliche Kirchenreform im Geist der pragmatischen katholischen Aufklärung. Zum Versuchsfeld der Reformen wurde häufig das zu Österreich gehörende Oberitalien. So musste Papst Benedikt XIV. 1749 eine Reduktion der Feiertage in der Toskana gestatten, die 1754 über die Toskana hinaus ausgedehnt wur-

24 *Heidrich*, Fest und Aufklärung, 119f.
25 *Goy*, Aufklärung und Volksfrömmigkeit, 77.
26 *Goy*, Aufklärung und Volksfrömmigkeit, 64f.75.
27 *Goy*, Aufklärung und Volksfrömmigkeit, 26–30.

de[28]. 1771 schränkte Maria Theresia die Zahl der Feiertage weiter ein, an denen nun aber alle auch die Messe besuchen sollten »mit geziemender Ehrerbietigkeit und Erhebung des Gemüts zum allerhöchsten Schöpfer Himmels und der Erden«. Als Gründe für die Einschränkung wurden wiederum wirtschaftliche und der Müßiggang genannt[29]. Die kirchliche Festkultur des 18. Jahrhunderts war also einem aufklärerischen Reformeifer ausgesetzt, der weniger philosophisch als von Nützlichkeitserwägungen begründet war und der nicht zuletzt – dies darf nicht vergessen werden – auf eine Modernisierung der Kirche zielte. Auch dies wiederholte sich in den Anfängen der Französischen Revolution. Dementsprechend waren nicht zuletzt Beamte in katholischen Territorien darauf aus, Festtage abzuschaffen, auf Sonntage zu verlegen oder wenigstens die damit verbundenen Prozessionen und Wallfahrten einzudämmen. Auch die Oberammergauer Passionsspiele wurden 1770 vom bayerischen Kurfürsten verboten, und zwar mit der Begründung: »Das höchste Geheimnis unserer Religion gehört nun einmal nicht auf die Bühne«. Vergeblich bemühten sich die Oberammergauer in einer Bittschrift nachzuweisen, dass ihr Passionsspiel »mit der größten Eingezogenheit und Frömmigkeit« und ohne »Müßbrauch« abgehalten werden würde[30]. 1780 und 1790 konnte das Spiel aufgeführt werden, allerdings in einer entbarockisierten Form[31]. Der Ettaler Benediktiner Magnus Knipfelberger erhielt 1780 den Auftrag, den Text so umzuschreiben, dass er das Münchener Zensurkollegium passieren könne[32]. Knipfelberger war gewiss kein Aufklärer im tieferen Sinne, aber – typisch für die Benediktiner – Reformen gegenüber aufgeschlossen und immerhin mit den katholisch-fortschrittlichen Großen seiner Zeit wie Johann Michael Sailer, Martin Gerbert, dem Abt von St. Blasien, und Johann Kaspar Lavater bekannt[33]. Seine Redaktion des überkommenen Textes

---

28 E. *Eisentraut*, Die Feier der Sonn- und Festtage seit dem letzten Jahrhundert des Mittelalters, Amorbach 1914, 191.194; H. *Hollerweger*, Die Reform des Gottesdienstes zur Zeit des Josephinismus in Österreich, Regensburg 1976, 59f.
29 H. *Klueting* (Hg.), Der Josephinismus. Ausgewählte Quellen zur Geschichte der theresianisch-josephinischen Reformen (Ausgewählte Quellen zur deutschen Geschichte der Neuzeit 12a), Darmstadt 1995, 162 (Nr. 61); vgl. *Hollerweger*, Reform, 69–76.
30 Nach R. *Kaltenegger*, Oberammergau und die Passionsspiele 1634–1984, München/Wien 1984, 148f.
31 *Kaltenegger*, Oberammergau, 151.
32 St. *Schaller*, Magnus Knipfelberger. Benediktiner von Ettal (1747–1825) und sein Oberammergauer Passionsspiel, St. Ottilien 1985, 12.
33 *Schaller*, Knipfelberger, 16.

war nicht tiefgreifend und betraf meist nur sprachliche Eigenheiten, doch schien sie besser in die aufgeklärte Zeit zu passen. Ein 1790 in den Münchener Intelligenzblättern erschienener Artikel lobte aufklärerisch gestimmt die rührende Wirkung des Oberammergauer Spiels:»In Betracht dessen, was auf die Sinne zu wirken vermag, und wie die gerührten Sinne das Herz heben, und der Seele zu Gedanken verhelfen, heißt jede gute Staatsverfassung religiöse Vorstellungen nicht nur gut, sondern gibt sogar ihre Meynung, ihre Rathschläge zur Verbesserung und Reinigung derselben dazu«[34].

Auch der Sonntag war das Ziel von Reformen. Nicht erst im 19. Jahrhundert wurde der Vorwurf laut, die Zeit nach dem Gottesdienst sei von Wirtshausbesuchen und Lustbarkeiten geprägt. Die von Staat und Kirche gemeinsam getragene Disziplinierung der Menschen erlaubte keine Freizeitgestaltung nach eigenem Maß. So wurden 1771 in der Diözese Speyer Musik und Tanz an Sonn- und Festtagen verboten, andernorts wurden Arbeitsverbote für die Sonntage erlassen[35]. Der Erzbischof von Mainz dekretierte 1784, der Sonntag sei zu heiligen »nach dem Geiste des Evangeliums und der ersten Kirche«[36]. Der schon erwähnte Johann Heinrich Gottlob von Justi versuchte, wenigstens die Zeit des Sonntagsgottesdienstes zu schützen: »Bis dahin soll weder etwas zu verkaufen noch zu arbeiten gestattet werden, es sei denn aus den Apotheken, oder solche dringenden Arbeiten, die durchaus keinen Verzug leiden; dennoch müssen diese Arbeiten solchergestalt beschaffen sein, daß sie ohne Pochen und Lärmen verrichtet werden können. Am allerwenigsten aber sollen des Sonntags vor Endigung alles Gottesdienstes die Schankhäuser offen sein, und lärmende oder ausschweifende Lustbarkeiten gestattet werden«[37].

Vor und in der Aufklärung waren Feste Kristallisationspunkte konfessioneller Konkurrenz – ein Motiv, das sich im 19. Jahrhundert wiederholen sollte. Das Fronleichnamsfest war in der Frühen Neuzeit in gemischtkonfessionellen Gebieten, so z.B. in der Stadt Hildesheim, immer wieder Anlass zu Krawallen. Auch solcher Ausfälligkeiten wegen war das Fronleichnamsfest Gegenstand aufklärerischer Kritik, vor allem aber wegen der Prozessionen, die schon durch das Mitmarschieren der Zünfte eher Festzügen glichen und durch »Äußerlichkeiten« vom »Eigentlichen« ablenkten. Bierfäs-

---

34 Zitiert nach: *Schaller*, Knipfelberger, 196f.
35 *Eisentraut*, Feier der Sonn- und Festtage, 161.164.
36 *Eisentraut*, Feier der Sonn- und Festtage, 166.
37 *Justi*, Policey-Wissenschaft, Zweiter Band, IX. Buch, XXXV. Hauptstück, 2. Abschnitt, § 56 (45f).

ser, Brezeln und Bratwürste könnten, so die Reformer, eben nichts
zur Andacht beitragen[38].

II. Die Französische Revolution

Die ersten beiden Jahre der Französischen Revolution ließen noch
nichts erahnen von der Politik der »Déchristianisation« des Jahres
1793 und von der Zurückdrängung der Kirche und des Christentums aus dem öffentlichen Leben, die im »Fest der Vernunft« und
in der Einführung eines revolutionären Kalenders kulminierten.
Viele Pfarrer, schlecht besoldete Hilfsgeistliche und auch Bischöfe
hatten sich der Revolution angeschlossen, und bis ins Jahr 1791
hinein schien es so, als ließen sich die vorrevolutionären Linien des
Staatskirchentums unter revolutionären Bedingungen weiterver-
folgen. Die »Zivilkonstitution des Klerus« vom Juli 1790 regelte
die »bürgerliche Verfassung« der Geistlichen, die nun kein besonderer Stand mehr waren, wohl aber bedeutende und angemessen
besoldete Funktionsträger im revolutionären Staat.
So war es kein Wunder, dass der erste Jahrestag der Erstürmung
der Bastille mit einem Festakt inszeniert wurde, der gleichermaßen
politisch wie christlich interpretiert werden konnte: Das Föderationsfest vereinte am 14. Juli 1790 auf dem Pariser Marsfeld das
Volk am Altar des Vaterlandes – zelebriert wurde das Spektakel
von Bischof Charles-Maurice Talleyrand, jenem begnadeten Wen-
dehals, der noch unter Napoleon diplomatische Karriere machen
sollte. Typisch war nun auch die Feier unter freiem Himmel, die
schon durch die hohe Zahl der Teilnehmerinnen und Teilnehmer
notwendig war. Man trat an zur Massenfeier und auch zur Massen-
zelebration; dabei assistierten Bischof Talleyrand 200 Priester. Das
Föderationsfest vereinigte 300000 Menschen, eines seiner Haupt-
bestandteile war ein Eid, der die Einheit der Franzosen mit dem König beschwor. Ein zeitgenössischer Bericht zeigt, dass schon bei diesem Fest das später noch zu höheren Ehren gekommene »Höchste
Wesen« eine Rolle spielte: »Nachdem sich die Bannerträger gesam-
melt hatten, stellten sie sich alle rings um den Altar auf, um ihre
Fahnen im Namen des Höchsten Wesens segnen zu lassen; und sicherlich muß der Segen des Himmels auf die Feldzeichen eines Volkes von hervorragender Kühnheit herabsteigen, das in seinen Gesetzen versprochen hat, sich niemals durch den Ruhm von Erobe-
rungen zu beflecken. [...] Der Bischof von Autun [Talleyrand] hat
die Messe gefeiert, die in der Tat nur von einem Priester zelebriert

---

38 *Heidrich*, Fest und Aufklärung, 85–88.

werden durfte, der empfunden hat, dass Gott nicht von Sklaven angebetet werden will. Es gibt Gelegenheiten, bei denen die Geheimnisse, an die man immer glauben muß, weniger übernatürlich scheinen; heute zum Beispiel dürften diejenigen, die diese Messe hörten, leichter geglaubt haben, dass Gott auf diesen Altar herabgestiegen ist, um den versammelt eine glückliche Nation den Schwur leistet, beständig die heiligsten Pflichten zu erfüllen«[39]. Das Ziel hätte nun eine Koalition der Vernunft unter Einschluss des Königs und der Kirche sein können, doch wurde diese Allianz bald durch radikale Kräfte gesprengt. Noch im guten Sinne und ganz nach den Maßstäben der Aufklärung, wie sie etwa bei dem schon erwähnten Justi zu finden sind, wollte Graf Mirabeau, einer der führenden Köpfe der Frühphase der Revolution, die christliche Religion aus den neuen Festen ausschließen, denn die Würde der christlichen Religion erlaube es nicht, sie in profane Spektakel einzubeziehen. Revolutionäre Feste sollten in dieser Hinsicht nur bürgerlicher Kultus sein[40]. Auch in Frankreich hatte die Aufklärung das ihre für die Festkritik getan und die überschwänglichen Volksfeste kritisiert; Jean-Jacques Rousseau hatte zur Einrichtung patriotischer Feste geraten[41]. Auch der für die Aufklärung typische volkserzieherische Charakter der Feste kam zum Tragen[42]. Rousseau war in einem Brief an d'Alembert, der sich eigentlich mit dem Schauspiel befasste, auch auf die Feste eingegangen, die er unter freien Himmel verlegt wissen wollte, wie es dann auch beim Föderationsfest und anderen Festen der Revolutionszeit geschah: »Aber laßt uns nicht diese sich abschließenden Schauspiele übernehmen, bei denen eine kleine Zahl von Leuten in einer dunklen Höhle trübselig eingesperrt ist [...]. Nein, glückliche Völker, nicht dies sind eure Feste! In frischer Luft und unter freiem Himmel sollt ihr euch versammeln und dem Gefühl eures Glücks euch überlassen. [...] Pflanzt in der Mitte eines Platzes einen mit Blumen bekränzten Baum auf, versammelt dort das Volk, und ihr werdet ein Fest haben. Oder noch besser: stellt die Zuschauer zur Schau, macht sie selbst zu Darstellern [...]«[43].

39 *C.E. Paschold / A. Gier*, Die Französische Revolution. Ein Lesebuch mit zeitgenössischen Berichten und Dokumenten, Stuttgart 1989, Nr. 24.
40 *M. Ozouf*, La Fête révolutionnaire 1789–1799, Paris 1976, 79.
41 *M. Vovelle*, Les Métamorphoses de la Fête en Provence de 1750 à 1820, Paris 1976, 91–101 (V. Un discours sur la fête).
42 *I. Baxmann*, Die Feste der Französischen Revolution. Inszenierung von Gesellschaft als Natur, Weinheim/Basel 1989, 40.
43 *J.J. Rousseau*, Brief an d'Alembert über das Schauspiel, hier nach der Übersetzung von *H. Ritter* (Hg.), Jean-Jacques Rousseau. Schriften, Bd. 1, München/Wien 1978, 333–474, hier 462.

Durch den Druck, den radikale Kräfte auf die Kirche ausübten und
der in offene Kirchenfeindschaft umschlug, aber auch durch die
Unfähigkeit der französischen katholischen Kirche, eine eigene,
geschlossene Position im revolutionären Prozess zu finden, ent-
christlichte sich auch die Festkultur. Es gab neue Altäre (also solche für das Vaterland), neue Bücher (die Erklärung der Menschenrechte) und neue Gebete und Lieder. In der Zeit bis 1793 existier-
ten die alten kirchlichen Feste neben neuen, teilweise spontanen
Manifestationen revolutionärer Festfreude und auch antiklerika-
len Maskeraden. Erst mit der Verschärfung der außen- und in-
nenpolitischen Lage im Jahre 1793 wurde die Regulierung der auf
die Festkultur bezogenen Politik eindeutig.
Das »Fest der Vernunft« fand am 10. November 1793 (dem 20.
Brumaire des Jahres II nach dem neuen revolutionären Kalender)
in der Pariser Kathedrale Notre Dame statt: »Das Volk hat gesagt: Keine Priester mehr, keine anderen Götter als die, welche die
Natur uns bietet. Wir als seine Beamten haben dieses Gelübde in
Empfang genommen, wir bringen es vor euch; vom Tempel der
Natur kommen wir in den Tempel des Gesetzes, um noch einmal
die Freiheit zu feiern. Wir bitten euch, daß die ehemalige Haupt-
kirche von Paris der Vernunft und der Freiheit geweiht werde.
Der Fanatismus hat sie aufgegeben, vernünftige Wesen haben
sich ihrer bemächtigt; bestätigt feierlich ihren Besitz!«[44]. Das Fest
hätte auch als Operninszenierung durchgehen können – immerhin
waren seine Darstellerinnen und Darsteller von der Pariser Oper
ausgeliehen: Auf einem künstlichen Hügel war ein griechischer
Tempel errichtet worden, aus dem eine junge Frau als Verkörperung der Freiheit herabstieg. Der Chorraum war durch Tücher
verdeckt worden[45]. Ähnliches wurde auch in anderen Städten
Frankreichs inszeniert, so einige Tage später in Straßburg.
Die Revolutionäre gingen nun daran, mit einem Schlag die traditionelle, an Kirche und Christentum erinnernde Festkultur durch
eine neue zu ersetzen: Am 24. Oktober 1793 wurde ein neuer Kalender eingeführt, dessen Beginn rückwirkend auf den 22. September gelegt wurde: Die Ära begann nun nicht mehr mit Christi
Geburt, sondern mit der Ausrufung der Republik. Alle kirchlichen
Feiertage, seien sie Heiligentage oder Kirchenjahresfeste, wurden

---

44 So der Abgeordnete Chaumette in einer Rede, hier nach der Übersetzung
in *W. Lautemann / M. Schlenke* (Hg.), Amerikanische und Französische Revolution (Geschichte in Quellen 4), München 1981, 386.
45 Vgl. die Schilderung bei *Baxmann*, Feste, 63f (nach *A. Aulard*, Le culte de
la raison et le culte d'être suprême 1793–1794. Essai historique, Paris 1892
[Nachdruck Aalen 1975], 53–55).

verboten. Den Sonntag ersetzte alle 10 Tage der Dekadentag, und die Messe sollte durch Dekadenfeiern ersetzt werden, wozu in der Regel das Absingen revolutionärer Lieder und eine Ansprache des Dorfbürgermeisters gehörte: »Der (katholische) Priester wurde also durch den Politiker, oder, wenn die Feier im Familienkreis stattfand, durch den Hausvater ersetzt, das Evangelium durch die Deklaration der Menschenrechte, der christliche Choral durch die Marseillaise«[46].

Robespierre ging das alles zu weit, denn für ihn bedurfte es ganz im Sinne Rousseaus einer »religion civile«. Atheismus und pseudoreligiöser Schabernack passten nicht in sein Staatskonzept: »Historisch merkwürdig bleibt der Versuch jener großen eisernen Maske, die unter dem Namen Robespierre in der Religion den Mittelpunkt und die Kraft der Republik suchte«[47]. Per Dekret wurde am 7. Mai 1794 den Franzosen der Glaube an ein Höchstes Wesen und die Unsterblichkeit der Seele verordnet[48]. Der Festkalender wurde nun auf vier Hauptfeste festgelegt: den 14. Juli (also den Jahrestag des Sturmes auf die Bastille), den 1. August (den Jahrestag der Erstürmung der Tuilerien 1792), den 21. Januar (den Jahrestag der Hinrichtung des Königs 1793) und den 31. Mai (den Jahrestag der Erhebung der Pariser Sansculotten)[49].

Das Fest des Höchsten Wesens selbst wurde am 8. Juni 1794 gefeiert, und dies war der Pfingstmontag. Ein Umzug wurde organisiert, der letztlich der Verherrlichung Robespierres selbst und einer Loyalitätserklärung ihm gegenüber diente. Allerdings ist bis heute die Interpretation dieses Festes strittig: Die Konkurrenz des neuen Nationalkults zum Christentum ist einerseits unübersehbar, andererseits wollte Robespierre ja gerade Fanatismus und Atheismus in die Schranken weisen. In der Praxis allerdings war dem Volk nicht immer klar, wo der Unterschied zwischen der Verehrung der Vernunft und des Höchsten Wesens bestehen sollte[50]. Im neuen republikanischen Festkalender, der am 3. Brumaire des revolutionären Jahres IV (also dem 25. Oktober 1795) einge-

---

46 *W. Gebhardt*, Fest, Feier und Alltag. Über die gesellschaftliche Wirklichkeit des Menschen und ihre Deutung, Frankfurt a.M. / Bern / New York / Paris 1987, 111.
47 *Novalis*, Die Christenheit oder Europa, in: *H.-J. Mähl / R. Samuel*, Novalis, Schriften, Bd. 2, Darmstadt 1978, 744.
48 *Lautemann/Schlenke*, Revolution, 398 (Nr. 365).
49 Vgl. bündig *G. Ziebura*, Frankreich 1790 und 1794. Das Fest als revolutionärer Akt, in: *U. Schultz* (Hg.), Das Fest. Eine Kulturgeschichte von der Antike bis zur Gegenwart, München 1988, 258–269, hier 265f.
50 *M. Vovelle*, La Révolution contre l'Église. De la Raison à l'Être suprême, Paris 1988, 155–192 (De la Raison à l'Être suprême).

führt wurde, waren weder das Fest der Vernunft noch das des Höchsten Wesens zu finden, vielmehr dominierten nun nationale Feste (Gründung der Republik, Hinrichtung des Königs, Sturm auf die Bastille) und Feste für Volksgruppen (Jugend, Alte, Eheleute) das Jahr[51]. Napoleon Bonaparte schränkte dann den republikanischen Kalender stark ein, und spätestens mit dem Abschluss des Konkordates mit Pius VII. im Jahre 1801 wurden die kirchlichen Feste wieder dominierend.

Mit der Revolution und der territorialen Expansion Frankreichs auf das linksrheinische Ufer wurde auch die revolutionäre Festlichkeit exportiert. Der Freiheitsbaum wurde zum Sinnbild der neuen Herrschaft und neu gewonnener Freiheit. Das Aufstellen des Freiheitsbaums konnte mit ländlichen Festformen, aber auch durch die Rede eines aufgeschlossenen Pfarrers umrahmt werden.[52] Je mehr aber die revolutionäre Energie erlahmte, desto mehr wurde der Freiheitsbaum zum Besatzungssymbol. Das Volk wurde zu den Festen geradezu ein- und vorgeladen. Mit der Einführung des republikanischen Festkalenders im Rheinland 1798 kam es dort auch zu einer Verstärkung der antichristlichen Festpropaganda samt Einführung des Dekadentages und der Umwidmung von Kirchen[53]. Auch hier stellte sich mit der Übernahme der Herrschaft durch Napoleon aber zugleich eine Beruhigung der Lage ein.

III.   Die Neuformierung der christlichen und nationalen Festkultur im 19. Jahrhundert: aufklärerische Reste und ihre Verleugnung

Nach der Krise der Französischen Revolution und der Napoleonischen Zeit setzte ein neues deutsches Nationalbewusstsein ein, das entschieden protestantisch und durchaus antikatholisch grundiert war. Die aufkommende nationale Fest- und auch Denkmalskultur bot Gelegenheit zur öffentlichen Manifestation der damit verbundenen Ideologien, bei denen sich zwischen »national« und »protestantisch« gar nicht scharf trennen ließ.

Am Anfang der protestantisch-deutschen und vor allem protestantisch-preußischen Festkultur stand das Gedächtnis der Völker-

---

51   O. *Dotzenrod*, Republikanische Feste im Rheinland zur Zeit der Französischen Revolution, in: *Düding/Friedemann/Münch*, Öffentliche Festkultur, 46–66, hier 58.
52   *Dotzenrod*, Republikanische Feste, 50f.
53   *Dotzenrod*, Republikanische Feste, 60.

schlacht bei Leipzig und die Erinnerung an die Befreiungskriege. Hinzu kam das Reformationsjubiläum des Jahres 1817, das nun auch nationale Sehnsüchte auf sich zog. Johann Wolfgang von Goethe plädierte dafür, das Reformationsjubiläum mit dem Gedenktag der Völkerschlacht, also dem 18. Oktober, zusammenzulegen und damit auch dem Reformationstag die konfessionelle Spitze zu nehmen: »Und dann läßt sich in keinem Sinne ein höheres Fest finden als das aller Deutschen. Es wird von allen Glaubensgenossen gefeiert und ist in diesem Sinne noch mehr als Nationalfest: ein Fest der reinsten Humanität. Niemand fragt, von welcher Konfession der Mann des Landsturms sei, alle ziehen vereiniget zur Kirche und werden von demselben Gottesdienste erbaut; alle bilden einen Kreis ums Feuer und werden von einer Flamme erleuchtet«[54]. Max L. Baeumer sah darin und in anderen Belegen eine »bewußte Manipulierung der Lutherfeiern ins Politische« und hielt als Ergebnis fest, »daß die Auffassung eines ins Patriotische umgedeuteten Luthers 1817 ein wesentlicher Teil des national betonten bürgerlichen Klassenbewußtseins geworden war, das sich im Gefolge der Befreiungskriege besonders gefestigt hatte«[55]. Dabei lässt sich im 19. Jahrhundert zwischen politisch und christlich gerade auf protestantischer Seite doch nur schwer scheiden, und statt von bürgerlichem Klassenbewusstsein ließe sich heutzutage von einer nationalprotestantischen Mentalität reden, die Luther als politischen Heros vereinnahmte. Der Luther des Jahres 1817 war ohnehin noch in einem eher ungewissen Sinne »deutsch« und nicht, wie später, nationalistisch aufgefasst worden. Überdies waren die Predigten des Jahres 1817 ähnlich wie die zitierte Äußerung Goethes teilweise immer noch von einem aufklärerischen Geist geprägt, der auf kirchliche Erneuerung zielte und den Sieg des protestantischen Lichtes über die katholische Finsternis, der Vernunft über die Unvernunft und der evangelischen Freiheit über den Glaubenszwang vollenden wollte[56]. Friedrich Ludwig Jahn hatte seine Vorstellungen zur Etablierung einer nationalen deutschen Festkultur 1810 in seiner Schrift

---

54 *J.W. v. Goethe*, Zum Reformationsfest, Berliner Ausgabe Bd. 17, Berlin [2]1984, 502–504, hier 503.
55 *M.L. Baeumer*. Lutherfeiern und ihre politische Manipulation, in: *R. Grimm / J. Hermand* (Hg.), Deutsche Feiern, Wiesbaden 1977, 46–61, hier 48.50.
56 *J. Burkhardt*, Reformations- und Lutherfeiern. Die Verbürgerlichung der reformatorischen Jubiläumskultur, in: *Düding/Friedemann/Münch*, Öffentliche Festkultur, 212–236, hier 223f; *W. v. Meding*, Kirchenverbesserung. Die deutschen Reformationspredigten des Jahres 1817 (Unio und Confessio 11), Bielefeld 1986, 151–155.

»Deutsches Volkstum« in einem Kapitel über Volksfeste nieder-
gelegt: »Volksfeste müssen das gesellschaftliche Leben veredeln,
höhere Genüsse geben, als zu denen der Mensch sonst gewöhnlich
seine Zuflucht nimmt – weil er nicht bessere kennt. [...] Durch
Volksfeste muß es uns endlich auch wieder gelingen, Staat und
Kirche zum Besten des Volks in gemeinschaftliche Wechselwir-
kung zu setzen«[57]. Und: »Der Gegenstand der Volksfeste muß
volkstümlich sein, nicht Freiheit, Aufklärung, Vernunft u.s.w.:
denn die gehören der ganzen Menschheit an«[58]. Sie sollten »einfach und sinnvoll und wohlfeil und geschmackvoll und verständlich und ehrwürdig und erwecklich sein [...] Am allerwenigsten
dürfen mythologische Fratzen vorkommen, wie die Vernunftgöt-
tinnen in Neufrankreich, aus öffentlichen Unzuchtshäusern geholt; und gemietete Lebehochrufer und Preiseweiber«[59]. Volksfeste sollten also einen ständeübergreifenden Charakter haben,
eben Volks-Feste sein, zugleich sollten sie einen pädagogischen
Sinn haben und geordnet ablaufen. Schon darum wurden Fest-
programme entworfen, Festzüge veranstaltet und historische Be-
zugsdaten gesucht.
Dabei ließen sich durchaus Parallelen zu den patriotischen Festen
der Revolutionszeit ziehen, nicht zuletzt darin, dass der National-
gedanke nun zur Grundlage öffentlicher Feiern wurde. Die deutschen Nationalfeste lassen sich also besser verstehen, »wenn man
das Nationalfest als wesentlichen Bestandteil einer für Deutschland grundlegend neuen – wenn auch erst im status nascendi be-
findlichen – *bürgerlichen politischen Kultur* begreift, deren Formen und Inhalte in mancherlei Hinsicht durch die Französische
Revolution modellhaft vorgegeben waren«[60]. In Frankreich (und
sei es nur in den ersten Jahren der Revolution) wie in Deutschland
verschmolzen die Volksfeste nun christliche Elemente mit solchen
einer neuen bürgerlichen Festkultur. Sie war weder barock-hö-
fisch noch kirchlich noch dörflich-traditionell, sondern sollte die
Einheit eines Volkes und einer Nation zur Darstellung bringen.
Dass die französische (und nun schon napoleonische) und die neu
installierte deutsche Festkultur miteinander verwandt waren, verstanden die Rheinländer am besten: Mit dem Übergang des Rhein-
landes an Preußen konnten sie schon beim ersten Gedenktag der

---

57 *F.L. Jahn*, Deutsches Volkstum, Berlin/Weimar 1991, 237 (VII.3.b: Vom
Wesen der Volksfeste).
58 *Jahn*, Deutsches Volkstum, 238 (VII.3c: Schickliche Tage).
59 *Jahn*, Deutsches Volkstum, 241 (VII.3d: Art der Feier).
60 *D. Düding*, Das deutsche Nationalfest von 1814: Matrix der deutschen Nationalfeste im 19. Jahrhundert, in: *Düding/Friedemann/Münch*, Öffentliche
Festkultur, 67–88, hier 80.

Völkerschlacht an Elemente der bisherigen Festpraxis anknüpfen[61]. Selbst die Begrifflichkeit konnte nun, unter gewissen Umdeutungen allerdings, weiterverwendet werden: Aus der egalitären französischen Fraternité wurde eine deutsche, eher religiös gestimmte Brüderlichkeit[62].

Zudem steht gerade die Rede von »Volksfesten« in aufklärerischer Tradition. Am Ende des 18. Jahrhunderts hatten aufklärerisch gesonnene Autoren das Volksfest als ständeübergreifendes, öffentliches Ereignis thematisiert. Wie Jahn ging es den Aufklärern darum, die Volksfeste pädagogisch auszugestalten, sie nach einem Plan zu ordnen und auf einen Zweck hin zu gestalten[63]. Auch der Gedanke, die Nation zum Inhalt eines Festes zu machen, hatte ja schon ihre Wurzeln in der Aufklärung, allerdings ging es dabei mehr darum, die Untertanen, etwa anlässlich eines Regentschaftsjubiläums, stärker an die Regierenden zu binden[64]. Die Volks- und Nationalfeste des 19. Jahrhunderts setzten also aufklärerische Ideen um und verleugneten sie zugleich. »Es hat den Anschein, daß die Festutopien der Spätaufklärung fast nahtlos in die Volksfest- und Nationalfestkonzeptionen des 19. Jahrhunderts hinüberleiten. Friedrich Ludwig Jahns Polemik gegen die Aufklärer, die Ruhe und Freude wie Gift abgemessen hätten, kann nicht darüber hinwegtäuschen, daß auch sein ›volkstümlicher‹ Festentwurf in vielen Momenten noch das Gesicht der vorangegangenen Zeit trägt«[65]. Jahn und Arndt waren also von den französischen Nationalfeiern der Revolutionsjahre inspiriert. »Allerdings unterließen sie es, bei der Nennung der Gestaltungselemente – die dann die örtlichen Organisatoren des 1814er Festes bereitwillig rezipierten – auf die französischen Modellrequisiten zu verweisen, was angesichts ihres antifranzösisch akzentuierten Nationalbewußtseins und -empfindens nur allzu naheliegend war«[66].

Ernst Moritz Arndt stellte sich umfangreiche Feiern am Nachmittag des 18. und am 19. Oktober zum Gedenken an die Völkerschlacht vor. Der 19. Oktober sollte zweigeteilt sein: »Der Vormittag ist prangenden Aufzügen der Gewalten und Behörden, Versammlungen in den Kirchen und Dankgebeten und Lobliedern zu Gott geheiligt. Der Nachmittag ist weltlichen Freuden und

61   *U. Schneider*, Politische Festkultur im 19. Jahrhundert. Die Rheinprovinz von der französischen Zeit bis zum Ende des Ersten Weltkrieges (1806–1918), Essen 1995, 56.
62   *Schneider*, Politische Festkultur, 58f.
63   *Heidrich*, Fest und Aufklärung, 21–28.
64   *Heidrich*, Fest und Aufklärung, 215–224; *Münch*, Fêtes, 38.
65   *Münch*, Fêtes, 39.
66   *Düding*, Nationalfest , 81.

Festen hingegeben [...]«. Inhalt beider Festteile aber sollte »das Gemeinsame und Vaterländische, das eigentliche, echte Teutsche« sein[67]. »Deutsch« meinte auf jeden Fall antifranzösisch: Schon 1812 hatte er ja im »Vaterlandslied« gedichtet: »So ziehn wir aus zur Hermannsschlacht und wollen Rache haben«[68]. Für einen Arndt wie für andere waren die Franzosen unter Napoleon die neuen Römer, und dies nicht nur in politisch-militärischer, sondern auch – im Sinne der Doppeldeutigkeit von »römisch« – in konfessioneller Hinsicht. Dabei hatte Arndt noch 1812 eine neue Zeit erwartet, zu der auch eine neue Einheit der Kirche gehören sollte[69].

Für Jahn war die deutsche Geschichte nicht zuletzt Kirchengeschichte: Wohl war unter anderem der Tag der Hermannsschlacht – den es erst noch zu ermitteln gelte – für ihn ein erwägbarer Termin, dann aber unter anderen Daten auch der Tag des Augsburger Religionsfriedens[70]. Eine Predigt – gemeint war eher eine vaterländische Ansprache[71] – gehörte für ihn neben brennenden Feuern am Vortag, Wettspielen und Manövern der Landwehr, Tanz und Schauspiel zur Festliturgie unbedingt dazu. Bei aller Adaption des Christlichen an eine neue, »deutsch« gestimmte Festkultur emanzipierte sich diese aber auch von ihren religiösen Grundlegungen. Die von Jahn initiierten und seit 1814 gefeierten Turnerfeste hatten ihre eigene Liturgie und waren schon 1814 eher Schauwettkämpfe und Siegesfeiern über Napoleon. Das Christliche behielt allerdings seinen Platz durch das gemeinsame Absingen eines Chorales oder ein Gebet[72]. Auf den Sängerfesten des Vormärz waren ebenfalls Kirchenlieder zu hören, doch rangierten diese weit hinter patriotischen und volkstümlichen, und die Veranstalter bevorzugten Schauspielhäuser, Festhallen und Plätze anstelle von Kirchen als Veranstaltungsorte[73].

---

67 E.M. *Arndt*, Ein Wort über die Feier der Leipziger Schlacht, in: *W. Steffens* (Hg.), Arndts Werke. Elfter Teil. Kleine Schriften II, Berlin/Leipzig/Wien/Stuttgart 1912, 133–141, hier 137.

68 E.M. *Arndt*, Vaterlandslied, in: *A. Leffson* (Hg.), Arndts Werke. Erster Teil. Gedichte, Berlin/Leipzig/Wien/Stuttgart 1912, 100f.

69 G. *Graf*, Wandlungen Ernst Moritz Arndts im Zeitalter der Befreiungskriege, in: *M. Bunners / E. Piersig*, Religiöse Erneuerung, Romantik, Nation im Kontext von Befreiungskriegen und Wiener Kongress, Wismar 2003, 101–107, hier 102.

70 *Jahn*, Deutsches Volkstum, 238f (VII.3c: Schickliche Tage).

71 D. *Düding*, Organisierter gesellschaftlicher Nationalismus in Deutschland (1808–1847). Bedeutung und Funktion der Turner- und Sängervereine für die deutsche Nationalbewegung, München 1984, 112f.

72 *Düding*, Nationalismus, 111f. 115f. 117f.

73 *Düding*, Nationalismus, 261.

Arndt plante auch schon ein Völkerschlachtdenkmal: Es müsse »groß und herrlich sein wie ein Koloß, eine Pyramide, ein Dom in Köln«[74] – so sah es dann 100 Jahre später vor den Toren Leipzigs auch aus. Arndts Ideen wurden von anderen Patrioten aufgegriffen und umgesetzt, und so wurden schon am 18. und 19. Oktober 1814 allenthalben entsprechende Feiern abgehalten. Den Pfarrern kam dabei wie in den Befreiungskriegen neben anderen lokalen Honoratioren eine große Bedeutung zu: Sie ergriffen häufig die Initiative, organisierten das lokale Fest mit und hielten natürlich die Festansprache. Gottesdienste wurden gefeiert, bei denen Dank und Lob eine große Rolle spielten; gelegentlich kam es sogar zu einem gemeinsamen Kirchgang von Katholiken und Protestanten. »Das Nationalfest von 1814 ist ein national-religiöses Dank- und Opferfest, es ist ein nationales Freudenfest und ein nationales Integrationsfest«[75].

Allerdings brach diese spontane Bewegung schon im nächsten Jahr wieder zusammen, und es waren die Turnervereine, die sich des festlichen Gedächtnisses der Völkerschlacht annahmen, bis sie Anfang 1820 im Zuge der Reaktion verboten wurden[76]. Die Turnbewegung blieb bis dahin auch eine norddeutsch-protestantische Sache[77]. In der Preußischen Rheinprovinz unterstützten Kommunen die Feste nach 1814, wurden aber vom preußischen Oberpräsidenten dazu angehalten, das zu unterlassen: Die Finanzierung sei Sache der patriotisch begeisterten Einwohner[78].

Singulär, aber doch signifikant war das Wartburgfest, dessen Akteure zum Teil Verbindung zur Turnbewegung hatten: Zum Reformationsjubiläum luden die Studenten der Jenaer Universität die Studenten der anderen deutschen Universitäten zu einem Fest auf die Wartburg ein. Der Tag dieses Wartburgfestes war aber der 18. Oktober 1817, zugleich der 4. Jahrestag der Völkerschlacht bei Leipzig. Hier manifestierte sich nun kein bürgerliches, sondern eher ein revolutionäres und zugleich typisch protestantisches Potential. Viele Studenten waren republikanisch gesonnen, und sie wollten in ihren Burschenschaften die Einheit Deutschlands darstellen. »Ein feste Burg ist unser Gott« wurde gesungen, und auch die Nähe zum Reformationstag wies darauf hin, dass dies ein protestantisches Fest war – Studenten von Universitäten in katholischen deutschen Staaten waren nicht eingeladen worden. Der

74 *Arndt*, Wort, 140.
75 *Düding*, Nationalfest, 74, vgl. 71.
76 *Düding*, Nationalismus, 117.
77 *Düding*, Nationalismus, 67.121–123 (Anm. 402).
78 *Schneider*, Politische Festkultur, 60.

Student Riemann sagte in seiner Festrede: »Der Gottes-Glaube, dessen Reinheit Luther uns wieder gegeben, kann nur dann dem Menschen das werden, was er sein soll, wenn er fußet im vaterländischen Boden, wenn er seine Anwendung findet im Vaterlande, durch dieses im bürgerlichen Wirkungskreise und weiter im häuslichen Leben.« Auch der nach der Rede gesungene Choral »Nun danket alle Gott« hatte einen eindeutigen konfessionellen Hintergrund, und recht zur Sache ging es in dem Lied: »Frisch auf! frisch auf zur Burschenfahrt / Ihr Jungen und ihr Alten, / Wir wollen hier nach unsrer Art / Den großen Festtag halten. / Heut ist des Doctor Luthers Tag. / Zuerst ein jeder singen mag: / Hoch lebe Doctor Luther! // Zum zweiten leb' im Deutschen Land / Jetzt und zu allen Zeiten / Ein jeder wackre Protestant, / Der nimmer scheut zu streiten. / Dreht uns der Papst die Nase nicht / So giebt's noch manchen Lumpenwicht, / Den wir darnieder schlagen // [...]«[79].
Zwar wurden bei der seit Luthers Verbrennung der Bannbulle und des kanonischen Rechtes ganz unverdächtigen Bücherverbrennung auch aufklärerische Werke den Flammen übergeben[80], doch beinhalteten die Reden auch Motive, die aus der Aufklärung stammten (Tugend, Freiheit, Wahrheit), allerdings zu einer nationalen Ausprägung finden sollten. Es war die Französische Revolution, die den Rednern diese Werte fraglich erscheinen ließ. Allerdings finden sich ebenso Ansätze, das Erbe der Revolution positiv zu interpretieren: Von Frankreich sei ein Frühlingshauch ausgegangen, »der die Ideen von bürgerlicher Freiheit und von Vorurteilsfreiheit erweckte, und die Anerkennung der wahren Menschenwürde forderte«[81]. Nicht ohne Grund also machten sich die Studenten und auch ihre Professoren bei den Obrigkeiten als Revolutionäre verdächtig.
Viel stärker als bei den erwähnten Festen kam die aufklärerische Grundierung beim Hambacher Fest des Jahres 1832 zum Tragen, das der Manifestation der liberalen Nationalbewegung diente. Zu den Vorbildern der Festgestaltung zählten auch hier Revolutions-

---

79 F.J. *Frommann*, Das Burschenfest auf der Wartburg am 18ten und 19ten October 1817, Jena 1818, 14 (Rede Riemanns); 24f (Frisch auf); vgl. auch G. *Steiger*, Urburschenschaft und Wartburgfest. Aufbruch nach Deutschland, Leipzig ²1991, 250–252 (Rede Riemanns, das obige Zitat wurde ausgelassen).
80 P. *Brandt*, Das studentische Fest auf der Wartburg vom 18./19. Oktober 1817, in: *Düding/Friedemann/Münch*, Öffentliche Festkultur, 89–112, hier 98f.
81 Friedrich Wilhelm Carové, in: *Brandt*, Wartburgfest, 101; auch in: *Steiger*, Urburschenschaft, 253.

feiern französischer Herkunft[82]. Es war ein politisches Fest, und
außer dem Glockengeläut zu Beginn waren Reden und Festablauf
ohne christliche Elemente[83]. Heinrich Heine sah im Hambacher
Fest geradezu ein Fest der Aufklärung, das um so heller leuchtete,
je mehr es mit dem Wartburgfest kontrastiert wurde: »Der Geist,
der sich auf Hambach aussprach, ist grundverschieden von dem
Geiste, oder vielmehr von dem Gespenste, das auf der Wartburg
seinen Spuk trieb. [...] Auf Hambach hielt der französische Libe-
ralismus seine trunkensten Bergpredigten und sprach auch viel
Unvernünftiges, so ward doch die Vernunft selbst anerkannt als
jene höchste Autorität, die da bindet und löset [...]«[84].
Zur gleichen Zeit bildete sich nun neben allen offiziellen Festlichkeiten das Volksfest im modernen Sinne heraus. Das Münchener
Oktoberfest entstand zwar aus einer Festlichkeit anlässlich der
Hochzeit König Ludwigs I. im Jahre 1810, doch entwickelten sich
in den folgenden Jahren die geläufigen volkstümlichen Festformen. In den ehemaligen geistlichen Fürstentümern kam es nach der
großen Säkularisation 1803 zu einem Aufschwung von »Tanz-
lustbarkeiten«. Im übrigen wurde im Laufe des 19. Jahrhunderts
auch der Sonntag zu einem bürgerlichen Fest. Von der Aufklärung
ausersehen, die vielen kirchlichen Festtage auf sich zu ziehen, wurde
er nun zum Zentrum bürgerlicher Selbstinszenierung[85].

IV. Konfessionelle Konkurrenz in der Festkultur

Nach der großen Säkularisation des Jahres 1803, die den Katholizismus in Deutschland für Jahrzehnte auch in seinem Selbstbewusstsein ins Hintertreffen gebracht hatte, diente das Reformationsfest des Jahres 1817 auch der Selbstbestätigung des Protes-

---

82   C. *Foerster*, Das Hambacher Fest 1832. Volksfest und Nationalfest einer
oppositionellen Massenbewegung, in: *Düding/Friedemann/Münch*, Öffentliche
Festkultur, 113–131, hier 121.
83   *J.G.A. Wirth*, Das Nationalfest der Deutschen, Neustadt a.d. Weinstraße
1832 (Nachdruck 1957).
84   *H. Heine*, Ludwig Börne. Eine Denkschrift, bearbeitet von *H. Koopmann*,
in: *M. Windfuhr* (Hg.), Heinrich Heine. Historisch-kritische Gesamtausgabe
der Werke, Bd. 11, Hamburg 1978, 83 (Viertes Buch); vgl. *J. Willms*, Politische
Walpurgisnacht. Das Hambacher Fest von 1832, in: *Schultz* (Hg.), Das Fest,
285–294, hier 293.
85   *H. Bausinger*, Sonntagsstaat und Sonntagsbilder. Bürgerliche Kultur im
19. Jahrhundert, in: Am siebten Tag. Geschichte des Sonntag. Begleitbuch zur
Ausstellung im Haus der Geschichte der Bundesrepublik Deutschland, Bonn,
25. Oktober 2002 bis 21. April 2003, und im Zeitgeschichtlichen Forum Leipzig, 17. Juni bis 12. Oktober 2003, 24–27.

tantismus. Nun brach auch die große Zeit der Lutherdenkmäler an, während es Jahrzehnte später Bismarckdenkmäler waren, die das protestantische Deutschland überzogen. Bismarck galt vielen Späteren als Schutzheiliger des Reiches, als Heiliger Georg oder Michael (allerdings auch als Siegfried oder Wotan), und die Bismarckfeiern hatten durchaus den Charakter eines Rituals mit Festreden, Rezitationen und Festspielen. Der Begriff »heilig« wurde mit Bismarck in Verbindung gebracht, seine Denkmäler mit Feueraltären geschmückt[86]. Luther aber – und es war der »junge Luther« – begann seine Karriere als deutscher Held. Noch bei der Einweihung des Lutherdenkmals in Worms im Jahre 1868 stand der Gedanke der nationalen und somit auch konfessionellen Einheit im Mittelpunkt. Den Beteuerungen der Festreden stand aber entgegen, dass die Teilnehmer natürlich hauptsächlich Protestanten waren und man »Ein feste Burg ist unser Gott« sang[87].

Die Festkultur des Vormärz erlebte nicht nur eine Politisierung[88], sondern auch eine Konfessionalisierung. Umgekehrt wurden traditionelle Feste von einer Politisierung ergriffen, darunter auch der Kölner Karneval, der in der französischen Besatzungszeit verboten und 1823 zu neuem Leben gekommen war und nun die preußische Herrschaft persiflierte. Prunksitzungen und Büttenreden ermöglichten deutliche Kritik unter der Narrenkappe, die sich bis 1848 immer entschiedener äußerte, so dass der Karneval Liberalen und Demokraten ein Forum bot[89]. Die durch die offizielle Festkultur angestrebte Disziplinierung funktionierte also gerade nicht, je mehr die Hoffnungen aus den Befreiungskriegen auf politische Reformen erloschen.

Ein Gegenbild zu Preußen, in dem sich nach 1815 die protestantische Dominanz auch in der Festkultur ausformte, war Bayern, in dem sich durch die Vereinnahmung großer protestantischer Gebiete die evangelische Festkultur unter katholischer Oberhoheit neu etablieren musste. Die bayerische Politik war in spätaufkläre-

---

86 *H.W. Hedinger,* Der Bismarckkult. Ein Umriß, in: *G. Stephenson* (Hg.), Der Religionswandel unserer Zeit im Spiegel der Religionswissenschaft, Darmstadt 1976, 201–215, hier 207. 209. 211.
87 *B. Stambolis,* Religiöse Festkultur. Tradition und Neuformierung katholischer Frömmigkeit im 19. und 20. Jahrhundert: Das Liborifest in Paderborn und das Kilianifest in Würzburg im Vergleich, Paderborn/München/Wien/Zürich 2000, 85f.
88 *J.M. Brophy,* The Politicization of traditional Festivals in Germany, 1815–1848, in: *K. Friedrich* (Hg.), Festive Culture in Germany and Europe from the sixteenth to the twentieth Century, Lewiston/Queenston/Lampeter 2000, 73–106.
89 *Brophy,* Politicization, 82–90.

rischer, staatskirchlicher Tradition unmittelbar nach 1815 auf den konfessionellen Ausgleich ausgerichtet; dementsprechend wurde das 1817 abgeschlossene Konkordat durch Vereinbarungen mit den protestantischen Kirchen in Bayern und der Pfalz und die Verankerung der Religionsfreiheit in der Verfassung von 1818 abgemildert. 1819 wurde der Reformationstag in Bayern zum allgemeinen Feiertag, allerdings ohne Arbeitsruhe, erhoben; gefeiert wurde er dann, wie schon seit der Zeit der Aufklärung üblich, meist am folgenden Sonntag. Auch hier war er inhaltlich mit dem Gedenken an die Völkerschlacht verbunden[90]. Der Ansbacher Konsistorialrat Heinrich von Lang plädierte gar für die Verlegung des Reformationstags auf den Gedenktag der Völkerschlacht, um auch den Katholiken einen Anknüpfungspunkt zu bieten[91]. In den späteren Predigten zum Reformationsfest, die oft auch gedruckt erschienen, kam aber häufig der konfessionelle Gegensatz und das Selbstbewusstsein protestantischer Überlegenheit zur Sprache[92]. Schon im Jahr 1817 selbst hatte das noch nicht durch die Verfassung und das Religionsedikt von 1818 entschärfte Konkordat für großen Unmut unter den Protestanten gesorgt, der sich am Reformationstag äußerte. Konfessionell konfliktreich war dann vor allem die Zeit des Leitenden Ministers Karl von Abel (1837–1847), der die katholische Kirche massiv bevorzugte. In diese Zeit fiel auch der »Kniebeugeerlass«, durch den das Fronleichnamsfest noch einmal als bedeutende konfessionelle Grenzmarke sichtbar wurde. König Ludwig I. förderte das Fest als Merkmal bayerischer, aber eben katholisch-bayerischer Identität.

Die konfessionelle Konkurrenz schlug sich in einer konkurrierenden Festkultur nieder: Schon in der Frühen Neuzeit wurde im gemischtkonfessionellen Augsburg am 8. August das Friedensfest neben dem Fest der Heiligen Afra gefeiert. Dabei war das Friedensfest ein Fest der Selbstvergewisserung des lutherischen Bevölkerungsteils, gefeiert zum Gedenken des 8. August 1629, an dem den Evangelischen der Gottesdienst in der Stadt untersagt worden war, gefeiert aber andererseits auch zur Erinnerung an die endgültige Etablierung des evangelischen Gottesdienstes in der Stadt und an den Westfälischen Frieden[93]. In Regensburg konkurrierte der Tag des Heiligen Wolfgang mit dem Reformationstag[94].

---

90 S. *Laube*, Fest, Religion und Erinnerung. Konfessionelles Gedächtnis in Bayern von 1804 bis 1917, München 1999, 25f.48.52.
91 *Laube*, Fest, 65.
92 *Laube*, Fest, 52–54.
93 *Laube*, Fest, 56; E. *François*, Die unsichtbare Grenze. Protestanten und Katholiken in Augsburg 1648–1806, Sigmaringen 1991, 153–157.
94 *Laube*, Fest, 26.

Auf evangelischer wie katholischer Seite beanspruchten die Feste
aber Öffentlichkeitscharakter: Der Prozession und Wallfahrt auf
der einen entsprachen Festzüge zu Lutherjubiläen auf der anderen[95]. Der protestantische deutsche Heros Luther wurde geradezu
zum evangelischen Heiligen, der durch Denkmäler, Schrifttum
und Bildergeschichten popularisiert wurde. Dementsprechend versuchten die Protestanten in Bayern in den Jahren des Ministeriums
Abel vor 1848, gegenüber der katholischen, sich in Kirchenfesten
manifestierenden, Dominanz ihre eigene Festkultur zu bewahren.
Als Gedenktage kamen in den 40er Jahren des 19. Jahrhunderts
die Anfänge der Reformation in einigen fränkischen Städten (so
1542 in Regensburg) und Luthers 300. Todesjahr 1846 in Frage[96]. Anders als das Bistumsjubiläum zwei Jahre zuvor (s.u.) war
das Regensburger Reformationsjubiläum nun Anlass zu erbitter-
tem konfessionellen Streit, vor allem zwischen einigen evangelischen und katholischen Pfarrern. Die Dominanz des evangelischen
Besitzbürgertums in der Stadt, die den Katholizismus wenigstens
lokal in eine unterlegene Position brachte, trug dazu erheblich
bei[97].
Ein nationales katholisches Fest war nach 1815 vorläufig nicht in
Sicht, denn hier fehlte es an historischen Identifikationsmerkma-
len, die dem Gedenken an die Reformation und die Völkerschlacht
vergleichbar gewesen wären. Viel wichtiger war nun die Einbindung des deutschen Katholizismus in die sich ultramontan konsti-
tuierende katholische Weltkirche – allerdings gegen heftigen,
doch immer stärker marginalisierten Widerstand von katholisch-
aufklärerischer Seite. Dazu trugen auch die Heiligen Jahre bei, die
aus dem Mittelalter überkommen waren, aber in der Frühen Neuzeit kaum eine Rolle gespielt hatten. 1825/26 konnte das erste
Heilige Jahr nach den großen Umbrüchen gefeiert werden, allerdings angesichts der staatskirchlichen Kontrolle der Kirche ohne
Pilgerfahrten nach Rom.
Mit dem Kölner Kirchenstreit, also den Konflikten nach der Verhaftung des Kölner Erzbischofs Clemens August von Droste-Vi-
schering im Jahre 1837, wuchs das katholische Selbstbewusstsein,
das nach der großen Säkularisation 1803 gebrochen war, in ganz
Deutschland wieder an. 1844 wurde mit Hilfe der preußischen
Verwaltung die erste Massenwallfahrt in Deutschland organisiert:
Der »Heilige Rock« in Trier, also das Kleidungsstück, das man für
das ungenähte Gewand Jesu hielt, war das Ziel. Diese Wallfahrt mit

95 *Laube*, Fest, 29.
96 *Laube*, Fest, 199.
97 *Laube*, Fest, 201–206.

schätzungsweise einer halben Million Teilnehmerinnen und Teil-
nehmern wurde von Joseph Görres (»Die Wallfahrt nach Trier«)
literarisch – und man könnte auch sagen: propagandistisch – als
neues Erwachen des Katholizismus dargestellt. Obwohl es sich
eher um ein regionales Ereignis handelte, wurde es doch zu einem
gesamtkatholischen stilisiert, das allerdings nur unter preußischer
Polizeiaufsicht überhaupt stattfinden konnte. Dass zu den unmittelbaren Reaktionen auf die Wallfahrt die Entstehung des
Deutschkatholizismus gehörte, zeigte, dass die Aufklärung immer
noch nicht erloschen war. Für den schlesischen Kaplan Johannes
Ronge wie für andere Zeitgenossen war die Verehrung des Heiligen Rockes ein einziger Schwindel.
Der siegreich bestandene Kulturkampf festigte dann das katholische Milieu – allerdings um den Preis seiner weiteren Abschottung
gegen modernisierende Einflüsse. So war es kein Zufall, dass im
Jahre 1874, auf dem Höhepunkt des Kulturkampfes, das Fest des
Heiligen Bonifatius von Rom aus für die gesamte katholische Kirche eingeführt wurde[98]. Aus dem für beide Konfessionen tauglichen und früher auch von beiden Konfessionen gefeierten »Apostel der Deutschen« und Glaubens- und Tugendkämpfer wurde ein
Vorkämpfer der katholischen ultramontanen Sache. Dies hatte
schon nach dem Kölner Konflikt eingesetzt: Am 12. Juli 1841 feierte man im Beisein des bayrischen Königs in Neuhaus bei Neustadt an der Saale ein Bonifatiusfest, und dies mitten in einer von
konfessionellen Konflikten geladenen kirchenpolitischen Atmosphäre in Bayern. Gefeiert wurde Bonifatius als Zeuge der katholischen Wahrheit, und König Ludwig I. sah sich als Schutzherr der
deutschen Katholiken[99]. Die 1100-jährigen Jubiläen der Bistümer
Regensburg, Würzburg und Eichstätt in den Jahren 1840, 1843
und 1845 verstärkten den von der Bonifatiusehrung ausgehenden
Effekt nachhaltig. Gerade das Eichstätter Jubiläum hatte auch an-
tiprotestantische Untertöne, während der Regensburger Bischof
Franz Xaver Schwäbl sich jeder Provokation enthielt[100]. Organisiert und finanziert wurden die Jubiläen mit staatlicher bayerischer
Hilfe. Die Teilnehmerzahlen lagen bei einigen Zehntausenden; insofern sind diese Bistumsjubiläen insgesamt fast mit der Wallfahrt
zum Heiligen Rock nach Trier im Jahre 1844 vergleichbar.

---

98 *S. Weichlein*, Der Apostel der Deutschen. Die konfessionspolitische Konstruktion des Bonifatius im 19. Jahrhundert, in: *O. Blaschke* (Hg.), Konfessionen
im Konflikt. Deutschland zwischen 1800 und 1970: ein zweites konfessionelles
Zeitalter, Göttingen 2002, 155–179, hier 156.
99 *Laube*, Fest, 171.
100 *Laube*, Fest, 178f.

Die Bonifatiusverehrung war aber ein gesamtdeutsch-katholisches
Phänomen: 1842 wurde in Fulda ein Bonifatiusdenkmal einge-
weiht. 1855 waren in Mainz und Fulda zum 1100. Todestag des
Bonifatius große Feiern initiiert worden, an denen sich der deutsche und der österreichische Episkopat beteiligte und an denen
über 100000 Gläubige teilnahmen[101]. Bischof Ketteler hatte Bonifatius als den Einiger des christlichen Deutschlands gelobt und
die Zerstörung der Einheit Deutschlands auf die Zerstörung der
Einheit der Kirche zurückgeführt. Das führte zu heftigen Protes-
ten von evangelischer Seite, denn immerhin war das Jahr 1855
auch das Jubiläumsjahr des Augsburger Religionsfriedens[102]. In
gewisser Weise war Bonifatius damit wie Luther ein nationaler
Heros geworden, nun aber ein solcher der imaginären katholischen deutschen Nation.
Auch andere Heilige waren zu neuen und größeren Ehren gekommen: Ulrich in Augsburg, Benno in München, Heinrich und Kuni-
gunde in Bamberg, Kilian in Würzburg. Viele katholische Feste
hatten nach den Umbrüchen vom 18. zum 19. Jahrhundert hin eine Wiederbelebung erfahren und waren nun erst recht zu Kristal-
lisationspunkten der Volksfrömmigkeit und zu Merkmalen konfessioneller Identität geworden. Gerade das Kiliansfest strahlte
nach ganz Franken aus und wurde zu einem Volksfest, das im
späten 19. Jahrhundert zusehends von seinem »weltlichen« Rah-
menprogramm überwuchert wurde. Interessanter als der Heilige
waren nun unter anderem die Kirmes und das Fischerstechen auf
dem Main[103]. In der Zeit des auch in Bayern, aber in geringerer
Intensität als in Preußen und Südwestdeutschland, ausgefoch-
tenen Kulturkampfes bekamen die Heiligenfeste und besonders
Jubiläen von Todestagen von Heiligen eine erhöhte identitätsstiftende Funktion; zu nennen sind besonders das Walburga-Ju-
biläum, begangen 1871 in Eichstätt, und das Ulrichs-Jubiläum,
begangen 1873 in Augsburg. Die Prozessionen waren Manifestationen des streitbaren Katholizismus, während sich die Vertreter
der staatlichen Behörden im Unterschied zu der Zeit davor nun
fernhielten[104].
Mit dem Pontifikat Pius' IX., in das auch der nicht nur in Deutschland sich abspielende Kulturkampf fiel, wuchs die Verehrung des
Papstes. Die Aufhebung des Kirchenstaates durch die Eroberung
italienischer Truppen im September 1870 nutzte Pius IX. zur

---

101 *Weichlein*, Apostel, 171f.
102 *Weichlein*, Apostel, 174f.
103 *Stambolis*, Religiöse Festkultur, 145; *Laube*, Fest, 39–45.
104 *Laube*, Fest, 224–228.

Selbststilisierung als »Gefangener im Vatikan«. Hatte die Autorität des Papsttums im 19. Jahrhundert schon kontinuierlich zugenommen, so wuchs sie nun sprunghaft an. Jubiläen wie der 25. Jahrestag der Papstwahl Pius' IX. 1871 oder der 50. Jahrestag seiner Bischofsernennung 1877 wurden Kristallisationspunkte der Verehrung dieses Papstes, und es waren besonders die katholischen Laienorganisationen, die sich dessen annahmen[105]. Der Ultramontanismus blickte nach Rom. Von hier aus wurde dann auch der Festkalender um zusätzliche Heiligentage bereichert, ebenso wurde die Marienverehrung verstärkt. Die Proklamation der unbefleckten Empfängnis Mariens 1854 war nur eine Reaktion auf die ungeheure Popularisierung der Marienfrömmigkeit, wie sie sich beispielhaft in den Erscheinungen in Lourdes (1858) niederschlug.

Unter den Bedingungen des Kulturkampfes geriet auch das Fest zur Vollendung des Kölner Domes im Jahre 1880 unter das Vorzeichen konfessioneller Konkurrenz. Dabei war der Weiterbau des Domes eigentlich ein Symbol nationaler konfessioneller Einheit gewesen, in die Wege geleitet vom preußischen König Friedrich Wilhelm IV., der nach seinem Regierungsantritt 1840 die durch das »Kölner Ereignis« von 1837 erzeugten konfessionellen Wogen glätten wollte und sich darum mit der katholischen Kirche und dem Kölner Bürgertum zugunsten des Domes zusammentat. 1842 ließ er den Grundstein für den Weiterbau legen. Der Dom sollte ein Nationaldenkmal sein, deutsch und überkonfessionell-christlich, wie es in Preußen nach den konfessionellen Verwerfungen vor 1840 politisch geboten war, aber auch den romantischen Anschauungen des Königs entsprach. Die Idee, der Dom habe nationale Bedeutung, machten sich auch die Abgeordneten der Frankfurter Nationalversammlung zu eigen, die sich hier 1848 zur Sechshundertjahrfeier der Grundsteinlegung versammelten. Allein war der Dom eben doch eine katholische Kirche, so dass Kaiser Wilhelm I. 1880 bei der Feier der Vollendung nicht am Gottesdienst im Dom teilnahm, sondern einen evangelischen Gottesdienst in der Kölner Trinitatis-Kirche feiern ließ[106]. An früheren Feierlichkeiten zur Einweihung einzelner Bauabschnitte hatte der katholische Klerus mitgewirkt, der sich nun aber nach den Er-

---

105 *Laube*, Fest, 234–236. 245.
106 *L. Haupts*, Die Kölner Dombaufeste 1842–1880 zwischen kirchlicher, bürgerlich-nationaler und dynastisch-höfischer Selbstdarstellung, in: *Düding/Friedemann/Münch*, Öffentliche Festkultur, 191–211; *W. Hartmann*, Der historische Festzug. Seine Entstehung und Entwicklung im 19. und 20. Jahrhundert, München 1976, 37–41.

fahrungen des Kulturkampfes verweigerte, sodass die Vollendung des Domes eine preußisch-nationale Feier wurde, bei der man die Kirche als Symbol der deutschen Einigung wahrnahm. Geradezu das konfessionelle Gegenbild zum Kölner Dom war das Ulmer Münster, das seit dem Mittelalter ebenfalls der Vollendung harrte. Dessen Vollendung wurde nun ebenfalls zur nationalen Aufgabe ausgerufen, und wie ein Zeichen konfessioneller protestantischer Dominanz fiel denn auch der Turm des Ulmer Münsters höher aus als der des Kölner Doms[107]. Schon 1836 war das Ulmer Münster Ort eines großen Sängerfestes und zum nationalen Symbol ausgerufen worden[108].

Das Nationalgefühl des Deutschen Kaiserreiches wurde regelmäßig am 2. September, also dem Gedenktag der Schlacht bei Sedan, zelebriert. Immerhin war der Sedantag eine protestantische Erfindung, auch wenn er die innere Einheit des neuen deutschen Reiches verkörpern sollte. Friedrich von Bodelschwingh, zu dieser Zeit noch nicht einer der Großen der Inneren Mission, hatte schon 1871 ein solches Fest propagiert, das eine Mischung aus Veteranentreffen, Gedenkgottesdienst und politischer Erbauung sein sollte: Kanonendonner und Glockengeläut, Predigt und Ansprache eines Vertreters der Ortsobrigkeit gehörten zu den tragenden Elementen[109]. Bodelschwinghs Anliegen war im Rheinland und Westfalen von kirchlichen Kreisen aufgenommen und in einem Flugblatt verbreitet worden, sodass es eine breite Grundlage in der Öffentlichkeit fand. Das Flugblatt nahm Bezug auf Arndts Vorschläge für die Gestaltung der Gedenkfeier für die Völkerschlacht.[110] Auch der liberale Protestantenverein hatte eine entsprechende Initiative ins Leben gerufen, um damit einen Feiertag zum Gedenken an die Reichsgründung zu kreieren, der zivilreligiös und überkonfessionell ausgerichtet sein sollte[111]. Dieser integrierenden entsprach aber auch eine separierende Funktion, wenn der Berliner Jurist Franz von Holtzendorff bei seinen Plänen für ein solches Fest Sozialisten und Ultramontane davon ausgeschlossen sehen wollte[112]. Johann Caspar Bluntschli, der führende Mann des

---

107 *Stambolis*, Religiöse Festkultur, 87f.
108 *Stambolis*, Religiöse Festkultur, 81f.
109 Vgl. *G. Graf*, Leipzig und die Sedanfeier: Ein eher frömmigkeitsgeschichtlicher Exkurs, in: *K. Keller* (Hg.), Feste und Feiern. Zum Wandel städtischer Festkultur in Leipzig, Leipzig 1994, 150–161, hier 153.
110 *F. Schellack*, Sedan- und Kaisergeburtstagsfeste, in: *Düding/Friedemann/Münch*, Öffentliche Festkultur, 278–297, hier 281.
111 *C. Lepp*, Protestanten feiern ihre Nation – Die kulturprotestantischen Ursprünge des Sedantages, HJB 118 (1998), 201–222, hier 206–208.
112 *Lepp*, Protestanten, 209f.

Protestantenvereins, wollte gar eine »Bürgerweihe« im Sinne einer politischen »Confirmation« zum Hauptbestandteil dieses Festes machen[113]. Gerade der Protestantenverein mit seinem liberalen, jedoch in den Traditionen der Aufklärung stehenden Programm erhielt eine Abfuhr[114]. Aber auch generell war Kaiser Wilhelm I. gegen ein organisiertes Gedenken; erst in den 80er Jahren des 19. Jahrhunderts entwickelte sich der Sedantag zu einem Staatsfeiertag[115]. Die Einheit Deutschlands sollte so religiös und politisch zur Sprache und zur Darstellung kommen, aber nicht nur die Arbeiterbewegung, sondern auch katholische, vom Kulturkampf geprägte Gegenden mochten sich mit dem preußisch-protestantischen Feiertag nicht anfreunden. Im Rheinland brach schon nach 1872 die Begeisterung zusammen, und der Sedantag wurde Sache der preußenfreundlichen Honoratioren. Mit dem zugleich einsetzenden Kulturkampf verweigerten sich die katholischen Geistlichen der »Satansfeier«: Glocken wurden nicht geläutet, und 1874 untersagte Bischof Ketteler den Geistlichen seiner Diözese, am Sedantag Gottesdienste abzuhalten[116]. Derart angeleitet und wohl auch aus eigenem Willen ignorierte die katholische Bevölkerung den Tag, der also gerade in Preußen zu einem Tag der Zwietracht wurde[117]. Auch »politische evangelische Geistliche« weigerten sich im Einzelfall, sich an den Festlichkeiten zu beteiligen[118]. Selbst in den Kriegervereinen, die den Sedantag zu ihrer Sache gemacht hatten, rissen die konfessionellen Gräben auf – es waren eben nur die evangelischen Christen, die an ihm teilnahmen[119]. Bodelschwinghs Anliegen, den Gedenktag auch als Bußtag zu interpretieren, geriet zusehends in den Hintergrund und wurde durch eine patriotische Selbstgefälligkeit überformt[120]. Als kirchliches Fest konnte es sich letztlich nicht etablieren, die Initiative für seine jährliche Wiederholung lag bei den örtlichen Kriegervereinen[121].

---

113   *Lepp*, Protestanten, 211.
114   *F. Schellack*, Nationalfeiertage in Deutschland von 1871 bis 1945, Frankfurt a.M. / Bern / New York / Paris, 1990, 71f; *Lepp*, Protestanten, 214f.
115   *Schneider*, Politische Festkultur, 239f.
116   *Lepp*, Protestanten, 220; *Schneider*, Politische Festkultur, 241; *Schellack*, Nationalfeiertage, 88f.
117   *U. Schneider*, Einheit ohne Einigkeit – Der Sedantag im Kaiserreich, in: *S. Behrenbeck / A. Nützenadel*, Inszenierungen des Nationalstaats. Politische Feiern in Italien und Deutschland seit 1860/71, Köln 2000, 27–44, hier 39–42.
118   *Schneider*, Politische Festkultur, 242.
119   *Schneider*, Politische Festkultur, 244f.
120   Vgl. *Graf*, Leipzig, 157.
121   Vgl. *Graf*, Leipzig, 159f.

Die »nationalen« Festtage des 19. Jahrhunderts waren keine: Sie dienten der Selbstverständigung des bürgerlichen, protestantischen Milieus und grenzten somit Katholiken und Arbeiter aus. Die Behörden konnten mit der Verhängung oder der Aufhebung der »Lustbarkeitssteuer« und ihrem Genehmigungsvorbehalt die Abhaltung von Festen erleichtern oder erschweren[122]. Die Arbeiterbewegung schuf sich ihre eigene Festkultur und setzte vor allem dem Sedantag eigene Feiertage entgegen, so den Gedenktag an den Tod Ferdinand Lassalles am 31. August (1864)[123], den Gedenktag der Märzrevolution 1848 am 18. März[124] und seit den 90er Jahren des 19. Jahrhunderts nicht zuletzt den im genauen Gegensatz zum Sedantag internationalistisch ausgerichteten Maifeiertag, der allerdings im Gegensatz zur sozialdemokratischen Propaganda noch wenig Anklang fand, da die an diesem Tag demonstrierenden Arbeiter von Aussperrungen und somit von Lohnverlust bedroht waren[125].

V.   Fazit

Hinterließ die Aufklärung Spuren in der Festkultur des 19. Jahrhunderts? Hatte sie Auswirkungen auf das Verständnis christlicher Feste? Der von der Aufklärung so betonte volkspädagogische Charakter von Festen findet sich auch im 19. Jahrhundert wieder, und er ging hier sowohl auf die konfessionellen wie die national gesonnenen Feste über. Gerade im protestantischen Bereich aber war das Christliche mit dem Politischen gekoppelt, und zugleich emanzipierte sich die politische Festkultur von der kirchlich-religiösen. Auflösungstendenzen, wie sie sich an der Sonntagsheiligung zeigten, waren weder von der Aufklärung noch von der Restauration des 19. Jahrhunderts wirksam zu bekämpfen. Schon

---

122   *Schneider*, Politische Festkultur, 18f.
123   Zum Lassellekult vgl. *G. Korff*, Bemerkungen zum politischen Heiligenkult im 19. und 20. Jahrhundert, in: *G. Stephenson* (Hg.), Der Religionswandel unserer Zeit im Spiegel der Religionswissenschaft, Darmstadt 1976, 216–230, hier 223–227; *A. Herzig*, Die Lassalle-Feiern in der politischen Festkultur der frühen deutschen Arbeiterbewegung, in: *Düding/Friedemann/Münch*, Öffentliche Festkultur, 321–333.
124   *B.B. Bouvier*, Die Märzfeiern der sozialdemokratischen Arbeiter: Gedenktage des Proletariats – Gedenktage der Revolution, in: *Düding/Friedemann/Münch*, Öffentliche Festkultur, 334–351.
125   *E. Lerch*, Die Maifeiern der Arbeiter im Kaiserreich, in: *Düding/Friedemann/Münch*, Öffentliche Festkultur, 352–372; *J. Flemming*, Der 1. Mai und die deutsche Arbeiterbewegung. Politische Demonstration und sozialistische Festtagskultur, in: *Schultz*, Fest, 341–351, hier 346.

im 18. Jahrhundert zeigte sich, dass die kirchlich definierten Festgehalte auf einen eigenen Raum zurückgedrängt und sie durch politische und volkserzieherische Anliegen überlagert wurden. Dementsprechend wird auch jede moderne Kritik an der Auflösung christlicher Festformen zu berücksichtigen haben, dass diese Auflösung die Folge einer langen Dauer von Transformationsprozessen ist, die durch die Aufklärung noch nicht einmal ausgelöst, sondern selbst schon kritisiert wurden.

IV

Wirkungen in der Gegenwart

Susannah Heschel

Family Celebration as the Site of Transmission of Jewish Identity: A Feminist View of Gender and Jewish Holidays

1. Passover at Home: Creating the Holy

As I write this article, I am falling into the same anxiety I experience every year in early spring: how will I cope with Passover? I am filled with the vivid and joyous memories of the eight-day holiday as it was celebrated in my parents' home, with the strict adherence to halakha that created an atmosphere of piety and also of adventure, a sense of living in another realm. Passover was a week in liminal time, set apart from the rest of the year, a time I entered as if living in another century.

The anxiety I face these days is how I can manage the full-time obligations of preparing for Passover at the same time I fulfill the demands of a busy career as a professor at a university, and care for my two small, mischievous little girls, my husband, who is also busy as a professor, and my elderly mother, who lives alone. How strictly should I observe Passover, given that the preparations have to be completed before the holiday begins and take days of cleaning and hard work to accomplish. Should I take time away from my writing in order to thoroughly clean my kitchen? Is it more important to cook delicacies for the Seder than to play with my children? Yet how can I and my family experience the holiness – the set-apart nature – of the holiday without the full set of cleaning and cooking?

Passover is not simply the week of festivities, but even more, it consists in the huge preparations before the holiday arrives. The major events are the two Seders, held at home on the first two nights of the holiday, to which we invite friends. I have to cook all sorts of special foods that were always served at my mother's Seders, and I have to study some interesting commentaries on the Hebrew liturgy that is recited at the Seder. But before any cooking can even begin, I have to scour the kitchen, indeed the whole house, to remove any traces of hametz (leaven). Spring cleaning is something many of us undertake, but Passover preparations come with a special zeal: hametz represents immorality, and one scrubs the house as symbolic of one's heart and soul. There is a passion for

Passover that overtakes me: everything comes out of the kitchen cabinets, shelf paper is replaced in the kitchen cabinets, the refrigerator is thoroughly cleansed, and all bread products are eaten or donated to charity. The dishes and pots and pans are replaced with special dishes, saved for once-a-year use during Passover, while glassware is soaked in water, and silverware is boiled. The ease of buying cheap new dishes and appliances makes it tempting to be stricter than necessary, for rabbinic authorities have long sanctioned easy ways to clean and use regular kitchen utensils. I cover the kitchen counters with heavy plastic, scour the sink and stove and oven, pour boiling water over everything until the kitchen sparkles and I am exhausted. And that is just to prepare: next comes the actual cooking. Gefilte fish, soup, matza balls, chicken, vegetables, potato casseroles, desserts, haroset (chopped apples and nuts, soaked in wine), boiled eggs, all the delicacies prepared without flour, rice, beans, or any other prohibited leavened product.

When it is all done, and Passover arrives like a royal guest, my home is transformed. All the work stops, and the atmosphere is golden. We celebrate with friends, reading the Seder liturgy in Hebrew, each of us contributing interpretations and questions, and enjoys a banquet of special foods eaten just once a year, on this holiday. Passover fills my senses – my house looks different – sparkling clean, with special dishes and pots that I only use this one week a year. My rooms are filled with flowers, spring is in the air, and my tastebuds are stimulated by the foods I only make for Passover – the apple-wine-walnut mixture, the grated radish, the parsley, potato and egg that are part of the ritual, but also the labor-intensive fish, soup, matza balls, and other delicacies that I work so hard to prepare. My mother jokes that only women, cleaning and cooking for weeks ahead of time, understand the true meaning of Passover: from slavery to freedom. Indeed, it seems that part of the traditional preparation is to complain about all the hard work. Every year my mother would grumble, I'm never going to do this again, and every year she cheerfully invited a dozen guests to each of the two Seders at our home and started all over again with the preparations. As much as I grew up thinking, I'm not going to do this, I find myself drawn, over and over, to the hard work that creates the special quality of a Jewish holiday.

Yet the hard work of preparing can only foster a spirit of holiness only if I don't feel poisoned with resentment – resentment over the hard work that Jewish tradition assumes women will undertake. Where are the men when there is cleaning and cooking to be done? The demands on them, to study the Torah and conduct the services in the synagogue, allow them to abdicate responsibilities in the home. Restricting women from public worship and study leaves us little else but domestic responsibilities. Yet nowadays few men are busy with study and prayer while the women are cooking. When I was a child, my father and I would be banished from the kitchen at a certain, nervous point in my mother's preparations, and we would join the long parade of men and children in the park across the street, exiled from their homes by their busy, nervous wives.

Even while enjoying my holiday preparations, I wonder if I am truly feeling a sense of recreating a wonderful aspect of Judaism or simply being coopted by a patriarchal system that keeps me busy with household work so that I won't have time or energy for study and interpretation of the laws that mandate my work? Am I banished to the kitchen to keep me from asserting my authority in the public sphere of Jewish life? Is this meaningless slave labor or is it the creative energy that brings the holiday into being?

Moreover, while Passover is an intense, week-long celebration that comes once a year, a similar sort of cleaning and cooking, though far less rigorous, is required every week for the one-day Sabbath. Each week I realize that if the Sabbath is to be a truly religious celebration in my home, I have to start my preparations Friday morning and abandon any hope of working that day. The reward, of course, is enormous: the chance to experience the Sabbath as a palace in time, a day set apart from the usual burdens of creating civilization, a day to nourish the soul.

Compromise is always possible. Friends of mine return from work on Friday afternoons and begin their Sabbath when they have finished cooking – not, as Jewish law requires, when the sunset begins. The Sabbath, however, is supposed to arrive, as a guest, with the fading of the sunlight, not created, as my friends would have it, when they are finished with their workday. That is, of course, the crucial dilemma of the modern Jews: can we unite a more relaxed, liberal view of Jewish law with the spiritual experience that comes with intense observance of the law? Does a modification of the law necessarily lead to a diminution of religious experience?

2. Modernity and Jewish Identity

Historians of Jewish experience generally view the modern period as a time of assimilation and growing disregard for religious belief and practice. They based their conclusions primarily on evi-

dence that shows a decline in synagogue attendance, and a rise in
the number of Jewish men who work on the Sabbath and other
holidays. Such public displays offer a measure of men's religious
identity, but they fail to give evidence for women's identity. Since
women were never required to attend synagogue services, their
absence from religious services cannot measure their religious devotion or lack of it. Similarly, in bourgeois societies in which
women do not work outside the home, violations of the Sabbath
and holidays cannot be measured through work.

In recent years, feminist historians have proposed that the decline
in public observance of Jewish holidays was not necessarily ac-
companied by a decline in private, domestic observances. Rather,
historians, by focusing on the public realm, have presented a dis-
torted picture of Jewish history because they ignore the realm in
which women exerted their influence on shaping Jewish identity:
the home. The modern era saw not only a process of declining
religious observance, but a concomitant shift of Judaism from the
public to the private realm, from the realm of men to the realm
of women. The implications are not only a change in the role of
women shaping the practice of Judaism and the formation of Jewish identity, but also a change in the nature of Judaism itself,
from a public, synagogue-centered religion to a home-centered
religion.

Such claims have been modified in important ways by Rickie Burman's study of several generations of immigrant Jews in England.
She notes the shift in first-generation immigrant Jewish families
away from the traditional respect and honor accorded to men of
learning and piety. Religious practice by men was viewed as a
hindrance to economic advancement, a barrier to integration in
the modern world. Yet women's practices of Judaism within the
home, maintaining a kosher kitchen and observance the holidays,
were seen as private acts, which were not incompatible with modernity or acceptance into English society.«[1] The greater tolerance
of women's domestic enactments of Jewish religious and ethnic
identification undoubtedly encouraged men to relax their obligations in synagogue and study house, in favor of women assuming
responsibility for Judaism in the home. Does modernity bring a
transfer of Judaism from public to private spheres, or a real transfer
of Judaism from the control of men to the hands of women?

---

1   *Rickie Burman*, »She Looketh Well to the Ways of Her Household: The
Changing Role of Jewish Women in Religious Life, 1880–1930«, in: Religion
in the Lives of English Women, 1760–1930, ed. by Gail Malmgreen (Blooming-
ton, Indiana: Indiana University Press, 1986), 247.

A survey of Jews in a London suburb, conducted in 1978, revealed a sharp correlation between domestic religious practice and low rates of intermarriage[2]. While in 70.2% of households, women lit the Sabbath candles, only 9.7% of the men in the community attended the synagogue regularly[3]. Burman concludes that a strong domestic observance of Jewish religious practice correlates to a low rate of intermarriage and a high degree of commitment among women to the transmission and preservation of Judaism. Yet the question is whether the correlation is with domestic observance of Judaism or with women's observance of Judaism. The survey revealed that whereas 70.2% of the women lit the Sabbath candles, only 26.4% of the men recited Kiddush, the prayer over the wine that is traditionally recited by the male head of household[4].

3. Domestic Judaism and Identity Transmission

The question raised by these statistics is whether there is a correlation between domestic observance and low intermarriage rates, or between women's religious observance and low intermarriage rates. One way to determine the answer would be to ask whether low intermarriage rates are found in communities in which women participated actively in the synagogue, rather than the home. Is it women's leadership that is the crucial factor in transmitting Jewish identity and commitment, or is domestic observance? Since equality in synagogue ritual is relatively recent, and remains relatively uncommon in Europe, the hypothesis remains an untested question, but one that is central to the writings of contemporary Jewish feminist scholars of modernity.

For example, Marion Kaplan, in her important study of gender differentiation in Jewish modernization processes, »The Making of the Jewish Middle Class: Women, Family, and Identity in Imperial Germany«, emphasizes the centrality of women's role in Jewish life through the culture of domesticity, and uses the household to examine issues of class and gender, as well as Jewish identity. Among her conclusions, she argues that women were not entirely confined to the domestic realm, but »used domestic ideology to exert considerable influence on their community from

---

2   B. *Kosmin* / C. *Levy*, Jewish Identity in an Anglo-Jewish Community (London, 1983); cited by *Burman*, She Looketh Well, 247.
3   *Marion Kaplan*, The Making of the Jewish Middle Class: Women, Family, and Identity in Imperial Germany (New York: Oxford University Press, 1991), 251.
4   *Kaplan*, Making, 251.

their private stations«[5]. Kaplan argues that Jewish observance continued in private homes long after it diminished in synagogues, but that assimilation has been measured without attention to the role of women and family life. She describes the family as created and mediated by women, and serving as a force of cohesion and a source of Jewish ethnic culture, making women's roles central in the transmission of Judaism[6]. Her study underscores the findings of Burman, that »In the immigrant community, formal religion and spiritual endeavours continued to be seen as more properly the preserve of men, but their declining relevance to daily life, combined with economic pressures and opportunities, gave women's domestic practices a new centrality. Formerly regarded as peripheral, they now developed as key components in the transmission of a sense of Jewish identification and attachment.«[7] Unlike Burman, however, Kaplan distinguishes between the domestic enactments and women as actors, calling attention to women's dissatisfaction with the limitations of family life, and ways in which women gained power despite limitations:
Confined by ideology and custom to the private sphere, they venerated domesticity and use it to enhance their own and their families' status. However, their obvious dissatisfaction with total submersion in the cult of the home was evident in the eagerness with which they sought a variety of ways out. Using the traditional rhetoric of the self-sacrificing, devoted, and charitable Jewish woman ... Leisure-time activities ... frequently fostered female networks and helped to expand women's spatial and social boundaries. Women reached out into public space and maintained femaleties, increasingly experiencing their own agency and autonomy. It was social work, in particular, which allowed Jewish women an arena in which to display their enterprising talents and assert their priorities ... In taking on communal responsibilities, women derived a sense of gender consciousness and a personal sense of value and social usefulness. They developed considerable power in their own circles on their own behalf, ultimately emerging as public actors[8].
Kaplan suggests that historians develop an alternative way to understand Jewish identity, focusing not only on public conduct and conscious identity, but on unconscious identity, emotions and behavior in the private sphere, within family and friendships, and concludes that »women formed the core of this process, striving for

---

5 *Kaplan*, Making, 16–17.
6 *Kaplan*, Making, 233.
7 *Burman*, She Looketh Well, 252.
8 *Kaplan*, Making, 229.

integration on the one hand and the preservation of their cultural or religious identities on the other.«[9] The conflicts experienced by the Jewish women of the nineteenth century whom Kaplan has studied continue to this day, and so do the ambivalences toward women that are felt by male Jews. Most historians of Jewish modernity examine processes of secularization only by examining changes in the lives of men – the decrease in synagogue attendance, for example, and the increase in the number of men who choose to work on Jewish holidays and the Sabbath. Kaplan presents an alternative model, according to which modernity is marked not by the decline in public observances of Judaism – such as synagogue attendance – but in a shift from the public realm to the private home, from the domain of men to the domain of women. Judaism, she claims, becomes literally domesticated in the modern era, shifting to the control of women, who create celebrations of Jewish holidays in their homes, with special foods, festive meals, special clothing, and other family customs.

While Kaplan celebrates the increased responsibility given to women and the family as the site of Judaism in the modern era, she leaves several questions unanswered. Did women truly welcome the shift in responsibility? With it came exhortations by rabbis to women to strengthen the Jewish identity of their children, but also blame – women were held responsible for the increasing rate of their children's intermarriage.

Another Jewish feminist historian, Paula Hyman, has arrived conclusions similar to those of Kaplan. Her study, »Gender and Assimilation in Modern Jewish History«, a feminist approach to modern Jewish experience, looks not only to the differences between the impact of modernization on women and men, but also at the construction of gender that emerges in the creation of the modern Jew. Indeed, she argues that »gendered differences in the experience of assimilation and the growing representation of women as the primary transmitters of Jewish culture shaped modern Jewish identity on the battleground of sexual politics.«[10] In examining Jews of Western and Central Europe, Hyman notes that »the bourgeois ideal of female behavior restricted women's access to the public arena and saw religiosity as a feminine attribute.«[11]

9   Kaplan, 11.
10   *Paula E. Hyman*, Gender and Assimilation in Modern Jewish History: The Roles and Representation of Women (Seattle: University of Washington Press, 1995), 9.
11   *Hyman*, Gender, 48.

As a result, assimilation affected women differently. While men quickly abandoned the public displays that defined their Jewish identity, women »apparently retained more signs of Jewish identification« at home, maintaining holiday celebrations, special meals, kosher kitchens, and so forth. Within the United States, she claims, »women appear to have been particularly attuned to the possibilities of renegotiating the norms that governed their access to education as well as their behavior in the public realms of work, leisure-time activities, and politics. America permitted the continual rethinking of the boundaries between the domestic and the public spheres.«[12] During the second half of the nineteenth century, Hyman argues that an ideology emerged within the Jewish community that »placed women at the heart of Jewish identity.«[13]

Yet that ideology, Maria Baader has pointed out in a recent article, was two-pronged. Granting women power over the Jewish commitments of their families allowed a new critique to develop: it meant that by the nineteenth century, women could be – and were – blamed for their children's assimilation and intermarriage, for »spreading materialism, empty synagogues, and declining domestic devotion.«[14] As women begin to attain some power, they confronted new obstacles.

Apart from the ideological bases of the charges leveled against women by nineteenth-century rabbis, feminist historians might also well ask whether the shift to a home-centered Judaism unpublic actorspublic actorswittingly offered a stability that enabled exploration of alternative identities, via assimilation, intermarriage, and even conversion to Christianity. How, for example, should we understand the meaning of the cohabitation of Jewish holiday celebrations with a Christmas tree in some German-Jewish homes?[15] In other words, what role did the positive ›domestic‹

---

12 *Hyman*, Gender, 93.
13 *Paula E. Hyman*, »The Modern Jewish Family: Image and Reality«, in: David Kraemer, ed., *The Jewish Family: Metaphor and Memory* (New York: Oxford University Press, 1989), 190.
14 *Maria Baader*, From »the Priestess of the Home« to »the Rabbi's Brilliant Daughter« Concepts of Jewish Womanhood and Progressive Germanness in: Die Deborah and the American Israelite, 1854–1900, Leo Baeck Institute Yearbook 43 (1998), 61. Hyman, Gender, 90 notes that though assimilatory processes were far different in Eastern Europe, women were nonetheless blamed in Poland as well for high rates of Jewish assimilation.
15 *Monika Richarz*, »Der jüdische Weihnachtsbaum – Familie und Säkularisierung im deutschen Judentum des 19. Jahrhunderts«. in: Geschichte und Emanzipation. Festschrift für Reinhard Rürup, hg. von Michael Grüttner / Rüdiger Hachtmann / Heinz-Gerhard Haupt (Frankfurt a.M. 1999), 275–289.

Jewishness created by women play in the gradual abandonment of Jewishness by men?

4. Public and Private as Interdependent

While distinct in certain respects, the domestic and the public are also deeply intertwined and dependent upon one another. A more complex understanding of modern domesticity and the public sphere has been developed recently that might prove useful to historians of Jewish women. Isabel V. Hull argues in her book, »Sexuality, State, and Civil Society in Germany, 1700-1815«, that the dichotomies between male/public and female/private came into existence as fictions that were in fact rooted in the legal structure of the modern state in precisely their opposites. Her analysis reveals, surprisingly, that »where absolutism did impose new sexual norms, these were more inclined toward gender equality than those of the liberal, civil society that succeeded it.«[16] Hull demonstrates that despite the decriminalization in the modern era of certain immoral behaviors (such as adultery), moral policing did not end but became even more strictly regulated through social control. Hull's observations might be tested within the Jewish community as well; to what extent did emancipation from the rabbinic authority and control that existed in pre-modern Jewish communities transfer sex and gender regulation to the even stricter control of neighbors, community, and family? Did Jewish women experience a greater or lesser autonomy, as women and as Jews, in the transition from absolutism to the modern state?[17]
Most important are Hull's observations about the relationship between public and private that came to be configured in modern Germany. A modern society required a male free from the social fetters of intense legal regulation imposed by the absolutist state, a male who was an independent, autonomous individual with energy to pursue economic gain and the self-determination required for active citizenship. Women, by contrast, were required to be

16   *Isabel V. Hull*, Sexuality, State, and Civil Society in Germany, 1700–1815 (Ithaca: Cornell University Press, 1996), 3.
17   I have a longer discussion of the implications of Hull's work for feminist historiography of modern Jewish experience in: *Susannah Heschel*, »Geschlechter und jüdische Historiographie«, in: Jüdische Geschichtsschreibung heute: Themen, Positionen, Kontroversen, hg. v. Michael Brenner / David N. Myers (München 2002); translated as »Genre et historiographie juive«. Raisons Politiques: Etudes de Pensee Politiques (Paris: Winter, 2003), 157–180.

wives and mothers, not independent and emancipated. The result was a schema of male/active versus female/passive that served not only as ideal, but was socially and legally regulated as such. Thus far, the traditional dichotomy. Hull goes an important step further, however, in examining the basis for the dichotomy:

The ideological expression of this dichotomy as male/public versus female/private reversed its actual intellectual foundation, however. Men's autonomy (and therefore fitness for the new public of civil society) rested upon their presocial, private individuality, reckoned independently of society, whereas women's dependence derived precisely from the social, ›public‹ reckoning used to define their ›nature‹. From the standpoint of determination, men were private, women, public[18].

The ideology was rooted in the organization of the family, which was relegated to the private realm, independent of state law guaranteeing equality. Just as the modern state emancipated the man from subjection to his father and to state scrutiny, it made him the dominant power over his wife. »Her unfreedom created his freedom; his position as private dominator qualified him to participate in the wider, public sphere of equals, in civil society. The key relation that qualified a citizen was therefore a sexual relation of domination, for, let us repeat, the family was the product of a publicly defined and privately consummated sexual relation. The civic and the sexual mutually constituted each other.«[19]

If Hull is correct, it is through male domination within the family that the man achieves his independence and autonomy within the public domain. Without that domestic arrangement, his status would be diminished and the justification for his public role would be undermined. Women's subordination to men within the family is what enables men to achieve power within society. The public domain is therefore not distinct from the private, but depends for its existence, after the fashion of a Hegelian master-slave dialectic, on the structure of the »private« family. As much as women might strive, therefore, to transgress the limitations of domesticity and engage in public acts of charity, join voluntary associations, or assume other communal responsibilities, it is not clear if they are, in Kaplan's words, »emerging as public actors« and »experiencing their own agency and autonomy«, or simply extending the boundaries of their »wifery« that maintained their subordination to their husbands in order for the modern state to maintain its logic. In the United States, too, a more complex relationship between

18   *Hull,* Sexuality, 411.
19   *Hull,* Sexuality, 411.

the home and the public sphere has been developed by historians. During the course of the nineteenth century, as feminist historians have argued, American women occupied central roles both in shaping domestic life and in the public life of churches and synagogues, yet their »engagement outside the home had to be justified according to recognized womanly qualities and virtues, which were grounded in the home, [and] the public sphere of religion occupied, in Ann Braude's phrase, »an awkward indeterminate status.«[20] That awkward status in the public sphere of Jewish life has begun to change for women, primarily as a result of the feminist movement. Women are now rabbis, scholars, and leaders, though not yet in positions of power equal to those held by men. Most women rabbis are assistants, rather than senior rabbis of their congregations, yet their presence on the bimah is having an extraordinary impact on young girls' self-esteems as Jews. Yet while the feminist movement succeeded in bringing women into public positions formerly held exclusively by men, the domestic domain remains largely in exclusively female hands. Convincing men of the importance of taking responsibility for preparing for Jewish holidays by cooking, cleaning, and serving special foods in a religious atmosphere has remained a private matter, rather than the public, political effort that it should be.

5. Feminist Historiography

The gendering of historical study has begun to change dramatically in recent decades with the rise of women's studies as a major discipline in American universities. The field of history, at least in the United States, has become one of the leaders in gender studies, both in theory and application. Yet in some feminist scholarship, particularly within Jewish Studies, there can be found a suspicious extraordinariness of coincidence, a discovery in history of a female heroism that turns out to be precisely what contemporary feminism needs for its mission. Women are discovered to have been the most loyal of Jews, the last assimilators, the keepers of the Jewish flame. We can ask if this is historically accurate, but we

---

20 *Ann Braude*, »Women's History *Is* American Religious History«, in: Thomas A. Tweed (ed.), Retelling U.S. Religious History (Berkeley: University of California Press, 1997), 99; cited by *Karla Goldman*, Beyond the Synagogue Gallery: Finding a Place for Women in American Judaism (Cambridge: Harvard University Press, 2000), 10.

must also ask why feminist theory demands the invention of a heroic female past; political change has to occur even if women were unenthusiastic Jews.

In examining the impact of domestic practice of Judaism on the transmission of a positive Jewish identity to children, it will be necessary to distinguish among the cluster of motivations at work in that sphere to determine which is the most significant feature: is it the domestic, female, folkloristic, ethnic, physical, all of which are bound up in the practice of Judaism in the home, with its focus on food, prayer, conviviality, family relations, tastes, smells, and memories? Which of those functions outweighs the contrasting realm of the male, public, philosophical, theological, and intellectual approaches to Judaism that seem to have less of an emotional and generational influence? If women become the scholars, will scholarship prevail, and if men take over the kitchen, will the domestic no longer exert its powerful pull?

Perhaps mine is a generation caught in the middle, between mothers whose Judaism was rooted in our homes, but who transmitted to us a passionate love for tradition, and mothers whose vehicles for transmitting Judaism may well be in the synagogues where they serve as rabbis, scholars, and leaders of their communities.

Andreas Schüle

Ereignis versus Erinnerung

Gibt es eine moderne Festkultur?

1. Das paradoxe Bild der Moderne: Feiern ohne Feste

Die mit dem Untertitel dieses Beitrages gestellte Frage wird von
der gegenwärtigen Kulturwissenschaft weithin skeptisch beurteilt.
Demnach leben wir als moderne (oder postmoderne) Menschen
nicht mehr in einer Kultur der Feste, sondern eher in einer Zeit
der Rudimente und Substitute einer solchen Kultur. Feste und ein
entsprechend geregelter Festkalender gehören, wenn überhaupt,
allenfalls marginal zum Erscheinungsbild westlicher Gegenwarts-
kultur. Das bedeutet freilich nicht, daß der moderne Mensch nicht
gerne feiert, dies geschieht jedoch in ganzer anderer Form und
mit anderen Erwartungen als ›früher‹. Der Grund hierfür scheint
auf der Hand zu liegen: die christlichen Feste, die im Rahmen des
Kirchenjahres die Basis der europäischen Festkultur bilden, sind
außerhalb des kirchlichen Lebens weithin bedeutungslos oder aber
wurden nahtlos in die Regelkreisläufe der Markt- und Medienge-
sellschaft eingepaßt. Einzig Weihnachten scheint trotz aller kon-
sumistischer Überwucherungen noch etwas von seinem ritualen
Festcharakter bewahrt zu haben: es besitzt in Verbindung mit der
Adventsphase eine eigene Zeitstruktur, die sich von der Alltagswelt abhebt, es hat mit der biblischen Überlieferung einen Deu-
tungshintergrund, der in den symbolischen Handlungen des Festes (Gottesdienstbesuch, Liedersingen, Bescherung etc.) – so oder
so – präsent gehalten wird. Mit Weihnachten verbindet sich auch
bei ›Nicht-Kirchgängern‹ das Gefühl des Besonderen, der Erfahrung einer Transzendenz, die an die spezifische rituale und symbolische Gestalt des Festes gebunden und daher nicht auch anderweitig ›erzeugt‹ werden kann, etwa durch moderne Medientech-
nologie oder (die Anmerkung sei einem Heidelberger erlaubt)
durch einen Besuch in Käthe Wohlfahrts 365-Tage-Weihnachts-
Idyll.
Dabei scheint es sich aber eher um die Ausnahme als um die Regel
zu handeln. Feiertage sind nicht mehr im eigentlichen Sinne Festtage, sondern Freizeit. Die kulturellen Zeiten und Räume, die traditionell den gemeinschaftlichen Festen vorbehalten waren, sind

heute freigestellt, d.h. es bleibt jedem Mitglied einer Kulturge-
meinschaft überlassen, wie er oder sie diese ›füllt‹ oder eben darauf verzichtet und statt dessen Alltag und Arbeit ohne signifikanten Kontrast zum eigentlichen Lebensinhalt macht. Diese Entwicklung hat keineswegs zur Folge, daß das Leben in modernen
Kulturen deswegen notwendigerweise eindimensional geworden
wäre und der Verlust des Festes automatisch zur Verflachung der
Erfahrungs- und Erlebnisfähigkeit moderner Menschen geführt
hätte[1]. Man kann freilich auch genau umgekehrt argumentieren:
die Auflösung der traditionellen Festkultur, die kulturelle Wahr-
nehmungs- und Erfahrungsräume in spezifischer Weise und d.h.
auch normativ festlegt, könnte zu einer freieren Entfaltung vormals gebundener Kreativität führen. Was auch immer durch die
Auflösung der Festkultur verloren wird – es könnte sein, daß es
sich hierbei eben um eine Entwicklung handelt, die jenseits des
Alltags eine evolutionäre Dynamik und Anpassungsfähigkeit eröffnet, die gerade für moderne, ›unübersichtliche‹ Gesellschaften[2]
wichtig ist. Unabhängig davon, wie man diese Entwicklung also
bewerten möchte: deutlich ist zunächst, daß sich die Unterscheidung von ›Alltag und Fest‹, die für vor- oder nicht-moderne Gesellschaften charakteristisch erscheint, zu einem sehr viel unschär-
feren Gegenüber von ›Alltag‹ und ›Nicht-Alltäglichem‹ hin verschoben hat. Dem Alltag steht ein nicht bezeichnetes ›Anderes‹
gegenüber, das nicht nur für sich genommen unbestimmt ist, sondern das auch in seinen Rückwirkungen auf die Alltagswelt unklar
bleibt.
Die folgenden Überlegungen wollen dem vorläufig als These formulierten Verlust der Festkultur in zwei Perspektiven nachgehen.
Zunächst wird es darum gehen, die Unterscheidung von Alltag
und Fest systematisch als *Kontrast von Alltags- und Transzen-
denzerfahrung* zu beschreiben[3], die in der Moderne offenbar anders bewältigt wird als in anderen kulturellen Umfeldern. Allerdings gehören zur Unterscheidung von Alltag und Fest nicht nur
verschiedene Formen von Erfahrung. Zumindest im Einflußbe-
reich von Judentum, Christentum und Islam ist das Fest immer
auch Medium *kultureller Erinnerung*, die sich von kommunikati-
ver Alltagspraxis charakteristisch unterscheidet. Vor allem Aleida

---

1   So freilich die berühmte These von *H. Marcuse*, Der eindimensionale
Mensch, Darmstadt 1967.
2   *J. Habermas*, Die Neue Unübersichtlichkeit. Die Krise des Wohlfahrtsstaa-
tes und die Erschöpfung utopischer Energien, in: *ders.*, Die Neue Unübersichtlichkeit. Kleine Politische Schriften V, Frankfurt a.M. 1985, 141–163.
3   Dazu *R. Löfflers* Einführungsbeitrag zu *J. Assmann* (Hg.), Das Fest und das
Heilige‹, Gütersloh 1991, 32.

und Jan Assmann haben in jüngerer Zeit herausgearbeitet, daß kulturelle Erinnerung besonderer Formen der Bewahrung und Tradierung – eines besonderen ›Gedächtnisses‹ – bedarf, die normalerweise nicht schon in den Formen alltäglicher Kommunikation enthalten sind[4]. Feste haben eine solche Gedächtnisfunktion, indem sie kulturelle Erinnerung nicht nur abstrakt verfügbar halten, sondern diese in das Bewußtsein und die Lebensvollzüge einer Gemeinschaft einbringen. Anders gesagt: Feste sind wesentlich für die Art und Weise verantwortlich, in der kulturelle Erinnerung zum Regulativ gemeinschaftlichen Denkens und Handelns wird. Allerdings zeichnet sich in spätmodernen, funktional weithin ausdifferenzierten Gesellschaften[5] ein Rückgang der Bedeutung von Erinnerung und Gedächtnis ab, an deren Stelle zunehmend die Orientierung an *kulturellen Ereignissen* tritt[6]. Auch diese Umstellung von Erinnerung auf Ereignisorientierung ist dafür namhaft zu machen, daß die überkommene Festkultur zunehmend in Auflösung begriffen ist.

Daraus ergibt sich freilich die Frage nach den Folgen für Gestalt und Bedeutung christlicher Feste. Offenkundig ist der Festkalender des Kirchenjahres wesentlich dem Erinnerungsparadigma verpflichtet und läßt sich nicht einfach auf Ereignishaftigkeit umstellen. Advent, Weihnachten, Ostern, Pfingsten bilden einen festen Erinnerungszusammenhang, der im Rahmen der assoziierten Feste Gedächtnisgestalt annimmt. Dieser Erinnerungszusammenhang läßt sich aber gerade nicht anderes herstellen, nicht auch anderweitig ›arrangieren‹, er ereignet sich nicht anders als in eben dieser Gestalt und mit der Anbindung an eine bestimmte Tradition. Bedeutet dies aber, daß die christlichen Feste auf lange Sicht bestenfalls eine Nischenexistenz innerhalb des kirchlichen Raumes führen werden oder aber sich dem Anpassungsdruck des kulturellen Umfeldes – wie auch immer – anpassen müssen? Ausblickend wird im zu überlegen sein, ob es sich hierbei nicht um eine falsche Alternative handelt und ob moderne Kulturen nicht vielmehr in ihrem ›Umfeld‹ auf die Gedächtnisfunktion von Religion und (freilich nicht nur christlicher) Festkultur angewiesen sind.

---

4   A. *Assmann*, Erinnerungsräume. Formen und Wandlungen des kulturellen Gedächtnisses, München 1999, 20–23.
5   N. *Luhmann*, Soziale Systeme. Grundriß einer allgemeinen Theorie, Frankfurt a.M. [4]1987, 30–83.
6   G. *Schulz*, Die Erlebnisgesellschaft. Kultursoziologie der Gegenwart, Frankfurt / New York [7]1997, 34–54.

2.   Der Kontrast von Transzendenz- und Alltagserfahrung und
dessen moderne Ausprägungen

Für die antike Welt sind Feste in besonderer Weise mit der sinn-
fälligen Erfahrung göttlicher Gegenwart verbunden. An Festtagen, und eben nur an diesen, verläßt das Kultbild den Tempel
und wird öffentlich sichtbar und nahbar[7]. Mit dem Fest verbindet
sich insofern die Wahrnehmung des temporären Eintritts der
göttlichen in die menschliche Welt, und ein Fest feiern bedeutet
entsprechend die Teilnahme an dieser Präsenz und damit ein Stück
weit am göttlichen Leben selbst. Als Vergegenwärtigungen des
Göttlichen hängt die Bedeutung des Festes unmittelbar mit der
Vorstellung vom Leben und der Lebendigkeit der Götter zusammen. Die maßgebliche Realität ist die der göttlichen Welt, mit der
sich die menschliche punktuell, eben in Gestalt der Feste berührt,
und von dieser Berührung her ergibt sich weiterhin deren besondere raumzeitliche Struktur. Das Fest besitzt eine ›Eigenzeit‹ und
einen ›Eigenraum‹, die sich von natürlichen wie kulturellen Tem-
poralisierungen und Lokalisierungen des Lebens abgrenzen.
Hans-Georg Gadamer hat beide Aspekte dieser ›Abgrenzung‹ in
seiner ingeniösen Interpretation des Festes aufgenommen, indem
er die umgangssprachliche Wendung der *Begehung* aufgreift: »So
erinnere ich daran, daß wir von einem Fest sagen, man begeht es.
Die Begehung des Festes ist offenbar eine ganz spezifische Voll-
zugsweise in unserem Verhalten ... Begehung ist offenbar ein
Wort, das die Vorstellung eines Zieles, auf das hingegangen wird,
ausdrücklich aufhebt ... Indem man ein Fest begeht, ist das Fest
immer und die ganze Zeit da. Das ist der Zeitcharakter des Festes,
daß es ›begangen‹ wird und nicht in die Dauer einander ablösen-
der Momente zerfällt ... . Man kann dann auch die Formen seines
Begehrens noch disponibel gestalten. Aber die Zeitstruktur von
Begehung ist gewiß nicht die des Disponierens von Zeit«[8].
Entsprechend stellt sich die Abgrenzung des Festes als Gegenentwurf zur Alltagswelt dar[9]. Der Knappheit von Gütern und Mitteln
stehen Fülle und Überfluß gegenüber; die besondere Pflege und
Zurichtung des Körpers mit Kleidern, Schmuck und Duftölen steht
am Festtag nicht nur dem Kultpersonal, sondern (wenngleich in
unterschiedlichem Ausmaß) gerade auch dem ›gewöhnlichen‹ Men-

---

7   Vgl. dazu den Beitrag von *A. Berlejung* in diesem Band.
8   *H.-G. Gadamer*, Die Aktualität des Schönen. Kunst als Spiel, Symbol und
Fest, Stuttgart 1977, 54.
9   Zum hier vorausgesetzten Konzept der ›Gegenwelt‹ *G. Ahn*, Eurozentrismen
als Erkenntnisbarrieren in der Religionswissenschaft, ZfR 5 (1997), 41–58.

schen zu. In alle dem kommt die besondere Atmosphäre zum Ausdruck, die sich in der Gegenwart des Göttlichen ausbreitet[10]. Eine markante Ausprägung der Teilhabe am Göttlichen ist die Vorstellung des ›schönen Tages‹, die gleichermaßen zur Kulttheologie Mesopotamiens, Ägyptens und auch Israels gehört. Für Ägypten hat Jan Assmann diese Vorstellung anhand von Inschriften des Neuen Reiches aus der Zeit Hatschepsuts und Thutmosis III. dargestellt. Dabei zeigt sich, daß die Schönheit des Festtages »nichts anderes als die ›Emanation‹ des im Fest erschienen Gottes ist«[11]:

O schöner Tag, da man der Schönheit Amuns gedenkt –
wie freut sich das Herz –
und bis zur Höhe des Himmels dir lobpreist.
›Herrlichkeit!‹ sagen unsere Herzen zu dem, was sie sehen.

Wie schön ist das Gesicht Amuns.
Er kam in Frieden, sein Herz ist froh.

Wie stark ist Amun, der geliebte Gott!
Er leuchtet auf in Karnak, seiner Stadt,
der Herrin des Lebens.[12]

Es ist nun von Bedeutung, daß diese Texte zum Kontext von Gräbern gehören. Zum Glanz des schönen Tages gehört als Kontrast die leidvolle, beschwerliche und schließlich endliche Existenz des Menschen, die von sich aus nichts von diesem Glanz hat. Das Fest, der schöne Tag, ändert nichts an der *conditio humana*, und dennoch ist es die Teilhabe daran, die menschliches Leben erstrebenswert macht, die ihm einen Wert und eine Qualität verleiht, die es nicht aus sich selbst heraussetzen kann. Es eröffnet eine Erfahrungsdimension, die die Aufmerksamkeit von der Mühsal des Alltags und dem natürlichen Lauf des Lebens auf das hin lenkt, was bleibende Schönheit und Lebendigkeit besitzt.
Die Vorstellung des schönen Tages begegnet in vergleichbarer Funktion auch im Alten Testament[13]:

10   *H. Tellenbach*, Geschmack und Atmosphäre. Medien menschlichen Elementarkontaktes (Neues Forum 8), Salzburg 1968, 41–58.
11   *J. Assmann*, Der Schöne Tag. Sinnlichkeit und Vergänglichkeit im altägyptischen Fest, in: *W. Haug / R. Warning* (Hg.), Das Fest (Poetik und Hermeneutik 14), München 1989, 14.
12   Textedition: *S. Schott*, Das Schöne Fest vom Wüstentale. Festbräuche einer Totenstadt, Mainz 1953, Nr. 147.146.140; zitiert nach *Assmann*, Der Schöne Tag (s. oben Anm. 11), 14.
13   Darauf hat im Anschluß an Assmann jüngst *B. Janowski*, Konfliktgespräche mit Gott. Eine Anthropologie der Psalmen, Neukirchen-Vluyn 2003, 292 hingewiesen.

Glücklich sind die Menschen, die aus dir Kraft schöpfen.
Deine Wege sind in ihrem Herzen.
Gehen sie im Tal der Tränen, werden sie aus Quellen trinken,
und Frühregen wird Quellen füllen.
Sie werden an Kraft zunehmen,
denn zeigen wird sich (ihnen) der Gott der Götter auf dem Zion.
Jahwe, Gott Zebaoth, höre mein Gebet,
neige dein Ohr (zu mir) Gott Jakobs. Sela.
Gott, unser Schild, siehe, blicke auf das Angesicht deines Gesalbten.
Ja, schöner ist ein Tag in deinen Vorhöfen als (sonst) tausend. (Ps 84,6–11)

Auch hier bildet der schöne Tag einen Gegenentwurf zum Leben,
das sich fern von Jahwe abspielt. Vom Zion und dessen Tempel
geht eine Vitalität, die das ›Tal der Tränen‹ zum vegetabilen
Raum macht. Mit dem ›Tal der Tränen‹ ist nicht notwendigerweise die Todeswelt gemeint, sondern das Leben der ›tausend Tage‹,
d.h. das Leben der täglichen Mühsal, das gegenüber dem in den
Vorhöfen des Tempels (dem öffentlich zugänglichen Bereich) als
geradezu schattenhafte Existenz erscheint.
Der Kontrast zwischen Fest und Alltag, schönem und schlechten
Tag erzeugt demnach die Art der Differenzerfahrung, aus der sich
das Bewußtsein für das gute, wahrhaft erstrebenswerte Leben
speist. Tatsächlich geht es nicht nur um die sinnfällige Erfahrung
des Schönen als des schlechthin Exzeptionellen, das sich in der
›Inszenierung‹[14] des Festes einstellt, mit dem Ende des Festes aber
wieder zerfällt. Aus der Spannung zwischen Fest und Alltag ergibt sich vielmehr die orientierende Erkenntnis darüber, was den
Wert des Lebens angesichts der unhintergehbaren, ›harten‹ Exi-
stenzbedingungen ausmacht, die durch Alltag und natürliche Vergänglichkeit bestimmt sind. So ist es auch nicht nur das Fest selbst,
die sinnfällige Erfahrung, sondern ebenso das *Wissen* um die besondere Qualität der Lebenswirklichkeit, die sich mit dem Fest
verbindet[15]. Nicht zuletzt deswegen sind Festdarstellungen eines

---

14   *Assmann*, Der zweidimensionale Mensch, 27.
15   So auch bei Kohelet (7,14): Der gute/schöne Tag hat seine Bedeutung wesentlich darin, daß man sich seiner am schlechten Tag *bewußt werde* (dazu
L. *Schwienhorst-Schönberger*, »Nicht im Menschen gründet das Glück« (Koh
2,24). Kohelet im Spannungsfeld jüdischer Weisheit und hellenistischer Philosophie (Herders Biblische Studien 2), Freiburg/Basel/Wien 2002, 168). Dabei
handelt es sich um eine Erkenntnis, über die der Mensch nicht abstrakt verfügt,
sondern die tatsächlich nur als *Kontrasterfahrung* möglich ist: »Indeed, God
›has made‹ what is good, only it is beyond human ability to know when that will
come. The human can only ›see‹ and ›be in good‹ when there is good, and ›see‹
that both the good and the bad come from God. This is Qohelet's theological
conclusion to the realities of life's contradictions« (*C.L. Seow*, Ecclesiastes
(AncB 18C), New York 1997, 251).

der bevorzugten Motive der vorderorientalischen Ikonographie. Gerade weil das Fest die Ausnahme bildet, die nur einen geringen Teil der realen Zeit füllt, ist dessen Vergegenwärtigung mit den Mitteln der Kunst von entscheidender Bedeutung für dessen Wirkung auf die Alltagswelt. Für die Antike ist das Fest demnach in mehrerer Hinsicht Erfahrung und Erkenntnis bildend wirksam: dies betrifft die sinnliche Wahrnehmung, die durch die besondere Inszenierung des Festes auf allen Ebenen (Geruch, Geschmack, Optik) über das normale Maß hinaus angeregt wird. Dies betrifft weiterhin die Erfahrung des sozialen Lebens, das im gemeinschaftlichen Feiern eine andere Gestalt annimmt als in den Vollzügen der alltäglichen Welt, die nicht zuletzt durch pragmatische Zwänge bestimmt ist, die im Vollzug des Festes gerade ausgesetzt sind; Odo Marquard hat das Fest insofern sehr treffen als »Moratorium des Alltags« bezeichnet[16]. Schließlich ergibt sich aus dem Gefälle zwischen Fest und Alltag die Art der Kontrasterfahrung, die das Bewußtsein des Schönen und Wertvollen und insofern eine Vorstellung vom guten Leben vermittelt, das durch sinnliche Wahrnehmung und gemeinschaftliches Feiern zugleich ›eingeübt‹ wird.

Kommt man von den hier nur skizzierten Charakteristika antiker Festkultur her und fragt nach den Unterschieden zur Moderne, ist dies nur in erster Instanz damit beantwortet, daß der modernen Welt die Götter verlorengegangen sind, an deren Leben man zu anderen Zeiten in Gestalt der Feste teilzuhaben glaubte. Dahinter steht systematisch die Frage, was in der Moderne aus dem Kontrast von Transzendenz- und Alltagserfahrung geworden ist, der am Fest entspringt und der für die einer Gemeinschaft eigene Vorstellung des guten und erstrebenswerten Lebens wesentlich verantwortlich ist. Darauf sind grundsätzlich zwei Antworten möglich: dieser Kontrast löst sich auf, die Unterscheidung zwischen transzendenter und alltäglicher Realität kollabiert; oder aber: die Moderne hat ihre eigenen, eben nicht mehr ›theologischen‹ Formen gefunden, um diesen Kontrast in neuer Gestalt aufrecht zu erhalten.

Im Sinne der ersten Möglichkeit hat Rüdiger Bubner seine These von der ›Ästhetisierung der Lebenswelt‹ begründet[17]. Mit der Aufklärung sieht Bubner sich zunächst die Verschiebung der theologischen zur einer humanistischen Auffassung des Festes vollziehen: »Den Kern der humanistischen Auffassung vom Feste kann

---

16 O. *Marquard*, Moratorium des Alltags. Eine kleine Philosophie des Festes, in: *Haug/Warning* (Hg.), Fest (s. oben Anm. 11), 684–691.
17 R. *Bubner*, Ästhetisierung der Lebenswelt, in: ebd., 651–662.

man so beschreiben, daß die richtige Lebensform keiner Korrektur
von oben mehr bedarf, weil die höheren Instanzen in ein unge-
brochenes Selbstgefühl integriert sind. Dies äußerst sich in Festen,
die der Mensch sich als Mitglied einer sittlichen Gemeinschaft zur
eigenen Ehre gibt«[18]. Ganz im Sinne der Religionskritik des 19.
Jh. feiert der moderne Mensch sich selbst als denjenigen, der sich
sein Transzendenzerleben ebenso erschaffen kann wie die daraus
hervorgehenden zivilisatorischen Errungenschaften und der dies
nun auch wirklich als seine Leistung erkennt. Auch dieser Deu-
tungsrahmen hat sich nach Bubner aber nicht halten können.
Statt dessen vollzieht sich die Aufhebung ästhetischen Erlebens in
Ausnahmesituationen zugunsten einer »Ästhetisierung der unmittelbaren Alltagsvollzüge«[19]. Was im Fest eine Eigenzeit und
einen Eigenraum besitzt, wird nun zu einer Kodierung des Alltäglichen. Moderne Menschen brauchen keinen speziellen Anlaß mehr,
um die Sinnfälligkeit des Festlichen eigens zu inszenieren, die
Sphäre des Schönen wird gewissermaßen zum Oberton aller Lebensvollzüge. Besondere Kleidung, Schmuck, der Genuß von Musik und bildender Kunst – all das hat nun seinen Platz innerhalb
der raumzeitlichen Struktur des Alltags. Man geht nach der Arbeit noch ins Theater, genießt ein außergewöhnliches Essen, kauft
sich ›etwas Schönes‹ genau dann, wenn man Verlangen danach
hat, d.h. wenn alltägliches Leben eindimensional wird. Bubner
sieht darin eine Fluchtbewegung aus einer zunehmend funktiona-
lisierten Welt, in der jede Handlung und gesellschaftliche Kommunikation insgesamt einen schon vorweg definierten Zweck erfüllt.
Die funktionalisierte erscheint auch als zunehmend *starre* Welt, in
der die Dinge nicht mehr um ihrer selbst willen geschehen, sondern nach Maßgabe funktionaler Notwendigkeit. Demgegenüber
erlaubt die ästhetische Erfahrung ein »Aussetzen jeglicher Funktion, das die Frage nach dem Wozu sinnlos macht, weil hier die
Worte, Töne, Farben und Formen sich selbst genügen«[20]. Dieses
›Aussetzen‹ kann allerdings nicht darauf warten, daß es in der
Ausnahmesituation des Festes geschieht, sondern muß gewissermaßen flexibel verfügbar sein, – was nichts anderes bedeutet, als
daß die ästhetische Erfahrung selbst funktionalen Zwecken unterworfen wird.
In der Beurteilung sieht Bubner in dieser Entwicklung allerdings
eine »logische Unmöglichkeit«[21] am Werk. Gerade weil die Sphä-

---

18 Ebd., 654.
19 Ebd., 655.
20 Ebd., 658.
21 Ebd., 659.

re des Ästhetischen *per definitionem* dem Alltag entgegengesetzt ist, erscheint die Ästhetisierung der Lebenswelt als zwar verständliches, aber letztlich schizoides Unterfangen, die Herausforderungen spätmoderner Gesellschaften nachhaltig zu bewältigen. Man kann allerdings fragen, ob die ästhetische Durchdringung als *Aufhebung* des Kontrastes zwischen dem Schönen und dem ›Gewöhnlichen‹ wirklich den Entwicklungen zu Grunde liegt, die Bubner beschreibt. Es bleibt ja dabei, daß das Feierliche und Schöne immer auch das Besondere, das aus dem Alltag eben Herausragende ist und eben deswegen begehrt wird. Allerdings ist der Übergang vom Alltag in die Transzendenz des Schönen sehr viel ›direkter‹ und voraussetzungsloser als in einer ausgeprägten Festkultur. Es scheint darauf anzukommen, daß das Schöne jederzeit erreichbar ist und nicht von der vergleichsweise aufwendigen und eben nur exzeptionellen Inszenierung des Festes abhängt. Anders als für die antike Welt, für die das Fest gerade auch in der *Entzogenheit*, in der erinnernden Vergegenwärtigung (durch Text und Bild) Bedeutung besitzt, geht es der modernen um eine Erlebnisqualität, für die sich der Alltag im Grunde an jeder ›Stelle‹ öffnen lassen muß. Dies bedeutet auch: das Schöne und Festliche muß in Formaten zur Verfügung stehen, die – um nochmals Gadamers Begrifflichkeit aufzugreifen – mit möglichst geringem Begehungsaufwand verbunden sind. So ist es ein Stück weit zum Unterhaltungs- und Konsumgut geworden und steht darin in diametralem Gegensatz zum Fest, in dem die besondere Erfahrung des Schönen tatsächlich erst im Vollzug gegenständlich wird.

Zusammengefaßt läuft die ›Ästhetisierung der Lebenswelt‹ auf eine Minimierung des Abstandes zwischen Alltags- und Transzendenzerleben hinaus. Zum spezifischen Problem der Moderne wird damit, wie die transzendente Realität des Schönen gewissermaßen in disponierbare Reichweite gebracht werden kann, ohne deswegen ihre qualitative Differenz gegenüber dem Alltag zu verlieren. Damit stellt sich aber die Frage: wie gelingt es der Moderne überhaupt, diese qualitative Differenz aufrecht zu erhalten. Beruht für die Antike der Kontrast zwischen Fest und Alltag auf dem Gegenüber von göttlicher und menschlicher Welt, muß die Moderne diesbezüglich andere Wege gehen. An die Stelle der Inszenierung des Festes tritt eine Vielzahl untereinander ganz unterschiedlicher Inszenierungen des dem Alltag gegenüber ›Anderen‹. Odo Marquard weist diesbezüglich auf zweierlei hin. Im Anschluß an Manès Sperber sieht er, daß in der Moderne der *Krieg* zu einem Moratorium des Alltags geworden ist. Unabhängig vom Problem der historischen Ursachen stellt er die fundamentalere Frage: »wie kommt es eigentlich, daß die Menschen unseres Jahrhunderts zu

zwei Weltkriegen bereit waren?«[22] Vorausgesetzt, daß die Menschen des 20. Jahrhunderts nicht von sich aus Gewalt bereiter waren
als zu anderen Zeiten, drängt sich der Eindruck auf, daß sie sich
bewußter und willentlicher für die Möglichkeiten der inszenierten
Selbstzerstörung faszinierten als vielleicht je zuvor: »die Menschen fürchten den Krieg nicht nur, sondern sie wünschen ihn sich
auch ... Jede Warnung vor dem Krieg bleibt zu harmlos, die nicht
vor dieser Quelle des Kriegswunsches warnt und erkennt: der Krieg
ist für die Menschen nicht nur schrecklich, sondern zugleich von
den Menschen auch auf schreckliche Weise gewünscht: als Entlastung vom Alltag ... .« Man mag versucht sein, diese Sicht als
Nachklang des *fin-de-siècle* zu werten, müßte sich dann allerdings
darauf besinnen, daß diese Sichtweise angesichts der Irak-Kriege
und deren medialer Aufbereitung weitaus weniger obsolet geworden ist als der historische Abstand zu den Reflexionen Sperbers,
Thomas Manns und Robert Musils suggerieren mag.
Gesellschaften, die ihre Festkultur verloren haben, sind deswegen
nicht roher und brutaler als andere, sie sind allerdings offener und
insofern anfälliger für *jede* Form der Entlastung vom Alltag, deren extremste der Krieg ist. Das bedeutet freilich nicht, daß sich
die moderne Welt sehenden Auges dieser Gefahr ergibt. Ein Re-
medium gegen die Preisgabe des Alltags an die Faszination des
Zerstörerischen sieht Marquard in der entgegengesetzten Tendenz, nicht das Fest, wohl aber die Dimension des Feierlichen in
neuen Formen wiederzugewinnen: »Gelungene Bauwerke, Plasti-
ken, Bilder, Musik und Tänze, Erzählungen, Gedichte, dramatisches
Theater. All das sind Feste; und gerade die moderne Welt – weil
sie spürt, daß dies nötig war – hat die Kultur dieser Feste, die die
Kunstwerke sind, selbständig und dadurch stark gemacht, daß sie
den Umgang mit den Kunstwerken zum ästhetischen Umgang
werden ließ«[23]. Damit formuliert Marquard die genaue Umkehrung der ›Ästhetisierung der Lebenswelt‹. Das Festliche, Schöne
wird nicht als etwas bereits ideal Existierendes betrachtet, das in
greifbare Nähe zum Alltag gebracht wird, vielmehr handelt es sich
dabei um etwas, das die Moderne aus sich selbst heraussetzt und
sich als Alter Ego gegenüber stellt. Es ist eine selbst geschaffene
Transzendenz, eine Sphäre des Wertvollen und Bewahrenswerten,
mit der sich die moderne Kultur vor ihrem Hang zu ebenfalls
selbst inszenierter Zerstörung schützt.
Zweifellos sind damit die Extreme bezeichnet, zwischen denen sich
das Feld der Moratorien des Alltags aufspannt. Darunter dürfte

22 Marquard, Moratorium des Alltags (s. oben Anm. 16), 686.
23 Ebd., 688.

das wichtigste und fast schon selbstverständliche der gesamte Bereich von Freizeit und Urlaub sein, die gewissermaßen institutionalisierte Form des Ausbruchs vom Alltag. Der unmittelbare Konnex zum Thema Fest zeigt sich daran, daß bis in die Spätphase der industriellen Revolution ›Freizeit‹ eben nur für religiöse und staatliche Festtage gewährt wurde. Erst mit der Auflösung der Festkultur wurde daraus tatsächlich *frei* disponierbare, insofern aber zunächst einmal auch ›leere‹ Zeit, die dem kreativen Vermögen (oder Unvermögen) des Einzelnen zur ›Ausfüllung‹ überlassen blieb[24].

Fassen wir vorläufig zusammen, so besteht die gemeinsame Annahme der bislang skizzierten Ansätze darin, daß das Fest wie auch seine modernen Substitute eine Gegenwelt zum Alltag bilden. Menschen gleich welchen Kulturraumes brauchen diese Kontrasterfahrung, die dem Leben ein signifikantes Erlebnisprofil verleiht, ohne das der Alltag – als Routine, Gleichklang bis hin zu Langeweile – dauerhaft nicht erträglich wäre. Dabei wird vorausgesetzt, daß der so verstandene ›Alltag‹ ein Bezugsproblem gleichermaßen des antiken, mittelalterlichen und modernen Menschen ist. Alltag und Alltagserfahrung bilden auf diese Weise eine Konstante individuellen und sozialen Lebens; was sich dagegen wandelt, was unterschiedlich ›besetzt‹ wird, ist der Bereich ›jenseits des Alltags‹.

Diese Sichtweise ist in durch die Theorie sozialer Systeme, wie sie vor allem von Talcott Parsons und Niklas Luhmann entwickelt wurde, weniger in Frage gestellt als in einen anderen Interpretationsrahmen überführt worden. Man darf sicher annehmen, daß Menschen unterschiedlicher Epochen vergleichbare ›Alltagserfahrungen‹ gemacht haben, die mit den basalen Aufgaben zusammenhängen, die egal in welcher kulturellen Variante bewältigt werden müssen: Wohnung, Nahrung, Versorgung der Familie etc., die wiederum von Konstanten des natürlichen Lebensraumes abhängen. Damit sind die Routinen vorgegeben, die der Mensch braucht und zugleich zu durchbrechen sucht.

Geht man nun von der Ebene individueller Erfahrung nun auf die der *sozialen Kommunikation* über, so gibt es, vor allem in Luhmanns Darstellung, in der Moderne zunehmend weniger, was man als ›gesellschaftlichen Alltag‹ bezeichnen könnte. Die moderne, funktional ausdifferenzierte Gesellschaft bildet eine Umgebung, die die Wahrnehmungs-, Auffassungs- und Verständniskapazitä-

---

24 *Gadamer*, Aktualität des Schönen (s. oben Anm. 8), 55: »Die Extreme der Langeweile und der Betriebsamkeit visieren Zeit in der gleichen Weise an: als etwas, das mit nichts oder mit etwas ›ausgefüllt‹ ist. Zeit ist hier als das erfahren, was ›vertrieben‹ werden muß oder vertrieben ist«.

ten eines jeden Einzelnen weit überschreitet. Moderne Gesellschaften sind demnach von einer intrinsischen Heterogenität, die
keinen repräsentativen Überblick über das ›große Ganze‹ mehr erlaubt, es wird den Mitgliedern einer solchen Gesellschaft vielmehr
zugemutet, sich »in pluralen, nicht integrierten Kontexten«[25] zu
bewegen. Das bedeutet nicht notwendigerweise, daß das Leben in
der Moderne nur noch aus Irritation und Dauerüberforderung bestünde. Auch in »pluralen, nicht integrierten Kontexten« kann man
sich gleichsam ›einnisten‹, auch hier gibt es so etwas wie ›Alltag‹,
dieser ist aber eben doch von ganz anderer Art als in anderen Ge-
sellschaftssystemen.
In diese Perspektive wird deutlich, daß unter modernen Bedingungen der Abbau der überkommenen Festkultur keineswegs nur
mit der ›Entzauberung‹ einer vormals religiös geprägten Weltsicht
zu tun hat. Darüber hinaus hängt der Verlust des Festes damit zusammen, daß eben auch dessen komplementäres Gegenüber, der
Bereich des Alltäglichen, gegenwärtig tiefgreifendem Wandel ausgesetzt ist. Dies ist nun in einem zweiten Gedankengang näher zu
betrachten.

3.   Die moderne Umstellung von der Erinnerungs- zur Ereigniskultur

a)   Vorbemerkung: ›Fest‹ und ›Funktion‹ in Platons Staatslehre

Auch hier empfiehlt sich als Ausgangspunkt zunächst der Vergleich
mit der antiken Tradition. Die früheste bekannte *Theorie* des Festes findet sich in der Spätphilosophie Platons. In den *Nomoi* reflektiert Platon darauf, welchen Nutzen eigentlich die Feste für
das menschliche Gemeinwesen haben[26]. Dieser Nutzen liegt vor
allem in der Erziehung und Heranbildung eines Menschen zum
mündigen und verantwortungsvollen Staatsbürger, was (in einem
gewissen Kontrast zur *Politeia*) allerdings nicht mehr den Philosophen überlassen wird. Platon unterscheidet grundsätzlich zwei
Formen der Ausbildung des (nicht nur jugendlichen) Mannes: das
›Spiel‹ und das ›Fest‹. Was das Spiel anbelangt, werden hier vor
allem die Fertigkeiten eingeübt, die im Blick auf den (als weitgehend vorherbestimmten) Beruf zu erwerben sind:

---

25   *N. Luhmann,* Gesellschaftsstruktur und Semantik III, Frankfurt a.M. 1989,
215.
26   *Platon,* Nomoi, 652–654 (im Folgenden zitiert nach Platon, Sämtliche
Werke, Bd. 4, Hamburg 1994).

Demnach erkläre ich mich und behaupte, wer als Mann zu irgend etwas Tüchtigem es bringen will, der muß eben dieses sogleich vom Knaben auf, in Spiel und Ernst, in allem zu der Sache Gehörigen üben. So, wer ein tüchtiger Landwirt oder Baukünstler werden will, dessen Spiel muß bei dem einen in Aufführung kindlicher Bauwerke, bei dem andern in landwirtschaftlichen Beschäftigungen bestehen, und der Erzieher jedes der beiden muß bei jedem für kleine Handwerksgeräte, Nachbildungen der wirklichen, sorgen, sowie vornehmlich auch, daß derselbe die Kenntnisse, die einer zuvor sich erworben haben muß, vorher spielend sich erwerbe ...[27]

Werden auf dem Wege des Spiels die Einzelkompetenzen eingeübt, die im Rahmen eines arbeitsteiligen Gemeinwesen erforderlich sind, so geht es beim Fest um das Gemeinwesen selbst. Allein die Tatsache, daß Menschen Fertigkeiten erwerben, die für ein funktionierendes Sozialwesen benötigt werden, bedeutet nach Platon noch nicht, daß diese auch in einer sozial tauglichen Weise eingesetzt werden – die Motive dafür, ein guter Handwerker, Arzt oder Jurist zu werden könnten freilich auch egoistischem oder allgemein ›strategischem‹ Interesse entspringen. Damit es aber zu einem der Gemeinschaft förderlichen Gebrauch dieser Fertigkeiten kommt, bedarf es einer besonderen Motivation. Dabei darf nicht Zwang oder Gemeinschaftsdruck im Spiel sein, diese Motivation muß sich vielmehr aus *Lust an der Geselligkeit* ergeben. Schmerz- und Lustempfinden sind nach Platon jedem Menschen von Geburt an eigen[28]. Allerdings handelt es sich dabei um ein zunächst rohes und ungeformtes Empfinden, das sich auf ganz unterschiedliche Gegenstände beziehen kann. So ist es keineswegs ausgemacht, daß sich Lust notwendigerweise mit dem Guten, Unlust und Schmerz dagegen mit dem verbindet, was einem Gemeinwesen abträglich ist. Die richtige ›Einprägung‹ beider Affekte bei den Mitgliedern einer Gesellschaft ist vielmehr eine kulturelle Aufgabe, und diesbezüglich hat das Fest nun eine entscheidende Funktion, denn durch das Fest vermittelt sich nach Platon die Lust an der Geselligkeit:

Da nämlich in der richtigen Leitung dieser Lust- und Schmerzgefühle die Erziehung besteht, diese aber im Leben der Menschen häufig vernachlässigt und verkehrt angewendet wird, so ordneten die Götter aus Mitleid mit dem seiner Natur nach drangsalvollen Geschlechte der Menschen als Rast von diesen Drangsalen den bei den Festen geschehenden Wechselverkehr mit den Göttern an und verliehen ihnen zu Festgenossen die Musen, Musenführer Apollon und den Dionysos, damit sie ihn in Ordnung brächten, ferner die Erziehung, die an den Festen durch Hilfe der Götter geschieht[29].

27 Nomoi, 643b.c.
28 Nomoi, 653a.b.
29 Nomoi, 643c.d.

Wie für die antike Welt insgesamt ist auch für Platon die Öff-
nung der göttlichen für die menschliche Welt Charakteristikum
des Festes. Die Besonderheit liegt allerdings darin, daß für Platon
nicht die Götter selbst im Mittelpunkt stehen. Es geht weniger
um den *cultus dei*, vielmehr gehört es zur pädagogischen Fürsorge
der Götter, daß sie die Menschen am Schönen und an der Freude
ihres eigenen Lebens teilhaben lassen, was diese in Gestalt gemeinschaftlichen Feierns erleben. Menschliche Gesellschaft bedarf also
wesentlich dieser Inspiration, die der Tendenz zur Verflachung
und Isolation des je einzelnen Lebens entgegenwirkt.
Platons Theorie ist gerade im Blick auf die Moderne richtungwei-
send, weil sie den Dual von Fest und Alltag mit einer weiteren
Unterscheidung verknüpft, nämlich der von *Funktionalität und
Geselligkeit*. Was im Spiel und was mit dem Fest erlernt und eingeübt wird, bezieht sich auf zwei charakteristisch unterschiedene
Kompetenzen, die die Mitglieder einer Gemeinschaft gleichermaßen erwerben müssen. Es ist nach Platon durchaus vorstellbar, daß
eine Gesellschaft sich in ihren Funktionsbereichen immer weiter
optimiert, darüber aber Sinn und Gefühl für das ›Ganze im Ganzen‹
verliert. Diesbezüglich haben die von Platon theologisch interpretierten Feste also vor allem integrative Bedeutung: sie versorgen
eine Gemeinschaft mit dem Sinn und der Lust zur Geselligkeit,
von der die soziale Kommunikation in jedem gesellschaftlichen
Teilbereich begleitet wird.
Damit ist das Bezugsproblem spätmoderner Gesellschaften angesprochen, die sich zwar in ihren Funktionssystemen – Wirtschaft,
Wissenschaft, Bildung, Recht u.a. – sozialevolutionär hochgradig
ausdifferenziert darstellen, die aber Schwierigkeiten damit haben,
sich noch *als* Gesellschaft zu identifizieren. Die platonische Lösung
der Festkultur als ›Erziehung zur Geselligkeit‹ ist unter modernen
Bedingungen allem Anschein nach aber keine aussichtsreiche Option mehr. Den Gründen hierfür ist nun genauer nachzugehen.

b)   Die Auflösung des Kontrastes von Fest und Alltag in funktional differenzierten Gesellschaften

Im Kern der Theorie sozialer Systeme steht die Beobachtung, daß
innerhalb moderner Gesellschaften soziale Kommunikation zunehmend komplex geworden ist, d.h. nicht mehr jeder Beitrag
zum Gesellschaftsleben steht mit jedem anderen in direkter Verbindung steht[30]. Dies ist nicht erst ein modernes Problem, aber es

---

30   N. *Luhmann*, Gesellschaftsstruktur und Semantik I, Frankfurt a.M. 1981,
21.

wird in der Moderne neu bearbeitet. Im Mittelalter etwa sorgte das hierarchisch stratifizierte Feudalsystem dafür, daß alle soziale Kommunikation in einem durch Unter- und Überordnung organisierten Bezugsrahmen untergebracht war[31]. Auf diese Weise stellte sich die Gesellschaft von jedem Standpunkt aus als einheitliche Größe dar, die jedem ihrer Mitglieder einen eindeutigen Ort mit ebenfalls eindeutigen Zuordnungen zu jedem anderen Mitglied zuwies. Die Moderne dagegen differenziert nicht (oder zumindest nicht mehr primär) hierarchisch, sondern *funktional*. Dabei ist sogleich zu präzisieren: funktionale Differenzierung ist etwas anderes als ›nur‹ eine elaborierte Form von Arbeitsteiligkeit. Es ist nicht allein der *Grad* der Spezialisierung von Wissen und Information, der in der Moderne zunimmt, vielmehr bilden die einzelnen Funktionsbereiche zunehmend autonome Systeme mit einer *jeweils spezifischen* Wahrnehmung ihrer gesellschaftlichen Umgebung. So nimmt etwa das Wirtschaftssystem seine Umgebung nach Maßgabe der für es selbst relevanten Parameter wie Gewinn, Produktivität und Effektivität (oder deren jeweiligem Gegenteil) wahr, die Kunst dagegen operiert mit ästhetischer Erfahrung und Genuß usw. In allen Fällen handelt es sich um besondere, funktionale ›Codes‹, mit dem ein System die Gesellschaft beobachtet und auf sie einwirkt. Es geht dabei also nicht lediglich um unterschiedliche ›Perspektiven‹ auf das immer gleiche gesellschaftliche Ganze. Jedes Teilsystem nimmt die Gesellschaft tatsächlich *anders* wahr, was im Ergebnis bedeutet, daß »Teilsysteme und innergesellschaftliche Umwelt« keinen »Konsens über die gesellschaftliche Relevanz (...) ihrer wechselseitigen Beziehungen« bilden können[32].

Dieses Problems bewußt, hat zunächst Parsons die Frage aufgeworfen, wie eine Gesellschaft unter Bedingungen funktionaler Ausdifferenzierung überhaupt stabil bleiben kann statt, sozial atomisiert, auseinanderzudriften[33]. Die Antwort hierauf sucht Parsons in den jeweils gültigen Werten, die oberhalb der Funktionsebene durch die Kultur einer Gesellschaft in einem kohärenten Normsystem vereinigt werden[34]. Die Annahme ist hierbei, daß

---

31   *Luhmann*, Soziale Systeme (s. oben Anm. 5), 261–264.
32   *Luhmann*, Gesellschaftsstruktur und Semantik I (s. oben Anm. 30), 28.
33   Einen Überblick über die Theorie insgesamt vermitteln *T. Parsons*, Societies. Evolutionary and Comparative Perspectives, Englewood Cliffs 1966; *ders.*, The System of Modern Societies, Englewood Cliffs 1971; *ders.*, An Outline of the Sociological System, in: *ders.* (Hg.), Theories of Society. Foundations of Modern Sociological Theory, Vol. I, New York 1961.
34   Parsons spricht in diesem Zusammenhang von »pattern maintenance« als gesellschaftliche Aufgabe des Kultursystems.

sich in der Moderne durchaus auch Werte ausdifferenzieren, daß aber Funktionssysteme an jeweils bestimmte Werte gebunden sind, die auf der Ebene der Kultur zu einem differenzierten Gesamtbild vereinigt werden. Fragt man also, wo unter modernen Bedingungen die Gesellschaft als integrales Ganzes vorkommt, so ist dies (im Unterschied zur Vormoderne) nicht mehr im Blick auf ihre Struktur gegeben, sondern verlagert sich ganz auf ihr Wertesystem.

Parsons‹ Betonung der Werte einer Gesellschaft als deren integrale Mitte erhält von der gegenwärtigen Kulturdiskussion einige Unterstützung. So wird Kultur vielfach als ›Summe der Werte‹ und damit gleichsam als der Ort gesehen, an dem eine Gesellschaft ganz bei sich selber ist[35]. Allerdings besteht diesbezüglich auch Anlaß zur Skepsis. Die weithin geführte Diskussion um Grundwerte und Normen könnte umgekehrt ein Indikator dafür sein, daß hierbei eher ein Defizit markiert wird bzw. das Bewußtsein zur Sprache kommt, daß moderne Gesellschaften gerade nicht oder zumindest nicht mehr über Werte integriert werden können. Darauf hat Niklas Luhmann gegenüber Parsons und (freilich mit anderer Zuspitzung) auch gegenüber Jürgen Habermas hingewiesen[36]. Luhmann versteht funktionale Differenzierung als so grundlegend, daß traditionelle Integrationsleistungen sei es der Moral, der Religion oder auch des Common Sense nicht mehr tragen. Das bedeutet nicht, daß sie deswegen ihrer Funktion für die Gesellschaft überhaupt verlustig gegangen wären, gerade für die Religion (und das bedeutet für ihn vor allem: christliche Religion) hat Luhmann immer wieder auf deren Bedeutung für die moderne Gesellschaft hingewiesen[37]. Keine Gesellschaft kann auf die Kommunikation von Werten und von Moral verzichten[38], aber sie muß kritisch prüfen, wann moralische Kommunikation sinnvoll ist und wann nicht[39]. Eine Diskussion über ›Grundwerte‹ steht dagegen in der Gefahr, die tatsächlich gültigen Werte einer Gesellschaft in ih-

---

35 Zu dieser Auffassung repräsentativ für weite Teile der Diskussion die Beiträge in: Forschung und Lehre 12 (1998).
36 *J. Habermas / N. Luhmann*, Theorie der Gesellschaft oder Sozialtechnologie – Was leistet Systemforschung?, Frankfurt a.M. [10]1990.
37 Zuletzt in dem posthum veröffentlichen Manuskript *N. Luhmann*, Die Religion der Gesellschaft, Frankfurt a.M. 2000.
38 *Luhmann*, Soziale Systeme (s. oben Anm. 5), 325.
39 Diese Selbstprüfung im Blick sowohl auf ein Übermaß wie auch ein Defizit an Moral ist nach Luhmann die Aufgabe moderner Ethik (dazu kritisch *A. Schüle*, Auf der Suche nach dem Ganzen im Ganzen. Systemtheoretische Überlegungen zu Selbstbeschreibung und Normbegründung in modernen Gesellschaften, in: *M.-S. Lotter* [Hg.], Normbegründung und Normentwicklung in Gesellschaft und Recht, Baden-Baden 1999, 37–40).

rer jeweiligen Funktion und Reichweite zu überlasten und damit
im schlimmsten Fall sogar zu ent-werten.
Für Luhmann bestimmen funktionale Differenzierung und die
Ausprägung von Funktionssystemen demnach gerade *ohne* über-
geordnete Integrationsoptionen die Struktur moderner Gesellschaften. Diese Beobachtung wertet Luhmann nicht in erster Linie
als *Verlust* eine organisierenden ›Mitte‹, vielmehr erkennt er darin
vor allem eine Steigerung der Wahrnehmungsfähigkeit und der
Erkenntnistiefe, die eine Gesellschaft insgesamt zu erbringen in
der Lage ist. Demnach »(steigert) der Übergang zu funktionaler
Gesellschaftsdifferenzierung das Auflöse- und Rekombinationsver-
mögen in Bezug auf die Umwelt der Gesellschaft in einer Weise,
die historisch alle ältere Weisheit hinter sich läßt. Die Welt wird
für diese Gesellschaft zum Horizont endlos möglicher Progressio-
nen in die Weite und ›in die Binnentiefe der Substanzen«[40]. Die
Welt, die eine moderne Gesellschaft wahrnimmt, wird auf diese
Weise vielfältiger und zugleich heterogener. In der Vielfalt der
Erschließungen der Welt spiegelt sich die interne Komplexität der
Gesellschaft.
Kommen wir von daher zurück auf unser Thema, wird zunächst
deutlich, warum ›Alltag‹ für den modernen Menschen etwas anderes ist als zu anderen Zeiten und als in anderen kulturellen
Kontexten. Moderne Gesellschaften bieten keine geschlossene,
überschaubare Umgebung, die, wenn sie erst einmal verstanden
und erschlossen ist, in Routine und Gleichklang mündet. Es gibt
nicht ›den‹ Ort, der das Individuum gesellschaftlich definiert, dieses muß vielmehr lernen, sich gewissermaßen ›zwischen‹ den verschiedenen Funktionssystemen und deren heterogenen Weltsich-
ten einzurichten: »Die Einzelperson kann nicht mehr einem und
nur einem gesellschaftlichen Teilsystem angehören ... Da die Gesellschaft aber nichts anderes ist als die Gesamtheit ihrer internen
System-Umwelt-Verhältnisse und nicht in sich selbst als Ganzes
nochmals vorkommen kann, bietet sie dem Einzelnen keinen Ort
mehr, wo er als ›gesellschaftliches Wesen‹ existieren kann«[41]. Das
aber bedeutet, daß innerhalb modernen ›Alltags‹ bereits ein so
hohes Maß an Kontrasterfahrung enthalten ist, daß es *dazu* des
Festes als des Anderen, Besonderen, Gegenweltlichen nicht mehr
bedarf. Jedes gesellschaftliche Funktionssystem (man denke etwa

---

40 *Luhmann*, Gesellschaftsstruktur und Semantik I (s. oben Anm. 30), 33.
41 *Luhmann*, Gesellschaftsstruktur und Semantik III (s. oben Anm. 25), 158;
den gleichen Sachverhalt kann Luhmann auch so beschreiben, daß es »dem Individuum zugemutet (wird), sich durch Bezug auf seine Individualität zu identifizieren« (ebd., 215).

an die Erkenntnisse der Wissenschaften, die Ausbreitung der Märkte oder auch an die Erzeugnisse der Unterhaltungsindustrie) bietet für sich bereits so viel Un-Alltägliches, daß andere Formen der Kontrasterfahrung demgegenüber nicht automatisch auffallen. Das Erlebnisprofil des modernen Alltags ist so weit ausgeprägt, daß die Unterbrechung, die das Fest bietet, zwar von anderer Art, aber nicht notwendig von außergewöhnlicher Erlebnisintensität ist; zugespitzt formuliert: das Fest kontrastiert den Alltag nicht einschneidender als dieser sich selbst. Gerade weil jeder Teilbereich gesellschaftlichen Lebens mehr an Anforderungen stellt als das je einzelne Individuum für sich bewältigen und überschauen kann, ist die lebenswichtige Einrichtung von Routine, die ›Einnistung‹ in einer Lebenswelt etwas, das allererst erreicht werden muß und nicht (durch Abstammung, Stand o.a.) schon immer mitgegeben ist[42].

c) Kulturelle Selbstbeschreibung: Ereignis- anstelle von Gedächtnisorientierung

Fassen wir zusammen, so hängt der Verlust der Festkultur damit zusammen, daß in modernen Gesellschaften gerade auch deren Gegenteil, der Bereich des Alltäglichen, zunehmend aufgelöst wird[43]. Dies führt zum zweiten Aspekt, der von Platon her die Bedeutung des Festes ausmacht: es vermittelt den Sinn für das Ganze einer Gesellschaft. Die Geselligkeit, die sich im Fest entfaltet, wird dabei zum motivierenden Erlebnis für die Gestaltung des Soziallebens insgesamt. Luhmann behandelt dieses Thema unter der Überschrift gesellschaftlicher ›Selbstbeschreibung‹. Darunter ver-

---

42 Innerhalb postmodernen Denkens verbindet sich mit dieser Beobachtung die Forderung nach einer Neubesinnung auf die in der antiken Philosophie begründete Lehre von der ›Lebenskunst‹. Gegenüber der aufklärerischen und idealistischen Sicht, es handle sich bei der Lebenskunst bestenfalls um ein hedonistisches Randproblem, hat vor allem Michel Foucault deren Bedeutung als einer ›Technik‹ des Lebens und Überlebens und insofern als elementares Thema der Ethik von neuem herausgestellt. Dieses Anliegen faßt *W. Schmid*, Auf der Suche nach einer neuen Lebenskunst. Die Frage nach dem Grund und die Neubegründung der Ethik bei Foucault, Frankfurt a.M. 2000, 19 folgendermaßen zusammen: »Daß die Lebenskunst erneut zur Frage gestellt wird, indiziert wohl fundamental veränderte Bedingungen und Möglichkeiten der Existenz in moderner und postmoderner Zeit. Herkömmliche Ethiken und Morallehre haben entweder an Verbindlichkeit verloren oder halten keine Antwort bereit auf die Frage des Individuums, das nach neuen Möglichkeiten der Haltung sucht und sich in einer Vielzahl neuartiger und fremdartiger Situationen zu verhalten hat.«
43 *N. Luhmann*, Die Gesellschaft der Gesellschaft II, Frankfurt a.M. 1997, 1133.

steht er »imaginäre Konstruktionen der Einheit des Systems, die es ermöglichen, in der Gesellschaft zwar nicht *mit* der Gesellschaft, aber *über* die Gesellschaft zu kommunizieren«[44]. Dies impliziert eine äußerst folgenreiche These: die moderne Gesellschaft gewinnt ein Bild ihrer selbst, einen Sinn für das ›Ganze im Ganzen‹ nur noch, indem sie *über sich selbst* spricht, sich gewissermaßen aus der Perspektive des eigenen Beobachters betrachtet und analysiert. Das wird schon durch die einfache Beobachtung belegt, daß die Moderne in ungleich stärkerem Maß als je zuvor *Theorien ihrer selbst* entwirft und sich auf diesem Wege zu *benennen* versucht, auch wenn sich dabei immer wieder die Erkenntnis einstellt, daß dies gerade nicht zu einer hinreichend konsensfähigen Selbstbeschreibung führt[45]. Diese Verschiebung der Wahrnehmung der Einheit (oder Uneinheitlichkeit) der Gesellschaft auf die Ebene der äußeren Beobachtung und Selbstbeschreibung ist nach Luhmann die Folge daraus, daß in der Moderne gesellschaftliche Einheit – im Gegensatz zu Platons Staatsideal – gerade nicht mehr im Vollzug sozialen Wahrnehmens und sozialen Handelns, also nicht mehr von ›innen heraus‹ erreicht wird: »Das bedeutet auch, daß die Form der Selbstbeschreibung sich ändern muß. Diese Veränderung hat eine ähnliche Radikalität wie der Übergang zu funktionaler Differenzierung ... . Sie liegt im Übergang von einer Beobachtung erster Ordnung zu einer Beobachtung zweiter Ordnung«[46].

Die für unseren Zusammenhang wichtigste Folge dieser Verlagerung gesellschaftlicher Identität auf die Ebene der Selbstbeschreibung ›zweiter Ordnung‹ ist der Verlust dessen, was Aleida und Jan Assmann im Rückgriff auf Maurice Halbwachs[47], Frances A. Yates[48] u.a. als kulturelle Erinnerung in der besonderen Gestalt des kulturellen *Gedächtnisses* beschrieben haben. Insbesondere Halbwachs hat dargestellt, daß nicht nur Individuen sondern auch Kollektive die Fähigkeit zur Erinnerung besitzen. Damit sind

44   Ebd., 867 (Kursivierung belassen).
45   Dazu aufschlußreich ist *D. Tracy*, On Naming the Present. God, Hermeneutics, and Church, New York 1994, 3: »We live in an age that cannot name itself. For some, we are still in the age of modernity and the triumph of the bourgeois subject. For others, we are in the time of the leveling of all traditions and await the return of the repressed traditional and communal subject. For yet others, we are in a postmodern moment where the death of the subject is now upon us as the last receding wave of the death of God«.
46   *N. Luhmann*, Die Gesellschaft der Gesellschaft I, Frankfurt a.M. 1997, 1140f.
47   *M. Halbwachs*, Das kollektive Gedächtnis, Frankfurt a.M. 1985; ders., Das Gedächtnis und seine sozialen Bedingungen, Frankfurt a.M. 1985.
48   *F.A. Yates*, The Art of Memory, London 1968.

nicht einfach die Wissens- und Erinnerungsvorräte gemeint, die in Museen und Geschichtsbüchern gewissermaßen ›abgelegt‹ sind. Vielmehr geht es um die Erinnerungen, die eine Gemeinschaft lebt und die in Gestalt von Institutionen (z.B. Familie und Schule), Symbolen und eben auch von Festen ein konkretes *Gedächtnis* und, genauer, einen konkreten Gedächtnisort[49] besitzen. Im Gegensatz zu den von Luhmann definierten Selbstbeschreibungen ›zweiter Ordnung‹ ist das Gedächtnis eine Funktion ›erster Ordnung‹, d.h. es hat primär keinen reflexiven Charakter, sondern bildet das primäre Medium, durch das eine Gemeinschaft eine »konnektive Struktur«, einen »gemeinsamen Erfahrungs-, Erwartungs- und Handlungsraum bildet, der durch seine bindende und verbindliche Kraft Vertrauen und Orientierung stiftet«[50]. Betrachtet man etwa die alttestamentlichen Regulierungen für das Passahfest, wird erkennbar, wie sich ein solches Gedächtnis konstituiert. So bedarf es für die nicht nur kognitiv vergegenwärtigte, sondern gelebte Erinnerung des Exodus eines bestimmten *Raumes* (Tempel/Haus der Familie), einer spezifischen *ritualen Ordnung* (Opfer) sowie der gottesdienstlichen Rezitation eines *Textes* (Überlieferung). Bei alle dem handelt es sich um Instanzen, die Erinnerung in bestimmter Weise formen und dadurch für soziale Interaktion anschlußfähig halten. Wo der Gedächtniszusammenhang dagegen fehlt, bricht Erinnerung zwar nicht notwendigerweise zusammen, sie hat dann aber eine andere Funktion – etwa als geschichtliches Wissen, das möglicherweise noch zur Allgemeinbildung zählt, gegenwärtig aber zunehmend in den spezialisierten ›Verwaltungsbereich‹ der Wissenschaften fällt[51].

Aus zwei Gründen scheint das Paradigma des kulturellen Gedächtnisses im Sinne einer konnektiven, integralen Semantik für moderne Gesellschaften nicht mehr erschwinglich zu sein: zum einen besteht im Kontext modernen Pluralismus‹ kein hinreichend tragfähiger Konsens mehr darüber, *was* eigentlich erinnert werden soll. Es ist ja gerade nicht so, daß die christliche Tradition – wie die Rede von neuzeitlicher Säkularisation gelegentlich suggeriert –

49   P. *Nora*, Zwischen Geschichte und Gedächtnis, Frankfurt a.M. 1998, 8.
50   J. *Assmann*, Das kulturelle Gedächtnis, München 1997, 16.
51   Pointiert formuliert *Nora*, Zwischen Geschichte und Gedächtnis (s. oben Anm. 49), 23: »Keine Epoche hat dermaßen willentlich Archive produziert wie die unsere ... . In dem Maß, wie das traditionelle Gedächtnis verschwindet, fühlen wir uns gehalten, in geradezu religiöser Weise Überreste, Zeugnisse, Dokumente, Bilder, Diskurse, sichtbare Zeichen dessen anzuhäufen, was einst war, so als sollten diese immer gewichtigeren Akten eines schönen Tages als Beweisstücke vor einem Tribunal der Geschichte dienen«. Dazu weiterhin *A. Assmann*, Erinnerungsräume (s. oben Anm. 4), 13.

diese Funktion an andere Formen kultureller Erinnerung abgege-
ben hat. Vielmehr ist das Konzept kultureller Erinnerung selbst
fraglich geworden, weil die potentiellen Inhalte unter modernen
Bedingungen weithin den Charakter von ›Wissen‹ und ›Information‹ angenommen haben und damit zwar für ›Selbstbeschreibungen‹ nicht aber für ›Gedächtnis‹ zur Verfügung stehen. Zum anderen fehlt speziell den funktional ausdifferenzierten Gesellschaften die Fähigkeit, übergreifende Gedächtnisstrukturen bzw. Gedächtnis*orte* auszubilden. Wo Funktionssysteme als zunehmend
autonome Bezugsgrößen auftreten, die sich in je spezifischer Weise zu ihrer gesellschaftlichen Umgebung verhalten, werden gerade
die ›Zwischenräume‹ aufgelöst, die das Gedächtnis als konnektive
Struktur besetzt. Es muß sich dann gewissermaßen neue ›Nischen‹
suchen, was sich gegenwärtig daran zeigt, daß von Gedächtniskul-
tur vorwiegend in der Literaturwissenschaft[52], in performativer
Kunst, Design[53] und in der Architektur[54] die Rede ist. Insofern
liegt die These nahe, daß sich auch Gedächtnis und Gedächtnisbil-
dung unter dem Einfluß moderner Gesellschaftsdifferenzierung
gewandelt haben und nun vorwiegend in den Funktionsbereich
der Ästhetik fallen. Bedeutet der Abbau von Erinnerung und Gedächtnis im Ergebnis nun aber, daß das Ganze der Gesellschaft
nur noch im Sinne der von Luhmann definierten Selbstbeschreibungen zweiter Ordnung greifbar ist? Kann es sich eine Gesellschaft überhaupt leisten, Struktur und Semantik des ›Ganzen im
Ganzen‹ auf der Ebene der konkreten Erlebens und Erfahrens
preiszugeben?
Betrachtet man von diesen Fragen her zunächst die sprachlichen
Charakteristika der Kultur der Gegenwart, fällt auf, daß an die
Stelle des Festbegriffes weithin die Rede vom ›Ereignis‹ oder
›Event‹ getreten ist. Vom ›Fest‹ ist – außerhalb der christlichen
Feste oder Feiern im familiären Rahmen – selten die Rede. Für
das Außergewöhnliche, Nicht-Alltägliche, das über die überschau-
baren Verhältnisse von Familie, Betrieb hinausgeht, begegnet
weitaus weniger das semantische Feld des Festes als das des Ereignisses. Errungenschaften in Wissenschaft und Technik können
ebenso wie Sport, Unterhaltungsindustrie und ›High Society‹ die
Qualität von Ereignissen annehmen, die mit Hilfe massenmedia-

---

52 D. *Hart*, Das Gedächtnis der Kulturwissenschaften, Dresden/München
1998.
53 D. *Draaisma*, Die Metaphernmaschine. Eine Geschichte des Gedächtnisses,
Darmstadt 1999.
54 Denkmale und kulturelles Gedächtnis nach dem Ende der Ost-West-Kon-
frontation, hg. von der *Akademie der Künste Berlin*, Berlin 2000.

ler Vermittlung die Gesellschaft nicht nur als funktional diversifiziert erscheinen lassen, sondern sie mit gemeinsamen Themen, Imaginationen und Idealen versorgen. Durch Ereignisse gewinnt eine Gesellschaften, was man als *symbolische Zentren* bezeichnen kann, auf die sich gesellschaftliche Kommunikation oberhalb funktionaler Differenzierung ausrichtet.

Von Ereignissen ist in der Regel die Rede, wo die an sich schon kontrastreiche Alltagserfahrung der Moderne noch einmal an Intensität und Imaginationskraft überboten wird. Eine Gesellschaft, die sich organisiert, indem sie vor allem *Funktionen* ausdifferenziert, steht latent in der Gefahr, die Bildräume zu verlieren, die nicht immer schon funktional (etwa in Gestalt von ›Kunst‹) festgelegt sind, sondern einen Horizont bilden, der über Systemgrenzen hinweg Imaginationen stimuliert. Die erste Mondlandung, Olympische Spiele, Königshochzeiten als vergleichsweise hochstufige Ereignisse hatten bzw. haben diese Fähigkeit im Prinzip ebenso wie Konzerte von ›Megastars‹, Filmpremieren oder Fernsehshows[55]. Entscheidend ist hierbei zunächst, daß solchen Ereignissen die Fähigkeit eignet, Aufmerksamkeit und Interesse der Gesellschaft insgesamt oder zumindest weiter Teile zu binden und auf einen gemeinsamen Punkt hin zu konzentrieren. Dazu gehört weiterhin, daß diese Fokussierung nicht nur faktisch stattfindet, sondern auch in Gestalt eines Gemeinschaftsbewußtseins an die Teilnehmenden zurückgespielt wird: »Medienereignisse versammeln nicht nur größte Zuschauermengen, sondern vermitteln diesen auch ein Bewußtsein ihrer Größe und erzeugen nicht zuletzt damit ein Gefühl der Ehrfurcht«[56].

Mit ihrer Erlebnis- und Imaginationsintensität, in der sich zugleich das Gefühl ausprägt, Teil eines größeren Ganzen zu sein, erfüllen moderne Ereignisse zumindest formal die beiden Kriterien, die Platon dem Fest zugewiesen hatte. Freilich ist hierbei zu differenzieren. Es gibt Ereignisse, die diese Funktionen auf der Grundlage eines starken, aber vergleichsweise kurzzeitigen kollektiven Erlebens erfüllen. Gerade populärkulturelle ›Events‹ haben offenbar die Eigenschaft, nahezu voraussetzungslos kollektives Erleben generieren zu können. Es kommt dann nur darauf an, die Kette solcher Events nicht abreißen zu lassen, weil jedes für

---

55 Auf eine genauere Auffächerung der unterschiedlichen semantischen und pragmatischen Ebenen massenmedialer Ereignisse muß hier verzichtet werden; diesbezüglich aufschlußreich sind D. *Dayan* / E. *Katz*, Media Events. The Live Broadcasting of History, Cambridge (MA) / London 1992, 14ff.
56 G. *Thomas*, Medien – Ritual – Religion. Zur religiösen Funktion des Fernsehens, Frankfurt a.M. 1998, 191; vgl. auch *Dayan/Katz*, Media Events (s. oben Anm. 55), 9.

sich allein keinen dauerhaften Erlebnischarakter besitzt. Gegenüber solchen eher oberflächlichen Phänomenen erreichen Ereignisse eine tiefere kulturelle Prägekraft, wenn sie die Gestalt *komple-
xer symbolischer Formen* annehmen. Damit ist gemeint, daß sich
um bestimmte Ereignisse Werte, Tugenden und Ideale verdich-
ten, die innerhalb der gesellschaftlichen Teilsystemen sonst nur je
vereinzelt begegnen. Hierin dürfte zu einem wesentlichen Teil die
große gesellschaftliche Aufmerksamkeit für Sportereignisse begründet liegen. Die Faszination von Olympischen Spielen etwa
wäre sicher unterschätzt, wollte man diese allein mit der Inszenierung von Hochleistung erklären. Eher hat es den Anschein, daß
Leistungssport und Leistungssportler zu Instanzen der symbolischen Verdichtung von Ästhetik, Effizienz, Beharrlichkeit u.a.
Tugenden avanciert sind, die aus ganz unterschiedlichen System-
perspektiven – Kunst, Wirtschaft, Erziehung – rekonstruierbar erscheinen.
Versteht man Ereignisse in dieser Weise als symbolische Verdichtung, wird ein Phänomen erklärbar, das ebenfalls für die Spätmo-
derne charakteristisch ist. Rüdiger Bubner hat im Zusammenhang
seiner These von der Ästhetisierung der Lebenswelt darauf hingewiesen, daß gegenwärtig Persönlichkeiten vor allem der Kunst
und der Unterhaltungsindustrie zu Trägern öffentlicher Meinung
und öffentlicher Erwartung werden: »Wo man den Politikern,
Amtsträgern oder Fachleuten Lösungen nicht mehr zutraut, treten plötzlich Schriftsteller, Regisseure, Schauspieler auf, um Rat
zu geben. Den Produzenten des Scheins wächst eine neue Ver-
antwortlichkeit zu, die ihre eigentliche Kompetenz weit über-
steigt«[57]. Diese kumulative Zuschreibung unterschiedlicher Teil-
kompetenzen an hervorgehobene Persönlichkeiten des öffentlich-
medialen Lebens läßt sich vor dem Hintergrund der Ereignisorientierung und der Tendenz zu symbolischen Verdichtungen
einordnen, mit der die moderne Gesellschaft auf die zunehmende
Autonomisierung der Funktionssysteme reagiert.
Wenn unsere Vermutung zutrifft, daß die gegenwärtig in vielen
Formen greifbare Ereigniskultur die Aufgaben des kulturellen
Gedächtnisses und der damit assoziierten Formen des Festes übernimmt, bleibt die Frage, ob es sich bei dieser Umstellung um eine
bleibende sozialevolutionäre Entwicklung handelt. Ist also damit
zu rechnen, daß auch die Rudimente der traditionellen Festkultur und deren ›Nischenexistenz‹ etwa in Gestalt des christlichen
Kirchenjahres langfristig im Abbau begriffen sind? Zumindest an
zwei Punkten ist demgegenüber zu beobachten, daß Ereignis-

---

57 *Bubner*, Ästhetisierung der Lebenswelt (s. oben Anm. 17), 661.

orientierung keinen vollständigen Ersatz für Gedächtnis und Fest leistet:

1. Ereignisse sind ihrem Wesen nach emergente Prozesse, deren Zustandekommen und Dauerhaftigkeit nicht voraussagbar ist. Die symbolischen Verdichtungen, mit denen sich die moderne Gesellschaft einen Sinn für das ›Ganze im Ganzen‹ verschafft, besitzen insofern im Blick auf ihre Gestalt und Beständigkeit keine hinreichende Erwartungssicherheit. Es ist jedenfalls gegenwärtig nicht erkennbar, daß auf diesem Wege dem kulturellen Gedächtnis vergleichbare ›beharrliche‹ Symbol*systeme* aufgebaut werden.

2. Insbesondere massenmedial gestützte Ereignisse lassen die Frage des sozialen Anschlusses weithin offen. Es ist zwar im Prinzip jedem möglich, via Fernsehen, Internet oder als Publikum in Sport- und Konzertarenen an kulturellen Ereignissen teilzunehmen. Ob und wie weit dies über die Rolle des Einzelnen als außenstehender Beobachter hinaus führt, ist weitgehend dem Einzelnen selbst überlassen. Ereignisse sind nicht qua Definition schon *gesellige* Phänomene, was sich u.a. daran zeigt, daß gerade Medienkulturen verstärkt mit dem Problem der individuellen Vereinsamung zu kämpfen haben[58]. Ereignisse binden Aufmerksamkeit in einer Weise, die im Extremfall zu einer isolierten Beziehung von Medium und Perzipient führt – die Fixierung auf das Fernsehbild, das einsame Tanzen bei überlauter Beatmusik sind Formen, die darauf ausgelegt sind, vor allem das Erleben des Einzelnen zu stimulieren und zu ›besetzen‹. Hier wird der Unterschied zum Fest in besonderer Weise greifbar: das Fest *ist* wesentlich der soziale Kontext, in dem es gefeiert wird, Medienereignisse dagegen verdanken sich einer Inszenierung, zu der sich ein solcher Kontext kontingent bildet.

Man könnte nun versucht sein, diese Defizite vor allem als Krisenindiz zu werten. Demnach wäre die Ereignisorientierung moderner Gesellschaften ein nur unvollkommener Ersatz für die traditionellen Feste. Dabei würde allerdings unterstellt, daß die Evolution solcher Gesellschaften überhaupt darauf ausgerichtet ist, Fest- durch Ereigniskultur zu ersetzen. Zumal aus kirchlicher Perspektive wäre dies eine Entwicklung, die mit kritischer Distanz beobachtet werden müßte und der gegenüber die Kirchen vor die Alternative gestellt wären, sich entweder anzupassen oder aber eine Nischenexistenz zu führen. Im Blick auf abnehmende Mitgliederzahlen einerseits und die Tendenz, sich gerade auch über Ereignisse wie Kirchentage und über Medienpräsenz gesellschaftlich zu etablie-

---

58 Dazu *A. Schüle*, Gottes Geist in geistloser Zeit, ThZ 60 (2004) (erscheint demnächst).

ren, hat es den Anschein, daß die Kirchen herausgefordert sind, sich zu eben dieser Alternative zu verhalten. Aber genau das erscheint vor dem Hintergrund der hier angestellten Überlegungen nicht zwingend. Eher gewinnt man den Eindruck, daß Fest und Ereignis in einem komplementären Verhältnis stehen, das jedem der beiden je spezifische Aufgaben zufallen läßt. Ereignisse und Selbstbeschreibungen betreffen das Bezugsproblem moderner Gesellschaften, ihren Mitgliedern das Erleben und das Verständnis sozialer Integration zu vermitteln, oder einfacher gesagt: hierbei geht es um die Versicherung des Einzelnen ›dazuzugehören‹, Teil eines nicht beliebigen, wenngleich nicht mehr überschaubaren Ganzen zu sein. Weil dies aber nicht mehr automatisch und, vor allem, nicht mehr erwartungssicher an soziale Interaktion und Geselligkeit gebunden ist, bleibt hier ein Bereich, in dem sich eine Festkultur – christlicher oder anderer Prägung – entfalten und profilieren *kann*. Inwieweit dies gelingt, dürfte wesentlich davon abhängen, ob eine solche Festkultur die spezifischen Aufgaben im ›Umfeld‹ moderner Gesellschaften annimmt, was gegenüber früheren Erwartungen allerdings auch den Verzicht darauf einschließt, im Sinne Platons die normierende Mitte einer solchen Gesellschaft sein zu wollen.

Harald Schroeter-Wittke

Kirchentag als ManiFest

Beobachtungen zur öffentlichen Bibeldidaktik nach 1945

1. Vom Manifest zum Fest

Der Deutsche Evangelische Kirchentag[1] gehört seit den 50er Jahren zu den öffentlichkeitswirksamsten Veranstaltungen des Protestantismus[2]. Dabei hat es immer eine große Differenz gegeben zwischen seiner massenmedialen Rezeption, z.B. als gesamtdeutsches Großereignis, und dem, was auf ihm geschieht, was also die Teilnehmenden dort als ihren Kirchentag erleben und nach Hause

1 Zu Geschichte, Phänomenologie und Theologie des Kirchentags vgl. *H. Schroeter*, Kirchentag als vor-läufige Kirche. Der Kirchentag als eine besondere Gestalt des Christseins zwischen Kirche und Welt (PTHe 13), Stuttgart/ Berlin/Köln 1993.
2 Vgl. dazu *D. Palm*, »Wir sind doch Brüder!« Der evangelische Kirchentag und die deutsche Frage 1949–1961 (AKZG.B 36), Göttingen 2002. Palm weist nach, wie der Kirchentag erst durch die gesamtdeutsche Frage, die er gegen den Willen seiner Veranstalter auf sich zog, zu der großen Öffentlichkeitswirksamkeit kam, die ihm seitdem eigen ist. Palms Arbeit bringt dankenswerterweise das Archiv- und Quellenmaterial zur Geltung, was mir seinerzeit nicht zugänglich war. Jedoch weist seine Arbeit zwei fundamentale methodische Fehler auf: a) In seiner Darstellung des Anliegens des Kirchentagsgründers *Reinold von Thadden-Trieglaff*, welches er für den Kirchentag als Organisation und Institution zu Recht für wesentlich hält, kommt eine verkürzte volksmissionarische Sichtweise zur Geltung, die sich z.B. darin äußert, dass Palm wesentliche Publikationen Thadden-Trieglaffs nicht berücksichtigt und auch nicht auf die Kirchentagskonzeption bezieht; vgl. dazu *H. Schroeter-Wittke*, Art. Thadden-Trieglaff, Reinold von, TRE XXXIII (2001), 168–172. Während Palms Literaturverzeichnis mit 5 Titeln Thadden-Trieglaffs auskommt, umfasst meine Bibliographie Thadden-Trieglaffs allein 12 Seiten. b) Palm bringt die Erlebnisdimension der Institution Kirchentag nicht zur Geltung. In seinen Kirchentagskonzeptionen gibt es nur die drei Richtungen »volksmissionarisch«, »akademisch-problemorientiert« und »politisch-symbolhaft«. Es fehlt also das, was alle bisherigen Kirchentagstheoretiker mit seinem das Erlebnis von Kirchentag zur Geltung bringenden liturgisch-festlichen Standbein erörtern, welches auch seine Bibelarbeiten und Gottesdienste umfasst. Damit verfehlt Palm das, was Kirchentag auszeichnet, fundamental. Für Palm ist nur das historisch, was in Archiven lagert, alles andere ist Praktische Theologie (17). So verdrängt Palm die Laien als Subjekte des Kirchentags und der Praktischen Theologie; vgl. dazu *H. Luther*, Religion im Alltag. Bausteine zu einer Praktischen Theologie des Subjekts, Stuttgart 1992, bes. 9–20.

mitnehmen. Der Kirchentag als Übergangsort zwischen Kirche und Welt hat immer nach beiden Seiten hin gewirkt. Die öffentliche Rezeption und der wissenschaftliche Diskurs über ihn sind von Anfang an bestimmt gewesen von der Frage nach seiner politischen Verflochtenheit in Kirche und Welt. Darin hat er nach außen gewirkt – zumeist auf die, die ihn nicht live vor Ort erlebt haben. Nach innen, also für seine Teilnehmenden, die dann zu Multiplikatoren für die Ortsgemeinden wurden, hat der Kirchentag meist auch anders gewirkt, nämlich als Fest, als Event, als Erlebnis, als Unterbrechung des Alltags, wozu zunehmend auch die Unterbrechung vom Kirchenalltag verstanden wurde. Kirche einmal anders – so könnte das Mut machende Erlebnis Kirchentag umschrieben werden. Aus der Diasporasituation herkommend erleben sich die Kirchentagsteilnehmenden hier in einer Mehrheit, die sogar öffentliche Räume zu besetzen vermag, z.B. durch Singen in U-Bahnen. Dieses Element begleitet den Kirchentag seit den 50er Jahren durchgehend, wenn auch in wechselnder Intensität. Von Anfang an war der Kirchentag aber auch ein Ort, wo theologisch anders gedacht und anders gefeiert wurde als in den Ortsgemeinden. Dies betraf die Pluralisierung von Gottesdienstkulturen, die in den 60er Jahren zunehmend zu dem wurden, was dann später unter dem Begriff »Lebendige Liturgie«[3] firmierte, ebenso wie die breitenwirksame Wiederentdeckung des Abendmahls für den gesamten Protestantismus jenseits überkommener Konfessionalisierung[4]. Dies zeigte sich aber auch darin, dass der Kirchentag zur Plattform wurde für solche Theologien, die es in Kirche und Theologie zunächst schwer hatten. Dies betrifft die Kirchenreformdebatte, die auf dem Kirchentag ihren Ausgangspunkt und ihre Öffentlichkeitswirksamkeit gefunden hat[5], ebenso wie die Wagnisse im christlich-jüdischen Dialog, die Fortschritte im Konziliaren Prozess oder die Etablierung der Feministischen Theologie in vielen Schichten der Kirchen und Gemeinden.

---

3   Vgl. dazu _H. Schröer,_ Gottesdienst, Fest und Feier. Anstiftung zu lebendiger Liturgie, in: _R. Runge / C. Krause_ (Hg.), Zeitansage. 40 Jahre Deutscher Evangelischer Kirchentag, Stuttgart 1989, 65–81; _S. Fritsch-Oppermann / H. Schröer_ (Hg.), Lebendige Liturgie, Bd. 1, Gütersloh 1990, Bd. 2, Gütersloh 1992; _G. Ruddat / H. Schröer,_ Lebendige Liturgie – ein Programmwort und seine Geschichte, in: _W. Ratzmann_ (Hg.), Der Kirchentag und seine Liturgien. Auf der Suche nach dem Gottesdienst von morgen (Beiträge zu Liturgie und Spiritualität 4), Leipzig 1999, 83–115.
4   Vgl. dazu _C. Begerau / R. Schomburg / M. von Essen_ (Hg.), Abendmahl – Fest der Hoffnung, Gütersloh 2000.
5   Vgl. dazu _R. von Thadden,_ Kirchenreform in der Kontroverse, in: _Runge / Krause,_ Zeitansage, 49–64.

Dass der Kirchentag ein Event ist, ein Fest, wurde bis in die 90er Jahre vielfach als Allotria beargwöhnt und bisweilen als gefährlich, ja als Abfall vom Protestantischen kritisiert. Berühmt wurde in diesem Zusammenhang 1973 die Bemerkung des Düsseldorfer Kirchentagspräsidenten Heinz Zahrnt nach der ersten Liturgischen Nacht, dass »auch künftig die Erkenntnis der protestantischen Theologie nicht nur ertanzt«[6] werden könne. Dennoch setzte sich danach eine lebendig-liturgische Grundierung des Kirchentags mit eigener Prägung immer weiter durch. 1979 wurde das erste Feierabendmahl gefeiert, das seitdem nicht mehr wegzudenken ist, auch wenn einige dies versuchen. 1983 wurde das gemeinsame Abendmahl im Schlussgottesdienst eingeführt, auf welches nun auf dem Ökumenischen Kirchentag 2003 zum ersten Mal seit 20 Jahren wieder verzichtet wurde.

Erst mit den Einsichten in die Unumgänglichkeit der Erlebnisgesellschaft wurde die Erlebnisdimension des Kirchentags auch theologisch mit der nötigen Achtung gewürdigt[7]. Dennoch steht die mediale Berichterstattung meist immer noch recht ratlos vor diesem Phänomen. In den Medien wird eher das wegweisende Ergebnis gesucht, demgegenüber das unterbrechende Erlebnis, welches die meisten Teilnehmenden auf dem Fest Kirchentag suchen[8], meist schlechter wegkommt.

Diese allgemeinen Erwägungen betreffen direkt den Bibelgebrauch auf Kirchentagen, denn so zeigen sich zwar viele Berichterstatter immer wieder daran interessiert, manchmal auch erstaunt, dass es auf Kirchentagen Bibelarbeiten und Gottesdienste zuhauf gibt, selten aber berichten sie, wie diese gestaltet sind, und was in ihnen zur Aufführung kommt. Dass es auf Kirchentagen Bibelgebrauch gibt, ist eine Nachricht wert, weniger aber, was dort an Bibelgebräuchen vonstatten geht.

---

6 Zit. nach *Schröer*, Gottesdienst, 71.
7 Vgl. dazu *H.-G. Heimbrock*, Gottesdienst in der Unterhaltungsgesellschaft, in: *Ratzmann*, Kirchentag (s. oben Anm. 3), 11–32; vgl. auch *P. Bubmann*, Pfingst-Wallfahrt und Konfirmationsritual. Der Kirchentag als Zeitansage in der Erlebnisgesellschaft, in: *ebd.*, 33–55, der den Kirchentag dem Selbstverwirklichungsmilieu zurechnet; zur Rezeption der Milieutheorie G. Schulzes in Praktischer Theologie und Kirche vgl. *E. Hauschildt*, Milieus in der Kirche. Erste Ansätze zu einer neuen Perspektive und ein Plädoyer für vertiefte Studien, PTh 87 (1998), 392–404; *H. Becks*, Der Gottesdienst in der Erlebnisgesellschaft. Zur Bedeutung der kultursoziologischen Untersuchung Gerhard Schulzes für Theorie und Praxis des Gottesdienstes, Waltrop 1999.
8 Dies belegen die sehr breit angelegten empirischen Umfragen auf den Kirchentagen der 80er Jahre; vgl. dazu *T. Schmieder / K. Schuhmacher* (Hg.), Jugend auf dem Kirchentag, Stuttgart 1984; *A. Feige / I. Lukatis / W. Lukatis*, Kirchentag zwischen Kirche und Welt, Berlin 1987.

Der Kirchentag lebt davon, dass er gleichermaßen »Fest und Manifest des Protestantismus«[9] ist. Als Manifest wirkt er nach außen, als Fest nach innen. Dabei lässt sich in seiner Geschichte nach 1945 eine Tendenz vom Manifest zum Fest hin erkennen. Die relative kulturelle Geschlossenheit des Kirchentags in den 50er Jahren beginnt sich ab den 60er Jahren immer stärker zu differenzieren, was z.b. an der zunehmenden Vielfalt unterschiedlicher Gottesdienstkulturen sichtbar wird, die sich auf Kirchentagen etablieren. Das wird schließlich sinnenfällig durch den Markt der Möglichkeiten[10], der von Beginn an mit dem Vorwurf der Beliebigkeit leben lernen muss. Erst in den 90er Jahren wird in der medialen Rezeption, wenn auch vorwiegend negativ, vermerkt, dass der Kirchentag ein einheitliches Profil vermissen lasse.

Der Kirchentag wird von vielen als Zeitansage und Ortsanweisung verstanden. Meist stellt man sich den Kirchentag dabei als ein Gegenüber zur Welt vor, der man eine Antwort schuldig sei, weshalb es bislang noch nie zu einer Kirchentagslosung gekommen ist, die eine Frage formuliert. Der Kirchentag als Zeitansage und Ortsanweisung will Aussage sein und nicht Frage oder Infragestellung.

Dieses Selbstverständnis als aktive Zeitansage ist ihm aber immer nur dann geglückt, wenn globalere gesellschaftliche und zeitpolitische Umstände sich seiner bemächtigen konnten. Das war in den 50er Jahren mit der gesamtdeutschen Frage so, das war in den 80er Jahren mit der Friedensbewegung so, und das war 2003 mit den Folgen des Irak-Kriegs so. Der Kirchentag als Zeitansage und Ortsanweisung erfüllt genau dann seine Aufgabe, wenn er als Fest eine Plattform für die Artikulation solcher die Menschen bewegenden Themen ist. Dann kann aus dem Fest ein Manifest werden. Es gibt nur wenig Orte und Institutionen in unserer Gesellschaft, die dieses zu leisten imstande sind. Auch wenn allerorten versucht wird, den Kirchentag immer als Manifest, als wirksames Handeln, zu rezipieren, seine Stärke hat er doch mehr im Fest, im darstellenden Handeln[11].

9   So die ehemalige Generalsekretärin *M. Käßmann*, Ein halbes Jahrhundert: Fest und Manifest des Protestantismus, in: *R. Runge / M. Käßmann* (Hg.), Kirche in Bewegung. 50 Jahre Deutscher Evangelischer Kirchentag, Gütersloh 1999, 8–14.
10   1973 gab es in Düsseldorf das KIZ (Kommunikations- und Informationszentrum), welches dann 1975 in Frankfurt zum ersten Markt der Möglichkeiten entwickelt wurde, der dann auch bei anderen gesellschaftlichen Institutionen Schule machte, z.B. auf Parteitagen.
11   In meiner Festtheorie kommen zwei Theoreme Schleiermachers zum Tragen: a) Das Fest ist eine Unterbrechung; vgl. dazu *D. Rössler*, Unterbrechungen

Kirchentage lassen sich sehr gut im Kirchenjahr verorten. Sie werden im Kirchenjahr am Übergang von der Festzeit zur sog. festlosen Zeit gefeiert. Der Kirchentag bildet ein öffentlichkeitswirksames Pendant zu Weihnachten. Dabei wachsen die Teilnehmenden dem Kirchentag nicht wie an Weihnachten aus der Sozialisationsform Familie zu[12], sondern aus Gruppen – Jugendgruppe, Schulklasse, Frauenkreis usw. Die Prägung durch Traditionen und festes Brauchtum ist bei ihm geringer als z.B. an Weihnachten. In der Risiko- und Erlebnisgesellschaft, die weitgehend von Wahlfreiheit geprägt sind, stellt er eine öffentliche Kasualie dar[13], die gemeinsame Strukturen mit der Konfirmation aufweist[14]. Kirchentage als konfirmierendes Handeln finden nicht zufällig in zeitlicher Nähe zum traditionellen Konfirmationstermin statt. Sie sind in der Pfingstzeit angesiedelt, oft mit Himmelfahrt oder Fronleichnam verbunden. Pneumatologie und Ekklesiologie gewinnen auf ihnen auf eine spannende Art und Weise Gestalt[15]. Vergleichbar mit einem Gemeindefest auf parochialer Ebene[16] stellt der Kirchentag »paradigmatische Festpraxis«[17] auf gesamtkirchlicher Ebene dar.

Henning Schröer hat diesen Festcharakter in den 80er Jahren mit seiner These vom Kirchentag als protestantischer Wallfahrt[18] beschrieben und damit die Erlebnisqualität des Kirchentags als eines Festes biblisch grundiert.

des Lebens. Zur Theorie des Festes bei Schleiermacher, in: »In der Schar derer, die da feiern«. Feste als Gegenstand praktisch-theologischer Reflexion (FS F. Wintzer), hg. von *P. Cornehl / M. Dutzmann / A. Strauch*, Gütersloh 1993, 33–40. b) Das Fest ist darstellendes Handeln; vgl. dazu *H. Schroeter*, »Denn die Lehre feiert auch, und die Feier lehret«. Prospekt einer liturgischen Didaktik, Waltrop 2000, 21–30.

12 Vgl. dazu *G. Fuchs*, Heiligabend. Riten, Räume, Requisiten, Regensburg 2002.

13 Vgl. dazu *M. Nüchtern*, Kirchentag – Wallfahrt zu welchem Gnadenbild?, ReHe 6 (1987), 79–83.

14 Vgl. dazu *R. Henkys*, Das Ereignis Kirchentag. Von der Konfirmation über die Information zur Aktion, in: *C. Wolf* (Hg.), Zwanzig Jahre Kirchentag. Der Deutsche Evangelische Kirchentag zwischen 1949 und 1969, Stuttgart/Berlin 1969, 33–49.

15 So *P. Bubmann*, Kirche in vorlaufender Nachfolge, ZEE 39 (1995), 79f.; vgl. auch *ders.*, Pfingst-Wallfahrt.

16 Vgl. dazu vor allem *G. Ruddat*, Inventur der Gemeindepädagogik. Oder: Gemeindefest als gemeindepädagogisches Paradigma, EvErz 44 (1992), 445–465.

17 *G. Ruddat*, Art. Feste und Feiertage VI. Praktisch-theologisch, TRE XI (1983), 141.

18 *H. Schröer*, Kirchentag als evangelische Wallfahrt, EvErz 35 (1983), 88–90.

Der Kirchentag ist Kirche auf Reisen[19], er existiert nicht in der sta-
bilitas loci, sondern gestaltet die mobilitas loci. Das gemeinsame
Sich-auf-den-Weg-Machen, der Reisecharakter dieser mobilen
Kirche kommt so ebenso zur Geltung wie der begrenzte Projekt-
charakter dieser Kirche auf Zeit, die Verantwortung der Laien für
diese Gestalt von Kirche[20], die Vielfalt liturgischer Begehungen,
die Faszination durch ein überwältigendes Gemeinschaftserlebnis
sowie die unhintergehbare Differenz zwischen Kirchentag und
Kirchenalltag. Schröer hat zu Recht betont, dass es bei der Wallfahrt Kirchentag nicht um ein anzubetendes Heiligenbild geht,
denn der Kirchentag ist weder feststehender Topos noch Utopie,
sondern Heterotopie[21], Zwischenraum[22], Ort des Übergangs[23],
Passage[24]. Was bedeutet dies für den Bibelgebrauch, der auf Kirchentagen passiert ist[25]?

19   Zum Reisen als theologischem Topos vgl. *H. Kuhlmann / M. Leutzsch / H.
Schroeter-Wittke* (Hg.), Reisen – Fährten für eine Theologie unterwegs (INPUT
1), Münster 2003.
20   Vgl. dazu *I. Baumer*, Wallfahrt als Handlungsspiel. Ein Beitrag zum Verständnis religiösen Handelns (EHS XIX A/12), Frankfurt a.M. 1977.
21   Dieser Begriff wurde geprägt von *M. Foucault*, Andere Räume (1967), in:
K. Barck / P. Gente / H. Paris / S. Richter (Hg.), Aisthesis. Wahrnehmung heute
oder Perspektiven einer anderen Ästhetik, Leipzig 1990, 34–46. Gegenüber
»Utopien« als »Plazierungen ohne wirklichen Ort« sind Heterotopien »wirkliche Orte, wirksame Orte, die in die Einrichtung der Gesellschaft hineingezeich-
net sind, sozusagen Gegenplazierungen oder Widerlager, tatsächlich, realisierte Utopien, in denen die wirklichen Plätze innerhalb der Kultur gleichzeitig
repräsentiert, bestritten und gewendet sind, gewissermaßen Orte außerhalb
aller Orte, wiewohl sie tatsächlich geortet werden können« (38f). Kirchentag
und Akademien haben sich in diesem Sinne immer als »dritte Orte« verstanden.
Für Foucault stellt der Spiegel das Paradigma einer Heterotopie dar, insofern
er eine Utopie, d.h. eine Abwesenheit zu erkennen gibt, denn »vom Spiegel aus
entdecke ich mich als abwesend auf dem Platz, wo ich bin, da ich mich dort
sehe« (ebd., 38f) – und das auch noch verkehrt herum. In diesem Sinne spiegeln
Kirchentage Kirche und Gesellschaft wider.
22   Vgl. dazu *D. Bähr*, Zwischenräume. Ästhetische Praxis in der Religionspädagogik (Profane Religionspädagogik 4), Münster 2001.
23   Das Phänomen von Übergängen ist in der Praktischen Theologie im Gefolge der Ritualtheorie Victor Turners mittlerweile breit rezipiert; vgl. dazu *H.
Schroeter-Wittke*, Übergang statt Untergang. Victor Turners Bedeutung für
eine kulturtheologische Praxistheorie, ThLZ 128 (2003), 575–588.
24   Den Passagenbegriff im Gefolge Walter Benjamins hat als erster *H. Luther*
für die Praktische Theologie als paradigmatisch erkannt; vgl. *ders.*, Religion,
212–223 (Schwellen und Passage. Alltägliche Transzendenzen).
25   Vgl. dazu *H. Zahrnt*, Die Bibel auf Kirchentagen. Wahrheit ist mitten im
Streit, in: *Runge/Krause*, Zeitansage (s. oben Anm. 3), 15–24; *R. Degenhardt*
(Hg.), Geheilt durch Vertrauen. Bibelarbeiten zu Markus 9,14–29, München
1992, bes. 176–185 mit Thesen zu Bibelarbeiten auf Kirchentagen von *Sybille
Fritsch-Oppermann, Ulrich Fick, Henning Schröer* und *Bärbel Wartenberg-*

2. Öffentliche Bibeldidaktik

Vorwiegend zum Fest und zum darstellenden Handeln gehören auf Kirchentagen auch seine Bibelarbeiten, Predigten und liturgischen Tage, Nächte sowie Feste. Was hier an öffentlicher Bibeldidaktik seit 1945 zur Geltung gekommen ist, hat mehr nach innen als Sammlung gewirkt denn nach außen als Sendung. Viele Menschen sind durch Bibelarbeiten mit den neuesten theologischen Entwicklungen konfrontiert worden, weshalb gerade der Bibelgebrauch auf Kirchentagen als öffentliche Religionspädagogik betrachtet werden kann.

»Es war alles voller Bibel«[26]. So wird von vielen ihr Ersterlebnis mit dem Kirchentag in den 50er Jahren beschrieben. Dabei ist es hoch interessant, dass es auch in diesen Berichten mehr um das »Dass« als um das »Was« und »Wie« der Bibelarbeiten geht[27]. In Erinnerung bleibt eine biblisch geprägte Atmosphäre. Die Bibelarbeiten und Gottesdienste der ersten Kirchentage schaffen einen gemeinsamen selbstverständlichen Rahmen, innerhalb dessen das Leben geschützt besprochen werden kann, was besonders in der DDR-Rezeption des Kirchentags wichtig wird[28].

Auch in seinen Formen des Bibelgebrauches und in der Etablierung bestimmter Theologien wird der Kirchentag zunehmend pluraler. Die Form der Bibelarbeit[29] ist zunächst der allgemein verständliche Vortrag – eine Form, die ihre Vorläufer in volksmissionarischen Traditionen der Deutschen Christlichen Studentenvereinigung aus den 20er Jahren[30] und den Deutschen Evangelischen Wochen der

---

Potter; H. Schroeter-Wittke, Gott unterhält uns. Bibelarbeit als kultureller Bibelgebrauch, ZPT 55 (2003), Heft 1, 65–68.

26 *O. Schröder*, Werden und Wachsen des Evangelischen Kirchentages in der DDR, in: *ders. / H.-D. Peter* (Hg.), Vertrauen wagen. Evangelischer Kirchentag in der DDR, Berlin 1993, 15.

27 Im gesamten Band über den Evangelischen Kirchentag in der DDR (ebd., 15) kommt außer diesem Satz über die Atmosphäre von Kirchentagen so gut wie nichts vor zu Bibelarbeiten oder zur Stellung der Bibel in der Kirchentagsarbeit der DDR. Das zeigt, wie selbstverständlich die Bibel zum Kirchentag gehört, aber auch, wie wenig Eindruck Bibelarbeiten inhaltlich offenbar hinterlassen haben.

28 Dies gilt z.B. für den Leipziger Kirchentag 1954, aber auch für die spätere Kirchentagsarbeit in der DDR; vgl. dazu *P. Beier*, Missionarische Gemeinde in sozialistischer Umwelt. Die Kirchentagskongreßarbeit in Sachsen im Kontext der SED-Kirchenpolitik (1968–1975) (AKZG.B 32), Göttingen 1999.

29 Zur Geschichte der Gattung Bibelarbeit vgl. *J. Henkys*, Bibelarbeit. Vom Umgang mit der Heiligen Schrift in den evangelischen Jugendverbänden nach dem Ersten Weltkrieg, Hamburg 1966.

30 Vgl. dazu *K. Kupisch*, Studenten entdecken die Bibel. Die Geschichte der Deutschen Christlichen Studenten-Vereinigung (DCSV), Hamburg 1964.

30er Jahre[31] hat. Waren es bis zu Beginn der 60er Jahre bestimmte wenige ausgesuchte Bibelarbeiter[32], die die Massen bewegten,
so gibt es mit den Jahren immer mehr Bibelarbeiten[33]. Dabei ver-
vielfachen sich die Frömmigkeiten und Theologien, die in ihnen zur
Geltung kommen. Das theologische und aszetische Spektrum bewegt sich von evangelikalen über volkskirchliche und kulturpro-
testantische bis hin zu befreiungstheologischen Ansätzen. Aber
auch die Formen von Bibelarbeiten werden zunehmend differenzierter. Vom erbaulichen oder wissenschaftlichen Vortrag über bib-
liodramatische[34] bis hin zu künstlerischen[35], musikalischen[36] und
kabarettistischen[37] Bibelarbeiten wird die Bibel mit allen Mitteln
der Kunst ausgelegt und so ihr Reichtum entfaltet[38].

31   Noch fehlt eine wissenschaftliche Aufarbeitung der Deutschen Evangeli-
schen Wochen, die zu den wichtigsten Vorläufern der Kirchentage aber auch
der Akademiearbeit gehören; vgl. W. Klän, Vom Kirchenkampf zum Kirchentag.
Reinold von Thadden und die evangelische Laienbewegung 1932–1950; in:
Land am Meer. Pommern im Spiegel seiner Geschichte (FS R. Schmidt), hg. von
W. Buchholz / G. Mangelsdorf, Köln/Weimar/Wien 1995, 593–619.
32   Zu nennen sind hier etwa Martin Fischer, Helmut Gollwitzer, Werner
Krusche, Walter Lüthi, Martin Niemöller, Heinrich Rendtorff, Hans Thimme
und Gottfried Voigt.
33   Auch in der Folgezeit gibt es natürlich immer wieder Bibelarbeiterinnen
und Bibelarbeiter, die viele Teilnehmenden anziehen. In den Dokumentations-
bänden des Kirchentags, die immer nur einen geringen der stattgefundenen Bibelarbeiten abdrucken können, lässt sich ablesen, wer von kirchentagsoffiziel-
ler Seite her breitere Aufmerksamkeit gefunden hat. Dazu gehören mit fünf und
mehr Bibelarbeiten Edna Brocke, Frank Crüsemann, Jürgen Ebach, Albert H.
Friedlander, Hartmut von Hentig, Reinhard Höppner, Renate Höppner, Walter J. Hollenweger, Wolfgang Huber, Walter Jens, Eberhard Jüngel, Martin
Kruse, Karl Lehmann, Nathan Peter Levinson, Hanns Lilje, Gerhard Marcel
Martin, Elisabeth Moltmann-Wendel, Ulrich Parzany, Albrecht Schönherr,
Annemarie Schönherr, Friedrich Schorlemmer, Luise Schottroff, Dorothee Söl-
le, Gerd Theißen, Antje Vollmer, Bärbel Wartenberg-Potter, Hildegunde Wöller, Heinz Zahrnt und Jörg Zink.
34   Bibelarbeiten mit bibliodramatischen Elementen bzw. Szenen wurden seit
den 80er Jahren z.b. von Walter J. Hollenweger, Hildegunde Wöller und Gerhard Marcel Martin gestaltet.
35   Seit 1987 wird in den Foren Kunst jeder Tag mit einer Bibelarbeit eröffnet, die ganz in der Verantwortung einer Künstlerin oder eines Künstlers liegt
und mit deren künstlerischen Mitteln gestaltet und aufgeführt wird.
36   So wurden in den 90er Jahren z.b. von Henning Schröer und Karl-Heinz
Saretzki Bibelarbeiten für Posaunenchöre entwickelt.
37   Die erste kabarettistische Bibelarbeit gab es nach einigen Widerständen
durch die Kirchentagsleitung in der Halle der Kunst in München 1993 von
Lutz von Rosenberg Lipinsky zu Ex 23,1–13; vgl. ders., Gebote der Stunde. Ein
Arbeitsversuch mit, an und durch die Bibel, in: G. Ruddat / H. Schroeter (Hg.),
Kleiner kabarettistischer Katechismus, Rheinbach 1998, 55–73.
38   Leider kann diese kulturelle Vielfalt des Bibelgebrauchs kaum sachge-
recht dokumentiert werden, da auch Bibelarbeiten zunehmend von ihrer Insze-

Im Laufe seiner Geschichte etabliert der Kirchentag durch seine Feste und Bibelarbeiten mindestens drei neue Formen theologischen Denkens:

a) Das Erlebnis von Kirchentagen bildet einen wesentlichen emotiven Grund für das Zustandekommen der Abendmahlsgemeinschaft der Protestanten durch die Leuenberger Konkordie 1973. In Krieg und Kriegsgefangenschaft waren die konfessionellen Grenzen beim Empfang des Abendmahls vielfach aufgebrochen worden. Die Bevölkerungsverschiebungen im Gefolge des 2. Weltkriegs hatten zudem dazu beigetragen, dass die überkommenen konfessionellen Trennungsgründe beim Abendmahl zunehmend an Plausibilität verloren. Mit einigem Recht hatte *Hans Meiser* daher bei der Gründung des Kirchentags die Befürchtung, dass durch den Namen *Kirchen*tag einem gemeinsamen Abendmahl der unterschiedlichen protestantischen Denominationen Vorschub geleistet würde[39]. *Reinold von Thadden-Trieglaff* trat dieser Befürchtung mit der Garantie dafür entgegen, dass beim Abendmahl die unterschiedlichen Konfessionen nach außen (z.B. an der Kirchentür) deutlich gekennzeichnet wurden, so dass Verwechslungen hier ausgeschlossen sein sollten. Weil aber der richtige konfessionelle Empfang des Abendmahls nicht kontrolliert werden konnte, haben sich in der Praxis viele Kirchentagteilnehmende auch nicht daran gehalten, was schließlich viel zur innerprotestantischen Abendmahlsgemeinschaft beigetragen hat.

b) Mit der 1961 gegründeten Arbeitsgemeinschaft »Juden und Christen« beim Deutschen Evangelischen Kirchentag fand der christlich-jüdische Dialog in Deutschland seinen ersten institutionell gesicherten Ort[40]. Sehr schnell wurden dann auch der eigene Bibelgebrauch, der zum Eingemachten des protestantischen Selbstverständnisses gehört, kritisch und konstruktiv thematisiert. Bald gab es Dialog-Bibelarbeiten, es wurden gemeinsame liturgische

nierung leben. Wie etwa soll die getanzte Bibelarbeit von Nele Lipp zum Buch Ruth 1993 oder die Video-Raum-Installation 1997 von Ernst Jürgens zu Röm 3 dokumentiert werden, die vor Ort jeweils heftige Diskussionen ausgelöst haben? In den Dokumentations- und Berichtsbänden zum Kirchentag werden immer nur Texte abgedruckt. Das Genre des Feuilletons oder der Kunstkritik hat sich bisher leider noch nicht für die Dokumentation von Bibelarbeiten etabliert. Es wäre für die Zukunft zu überlegen, ob Bibelarbeiten wie z.B. im Forum Kunst nicht auch mit Video dokumentiert und ins Netz gestellt werden könnten. So würde viel mehr von gelungener protestantischer Vielfalt in Fragen des Bibelgebrauchs deutlich.

39 Vgl. dazu *Schroeter*, Kirche, 61–63.

40 Vgl. dazu *G. Kammerer*, In die Haare, in die Arme. 40 Jahre Arbeitsgemeinschaft »Juden und Christen« beim Deutschen Evangelischen Kirchentag, Gütersloh 2001.

Feiern gestaltet, und gegenseitige Gastfreundschaft entwickelte sich. All dies geschah unter großen Konflikten, die aber bislang zu keinem Abbruch des Dialogs geführt haben. Auch hier hat das Erleben, etwa im jüdischen Lehrhaus, viel zum gegenseitigen Verständnis beigetragen. Bibelarbeiten von Juden, aber auch von Muslimen, gehören heute selbstverständlich zum Kirchentagsprogramm.

c)   Schließlich hat der Kirchentag seit Beginn der 80er Jahre die Feministische Theologie für den Protestantismus massenwirksam etabliert. Dies fand seinen besonderen Ort einerseits in feministisch orientierten Bibelarbeiten[41], die sowohl mit befreiungstheologischen als auch mit bibliodramatischen Impulsen verbunden sind. Zum anderen hat die Gender-Debatte zu einer mittlerweile selbstverständlichen Übersetzung der Kirchentagsbibeltexte in gerechter Sprache geführt.

3.   Die Bibel als Partitur des Kirchentags

Der Kirchentag kann aus verschiedenen Perspektiven betrachtet werden. Eine dieser Perspektiven besteht darin, die Bibel als Partitur des Kirchentags zu verstehen. Im Präsidium werden nach langer Diskussion etwas über ein Jahr vor einem Kirchentag die sechs Bibeltexte festgelegt, die auf ihm ausgelegt und gefeiert werden. Zusätzlich wird seit den 90er Jahren ein Kirchentagspsalm ausgewählt, der liturgisch vielfach Verwendung findet. Seit Beginn der 90er Jahre werden im Vorfeld exegetische Skizzen zu allen Bibeltexten verbreitet.

Dabei spielt die Losung eines Kirchentags, die in der Vergangenheit fast immer ein biblisches Zitat darstellte, eine wesentliche Rolle für seine Zeitansage. Diese Losung bildet zumeist den biblischen Grundtext für die Eröffnungsgottesdienste. In der Mitte des Kirchentages steht seit 1979 das Feierabendmahl, dem auch ein biblischer Text zugrunde liegt[42]. Der Kirchentag endet seit 1983 mit einem großen Schlussgottesdienst mit Abendmahl. Bis in die 70er Jahre hinein war dies eine Schlussversammlung, die

---

41   Vgl. dazu die erste theologische Dissertation zum Kirchentag von *E. Godel, Gegenreden. Bibelarbeiten von Frauen auf Deutschen Evangelischen Kirchentagen. Mosaiksteine zur verborgenen Kirchengeschichte der Frauen,* München 1992.

42   Vgl. dazu *G. Kugler* (Hg.), Forum Abendmahl (GTB 346), Gütersloh 1979; *ders.,* Feierabendmahl, Gütersloh 1981; *R. Christiansen / P. Cornehl* (Hg.), Alle an einen Tisch. Forum Abendmahl 2 (GTB 382), Gütersloh 1981.

stattfand, nachdem es in den großen Kirchen der Kirchentagsstadt
sonntägliche Festgottesdienste gegeben hatte[43].
Die Bibelarbeiten eines Kirchentages, die die Arbeitstage Donnerstag, Freitag und Samstag jeweils eröffnen, finden konkurrenzlos
statt. Hier werden keine offiziellen Parallelveranstaltungen angeboten. Die Bibelarbeiterinnen und Bibelarbeiter werden vom
Präsidium berufen, wobei darauf geachtet wird, dass die Laien in
angemessener Stärke zu Wort kommen.
Die Bibeltexte auf Kirchentagen werden jeweils situativ neu ausgewählt. Sie zeigen somit die Hoffnung in das Konfliktlösungs-
potenzial bestimmter biblischer Texte. Von den Texten, die für
Kirchentage ausgesucht werden, verspricht sich das Präsidium
Zeitansage und Ortsanweisung. Dabei zeigen sich signifikante
Unterschiede zur kirchlichen Perikopenordnung[44] (s. unten S.
392f:»Anhang: Bibeltexte der Kirchentage«):
a)   Es sind mehr alttestamentliche Texte vertreten als in der Perikopenordnung, wo nur 15% alttestamentliche Texte vorkommen.
Seit der Etablierung der AG Juden und Christen entwickelt sich
auf Kirchentagen zunehmend eine Gleichberechtigung alttestamentlicher Texte. Der Schwerpunkt liegt dabei auf Texten der
Tora, auf Psalmen und auf Deutero- und Tritojesajatexten.
b)   Die vier Evangelien sind nahezu gleichmäßig vertreten, was
vor allem eine Aufwertung des Markusevangeliums bedeutet. Die
protestantische Tendenz zum historisch Ursprünglichen zeigt sich
auch bei den Brieftexten, die anders als in der Perikopenordnung
vorwiegend aus echten Paulustexten bestehen. Dabei rücken die
Brieftexte als Lehrtexte im Laufe der Jahre zunehmend in den
Hintergrund zugunsten narrativer und hymnischer Texte. Die
Episteltradition der Perikopenordnung wird zunehmend weniger
plausibel für einen erlebnisorientierten Umgang mit Bibel.
c)   Die Kirchentagstexte sind vorwiegend Trost- und Verheißun-
gstexte, Texte, die Anlass zur Hoffnung geben und Mut machen
sollen. Dies wird besonders deutlich am viermaligen Vorkommen
des neuen Jerusalems in Offb 21–22.
d)   Schließlich fällt auf, dass die Texte weitaus weniger gestü-
ckelt sind als Texte aus der Perikopenordnung. Dies deutet auf

43   Vgl. dazu *H. Schroeter*, Massenliturgie – Medienliturgie. Hermeneuti-
sche Überlegungen zu den Schlußversammlungen des Deutschen Evangelischen Kirchentages, in: Praktisch-theologische Hermeneutik (FS H. Schröer),
hg. von *D. Zilleßen / S. Alkier / R. Koerrenz / H. Schroeter*, Rheinbach 1991,
483–502.
44   Zur Perikopenordnung vgl. *H. von Schade / F. Schulz* (Hg.), Perikopen.
Gestalt und Wandel des gottesdienstlichen Bibelgebrauchs (RGD 11), Hamburg
1978.

das Anliegen hin, die Texte nicht schon durch eine theologische Vorauswahl in diese oder jene Richtung zu verkürzen. Auch hier hat der Kirchentag von der AG Juden und Christen gelernt, wo es 1983 zwischen Edna Brocke und Helmut Gollwitzer zum Konflikt um die Stückelung von Röm 8 als Bibelarbeitstext gekommen war[45].

Neben den Bibelarbeiten hat die Bibel besonders in den 60er Jahren eine wesentliche inhaltliche Rolle auf Kirchentagen gespielt. Schon 1961 wurde erstmals eine Arbeitsgruppe »Bibel« angeboten, in der *Otto Michel, Paul Rieger, Gottfried Forck, Lotte Maetzke* und *Arthur Stephan* die durch die Entmythologisierungsdebatte heraufziehenden hermeneutischen Fragen erörterten. In Dortmund 1963 gab es keine eigene Arbeitsgruppe zur Bibel, erst 1965 in Köln fand wieder eine Arbeitsgruppe »Bibel und Gemeinde« unter der Leitung von *Hans-Dieter Bastian* statt, die nun größere Wellen zu schlagen begann. Nun gab es nicht mehr nur Vorträge, sondern auch öffentliche Podiumsdiskussionen. Mit *Günter Klein, Willi Marxsen* und *Walter Kreck* traten Referenten auf, die die exegetischen Erkenntnisse der historisch-kritischen Methode den Kirchentagsteilnehmenden als Gewinn nahe zu bringen versuchten. *Bastian* leitete auch 1967 in Hannover die Arbeitsgruppe »Bibel und Gemeinde«, deren Themenstellung und Diskussionsrunden nun deutlich prominenter besetzt waren, was unter anderem auch auf den Aufruf zum Kirchentagsboykott durch die Bekenntnisbewegung »Kein anderes Evangelium«[46] zurückzuführen war. Das Thema lautete dreimal »Die Gegenwart Christi«. Am Donnerstag erörterte *Ernst Käsemann* »die Gegenwart des Gekreuzigten«, am Freitag *Hans-Georg Geyer* »die Auferstehung Jesu Christi« und am Samstag *Eduard Schweizer* »die Kirche«. In den Podiumsdiskussionen äußerten sich nun auch überregional bekannte Persönlichkeiten wie der ehemalige Kirchentagspastor *Heinrich Giesen*, der Ulmer Prälat *Hermann Riess*, der Landtagsabgeordnete *Johannes Rau*, der Bielefelder Vizepräsident *Hans Thimme*, der rheinische Präses *Joachim Beckmann* und die Theologieprofessoren *Willi Marxsen* und *Martin Fischer*. Die theologischen Auseinandersetzungen fanden dann in Stuttgart 1969 ihren Höhepunkt in der legendären Arbeitsgruppe »Streit um Jesus«, wo *Alfred Suhl* und *Joachim Heubach* über den historischen Jesus, *Walter Künneth* und *Günter Klein* über Kreuz und Auferstehung und *Manfred Mezger* und *Georg Huntemann* um eschatologische Fragen stritten, wobei unüberbrückbare Gegensätze deutlich zutage traten. Damit endete die breite Thematisierung dieser Fragen, denn nach dem Ökumenischen Pfingsttreffen in Augsburg 1971 erreichte der Kirchentag 1973 in Düsseldorf mit weniger als 10.000 Dauerteilnehmenden seinen Tiefpunkt[47], wo aber durch seine neuen Partizipationsstrukturen mit dem Vorläufer des Marktes der Möglichkeiten und der ersten Liturgischen

---

45   Vgl. *E. Brocke*, Dreißig Jahre in Folge. Erfahrungen einer Jüdin bei Kirchentagen, KuI 17 (2002), 86–100.
46   Vgl. dazu *H. Stratmann*, Kein anderes Evangelium. Geist und Geschichte der neuen Bekenntnisbewegung, Hamburg 1970. Die Sicht der Bekenntnisbewegung zum Kirchentag wird dokumentiert bei *B. Affeld / L. von Padberg* (Hg.), Umstrittener Kirchentag. Berichte, Analysen und Kommentare zum Deutschen Evangelischen Kirchentag von 1949 bis 1985 (EvGe 4), Wuppertal 1985.
47   Zu diesem Zeitpunkt war selbst die Konkurrenzveranstaltung »Gemeindetag unter dem Wort« stärker besucht.

Nacht[48] zugleich die Gründe dafür gelegt wurden, dass er in den 70er Jahren wieder wie Phönix aus der Asche stieg. Seitdem ist der Kirchentag mit über 100.000 Dauerbesucherinnen und -besuchern mehr Event als Akademie. Das Erlebnis hat nun einen höheren Stellenwert als das Ergebnis. In Bezug auf die Bibelgebräuche heißt dies: Die Vorherrschaft des kognitiven Zugangs zur Bibel tritt zunehmend in den Hintergrund zugunsten von Erlebnis- und Feierelementen. Es entsteht eine Bibelkultur, deren Reflex sich in der ästhetischen Wende der Theologie seit den 80er Jahren widerspiegelt, an der Praktische Theologie und Religionspädagogik führend beteiligt sind.

Im Rahmen dieser ästhetischen Wende haben sich neben den traditionellen Formen der Bibelarbeiten mittlerweile weitere Formen des Bibelgebrauchs entwickelt. So existiert mittlerweile ein Haus bzw. eine Halle der Bibel, wo es den ganzen Tag über Bibelarbeiten zu dem jeweiligen Bibelarbeitstext gibt. Im Forum Kunst hat sich in den letzten 10 Jahren eine Programmplanung etabliert, die die Tage von der Thematik oder Dramaturgie der jeweiligen Bibelarbeitstexte strukturiert. 1997 in Leipzig existierte sogar ein Kunsthaus, in dem verschiedene Künstlerinnen und Künstler Räume zu jeweils einem Bibeltext des Kirchentags gestalteten[49]. Für die Zukunft sind solche Aktionen und Veranstaltungen zu verstärken, in denen die Bibeltexte im öffentlichen Raum als Erlebnis inszeniert werden, über das die Teilnehmenden stolpern. Ich könnte mir z.B. vorstellen, für die Zeit eines Kirchentages bestimmte Straßenzüge, Plätze oder Stadtteile mit öffentlichen Inszenierungen der Kirchentagsbibeltexte zu bespielen. Entscheidend wird sein, ob die Bibeltexte wirklich als Festpartituren entdeckt und inszeniert werden[50].

* * *

Anhang: Bibeltexte der Kirchentage

48 Vgl. dazu die Dokumentation *Arbeitskreis für Gottesdienst und Kommunikation agok* (Hg.), Liturgische Nacht. Ein Werkbuch Jugenddienst, Wuppertal 1974.
49 An diesem Projekt waren beteiligt *Horst Haack, Volker Hildebrandt, Ernst Jürgens,* KäSEBERG, *Heide Pawelzik* und *A.R. Penck.*
50 Hierzu gibt es erste Erfahrungen sowohl auf den Kirchentagen mit seinen verschiedenen Formen künstlerischer Bibelarbeiten als auch im kleinen Rahmen auf Liturgischen Wochen, die auf Anregung von *Henning Schröer* und *Piet Janssens* 1989 zum ersten Mal stattfanden und seitdem von *Günter Ruddat, Gotthard Fermor, Sybille Fritsch-Oppermann* und mir weitergeführt werden; vgl. dazu G. *Ruddat,* Die Liturgische Woche als liturgiedidaktische Möglichkeit der Aus- und Fortbildung, in: *J. Neijenhuis / W. Ratzmann* (Hg.), Der Gottesdienst zwischen Abbildern und Leitbildern (Beiträge zu Liturgie und Spiritualität 5), Leipzig 2000, 121–132.

Tora		Übriges Altes Testament	
Gen 1,1 – 2,4	BA 1987	Jos 1	BA 1957
Gen 8,15–22	BA 1979	Jos 3,9–17	EGD 1961
Gen 8,20 – 9,17	BA 1985	Rut 1–4	BA 1993
Gen 12	BA 2001	1Sam 1,1 – 2,10	BA 1989
Gen 18,1–10	BA 1993	Ps 23	EGD 1981
Ex 1,1 – 2,10	BA 1999	Ps 24	SGD 1985
Ex 12,1–14	BA 1952	Ps 24,7–10	EGD 1963
Ex 14,1–31	BA 1981	Ps 31,9	EGD 2001
Ex 14,10–31	BA 1952	Ps 67	SGD 2003
Ex 16,1–31	BA 1975	Ps 73	BA 1973
Ex 16,1–21	BA 1952	Ps 90	BA 1989
Ex 19,3–6	EGD 1959	Ps 104	BA 1995
Ex 20,1–17	BA 1995	Ps 118	BA 2001
Ex 23,1–13	BA 1993	Ps 139	BA 1961
Lev 25,1–13	BA 1985	Spr 12,28	EGD 1997
Num 8,1–4	JEGD 1979	Hld 1–8	JBA 1977
Num 11,1–6.10–34	BA 1991	Jes 26,12	FGD 1967
Num 13	JBA 1975	Jes 32,1–18	SV 1969
Num 14	JBA 1975	Jes 40,1–11	BA 1953
Num 16	JGD 1973	Jes 40,12–25	BA 1953
Dtn 7,6–11	BA 1959	Jes 40,26–31	BA 1953
Dtn 8,1–18	BA 1973		SGD 1989
		Jes 42,1–9	BA 1987
		Jes 43,1–12	FGD 1961
		Jes 58	BA 1997
		Jes 61,1–11	EGD 1991
		Jes 61,1f	EGD 1969
		Jes 65,17–25	BA 1999
		Jer 7+33	SV 1967
		Ez 33,10–16	EGD 1983
		Am 5,4–6	EGD 1952
		Jona 1–4	BA 1965
			BA 1983
		Mi 6,8	EGD 1995

Abkürzungen:

BA	= Bibelarbeit
EGD	= Eröffnungsgottesdienst
SGD	= Schlussgottesdienst
SV	= Schlussversammlung
FGD	= Festgottesdienst
FA	= Feierabendmahl
J	= AG Juden und Christen.

Evangelien		Epistel	
Mt 5,1–12	BA 1969	Röm 3,21–31	BA 1997
	SGD 1995	Röm 5,1–5	SGD 1979
Mt 5,13	EGD 1999	Röm 6,11–14	BA 1949
Mt 5,38–48	BA 1969	Röm 8,1f.12–15.31b–39	BA 1983
Mt 6,24–34	BA 1969	Röm 8,14–17	SGD 1991
Mt 7,7–12	FGD 1969	Röm 8,18–25	SGD 1975
Mt 9,35–38	SGD 1949	Röm 8,31–39	BA 1961
Mt 14,22f	BA 1950		FGD 1956
Mt 18,21–35	BA 1956	Röm 12,9–21	SGD 1993
	EGD 1965	Röm 15,7	SV 1971
Mt 20,1–16	BA 1997	1Kor 6,9–11	BA 1949
Mt 20,20–28	BA 1951	1Kor 8,6	EGD 1985
Mt 25,14–30	SV 1965	1Kor 11,17–34	BA 1999
Mt 25,31–46	BA 1950	1Kor 12,3b–7	EGD 1977
	BA 1993	1Kor 12,12–27	BA 1977
Mt 26,36–46	BA 1975	1Kor 13	BA 1977
Mk 1,14f	EGD 1989	1Kor 13,13	SGD 1977
Mk 5,21–43	BA 2001	1Kor 14,14–33	BA 1977
Mk 7,31–37	FGD 1959	2Kor 4,6–11	BA 1981
Mk 8,31–38	BA 1973	2Kor 5,20	EGD 1956
Mk 9,14–29	BA 1993	2Kor 6,1–10	EGD 1975
Mk 10,17–27	BA 1995	Gal 3,28	EGD 1951
Mk 13,28–33	BA 1989	Gal 5,13f	FGD 1965
Lk 1,48–55	SGD 1969	Eph 1,3–14	BA 2003
Lk 2,1–14	BA 1981	Eph 1,3–23	BA 1967
Lk 4,1–13	BA 1963	Eph 2,11–22	BA 1967
	SGD 1973	Eph 4,1–16	BA 1967
Lk 6,27–38	EGD 2003	Eph 4,2b–6	EGD 1979
Lk 9,57–62	BA 1950	Phil 2,1–11	BA 1971
Lk 10,25–37	FA 1993	Phil 4,7	EGD 1967
Lk 13,6–9	BA 1989	Kol 1,15–23	BA 1985
Lk 15,11–32	BA 1956	Kol 2,6–9	BA 1949
	BA 1983	1Joh 4,16b–21	SGD 1981
Lk 15,20–32	BA 1973	Hebr 10,35	EGD 1953
Lk 22,7–20	BA 1956	Hebr 13,1–3	EGD 1993
Joh 4,5–30	BA 1991	Offb 1,1–8	BA 1954
Joh 6,1–15	BA 1979	Offb 2,8–11	BA 1954
Joh 6,65–69	SGD 1983	Offb 7,9–17	BA 1954
Joh 7,37	EGD 1954	Offb 21,1–6	FGD 1963
Joh 8,31f	EGD 1949		BA 1979
Joh 10,1–5	BA 1951		SGD 1987
Joh 13,1–5	BA 1951	Offb 21,9 – 22,5	SGD 2001
Joh 15,1–17	BA 1959		
Joh 15,18–27	BA 1959		
Joh 17,6–19	FGD 2003		
Joh 19,1–6	EGD 1987		
Joh 20,11–18	BA 1987		
Joh 21,1–14	BA 1961		

Norbert Lüdecke

Feiern nach Kirchenrecht

Kanonistische Bemerkungen zum Verhältnis von Liturgie und Ekklesiologie

1 Feste feiern als menschliche Grundhandlung

Feste und Feiern gelten als universelle menschliche Handlungsweise und primäre Kulturtatsache aller bekannten Gesellschaften[1]. Gleichwohl sperrt sich die Vielfalt der Formen, in denen sich das Festliche manifestiert, bis heute gegen eine umfassende theoretische und einhellige Typisierung und begriffliche Bestimmung[2]. Allgemein geht es um herausgehobene Zeitabschnitte. In ihnen wird in außeralltäglicher sozialer Form, aber nicht ohne Bezug zum Alltag gehandelt. Unterscheiden lassen sich idealtypisch konstitutive Merkmale eines komplexen Gesamtgeschehens, die je unterschiedlich deutlich ausgeprägt sind[3]. Am einen Ende der Skala steht die Form des spontan-emotionalen unregelmäßigen und ungeplanten, bisweilen ekstatischen kollektiven Ausstiegs aus dem Alltag samt seiner sozialen Ordnung. Am anderen Ende wird die organisierte festliche Begehung eingeordnet. Hier sind Anfang und Ende klar. Der Ablauf ist geregelt, der teilnehmende Perso-

---

1 Vgl. W. *Gebhardt*, »Fest, Feier und Alltag«. Über die gesellschaftliche Wirklichkeit des Menschen und ihre Deutung (EHS XXII/143), Frankfurt a.M. / Bern / New York u.a. 1987, 11f.36; P. *Hugger*, Einleitung. Das Fest – Perspektiven einer Forschungsgeschichte, in: *ders.* (Hg.), Stadt und Fest, Zu Geschichte und Gegenwart europäischer Festkultur, Unteräger 1987, 9.10.23. O. *Marquard*, Moratorium des Alltags. Eine kleine Philosophie des Festes, in: W. *Haug* / R. *Warning* (Hg.), Das Fest (Poetik und Hermeneutik XIV), München 1989, 684–691.
2 Vgl. exemplarisch W. *Haug* / R. *Warning*, Vorwort, in: *dies.* (Hg.), Fest, XV–XVII, XV; E. *Kaiser* / B. *Teuber*, Diskussionsbericht, in: ebd., 692–695, hier 692.695 sowie C. *Albrecht*, Sinnvergewisserung im Distanzgewinn. Liturgische Erwägungen über das Wesen des evangelischen Gottesdienstes zwischen Feier und Fest, ZThK 97 (2000), 362–384, hier 364f. Für Überblicke zu gängigen Festtheorien vgl. *Gebhardt*, Fest, 12.36–50; A. *Schilson*, Fest und Feier in anthropologischer und theologischer Sicht. Ein Literaturbericht, LJ 44 (1994), 3–32 und *Hugger*, Einleitung, 9–24.
3 Etwa bestimmte Ausdrucksmittel, Gemeinschaftscharakter, Ursprungsbezogenheit, vorübergehende Lockerung der üblichen Sozialformen, Einbettung in »heilige Zeiten«; vgl. O. *Bischofberger*, Art. Feste und Feiertage I. Religionsgeschichtlich, in: TRE XI (1983), 93–96, hier 93.

nenkreis festgelegt. Es gibt einen konkreten willkürlich gesetzten
(Jubiläen) oder durch Tradition oder Dogma vorgegebenen Inhalt
und Anlass. Sie werden in typischen Handlungsformen erinnert
bzw. gegenwärtig gesetzt: im gesprochenen Wort (vom rituellen
Gebet bis zum schöpferischen Vortrag und der spezifisch feierlichen Sprache), mittels Symbolen (Kleidung, Zeit, Ort) und Zeremonien sowie durch Musik und Gesten. Die übliche Sozialord-
nung wird hier nicht gesprengt, sondern überhöht und bestätigt[4].
Diese organisierten Manifestationen des Festlichen können tendenziell verstanden werden als der soziale und öffentliche Ort, an
dem die alltägliche Wirklichkeit als ein in sich sinnvolles Geschehen präsentiert und gegebenenfalls in einem bewusst vollzogenen
Glaubensakt in Bezug auf einen vorgegebenen Sinn legitimiert
wird. Solche Feiern beleben, erneuern und bekräftigen Sinn, stellen ihn auf Dauer. Ihre soziale Funktion besteht darin, Gruppen
und Institutionen zu stützen und lebendig zu erhalten. Deren
Aufgabe, Aufbau und Zweck stellen sie bewusst dar und begründen sie je neu, indem sie gemeinsame Selbstverständlichkeiten
bestätigen. Durch die Berufung auf die gemeinsame Aufgabe, gemeinsame Herkunft und Zukunft soll Tradition in ihrer aktuellen
Bedeutung lebendig erhalten und historische Kontinuität gewähr-
leistet werden[5]. Durch die »Inszenierung« von gemeinsamem Sinn[6]
und durch die Selbstdarstellung der sozialen Gruppe[7] entfaltet
sich die integrierende und repräsentierende Wirkung geordneten
Feierns[8]. Es kann so Identität und Verlässlichkeit auch im Alltag
stützen[9].

---

4   Vgl. *Gebhardt*, Fest, 35–82. Für die Differenz zum Alltag als Unterscheidungsmerkmal verschiedener Formen des Festlichen vgl. *J. Assmann*, Der
zweidimensionale Mensch. Das Fest als Medium des kollektiven Gedächtnisses,
in: *ders.* (Hg.), Das Fest und das Heilige. Religiöse Kontrapunkte zur Alltagswelt (Studien zum Verstehen fremder Religionen 1), Gütersloh 1991, 13–30,
hier 13–20.29.
5   Vgl. *Gebhardt*, Fest, 73.
6   Vgl. ebd., 15 sowie bereits *J. Pieper*, Zustimmung zur Welt. Eine Theorie des
Festes, München 1963, 95 für das empirisch Fassbare am Fest, nicht aber für
das Zu-Feiernde, den Anlass und Grund zum Feiern.
7   Vgl. *Pieper*, Zustimmung, 71 sowie *W. Siebel*, Fest II., in: HWPh II (1972),
939f., hier 939 und *ders.*, Liturgie als Angebot. Bemerkungen aus soziologischer Sicht, Berlin 1972, 7: »Das Fest ist die höchste Form der Identifikation
der Mitglieder einer sozialen Gruppe mit dieser Gruppe. Sowohl die einzelnen
Mitglieder als auch die zuständige Autorität spielen in ihm Rollen, die der Verehrung des Inbegriffs der verpflichtenden Normen dienen und so Gemeinschaft
erleben lassen«.
8   Vgl. *H.-J. Simm*, Nachwort, in: *ders.* (Hg.), Das Fest. Ein Lesebuch vom Feiern, München/Wien 1981, 399–419, hier 399.
9   Vgl. *Gebhardt*, Fest, 73.

Ob die beiden Enden der skizzierten idealtypischen Skala nach dem Kriterium der Förmlichkeit und Geplantheit mit den Bezeichnungen »Fest« (ohne feste Formen) und »Feier« (klare Formen) belegt werden[10], ob mit »Fest« das besondere Ereignis als Anlass bzw. dessen Dauereinrichtung von ggf. periodischen Begehungen in unterschiedlich gestalteten »Feiern« abgehoben[11] oder auf eine Unterscheidung beider Begriffe verzichtet wird[12], ist eine Frage der Konvention und kontextabhängig.

2 Christlicher Gottesdienst als Fest/Feier

Der christliche Gottesdienst wird der durchgestalteten Form des Festlichen zugeordnet. Auch hier geht es um außeralltägliches Handeln, das dem Alltag Sinn zuschreibt. Die Teilnehmenden können »Distanz zur Unmittelbarkeit des alltäglichen Lebens ... gewinnen, um in eben diesem gewährten Akt der Distanznahme sich des unverfügbaren Sinnes und des tragenden Grundes im Leben zu vergewissern«.
Der Gottesdienst »ermöglicht Sinnvergewisserung im Distanzgewinn«[13]. Sein Spezifikum besteht im Umfang der Sinnvermittlung. In ihm geht es nicht – wie bei Anlässen des individuellen Lebens (z.B. Geburtstag) oder in Teilbereichen der alltäglichen Existenz (z.B. Betriebs- oder Vereinsfeier) um partikuläre Sinnbestätigung. Der Gottesdienst hebt ab auf die »Totalität individueller und gesellschaftlicher Existenz«. In ihm steht »der ganze Mensch in seiner Beziehung zur Welt und zum Absoluten im Mittelpunkt«[14].

---

10   So bei *Gebhardt*, Fest, 35–82. Er hat – ausgehend von der systematischen Unterscheidung bei *O.F. Bollnow*, Neue Geborgenheit. Das Problem einer Überwindung des Existenzialismus, Stuttgart 1955, ³1972 – unter Ansetzung eines angemesseneren Unterscheidungskriteriums mit Hilfe der idealtypischen Methode Max Webers deskriptiv die Skala vom Fest als Aufhebung der alltäglichen Wirklichkeit bis zur Feier als deren Reflexion entworfen. Diese Einteilung vermag ohne Festlegung auf die nicht durchhaltbare strikte Dichotomie »Fest/Feier« unterschiedliche festtheoretische Ansätze zu vermitteln und die Vielfalt der Phänomene des Festlichen praktikabel zu ordnen. Für eine nähere Kennzeichnung heutiger Feste hat die Unterscheidung genutzt *W. Lipp*, Feste heute. Animation, Partizipation und Happening, in: *Haug/Warning* (Hg.), Fest, 663–683.
11   Vgl. *Th. Klauser*, Fest, in: RAC VII (1969), 747–766, hier 747f.
12   Vgl. *Schilson*, Fest, 30.
13   *Albrecht*, Sinnvergewisserung, 379f.
14   Vgl. *Gebhardt*, Fest, 71.

Die kultur- und sozialwissenschaftliche Sicht trifft sich mit der auch[15] katholischerseits in Theologie[16] und amtlicher Lehre[17] auf-

15 Bereits F. Schleiermacher hat den Gottesdienst als Fest/Feier interpretiert; vgl. E. Jüngel, Der Gottesdienst als Fest der Freiheit. Der theologische Ort des Gottesdienstes nach Friedrich Schleiermacher, ZdZ 38 (1984), 264–272 und D. Rössler, Unterbrechungen des Lebens. Zur Theorie des Festes bei Schleiermacher, in: P. Corneh / M. Dutzmann / A. Strauch (Hg.), »... in der Schar derer, die da feiern«. Feste als Gegenstand praktisch-theologischer Reflexion, Göttingen 1993, 33–40. A. Schilson, Christlicher Gottesdienst – Ort des Menschseins. Fundamentalliturgische Überlegungen in ökumenischer Absicht, in: Gemeinsame Liturgie in getrennten Kirchen? (FS A. Hänggi), hg. von K. Schlemmer (QD 132), Freiburg/Basel/Wien 1991, 53–81, hier 64–67, bes. 66 regt an, »die Kategorie von Fest und Feier als zentrales Paradigma für eine ökumenische Übereinkunft im Gottesdienstverständnis genauer zu bedenken«.
16 Vgl. etwa O. Casel, Zur Idee der liturgischen Feier, JL 3 (1923), 93–99; J.A. Jungmann, Die liturgische Feier. Grundsätzliches und Geschichtliches über Formgesetze der Liturgie, Regensburg 1939; ders., Das kirchliche Fest nach Idee und Grenze, in: Verkündigung und Glaube (FS F.X. Arnold), hg. von Th. Filthaut / J.A. Jungmann, Freiburg/Basel/Wien 1958, 164–184 sowie später etwa W. Dürig, Das christliche Fest und seine Feier, St. Ottilien 1974; G. Braulik, Die Freude des Festes. Das Kultverständnis des Deuteronomium – die älteste biblische Festtheorie, in: Leiturgia – Koinonia – Diakonia (FS Kardinal F. König), hg. von E. Schulte, Wien/Freiburg/Basel 1980, 127–179; P. Weimar, Kult und Fest. Aspekte eines Kultverständnisses im Pentateuch, in: K. Richter (Hg.), Liturgie – ein vergessenes Thema der Theologie? (QD 107), Freiburg/Basel/Wien 1986, 65–83; P. Harnoncourt, Feiern und Gottesdienst der Christen, Ökumenisches Forum 8 (1985), 27–43, bes. 30–33.43; W. Hahne, De Arte Celebrandi oder Von der Kunst, Gottesdienst zu feiern. Entwurf einer Fundamentalliturgik, Freiburg/Basel/Wien 1990, bes. 295–305; H. Schützeichel, Die Feier des Gottesdienstes. Eine Einführung, Düsseldorf 1996, bes. 30–40; B. Kranemann, »Feiertags kommt das Vergessene ...«. Zu Deutung und Bedeutung des christlichen Festes in moderner Gesellschaft, LJ 46 (1996), 3–22; A.A. Häußling, Heute Feste feiern? Zu einigen Schwerpunkten heutigen Verständnisses der kirchlichen Feste, in: M. Klöckener / B. Kranemann / M.B. Merz (Hg.), Angelius A. Häußling. Christliche Identität aus der Liturgie. Theologische und historische Studien zum Gottesdienst der Kirche, Münster 1997, 71–79 (= ThPQ 126 [1978], 122–128); ders., Das termingebundene Fest. Überlegungen anläßlich einer bedeutenden Heortologie, in: ebd., 80–88 (= LJ 24 [1974], 209–219); A. Schilson, »Feier« und Heiliges Spiel«. Wandlungen im heutigen Gottesdienst- und Sakramentenverständnis, in: ders. / K. Richter, Den Glauben feiern. Wege liturgischer Erneuerung, Mainz 1989, 78–108; ders., Fest, 27–32 sowie jüngst P. Post / G. Rouwhorst / L. van Tongeren / A. Scheer (Hg.), Christian Feast and Festival. The Dynamics of Western Liturgy and Culture (Liturgia condenda 12), Leuven/Paris/Sterling 2001 und S. Maggiani, Festa/Feste, in: D. Satore / A.M. Triacca / C. Cibien (Hg.), Liturgia, Mailand 2001, 803–818.
17 Vgl. etwa SC 6b, 7d, 13b und c, 14a, 17, 21b, 26b, 28, 35,1 und 4, 41b. Der CCE n. 1075 rechnet die Eigenart der »Liturgie als ... Feier« zu dem für die ganze Kirche Grundlegenden und Gemeinsamen. Vgl. über diese lehramtlichen Aussagen hinaus auch den programmatischen Beginn des Sb Gottesdienst, Nr. 1: »Feier der Glaubenden – Feier des Glaubens« sowie jüngst Sekretariat der

gegriffenen Deutung des Gottesdienstes als Fest/Feier. Damit wird die gemeinschaftsstärkende Kraft des Gottesdienstes, seine Eigenart als gestaltete, inszenierte Ausdrucksweise und Darstellung der Kirche und ihres Glaubens und so seine identitätsstabilisierende Funktion akzentuiert[18]. Die »konstitutive Rolle« gottesdienstlicher Feiern »für die Gewinnung und Bewahrung sozialer Identität« der kirchlichen Gemeinschaft[19] wird herausgestellt[20]. Die Prägekraft der Deutekategorie Fest/Feier zeigt sich auch darin, dass sie in den Titeln der nachkonziliar erneuerten Sakramenten-Rituale[21] und von dort für die erneuerte Systematik des kodikarischen Sakramentenrechts aufgegriffen wurde[22]. Sie gilt als »allgemein rezipierte[r] Grundbegriff für das Geschehen in einer liturgischen Versammlung«[23].

DBK (Hg.), Pastorales Schreiben »Mitte und Höhepunkt des ganzen Lebens der christliche Gemeinde. Impulse für eine lebendige Feier der Liturgie« vom 24. Juni 2003 (DDB 74), Bonn 2003.

18   Zur gestalterischen Dimension der Liturgie vgl. *W. Hahne*, Die »Dramaturgie« in Sakramentenfeiern, in: *Klöckener/Glade* (Hg.), Die Feier, 136–148; *M. Kunzler*, Zum Lob Deiner Herrlichkeit. Zwanzig Lektionen für Männer und Frauen in liturgischen Laiendiensten, Paderborn 1996, 42–58. Vgl. für die Vorteile und Grenzen der Sicht des Gottesdienstes als Inszenierung, d.h. als Interpretation eines Theaterstücks durch die künstlerische Gestaltung, auch *M. Meyer-Blank*, Liturgische Rollen, in: *ders., / K.-H. Bieritz / H.Chr. Schmidt-Lauber* (Hg.), Handbuch der Liturgik. Liturgiewissenschaft in Theologie und Praxis der Kirche, Göttingen ³2003, 778–787. Nach der Liturgiekonstitution des II. Vatikanums tragen die gottesdienstlichen Feiern dazu bei, dass »das Leben der Gläubigen« auch »Ausdruck ... des eigentlichen Wesens der wahren Kirche wird«. Diese wird in der Liturgie für Gläubige wie Nichtgläubige dargestellt; vgl. SC 2. Die liturgischen Feiern machen die ganze Kirche sichtbar; vgl. SC 26b, 41b; ferner *M. Kunzler*, Die Liturgie der Kirche (AMATECA. Lehrbücher zur katholischen Theologie X), Paderborn 1995, 376f. und *Harnoncourt*, Feiern, 43.

19   Vgl. *Schilson*, Fest, 30.

20   Vgl. auch *J. Kard. Ratzinger*, Zur Frage nach der Struktur der liturgischen Feier, IKZ Communio 7 (1978), 488–497, hier 489: »Liturgie hat ihrem Wesen nach den Charakter eines Festes«. Er konzediert, dass – recht verstanden – die Vorstellung von der Liturgie als Feier ein grundlegendes Element für das Gespräch über die Grundstruktur der Liturgie ist.

21   Vgl. *Schützeichel*, Feier, 30; *Schilson*, Feier, 90. Vgl. eine Liste der geltenden liturgischen Bücher bei *K. Lüdicke*, in: MKCIC 846 Anhang.

22   Statt mit der altkodikarischen Abfolge »Spender – Empfänger – Riten« beginnt der geltende CIC jeweils mit Bestimmungen über die Feier des Sakramentes.

23   Vgl. *F. Kohlschein*, Zur Situation des liturgischen Dienstes heute. Überlegungen zur Profilierung des ordinierten Vorsteherdienstes und der Dienste der Laien, in: *M. Klöckener / K. Richter* (Hg.), Wie weit trägt das gemeinsame Priestertum. Liturgischer Leitungsdienst zwischen Ordination und Beauftragung (QD 171), Freiburg/Basel/Wien ²1998, 167–195, hier 168.

Vor diesem Hintergrund wird im Folgenden gefragt nach dem Verständnis und der Eigenart kirchlichen Feierns im geltenden Gesetzbuch der lateinischen Kirche, dem Codex Iuris Canonici von 1983 (CIC)[24]. Er ist der ordnungsgestaltliche Ausdruck des Selbstverständnisses der römisch-katholischen Kirche.

3 Feiern nach Kirchenrecht

3.1 Kodikarische Fest- und Feierterminologie

Der CIC hebt von einfachen Tagen als Zeiteinheit (*dies*)[25] oder Wochentag (*feria* mit Zahlwort)[26] religiös und rechtlich qualifizierte Tage ab. Sie heißen heilige Zeiten (*tempora sacra*)[27]. Die Begehung bestimmter religiös qualifizierter Anlässe wird von der kirchlichen Autorität zur Wiederholung amtlich an ein Datum gebunden und kalendarisch fixiert[28]. Zudem haben alle Gläubigen der Kirche oder eines bestimmten Gebietes oder Ortes diese Tage kraft rechtlicher Anordnung in ebenfalls vorgeschriebener Weise der Heiligung zu widmen. Sie haben die kirchlichen Heilsmittel zu nutzen[29] und Gott zu verehren[30]. Bußtage sind geprägt von der Trauer über die eigenen Sünden. Sie wird ausgedrückt in Selbstbeeinträchtigungen (Bußübungen) als Abkehr von der Sünde und der reuigen Hinkehr zu

24 Canones ohne Zusatz beziehen sich auf dieses Gesetzbuch.
25 Vgl. z.B. cc. 8 §§ 1 und 2; 153 § 2 sowie weitere Belege bei *X. Ochoa*, Index verborum ac locutionum Codex Iuris Canonici, Rom [2]1984, 141f.
26 Vgl. cc. 1250f.
27 Vgl. cc. 1244–1253.
28 Vgl. zu den amtlichen kirchlichen Verzeichnissen der Anlässe für unterschiedliche Feiern im kirchlich geordneten Jahreslauf *P. Harnoncourt*, Der Kalender, in: GDK 6,1, 9–63, bes. 43–55.
29 Diese eher sachlich-dinglich klingende Terminologie ist sowohl dem II. Vatikanum wie auch dem CIC vertraut; vgl. etwa für Heilsmittel c. 1234 § 1 und LG 14b, OE 26, UR 3e, AG 5a; für Mittel der Heiligung etwa cc. 276 § 2 n. 6, 839 § 1, 840 und LG 42a; für geistliche Güter cc. 213, 1312 § 2 und LG 8a, 37a, AG 7b sowie für geistliche Hilfen cc. 555 § 2 n. 2, § 3, 813, 1128 und GE 7a, AA 4a, 24a, PO 18a, GS 52e. Für Kritik an dieser sachlich-instrumentellen Redeweise vgl. bereits *K. Mörsdorf*, Lehrbuch des Kirchenrechts auf Grund des Codex Iuris Canonici II, München/Paderborn/Wien [12]1967, 12.
30 Mit dem Ausdruck *munus sanctificandum*, den man um der Trias *munus docendi, sanctificandi* und *regendi* willen als Überschrift des dritten Buches des Codex gewählt hatte, soll sowohl »den Menschen heilig machen« als auch »den Heiligen preisen« bedeuten; so das Sekretariat der Codexkommission in der *Relatio* 1981, 190. Er bleibt gleichwohl erläuterungsbedürftig; vgl. unten Anm. 111.

Gott[31]. Die gebotenen *Festtage* (*dies festus* oder *dies festus de praecepto*)[32] sind freudigen Anlässen gewidmet[33]. Weil er als ursprünglich gilt, ist der Sonntag der herausgehobene gebotene Festtag. An ihm wird das Ostergeheimnis begangen. Die übrigen gebotenen Festtage beziehen sich auf Anlässe von besonderem theologischen Rang[34]. Sie sind thematisch von Christi Heilswerk, der Bedeutung Marias darin oder vom Heiligengedenken bestimmt[35]. Die Gläubigen müssen an diesen Tagen die Messe besuchen und sich unpassender Arbeiten und Geschäfte enthalten[36]. Terminus technicus des CIC für das, was an einem Festtag zu geschehen hat, nämlich die freudige Begehung des erinnerungswerten Anlasses in einer Feier, ist *celebratio/celebrare*[37]. Aus dem

---

31 An den Bußtagen soll die göttlich-rechtliche Pflicht aller Gläubigen zur Buße sich konkretisieren in besonderem Gebet, Werken der Frömmigkeit (z.B. Einkehrtagen) und der Nächstenliebe (z.B. Almosen) sowie in bewusster Zurückstellung des eigenen Ichs (Selbstverleugnung), durch getreue Erfüllung der eigenen Pflichten und besonders durch das in weiteren Canones normierte Fasten (nur einmalige Sättigung am Tag, zwei kleine Stärkungen zusätzlich möglich) und Abstinenzhalten (Verzicht auf Fleisch und andere Speisen), soweit die Bischofskonferenz sie nicht durch andere Bußformen ersetzt hat; vgl. cc. 1249–1253 sowie *H.J.F. Reinhardt*, in: MKCIC vor 1249–1253.
32 Im Deutschen wird synonym mit Festtag durchweg auch von Feiertagen gesprochen. Hier wird Festtag vorgezogen, um die Institutionalisierung eines gedenkwürdigen Anlasses zu einem terminierten Festtag von den Formen seiner Begehung in Feiern zu markieren. Für *dies festus* vgl. cc. 1244 §§ 1 und 2, 1245, 1448 § 1; für *dies festus de praecepto* vgl. vor allem cc. 1246 §§ 1 und 2, 1247 sowie cc. 388 § 1, 389, 528 § 1, 530, 534 § 1, 767 § 2, 905, 1010.
33 So wird in c. 768 § 2 *festus* allgemein von traurigen Anlässen unterschieden. C. 1247 spricht von der dem Sonntag eigenen Freude.
34 Vom kodikarischen Fachterminus »gebotene Festtage« ist die kalendarische, den theologischen Stellenwert und Gestaltungsaufwand kennzeichnende Unterteilung in Hochfeste, Feste, gebotene und nichtgebotene Gedenktage zu unterscheiden; vgl. Com 4 (1972), 166. So sind die in c. 1246 § 1 neben dem Sonntag aufgezählten Festtage Hochfeste, nicht aber alle im deutschen Sprachraum gebotenen Festtage; vgl. *A. Heinz*, Hochfest, in: LThK[3] V, 174f. sowie für Deutschland: Grundordnung des Kirchenjahres und des Neuen Römischen Generalkalenders. Der Regionalkalender für das deutsche Sprachgebiet, in: *Sekretariat der DBK* (Hg.), Dokumente zur Meßfeier (Arbeitshilfen 77), Bonn [7]1998, 117–144, hier 131–144 und *R. Althaus*, Feiertage II. Kath., in: LKStKr I, 690f. Vgl. *solemnitas* im Sinne von Hochfest in cc. 944 § 1 und 1251. Unspezifisch für Fest verwendet wird *festivitas* in c. 961 § 1 n. 2 und *festus* in c. 768 § 2.
35 Vgl. *A. Schilson*, Feste und Feiertage V. Liturgisch, in: LThK[3] III, 1256f. 1256 sowie die Aufzählung in c. 1246 § 1 und die Anpassung für den Bereich der Deutschen Bischofskonferenz durch deren Partikularnorm zu c. 1246 § 2, in: Abl. Köln 135 (1995), 348, Nr. 15.
36 Vgl. c. 1247 und Näheres zur Art der Erfüllung dieses Doppelgebots in c. 1248.
37 Vgl. die Einzelbelege bei *Ochoa*, Index, 72–74.

klassischen Latein hat dieser Ausdruck über seine Aufnahme in die christliche Liturgiesprache seine Grundbedeutung behalten. Er bezeichnet ein »gemeinschaftsgebundenes, öffentliches Tun, das meist mit einer gewissen Feierlichkeit vollzogen wird und sich vom Alltäglichen abhebt«[38]. Als Feiern gelten vor allem[39] die Liturgie oder der Gottesdienst allgemein[40] sowie die Sakramente[41].

3.2 Der sonntägliche Festtag und seine Feier

Der geltende Codex hebt im Gefolge des II. Vatikanums den Sonntag als den kirchlichen Ur-Feiertag heraus[42]. Er ist zu begehen in der »Heiligsten Eucharistie«. Sie versteht der CIC als »erhabenstes Sakrament«, als Gipfelpunkt und Quelle für den gesamten Gottesdienst und das gesamte christliche Leben[43]. Der Papst betont die »Unverzichtbarkeit« dieses Tages, seine Feier als »bedeutsames Element der christlichen Identität«[44] und die sonntägliche Eucharistiefeier als »Mittelpunkt des kirchlichen Lebens«[45]. »Die Kirche lebt von der Eucharistie«[46]. Von daher dürfen von einer Konzentration auf die Normierung der Feier des Sonntags in der Eucharistie exemplarische Einsichten in das kodikarische Fest- und Feierverständnis erwartet werden.

---

38   B. *Droste*, »Celebrare« in der römischen Liturgiesprache. Eine liturgietheologische Untersuchung (MThS.S II/26), München 1963, 196. Der CIC kennt Bezeichnungen für das schwärmerische, ausgelassene oder wilde Feiern wie etwa *bacchor* oder *laute epulor* ebenso wenig wie die Bildungen *festivo*, *honorifico* oder *sollemniter commemo*; vgl. *Libraria Editoria Vaticana* (Hg.), Neues Latein Lexikon. Lexicon recentis latinitatis, Bonn 1998, 129.
39   Nur selten verwendet der CIC den Ausdruck im Sinne der Abhaltung von Konzilien oder Synoden oder Kapiteln; vgl. cc. 340, 347 § 2, 439 § 1, 634 § 2 oder in der unspezifischen Bedeutung von »Veranstaltung« in cc. 95 §§ 1 und 2, 358.
40   Vgl. cc. 366 § 2, 559, 560, 619, 835 § 4.
41   Vgl. generell in Abhebung von der Spendung und dem Empfang von Sakramenten c. 841 § 1 sowie im einzelnen für die Taufe c. 851, die Firmung c. 880, die Ehe z.B. c. 1062 n. 2, die Ordination c. 1010 und für die Krankensalbung c. 1002.
42   Vgl. c. 1246 § 1 und SC 102, 106–108, bes. 106: »... der Herrentag ist Fundament und Kern des ganzen liturgischen Jahres« sowie *Papst Johannes Paul II.*, Ap. Schreiben *Dies Domini* über die Heiligung des Sonntags vom 31. Mai 1998, AAS 90 (1998), 713–766, hier n. 2b [dt.: VdAS 133].
43   Vgl. c. 1247 in Verbindung mit c. 897.
44   Vgl. *Johannes Paul II.*, *Dies Domini*, n. 30.
45   Vgl. CCE n. 2177. Vgl. auch *Sekretariat der DBK* (Hg.), Pastorales Schreiben, 4.25.
46   *Papst Johannes Paul II.*, Enzyklika *Ecclesia de Eucharistia* über die Eucharistie in ihrem Verhältnis zur Kirche vom 17. April 2003, OR 143 (2003), Nr. 91 vom 18.04.2003, 1–6, hier 1 n. 1 [dt.: VdAS 159].

3.2.1 Feiern auf hierarchische Anordnung
3.2.1.1 Zeitpunkt der Begehung

Die Festlegung des Sonntags als besonderer Tag des Ostergedenkens hat sich – anknüpfend an die Auferstehung bzw. die Erscheinungen des Auferstandenen am ersten Tag nach dem Sabbat – in den einzelnen christlichen Gemeinden bis zum 2. Jahrhundert gewohnheitsmäßig ausgebildet. Auch weitere frühe christliche Feste sind so entstanden[47]. Die gemeinschaftliche Akzeptanz der Gründe führte zur Konvention über den Termin. Die Übereinkunft enthält bereits die Aufforderung zur Mitbegehung. Ihre Praxis aus sozialer Solidarität macht sie zeugnishaft und verpflichtend[48].

Später waren bis zum Ende des ersten Jahrtausends innerkirchlich die Bischöfe sowie die regionalen und örtlichen Synoden für die lokal geltende Festsetzung von Feiertagen zuständig[49]. Seit der Festigung des obersten päpstlichen Gesetzgebungsrechts im 11. Jahrhundert[50] beanspruchten auch die Päpste diese Kompetenz[51]. Mit der Einführung einer universalkirchlichen Feiertagsordnung durch Papst Urban VIII. wurde daraus 1642 ein Exklusivanspruch[52]. Es ist Sache des Papstes, für die gesamte Kirche gemeinsame Festtage einzuführen, zu verlegen oder aufzuheben[53]. Er ordnet gesetzlich an, *dass* und *wie* sie zu feiern sind.

47 Vgl. *H. Auf der Maur*, Feiern im Rhythmus der Zeit I, in: GDK 5, 38f. Nur dies lasse sich »mit Sicherheit« sagen. »Eine liturgische Kontinuität mit dem Geschehen selbst oder auch nur mit der Urgemeinde ist aber nicht nachzuweisen« (ebd., 39). Vgl. jetzt auch mit reicher Belegung *H. Schiepek*, Der Sonntag und kirchlich gebotene Feiertage nach kirchlichem und weltlichem Recht. Eine rechtshistorische Untersuchung, Frankfurt a.M. / Berlin / Bern u.a. 2003, 153–165.212.213.
48 Vgl. *Häußling*, Fest, 83, 86f.
49 Vgl. *Schiepek*, Sonntag, 156–170.212–214.
50 Vgl. für diese Entwicklung *J. Gaudemet*, Église et cité. Histoire du droit canonique, Paris 1994, 301–344.
51 Vgl. *Schiepek*, Sonntag, 165, 254–258. für den Zusammenhang mit der Entwicklung des päpstlichen Heiligsprechungsverfahrens vgl. *Auf der Maur*, Feiern, in: GDK 6,1, 258f.
52 Vgl. *Schiepek*, Sonntag, 271–273 sowie für die weitere Entwicklung 273–282.
53 C. 1244 § 1 spricht von der »höchsten kirchlichen Autorität« und schließt so das Bischofskollegium ein; vgl. cc. 330–346. Als nicht-ständig handlungsfähiges, sondern nur auf Initiative und in Abhängigkeit von seinem Haupt, dem Papst, tätiges Organ, ist es für die alltägliche Regierung der Kirche nicht nur gegenüber dem Träger des Jurisdiktionsprimats, sondern auch gegenüber anderen ständigen universalkirchlichen Organen wie der Römischen Kurie und den päpstlichen Gesandten zweitrangig; vgl. cc. 360–367. Die Kirche kann auch ohne das Bischofskollegium regiert werden. Vgl. für die Unterscheidung zwischen ständigen und nicht-ständigen Organen der Kirchenleitung bei

Der Sonntag ist kraft der gesetzlichen Anordnung des c. 1246 § 1 in der ganzen Kirche als einer der gebotenen Festtage einzuhalten[54]. Diesen bleibt der Sonntag wie im alten CIC rechtssystematisch zugeordnet. Er wird aber nicht mehr aufzählend gleichgeschaltet[55]. Durch die Angabe des Inhalts (»Feier des österlichen Geheimnisses«), durch seine Kennzeichnung als »ursprünglicher« Festtag und den Hinweis, dass er als solcher bereits seit den Anfängen der Christenheit gilt (»aus apostolischer Tradition«), wird der Sonntag deutlich von den anderen Festtagen abgehoben[56]. Damit wird dem Anliegen der Liturgiekonstitution Rechnung getragen, »dem Sonntag seinen österlichen Charakter zurückzugeben«[57]. Auf diese Weise wird das Gebot begründet[58].

3.2.1.2   Art der Begehung

Auch, *wie* der Sonntag zu begehen ist, nämlich mit der Feier der Eucharistie, geht zurück auf die Gewohnheit der Christen der ersten Jahrhunderte. Der Brauch war Ausdruck einer »inneren geistlichen Notwendigkeit«[59], einer moralischen Verpflichtung. Sich am Herrentag zur Feier des Herrenmahls zu versammeln, wurde als zum Christsein gehörig empfunden[60]. In der weiteren Entwicklung wurden dieses ursprüngliche Bewusstsein von der Eucharistieverpflichtung am Herrentag und dessen spezifischer Charakter von verschiedenen Einflüssen überlagert und verändert.

H. Barion, Kirche, VI. Rechtlich, A. Kath. Kirche, in: *W. Böckenförde* (Hg.), Hans Barion. Gesammelte Aufsätze, Paderborn 1984, 239–269, hier 263–269. Zur päpstlichen Oberhoheit über das Ökumenische Konzil im geltenden Recht vgl. *N. Lüdecke*, Der Codex Iuris Canonici von 1983: »Krönung« des II. Vatikanischen Konzils?, in: *H. Wolf / C. Arnold* (Hg.), Die deutschsprachigen Länder und das II. Vatikanum (Programm und Wirkungsgeschichte des II. Vatikanums 4), Paderborn/München/Wien 2000, 209–237, hier 222–237.
54   Vgl. c. 1246 § 1: »Dies dominica in qua mysterium paschale celebratur, ex apostolica traditione, in universa Ecclesia uti primordialis dies festus praecepto servanda est«.
55   Vgl. c. 1247 CIC 1917: »Dies festi sub praecepto in universa Ecclesia sunt tantum: Omnes et singuli dies dominici, festa Nativitatis …«.
56   Auch in c. 1247 wird der Sonntag von den »anderen gebotenen Feiertagen« unterschieden. Vgl. auch *R. Bärenz*, Christusbegegnung – Grund und Ziel sonntäglicher Eucharistieverpflichtung. Pastoraltheologische Anmerkungen zur Neufassung des Sonntagsgebotes im Codex Iuris Canonici 1983, Catholica 35 (1984), 179–184, hier 180.
57   *J.A. Jungmann*, Kommentar zur Konstitution über die heilige Liturgie, in: LThK²-Konzilskommentar I, 10–109, hier 90.
58   Vgl. *Bärenz*, Christusbegegnung, 180.
59   Vgl. *H. Müller*, Das Sonntagsgebot – Anachronismus oder heilsamer Appell, ThPQ 122 (1974), 150–162, hier 155.
60   Vgl. *Schiepek*, Sonntag, 176.

Die staatliche Einführung der Arbeitsruhe am Sonntag als Freistellung zum Gottesdienst fügte der Eucharistiefeier eine für Christen unübliche Pflicht hinzu und legte den Grundstein für ein gesetzliches Verständnis beider Verpflichtungen[61]. Mit dem neuen Status des Christentums als Reichsreligion wurde auch die rechte Sonntagsfeier eine öffentliche, für das Gemeinwesen bedeutsame Angelegenheit[62]. Aufgrund des massenhaften Zustroms nicht nur tief überzeugter Neuchristen verflachte gleichzeitig der genuin christliche Sinn für die sonntägliche Eucharistiefeier. Teilkirchliche Autoritäten reagierten aus pastoraler und wirtschaftlicher[63] Motivation verschiedentlich mit zunehmender Einschärfung und führten eine an Minimalforderungen orientierte und auch strafrechtlich geregelte Ordnung zunächst der Messpflicht ein, seit dem 6. Jahrhundert im Kontext der Germanenmission auch der Arbeitsruhe[64]. Diese erhielt durch die Tradierung von Strafwundern einen Eigenwert und wurde so »selber zum Kult und zum Bestandteil der Heiligkeit des Herrentages«[65]. Die als Wirkung der mittelalterlichen Canonessammlungen (vor allem des *Decretum Gratiani*) vereinheitlichte Disziplin[66] wurde erst im 13. Jahrhundert theologisch untermauert. Dazu diente das dritte Gebot des Dekalogs[67]. Seit dem 15. Jahrhundert wurde die Messpflicht in der katechetischen Unterweisung zu einer der unter dem Namen »Kirchengebote«[68] bekannten pastoral-praktischen Weisungsformeln. Sie wurden den zehn Geboten gleichgeordnet. Das Versäumen der Sonntagsmesse galt als Todsünde. Sanktioniert wurde nun im Beichtstuhl[69]. Dies und die Erlaubnis, das Sonntagsgebot auch außerhalb der eigenen Pfarrei zu erfüllen, verstärkte

61 Vgl. *Auf der Maur*, Feiern, 41.42f. sowie ausführlich *Schiepek*, Sonntag, 176f.186–192.214f.
62 Vgl. *K.-H. Bieritz*, Das Kirchenjahr, in: *ders.,/Schmidt-Lauber/Meyer-Blank* (Hg.), Handbuch der Liturgik, 355–390, hier 369.
63 Was von den Oblationen, d.h. den Gaben der Gläubigen für die Eucharistiefeier, nicht in ihr benötigt wurde, diente auch dem Unterhalt des Klerus und der Armen. Das führte zu der Auffassung, der Pfarrer schulde der Gemeinde seinen Dienst, diese ihm ihre Gaben, sowie zu der seit dem 6. und vermehrt seit dem 9. Jahrhundert betonten Verpflichtung, die Sonntagsmesse in der eigenen Pfarrei zu besuchen (sog. »Pfarrbann«); vgl. *R. Berger*, Oblation II. Liturgisch, in: LThK³ VII, 967 sowie *H.B. Meyer*, Eucharistie. Geschichte, Theologie, Pastoral (GDK 4), Regensburg 1989, 243; *Schiepek*, Sonntag, 180f.
64 Ebd., 195 sowie 176–185.193–210 und *Müller*, Appell, 155–157.
65 *Schiepek*, Sonntag, 195.
66 Vgl. *Müller*, Appell, 157; *Schiepek*, Sonntag, 184f.207–209.
67 Vgl. *Müller*, Appell, 157; *Auf der Maur*, Feiern, 42; *Schiepek*, Sonntag, 209.
68 Vgl. *W. Molinski*, Kirchengebote, in: SM II, 1164–1170.
69 Vgl. *Schiepek*, Sonntag, 260.282.289.

und stabilisierte bleibend die Individualisierung und Privatisierung der Messpflicht[70]. »Das Entscheidende« war »nicht mehr die Zusammenkunft der Gemeinde zum Herrenmahl, sondern die individuelle Erfüllung einer allgemein geltenden Verpflichtung«[71]. Den vorläufigen Abschluss dieser Entwicklung bildete der CIC von 1917 mit der ersten universalkirchenrechtlichen Vorschrift, den Sonntag als gebotenen Festtag durch Hören der Messe und Verzicht auf knechtliche, d.h. vornehmlich körperliche und zu materiellen Zwecken verrichtete Arbeit, gerichtliche Handlungen und öffentlichen Märkte einzuhalten[72]. Durch diese juristische Festschreibung sah man pastoraltheologisch den »Blick für die ›innere‹ religiöse Verpflichtung der Teilnahme, welche die sonntägliche Eucharistiefeier vom Wesen der Kirche her besitzt, völlig verstellt«[73]. Das II. Vatikanum besann sich zurück auf die frühchristliche Entstehung und Motivation der Sonntagsfeier[74]. Unter bewusster Auslassung der nur sekundären Arbeitsruhe[75] stellte es die Feier des österlichen Geheimnisses wieder in den Vordergrund. Sie ist der innere Grund für die Sonntagspflicht, nicht die individuelle Heiligung eines Tages, das religiöse Pflichtgefühl oder der persönliche spirituelle Nutzen. Der entscheidende Inhalt ist die Versammlung zur Feier[76]. Gleichwohl konnte diese Rückkehr zur inneren Motivation der zentralen Verpflichtung den Einbruch des sonntäglichen Gottesdienstbesuches zwischen 1968 und 1973, besonders stark in der jungen Generation und mit bleibender Wirkung, nicht aufhalten[77]. Sie gilt als in doppelter Hinsicht zu spät gekommen: *Zum*

---

70 Vgl. *Müller*, Appell, 158; *A. Knauber*, Das »Kirchengebot« der sonntäglichen Eucharistiefeier. Sprachgebrauch und Gehalt, in: ius et salus animarum (FS B. Panzram), hg. von *U. Mosiek / H. Zapp*, Freiburg/Basel/Wien 1972, 239–268, hier 263–269 und 253–260; *Schiepek*, Sonntag, 258–260.262f.282–290.
71 *Auf der Maur*, Feiern, 42.
72 Vgl. C. 1248 CIC 1917:»Festis de praecepto diebus Missa audienda est; et abstinendum ab operibus servilibus, actbius forensibus, itemque, nisi aliud ferant leigitimae consuetudines aut peculiaria indulta, publico mercatu, nundinis, allisque publicis emptionibus et venditionibus« sowie *Müller*, Appell, 158f. und den Überblick zum altkodikarischen Feiertagsrecht bei *Schiepek*, Sonntag, 386–398.
73 Vgl. *R. Bärenz*, Das Sonntagsgebot. Gewicht und Anspruch eines kirchlichen Leitbildes, München 1982, 48.
74 Vgl. SC 106.
75 Vgl. *Jungmann*, Kommentar, 90.
76 Vgl. *Bärenz*, Sonntagsgebot, 51f.
77 Vgl. für Deutschland aus pastoraler Sicht *W. Molinski*, Das Sonntagsgebot zwischen Anspruch und Erfüllung, in: *Th. Maas-Erwerd / K. Richter* (Hg.), Gemeinde im Herrenmahl. Zur Praxis der Messfeier, Freiburg/Wien/Einsie-

einen wirkte sich die schon in den 50er Jahren auch den Katholizismus erfassende Integration in die zügige Wirtschaftsentwicklung und die Tendenz zur Konsum- und Freizeitgesellschaft[78] in einer bis heute abnehmenden Stützung des christlichen Sonntags im gesellschaftlichen Lebensstil aus. Er veralltäglicht sich. Er ist neben dem Samstag nicht mehr *der* arbeitsfreie Tag, sondern Teil des Wochenendes. Als Tag der Erholung ist er nicht mehr Tag der Ruhe, sondern jener Freizeitaktivitäten und Erledigungen, die während der Woche zu kurz kommen[79]. *Zum anderen* gehört auch für Katholiken zum Image des »guten Christen« nicht mehr der sonntägliche Gottesdienstbesuch, sondern der selbstlose Einsatz für die Mitmenschen unabhängig von kirchlicher Praxis. »Freier« Tag bedeutet auch Freisein von Zwängen und (kirchlichen) Verpflichtungen[80].

deln ²1976, 80–90, hier 81–83 sowie detailliert kirchensoziologisch belegt *M.N. Ebertz;* Erosion der Gnadenanstalt? Zum Wandel der Sozialgestalt von Kirche, Frankfurt a.m. 1998, 69–129 und für die Schweiz *U. Altermatt,* Katholizismus und Moderne. Zur Sozial- und Mentalitätsgeschichte der Schweizer Katholiken im 19. und 20. Jahrhundert, Zürich 1989, 281–309. Eine »Desertion von der gottesdienstlichen Gemeinschaft« stellt auch fest *B. Riedl,* Gottesdienstbesucher ändern ihr Verhalten. Auswertungen von drei unterschiedlichen Erhebungen der letzten Jahre zum Teilnahmeverhalten der Gottesdienstbesucher am Sonntag, Pastoralblatt 49 (1997), 243–248, hier 244.
78 Vgl. *K. Gabriel,* Katholizismus und katholisches Milieu in den fünfziger Jahren der Bundesrepublik: Restauration, Modernisierung und beginnende Auflösung, in: *F.-X. Kaufmann / A. Zingerle* (Hg.), Vatikanum II und Modernisierung. Historische, theologische und soziologische Perspektiven, Paderborn u.a. 1996, 67–83, hier 77–80 sieht die kulturelle Modernisierung durch den Einfluss der Kirche und ihres Klerus in den 50er Jahren noch aufgehalten, nicht aber die strukturelle. In ihr habe der wirtschaftliche Aufstieg die Religion als Mittel gesellschaftlicher Integration zurückgedrängt.
79 Vgl. *L. van Tongeren,* The squeeze on sunday. Reflections on the changing experience and form of Sundays, in: *Post / Rouwhorst / Scheer / van Tongeren* (Hg.), Feast, 703–727, hier 703–712. Auch die Erneuerung der liturgischen Formen konnte gegen diese religionssoziologische Entwicklung nicht ankommen. Ihr Angebot einer besser zu feiernden Gemeindeliturgie traf auf eine inzwischen nicht mehr wie in den 30er und 40er Jahren gottesdienstwillige Gemeinde; vgl. *A. Müller,* Sonntagstheologie von unten. Der Sonntag im Beziehungsfeld zwischen Anthropologie, Soziologie und Theologie, in: Der Sonntag. Anspruch – Wirklichkeit – Gestalt (FS J. Baumgartner), hg. von *A.M. Altermatt / T.A. Schnitker,* Würzburg 1986, 236–246, hier 237. Auch die Gemeinsame Synode der Bistümer Deutschlands nahm die Gefährdung des christlichen Sonntagsprofils sensibel wahr; vgl. Sb Gottesdienst 2.2; auch KEK II, 216–220 und die Gemeinsame Erklärung des Rates der Evangelischen Kirche in Deutschland und der Deutschen Bischofskonferenz »Menschen brauchen den Sonntag« vom 16.09.1999 unter: http://www.dbk.de/schriften/fs_schriften.html, Nr. 4–9.
80 Vgl. *van Tongeren,* Squeeze, 710 sowie *Bärenz,* Sonntagsgebot, 126.

Gefragt wurde und wird, ob dafür nicht auch jene lange kirchliche Tradition äußerer Motivierung zur Erfüllung der religiösen Sonntagspflichten über Einschärfung, Sanktionierung und rechtliche Fixierung verantwortlich ist[81]. Statt ihrer wurde vorgeschlagen, die Bedeutung des Sonntags nicht über die gesetzliche Vorschrift der Mitfeier der Eucharistie am Sonntag hervorzuheben, sondern nur durch eine »gesetzliche (...) Verpflichtung der Seelsorger, in möglichst ausreichender Weise allen Gläubigen die Gelegenheit zu dieser Mitfeier zu geben und sie dazu einzuladen«[82]. Das Urteil darüber, ob im konkreten Fall der innere Zusammenhang von christlicher Existenz und Eucharistie am Herrentag durch den Messbesuch gewahrt werden kann, solle der verantwortlichen Gewissensentscheidung des einzelnen Gläubigen überlassen bleiben[83]. Der Papst ist diesen Vorschlägen nicht gefolgt. Er bleibt mit c. 1247 beim gesetzlichen Gebot[84]: Alle über siebenjährigen katho-

---

81   Vgl. *Bärenz*, Christusbegegnung, 179; *Molinski*, Sonntagsgebot, 83–89. Auch die Gemeinsame Synode der Bistümer Deutschlands suchte nach einem Text, der »sich weder in einer einseitigen Betonung der äußeren Gesetzlichkeit erschöpfen« noch aber den Ernst der Verpflichtung, die sich aus dem Glauben ergibt, verschleiern« durfte; vgl. *L. Bertsch*, Einleitung zum Synodenbeschluss »Gottesdienst«, in: *ders. u.a.* (Hg.), Gemeinsame Synode I, 187–195, hier 190. Der Sb Gottesdienst 2.3 motiviert die Teilnahme an der sonntäglichen Eucharistiefeier ausführlich als Angebot und benutzt den Ausdruck »Sonntagspflicht« nur widerwillig. Die Rede ist vom Gebot der Kirche unter Vermeidung jeden Anklangs an die geltende altkodikarische Rechtsvorschrift.
82   *M. Kaiser*, Die Rolle des Gesetzgebers in der Kirche. Überlegungen im Hinblick auf die Revision des kirchlichen Gesetzbuches (Miscellanea Bidagor), Rom 1972, 465–484, hier 473.
83   So *Müller*, Appell, 162.
84   *DBK* (Hg.), KEK II, 221f. müht sich gewunden um Verständnis für das kirchliche Rechtsgebot: »Nicht wenige stoßen sich daran, daß die Teilnahme an der sonntäglichen Eucharistiefeier ein verpflichtendes Gebot ist, das die Kirche ihren Gläubigen vom siebten Lebensjahr an auferlegt. Doch darf man nicht übersehen, daß nicht das Gebot der Kirche die Verpflichtung begründet, sondern sie als dem Herrn geschuldete Gabe und Teilnahme am Opfer Christi einschärft«. Dabei wird der Einwand so formuliert, dass ihm begegnet werden kann. Die Kritik richtet sich nicht gegen die Verpflichtung zur sonntäglichen Eucharistiefeier als Ausdruck des Christseins, sondern gegen ihre Auferlegung in gesetzlicher Form. *Johannes Paul II.*, Dies domini, n. 47b sieht die Bestimmung ohne Berührungsängste als Bekräftigung der alten Rechtslage und der Bedeutung des Sonntags im christlichen Leben angemessen. Hinzu kommt die von den Warnungen aus der Theologie vor Individualisierung, Legalismus und falschem religiösen Sicherheitsbedürfnis (vgl. *Molinski*, Kirchengebote, 1166 und *Knauber*, Kirchengebote, 255–260) unbeeindruckte erstmalige (vgl. ebd., 254f.) universalkirchliche amtliche Vorlage der Fünfgeboteformel im CCE und damit ihre Aufwertung. Die kirchliche Autorität will damit »den Gläubigen das unerläßliche Minimum an Gebetsgeist und sittlichem Streben, im Wachstum der Liebe zu Gott und zum Nächsten sichern«; vgl. CCE, Nr. 2042: *Dies Domi-*

lischen Gläubigen mit hinreichendem Vernunftgebrauch[85] müssen am Sonntag[86] und an den anderen gebotenen Festtagen an der Messe teilnehmen; außerdem haben sie sich jener Werke und Tätigkeiten zu enthalten, die den Gottesdienst, die dem Sonntag eigene Freude oder die Geist und Körper geschuldete Erholung hindern[87]. Anders als im Konzil wird auf diese Unterlassungspflicht nicht verzichtet[88]. Sie ist zwar finalisiert auf den Gottesdienst als ursprünglichen Inhalt des Sonntags. Ihre gleichzeitige Ausrichtung auf die Erholung verleiht ihr aber von neuem Eigenwert. Er schlägt sich in Reaktion auf die fortschreitende gesellschaftspolitische Nivellierung des Sonntags auch in der nachkodikarischen lehramtlichen Verkündigung nieder[89] und greift auf die nicht unmittelbar religiöse Sonntagskultur aus.

Der rechtliche Charakter der Messpflicht stand bei der Überarbeitung des alten Codex nicht zur Disposition[90]. Er fand seinen rechtssprachlich klaren Ausdruck im Gerundivum *participandi*[91]. Möglicherweise mit Blick auf die »einfachen« Gläubigen forderten viele der weltweit angefragten Konsultationsorgane, die Schwere der

---

nicis ceterisque festis de praecepto Missam audire et ab operibus servilibus vacare: »Du sollst an Sonn- und Feiertagen der heiligen Messe andächtig beiwohnen« und Nr. 2043: *Diebus ab Ecclesia statutis ab esu carnium abstinere et ieiunium servare*: »Du sollst die gebotenen Feiertage halten«.

85 Vgl. zur Verpflichtung kirchlicher Gesetze c. 11.

86 Der Sonntag beginnt am Vorabend; vgl. Normae universales de anno liturgico et calendarium romanum generale, in: C. *Cult* (Hg.), Missale Romanum ³2002, 87–117, hier n. 3,2.

87 Die Arbeitsruhe erstreckt sich von Mitternacht bis Mitternacht; vgl. c. 202 § 1 sowie Com 12 (1980), 359 (zu c. 44).

88 Die Regelung der Festtagsruhe sollte nicht mehr ängstlich verbietend aufzählen, den sozialen Sitten und wirtschaftlichen Bedingungen angepasster formuliert und eher aus dem Ziel der Ruhe bestimmt werden; vgl. Com 4 (1972), 167.

89 Vgl. *Johannes Paul II.*, Dies domini, n. 64. Die staatliche Anordnung des Ruhetages wird als providentiell angedeutet: »Es wäre ... ein Fehler, in der den Wochenrhythmus respektierenden Gesetzgebung eine bloße geschichtliche Gegebenheit ohne Wert für die Kirche zu sehen, auf welche sie verzichten könnte«. Die Arbeitsruhe wird in n. 68 auch sozialethisch aus der Menschenwürde begründet. Die Forderung nach Beibehaltung des Sonntags als staatlichen arbeitsfreien Tag soll nicht nur auf eine rein religiöse Basis gestellt werden. Vgl. so auch Gemeinsame Erklärung »Menschen brauchen den Sonntag«, bes. Nr. 10–12.

90 Sie sollte aber besser ausgedrückt werden. Deshalb wurde statt vom »Messehören« von der Teilnahme gesprochen; vgl. Com 4 (1972), 167 sowie c. 46 Schema EcclMunSanct II 1977: »Festis de praecepto diebus Missae celebrationi fideles participent«.

91 Vgl. *P. Erdö*, Expressiones obligationis et exhortationis, PRMCL 76 (1987), 3–27, hier 16.

Pflicht klar herauszustellen[92]. Daraufhin wurde die heutige Formulierung (*obligatione tenentur ... participandi*) gewählt[93]. Die Mindestform der Teilnahme ist die Anwesenheit in der Messe irgendeines katholischen Ritus[94].
Nach kanonistischer Lehre kann es Gründe geben, aus denen eine der Kirche auferlegte gesetzliche Pflicht im konkreten Einzelfall nicht erfüllt werden kann. Sie entschuldigen die Nichterfüllung[95]. Wer zweifelt, ob ein Entschuldigungsgrund vorliegt oder aus einem anderen Grund die Messpflicht nicht zu erfüllen gedenkt, hat für jeden Einzelfall die obrigkeitliche Befreiung von der gesetzlichen Verpflichtung zur Einhaltung des Sonntags beim Diözesanbischof oder beim Pfarrer zu erbitten[96]. Sie beurteilen, ob der vorgebrachte Grund tragfähig ist, d.h. die Befreiung vom Gesetz dem

92   Vgl. Com 12 (1980), 361: »Plures petierunt ut redactio canonis mutetur ita ut eluceat gravitas praecepti Missae participandi diebus festis. Suggestio haec placet Consultoribus«.
93   Vgl. c. 1198 Schema CIC 1980.
94   Vgl. c. 1248 § 1. Statt wie üblich von *participare* wird hier von *Missae assistere* gesprochen; vgl. Com 12 (1980), 362. Die Kommunion müssen die Gläubigen nur einmal im Jahr empfangen; vgl. c. 920. Zur theologischen Kritik daran vgl. *R. Ahlers*, Communio Eucharistica. Eine kirchenrechtliche Untersuchung zur Eucharistielehre im Codex Iuris Canonici (Eichstätter Studien NF 29), Regensburg 1990, 116.
95   Gläubige dürfen dann die sittliche Tugend der Epikie anwenden, d.h. gewissenhaft begründet feststellen, dass eine Norm sie in ihrer konkreten Lage nicht in der vom Gesetzgeber intendierten Weise bindet; vgl. *H. Socha*, in: MKCIC 14, 14. Vgl. als Beispiele für eine moralische Unmöglichkeit, die Messpflicht zu erfüllen, und damit als gewichtige entschuldigende Gründe Sb Gottesdienst, Nr. 2.3, 201: angegriffene Gesundheit, weite Wege, notwendige Erholung, Sorge für kleine Kinder und alte Menschen, Berufspflichten; CCE, Nr. 2181: Krankheit, Betreuung von Säuglingen; *DBK* (Hg.), KEK II, 222: zusätzlich »Zerrüttung der Ehe«. *Aymans-Mörsdorf*, KanR I, 176 äußert die Sorge, »daß aus der Tugend der Epikie ein dem Gesetz spottendes Laster wird«.
96   Vgl. c. 1245. Bei der Erarbeitung des Canons war die Formel *in casibus singularibus* des c. 1245 § 1 CIC 1917 weggefallen. Die Sorge Kardinal Bafiles, dadurch könne die Messpflicht mit Einverständnis der kirchlichen Autorität ausgehöhlt werden, teilte das Sekretariat der Codexkommission nicht; vgl. Relatio 1981, 276f. Der Papst hat die Beschränkung auf Einzelfälle (*singulis in casibus*) wieder in die Endfassung eingefügt; vgl. c. 1245 Schema CIC 1982. Weder hier noch in Bezug auf den Rechtscharakter der Messpflicht sollten gegenüber dem alten CIC Abstriche gemacht werden. C. 1246 § 1 CIC 1917 sprach noch von *omnes et singuli dies domini*, der geltende CIC nennt den Sonntag im Singular. Daraus den Schluss zu ziehen, die Pflicht beziehe sich nur noch *grundsätzlich* auf den Sonntag, nicht aber mehr auf jeden Sonntag, so etwa *Bärenz*, Christusbegegnung, 181 und ihm folgend *Ahlers*, Communio, 158 geht angesichts der Bemühungen des Gesetzgebers um die Strenge der Vorschrift zu weit. Die alte Formulierung war eine schwache Betonung des Sonntags unter den Festtagen.

geistlichen Wohl des Bittstellers dient[97]. Sie können dann, müssen aber nicht dispensieren. Die Dispens ist ein Gnadenerweis[98]. Lehramtlich ist festgestellt: Wer am Sonntag absichtlich ohne Entschuldigungsgrund und Dispens nicht an der Eucharistiefeier teilnimmt, begeht eine schwere Sünde[99]. Wer sich ihrer bewusst ist, darf ohne vorherige Beichte nicht die Kommunion empfangen[100]. Nach dem Verständnis des Päpstlichen Rates zur Interpretation der Gesetzestexte ist sie als schwerem Sünder demjenigen zu verweigern, der in diesem Zustand offenkundig dauerhaft verbleibt[101]. Wem so die Eucharistieberechtigung fehlt, dem kann von der kirchlichen Autorität zudem die Eignung für den Erhalt oder den Behalt von Aufgaben und Ämtern in der Kirche abgesprochen werden[102]. Die Priester sollen unermüdlich und furchtlos auf der Verpflichtung zur Erfüllung des Sonntagsgebotes bestehen[103].

---

97   Vgl. c. 87 und *H. Socha*, in: MKCIC 87, 10.

98   Vgl. c. 59 § 1.

99   Vgl. CCE n. 2181 und die Bekräftigung durch *Papst Johannes Paul II.*, *Dies domini*, n. 47b. KEK II, 222 wählt eine Umschreibung, in der die Konkretisierung als »schwere Sünde« eingeschlossen ist: »Wer der Eucharistiefeier am Sonntag fernbleibt und sich mit Vorwänden der Verpflichtung entzieht und so trotz besserer Einsicht Gottes Einladung zum Gastmahl seines Sohnes ausschlägt, macht sich schuldig. Sein Handeln steht im Widerspruch zu seinem Christsein«.

100   Vgl. c. 916.

101   So versteht der Rat die Tatbestandsmerkmale aus c. 915; vgl. Com 32 (2000), 159–162. Nach *C.M. Polvani*, Authentic interpretation in canon law. Reflections on a distinctively canonical institution (TesiGregSerieDirCan 34), Rom 1999, 310f. haben derartige, erst seit 1997 zu verzeichnenden Stellungnahmen des Rates den Rang einer (orientierenden) Meinung. So auch mit inhaltlicher Kritik *K. Lüdicke*, in: MKCIC 915, 7. Vgl. auch CCE 1650 und *Papst Johannes Paul II.*, Enzyklika *Ecclesia de Eucharistia*, n. 37b. Zum Verständnis von c. 915 vgl. auch *H. Pree*, »Unio irregularis«. Der Sakramentenempfang von Geschiedenen, geschiedenen Wiederverheirateten, ehelos Zusammenlebenden und nur zivil verehelichten Katholiken nach kanonischem Recht, Anzeiger für die Seelsorge 103 (1994), 145f.148–158.

102   Vgl. *Ahlers*, Communio, 161 mit Hinweis auf cc. 228 und 149 § 1 für die grundsätzliche Eignung für die bedarfsweise Heranziehung von Laien, sowie auf c. 512 § 1 für die Mitgliedschaft in kirchlichen Beratungsgremien und c. 804 § 2 für die Erteilung von Katechese und Religionsunterricht. Weder nach Inkrafttreten des CIC noch nach der Bekräftigung der Disziplin durch den Weltkatechismus haben die Gläubigen – soweit ersichtlich – die Pflicht zur Einholung einer Dispens befolgt. Ob damit das Gesetz aufgrund von Nichtbeachtung oder Übertretung (*desuetudo*) zwar existent, aber nicht mehr verpflichtend ist, kann dahingestellt bleiben; vgl. *H. Socha*, in: MKCIC 24, 8 sowie *Aymans-Mörsdorf*, KanR I, 192. Das gleiche gilt für die Frage, ob und wie konsequent die Pflicht zur Verweigerung der Kommunion erfüllt wird. Dass in der römisch-katholischen Kirche in manchen Bereichen eine Kluft zwischen Ordnungs- und Erfahrungsgestalt der Kirche, zwischen gesetzlich er-

Der rechtlich angeordnete und sanktionierbare religiöse Akt der
Sonntagsbegehung in der Eucharistiefeier passt sich stimmig ein in
die Eigenart des kanonischen Rechtssystems und in das Verständnis kirchlichen Rechts[104]. Weil und soweit die römisch-katholische
Kirche die personale Gemeinschaft mit Gott in notwendiger Verbindung zur Einheit mit der Kirche und von ihrem Handeln abhängig sieht[105], greift sie zum Schutz ihrer so verstandenen Identität rechtlich normierend auch in den Bereich der religiös-mora-
lischen Verpflichtungen ein. Persönliche Heiligkeit ist nicht zu
trennen von der Heiligkeit der Kirche. Deshalb stellt etwa c. 210
die Rechtspflicht[106] aller Gläubigen auf, je nach eigener Stellung[107]

wartetem und faktisch erbrachtem Verhalten besteht, ist bekannt; vgl. *H. Pree*,
Zum Stellenwert und zum Verbindlichkeitsanspruch des Rechts in Staat und
Kirche, ÖAKR 39 (1989), 1–23 sowie *W. Böckenförde*, Neuere Tendenzen im
katholischen Kirchenrecht. Divergenz zwischen normativem Geltungsanspruch
und faktischer Geltung, ThPr 27 (1992), 110–130. Für die Frage nach dem kodikarischen Fest- und Feierverständnis ist die rechtliche Anspruchsgestalt
entscheidend.
103   Vgl. *C. Cler.*, Rundschreiben »Der Priester, Lehrer des Wortes, Diener
der Sakramente und Leiter der Gemeinde für das dritte christliche Jahrtausend«
vom 19. März 1999 unter: http://www.vatican.va/roman_curia/congregations/
cclergy/documents/rc_con_cclergy_doc_19031999_pres_it.html, III. 2d [dt.:
VdAS 139]. Vgl. als Beispiel *J. Kard. Meisner*, Sonntag – die Teilnahme an der
Freiheit Gottes, in: *ders.*, Spuren Gottes auf unseren Wegen. Der Alltag als Be-
gegnungsfeld des Menschen mit Gott, Hildesheim 1993, 105–115.
104   Vgl. dazu ausführlicher *N. Lüdecke*, Das Verständnis des kanonischen
Rechts nach dem Codex Iuris Canonici von 1983, in: *Ch. Grabenwarter / N.
Lüdecke* (Hg.), Standpunkte im Kirchen- und Staatskirchenrecht (FKRW 33),
Würzburg 2002, 206–215.
105   Vgl. *J. de Vries*, Gottesbeziehung und Gesetz. Grund, Inhalt und Grenze
kanonischer Normierung im Bereich des religiösen Lebens der Gläubigen (=
MThSt III/44), St. Ottilien 1991, 152.212.227.280. *Sekretariat der DBK* (Hg.),
Pastorales Schreiben, 32: »Die sonntägliche Eucharistiefeier der Gemeinde erinnert besonders daran, dass die Gemeinschaft mit dem Auferstandenen ekkle-
sial vermittelt ist«.
106   Das Verb *debere* ist der rechtssprachliche Fachausdruck für eine Rechtsvorschrift; vgl. *Erdö*, Expressiones, 17. Die deutsche Übersetzergruppe für die
amtliche Ausgabe des CIC verwendet »müssen« zum Ausdruck größeren Nach-
drucks bei der Einschärfung einer Rechtspflicht; vgl. *W. Aymans*, Aus dem
Vorwort zur ersten Auflage, in: Codex des kanonischen Rechtes. Lateinisch-
deutsche Ausgabe, Kevelaer [5]2001, IIf., hier III. Der Canon ist sprachlich wie
seiner Struktur als Befehlssatz nach ein Rechtssatz. Dafür spricht auch seine
Einordnung in den Titel I des II. Buches des Codex über »Pflichten und Rechte
aller Gläubigen«. Die Textgeschichte bestätigt, die Pflicht zur Heiligkeit sei
zwar eine vornehmlich moralische. Sie könne aber auch rechtlich angeordnet
werden, wie bereits in c. 124 CIC 1917 in Bezug auf die Kleriker. Weil es sich in
der LEF um eine rechtliche Pflicht handelt, wird von der Führung eines heiligen Lebens gesprochen, das sich äußerlich manifestiert; vgl. *W. Ocnlin* (Rela-
tor), Relatio super schemata legis ecclesiae fundamentalis, in: PCI, Schema Le-

ihre Kräfte einzusetzen, um ein heiliges Leben zu führen und das Wachstum der Kirche und deren ständige Heiligung zu fördern. Das Sonntagsgebot ist eine der Konkretisierungen dieser grundlegenden Rechtsverpflichtung[108].

3.2.2 Feiern als Handlung und Darstellung der Kirche

Was mit der päpstlichen Anordnung der Sonntagsheiligung blitzlichtartig aufscheint, lässt sich als Verständnisraum kirchlichen Feierns im CIC am Beispiel der Eucharistiefeier weiter ausleuchten.

3.2.2.1 »Epiphanie der Kirche« am »Tag der Kirche«[109]

Nach dem Codex ist die Feier der Eucharistie in herausragender Weise Handlung[110] und Darstellung der Kirche. In ihr erfüllt die Kirche die Aufgabe der Heiligung der Menschen und der Gottes-

---

gis Ecclesiae Fundamentalis. Textus Emendatus cum Relatione de ipso Schemate deque Emendationibus Receptis, Typis Polyglottis Vaticanis 1971, 59–117, hier 80. Die Argumentation von *L. Müller*, Streben nach Heiligkeit – eine Rechtspflicht? Über Möglichkeit und Grenzen rechtlicher Ordnung in der Kirche, AKathKR 166 (1997), 468–480 trägt eine Bestreitung des Rechtscharakters des c. 210 nicht. Auf der Grundlage der Wortlautinterpretation nach c. 17 gesteht er zunächst zu, *debent* weise auf eine strenge Rechtsverpflichtung hin (469). Einen Zweifel an der sprachlich klaren rechtlichen Bedeutung gewinnt er erst über die Entwicklung von Merkmalen »eines allgemeinen Rechtsbegriffs« (473–476), an denen er anschließend c. 210 misst (476–479). Statt den Rechtsbegriff aus dem CIC zu erheben, benutzt er gegen c. 17 ein außerkodikarisches Interpretament, um eine nach dem Wortlaut klare rechtliche Verpflichtung als religiös-moralische zu deuten (479). Gegen Müller und das kodikarische Rechtsverständnis besser erfassend vgl. *R. Sobanski*, C. 210 als Rechtssatz, in: Iuri Canonico Promovendo (FS H. Schmitz), hg. von *W. Aymans / K.-Th. Geringer*, Regensburg 1994, 57–73.
107 »Condicio« meint »Stellung« im Sinne einer durch bestimmte Faktoren/Umstände unterschiedlicher Art bewirkten Lage von Personen, hier der Gläubigen. Das sind Faktoren der faktischen Lebensverhältnisse (persönliche, wirtschaftlich-soziale, kulturelle) und solche der Rechtsstellung wie Zugehörigkeit zu einem der Stände der hierarchischen Struktur der Kirche (Kleriker, Laien), zu einem bestimmten Lebensstand (ehelich, ehelos) oder zu einem kanonischen Lebensverband (z.B. Orden) und schließlich rechtserhebliche Umstände wie Alter, Geschlecht etc.; vgl. *N. Lüdecke*, Kanonistische Bemerkungen zur rechtlichen Grundstellung der Frau im CIC/1983, in: Kirchliches Recht als Freiheitsordnung (Gedenkschrift H. Müller), hg. von *R. Weigand* (FKRW 27), Würzburg 1997, 66–90, hier 70–75.
108 Vgl. für andere Konkretisierungen durch Rechte, Erlaubnisse und Verbote im Bereich des munus sanctificandi *de Vries*, Gottesbeziehung, 246–249. Dem entspricht auch die Aufwertung der Kirchengebote; vgl. o. Anm. 84.
109 Vgl. Papst *Johannes Paul II.*, Dies domini, nn. 34–36.
110 Vgl. c. 899 § 1.

verehrung (*munus sanctificandi Ecclesiae*[111]) auf besondere, nämlich liturgische oder öffentliche (*publicus*) Weise[112]. Damit ist ein
Gottesdienst gemeint, der vollzogen wird im Namen der Kirche
von rechtmäßig dazu beauftragten Personen und durch von der
kirchlichen Autorität gebilligte Handlungen[113]. Die Eucharistiefeier ist damit keine private Handlung, sondern Handlung[114]
oder Feier der Kirche selbst[115]. Als solche *stellt* sie den ganzen

111 Für die Überschrift wurde geklärt, dass *sanctificare* beide Aspekte umfassen sollte; vgl. oben Anm. 30. Gleichwohl verwendet der CIC *sanctificatio*
auch für den Heiligungsaspekt allein und auch *cultus* nicht nur für die Gottesverehrung, sondern auch als Synonym für die Liturgie in ihrem aufsteigenden
wie absteigenden Aspekt; vgl. eine Zusammenstellung der Verwendungen bei
S. Rau, Die Feiern der Gemeinden und das Recht der Kirche. Zu Aufgabe, Form
und Ebenen liturgischer Gesetzgebung in der katholischen Kirche (MThA 12),
Münster 1990, 433f. Anm. 22f.
112 Vgl. c. 834 § 1. Als nicht-sakramentale liturgische Formen des Heiligungsdienstes normiert der CIC die Sakramentalien (cc. 1166–1172), das Stundengebet (cc. 1173–1175), das Begräbnis (cc. 1176–1185), die Heiligen-, Bilder- und Reliquienverehrung (cc. 1186–1190) und die Prozessionen (c. 944);
Gelübde und Eid (cc. 1191–1204) gelten nicht als liturgische Akte, können
jedoch im Rahmen einer liturgischen Feier abgelegt werden; vgl. *H. Socha*,
Grundfragen der Liturgie im neuen Kirchenrecht, TThZ 93 (1984), 14–39, hier
22 Anm. 60. Nicht-liturgische Mittel zur Erfüllung des Heiligungsdienstes
sind nach c. 839 Gebete sowie Werke der Buße und der Caritas (§ 1) und die
frommen und heiligen Übungen des christlichen Volkes (§ 2), das christliche
Eheleben und die christliche Kindererziehung nach c. 835 § 4. Vgl. zudem jetzt
C. Cult., Direktorium über die Volksfrömmigkeit und die Liturgie. Grundsätze
und Orientierungen vom. 17. Dezember 2001, unter: http://www.vatican.va
/roman_curia/congregations/ccdds/documents/rc_con_ccdds_doc_20020513
_vers-diretto-rio_it.html [dt.: VdAS 160]. Das Bild vom »mystischen Leib
Christi«, dem Haupt und seinen Gliedern deutet auf Christus als das primäre
Subjekt der Liturgie hin; vgl. *T. Stubenrauch*, Wer ist Träger der Liturgie? Zur
Rezeption des II. Vatikanischen Konzils im Codex Iuris Canonici von 1983
(TThSt 68), Trier 2002, 69f.158.
113 Vgl. c. 834 § 2. *Rau*, Feiern, 435–437 weist darauf hin, dass die *deputatio*
nicht mehr nur aus einem konkreten Beauftragungsakt herrührt, sondern auch
im Sinne von Thomas von Aquin und LG 11 als *deputatio ad cultum* durch die
Taufe zu verstehen ist. Um Liturgie geht es demnach nicht erst dort, wo eine
hoheitliche Beauftragung vorliegt; so *H. Socha*, Grundfragen, 18f.26 Anm. 88.
Vielmehr handeln liturgisch bereits Getaufte, die sich gemeinsam kirchlich approbierter Formen bedienen. Eine besondere Beauftragung ist nur für liturgische »Leitungsdienste« erforderlich. Sie kann von Rechts wegen oder durch
speziellen Akt der kirchlichen Autorität erfolgen; so auch *H. Pree*, Die Gemeinde als Trägerin der Liturgie in kanonistischer Sicht, in: Liturgia semper reformanda (FS K. Schlemmer), hg. von *A. Bilgri / B. Kirchgessner*, Freiburg/Basel/
Wien 1997, 12–33, hier 22f. Für *Rau*, Feiern, 437 können hier auch »implizite
Beauftragungen« genügen, wie etwa die Herausgabe approbierter liturgischer
Bücher zum Gebrauch von Laien.
114 Vgl. c. 840.
115 Vgl. c. 837 § 1.

Leib der Kirche *dar* und erfüllt ihn[116], und dies als erhabenstes Sakrament nochmals auf höchste Weise[117]. Der Codex hat hier eine Reihe konziliarer Aussagen rezipiert, die in spezifischer Weise den Zusammenhang von Kirche und Liturgie, die ekklesiale Dimension aller Liturgie als Gegenwärtigsetzen, Darstellung oder Manifestierung der Kirche betonen[118].

Das Darzustellende geht der Darstellung voraus. Bezeichnenderweise wird dort, wo die Liturgie als öffentlicher Gottesdienst, d.h. als Feier *der* Kirche bestimmt wird, jenes biblische Bild zur Erläuterung herangezogen, das in Konzil und Codex deutlicher die Sozialgestalt der Kirche akzentuiert, nämlich das Bild vom unter dem Bischof geeinten und geordneten Volk Gottes[119]. Privates Handeln geht auf den Willen des einzelnen Volksgliedes zurück, das Handeln des Sozialkörpers auf eine Willensbildung und -setzung des Ganzen. Die Form hängt von der jeweiligen Verfasstheit des Sozialkörpers ab[120].

Dem Anliegen der liturgischen Reform, die Liturgie nicht mehr als isoliertes Tun des Klerus, sondern als Handeln der ganzen Gemeinschaft zu verstehen, wird Rechnung getragen, ohne deren hierarchische Eigenart aufzugeben[121]. Die liturgischen Handlungen stellen den ganzen Leib der Kirche dar und berühren seine einzelnen Glieder in unterschiedlicher Weise je nach Weihe, Aufgabe und tatsächlicher Teilnahme[122], d.h.: »... auch innerhalb der einzelnen Gemeinde bleibt die Kirche eine gegliederte, geordnete

---

116 C. 837 § 1.

117 Vgl. c. 897. Nach c. 840 sind die Sakramente Handlungen der Kirche, die in höchstem Maße dazu beitragen, dass die kirchliche Gemeinschaft herbeigeführt, gestärkt und *dargestellt* wird.

118 Vgl. etwa SC 2, 7, 14, 26 sowie *Rau*, Feiern, 271f.274.

119 Vgl. SC 26a. Damit beginnt der Abschnitt der Liturgiekonstitution über die »Normen aus der Liturgie als einer hierarchischen und gemeinschaftlichen Handlung«. Das vorkonziliare Schema Constitutionis *De Sacra Liturgia* von 1962 hatte die Gemeinschaftlichkeit zuerst genannt. Am 5.12.1962 berichtete Bischof Calewaert in seiner *Relatio generalis* zum ersten konziliaren Schema, man habe es für besser gehalten, zuerst von der hierarchischen Handlung zu sprechen; vgl. AcSynVat I/4, 279; ferner c. 837 § 1, 1. Halbsatz: »... celebrationes Ecclesiae ipsius, quae est ›unitatis sacramentum‹, *scilicet* plebs sancta sub Episcopis adunata et ordinata« (Kursivierung N.L.) und den II. Teil des kodikarischen Buches über das Volk Gottes: *De Ecclesiae constitutione hierarchica*.

120 Vgl. *J. Pascher*, Ekklesiologie in der Konstitution des Vatikanum II über die heilige Liturgie, LJ 14 (1964), 229–237, hier 232f.

121 Vgl. SC 26–32, die überschrieben sind: »Normen aus der Natur der Liturgie als einer hierarchischen und gemeinschaftlichen Handlung« sowie *J. A. Jungmann*, Kommentar, 35: Liturgie »muß das Werk der Gemeinschaft sein, die aber eine hierarchisch geordnete Gemeinschaft bleibt«.

122 Vgl. 837 § 1, zweiter Halbsatz.

Gemeinschaft« und muss als solche – Klerus und Laien umschlie-
ßende – zur Geltung kommen[123]. Der bischöfliche Gottesdienst,
besonders die Eucharistiefeier, gilt konziliar als vorzügliche Darstellung der Kirche[124]. »Die Liturgie feiernde Gemeinde ist Bild
der ganzen Kirche«[125]. Der Kirchenbegriff ist entscheidend für die
Eigenart und Gestalt der Liturgie.

3.2.2.2 *Die darzustellende Kirche*
Wie der CIC die Kirche auffasst, die in der Eucharistiefeier in so
herausragender Weise ihre Darstellung finden soll, lässt sich an
ihren als unaufgebbar verstandenen Grundzügen ablesen, d.h. an
jenen Bestimmungen, die der Gesetzgeber als solche göttlichen
Rechts qualifiziert hat[126]. Demnach versteht sich die römisch-katholische Kirche als vom päpstlichen Souverän als Stellvertreter
Christi geleitete *societas perfecta*[127] *inaequalis* mit den tragenden
Säulen ihres unveränderlichen inneren Aufbaus: als die Hierarchie
der Stände, deren innere hierarchische Ordnung sowie die monar-
chische Leitung der Kirche.
Aufgrund göttlicher Einsetzung gibt es in der Kirche Kleriker und
Laien[128]. Beide Stände[129] gehören zur hierarchischen Struktur der
Kirche[130]. Aufgrund göttlicher Anweisung bewirkt das Sakrament
der Weihe die Aufnahme in den Klerikerstand und bestimmt die
sacri ministri unwiderruflich dazu, das Volk Gottes zu weiden, indem (nur) sie die Aufgaben des Lehrens, Heiligens und des Leitens
in der Person Christi des Hauptes ausfüllen können[131]. Die auf
göttliche Einsetzung zurückgehende Leitungs- oder Jurisdiktionsgewalt in der Kirche innezuhaben, ist Klerikern vorbehalten. Laien
können an der Ausübung dieser Gewalt mitwirken[132]. Laien sind

---

123 Vgl. *Jungmann*, Kommentar, 36.
124 Vgl. SC 41b.
125 *Pascher*, Ekklesiologie, 235. Vgl. auch *Sekretariat der DBK* (Hg.), Pastorales Schreiben, 15: »Liturgie ist Feier der Kirche, die konkret sichtbar wird in
der versammelten Gemeinde, aber nicht auf die Feiergemeinde reduziert werden
darf«.
126 Vgl. zum Folgenden *Lüdecke*, Verständnis, 177–195.
127 Vgl. cc. 113 § 1; 331; 362; 747; 1075; 748 § 1; 232; 1254f.; 1259; 1260;
1311; 1401; 1671.
128 Vgl. c. 207 § 1.
129 Vgl. für die Geläufigkeit des Begriffs Kap. IV: Der Verlust des klerikalen
Standes (cc. 290–293) sowie LG 31 und CD 35.
130 Vgl. c. 207 § 2.
131 Vgl. c. 1008: *Ex Christi institutione* (c. 948 CIC/1917) wurde geändert in
ex divina institutione. Christus habe Presbyterat und Diakonat nicht direkt
eingesetzt; vgl. Com 10 (1978), 181.
132 Vgl. c. 129.274.

unfähig, verbindlich zu lehren. Die Verkündigung des Evangeliums ist ureigene Aufgabe des Priesters. Die spezifische Predigtform der »Homilie« ist Klerikern vorbehalten. Laien können zur Mitarbeit an der Ausübung der Verkündigung berufen werden[133]. Außer bei Taufe und Ehe ist zur Spendung der Sakramente mindestens die Priesterweihe erforderlich. Die Ergänzung des Klerikerstandes geschieht nicht durch Berufung oder mit Zustimmung der Gläubigen bzw. durch eine weltliche Gewalt. Sie geschieht von oben her, durch Kooptierung seitens der kirchlichen Obrigkeit[134].

Es gilt: Klerus und Laien sind in der römisch-katholischen Kirche scharf voneinander geschieden und in ein Verhältnis der Über- und Unterordnung gestellt. Rechtlich begründet die Ordination der einen die Subordination der anderen[135]. Insoweit kann der Klerikerstand als Leitungs- oder Führungsstand bezeichnet werden. Diese Ungleichheit beruht – wie c. 207 und c. 1008 erneut festhalten – auf göttlicher Anordnung und ist so nach kirchlichem Selbstverständnis der Aufhebung durch die kirchliche Gewalt entzogen.

Die beiden Stände sind nicht nur einander hierarchisch zugeordnet. Kraft göttlichen Rechts sind sie auch in sich hierarchisch differenziert. Die Beschränkung des gültigen Empfangs der Weihe auf den Mann ist durch das Dogma[136] von der Unmöglichkeit der Priesterweihe für Frauen insoweit als Norm des positiven göttlichen Rechts ausgewiesen[137]. Dadurch besteht innerhalb des Laien-

---

133 Vgl. cc. 747–753; 757; 767 § 1; 759.

134 So in c. 109 CIC/1917 ausdrücklich, heute weiterhin der Sache nach.

135 Vgl. *P.M. Zulehner*, Das Gottesgerücht. Bausteine für eine Kirche der Zukunft, Düsseldorf 1987, 74.

136 Vgl. CCE n. 88 sowie *C. Fid.*, Responsum ad dubium circa doctrinam in Epist. Ap. *Ordinatio Sacerdotalis* traditam vom 28. Oktober 1995, AAS 87 (1995), 1114 (dt.: OR [D] 25 [1995], Nr. 47 vom 24. November 1995, 4), dazu in Auseinandersetzung mit der theologischen Diskussion *N. Lüdecke*, Also doch ein Dogma? Fragen zum Verbindlichkeitsanspruch der Lehre über die Unmöglichkeit der Priesterweihe für Frauen aus kanonistischer Perspektive. Eine Nachlese, in: *W. Bock / W. Lienemann* (Hg.), Frauenordination (SKRT III), Heidelberg, 2000, 41–119, bes. 114–117.

137 Zur Relevanz für die Frage nach dem Diakonat der Frau vgl. *Lüdecke*, Grundstellung der Frau, 85–87 sowie die Notifikation der *Kongregationen für die Glaubenslehre, für den Gottesdienst und die Sakramente und für den Klerus* vom 17. September 2001, OR (D) 31 (2001), Nr. 38 vom 21. September 2001, 3 über die Unzulässigkeit von Initiativen zur Vorbereitung von Frauen auf den Diakonat. Es gebe keine solide doktrinelle Grundlage für die Hoffnung auf die Weihe von Frauen zu Diakoninnen. Die Ordinarien werden angewiesen, diese Direktiven ihren Gläubigen zu erklären und sie sorgfältig umzusetzen. *G.L. Müller* sieht die Unmöglichkeit der Diakoninnenweihe als »eine verbindliche, irreversible Lehre der Kirche, die vom ordentlichen und allgemeinen

standes eine göttlich-rechtliche Differenzierung. Eines der nomi-
nell allen Gläubigen gemeinsamen Rechte, das auf Sakramentenempfang[138], kommt der Frau in Bezug auf die Weihe nicht etwa
nur in differenzierter Weise zu, sondern gar nicht. Was Priestern
vorbehalten ist, können Männer nicht ohne besondere Berufung,
Frauen können es kraft göttlichen Rechts keinesfalls. In der Kirche gibt es aufgrund des Geschlechts zwei Kategorien von Laien,
die sich durch den Umfang ihrer Rechtsstellung unterscheiden[139].
Insofern ist der ständische Aufbau der Kirche *rechtlich* eine Ge-
schlechterhierarchie.
Der Klerikerstand weist eine doppelte Stufung auf[140]. Die in der
Weihe vermittelten Aufgaben werden je nach Weihestufe ausgeübt. Folgenreicher ist die hierarchische Stufung hinsichtlich der
Jurisdiktionsgewalt. Nach dem Dogma des I. Vatikanums über
die Fülle der gesetzgebenden, ausführenden und richterlichen Lei-
tungsgewalt des Papstes (Jurisdiktionsprimat) ist er oberster und
absoluter Leiter der Kirche aufgrund göttlicher Anordnung. Der
Papst versteht sich als den einzigen Stellvertreter Christi[141], ungeachtet der theologischen Kritik[142] an diesem Titel. Nur Gott
schuldet der Papst Rechenschaft. Er ist moralisch an seine eigenen
Gesetze gebunden. Rechtlich ist er *dominus canonum*[143].
Das Bischofskollegium kann nur zusammen mit und in Abhängigkeit vom Papst als Träger kirchlicher Höchst- und Vollgewalt

Lehramt der Kirche verbürgt ist, die aber noch einmal mit hoher Autorität bestätigt werden kann, wenn weiterhin die Lehrtradition der Kirche entstellt wie-
dergegeben wird mit dem Ziel, die Entwicklung in eine bestimmte Richtung zu
drängen«; vgl. Das dreistufige Weiheamt muss eine Einheit bilden. Die Internationale Theologenkommission der Glaubenskongregation sagt Nein zur Weihe
von Diakoninnen – Ein Gespräch mit *G.L. Müller*, in: Die Tagespost, Nr. 148
vom 11. Dezember 2001, 5. Gleichwohl gilt in dieser Frage die Vermutung der
Nicht-Unfehlbarkeit nach c. 749 § 3.
138   Vgl. *H.J.F. Reinhardt*, in: MKCIC 213, 1.
139   Die Frau wird nicht, wie *M. Zimmermann*, Weder Kleriker noch Laie –
die Frau in der Kirche, Conc(D) 21 (1985), 406–411, 410, meint, »vom Laien-
stand in seinem Vollsinn ferngehalten«. Der Laienbegriff ist rein negativ bestimmt. Die Frau ist Laie als Nicht-Klerikerin. Der Laienstatus von Männern
und Frauen unterscheidet sich aber in der Ausstattung mit Rechten.
140   Vgl. früher die cc. 108f. CIC/1917 über die *sacra hierarchia*. Vgl.
sodann cc. 1008, 135 § 1; 113 § 1, 331.
141   Das II. Vatikanum nannte auch die Bischöfe so; vgl. LG 20c; 27a. Zur konsequenten Reservierung des Titels für den Papst im CIC vgl. *G. Bier*, Die
Rechtsstellung des Diözesanbischofs nach dem Codex Iuris Canonici von 1983
(FKRW 32), Würzburg 2001, 34–38.
142   Vgl. *Y. Congar*, Titel, welche für den Papst verwendet werden, Conc(D) 11
(1975), 538–544, hier 542f.
143   Vgl. c. 333 § 3, cc. 1404 und 1372.

bezeichnet werden und handeln[144]. Die Gewaltfülle des Papstes schließt einen Vorrang ordentlicher Gewalt über alle Teilkirchen und deren Verbände ein. Die Gewalt des Diözesanbischofs als Leiter der Teilkirche ist disponibel: Sie umfasst nur das, was der Papst nicht sich oder einer anderen kirchlichen Autorität per Gesetz oder Verwaltungsakt oder durch eine andere primatiale Entscheidung vorbehält[145]. Es wird rechtlich sichergestellt, dass nicht »vom Kirchenvolk aus oder *via facti* die Kirchenverfassung abgeändert werden« kann[146].

Papst Johannes Paul II. hat betont, die Liturgie sei »ihrem Wesen nach eine Epiphanie der Kirche«[147]. Die Liturgie soll die »Gestalt der Kirche widerspiegeln können«[148]. Es ist jener kodikarische Kirchenbegriff, der in der Liturgie darzustellen ist[149]. Erkennbar wird er auf der Ebene der Normierung der liturgischen Ordnungskompetenzen (*nach hierarchischer Weisung*) und auf der Ebene des konkreten Vollzugs der Liturgie (*in hierarchischer Ordnung*).

3.2.2.3 Feiern nach hierarchischer Weisung

Die sonntägliche Eucharistiefeier ist wie alle Gottesverehrung und Heiligung in der Kirche anders als im ersten Jahrtausend[150] hierarchisch und zentralisiert geregelt[151]. Der Apostolische Stuhl, d.h.

144 Vgl. cc. 336–342 sowie zum Verhältnis von Primat und Episkopat *Bier*, Rechtsstellung, 23–50 sowie zum Bischofskollegium und zur Kollegialität ebd., 326–350.
145 Vgl. c. 381 § 1 sowie ausführlich *Bier*, Rechtsstellung, 140–160.
146 *J.A. Faßbender*, Das göttliche Recht im Codex Iuris Canonici. Eine Untersuchung zur Kodifikationstechnik des CIC, Dissertation Bonn 1949, 161 mit Bezug auf die entsprechenden Vorschriften des alten CIC sowie cc. 24 § 1 und 199 n. 1.
147 Vgl. *Papst Johannes Paul II.*, Ap. Schreiben zum XXV. Jahrestag der Konzilskonstitution Sacrosanctum Concilium über die Heilige Liturgie *Vincesimus quintus* vom 4. Dezember 1988, AAS 81 (1989), 897–918, hier n. 9a (dt.: VdAS 89) und *ders.*, Dies domini, n. 34a.
148 Vgl. *J. Kard. Meisner*, Mit dem Herzen sehen. Chance und Auftrag der Kirche zu Beginn des dritten Jahrtausends. Ein Gespräch mit Stefan Rehder, Aachen 2000, 205.207.
149 Vgl. auch *S.C. Rituum*, Instructio de cultu mysterii eucharistici vom 25. Mai 1967, AAS 59 (1967), 539–567, hier 542 n. 3d: »... nulla Missa, sicut et nulla actio liturgica, est actio mere privata, sed celebratio Ecclesiae, prout est societas diversi ordinibus et muneribus ordinata, in qua singuli secundum proprium ordinem et propria munera agunt«. Nach *Schützeichel*, Feier, 25 ist die hierarchische Kirchenstruktur »primär für die Ausübung und Erhaltung von Machtansprüchen geeignet«.
150 Vgl. *J.H. Miller*, Liturgy, NCE VIII (1967), 928–942, hier 932.
151 Sie erfolgt in zwei Formen: Als liturgisch-disziplinäres Recht normiert es – vor allem im CIC – nach dem Kriterium der gemeinschaftlichen Verbindlichkeit Gültigkeits-, Erlaubtheits- und andere Schutzbestimmungen. Als (rein)

der Papst sowie die Kongregation für die Glaubenslehre und die Kongregation für den Gottesdienst und die Ordnung der Sakramente sind vorrangig zuständig für die Normierung[152] und Überwachung[153] des gesamten gottesdienstlichen Lebens[154]. Die Bischofskonferenzen haben – nach einem neuerdings strengen und detaillierten Reglement – Übersetzungen der liturgischen Bücher in die Volkssprachen zu besorgen und – soweit in den Büchern selbst vorgesehen – diese unter Berücksichtigung lokaler Gebräuche anzupassen[155]. Rechtswirksam herausgeben können die Bischofskonferenzen die liturgischen Bücher nach der _recognitio_ des Apostolichen Stuhls. Sie kann an die Erfüllung substantieller inhaltlicher Auflagen gebunden werden[156]. Darüber hinausgehende Änderun-

liturgisches Recht regelt es nach dem Kriterium pastoraler Effizienz und Fruchtbarkeit den konkreten Hergang der Liturgie durch detaillierte Anleitungen zur Durchführung der liturgischen Zeremonien. Dieses liturgische Recht findet sich vor allem in den liturgischen Büchern in Form allgemeiner Rubriken (in den Praenotanda und den Allgemeinen Einführungen) und als besondere Rubriken für den genauen Ablauf der Zeremonien; vgl. _H. Socha_, in: MKCIC 2, 2f.; _Pree_, Gemeinde, 26 Anm. 1 sowie _A. Cuva_, Diritto Liturgico, in: _D. Sartore u.a._ (Hg.), Liturgia, Milano 2001, 574–584.
152   Dazu gehört auch die Herausgabe der liturgischen Bücher und die Überprüfung ihrer Übersetzungen in die Volkssprachen; vgl. c. 838 §§ 1 und 2.
153   Vgl. c. 838 § 2.
154   Vgl. _Papst Johannes Paul II._, Apostolische Konstitution über die römische Kurie _Pastor Bonus_ vom 28. Juni 1988, AAS 80 (1988), 841–912, Art. 62–70 sowie _C. Cult._, Direktorium über die Volksfrömmigkeit, n. 21b. Auch der nicht-amtliche Gottesdienst muss mit den Maßstäben der liturgischen Ordnung in Einklang stehen; vgl. SC 13c sowie _K. Lüdicke_, in: MKCIC 839, 3. Für die Feier der Eucharistie ist einschlägig _C. Cult._ (Hg.), Missale Romanum, Typis Polyglottis Vaticanis ³2002. Bereits am 20. April 2000 hatte die _C. Cult._ die Neufassung der _Institutio Generalis Missalis Romani_ (= IGMR) getrennt veröffentlicht. Sie ist mit Angabe der Änderung zur Fassung von 1975 dokumentiert in EThL 114 (2000), 405–480. Gleichwohl weist die in der Ausgabe des Missale von 2002 enthaltene IGMR noch Änderungen auf. Sie können nachvollzogen werden bei _A. Ward_, Final variants in the third »Institutio generalis« of the third typical edition of the »Missale Romanum«, EThL 116 (2003), 263–284.
155   Vgl. _C. Cult._, Der Gebrauch der Volkssprache bei der Herausgabe der Bücher der römischen Liturgie _Liturgiam authenticam_ vom 28. März 2001, AAS 93 (2001), 685–726 (dt: VdAS 154) sowie _Socha_, Grundfragen, 37. Kritisch zur Praxis des Apostolischen Stuhls _R. Kaczynski_, Liturgie in der Weite der Catholica? Fortschreitende Mißachtung und endgültige Aufhebung eines Konzilsbeschlusses, in: _A. Franz_ (Hg.), Was ist heute noch katholisch? Zum Streit um die innere Einheit und Vielfalt der Kirche (QD 122), Freiburg/Basel/Wien 2001, 160–188.
156   Vgl. _C. Cult._, _Liturgiam authenticam_ (s. Anm. 155), n. 80. _U. Rohde_, Die recognitio von Statuten, Dekreten und liturgischen Büchern, AKathKR 169 (2000), 433–468, hier 458f. weist darauf hin, dass entgegen der Auffassung des Sekretariats der Codexkommission die _recognitio_ im Unterschied zu _consen-_

gen kann die Bischofskonferenz dem Apostolischen Stuhl vorschlagen[157]. Die ausnahmsweise[158] Gesetzgebungskompetenz des Diözesanbischofs in liturgischen Fragen ist sachlich beschränkt auf die Ausfüllung universalkirchlicher Rahmenvorgaben und einige Detailfragen. Wie generell, bedeutet die Gewalt des Diözesanbischofs auch hier inhaltlich vor allem Ausführung und Urgierung des gesamtkirchlichen Rechts[159]. Priestern kommen in bestimmten Ämtern untergeordnete Aufsichtsrechte zu[160]. Diakone und Laien besitzen keinerlei Ordnungskompetenz in liturgischen Fragen[161]. Die liturgierechtliche Kompetenzverteilung spiegelt die Grundstruktur der Kirche nicht nur als *communio fidelium hierarchica*. Der Vorrang universalkirchlicher liturgischer Ordnung spiegelt auch die dem hierarchischen Verhältnis von Primat und Episkopat entsprechende *communio ecclesiarum hierarchica*[162]. Jede Teilkirche muss daher in der Glaubenslehre und in den Sakramenten ebenso mit der Universalkirche übereinstimmen wie in den von der apostolischen und kontinuierlichen Tradition allgemein akzeptierten Bräuchen. In der Kirche antwortet die *lex orandi* auf die *lex credendi*[163].

sus und *approbatio* nicht eine inhaltliche Befürwortung durch die höhere Autorität erfordert, sondern nur eine Prüfung der Übereinstimmung mit höherrechtlichen Vorgaben. Die Instruktion übernimmt gleichwohl jene Ausführungen des Sekretariats, die auf die Behauptung der Synonymität folgen. Zu fragen ist überdies, ob der Unterschied zwischen inhaltlicher Befürwortung und Konformitätsprüfung nicht durch die Detailfreude der höherrangigen Bestimmungen nivelliert wird.

157   Vgl. *Pree*, Gemeinde, 25 unter Berufung auf *C. Cult.*, Römische Liturgie und Inkulturation IV. Instruktion zur ordnungsmäßigen Durchführung der Konzilskonstitution über die Liturgie (Nr. 37–40) vom 25. Januar 1994, AAS 87 (1995), 288–314, n. 63–66 (dt.: VdAS 114). *J.M. Huels*, The new General Instruction of the Roman Missal : Subsidiarity or Uniformity, Worship 75 (2001), 482–511, hier 488–499 macht in der neuen IGMR vier Änderungen der Kompetenz der Bischofskonferenz in liturgischen Fragen aus. Drei davon sind Beschränkungen zugunsten des Apostolischen Stuhls.

158   Vgl. c. 838 §§ 1 und 4.

159   Vgl. den Überblick bei *Bier*, Rechtsstellung, 20f.204–206.216–225 sowie *Huels*, Instruction, 495–505.

160   Vgl. etwa c. 555 § 1 n. 3 für den Dechanten, c. 561f. und c. 903 für den Kirchenrektor, cc. 528 und 530 für den Pfarrer.

161   Die Mitgestaltung des Ablaufs liturgischer Feiern unter »Ordnungsfunktion« zu subsumieren (so *Rau*, Feiern, 466) dehnt den Begriff ungebührlich aus.

162   Vgl. dazu ausführlich *Bier*, Rechtsstellung, 63–74.

163   Vgl. IGMR ³2002, in: *C. Cult.* (Hg.), Missale Romanum ³2002, 19–86, hier n. 397 und *dies., Liturgiam authenticam*, n. 89. Die Liturgie wird als Glaubensnorm betrachtet, weil und insofern sie Ausfluss des Lehr- und Hirtenamtes des Papstes ist. Bereits im Titel klingt die Parallele zwischen *magisterium authenticum* und *liturgia authentica* an. Gemeint ist hier nicht nur die Ursprungs-

3.2.2.4 *Feiern in hierarchischer Ordnung*
Dass die Liturgie und in besonderer Weise die Eucharistiefeier Handlung und Darstellung der Kirche ist[164], gilt auch für ihre konkrete Vollzugsgestalt. In der vollziehenden Handlung mit ihren verschiedenen Akteuren und deren Aufgaben muss auch die spezifische Verfasstheit der Kirche erkennbar sein[165]. Die gefeierte und gelebte Liturgie prägt den Glauben und die Vorstellung von Kirche nachhaltig. Jede Form von Gottesdienst vermittelt Anschauung der Kirche und damit Kirchenbilder[166]. Das zeigt sich exemplarisch im Vollzug der Eucharistiefeier.

treue, sondern auch die Verbindlichkeit. Vgl. auch die wiederholten Hinweise auf den Zusammenhang von Liturgie und Doktrin z.B. ebd., n. 3: Die liturgischen Bücher sollen sich durch gesunde Lehre auszeichnen, weil, so ebd., n. 26, die liturgischen Texte als sehr wirksame Mittel gelten, die Grundlagen des Glaubens und der christlichen Sittenlehre im Leben der Christgläubigen einzuprägen. Deshalb soll man sich bei der Übersetzung theologisch besonders bedeutsamer Wörter an etwaigen Übersetzungen des Weltkatechismus orientieren; vgl. ebd., n. 50a. Zur Entwicklung des Sprichworts seit den gnadentheologischen Auseinandersetzungen im 5. Jahrhundert zu seiner Verselbständigung und Formalisierung als Axiom für den Zusammenhang von Liturgie und Glaube vgl. *P. De Clerck*, »Lex orandi, lex credendi«: The original sense and historical avatars of an equivocal adage, StLi 24 (1994), 178–200.
164 Vgl. c. 899 § 1.
165 IGMR ³2002 nn. 91 und 294 spricht von der hierarchisch gegliederten Gemeinschaft, die zum Ausdruck kommen soll; ebenso *C. Cler. u.a.*, Instruktion zu einigen Fragen über die Mitarbeit der Laien am Dienst der Priester vom 15. August 1997, AAS 89 (1997), 852–877, Art. 6 § 1 [dt.: VdAS 129]. *Sekretariat der DBK* (Hg.), Zum gemeinsamen Dienst berufen. Die Leitung gottesdienstlicher Feiern – Rahmenordnung für die Zusammenarbeit von Priestern, Diakonen und Laien im Bereich der Liturgie vom 8. Januar 1999 (DDB 62), Bonn 1999, 7, Nr. 1 spricht allgemeiner von der »gegliederten Gemeinschaft« sowie deutlicher ebd., Nr. 7: »Das tritt auch in den gottesdienstlichen Versammlungen klar in Erscheinung, in denen sich die Kirche in besonderer Weise darstellt und verwirklicht. Nicht nur die fundamentale Gleichheit aller in ihrer Christenwürde, sondern auch die Unterschiedenheit der Ämter und Aufgaben, d.h. die hierarchische Verfaßtheit der Kirche sowie die Besonderheit der verschiedenen pastoralen Dienste und die Vielfalt der Charismen müssen sich im Gottesdienst widerspiegeln und zur Darstellung kommen«. Vgl. dazu *A. Heinz*, Gemeinsam dem Volk dienen. Zu Anlass und Absicht der Rahmenordnung der deutschen Bischöfe über die Zusammenarbeit von Priestern, Diakonen und Laien im Bereich der Liturgie (8.1.1999), BiLi 73 (2000), 84–92. Zur gegliederten Gemeinschaft ist die »amorphe Masse« aber wohl kaum die einzige Alternative; vgl. ebd., 86. Die Sorge von *Stubenrauch*, Träger, 90, der Ausdruck *communio hierarchica* könne »das »Gegenüber« des Ordinierten zu den übrigen Gläubigen dem »Miteinander« vor- und überordnen, wird amtlich nicht geteilt.
166 Vgl. *A. Jilek*, Ehrenamtliche Dienste in Pastoral und Liturgie, in: *S. Demel u.a.* (Hg.), Im Dienst der Gemeinde. Wirklichkeit und Zukunftsgestalt der kirchlichen Ämter (Kirchenrechtliche Bibliothek V), Münster 2002, 113–125, hier 115.119.

3.2.2.4.1 *Participatio actuosa christifidelium*

Kraft ihrer Taufe und der darin gründenden Anteilhabe am Priestertum Christi wie an der Ausübung der Sendung der Kirche nehmen an der Eucharistiefeier nicht nur einzelne, etwa die Priester, sondern alle Gläubigen tätig teil[167]. Diese Wiedergewinnung der ekklesiologischen Bedeutung der gleichen Taufwürde aller Gläubigen betont der als Leitmotiv der Liturgiekonstition geltende Begriff der *participatio actuosa*[168] ebenso wie die in der Theologie eingebürgerte Redeweise von der liturgischen »Trägerschaft« aller Gläubigen[169]. Beides sind generische Begriffe. Die spezifische, nämlich hierarchische[170] Strukturiertheit der eucharistischen Versammlung[171] kennzeichnen sie nicht hinreichend. Dazu ist die von der gleichen Taufwürde bleibend durchdrungene, gleichwohl nicht aufgehobene unterschiedliche persönliche und rechtliche (nach Stand, Aufgabe und Geschlecht[172]) Stellung der Gläubigen im Volk Gottes zu beachten[173]. Die grundlegende, weil nicht nur rang-, sondern wesensmäßige und irreversible Unterscheidung[174] der Gläubigen in Kleriker und Laien wirkt sich aus in

---

167   Vgl. c. 294 § 1. Seit dem 4. Jahrhundert hatten verschiedene Entwicklungen zur »Untätigkeit« der Laien geführt; *F. Kohlschein*, Bewußte, tätige und fruchtbringende Teilnahme. Das Leitmotiv der Gottesdienstreform als bleibender Maßstab, in: Lebt unser Gottesdienst? Die bleibende Aufgabe der Liturgiereform, hg. von *T. Maas-Ewerd*, Freiburg/Basel/Wien 1988, 38–62, hier 39 nennt: Entfernung und Verhüllung des Altars, Übernahme der Rolle der übrigen Gläubigen durch Klerus und Sänger, lateinische Liturgiesprache, Aufkommen der Privatmesse, zunehmend tragende Rolle des Klerus und Ausfall der Kommunion.
168   Vgl. c. 837 § 2 sowie *Kohlschein*, Teilnahme sowie immer noch die materialreiche Arbeit von *S. Schmid-Keiser*, Aktive Teilnahme. Kriterium gottesdienstlichen Handelns und Feierns (EHS XXIII, 250), Frankfurt a.M. 1985.
169   Vgl. *Rau*, Feiern, 271. Die Begriffe *christifideles* und *sacerdotium commune* akzentuieren ebendies in allgemeiner Form; vgl. *K.H. Selge*, Der Begriff »christifideles« im Codex Iuris Canonici 1983, in: *H.J.F. Reinhardt* (Hg.), Theologia et Ius Canonicum (FS H. Heinemann), Essen 1995, 259–273. Gleichwohl fällt auf, dass der CIC nur den christlichen Gottesdienst ausdrücklich als Ausübung des gemeinsamen Priestertums erwähnt; vgl. c. 836.
170   Vgl. IGMR ³2002 nn. 16, 91 und 294.
171   Als grundlegend gilt «das hierarchisch gegliederte Miteinander [...] der Feiernden«; so *J. Kard. Meisner*, Mysterium der Liebe Gottes. Eine Hinführung zur Heiligen Messe, in: *ders. / H.-G. Kaufmann*, Die Heilige Messe, Augsburg 1997, 7–46, hier 20. Vgl. auch *A. Cuva*, Assemblea, in: *Sartore u.a.* (Hg.), Liturgia, 158–171, hier 159.165.
172   Vgl. zur entsprechenden Bedeutung von *condicio* in c. 204 vgl. *Lüdecke*, Grundstellung, 70–75.
173   Vgl. IGMR 1975 n. 5 und *Sekretariat der DBK* (Hg.), Zum gemeinsamen Dienst berufen, 10, Nr. 3e und deutlicher 13, Nr. 7.
174   Vgl. LG 10 und c. 1008 zum *character indelebilis* sowie c. 207.

einer wesensspezifischen Trägerschaft der Liturgie oder Teilhabe
an den *munera Christi* und im – konziliar konsequenten, kodika-
risch überwiegenden – Vorbehalt der *munera Ecclesiae* für die
Kleriker[175]. Ebenso differenziert sich die tätige Teilnahme der
Gläubigen zur jeweiligen *participatio actuosa »specifica«*[176].

175 In IGMR ³2002 nn. 69 werden die Fürbitten im Unterschied zu IGMR
1974 nn. 45 als Ausübung des »sacerdotium *baptismatis* [Kursivierung N.L.]
munus« bezeichnet. Vgl. zur Akzentuierung von Tauf- und Weihepriestertum
in der IGMR ³2002 *K.W. Irwin*, The revised *Insitutio Generalis Missalis Romani*: Issues in liturgical theology and american pastoral implementation, Jurist
62 (2000), 233–255, hier 242f. *C. Braga*, L' »Editio Typica Tertia« della »Isti-
tution Generalis Missalis Romani«, Elit 114 (2000), 481–497, hier 487 weist
darauf hin, *presbyter* sei häufig durch *sacerdos* ersetzt worden, wo es um den
Zelebranten gehe.
176 *S.C. Rituum*, Instructio de cultu, 548 n. 11: »Illa vero actuosa et com-
munitatis propria participatio eo magis conscia et fructuosior erit, quo fideles
locum qui ad ispos spectat in coetu liturgico atque ab ipsis in actione eucharistica agendas clarius agnoscant«. Vgl. auch *Pree*, Gemeinde, 16f. Dieser Unterschied ist mitzudenken, wo ohne Spezifizierung von der tätigen Teilnahme
die Rede ist; vgl. cc. 835 § 4, 837 §§ 1 und 2, 906, 899 § 2 sowie etwa IGMR
³2002 nn. 5, 17, 18, 19, 35, 36, 41, 42, 91, 103, 112, 115, 288. Vgl. *Sekretariat
der DBK* (Hg.), Pastorales Schreiben, 21: »Tätige Teilnahme aller an der Liturgie ist nicht die Aufforderung aller zu allem. ... In der gegliederten Gemeinde
gibt es nämlich Aufgaben, die dem Vorsteher eigen sind, aber ebenso Aufgaben,
die von anderen Gliedern des Volkes Gottes wahrgenommen werden sollen«.
Nicht nachvollziehbar ist es, wenn *H.B. Meyer*, Liturgischer Leitungsdienst
durch Laien. Eine liturgiewissenschaftliche Grundlegung, in: *Klöckener/Rich-
ter* (Hg.), Priestertum, 107–144, hier 109 aus der Liturgiebefähigung aller
durch die Taufe nach SC 14 und dem Hinweis aus SC 28, alle sollten nur die
Rolle ausfüllen, die ihnen zukommt, nicht nur folgert, »daß alle Feiernden, ob
Amtsträger oder Laien, Träger der liturgischen Feiern sind«, sondern auch,
»daß die mehr als tausendjährige Tradition der Klerusliturgie mir ihrem Gegenüber von klerikalen ›Spendern‹ und laikalen ›Empfängern‹ zu Ende ist«. Die
Kleriker sind nach amtlichem Verständnis die Ausspender der Geheimnisse
Gottes; vgl. cc. 276 § 1, 387, 835 oder *Sekretariat der DBK* (Hg.), Zum gemeinsamen Dienst berufen, Nr. 10c: Bischof und Priester als »von Gott bestellte
›Verwalter‹ seiner heiligen Mysterien«. *Meyer* formuliert ebd., 117 vorsichtiger und sieht durch die Liturgiekonstitution »das Ende der Klerusliturgie an-
gesagt und die Tür geöffnet für eine Neuordnung der liturgischen Dienste, die
eine kirchenamtliche Anerkennung liturgischer Laiendienste mit sich bringt«.
Es ist ein – wohlwollendes – Missverständnis, wenn *Meyer-Blank*, Rollen, 778
aus evangelischer Sicht meint, das erste Kriterium des Evangelischen Gesang-
buchs – »Der Gottesdienst wird unter der Verantwortung und Beteiligung der
ganzen Gemeinde gefeiert« – entspreche dem Prinzip der aktiven Teilnahme
aller Gläubigen an der Liturgie. Falsch ist die Behauptung, die konziliare Lehre
vom gemeinsamen Priestertum sei »das Fundament dafür, daß nunmehr alle
Gläubigen in gleicher Weise Mittträger der liturgischen Handlungen sind«;
vgl. *Stubenrauch*, Träger, 83. Später formuliert er zutreffend, es gebe »verschiedene Weisen sowie eine Stufung in der Dichte der ›participatio‹« (vgl.
ebd., 85), die er (ebd., 89–121) ausführlich entfaltet. Ebenso widersprüchlich

3.2.3.4.2 *Participatio actuosa clericalis praesertim icona*
Zelebrant ist einzig der gültig geweihte Priester. Er vollzieht seiner unauslöschlichen Bestimmung durch die Weihe entsprechend
die Eucharistie in der Person Christi des Hauptes[177], d.h. nicht nur
»im Namen« oder »in Stellvertretung« Jesu Christi, sondern »in
der spezifischen, sakramentalen Identifzierung mit dem ewigen
Hohepriester«[178], als *alter Christus*[179], als »Abbild« (*imago*) und
»Zeichen« (*mimema*)[180], als »anamnetische Figur«[181] und »aus

---

ist es, in Bezug auf c. 835 einerseits richtig von der »je verschiedenen Teilhabe
am kirchlichen Heiligungsdienst« zu sprechen, andererseits zu behaupten,
»daß die Wahrnehmung des ›munus sanctificandi‹, d.h. die Trägerschaft der Liturgie [das ist nicht dasselbe; N.L.], allen Gläubigen gleichermaßen zukommt«
(vgl. ebd., 166 und 169), um dann zu kritisieren, der Canon bleibe mit der Redeweise von den *ceteri christifideles* »einem ständisch aufgebauten Kirchenverständnis verhaftet« (ebd., 188). An späterer Stelle sieht er in der systematischen Einordnung und inneren Struktur des Canons »eine hierarchologisch
verengte Sicht der Liturgie« (ebd., 223). Die Kritik geht von der konziliar wie
rechtsdogmatisch unhaltbaren Prämisse aus, »die vorkonziliare, von einem
Stände-Denken geprägte Konzeption« sei »von einem Verständnis der Kirche
abgelöst, wonach diese primär als ›communio‹ zu begreifen ist« (ebd., 154),
und weil Kleriker auch Gläubige bleiben, gelte, »daß es ... unter den Gläubigen
keine Über- und Unterordnung gibt und geben darf« (ebd., 154). Das illustrie-
rend herangezogene Bild der konzentrischen Kreise für die Kirche ist keine Alternative zum Bild der Pyramide oder des Kegels. Wer die kodikarischen Daten
in die Kreise einträgt, erkennt die bloße Projektion des dreidiemsionalen Ob-
jekts in den zweidimensionalen Raum. Sie bleibt ohne grundlegende Folgen.
Aus der Spitze wird das Zentrum, aus der Basis die Peripherie. Ob der pyrami-
dale rechtliche Aufbau der Kirche der Kritik bedarf, ist eine Frage der Einstellung. Der rechtsdogmatische Befund ist nicht bestreitbar. Kritisch zu dieser
»Projektion der Hierarchie auf eine Ebene« bereits *F.-X. Kaufmann*, Kirche
begreifen. Analysen und Thesen zur gesellschaftlichen Verfassung des Christentums, Freiburg/Basel/Wien 1979, 144.
177 Vgl. c. 900 § 1.
178 Vgl. *Papst Johannes Paul II.*, Ap. Schreiben *Dominicae Cenae* vom 2. Februar 1980, AAS 72 (1980), 113–148, hier n. 8d sowie erneut unterstreichend
ders., *Ecclesia de Eucharistia*, 29a. Nach *M. Kunzler*, Das Charisma der Liturgie. Zu Theologie und Ausgestaltung der liturgischen Laiendienste, Paderborn
2001, 50 ist der Ausdruck »Stellvertretung« ungeeignet, weil er – nicht
schriftgemäß – gerade die Abwesenheit Christi akzentuiere.
179 Vgl. *C. Cler.*, Instruktion »Der Priester, Hirte und Leiter der Pfarr-
gemeinde« vom 4. August 2002, Nr. 8a unter: http://www.vatican.va/roman_
curia/congregations/cclergy/documents/rc_con_cclergy_doc_20020804_istr
uzionepresbitero_it.html (dt.: VdAS 157).
180 Vgl. *C. Fid.*, Erklärung zur Frage der Zulassung der Frauen zum Priester-
amt vom 15.10.1976, AAS 69 (1977), 98–116, hier 107.113 (dt.: VdAS 117).
181 Darunter bzw. unter einer »Erinnerungsfigur« versteht *Kohlschein*, Situation, 177f. in Anlehnung an J. Assmann »symbolische Konstrukte, die Erfahrungen in Form veranschaulichter Erinnerung festhalten, um sie zeitlich und
örtlich jeweils neu vermitteln zu können. Als Teil des kulturellen Gedächtnis-

Fleisch und Blut bestehende Ikone« Christi[182]. Konstitutiv und unersetzlich für die Feier der Eucharistie ist allein die _participatio_ »_specifica_« der Bischöfe und Priester. Die Zelebration ohne Teilnahme wenigstens eines Gläubigen ist ohne gerechten und vernünftigen Grund unerlaubt, aber gültig. Auch die Zelebration ohne weitere Gläubige bleibt eine Handlung der Kirche, hebt die gemeinschaftliche Natur der liturgischen Handlungen nicht auf. Der Priester repräsentiert Christus _und_ die Gemeinde[183]. Es gilt: Keine Eucharistie ohne Priester, wohl aber ohne andere Gläubige[184]. Und insofern die Kirche aus der Eucharistie lebt[185], in besonderer Weise als »elementare Ekklesiogenesis« zu sehen ist[186], gilt auch: Keine Kirche ohne Priester, wohl aber ohne übrige Gläubige[187].

ses verfügen sie über eine Art ›mnemischer‹, aus Erinnerung schöpfender Energie, so daß figurierte Sinngehalte auch nach langer Zeit immer wieder aktuell werden können. Der Träger der Erinnerungsfigur stammt aus dem Bereich des Alltags, doch die bezeichnete Erinnerung vermag über die kontingente Erfahrung hinaus eine Figur mit transzendenter, religiöser Bedeutung entstehen zu lassen«.

182   _Kunzler_, Lob, 37 und ähnlich 128.178 sowie _ders._, Charisma, 52.

183   Vgl. cc. 904 in Verbindung mit 906 und 837 § 2: Teilnahme weiterer Gläubiger »nach Möglichkeit«. Das Messbuch sieht eine eigene Form der Messe ohne Gemeinde vor; vgl. IGMR ³2002 nn. 19 und 254. Vgl. zur Kritik _P. Weß_, Die Stellung der Gemeinde in der Eucharistiefeier. Überlegungen zu AEM, Nr. 62, in: _R. Meßner / E. Nagel / R. Pacik_ (Hg.), Bewahren und Erneuern. Studien zur Meßliturgie (FS H.B. Meyer), Innsbruck/Wien 1995, 336–350, hier 338f.

184   Vgl. _M. Kunzler_, Dienst am Leib Christi. Praktische Anleitungen für den Kommunionhelferdienst, Paderborn 2003, 33:»Ohne Brot und Wein kann man keine Eucharistie feiern. Priester, die in russischen Ländern gefangen waren, können ein Lied davon singen; welche Freude war es, wenn auf irgendwelchen geheimen Wegen doch ein Stück Brot und ein kleiner Schluck Wein beschafft werden konnte. Damit ist aber auch schon die zweite Notwendigkeit angesprochen: Auch ohne einen gültig geweihten Priester kann man keine Messe feiern«. Die Anwesenheit der Gemeinde gehört zum _bene esse_ der Eucharistie, nicht zu ihrem _esse_.

185   Vgl. _Papst Johannes Paul II._, Ecclesia de Eucharistia, n. 1 und n. 29: »Der Dienst der Priester, die das Sakrament der Weihe empfangen haben, macht in der von Christus bestimmten Heilsordnung deutlich, dass die von ihnen gefeierte Eucharistie _eine Gabe ist, die auf radikale Weise die Vollmacht der Gemeinde überragt._ Das priesterliche Dienstamt ist unersetzlich, um die eucharistische Konsekration gültig an das Kreuzesopfer und an das letzte Abendmahl zu binden«.

186   Vgl. _Bischof K. Koch_, Der Zusammenhang von Gemeindeleitung und liturgischen Leitungsdienst, in: _Klöckener/Richter_ (Hg.), Priestertum, 65–85, hier 67–69.

187   Die absolute Notwendigkeit des hierarchischen Priestertums unterstreicht _C. Cler. u.a._, Mitarbeit der Laien, n. 3. Es ist absolut unersetzbar für die Existenz der Gemeinde als Kirche. Auf der Linie eucharistischer Ekklesio-Logik liegt folgendes Gedankenexperiment: Man denke sich weltweit alle Nichtpriester weg. Dann stürbe die Kirche zwar wegen der rein maskulinen Pries-

Die besondere Stellung des durch seine Weihe Christus gleichge-
stalteten Priesters[188], in welchem Christus selbst der Versammlung
vorsteht[189], soll im Verlauf der Feier immer wieder durch Kleidung[190], Worte/Texte und Gesten/Gebärden und an seinem vor-
züglichen Platz und seiner Aufgabe deutlich werden[191]. C. 907
verbietet Diakonen und Laien, in der Eucharistiefeier Gebete vor-
zutragen und Handlungen vorzunehmen, die Priestern vorbehalten
sind[192]. »Es geht um die anamnetische Figur und die Wahrung
der ikonographischen Qualität, wenn bestimmte verbale und
nonverbale Ausdrucksformen reserviert bleiben«[193].

terschaft allmählich aus. Sie bestünde aber solange weiter, wie noch ein Priester zelebriert. Anders beim weltweiten Ausfall aller gültig geweihten Priester.
Hier stürbe die Kirche sofort. Es gäbe dann noch Diakone und Laiengläubi-
ge, aber nicht die Kirche. Theorien einer »Noteucharistie« oder »Begierdewei-
he« (vgl. in dieser Richtung etwa *K. Rahner*, Zur Spiritualität des Priesters vom
Amt her gesehen, in: *ders.*, Schriften zur Theologie XIV, Zürich/Einsie-
deln/Köln 1980, 182–207, hier 189) sind lehramtlich abgelehnt; vgl. *C. Fid.*,
Schreiben an die katholischen Bischöfe über einige Fragen den *minister* der
Eucharistie betreffend vom 6. August 1983, AAS 75 Pars I (1983), 1001–1009
(dt.: VdAS 49) sowie *Papst Johannes Paul II.*, Enzyklika *Ecclesia de Eucharistia*, n. 29.
188 Vgl. *C. Cler.*, Priester, Lehrer des Wortes, III.1a.
189 Vgl. IGMR ³2002 n. 30; ähnlich nn. 4 und 27.
190 Die Verschiedenheit der Glieder des Leibes Christi werde in der Kleidung als äußeres Zeichen ausgedrückt; vgl. IGMR ³2002 n. 335. Priester sollen
nicht ohne gerechten Grund *modo laicorum* an der Messe teilnehmen, sondern
in der Regel konzelebrieren; vgl. ebd., n. 114.
191 Vgl. IGMR ³2002 n. 4 sowie *Sekretariat der DBK* (Hg.), Gemeinsam zum
Dienst berufen, mit genauen Differenzierungen für die Beteiligung von Laien an
nicht-eucharistischen gottesdienstlichen Feiern. Nach *Kunzler*, Dienst, 41 wird
durch den Priester den Augen und Ohren der Gläubigen der unsichtbar anwe-
sende Christus vermittelt. Jene gottesdienstlichen Vollzüge, Worte und Gesten,
»in denen Christus der Herr selbst an den Menschen handelt«, werden »um ihrer selbst willen immer dem geweihten Priester vorbehalten bleiben«. Nur
wenn sie von ihm gesprochen und vollzogen werden, kann der Christ sicher
sein, dass nicht ein gläubiger Mensch etwas Frommes tut, sondern Christus
selbst an ihm sein Heil wirkt«. Vgl. auch *ders.*, Charisma, 50f., 60.
192 Dies hat die *C. Cler. u.a.*, Mitarbeit der Laien, Art. 6 § 2 eingeschärft,
damit »auf diesem Gebiet die kirchliche Identität jedes einzelnen« gewahrt
bleibe.
193 *Kohlschein*, Situation, 182. *J. Kard. Meisner*, Pastoralbrief zur Liturgie
vom 30. März 1998, in: Abl. Köln 138 (1998), 108–112, Nr. 112. Nr. 110 unterstreicht: »Das Miteinander schließt aus, daß sich Klerus und Laien ihre Rollen streitig machen«. Das II. Vatikanum mahne die Laien auch, nicht nach
Diensten zu streben oder sie sich anzueignen, die aufgrund der Weihe Priestern
und Diakonen in je unterschiedlicher Weise vorbehalten sind. Jedes Abweichen
davon stellt die Sakramentalität der Kirche in Frage, die sich konstitutiv auch
im wesensmäßigen und nicht bloß graduellen Unterschiede zwischen dem gemeinsamen und dem besonderen Priestertum des Dienstes ausdrückt«.

Das für jedwede besondere liturgische Aufgabe und damit auch für Laien zulässige Gewand ist die Albe. Bei Klerikern ist sie das Untergewand; sie tragen ihre textilen Insignien darüber[194]. Die Stola ist dem Priester und dem Diakon vorbehalten[195]. Nur der Priester trägt sie ungekreuzt und gerade hängend, der Diakon von der linken Schulter quer zur rechten Seite[196]. Nur dem Priester vorbehalten ist das mantelartige messspezifische Obergewand, die Kasel[197]. Das den Diakon auszeichnende Gewand ist die Dalmatik[198]. Beim Einzug ehren nur die Kleriker den Altar als Symbol für Christus durch den Altarkuss, nur der Priester ggf. durch Inzensieren[199]. Sie stellen so die vertikale Ausrichtung der ganzen Versammlung her[200]. Dann nimmt der Priester den allein ihm vorbehaltenen Sitz ein. Er »macht so deutlich, daß er damit die Stellvertretung des eigentlichen Einladenden, nämlich Christus, übernommen hat«[201].

194 Vgl. IGMR ³2002 nn. 336–339 sowie _J. Braun_, Liturgisches Handlexikon, Regensburg ²1924, 10.169. Für nähere Erklärungen und Abbildungen zur liturgischen Kleidung vgl. _E. Fahrner_, Des Priesters Kleider und ein Blick darunter, Thaur 1998, 121–166 sowie _Kunzler_, Lob, 93–98.316.
195 Vgl. _Braun_, Handlexikon, 327f., hier 328.
196 IGMR ³2002 n. 340.
197 Vgl. _Braun_, Handlexikon, 156–159.
198 Vgl. IGMR ³2002 n. 338. Nach einem Schreiben der _C. Cult._ vom 1. Oktober 1993 gilt dies, sofern der Diakon dem Bischof oder Priester in der Eucharistiefeier assistiert. Leitet der Diakon den Gottesdienst selbst, soll er entweder Albe mit Stola tragen oder Talar, Chorrock und Stola; vgl. _A. Weiß_, Der ständige Diakon, in: HKKR², 300–314, hier 310 sowie _Sekretariat der DBK_ (Hg.), Der liturgische Dienst des Diakons. Handreichung der Liturgiekommission zum sinngerechten Vollzug der gottesdienstlichen Aufgaben des Diakons vom 12. März 1984 (DDB – Liturgie-Kommission 5), Bonn 1984, Nr. 177. Für Laien sind Kasel (Priestergewand) und Dalmatik (Diakongewand) schwer zu unterschieden. Unterschiede im Schnitt fallen nur Fachleuten auf. Neben dem Priester ist das unproblematisch. Der Diakon ist hier durch seine Funktionen unterscheidbar. Ohne Priester ist der Gefahr der Verwechslung zu begegnen. Die spezfisch zu tragende Stola soll daher erkennbar sein. Vgl. die Einschärfung des Verbots, dass Laien solche Kleidung tragen, durch _C. Cler. u.a._, Mitarbeit der Laien, Art. 6 § 2. _Meisner_, Pastoralbrief, 110 weist erneut darauf hin, »daß Laien, wenn sie bei der Erfüllung ihrer Aufgaben liturgische Gewänder tragen, alles vermeiden müssen, was zur Verwechselung mit priesterlichen oder diakonalen Gewändern und Amtszeichen führen kann. Jedes andere Verhalten verletzt nicht nur die Ordnung der Kirche, sondern gibt den Gläubigen Anlaß zu Verwirrung und Ärgernis«.
199 Vgl. IGMR ³2002 n. 49.
200 Vgl. _Meisner_, Messe, 22.
201 Ebd.,22 sowie IGMR ³2002 n. 124; vgl. ebd., n. 310 mit der Mahnung, die Sitze für nicht ordinierte Mitwirkende so zu platzieren, dass sie deutlich von den Plätzen der Kleriker unterscheidbar sind. _Sekretariat der DBK_ (Hg.), Leitlinien für den Bau und die Ausgestaltung von gottesdienstlichen Räumen. Handreichung der Liturgiekommission der DBK vom 25. Oktober 1988 (DDB –

Nur Kleriker dürfen die vorgesehenen Grußformeln – etwa »Der Herr sei mit euch«, den österlichen Gruß des Auferstandenen – verwenden[202]. Die Antwort »Und mit deinem Geiste« gilt als Anerkennung der Vollmacht des in der Person Christi Handelnden[203]. Der Priester gibt regelmäßig die Hinweise und leitet die Gebete der Gläubigen ein und schließt sie ab[204]. Nur ihm kommen die sog. Präsidialgebete[205] und die sie begleitende Orantenhaltung zu. In ihnen wendet sich der Priester mit ausgebreiteten Armen im Namen der ganzen Kirche und der Feiergemeinde an Gott[206].

Liturgiekommission 9), Bonn ⁵2000, 4.2 spezifiziert terminologisch in *sedes celebrantis, praesidentiae* oder *praesidentialis* und betont ihn als wichtigen Ort und Orientierungspunkt in der Eucharistiefeier. Er muss vor allem von anderen Sitzen klar abhebbar sein und sollte auch nicht vor einem Hintergrund stehen, dessen Ausgestaltung durch Farbe oder Licht von der Vorsteherfunktion ablenkt. Nach *J.H. Emminghaus*, Die Messe. Wesen – Gestalt – Vollzug (Schriften des Pius-Parsch-Instituts Klosterneuburg 1), Stuttgart ³1983, 167 ist er Ausdruck der hierarchischen Gliederung des Gottesvolkes. Vgl. auch *T. Schnitzler*, Was die Messe bedeutet. Hilfen zur Mitfeier, Freiburg/Basel/Wien 1976, 62: »Man schlägt den lukanischen Bericht von der Predigt Jesu in der Synagoge auf: ›Als er das Buch zusammengerollt hatte, gab er es dem Diener zurück und setzte sich, alle Augen waren auf ihn gerichtet‹ (Lk 4,20). Etwas von der erregenden Bedeutsamkeit dieses ›Er setzte sich‹ liegt über dem Priestersitz«; ebd., 63: »Wer als Priester in der Gläubigenbank sitzt, verstößt nicht so sehr gegen die ›Rubrik‹, sondern gegen sein Selbstverständnis«. Entsprechend sind bei einem von Laien durchgeführten Wortgottesdienst mit Kommunionausteilung »zwei Orte ... strikt zu meiden: der Sitz des Priesters und der Platz des Priesters am Altar«, damit der notgedrungene Ersatzgottesdienst nicht für eine Messe gehalten werden kann; vgl. *Kunzler*, Dienst, 136. *R. Kaczynski*, Gottesdienstleitung durch beauftragte Laien, in: *M. Weitlauff / P. Neuner* (Hg.), Für euch Bischof – mit euch Christ (FS F. Kard. Wetter), St. Ottilien 1998, 857–878, hier 873 sieht im Ausdruck »Priestersitz« eine Blickverengung auf die Eucharistiefeier. Hier ist der Leiter Priester. Wo ein Laie den Gottesdienst »leitet«, stehe ihm der Vorstehersitz zu.

202 Vgl. *Emminghaus*, Messe, 170; *Kunzler*, Lob, 180f. sowie zu weiteren biblischen Deutebezügen *Schnitzler*, Messe, 50–56.

203 Vgl. *Meisner*, Messe, 23. Sie *könne* auch als Bitte um Beistand für den Geweihten verstanden werden. Vgl. außerdem *Schnitzler*, Messe, 56f.

204 Vgl. IGMR ³2002 nn. 31 und 71.

205 Vgl. IGMR ³2002 n. 30: *orationes praesidentiales*, d.h. Hochgebet und Orationen (Tages-, Gaben- und Schlussgebet). Sie werden im Deutschen auch als priesterliche »Amtsgebete« bezeichnet. Insofern der dort verwendete Amtsbegriff der theologische ist, der auf die Weihe abhebt und nicht auf ein Amt im kirchenrechtlichen Sinne, kann er missverstanden werden. Angemessener wäre es, von priesterlichen Standesgebeten zu sprechen. Sie sind den priesterlichen Angehörigen des Klerikerstandes vorbehalten.

206 Vgl. IGMR ³2002 n. 30. Die Arme werden leicht ausgebreitet und die Hände schräg nach oben geöffnet; vgl. *Emminghaus*, Messe, 192. Vgl. auch *Schnitzler*, Messe, 85: »Wer redet hier? Christus! Man sieht es an den ausgebreiteten Armen des stellvertretend sprechenden Priesters. Sie erinnern an die

Das wichtigste Präsidialgebet ist das eucharistische Hochgebet als Höhepunkt der gesamten Feier[207]. Hier handle der Priester »zutiefst« *in persona Christi Capitis*[208]. Und wiederum besonders bei den Einsetzungsworten stelle der Priester »seinen Mund und seine Stimme jenem zur Verfügung, der diese Worte im Abendmahlssaal gesprochen hat«[209]. Die verpflichtende Nennung des Papstes und des Diözesanbischofs im Hochgebet bindet einerseits die Feiernden zurück in die *communio hierarchica* der Gesamtkirche und legitimiert andererseits den Priester als authentischen Zelebranten[210]. Desgleichen ist es Sache des Priesters, die Verkündigung des Wortes Gottes (*verbum Dei moderari*) zu leiten[211]. Die Homilie, d.h. die Predigt in der Eucharistiefeier ist Klerikern vorbehalten[212].

ausgestreckten und angenagelten Arme des Gekreuzigten, mit denen er alle an sich ziehen will«. Der Priester »faßt die Gebete der vielen zusammen und trägt sie gleichsam ›zum Paket geschnürt‹ (etwa in den Amts- oder ›Präsidialgebeten‹ ...), vor Gott«; so *Kunzler*, Lob, 36.

207 Vgl. IGMR ³2002 nn. 30 und 78.

208 *Meisner*, Messe, 36.

209 Vgl. *Johannes Paul II.*, Ecclesia de Eucharistia, n. 5b. Zur Kritik an der Gefahr einer Überbetonung des Mimetischen vor dem Anamnetischen vgl. *R. Meßner*, Einführung in die Liturgiewissenschaft (UTB 2173), Paderborn/München/Wien u.a. 2001, 203f. und *Meyer*, Eucharistie, 351.

210 Vgl. *Meisner*, Messe, 37f. sowie ausführlich *T. Mass-Ewerd*, Nominari debent. Zur Benennung des Papstes, des Ortsbischofs und des Kollegiums der Bischöfe im Eucharistischen Hochgebet, in: Gratias agamus. Studien zum eucharistischen Hochgebet (FS B. Fischer), hg. von *A. Heinz / H. Rennings* (Hg.), Freiburg/Basel/Wien 1992, 269–281, bes. 280f.

211 Vgl. IGMR ³2002 nn. 31 und 59. Vgl. die Änderung von *nuntiandi* zu *moderari* in der neuesten Druckfassung der IGMR ³2002; *Ward*, Variants, 264. Die Lesungen werden nach der Überlieferung von anderen Mitwirkenden vorgetragen – vom Lektor bzw. das Evangelium vom Diakon. Nur wenn sie nicht anwesend sind, liest der Priester alle Texte selbst.

212 Vgl. c. 767 § 1 CIC sowie *PCI*, Responsum vom 20. Juni 1987, AAS 79 (1987), 1249 (dt.: *F. Kalde*, Authentische Interpretationen zum Codex Iuris Canonici I [1984–1994], Metten ²1996, 22) und *C. Cler. u.a.*, Mitarbeit der Laien, Art. 3 § 1: Es handle sich nämlich bei der Predigt in der Messfeier, der Homilie »nicht um eine eventuell bessere Gabe der Darstellung oder ein größeres theologisches Wissen, sondern vielmehr um eine demjenigen vorbehaltene Aufgabe, der mit dem Weihesakrament ausgestattet wurde«. *L. Gerosa*, Kirchliches Recht und Pastoral, Eichstätt/Wien 1991, 56f. sieht den dogmatischen Grund für den »Autoritätsunterschied [...] zwischen der Predigt von Priestern und der von Laien« in der einigenden Funktion des Gotteswortes (c. 762) sowie in Tauf- und Weihepriestertum. *M. Seybold*, »Laienpredigt« – Dogmatische Anmerkungen zur Neuregelung, Klerusblatt 68 (1988), 279–282 unterscheidet »Glaubenszeugnis« in der Laienpredigt von der »autoritativen Glaubensforderung« in der Priesterpredigt. Die Eigenart klerikaler Verkündigung im Unterschied zum *magisterium* einerseits und zur Mitwirkung von Laien in der Verkündigung verdient weitere Klärung.

Der Pfarrer ist sonntags verpflichtet, die Homilie zu halten und darin die Laien in den Glaubenswahrheiten und der Moral zu unterrichten[213]. Die Kleriker sind die ordentlichen Kommunionausteiler[214]. Den Schlusssegen erteilt der Priester[215]. Auch der Diakon ist nach c. 1008 durch seine Weihe dazu bestimmt, das Volk Gottes dadurch zu weiden, dass er die Heiligungsaufgabe in der Person Christi des Hauptes ausübt, dies aber gemäß seiner (untersten) Weihestufe. In hierarchischer Gemeinschaft mit Bischof und Priester ist der Diakon Begleiter und Assistent des Zelebranten, insbesondere wenn dieser blind oder sonst schwach ist[216]. Der

213 Vgl. c. 528 § 1 und c. 767 §§ 1 und 2. Um auf die je aktuellen Fragen der Menschen die rechte Antwort geben zu können, verwies bereits das Konzil den Prediger auf die Dokumente des Lehramtes; vgl. PO 19. Die Kongregation für den Klerus empfiehlt eigens den Katechismus; vgl. *C. Cler.*, Priester, Lehrer des Wortes, Nr. 2g.

214 Vgl. c. 910 § 1. Das PCI hat auf Anfrage verbindlich unterstrichen, außerordentliche Kommunionausteiler düften nur dann tätig werden, wenn in der Kirche ein auf keine Weise gehinderter ordentlicher Spender nicht anwesend ist; vgl. Responsio vom 1. Juni 1988, AAS 80 (1988), 1373 (dt.: *Kalde*, Interpretationen, 26). Die *C. Cler. u.a.*, Mitarbeit der Laien, hat dies in Art. 8 § 2 erneut eingeschärft. So auch der neu eingefügte Artikel der IGMR ³2002, 162. Hier wird zudem festgelegt, Laien dürften erst an den Altar treten, wenn der Zelebrant kommuniziert hat. Wenn Laien den Dienst ausüben, sind sie »*Weitergebende* ... nicht der eigentlich Reichende«; vgl. *Kunzler*, Lob, 129. Es ist Aufgabe der Hirten, »das Volk Gottes mit dem Leib und Blut unseres Herrn zu nähren. ... Daß Priester sich während der Kommunionausteilung hinsetzen und diese ihren (sic!) Laien überlassen, ist ein Missbrauch, der dem Wesen des priesterlichen Amtes widerspricht«; so *Kunzler*, Dienst, 52. Für den Fall, dass sich die Laienhilfe durch einen unangekündigten Konzelebranten oder die Anwesenheit eines Klerikers im Kirchenraum erübrigt, empfiehlt er »pastorales Geschick« und »feine Diplomatie«. Abweichend von der gesetzlichen Vorschrift solle der Pfarrer den Laien dann nicht wegschicken oder übergehen. Stattdessen soll der Laie zur Kommunionausteilung auf die Empore oder in den rückwärtigen Teil der Kirchen geschickt werden; vgl. ebd., 53.67. Den Dienst »versteckt« vollziehen zu lassen, ist nicht pastoral. Es wird der zuvor betonten Hirtenaufgabe nicht gerecht. Den Laien gegenüber ist es nicht diplomatisch, sondern unehrlich. Es ist inkonsequent und rechtlich unzulässig. Laien sollten sich darauf nicht einlassen. Vgl. zudem den Appell des Papstes zum Gehorsam gegenüber den liturgischen Normen unten Anm. 302 und seine Ablehnung einer Entgegensetzung von Pastoral und Recht in der Rota-Ansprache vom 18. Januar 1990, AAS 159 (1990), 872–877, hier 874.

215 Vgl. IGMR ³2002 n. 11.

216 Vgl. c. 930 § 2. z.B. hilft der Diakon dem Priester beim Einlegen des Weihrauchs für die Inzensierung. Der Diakon nimmt die Gaben entgegen, hilft das Messbuch umzublättern und den Kelch zu heben, bereitet den Altar und reinigt die liturgischen Gefäße; vgl. IGMR ³2002 nn. 171–186. Vgl. im einzelnen *E.J. Lengeling*, Der Diakon in den neuen liturgischen Büchern, in: *J.G. Plöger / H.J. Weber* (Hg.), Der Diakon. Wiederentdeckung und Erneuerung seines Dienstes, Freiburg/Basel/Wien ²1981, 164–193.

Priester dient im Vorstehen, der Diakon dient, ohne vorzustehen. Exklusiv gegenüber Laien vorbehalten sind dem Diakon lediglich der Vortrag des Evangeliums, ggf. die Homilie, die Einladung der Gläubigen zum Friedensgruß, der Zuruf »Geheimnis des Glaubens« nach den Herrenworten und die Erhebung der eucharistischen Gaben im Hochgebet sowie die Entlassungworte[217]. Alle übrigen liturgischen Aufgaben in der Messe können zwar ersatzweise von Laien erfüllt werden[218], kommen dem Diakon aber – mit Ausnahme der Funktionen des Lektors[219] – vorrangig zu. Denn sein Tun unterscheidet sich aufgrund der Weihe »wesentlich von jedem liturgischen Dienst ..., den Hirten den nicht geweihten Gläubigen anvertrauen können«. Der Diakon leistet dem Zelebranten »eine sakramentale und somit verbindliche, wesentliche, unverkennbare Hilfe«[220].

3.2.3.4.3 Participatio actuosa laicalis seu reactiva

Von der spezifischen participatio actuosa der Kleriker und insbesondere des Priesters unterscheidet sich die jener Gläubigen, die keine besondere liturgische Aufgabe erfüllen. Sie nehmen teil, indem sie durch »Amen« oder andere Akklamationen zustimmen sowie indem sie auf den Gruß und die Gebetseinladungen des Priesters antworten[221]. Schließlich kann die aktive Mitfeier der Gemeinde etwa zum Ausdruck kommen im allgemeinen Schuldbekenntnis, im Glaubensbekenntnis, in den Fürbitten (allgemeines Gebet) und im Vaterunser[222]. Die Ausdrücke »Dialog« oder »Wechselrede« für die liturgische Interaktion zwischen Klerikern und Laien sind insofern missverständlich, als die Initiative nur bei den Kleri-

---

217 Vgl. ebd. sowie C. Cult., Direktorium über die Volksfrömmigkeit, n. 32.
218 Vgl. IGMR ³2002 n. 107. Vgl. die ausführliche Auflistung der möglichen Funktionen, in: Sekretariat der DBK (Hg.), Der liturgische Dienst des Diakons.
219 Vgl. IGMR ³2002 n. 99.
220 Vgl. C. Cler., Direktorium für den Dienst und das Leben der Ständigen Diakone vom 22. Februar 1998, AAS 90 (1998), 879–926, Nr. 28a und b (dt.: VdAS 132). Dies zu betonen, gilt als notwendig, damit die Diakone »in ihrer wahren Identität als Diener Christi und nicht als besonders engagierte Laien in der Kirche in Erscheinung treten«. Deshalb sollen sie auch mit Ämtern ausgestattet »und nicht abgedrängt und auf nebensächliche Aufgaben, Aushilfstätigkeiten oder Aufträge verwiesen werden«. Diese könnten auch von ungeweihten Gläubigen ordnungsgemäß erfüllt werden; vgl. ebd., 40a. Vor einer Verwischung des Unterschieds zwischen Priester und Diakonen in der liturgischen Versammlung warnt auf der Grundlage der altkirchlichen Praxis H. Brakmann, Zum Dienst des Diakons in der Liturgischen Versammlung, in: Plöger/Weber (Hg.), Diakon, 147–163, bes. 157f.
221 IGMR ³2002 n. 34. Vgl. zu den Akklamationen Schützeichel, Feier, 87–89.
222 Vgl. ebd., 35.

kern, insbesondere bei den Priestern liegt. Sie sind Wortgeber und Wortführer in der liturgischen Wechselrede. Laien kommt es nicht zu, aus eigenem Antrieb das Wort zu ergreifen. Es wird ihnen erteilt. Sie hören aufmerksam zu, lassen sich unterweisen, schließen sich im Gebet an, stimmen zu und antworten nach Aufforderung[223]. Ihre *particaptio* ist *actuosa*, aber *reactiva*[224].

Dem entspricht, dass für jene liturgischen Ämter und Aufgaben, die nicht Klerikern vorbehalten sind, aufgrund von Taufe und Firmung auch Laien herangezogen werden können – sofern Kleriker einen entsprechenden Bedarf sehen und diesen mit von ihnen für geeignet befundenen Laien decken wollen[225]. Das gilt – unbe-

---

223 In welchem Sinn »Dialog« in Bezug auf die Liturgie verstanden wird, zeigt sich auch in Bezug auf die Predigt. Sie sei als Dialog zu erarbeiten, der dann freilich monologisch ablaufe. Ein Monolog sei dann dialogisch, wenn der Prediger seine Zuhörer zuvor geistig um seinen Schreibtisch versammelt und auf sie eingeht; vgl. *F.X. Arnold*, Predigt als Verkündigung des Wortes Gottes, in: *P. Bormann / H.-J. Degenhardt* (Hg.), Liturgie in der Gemeinde, Paderborn 1964, 116–129, hier 128f.

224 Auch das Fürbittgebet leitet der Priester »als Wortführer der Gemeinde«; vgl. *Meisner*, Messe, 32 sowie IGMR ³2002 n. 71. Mit der »Ant-Wort« nehme die versammelte Gemeinde das Wort auf und an. »Diese Struktur von Wort und Antwort, die für die Liturgie wesentlich ist, bildet die grundlegende Struktur des Offenbarungsvorganges als solchen ab, in dem Wort und Antwort, das Reden Gottes und das empfangende Hören der Braut, der Kirche, zusammengehören«; vgl. *J. Kard. Ratzinger*, Der Geist der Liturgie. Eine Einführung, Freiburg/Basel/Wien 2000, 178.

225 Vgl. c. 228 § 1 in Verbindung mit c. 230 sowie IGMR ³2002 n. 107. Es sind dies vor allem die Aufgaben des Akolythen, des Lektors, aber auch des Kommentators, Kantors, des Chors, des Organisten, des Zeremoniars sowie der Ministranten (Mess- oder Altardiener) und anderer; vgl. *Meyer*, Eucharistie 366–369 sowie *B. Kleinheyer*, Beauftragungen zu den Ministeria, in: GDK 8/II, 61–65. Während in der Messe Laien nur für Helferdienste in Frage kommen, können ihnen bei anderen liturgischen Feiern – etwa sonntäglichen Wortgottesdiensten – auch sog. »Leitungsfunktionen« übertragen werden; vgl. eine exemplarische Auflistung bei *Meyer*, Leitungsdienste, 138f. Der Laie tritt dann in ein »gewisses Gegenüber« zur Gemeinde, unterscheidet sich aber »von denen, denen sein Dienst gilt, in nichts; er nimmt nur eine besondere Funktion wahr«; vgl. *Kunzler*, Lob, 39. Bereits die *C. Cler. u.a.*, Mitarbeit der Laien, Art. 1 §§ 1 und 3 hatte die konsequente Verwendung jener Bezeichnungen angemahnt, die den Unterschied zwischen dem gemeinsamen und dem hierarchischen Priestertum erkennen lassen und nicht verstanden oder erfahren werden können »als ein ungehöriges Streben nach dem ›geistlichen Dienst‹ oder als fortschreitende Aushöhlung seiner Besonderheit«. Jede Bezeichnung, die zu Verwechslungen mit der Rolle der Hirten führen könnte, die nur dem Priester und Bischof zukommen, sei zu vermeiden. Ähnliche Sorgen haben die deutschen Bischöfe bereits vor der Instruktion bewegt, seit 1995 immer wieder und kontrovers die Liturgiekommission der DBK unter *J. Kard. Meisner* beschäftigt und schließlich zu der Rahmenordnung vom 8. Januar 1999 geführt; vgl. *Heinz*, Volk, 85f. Dem Entwurf des zunächst beauftragten Beraters der Liturgiekommission und

schadet der gleichen Taufwürde aller Gläubigen, ihrer Gleichheit vor Gott[226] – für Männer und Frauen unterschiedlich, und zwar sowohl in Bezug auf die Rechts*setzung* wie auf die Rechts*anwendung*. Die Konturen der liturgischen Darstellung der Kirche werden durch die Einbeziehung des Geschlechterunterschieds verfeinert.

3.2.3.4.4 *Participatio actuosa muliebris seu restrictiva sed aequivalens*

Nur männlichen Laien können die Ämter des Lektors und des Akolythen *auf Dauer* und *in einem liturgischen Akt (institu-*

Mitglieds der von ihr bestellten Redaktionsgruppe für das geplante Dokument, R. Kaczynski, wurde u.a. vorgeworfen, er mache das kirchliche Amt überflüssig und verunsichere die Amtsträger. Um ihren Entwurf vor Verwässerungen zu schützen, zogen die Verfasser ihn zurück. Kardinal Meisner habe sich dafür ausdrücklich bedankt; vgl. den Entwurf und die Auseinandersetzung mit der Kritik daran bei *R. Kaczinski*, Die Leitung von Gottesdiensten durch beauftragte Laien, in: *Klöckener/Richter* (Hg.), Priestertum, 145–166. Die verabschiedete Ordnung will den liturgischen Einsatz von Laien »in Übereinstimmung mit dem katholischen Verständnis der Kirche als einer gegliederten Gemeinschaft« fördern; vgl. *Sekretariat der DBK* (Hg.), Zum gemeinsamen Dienst, 7. Deutlicher formuliert *Heinz*, Volk, 85 die Abwehr des verkehrten Eindrucks, »entsprechend qualifizierte Laien könnten den Priester ersetzen. So weit trägt das gemeinsame Priestertum nicht« – eine abgrenzende Anspielung auf die Titelfrage der »Quaestio disputata 171«; vgl. oben Anm. 23. Die Rahmenordnung grenzt den unvertretbaren, Christus sakramental vergegenwärtigenden, priesterlichen Vorsteherdienst sachlich und begrifflich ab von der Leitung einer gottesdienstlichen Versammlung. Diese meint »die Verantwortung für den geordneten Ablauf und die Abstimmung der Dienste aufeinander. Diese Ordnungsaufgabe kann in der Notsituation des Fehlens eines Priesters einem Diakon oder beauftragten Laien vertretungsweise übertragen werden; vgl. *Sekretariat der DBK* (Hg.), Zum gemeinsamen Dienst, 3a und b. Da umgangssprachlich mit dem Begriff »Leiter« »hohe Gestaltungsbefugnis und Aufsicht verbunden ist« und dies zu einer »Überschätzung im Hinblick auf die Befugnis zur Gottesdienstgestaltung führen« kann, empfiehlt die Deutsche Bischofskonferenz die Bezeichnung »Gottesdienstbeauftragte«. Sie verweist auf den beauftragenden Bischof ebenso wie auf die Letztverantwortlichkeit des Pfarrers; vgl. ebd., 67. *Kard. Meisner*, Pastoralbrief, 111 mahnt, Laien, die solche »konkrete Verantwortung für die Feier« bestimmter Gottesdienste übernehmen und sie »in gewisser Weise leiten«, sollen sich bewusst sein und durch ihre Haltung deutlich machen, dass sie »Gleiche unter Gleichen sind, die ihre Aufgabe aus der Versammlung heraus erfüllen«. Vgl. detaillierter *ders.*, Ausführungsbestimmungen des Erzbistums Köln vom 23. Juli 1999 zur Rahmenordnung für die Zusammenarbeit von Priestern, Diakonen und Laien im Bereich der Liturgie, Abl. Köln 139 (1999), 221f., hier Nr. 5.
226 Vgl. c. 208 sowie *C. Fid.*, Schreiben über den *minister* der Eucharistie, n. 3b: ... *etsi omnes baptizati coram Domino eadem gaudent dignitate in christiana* communitate quam eius divinus Conditor voluit hierarchice consitutam, nihilominus inde ab eius primordiis extant peculiaria apostolica munera, quae e sacramento Ordinis proflunt.

tio)[227] übertragen werden. Bestimmte Laienmänner, nämlich die Kandidaten für die Diakonenweihe[228], *müssen* diese Ämter zeitweilig übernehmen[229]. In c. 230 § 1 CIC geht es um ein Männern vorbehaltenes Laienamt und damit um eine eigenständige geschlechtsspezifische Unterscheidung unter Laien[230]. Daß sie *auch* Vorstufen der Weihe sind, ändert daran nichts[231].

227 Vgl. c. 230 § 1: *Ministerium* bedeutet hier Kirchenamt im Sinne des c. 145 CIC; vgl. *H. Socha,* in: MKCIC 145, 12.
228 Weihekandidaten sind Laien; vgl. cc. 1008 in Verbindung mit 1009 und 1034 § 1 sowie 1024.
229 Vgl. c. 1035 § 1 sowie DirDiac nn. 57–59. Damit bleibt der CIC trotz der liturgiewissenschaftlichen (vgl. *O. Nußbaum,* Lektorat und Akolythat. Zur Neuordnung der liturgischen Laienämter [1974], in: *A. Gerhards* (Hg.), Otto Nußbaum. Geschichte und Reform des Gottesdienstes. Liturgiewissenschaftliche Untersuchungen, Paderborn u.a. 1996, 226–255, hier 239–244) und kirchenrechtswissenschaftlichen Kritik (vgl. *Neumann,* Stellung, 122f; *H. Müller,* De suppressione ordinum minorum et de nova institutione ministeriorum in Ecclesia latina, PRMCL 63 [1974], 99–120, hier 114) der Konzeption des MP »Ministeria quaedam« Papst Pauls VI. von 1972 (AAS 64 [1972], 529–534 [dt.: NKD 38]) verpflichtet. Dort hieß es unter n. 3 noch, »*auch* Laien« könnten diese Ämter übertragen werden, »so daß sie nicht mehr für den Kandidaten für das Weihesakrament vorbehalten bleiben« (Kursivierung N.L.). Obwohl die niederen Weihen abgeschafft waren, der Eintritt in den Klerikerstand also erst mit der Diakonenweihe erfolgte, hob man hier die Kandidaten noch von den Laien ab. Darin zeigte sich, dass die Laienämter »noch zu stark als Stufen des cursus honorum auf dem Weg zum Priestertum betrachtet« werden; *Nußbaum,* Lektorat, 239. Vgl. zu den praktischen Inkongruenzen auch *B. Kleinheyer,* Vorbereitung auf das Diakonenamt durch Lektoren- und Akolythendienste, in: *Plöger/ Weber* (Hg.), Diakon, 68–79.
230 Insoweit zu Recht *E. McDonough,* Frauen, 213 und *J.M. Huels,* Women's role in church law: Past and present, New Theology Review 6 (1993), 19–31, hier 25.
231 *K. Lüdicke,* Stellung, 379 meint, c. 230 § 1 CIC begründe nicht ein eigenständiges Laienamt, sondern eine Vorstufe zur Weihe. Durch die sehr hohe Ansiedlung des Ritus für die *institutio* beim Bischof und durch c. 1035 § 1 CIC geschehe eine Akzentuierung dahin, »daß er nur die Weihekandidaten betrifft«. Der Schluss von der »Akzentuierung« auf die »Exklusivität« für die Kandidaten ist nicht zwingend. Aus der Feststellung eines Zusammenhangs zwischen c. 230 § 1 CIC und c. 1035 § 1 CIC folgt noch nicht, dass ersterer nicht eine eigene die Frau spezifisch ausschließende Rechtsnorm ist; so *F. Bernard,* Ist die Frau in der katholischen Kirche rechtlos?, TThZ 97 (1988), 150–158, 157. Im übrigen zeigt die Partikularnorm der DBK zu c. 230 § 1 CIC vom 29. September 1995, in: *H. Schmitz / F. Kalde,* Partikularnormen der Deutschen Bischofskonferenzen (Subsidia ad ius canonicum vigens applicandum 5), Metten 1996, 9 und 33–35, dass sowohl an Männer mit wie ohne Absicht, sich weihen zu lassen, gedacht ist. *H. Heinemann,* Die Stellung der Frau im neuen Codex Iuris Canonici, Pastoralblatt 37 (1985), 50–52, hier 51 schließt die Möglichkeit ein, dass hier ein selbständiger Dienst gemeint ist, hält den Ausschluß der Frau dann aber für »schwer verständlich«.

Mit der Übertragung von Lektorat oder Akolythat durch *institutio* statt durch *ordinatio* sollte unterstrichen werden, was Laien möglich und Klerikern vorbehalten ist[232]. Diese Ämter gelten daher als »ausgeprägteste Konzentrierung und Manifestation des allgemeinen Priestertums der Laien«[233].

Dass sie gleichwohl nur Männern zugänglich sind, wird in der Theologie[234] seit langem kritisiert. Auch auf der Bischofssynode über die Laien 1987 wurde die Streichung dieses Vorbehalts verlangt[235] und eine Kommission mit der Überprüfung der Regelungen von MP MinQ eingesetzt[236]. Warum hielt[237] und hält der Gesetzgeber seit über 30 Jahren an diesem geschlechtspezifischen Vorbehalt fest?

Was die *ministeria* von der sonstigen Ausübung der mit ihnen verbundenen liturgischen Funktionen[238] unterscheidet, ist die

232 Vgl. MP MinQ (Einleitung).
233 *Nußbaum*, Lektorat, 232.
234 Vgl. *Nußbaum*, Lektorat, 241. *Müller*, Suppressione, 114 kritisierte, der Gesetzgeber sei auch sonst von alten Traditionen abgewichen. Nach *R. Kaczynski*, Erneuerung der Kirche durch den Gottesdienst, in: *Maas-Erwerd* (Hg.), Gottesdienst, 15–37, hier 18 gibt sich die Kirche durch die theologisch nicht begründbare Unterscheidung von männlichen und weiblichen Laien bei den liturgischen Diensten »der Lächerlichkeit preis«. Auch nach *Kunzler*, Liturgie, 247f. ist der Ausschluss der Frauen von diesen Laienämtern »liturgie- und sakramententheologisch nicht einzusehen«; vgl. ähnlich *ders.*, Lob, 130f.
235 Vgl. *G. Caprile*, Il Sinodo dei Vescovi. Assemblea generale ordinaria (1–30 ottobre 1987), Rom 1989, 260.264.290–299f.426.
236 Vgl. *Papst Johannes Paul II.*, Nachsynodales Ap. Schreiben *Christifideles laici* über die Berufung und Sendung der Laien in Kirche und Welt vom 30. Dezember 1988, Bonn 1989, 36f. n. 231 und m (dt.: VdAS 87).
237 Die Vorarbeiten zur Abschaffung der Niederen Weihen und der Einführung liturgischer Ämter für Laien verliefen langwierig und kontrovers; vgl. *A. Bugnini*, Die Liturgiereform 1948–1975. Zeugnis und Testament, Freiburg/Basel/Wien 1988, 759–784. Papst Paul VI. hatte noch 1970 beabsichtigt, Lektorat und Akolythat als »Niedere Weihen« zu erhalten; vgl. ebd., 776f. *R. Kazcynski*, Ein Neues Pontificale für die Katholischen Bistümer des Deutschen Sprachgebiets, LJ 43 (1993), 223–263, hier 256 gibt an, der Sekretär der Gottesdienstkongregation, Annibale Bugnini, habe später in einem Gespräch mit Bedauern gestanden, er habe der befürchteten Fokussierung der Diskussion um die Frauenordination auf diese Weihen zuvorkommen wollen und »dafür gesorgt, daß in das päpstliche Schreiben der Satz eingefügt wurde, gemäß ehrwürdiger Tradition der Kirche könne die Ordinatio lectoris at acolythi nur Männern gegeben werden. Als aus den ›Ordines minores‹ später ›Institutiones‹, Beauftragungen von Laien, geworden waren, gelang es A. Bugnini nicht mehr, den Satz streichen zu lassen, da die Abfassung des päpstlichen Schreibens in die Kompetenz der Sakramentenkongregation fiel, deren maßgebliche Männer die Liturgiereform argwöhnisch betrachteten. Vielmehr wurde nur das Wort ›ordinatio‹ in ›institutio‹ geändert«.
238 Vgl. c. 230 §§ 2 und 3 CIC.

Stabilität[239]. Frauen können mithin auf Zeit oder aufgrund akuten Bedarfs bestimmte liturgische Ämter und Funktionen ausüben. Die auf Dauer übertragenen Ämter sind ihnen nicht zugänglich. Welcher Aspekt des weiblichen Geschlechts ist hier so bestimmend, dass er einen rechtlichen Unterschied bewirkt? 1972 wie für den CIC von 1983 wurde einzig auf die »altehrwürdige Tradition« verwiesen[240]. In der Theologie wird geltend gemacht, geschichtlich sei die Vielfalt und Fruchtbarkeit weiblichen Einsatzes für die Bedürfnisse der Kirche gekennzeichnet durch den Aspekt der Nicht-Institutionalität. Für dieses Faktum wird eine Entsprechung in der anthropologischen Eigenart der Frau entdeckt. Typisch für sie sei ihr charismatischer Charakter, ihre höhere Intuitivität und stärkere Hinwendung zum Konkreten und zu personalen Beziehungen, zu den Bewegungen des Lebens statt zu den Strukturen, ihre Empfangsbereitschaft, Zartheit und Zärtlichkeit, ihre Fügsamkeit gegenüber dem Heiligen Geist und den immer wieder neuen und anders gearteten Bedürfnissen der Kirche. Die Frau sei vor allem diejenige, die Leben schenke, und dies nicht nur biologisch, sondern auch im erzieherisch-sozialen Sinne. Insofern wird die Bedeutung der Frau für die Kirche auf der charismatischen Ebene angesiedelt, die des Mannes auf der institutionellen.

Das Kriterium, das hier als Anknüpfungspunkt für eine rechtliche Ungleichbehandlung dient, ist die anthropologische Verfasstheit

---

239 Vgl. auch Relatio 1981, 73.

240 Vgl. MP MinQ, 7. Im OR, Nr. 231 vom 6. Oktober 1982, 2 erschien dazu ohne Angabe des verantwortlichen Dikasteriums eine »Precisazione circa il Motu Proprio »Ministeria quaedam« (dt.: NKD 38, 41). Man habe den Laien den Zugang zu jenen Diensten eröffnen wollen, die bislang als niedere Weihen Klerikern vorbehalten gewesen seien. Neuerungen in Bezug auf die Ausübung liturgischer Dienste von Frauen seien nicht beabsichtigt gewesen; man habe sich an die bisher geltenden Normen gehalten. Überdies sei es nicht opportun, vorwegzunehmen oder zu präjudizieren, was vielleicht einmal bestimmt werden könnte, wenn die Frage der Teilnahme der Frau am kirchlichen Gemeinschaftsleben erörtert ist. Die Relatio 1981, 73 gibt als Begründung für die Beschränkung auf Männer nur das Faktum des bisherigen Vorbehalts an, wiederholt aber nicht eigens die dortige Begründung. Zu problematischen Elementen dieser Tradition vgl. *F. Kohlschein*, Die Vorstellung von der kultischen Unreinheit der Frau. Das weiterwirkende Motiv für eine zwiespältige Situation?, in: *T. Berger / A. Gerhards* (Hg.), Liturgie und Frauenfrage. Ein Beitrag zur Frauenforschung aus liturgiewissenschaftlicher Sicht (Pietas Liturgica VII), St. Ottilien 1990, 269–288. Zur Umsetzung und Diskussion in Deutschland vgl. *R. Althaus*, Die Rezeption des Codex Iuris Canoniici von 1983 in der Bundesrepublik Deutschland unter besonderer Berücksichtigung der Voten der Gemeinsamen Synode der Bistümer in der Bundesrepublik Deutschland, Paderborn u.a. 2000, 234–246.

des Menschen als Mann und Frau. Sie führe zur Parallele zwischen
Männlichkeit – Weiblichkeit und Institution – Charisma[241]. In
dieser Sicht wird die Linie der Geschlechtertypologie, die im Wesentlichen die theologisch-anthropologische Konvenienzargumen-
tation zur Begründung des Ausschlusses der Frau von der Priesterweihe bildet[242], in den Bereich der institutionalisierten liturgischen
Ämter weitergezogen. Als Erfahrungstatsache wird zudem vorge-

---

241 *S. Ottani,* Lo statuto giuridico della donna nella chiesa locale: Premesse
e prospettive, Apoll. 58 (1985), 69–118, bes. 70f.78–84.102f.114–116. Auch *S.
Recchi,* La donna nel diritto della Chiesa, VitaCon 25 (1989), 529–540.612–
620, hier 538f.619 sieht darin eine Erklärung der kodikarischen Konzeption.
So auch *dies.,* I ministeri dell'acolitato e del letorato riservati agli uomini. Il
ruolo della donna nei minstieri laicali, in: *Gruppo Italinano Docenti Di Diritto
Canonico* (Hg.), I laici, 293–312, hier 299.309f.311: Der tiefere Sinn der Weiblichkeit der Kirche liege darin, dass die Frau nicht vor allem die Verantwortung für die Sakramente und die sichtbare Einheit der Kirche empfangen hat,
sondern vielmehr für jene Wirklichkeit, welche die Sakramente ausdrücken,
für den Leib Christi, für die Fortzeugung und das Wachstum seiner unsichtba-
ren Einheit.
242 *Vgl. H.U. von Balthasar,* Welches Gewicht hat die ununterbrochene
Tradition der Kirche bezüglich der Zuordnung des Priestertums an den Mann?,
in: *Deutschsprachige Redaktion des OR* (Hg.), Die Sendung der Frau in der
Kirche. Die Erklärung »Inter insigniores« der Kongregation für die Glaubenslehre mit Kommentar und theologischen Studien, Kevelaer 1978, 54–57 sowie
J. Kard. Ratzinger, Das Priestertum des Mannes – ein Verstoß gegen die Rechte
der Frau?, in: ebd., 78–82. Vgl. auch *Papst Johannes Paul II.,* Ansprache »One
of the strenghts« vom 2. Juli 1993 zum Ad-limina-Besuch amerikanischer Bischöfe, Notititae 29 (1993), 520–524, hier 524 in Bezug auf die Unmöglichkeit
der Priesterweihe für Frauen: »The equality of the baptized, which is one of the
great affirmations of Christianity, exists in a differentiated body, in which men
and women have roles which are not merely functional but are deeply rooted in
Christian anthropology and sacramentology. The distinction of roles in no way
favors the superiority of some over others; the only better gift, which can and
must be desired, is love (cf. *1 Cor* 12–13). In the Kingdom of Heaven the great-
est are not the ministers but the saints (cf. *Ibid.* 6)«. Vgl. Außerdem *Papst Johannes Paul II.,* Apost. Schreiben *Mulieris dignitatem* vom 15. August 1988,
AAS 80 (1988), 1653–1729, hier nn. 17–22 (dt.: VdAS 86); *ders.,* Brief an die
Frauen vom 29. Juni 1995, nn. 10f. [VdAS 122]; *ders.,* Ap. Schreiben *Ecclesia in
Europa* vom 28. Juni 2003, n. 43b, unter: http://www.vatican.va/holy_father/
john_paul_ii/apost_exhortations/documents/hf_jp-ii_exh_20030628_ecclesia
-in-europa_ge.html (dt.: VdAS 161). Die volle Teilnahme der Frau an Leben und
Sendung der Kirche sei zu fördern. Es sei zu wünschen, dass ihre Gaben auch im
Blick auf den Laien zugänglichen Funktionen zur Geltung gebracht werden.
Entsprechend müsse ihre Sendung als Gattin und Mutter und ihre Hingabe an
das Familienleben aufgewertet werden. Für Kritik vgl. *J. Neumann,* Die Stellung
der Frau in der Sicht der katholischen Kirche heute, ThQ 156 (1976), 111–128,
hier 111–117 sowie *M. Wagner,* Neues Frauenbild oder altes Frauenbild im
neuen Gewand? Der Brief Papst Johannes Pauls II. an die Frauen, StZ 213 (1995),
768–780.

tragen, die enge Zuordnung dieser Ämter zu den Ordinierten wirke anregend für die Entstehung von Priesterberufen[243]. Vor diesem Hintergrund kann c. 230 § 1 als eine Norm zum Schutz der so verstandenen weiblichen Eigenart der Frau, ihrer spezifischen Berufung aufgefasst werden. Sie solle nicht in die spezifisch männlich-institutionelle Dimension hineingezwängt werden[244]. Zugleich wird sie vor der durch eine amtliche *und* permanente Ausübung der liturgischen Dienste möglicherweise auftretenden Illusion bewahrt, selbst zum Priestertum berufen zu sein[245]. Um die spezifisch klerikalen, insbesondere priesterlichen liturgischen Aufgaben zieht c. 230 § 1 eine Schutzzone mit der Grenze »dauerhafte liturgische Bestellung«. Aus ihr bleiben Frauen um ihrer eigenen Identität willen ausgegrenzt[246].

243 Vgl. *Recchi*, Donna, 537 Anm. 42 mit Bezug auf A.G. Martimort.

244 Vgl. *Ottani*, Statuto, 82 sowie *Recchi*, Ministeri, 299 und 308 mit dem Hinweis, die Frau könne der durch die Schaffung laikaler Ämter drohenden Bürokratisierung der Pastoral mit der für sie typischen Förderung personaler Beziehungen debürokratisierend entgegenwirken.

245 Vgl. symptomatisch *I. Raming u.a.* (Hg.), Zur Priesterin berufen. Gott sieht nicht auf das Geschlecht. Zeugnisse römisch-katholischer Frauen, Thaur/ Wien/München 1998 und *W. Ertel / G. Forster* (Hg.), »Wir sind Priesterinnen«. Aus aktuellem Anlass: Die Weihe von Frauen 2002, Düsseldorf 2002.

246 Vgl. *Recchi*, ministeri, 310f. In diesem Sinne stellt *Bernard*, Frau, 157 mit Recht fest, in diesem Canon spiegle sich die amtliche Position zur Ordination der Frau. In gedrängter Form findet sich dieser Argumentationsgang bereits in einem Papier des Jesuiten *J.D. Fessio*, das auf der Bischofssynode von 1987 zirkulierte. Fessio war einer der vom Papst zur beratenden Teilnahme an der Synode berufenen Theologen. Die sexuelle Differenzierung verweise auf eine geheimnisvolle Komplementarität von Mann und Frau. Wie der eheliche Akt von gleicher Würde und gleichermaßen aktiver Partizipation bei Verschiedenheit der Rollen geprägt sei, so seien auch die unterschiedlichen Rollen von Mann und Frau in der Kirche gottgewollt: »The woman is active in receiving from outside of her that which comes from the man and nourishing within her the new life which is the fruit of their union. The man is active in giving what is interior to him into the womb of the woman. For this reason, even though both man and woman come from the creative act of a God who contains eminently all the perfections of all his creatures, woman has been created by God to represent what he and the woman are not: the creating God who gives being to nothingness, who speaks his word into the recieving void. He speaks, and material creation (*materia; mater*) is. This does not imply any difference in dignity in man and woman as creatures of God. But it does express a difference in roles intended by God … . God becomes man and specifically male, not arbitrarily but because God has created the real-symbolic world of men and women precisely to provide for himself a language in which he can speak to us. The male Christ therefore represents and is the presence of God the Father (whose perfect image he is) in the midst of the maternal creation and maternal church which is Mary. … While the entire church ist feminine and maternal, the clerical ministry within the church is by nature masculine and paternal.« Vor diesem Hinter-

Geschlechtsspezifische Sondergesetze sind vom spezifischen kodikarischen Gleichheitsbegriff (*vera aequalitas*) des c. 208 gedeckt. Er beinhaltet einen in der Taufwürde gründenden Gleichwertig*keits*grundsatz. Anders als im Staat folgt aus dieser substantiellen Gleichheit jedoch weder ein Anspruch auf Gleichbehandlung im Gesetz noch vor dem Gesetz. Gesetzgeber und Rechtsanwender sind auch dort, wo der CIC rechtliche Möglichkeiten für alle Laien vorsieht, berechtigt, sich in ihrem Vorgehen frei an geschlechtlichen Kriterien zu orientieren[247].

So ist es nach c. 230 § 2 zulässig, Männern wie Frauen die liturgischen Aufgaben des Lektors, des Kommentators, Kantors oder andere Aufgaben auf Zeit zu übertragen. Einen Anspruch, nicht wegen des Geschlechts für diese Funktionen abgelehnt zu werden, begründet die *vera aequalitas* nach c. 208 nicht. Dem klaren Wortlaut nach könnte der Diözesanbischof für seine Diözese den befristeten Lektorendienst rechtskonform auf Männer oder Frauen beschränken. Er könnte für seine Diözese gesetzlich auch ein Ungleichbehandlungsverbot verfügen. Ihmzufolge dürfte niemand wegen des Geschlechtes vom Lektorendienst ausgeschlossen werden. Diese Regelungskompetenz gehört zur Regierungsgewalt des Diözesanbischofs, kraft der er Leiter, Förderer und Wächter des gesamten liturgischen Lebens in seiner Diözese ist[248]. Seine Regelungskompetenz ist jedoch nicht für alle in c. 230 § 2 erfassten liturgischen Aufgaben gleich umfänglich. Auf den ersten Blick nicht erkennbar, aber durch verbindliche Auslegung klargestellt, enthält c. 230 § 2 ein weiteres geschlechtsspezifisches Sondergesetz.

Der uneinheitlichen Praxis der Zulassung von Mädchen zum Ministrantendienst entsprachen in offiziösen Äußerungen[249] wie in der Literatur zwei gegensätzliche Auffassungen über die kodikari-

---

grund bewirke die unmittelbare Nähe einer am Altar helfenden Frau zwar nicht die Ungültigkeit des Sakraments. Aber »it would be in serious disharmony with the very nature and character of the whole order of grace and redemption, the mediation of the priest and the symbolic character of the role which is specifically that of the woman as representative of creation and the church«; vgl. Synod 1987/Father Fessio. Reasons Given Against Women Acolytes and Lectors, Origins 17 (1987), 397–399, hier 398f.

247   Vgl. zum kodikarischen Grundsatz wahrer Gleichheit *Lüdecke*, Grundstellung.

248   Vgl. c. 381 § 1 in Verbindung mit cc. 835 § 1, 838 § 4 und 135 § 2.

249   Vgl. die Zusammenstellungen bei *L. Müller*, Gilt das Verbot der Meßdienerinnen noch?, AKathKR 155 (1986), 126–137, 126f.; *P.C. Düren*, Mädchen für den Ministrantendienst?, Klerusblatt 99 (1990), 127–132, hier 127f. und *W. Waldstein*, Eine »authentische Interpretation« zu can. 230 § 2 CIC, AKathKR 163 (1994), 406–422, hier 411.

sche Rechtslage. Die einen sahen vorkodikarische Verbote des Altardienstes von Mädchen bzw. Frauen weiter in Geltung. Für andere hatte der CIC frühere Verbote außer Kraft gesetzt, so dass der Ministrantendienst als eine der »anderen Aufgaben« in c. 230 § 2 auch Mädchen zugänglich sein konnte[250]. Am 30. Juni 1992 behandelte der Päpstliche Rat zur Interpretation der Gesetzestexte die Frage[251], ob zu den liturgischen Funktionen (*munera*), die nach c. 230 § 2 CIC männliche wie weibliche Laien wahrnehmen können, auch der Altardienst zu rechnen sei. Er gab die Antwort: *Affirmative et iuxta instructiones a Sede Apostolica dandas*[252]. Der Papst hat diese Auslegung am 11. Juli 1992 bestätigt und ihre Promulgation angeordnet.

Formal geht es um eine authentische Interpretation *per modum legis*; sie bindet wie ein Gesetz[253]. Die Antwort formuliert ent-

---

250 Vgl. in überzeugender rechtlicher Argumentation *Müller*, Verbot, 126–137. Als Überblick mit Angabe der wichtigsten Literatur zu dieser Auseinandersetzung *W. Beinert*, Brauchen wir Ministrantinnen?, Klerusblatt 99 (1990), 414–419; *Düren*, Mädchen, 127–132; *L. Navarro*, Il servizio all'altare e le donne (commento all'interpretazione autentica del can. 230 § 2), IE 7 (1995) 382–395, hier 388–392 sowie insbesondere für Deutschland *Althaus*, Rezeption, 233.

251 Sie war nach *T. Rincón-Pérez*, El servicio al altar de las mujeres a tenor del c. 230 § 2, JC 35 (1995), 251–264, 251 auf Ersuchen verschiedener, vor allem angelsächsischer Episkopate, von der C. Cult. vorgelegt worden.

252 »Bejahend und gemäß den vom Apostolischen Stuhl zu gebenden Instruktionen«; vgl. *PCI*, Responsio ad dubium vom 11. Juli 1992, AAS 96 (1994), 541. Es kann davon ausgegangen werden, dass die Kongregation von dieser Entscheidung nicht überrascht, sondern vom Rat zuvor konsultiert wurde. Dies sieht PB Art. 155 für »Angelegenheiten von größerer Bedeutung« vor. Nach PB 156 bietet der Rat den Dikasterien Unterstützung an bei der rechtskonformen Abfassung von Instruktionen.

253 Vgl. c. 16 § 2; PB Art. 155 sowie *F. Kalde*, Gesetzgebungstechnische Anmerkungen zu den authentischen Interpretationen »per modum legis« zum CIC/1983, in: *W. Aymans / K.T. Geringer* (Hg.), Iuri canonici promovendo (FS H. Schmitz), Regensburg 1994, 253–272, hier 262–264. Die Verbindlichkeit wird nur von *Waldstein*, Interpretation bestritten. Er geht von einer gesetzesändernden Intention des Rates aus und *argumentiert* gegen die Entscheidung mit alten und neuen Gründen für das Verbot von Ministrantinnen. Die Kommission habe gegen geltende Auslegungsregeln verstoßen, ihr Ergebnis sei mit dem objektiven Normsinn nicht in Einklang zu bringen. Es gebe also gar keine »Interpretation« (gemeint ist eine nach der Auffassung Waldsteins »richtige« Interpretation) und so auch keine »authentische« Interpretation. Trotz formeller Zuständigkeit der Kommission handle es sich um einen nichtigen Akt. Er ändere am Verbot der Messdienerinnen nichts. Die Ungültigkeit der Entscheidung sollte daher auch verlautbart werden. Hier wird verkannt, dass »eine Antwort der auslegenden Kommission verpflichtet, nicht weil sie auf überzeugenden Motiven basiert, sondern weil die gesetzgeberische Autorität sie bindend will«; vgl. *R.J. Kard. Castillo Lara*, Die authentische Auslegung des kanoni-

sprechend römisch-katholischem Kurialstil in Kurzformeln[254] eine
eingeschränkte Bejahung. Der Altardienst ist zu den in c. 230 § 2
für alle Laien zugänglichen »anderen Aufgaben« zu rechnen. Frühere Verbote sind nicht mehr in Kraft. Der Altardienst wird aber
nicht im gleichen Sinne wie die übrigen zu den für Laien zugänglichen Aufgaben gezählt, sondern nach Maßgabe von noch zu er-
lassenden Instruktionen, d.h. Ausführungsbestimmungen[255] des
Apostolischen Stuhls. Klargestellt ist damit, dass Frauen bzw.
Mädchen gemäß c. 230 § 2 CIC den Altardienst ausüben *können*.
Die nähere Ausgestaltung dieser Möglichkeit ist Sache der angekündigten Instruktionen[256].
Der Papst hatte die Kongregation für den Gottesdienst und die
Sakramentendisziplin angewiesen, die Entscheidung des PCI bekannt zu machen und genau zu beleuchten, was der Canon und
seine authentische Interpretation vorschreibe. Dem folgte die
Kongregation in Form einer zusammen mit der authentischen Interpretation abgedruckten *Litterae circulares* vom 15. März 1994
an die Vorsitzenden der Bischofskonferenzen[257]. Der Rat wartete
mit der Ausführung des Promulgationsbefehls. Seine Entscheidung wurde im Juni-Heft der AAS von 1994 mit dem Schreiben
der Kongregation als Anlage unter den »Acta Consiliorum« abgedruckt. Der Auslegungsrat signalisierte so die besondere Bedeutung des Schreibens für das Verständnis seiner autoritativen Interpretation.
Das Rundschreiben der Kongregation enthält Erläuterungen und
Anwendungsvorgaben zu c. 230 § 2 in seiner authentisch ausge-
legten Bedeutung. Es geht ungeachtet des gewählten literarischen

---

schen Rechts im Rahmen der Tätigkeit der Päpstlichen Kommission für die authentische Interpretation des ius canonicum, ÖAKR 37 (1987/88), 209–228,
hier 226. Die Kritik Waldsteins stellt ungeachtet des Versuchs zwischen Gesetzgeber und Kommissionstätigkeit zu unterscheiden eine Infragestellung der
päpstlichen Autorität dar. Der Papst ist der Aufforderung Waldsteins nicht
nachgekommen.
254   Vgl. *Kalde*, Gesetzgebungstechnische Anmerkungen, 262 sowie *A. Pug-
liese*, Clausulae apostolicae, in: DMC I, 698–700.
255   C. 34.
256   *Waldstein*, Interpretation, 419 meint irriger Weise, das PCI gebe »grü-
nes Licht« für »rechtsändernde Instruktionen« oder ermuntere dazu. Dem PCI
fehlt die Kompetenz zur Delegation von Gesetzgebungsgewalt an eine Kongregation.
257   AAS 96 (1994), 541f.; vgl. *Rincón-Pérez*, Servicio, 251. Der Text spricht
selbst vom päpstlichen Auftrag an die Kongregation. Daher ist es abwegig die
iuxta ... dandas-Formel wie *W. Waldstein*, Interpretation, 419 als »Aufforderung« oder »Rat« der Interpretationskommission zum Erlass von Regelungen
zu verstehen.

Genres um eine Instruktion für die Gesetzesanwender[258]. Sie *erläutert*, die Norm erlaube die Übertragung von liturgischen Aufgaben an Laien, schreibe sie aber nicht vor. Ein Recht der Laien darauf gebe es nicht[259]. Diesbezügliche Entscheidungen von – auch vielen oder benachbarten – Amtsbrüdern binden den Diözesanbischof nicht[260]. Ihm wird hier nicht eine Kompetenz erteilt. Er wird an seine Regelungskompetenz und -verantwortung erinnert und gegen etwaige gruppendynamische Zwänge im Kreise der Bischofs»kollegen« bestärkt.

Seine Verantwortung besteht, »soweit sie in c. 230 § 2 vorgesehen ist«[261]. Ihre Grenzen ergeben sich aus den Ausführungs*anweisungen* der Kongregation. Der Diözesanbischof soll die Auffassung der Bischofskonferenz hören[262]. Der Austausch über gemeinsame Kriterien und einheitliches Vorgehens ist sinnvoll[263]. Sie binden nicht. Sodann dürfen die Vorkehrungen des Diözesanbischofs nicht

---

258 Die C. Cult. ist Trägerin von ausführender Gewalt, in dieser Frage zuständig und somit befugt zur Herausgabe von Ausführungsbestimmungen; vgl. c. 34 § 1. Die Selbstbezeichnung ist kein sicheres Kriterium. Trotz der klaren Festlegung des Terminus *instructio* haben römische Dikasterien sie auch unter anderer Bezeichnung erlassen; vgl. *H. Socha*, in: MKCIC 34, 12. Allgemein von »istrucciones« spricht *Rincón-Pérez*, Servicio, 252.256; ebenso *L. Navarro*, Servicio, 392. In ME 230 (1994), 305 trägt der Abdruck die Überschrift »Instructio«.

259 Vgl. AAS 96 (1994), 542 n. 1 und 4 sowie oben 3.2.3.4.3.

260 Vgl. ebd., n. 1. Die Ausdrucksweise *licentia ab aliquo Episcopo concessa* darf nicht so (miss)verstanden werden, als sei über die in c. 230 § 2 enthaltene Erlaubnis immer auch eine ausdrückliche des Diözesanbischofs erforderlich. Nach cc. 228 § 1 in Verbindung mit 230 § 2 ist es der jeweilige Zelebrant, der über die bedarfsweise Hinzuziehung geeigneter Laien entscheidet; vgl. *H.J.F. Reinhardt*, in: MKCIC 230, 6. Unbeschadet bleibt die Kompetenz des Diözesanbischofs zu eigenen Regelungen, einschließlich des Verbots, Laien allgemein oder nur Frauen, liturgische Aufgaben zu übertragen. Verzichtet er auf eigene Regelungen, kann der Zelebrant von der Erlaubnis seines Diözesanbischofs ausgehen.

261 Vgl. C. Cult., Litterae circulares, 542 n. 2. Die Bischöfe von Augsburg und Rottenburg-Stuttgart missverstehen den Vorgang. Sie meinen, mit diesem Schreiben der C. Cult. sei es in ihr Ermessen gestellt worden, Mädchen zum Ministrantendienst zuzulassen; vgl. Abl. Augsburg, 1994, 402 sowie Abl. Rottenburg-Stuttgart 1995, 355; Abl. Essen 37 (1994), 87, Nr. 124; Abl. Paderborn, 137 (1994), 137. Andere Bischöfe halten – mit identischen Formulierungen – ihre diesbezügliche Kompetenz ebenfalls für neu, nennen aber Interpretation und Rundschreiben zusammen als Grundlage; vgl. Abl. Eichstätt 1995, 34, Nr. 20; Abl. Köln 1995, 9, Nr. 5; Abl. Paderborn 1994, 137, Nr. 178.

262 Vgl. AAS 96 (1994), 541f n. 1. Nach Abl. Paderborn 137 (1994), 137, Nr. 178 ist dies innerhalb der Deutschen Bischofskonferenz am 25. April 1994 erfolgt. Abl. Eichstätt 142 (1995), 34, Nr. 20 spricht von einer Beratung im Ständigen Rat.

263 Vgl. *Rincón-Pérez*, Servicio, 257f.

die edle Tradition der Heranziehung von Knaben zum Altardienst beeinträchtigen. Durch sie seien bekanntlich die Priesterberufungen glücklich vermehrt worden. Die Verpflichtung zur Unterstützung solcher Jungengruppen bleibe immer bestehen[264]. Damit soll der angenommenen Gefahr gewehrt werden, aus der bisherigen maskulinen Exklusivität könne eine feminine werden[265]. Möglicherweise ist darin auch ein Hinweis auf getrennte Jungen- und Mädchengruppen zu sehen[266]. Des weiteren werden anders als bei Jungengruppen für die Zulassung von Mädchen zum Ministrantendienst »besondere Gründe« verlangt[267]. Sie und die Zulassung von Mädchen muss (*debet*) der Diözesanbischof den Gläubigen klar und deutlich (*plane*) erklären[268]. Er soll darauf hinweisen, die Norm finde bereits breite Anwendung. Frauen dürften Lektorinnen, außerordentliche Kommunionausteilerinnen sein und andere Funktionen nach c. 230 § 3 ausüben, soweit weder Kleriker noch instituierte Akolythen anwesend sind[269]. Schließlich muss (*debet*) bei all dem das eingangs erläuterte Prinzip klarbleiben, dass alle in c. 230 § 2 gemeinten liturgischen Aufgaben nach dem Urteil des Diözesanbischofs[270] auf Zeit übertragen werden, ohne dass ein Recht von Laien, gleich welchen Geschlechts, darauf besteht[271]. Die authentische Interpretation und die Ausführungsbestimmung der Kongregation weisen c. 230 § 2 trotz neutralen Wortlauts als

---

264 Vgl. *C. Cult.*, Litterae circulares, n. 2: Sancta Sedes ... commonefacit peropportunum esse, ut clara teneatur traditio quod attinet ad munus ad altare ex parte puerorum. Notum enim est hoc efficisse ut sacerdotales vocationes feliciter augerentur. Semper igitur manebit officium ut puerorum ministrantium manipuli continuentur et sustententur. Zu dem strittigen Argument der Förderung von Priesterberufungen vgl. *Beinert*, Ministrantinnen, 418.
265 Vgl. *Rincón-Pérez*, Servicio, 258f.
266 Vgl. *Th. Maas-Ewerd*, Rom und das Thema »Ministrantinnen«. Der Weg und die noch nicht überschaubaren Konsequenzen einer seit langem erwarteten Klarstellung, Klerusblatt 75 (1995), 13–15, 14. Im Bistum Eichstätt wurde im Anschluss an die Vorgaben der Kongregation darauf hingewiesen, das »Referat für die Ministrantenarbeit« werde künftig auch Veranstaltungen für Ministrantinnen anbieten; vgl. Abl. Eichstätt 1995, 34, Nr. 20.
267 Vgl. AAS 96 (1994), 542 n. 3. Zu denken wäre etwa an fehlende oder zu wenige Messdiener.
268 Vgl. ebd.
269 Vgl. ebd. Für *Maas-Ewerd*, Rom, 14 ist die so nahe gelegte Argumentation »kaum als besonders glücklich und trefflich einzustufen«. Der Diözesanbischof hätte seine besonders begründete Zulassung von Ministrantinnen durch den Hinweis als Zugeständnis zu unterstreichen, Frauen könnten doch, wo geeignete Männer fehlten, immer schon bestimmte Aufgaben wahrnehmen.
270 D.h. nach seinen Vorgaben, nicht zwingend von ihm; so mit Recht *Rincón-Pérez*, Servicio, 257f.
271 Vgl. *C. Cult.*, Litterae circulares, n. 4.

geschlechtspezifisches Gesetz aus. Ministranten sind ohne weiteres zulässig, ihre Förderung ist verpflichtend, es soll sie faktisch nach Möglichkeit geben, sie dürfen nicht abgeschafft werden. Ministrantinnen muss es nicht geben, sie sind begründungsbedürftig, eine Pflicht zu ihrer Förderung besteht nicht, ihre Existenz muss den Gläubigen besonders vermittelt werden.

Dem Wortlaut des authentisch interpretierten c. 230 § 2 und dieser Instruktionen zufolge hätte ein Diözesanbischof unter Einhaltung aller Vorsichtsmaßnahmen zum Schutz der Tradition der Ministranten für seine Diözese ein Ungleichbehandlungsverbot verfügen, d.h. seinen Priestern vorschreiben können, Frauen oder Mädchen zum Altardienst zuzulassen[272]. Ein namentlich nicht genannter Bischof war sich dessen gleichwohl nicht sicher und fragte bei der Gottesdienstkongregation an, ob dies möglich sei. In einem persönlichen Schreiben vom 27. Juli 2001 hat die Kongregation ihre früheren Anweisungen zu der authentisch interpretierten Norm bekräftigt und »im Einklang mit ihnen« *normativ* klargestellt: Die Zulassung von Mädchen dürfe in keiner Weise Männer und insbesondere Jungen vom Altardienst ausschließen noch die Forderung enthalten, dass die Priester der Diözese Mädchen zulassen. Denn es müsse immer die Tradition des Altardienstes von Jungen beibehalten werden[273].

Das in der Anfrage thematisierte Gebot, Mädchen zuzulassen, hätte die Pflicht, die Ministrantentradition fortzuführen, nicht zwingend tangiert. Auch Jungen hätten nicht wegen ihres Ge-

---

272 Ohne Bindung für den Diözesanbischof weisen materiell in dieses Richtung die »guidelines« der Liturgiekommission der US-amerikanischen Bischofskonferenz vom 16. Juni 1994, Nr. 2: »No distinction should be made between the functions carried out in the sanctuary by men and boys and those carried out by women and girls. The term ›altar boys‹ should be replaced by ›servers‹. The term »server« shold be used for those who carry out the function of the instituted acolyte«; vgl. http://www.usccb.org/liturgy/q%26a/mass/altar.htm (eingesehen am 17. November 2003).
273 Vgl. C. *Cult.*, Litterae Congregationis vom 27. Juli 2001 (Prot. N. 2541/00/L), Notitiae 37 (2001), 397–399 sowie Com 33 (2001), 166–168, hier 167f.: »In accord with the above cited instructions of the Holy See such an authorization may not, in any way, exclude men or, in particular, boys from service at the altar, *nor require that priests of the diocese would make use of female altar servers* ... . Having thus confirmed and further clarified the contents for its previous response to Your Excellency, this Dicastery wishes to assure you of its gratitude for the opportunity to elaborate further upon this question and that it considers this present letter to be *normative*« (Kursivierung N.L.). Das Schreiben ist vom Präfekten und vom Untersekretär der Kongregation unterzeichnet. Es beendet eine vorangegangene – möglicherweise kontroverse – Korrespondenz; vgl. ebd., 166. Der Hinweis auf die Verbindlichkeit deutet darauf hin.

schlechts abgewiesen werden dürfen. Die Kongregation gibt mit ihrer Begründung die Auffassung zu erkennen, die Tradition könne nur durch eine Bevorzugung von Jungen effektiv aufrecht erhalten werden. Nur Jungen gehören zum »berufungsfähigen Geschlecht«, und das berufungsfreundliche Milieu des Altardienstes darf durch den Einsatz von Mädchen nicht gefährdet werden[274]. Auch hier gilt: Die optische Nähe zum Priester soll nicht zu einer Normalität werden, die bei den Gläubigen das Bewußtsein für die Exklusivität männlichen Priestertums abschwächen oder bei den Mädchen die Illusion einer eigenen Priesterberufung bewirken kann[275]. Damit will der Apostolische Stuhl dazu beitragen, dass Mädchen angemessen »in ihre Stellung und Aufgabe als Frauen in der Kirche hineinwachsen«[276].

Die Bestimmung der rechtlichen Eigenart der Interpretation wie der Anwendungsvorschriften ist schwierig. Dass eine authentische Interpretation zusammen mit Ausführungsbestimmungen promulgiert wird, ist einmalig. Ist die Auslegung als bloße Klarstellung zu verstehen, der Ministrantendienst habe schon immer zu den in c. 230 § 2 genannten »anderen Aufgaben« gehört, d.h. als Erklärung von in sich klaren Worten des Gesetzes mit rückwirkender Geltung[277]? Oder ist die Entscheidung des PCI, der Ministrantendienst sei zu den »anderen Aufgaben« zu rechnen, die Klärung eines zweifelhaften Gesetzes oder eine über den Wortlaut hinausgehende und damit erweiternde Auslegung ohne Rückwirkung[278]? In allen drei Fällen bedeuteten die Instruktionen und die spätere, von ihr als normativ verstandene Erklärung der C. Cult. eine Beschränkung der *omnis potestas* des Diözesanbischofs nach c. 381 § 1 in Verbindung mit c. 230 § 2. Zu einem solchen Eingriff ist die Kongregation nicht befugt. Mit diesem Inhalt entbehrte ihre dem Gesetz strikt untergeordnete Instruktion im Sinne von c. 34 der Rechtskraft[279]. Gesetzgebungskompetenz hat die

---

274 *Beinert*, Ministrantinnen, 414. Er regte schon damals eine Entscheidung dieser Frage durch den Diözesanbischof an. Sie müsse sich gleichwohl orientieren an »den konkreten Umständen, als da sind der Bewußtseinsstand der Gemeinde und vor allem auch der Ministranten-Buben. Gegen sie und unbegründet sollte man Änderungen nicht treffen«.

275 Vgl. die Wiedergabe entsprechender Bedenken bereits bei *M. Kehl*, Ministrantinnen ja oder nein. Überlegungen im Anschluss an die Instruktion »Inaestimabile donum«, HerKorr 35 (1981), 155–159, hier 157.

276 So hatte bereits *Beinert*, Ministrantinnen, 414 eine Grunddimension der Ministrantinnenfrage umschrieben. Vgl. auch Synod 1987/Father Fessio, 399.

277 Vgl. c. 16 § 2 sowie *Huels*, Instruction, 498f.

278 Eine solche extensive Interpretation nimmt *Rincón-Pérez*, Servicio, 255 an.

279 Vgl. c. 34 § 2 sowie *H. Socha*, in: MKCIC 34, 8 und 33, 4 und 6.

Kongregation in der Regel nicht[280]. Sie wurde ihr vom Papst nicht delegiert[281]. Er hat ihre Anwendungsvorschriften auch nicht *in forma specifica* approbiert[282]. Auch von daher könnten ihre Anordnungen nicht verpflichten. Die beiden Interventionen der Kongregation können nur dann als verpflichtend gelten, wenn schon nach dem authentisch interpretierten c. 230 § 2 der Umfang der *omnis potestas* des Diözesanbischofs in Bezug auf den Altardienst eingeschränkt ist, d.h.: Die Auslegung des Rates unterteilt die liturgischen Aufgaben in c. 230 § 2 in zwei Arten. Für den Lektor auf Zeit, den Kommentator, Kantor und weitere Dienste besteht mangels eines päpstlichen Vorbehalts die diözesanbischöfliche Zuständigkeit in vollem Umfang. Für den Altardienst wird ein Vorbehalt von Rechts wegen vorausgesetzt[283]. Diese Auslegung schränkt den Umfang des Gesetzes insoweit ein. Sie ist als restriktive Interpretation ein Akt der Rechtsfortbildung, ein »verdeckter Gesetzgebungsakt«, und gilt daher nicht rückwirkend[284]. Der so interpretierte Gesetzessinn

280   Vgl. PB Art. 18b.
281   Vgl. c. 30.
282   Vgl. zu diesen beiden Möglichkeiten der Ermächtigung eines Dikasteriums zu legislativen Akten A. *Viana*, El regolamento general de la Curia Romana (4.II.1992). Aspectos generales y regulación de la aprobaciones pontificia en forma especifica, JC 32 (1992), 501–529, hier 508–523; *J.A. Provost*, Approval of curial documents *in forma specifica*, Jurist 58 (1998), 213–225. Eine solche *approbatio in forma specifica* hätte ausdrücklich im Dokument vermerkt werden müssen; vgl. RGCR (1992), Art. 110 § 4 sowie RGCR (1999), Art. 126 § 4.
283   Vgl. c. 381 § 1. *P.A. Bonnet*, Adnotatio ad responsum authenticum circa can. 230 § 2 CIC, PerC 85 (1996), 117–129, hier 127 versteht *et iuxta instructiones a Sede Apostolica dandas* als präzisierenden Zusatz zum normativen Text. Der Diözesanbischof bleibe die einzige »natürlich« zuständige Regelungsautorität. Wäre dem so, dürften die Instruktionen der Kongregation diese Kompetenz nicht beschränken. Tatsächlich greifen sie jedoch darin ein. Dazu ist sie nur befugt, wenn die Legitimation bereits im authentisch interpretierten Gesetzessinn liegt.
284   Vgl. H. *Socha*, in: MKCIC 16, 10–14; *J. Otaduy*, Natura y funcion de la comision pontificia para la interpretacion del CIC, JC 24 (1984), 749–767, hier 753–756 sowie G. *May / A. Egler*, Einführung in die kirchenrechtliche Methode, Regensburg 1986, 192: »Der Gesetzgeber kann ein Gesetz ausdehnen oder einschränken auch gegen den im Gesetz kundgetanen Willen und diese Ausdehnung oder Einschränkung aus Bescheidenheit ›Interpretation‹ nennen (c. 16 § 2)«. Nach Art. 155 PB bedarf jede authentische Interpretation der *firmatio* des Papstes. Diese gilt durch Information des Papstes oder durch seinen Promulgationsbefehl für gewöhnliche Fälle als erteilt. Die ordentliche Formel dafür sei: *Summus Pontifex in Audientia (...) de supradicta decisione certior factius, eam publiare iussit*; vgl. *J. Herranz*, El Pontificio Consejo para la interpretacion de los textos legislativos, JC 30 (1990), 115–132, hier 122 mit Anm. 29. Im Falle einer gesetzesändernden, d.h. auch einer restriktiven Interpretation sei die *approbatio in forma specifica* des Papstes erforderlich; vgl. ebd.,

bietet die Legitimationsgrundlage für die Anweisungen der Kongregation[285].
Der gesamte c. 230 hat aufgrund der authentischen Interpretation seines zweiten Paragrafen eine neue Systematik erhalten. Sie würde

122. Die Formel, mit der die authentische Interpretation zu c. 230 § 2 approbiert wurde, enthält zusätzlich die ausdrückliche Bekräftigung: »Summus Pontifex Ioannes Paulus II in Audientia die 11 Iulii 1992 infrascripto impertita, de supradicta decisione certior factus, _eam confirmavit_ et promulgari iussit« (Kursivierung N.L.). _Rincón-Péréz_, Servicio, 255f. sieht darin ein »Indiz« für eine Auslegung mit spezifischer Approbation. _J. Herranz_, Interpretación auténtica: El Consejo Pontificio para la Interpretación de los Textos Legislativos, JC 35 (1995), 501–527, hier 508 nennt später eben diese erweiterte Formel als die ordentliche. Dies entspricht auch der durchgängigen Formulierungspraxis des Rates; vgl. die Zusammenstellung der authentischen Interpretationen http://www.vatican.va/roman_curia/pontifical_councils/intrptxt/documents/rc_pc_intrptxt_doc_22091998_authentic-interp_lt.html. Es galt damals wie heute die aus Gründen der Rechtssicherheit eingeführte Vorschrift, eine spezielle Approbation sei ausdrücklich mit der Formel _approbatio in forma specifica_ anzuzeigen. Ihr Fehlen begründet nach _Viana_, Reglamento, 529 die Vermutung zugunsten einer bloßen _approbatio in forma communis_. Diese würde im vorliegenden Fall zu nicht sinnvollen Ergebnissen führen. Gleichwohl kann von einem Dikasterium, das anderen Hilfestellung in Sachen Rechtsförmlichkeit anbietet, erwartet werden, dass es diese Vorschrift durchgängig einhält; vgl. entsprechend korrekt etwa _C. Cler._ / _PCI u.a._, Mitarbeit der Laien. Die Infragestellung der Geltung – wie die von Waldstein; vgl. oben Anm. 254 – erübrigte sich dann.
285 Der gemeinsame Abdruck von authentischer Interpretation und Erläuterungen bzw. Anweisungen, der diesbezügliche Auftrag des Papstes an die Kongregation wie deren Verständnis von ihrer zweiten Intervention kennzeichnen die Anweisungen der Kongregation als Anwendungsvorschriften zu c. 230 § 2 in seiner authentisch interpretierten Bedeutung. Die Kongregation hatte anlässlich der Anfrage des Bischofs das PCI konsultiert. Der Rat habe ihr erklärt, es gehe um eine Frage der Anwendung. Dafür sei die Kongregation zuständig; vgl. _C. Cult._, Litterae Congregationis vom 27. Juli 2001, 166 unter Berufung auf PB 62. Insoweit die Kongregation ihr jetziges Schreiben als bloße Erklärung ihrer früheren Instruktion sieht, gründet sie den Anspruch auf Verbindlichkeit auf ihre frühere Instruktion und geht von einer über den Fragenden hinausreichenden Geltung aus. Möglich ist auch der Standpunkt, die erste Instruktion habe den Erlass der besagten Vorschrift nicht zweifelsfrei ausgeschlossen. Dann ist das neue Schreiben der Kongregation inhaltlich eine weitere an eine untere Verwaltungsinstanz gerichtete Erklärung und Vollzugsanweisung in Bezug auf ein bestimmtes Gesetz und kann insoweit formal als _instructio particularis_ zu der interpretierten Norm gemäß c. 34 eingestuft werden, die nur den Adressaten bindet. Aber auch in diesem Fall deutet die Kongregation mit der breiten Publikation darauf hin, dass sie das Dokument nicht nur als persönliche Antwort verstanden, sondern breit bekannt werden lassen will; vgl. _G. Read_, Female altar servers: Permitted oder mandatory?, Canon Law Society Great Britain & Ireland Newsletter, Nr. 130, June/2002, 56–58, hier 58. Die Kongregation gibt zu erkennen, sie werde ähnliche Anfragen im gleichen Sinne beantworten.

in einer Neufassung der Norm in vier Paragrafen mit absteigender Geschlechtsspezifik deutlicher: § 1 enthielte den gesetzlichen exklusiven Vorbehalt der liturgischen Laienämter für Männer. Ein neuer § 2 hätte die gesetzliche Bevorzugung von Jungen in Bezug auf den Ministrantendienst im Sinne der authentischen Interpretation und der Anwendungsweisungen zu normieren. § 3 (bisher § 2) und § 4 (bisher § 3) böten geschlechtsneutral die Ermöglichung der Übernahme der Aufgaben des Lektors, Kommentators, Kantors und anderer sowie der außerordentlichen Übernahme bestimmter Aufgaben[286]. Geschlechtsneutral formulierte Gesetze dürfen geschlechtsspezifisch angewendet werden.

Das bedeutet: Ein Pfarrer durfte und darf nach dem verbindlichen Verständnis des Gesetzes Mädchen aufgrund ihres Geschlechts mit Blick auf das Gemeinwohl vom Ministrantendienst ausschließen[287]. Er ist davor geschützt, Ministrantinnen zulassen zu müssen. Er könnte ein entsprechendes Gesetz seines Diözesanbischofs von der PCI auf seine Übereinstimmung mit gesamtkirchlichen Gesetzen überprüfen und gegebenenfalls seine Nichtgeltung feststellen lassen[288]. Gegen die Einzelanordnung des Diözesanbischofs können

---

286   Der Abhebung des Ministrantendienstes von den übrigen in c. 230 § 2 enthaltenen liturgischen Funktionen ist auch in der neuen IGMR ³2002 n. 107 umgesetzt: »Liturgica munera, quae non sunt propria sacerdotis vel diaconi, et de quibus superius ... dicitur, etiam laicis idoneis a parocho vel rectore ecclesiae selectis, committi possunt liturgica benedictione vel temporanea deputatione. Quoad munus inserviendi sacerdoti ad altare, serventur normae ab Episcopo datae pro sua dioecesi«. Inwieweit auf der im Anschluss an die Internetversion der Instruktion der Kongregation zum authentisch interpretierten c. 230 § 2 gegebene falsche Hinweis: »*Can. 230, § 4, cf. interpretatio authentica can. 910 § 2*« in die hier vorgetragene Richtung weist, kann dahingestellt bleiben.
287   Vgl. c. 223 § 2 CIC. Irrig ist die Auffassung, die Laiendienste allgemein und Ministranten bildeten eine »offene Gruppe«. Jeder und jede Gläubige habe aufgrund von Taufe und Firmung das Recht, in der Liturgie mitzuwirken. »Der einzig wirkliche Grund« für den Pfarrer, »jemanden zurückzuweisen, besteht darin, daß sein Dienst am Altar aufgrund seiner Lebensführung oder seiner Überzeugungen die Liturgie selbst Lügen strafen und in der Gemeinde Ärgernis erregen würde«; vgl. *Kunzler*, Lob, 24f.
288   Vgl. c. 135 § 2 und PB 158 sowie *J. Otaduy Guerin*, La precedencia y el respeto: principios de relación entre la norma universal y la particular, in: *PCI* (Hg.), Ius in Vita et in Missione Ecclesiae. Acta Symposii Internationalis Iuris Canonici. Ocurrente X. Anniversario Promulgationis Codicis Iuris Canonici 19.–24. Aprilis 1993, Vatikanstadt 1994, 475–490, hier 483f. Vgl. auch *Herranz*, Consejo, 127–130. Die Regelungen deutscher Bischöfe sind insoweit rechtskonform. Wo eine Regelung getroffen wurde, wird erlaubt oder festgestellt, Mädchen *können* diesen Dienst ausüben. Das ist nur der Hinweis, es sei nicht verboten. Die Anwendung des Geschlechtskriteriums zum Ausschluss von Mädchen ist damit nicht untersagt. Unter Berufung auf die bischöfliche Re-

Priester den Weg der hierarchischen Verwaltungsbeschwerde einschlagen[289].
Sowohl die Ungleichheit im Recht wie vor dem Recht ist von der in
c. 208 festgestellten Gleichheit und Würde und Tätigkeit gedeckt
und umfangen. Auf c. 208 kann der Vorwurf der Diskriminierung
wegen des Geschlechts nicht gestützt werden. Der kirchliche Begriff
der wahren Gleichheit umfasst nicht nur Standesunterschiede, sondern auch in der vom Lehramt verbindlich auszulegenden theolo-

gelung erlauben die Heranziehung von Mädchen Abl. Paderborn 137, Nr. 178;
Abl. Eichstätt 1995, 34, Nr. 20; Abl. Rottenburg–Stuttgart, 355; Abl. Augsburg
1994, 402; Abl. Essen 37 (1994), 87, Nr. 124. Genauer formuliert Abl. Köln
1995, 9, Nr. 5: *J. Kard. Meisner* hat für das Erzbistum Köln die Entscheidung
»jedem Pfarrer für seine Gemeinde ... anheim(gestellt)«. Abl. Berlin 72 (2000),
28, Nr. 46 stellt fest, »die Praxis des Ministrantinnendienstes neben dem Ministrantendienst« habe sich »in vielen Gemeinden bewährt«. Gleichwohl seien
Meßdienerinnen nicht vorgeschrieben. Es »mag in Gemeinden pragmatische
Gründe für die Pastoral geben, der ›Tradition des Dienstes am Altar durch die
Meßdiener zu folgen‹. Die Entscheidung soll immer im Einvernehmen mit dem
Pfarrgemeinderat erfolgen«. Das darf nicht als rechtliche Bindung des Pfarrers
missverstanden werden. Erklärte der Pfarrer gemäß § 13 Abs. 4 der Satzung der
Pfarrgemeinderäte im Erzbistum Berlin vom 1. Mai 2003, Abl. Berlin 75 (2003),
Nr. 6, 54–57, hier 56, sein begründetes Veto gegen den etwaigen Beschluss des
Pfarrgemeinderates, Messdienerinnen zuzulassen, müsste eine erneute Beratung erfolgen. Bei Nichteinigung kann der Bischof angerufen werden. Er kann
den Pfarrer nicht anweisen, Mädchen zuzulassen.
289   Vgl. cc. 1732–1739. Hinweise finden sich in *Sekretariat der DBK* (Hg.),
Ministranten- und Ministrantinnenpastoral vom 24. Februar 1998 [Arbeitshilfen 141], Bonn 1998. Nicht selten nähme die Zahl der Ministrantinnen zu, die
der Jungen ab. Es sollten Wege gesucht werden, »dieser Entwicklung entgegenzutreten«; vgl. ebd., 12, Nr. 3b. Bei der Gruppenarbeit sei Voraussetzung für
die Einübung eines partnerschaftlichen und fairen zwischengeschlechtlichen
Umgangs »die zumindest zeitweise Trennung der Gruppen nach Geschlechtern,
um Mädchen wie Jungen Rückzugsräume zu bieten. Diese geschlechtsspezifische Arbeit im Rahmen einer reflektierten Koedukation ermöglicht es Mädchen
wie Jungen, zumindest phasenweise in eigenen Gruppen selbstgewählte Formen
und Inhalte verfolgen zu können«; ebd., 21, Nr. 5.4c. Hier wäre auch der Ort,
die amtlichen Vorgaben angemessen zu vermitteln. Hinsichtlich der Berufungspastoral heißt es eher verallgemeinernd und parallelisierend: »Gerade im
Zusammenhang mit dem Ministrantendienst bietet sich die besondere Gelegenheit, Jungen für den Ruf Gottes zum Priestertum bzw. Mädchen und Jungen zum
Ordensstand zu sensibilisieren«; ebd., 17. Durch allgemeine Formulierungen
wie in *Sekretariat der DBK* (Hg.), Pastorales Schreiben, 22 werden die Gläubigen im Unklaren über die legalen Möglichkeiten der Behandlung von Mädchen
gelassen: »Auch in der erneuerten Liturgie ist die Aufgabe der Ministranten
von großer Bedeutung. Neben den Jungen, die schon immer diesen Dienst ausgeübt haben, stellen sich heute auch viele Mädchen dafür zur Verfügung«. Der
hier vermittelte Eindruck, als sei die Bereitschaft der Mädchen neu, wirkt angesichts der früheren Verbote und der heute gebotenen Ungleichbehandlung
sonderbar.

gischen Anthroplogie begründete geschlechtliche Unterschiede[290].
Der kanonische Gleichwertigkeitsgrundsatz enthält die Lizenz zur
Ungleichbehandlung.

Zusammenfassung und Ausblick

1. In der katholischen Kirche ist »Feier« eine zentrale Kategorie
zur Deutung und Vermittlung gottesdienstlichen Geschehens.
Dessen Eigenart als Darstellung der Kirche und ihres Glaubens
und damit verbunden seine identitätsbewahrende und -stabilisie-
rende Funktion werden so akzentuiert. Liturgisches Feiern gehört
zum Typus der geplanten, durchregelten und kontrollierten Manifestation des Festlichen. Aus kirchenrechtlicher Sicht kann dies
für den kirchlichen Urfeiertag, den Sonntag, und seine Begehung
in der Eucharistiefeier exemplarisch ausdifferenziert werden.
2. Nach geltendem Recht ist der Sonntag ein vom Papst vorgeschriebener Tag der Freude über das Geheimnis der Auferstehung.
Die grundlegende Rechtspflicht aller Gläubigen, ein heiliges Leben zu führen, konkretisiert der Papst durch das gesetzliche Gebot, die österliche Freude durch die Teilnahme an der sonntäg-

---

290 Dem entspricht, dass bereits die Botschaft der Bischofssynode von 1971
De iustitia in mundo unter der Überschrift »Verwirklichung der Gerechtigkeit« für die Frauen im gesellschaftlichen Leben und in der Kirche nicht – wie
noch in einem Entwurf – einen Anteil an Verantwortung und Beteiligung forderte, der denen der Männer gleich ist, sondern den Frauen »gebührenden«
Anteil; vgl. AAS 63 (1971), 923–942, hier 933 sowie *M. Agudelo*, Die Aufgabe
der Kirche bei der Emanzipation der Frau, Conc(D) 16 (1980), 301–306, hier
302. Die Eigenart des kirchlichen Gleichheitsbegriffs bleibt unverstanden,
wenn etwa in Bezug auf die liturgischen Laienämter von einer »offenkundigen
Diskriminierung« gesprochen wird; so *J. Huels*, Women's role in Church law:
Past and present, New Theology Review 6 (1993), 19–31, hier 25 und ähnlich
Stubenrauch, Träger, 197f.200.211 oder wenn behauptet wird: »Entweder handelt es sich hier um Vorbereitungsstufen für das Weihesakrament, dann stehen
diese Dienste rechtssystematisch am falschen Platz, oder es handelt sich um
›Laienämter‹, dann müssen sie auch für Frauen zugänglich sein«; so *P. Krämer*,
Was brachte die Reform des Kirchenrechts?, StZ 201 (1983), 316–326, hier 326
Anm. 23. *Ders.*, Kirchenrecht II. Ortskirche – Gesamtkirche (Kohlhammer Stu-
dienbücher Theologie XXIV/2), Stuttgart/Berlin/Köln 1993, 33f. formuliert
vorsichtiger, der Unterschied könne »wohl kaum« mit c. 208 vereinbar sein,
und als Laienämter »müßten« sie auch Frauen zugänglich sein. Offensiver, aber
nicht tragfähiger *L. Gerosa*, Das Recht der Kirche (AMATECA. Lehrbücher zur
katholischen Theologie XII), Paderborn 1995, 221: Mit c. 230 § 1 gerate der
Papst »in Widerspruch zu Grundsätzen des Konzils« und in einen »klaren Widerspruch ... zum Prinzip der Rechtsgleichheit unter allen Gläubigen (c. 208)«.
Ein solches Prinzip gibt es weder im Konzil noch im Codex. Überdies erklärt
der Autor nicht, was aus dem behaupteten Widerspruch folgte.

lichen Eucharistiefeier und den Verzicht auf unangemessene Aktivitäten zum Ausdruck zu bringen. Die Missachtung dieses Gebots gilt als schwer sündhaft. Der Papst ist überzeugt, dass diese Rechtsverpflichtung notwendig ist, damit der Sonntag seine sinnenthüllende[291] und gemeinschaftsbildende wie -stärkende[292] Funktion erfüllen kann. Die Eucharistiefeier ist Gipfel und Zentrum des kirchlichen Lebens und bringt das amtliche Selbstverständnis der Kirche mindestens in Bezug auf ihre als unaufgebbar geltenden Strukturelemente zur Erscheinung.

3. Als Feier nach hierarchischer Weisung bringt die Eucharistiefeier die *communio hierarchica ecclesiarum*, den Vorrang der Universalkirche vor der Teilkirche zum Ausdruck[293].

Die liturgische Vollzugsgestalt stellt »die Glaubenserfahrungen der Kirche als ... Erfahrungsraum zur Verfügung«[294]. Es geht nach amtlichem Selbstverständnis nicht nur um die Stimmungen und das subjektive Glaubensbewusstsein der Gläubigen[295]. Vielmehr gilt der Vorrang der sakramentalen Wirklichkeit vor der Psychologie, der Vorrang der Kirche vor der Versammlung der Feiernden[296].

4. Das II. Vatikanische Konzil hat die kirchliche Bedeutung der Taufe mittels der Kategorien des gemeinsamen Priestertums und der *participatio actuosa* aller Gläubigen an der Liturgie wiedergewonnen. Die frühere Trennung von Klerikern und Laien in Liturgen und Nichtliturgen, in liturgisch Teilnehmende und Nichtteilnehmende, Aktive und Passive, in Gläubige mit und ohne Zutrittsberechtigung zum Altarraum ist damit obsolet geworden. Lettner[297] oder Kommunionbank (mit verschließbarer Mittelpfor-

---

291 Vgl. *Johannes Paul II., Dies Domini*, 2b.

292 Vgl. ebd., 35.

293 Vgl. *C. Cler.*, Schreiben an die Bischöfe der katholischen Kirche über einige Aspekte der Kirche als Communio vom 28.05.1992, AAS 85 (1993), 838–850, Nr. 9 (dt.: VdAS 107).

294 *Meyer-Blank*, Rollen, 783. Das gilt so konfessionsübergreifend. Konfessionsabgrenzende Unterschiede ergeben sich erst aus dem einzutragenden Kirchenverständnis.

295 Vgl. *Sekretariat der DBK* (Hg.), Pastorales Schreiben, 15f.

296 Vgl. *J. Kard. Ratzinger*, Zum Sinn des Sonntags, FKTh 1 (1985), 161–175, hier 172. Das nachvollziehbare Bemühen um eine anthropologisch fundierte und erfahrungsbezogene Liturgiegestaltung (vgl. etwa *W. Hahne*, Gottes Volksversammlung. Die Liturgie als Ort lebendiger Erfahrung, Freiburg/Basel/Wien 1999) findet in diesem Verständnis seine Grenze. Das amtliche Liturgieverständnis ist normativ. Liturgie wird in ihr »als Selbstausdruck des Menschen, aber des Menschen, wie er sein soll« verstanden; vgl. *Schilson*, Gottesdienst, 60f. unter Berufung auf Romano Guardini.

297 Vgl. *J. Krüger*, Lettner, in: LThK³ VI, 857f.

te) haben insoweit als architektonische »Kompetenzgrenze«[298] zwischen Klerikern und Laien ausgedient[299].
5. Die so in die Ausdrücklichkeit zurückgewonnene gleiche Taufwürde aller Gläubigen durchdringt bleibend alle Unterschiede in der Kirche, hebt sie aber nicht auf. Die universalkirchenrechtlichen Vorgaben wie die teilkirchlich ausfüllenden Vorschriften sind daher sensibel darauf bedacht, dass die konkrete rituelle Vollzugsgestalt der Eucharistiefeier als »Feier in hierarchischer Ordnung« die *communio hierarchica fidelium* abbildet, d.h. die – rechtlich gesehen – hierarchische Zuordnung des Kleriker- und Laienstandes und der Geschlechter sowie die Binnenhierarchie des Klerikerstandes.

298 Vgl. *G. Lukken*, Die architektonischen Dimensionen des Rituals, LJ 39 (1989), 18–36, hier 31.
299 Das bedeutet nicht, auf eine architektonische Raumorganisation zu verzichten, in der die hierarchische Beziehung zwischen den am liturgischen Ritual Teilnehmenden zum Ausdruck kommt; vgl. IGMR ³2002 n. 294 mit der Maßgabe, der Kirchenraum solle die *ordinatio cohaerens et hierarchica* des versammelten Gottesvolkes widerspiegeln. Vgl. auch *J.H. Emminghaus*, Das Kirchengebäude als Ort der Meßfeier. Überlegungen aufgrund der erneuerten Meßordnung, in: *T. Maas-Ewerd / K. Richter* (Hg.), Gemeinde im Herrenmahl. Zur Praxis der Messfeier, Freiburg u.a. ²1976, 360–369, hier 361f. In der Liturgiewissenschaft wird seit einiger Zeit eine zweipolige Anlage oder ein »Ellipsenmodell« für den Kirchenraum diskutiert. Der Altar soll nicht mehr alleinige Mitte sein. In einem weiteren elliptischen Brennpunkt soll der Ambo als »Tisch des Wortes« akzentuiert werden. Zwischen den Brennpunkten werde so ein Bewegungs- und Handlungsspielraum gewonnen; vgl. *A. Gerhards*, Zwei Brennpunkte. Überlegungen zum sogenannten Ellipsenmodell für Kirchenraumanlagen, Gottesdienst 29 (1995), 113–115; *ders.*, In der Mitte der Versammlung, Gottesdienst 30 (1996), 16; anschaulich *ders.* (Hg.), In der Mitte der Versammlung. Liturgischer Feierräume (Liturgie & Gemeinde. Impulse & Perspektiven 5), Trier 1999 sowie neuerdings *ders. / T. Sternberg / W. Zahner* (Hg.), Communio-Räume. Auf der Suche nach der angemessenen Raumgestaltung katholischer Liturgie (Bild – Raum – Feier. Studien zu Kirche und Kunst 2), Regensburg 2003. Eine topische Konfiguration, die das einheitliche Zentrum offen lässt, kann ein Verhältnis der Gleichheit und Offenheit der Teilnehmenden signalisieren; vgl. *Lukken*, Dimensionen, 34. Für die Architektur als Bestimmungsfaktor der Beziehungen der Feiernden (vgl. ebd., 26.29f.) ist auch die kirchliche Autorität sensibel; vgl. *T. Heinen*, Cathedral renovation nearly complete Archdiocese continued with changes despite complaints of critics, Milwaukee Journal Sentinel Last Updated: Jan. 27, 2002 (http://www.jsonline.com/news/Metro/jan02/16011.asp; eingesehen am 10. November 2003). Mit Schreiben vom 4. Oktober 2002 an Kardinal Meisner als Vorsitzenden der Liturgiekommission der DBK sowie an den Bischof von Aachen, Mussinghoff, und den Bischof von Trier, Marx, hat sich die C. Cult. gegen das Ellipsenmodell u.a. gewandt, weil dieses die hierarchische Ordnung des Gottesvolkes unzureichend widerspiegele; vgl. *S. Orth*, Liturgie: Was ist ein guter Kirchenraum?, HK 57 (2003), 601–603, hier 602.

6. Dies geschieht durch die Festlegung der entsprechenden, nicht austauschbaren liturgischen Rollen der Kleriker, insbesondere des Priesters, und der übrigen Gläubigen sowie der Kleidung, Rede, Gestik und Raumgestaltung. Dadurch ergibt sich die Christus verkörpernde kleriker-, vor allem priesterspezifische *participatio actuosa* auf der einen Seite und die reagierende laienspezifische sowie beschränkte, doch gleichwertige frauenspezifische *participatio actuosa* auf der anderen Seite.

7. In der sonntäglichen Eucharistiefeier geschieht – wegen der innigen Verbindung von Gottesbeziehung und Kirchlichkeit nach katholischem Selbstverständnis – wie in jeder Liturgie Doxologie als inszenierte Ekklesiologie[300]. Die Gläubigen sollen sich darin ihres glaubensgegründeten Lebenssinns ebenso wie des ihnen jeweils zukommenden Platzes in der kirchlichen Gemeinschaft vergewissern. Jede Erfüllung der Sonntagspflicht ist Gottesverehrung und Affirmation[301] der hierarchischen Struktur der Kirche in einem.

8. Jedem Stand und jedem Geschlecht wird positive Teilhabe am geschlossenen sinnhaften Ganzen der kirchlichen Gemeinschaft zugesprochen. Zugleich muss sich jede/r in das präfigurierte Geflecht einfügen, ohne Aussicht auf Änderung der spezifischen Rollenzuweisung. Auszufüllen ist die vorgegebene Rolle. Die Gläubigen sind vom autonomen Selbstentwurf entlastet. Im von der hierarchischen Spitze aufgrund ihres doktrinellen und disziplinären Definitionsmonopols gestalteten Akt der Gottesverehrung geschieht (auch) formalisierte Bestandssicherung und Selbstbestätigung im Sinne der Erhaltung eines lebendigen Kirchensinns[302]. Mit seiner

---

300 Vgl. auch *Papst Johannes Paul II.*, Ansprache vom 9. Oktober 1998 anläßlich des Ad-liminia-Besuchs amerikanischer Bischöfe, OR 138 (1998), Nr. 234 vom 10. Oktober 1998, 6: »The liturgy, like the Church, is intended to be hierarchical and polyphonic, respecting the different roles assigned by Christ and allowing all the different voices to blend in one great hymn of praise«. Nach *Ratzinger*, Geist, 143 ist Ritus in der christlichen Liturgie »gestaltgewordener Ausdruck der Ekklesialität und der geschichtsübergreifenden Gemeinschaftlichkeit des liturgischen Betens und Handelns. In ihm konkretisiert sich die Bindung der Liturgie an das lebendige Subjekt Kirche, das seinerseits durch die Bindung an die in der apostolischen Überlieferung gewachsene Form des Glaubens gekennzeichnet ist«.
301 Zur Bejahung als Grundform allen Kultes vgl. *Pieper*, Zustimmung, 60–62.
302 Vgl. *E.-M. Faber*, Sentire cum Ecclesia, in: LThK³ IX, 471f. und *Schilson*, Feier, 86. Vgl. auch *Papst Johannes Paul II.*, Enzyklika *Ecclesia de Eucharistia*, n. 52b: » ... die liturgischen Normen ... sind ein konkreter Ausdruck der authentischen Kirchlichkeit der Eucharistie; das ist ihr tiefster Sinn. ... Auch in unserer Zeit muss der Gehorsam gegenüber den liturgischen Normen wiederentdeckt und als Spiegel und Zeugnis der einen und universalen Kirche, die in

Hilfe sollen die Gläubigen die erfahrungsmäßige Kluft zwischen bürgerlicher Existenz mit der Koppelung von Gleicheit in Würde, Berechtigung und Partizipation und der spezifisch ständischen Existenz als katholische Kirchenglieder mit der Entkoppelung von gleicher Würde einerseits und standes- und geschlechtsspezifischer Berechtigung und Partizipation andererseits im Glauben überbrücken können.

9.   Bei dieser Überbrückung kann den Gläubigen die je spezifische *participatio actuosa* helfen. Sie fungiert als virtuelle Kommunionbank, als Lettner im Kopf. Nicht mehr der Altar wird abgeschirmt. Als szenische Kompetenzgrenze halten Führungssymbolik, Vorbehaltsrechte und Abwehr von Rollendiffusionen[303] für Herz und Auge der versammelten Gemeinde das Bewusstsein für den Unterschied vor allem zwischen Priestern und Laien, für den »dogmatischen ›Mehrwert‹ des geweihten Ordo«[304] und damit für die hierarchische Struktur der Kirche lebendig[305].

10.   Die gemeinschaftsstabilisierende Funktion der sonntäglichen Eucharistiefeier bleibt gleichwohl prekär. Sie wird trotz der amtlichen Pädagogik der Einschärfung immer weniger nachgefragt. Vor dem Hintergrund der geschilderten Eigenart und Funktion kirch-

jeder Eucharistiefeier gegenwärtig geschätzt werden. Der Priester, der die heilige Messe getreu nach den liturgischen Normen feiert, und die Gemeinde, die sich diesen Normen anpaßt, bekunden schweigend und doch beredt ihre Liebe zur Kirche«. Zur spezifischen sozialen Funktion von zeremoniellen Reglements im staatlichen Zusammenhang vgl. M. *Vec*, Zeremonialwissenschaft im Fürstenstaat. Studien zur juristischen und politischen Theorie absolutistischer Herrschaftsrepräsentation (Ius Commune. Sonderhefte. Studien zur Europäischen Rechtsgeschichte CVI), Frankfurt a.M. 1998.

303   Vgl. die entsprechende Abgrenzung der verschiedenen Rollen in C. *Cler. u.a.*, Mitarbeit der Laien und – unnötig versteckt hinter dem Titel »Zum gemeinsamen Dienst berufen« – in der Rahmenordnung der DBK.

304   So K. *Koch*, Gemeindeleitung in Gegenwart und Zukunft. Not-wendige Wege in pastoralen Notsituationen, in: *ders.*, Kirche im Übergang zum dritten Jahrtausend. Wegweisungen für die Kirche der Zukunft, Fribourg 2000, 100–116, hier 102.

305   Vgl. *Vec*, Zeremonialwissenschaft, 147: »Der gemeine Mann geht nach dem, was äußerlich wahrnehmbar ist. Was Majestät ist, kann er sich nicht vorstellen, daher muss es ihm zeremoniell vor Augen geführt werden«. Funktional analog in Bezug auf die Leitung von Gemeinden, aber auch für die Liturgie gültig vgl. K.-H. *Menke*, Gemeinsames und besonderes Priestertum, IKZ Communio 28 (1999), 330–345, hier 338: »Es muss im Bewußtsein gerade des sogenannten einfachen Gläubigen deutlich bleiben: Nicht deshalb, weil einer bestimmte Funktionen erfüllen kann oder de facto realisiert, nicht deshalb, weil er theologisch kompetent und rhetorisch begabt ist, ist er Gemeindeleiter, sondern weil er durch die Handauflegung des Bischofs dazu ermächtigt ist. Christus ist das Haupt der Kirche; nur durch ihn ist die Kirche Kirche; und das muss auch strukturell sichtbar bleiben«.

lichen Feierns ist die Sorge Kardinal Meisners nachvollziehbar:
»Sonntag verloren – alles verloren!«[306]

(Abschluss des Manuskripts Februar 2004)

306   Vgl. *J. Kard. Meisner,* Warum der Heilige Vater die Notbremse ziehen
musste. Der Ökumenische Kirchentag hat die Verwirrung in den deutschen
Diözesen gefördert. Die Eucharistie-Enzyklika sollte Pflichtlektüre werden, Die
Tagespost, Nr. 78 vom 3. Juli 2003, 6. Der Kardinal verdeutlicht das mit dem
plastischen Vergleich von Sonntag und elektrischer Überlandleitung. »Sind
die Masten zu weit auseinander gestellt, dann hängt die Leitung durch, sie bekommt Erdberührung, dann ist der Elektro-Transfer gestört und das Licht geht
aus. Wenn die Zeiten der Mitfeier der Eucharistie länger als sieben Tage aus-
einanderliegen, dann hängt unsere Lebensleitung ebenfalls durch, sie bekommt
Erdberührung und das Glaubenslicht erlischt«. Mit seinen Fragen, ob die
Priester nicht mehr über die Gnade und den Wert des Sonntags predigen oder
die Gläubigen für die Botschaft taub geworden sind, erfasst der Kardinal die in
Frage kommenden kirchlich Verantwortlichen nur unvollständig.

V

Register

Autor/innen (Auswahl)

Bibelstellen (Auswahl)

Namen und Sachen (Auswahl)

Betreuende Herausgeber / Autor/innen

Betreuende Herausgeber:

Irmtraud Fischer, Dr. theol., geb. 1957, ist Professorin für Alttestamentliche Bibelwissenschaft an der Universität Graz.

Christoph Markschies, Dr. theol., geb. 1962, ist Professor für Ältere Kirchengeschichte und Patristik an der Humboldt-Universität Berlin.

Autor/innen:

Angelika Berlejung, Dr. theol., geb. 1961, ist Professorin für Kulturen und Sprachen Palästinas und Syriens an der Theologischen Fakultät der Katholischen Universität Leuven.

Klaus Fitschen, Dr. theol., geb. 1961, vertritt derzeit die Professur für Neuere und Neueste Kirchengeschichte an der Theologischen Faklutät der Universität Leipzig.

Friedhelm Hartenstein, Dr. theol., geb. 1960, ist 1960, ist Professor für Altes Testament und Altorientalische Religionsgeschichte an der Evangelisch-Theologischen Fakultät der Universität Hamburg.

Susannah Heschel, Ph.D., ist Associate Professor of Jewish Studies im Department of Religion des Dartmouth College in Hanover, New Hampshire (USA).

Bernd Janowski, Dr. theol., geb. 1943, ist Professor für Altes Testament an der Evangelisch-Theologischen Fakultät der Universität Tübingen.

Matthias Konradt, Dr. theol., geb. 1967, ist Professor für Neues Testament an der Universität Bern.

Clemens Leonhard, Dr. theol., geb. 1967, ist Stipendiat des Austrian Programme for Advanced Research and Technology und arbeitet am Institut für Liturgiewissenschaft der Katholisch-Theologischen Fakultät der Universität Wien.

Norbert Lüdecke, Dr. theol., Lic. iur. can., geb. 1959, ist Professor für Kirchenrecht an der Katholisch-Theologischen Fakultät der Universität Bonn.

Claudia Rakel, Dr. theol., geb. 1969, ist wissenschaftliche Mitarbeiterin am Lehrstuhl Altes Testament und Theologische Frauenforschung‹ der Katholisch-Theologischen Fakultät Bonn.

Jochen Rexer, Dr. theol., geb. 1967, ist Repetent am Evangelischen Stift Tübingen und Studienleiter am Ökumenischen Studienzentrum »Melanchthon« in Rom.

Andreas Schüle, Dr. phil., Dr. theol., geb. 1969, ist Wissenschaftlicher Assistent für Systematische Theologie am Wissenschaftlich-theologischen Seminar der Ruprecht-Karls-Universität Heidelberg.

Harald Schröter-Wittke, Dr. theol., geb. 1961, ist Professor für Didaktik der Evangelischen Religionslehre mit Kirchengeschichte am Institut für Evangelische Theologie der Fakultät für Kulturwissenschaften der Universität Paderborn und Mitglied des Präsidiums des Deutschen Evangelischen Kirchentages.

Ludger Schwienhorst-Schönberger, Dr. theol., geb. 1957, ist Professor für Alttestamentliche Exegese und Hebräische Sprache an der Katholisch-Theologischen Fakultät der Universität Passau.

Günter Stemberger, Dr. theol., geb. 1940, ist Professor für Judaistik an der Universität Wien.

Erich Zenger, Dr. theol., geb. 1939, ist Professor für Exegese des Alten Testaments an der Katholisch-Theologischen Fakultät der Universität Münster.

JBTh 1 (1986) – 19 (2004)

JBTh 7 (1992)

Volk Gottes, Gemeinde und Gesellschaft

446 Seiten, Paperback
ISBN 3-7887-1433-6

JBTh 8 (1993)

Der Messias

396 Seiten, Paperback
ISBN 3-7887-1465-4

JBTh 9 (1994)

Sünde und Gericht

396 Seiten, Paperback
ISBN 3-7887-1500-6

JBTh 10 (1995)

Religionsgeschichte Israels oder Theologie des Alten Testaments

272 Seiten, 2. Auflage 2001, Paperback
ISBN 3-7887-1544-8

JBTh 11 (1996)

Glaube und Öffentlichkeit

272 Seiten, Paperback
ISBN 3-7887-1605-3

JBTh 12 (1997)

Biblische Hermeneutik

432 Seiten, Paperback
ISBN 3-7887-1642-8

JBTh 13 (1998)

Die Macht der Bilder

349 Seiten, Paperback
ISBN 3-7887-1685-1

JBTh 14 (1999)

Prophetie und Charisma

303 Seiten, Paperback
ISBN 3-7887-1749-1

JBTh 15 (2000)

Menschenwürde

397 Seiten, Paperback
ISBN 3-7887-1800-5

JBTh 16 (2002)

Klage

429 Seiten, Paperback
ISBN 3-7887-1863-3

JBTh 17 (2002)

Gottes Kinder

439 Seiten, Paperback
ISBN 3-7887-1920-6

Als nächster Band erscheint:

JBTh 19 (2004)

Leben trotz Tod

ca. 320 Seiten, Paperback
ISBN 3-7887-2063-8

Die Subskription des Jahrbuchs bewirkt eine Vergünstigung der Einzelpreise um 10%.
Es ist zudem jederzeit möglich, von jetzt an in die Subskription einzusteigen.